RUDOLF STEINER GESAMTAUSGABE

VORTRÄGE

VORTRÄGE ÜBER KUNST

UND VERÖFFENTLICHUNGEN AUS DEM NACHLASS

EURYTHMIE

Werke in der Rudolf Steiner Gesamtausgabe

Eurythmie – Die Offenbarung der sprechenden Seele

Ansprachen zu Eurythmie-Aufführungen 1918–1924
mit Notizbucheintragungen und dazugehörigen Programmen

Bibliographie-Nr. 277

Die Entstehung und Entwickelung der Eurythmie

Erster Kurs: Das dionysische Element
Bottmingen/Basel, 16.–24. September 1912

Zweiter Kurs: Das apollinische Element
Dornach, 18. August–11. September 1915

Bibliographie-Nr. 277a

Eurythmie als sichtbarer Gesang

Ton-Eurythmiekurs. Dornach, 19.–27. Februar 1924

Bibliographie-Nr. 278

Eurythmie als sichtbare Sprache

Laut-Eurythmiekurs. Dornach, 24. Juni–12. Juli 1924

Bibliographie-Nr. 279

Heil-Eurythmie

Dornach, 12.–18. April 1921 und Stuttgart, 28. Oktober 1922

Bibliographie-Nr. 315

Eurythmieformen
zu den Wochensprüchen des anthroposophischen Seelenkalenders

Reproduktionen der Originalblätter mit den
Zeichnungen und Angaben Rudolf Steiners

Skizzen zu den Eurythmiefiguren

Mappe mit 35 Lichtdrucktafeln

RUDOLF STEINER

Eurythmie

Die Offenbarung der sprechenden Seele

Eine Fortbildung der Goetheschen Metamorphosenanschauung im Bereich der menschlichen Bewegung

Ansprachen zu Eurythmie-Aufführungen
aus den Jahren 1918 bis 1924
mit Notizbucheintragungen
und dazugehörigen Programmen

1980
RUDOLF STEINER VERLAG
DORNACH/SCHWEIZ

Herausgegeben von der Rudolf Steiner-Nachlaßverwaltung
Die Herausgabe besorgten Eva Froböse und Edwin Froböse

1. Auflage Gesamtausgabe Dornach 1972

2. Auflage (photomechanischer Nachdruck)
Gesamtausgabe Dornach 1980

Einzelausgaben:

Die imaginative Offenbarung der Sprache
Dornach, 21. und 22. Juli 1923, Dornach 1928

Die Bewegung als Sprache der Seele
Dornach, 27. April 1924, Dornach 1928

Eurythmie, die Offenbarung der sprechenden Seele
Dornach, 3. Mai 1924, Dornach 1928

Eurythmie als Impuls für künstlerisches Betätigen und Betrachten
Fünfzehn Ansprachen 1919 bis 1924, Dornach 1953

Was ist und will die neue Bewegungskunst Eurythmie?
Zürich, 24. Februar 1919, Dornach, 14. Februar 1920,
1. Juli 1923, 27. April 1924, Dornach 1972, 1979

Zur Klassischen Walpurgisnacht aus «Faust» II von Goethe
Zwei Leseproben, Dornach, 20. und 23. August 1918, Dornach 1956

Weitere Abdrucke in anderen Herausgaben:
siehe zu Beginn der Hinweise auf Seite 585

Bibliographie-Nr. 277

Siegelzeichnung auf dem Einband nach einem Entwurf von Rudolf Steiner

Printed in Switzerland by Buchdruckerei Meier + Cie AG Schaffhausen

ISBN 3-7274-2770-1

Zu den Veröffentlichungen aus dem Vortragswerk von Rudolf Steiner

Die Grundlage der anthroposophisch orientierten Geisteswissenschaft bilden die von Rudolf Steiner (1861–1925) geschriebenen und veröffentlichten Werke. Daneben hielt er in den Jahren 1900 bis 1924 zahlreiche Vorträge und Kurse, sowohl öffentlich wie auch für die Mitglieder der Theosophischen, später Anthroposophischen Gesellschaft. Er selbst wollte ursprünglich, daß seine durchwegs frei gehaltenen Vorträge nicht schriftlich festgehalten würden, da sie als «mündliche, nicht zum Druck bestimmte Mitteilungen» gedacht waren. Nachdem aber zunehmend unvollständige und fehlerhafte Hörernachschriften angefertigt und verbreitet wurden, sah er sich veranlaßt, das Nachschreiben zu regeln. Mit dieser Aufgabe betraute er Marie Steiner-von Sivers. Ihr oblag die Bestimmung der Stenographierenden, die Verwaltung der Nachschriften und die für die Herausgabe notwendige Durchsicht der Texte. Da Rudolf Steiner aus Zeitmangel nur in ganz wenigen Fällen die Nachschriften selbst korrigieren konnte, muß gegenüber allen Vortragsveröffentlichungen sein Vorbehalt berücksichtigt werden: «Es wird eben nur hingenommen werden müssen, daß in den von mir nicht nachgesehenen Vorlagen sich Fehlerhaftes findet.»

Über das Verhältnis der Mitgliedervorträge, welche zunächst nur als interne Manuskriptdrucke zugänglich waren, zu seinen öffentlichen Schriften äußert sich Rudolf Steiner in seiner Selbstbiographie «Mein Lebensgang» (35. Kapitel). Der entsprechende Wortlaut ist am Schluß dieses Bandes wiedergegeben. Das dort Gesagte gilt gleichermaßen auch für die Kurse zu einzelnen Fachgebieten, welche sich an einen begrenzten, mit den Grundlagen der Geisteswissenschaft vertrauten Teilnehmerkreis richteten.

Nach dem Tode von Marie Steiner (1867–1948) wurde gemäß ihren Richtlinien mit der Herausgabe einer Rudolf Steiner Gesamtausgabe begonnen. Der vorliegende Band bildet einen Bestandteil dieser Gesamtausgabe. Soweit erforderlich, finden sich nähere Angaben zu den Textunterlagen am Beginn der Hinweise.

VERZEICHNIS DER ANSPRACHEN

(mit * bezeichnet = Auszug oder gekürzt)

ANHANG

VORBEMERKUNG

Die erste Ansprache zu einer Eurythmievorstellung hielt Rudolf Steiner in München am 28. August 1913; die letzte Ansprache wurde von ihm in Torquay im August während der «Second International Summer School» gehalten. In München fand die Aufführung innerhalb der Sommerfestveranstaltungen für die Mitglieder der Anthroposophischen Gesellschaft anläßlich der Uraufführung des vierten Mysteriendramas von Rudolf Steiner «Der Seelen Erwachen» statt. In Torquay hatte die Eurythmie schon seit 1919 öffentliche Aufführungen gegeben. Eine Aufstellung am Ende des Buches gibt einen Überblick über die annähernd dreihundert Einführungen, welche Rudolf Steiner hielt.

In seiner Selbstbiographie «Mein Lebensgang», XXV, schildert er, wie er in der «Dramatischen Gesellschaft» in Berlin um die Jahrhundertwende die Aufgabe übernommen hatte, die Vorstellungen, welche von dieser Gesellschaft veranstaltet wurden, «durch eine kurze hinweisende Rede (Conférence) einzuleiten». Das war aus dem Grunde angebracht, weil die Gesellschaft Dramen herausbrachte, «die durch ihre besondere Eigenart, durch das Herausfallen aus der gewöhnlichen Geschmacksrichtung und ähnliches, von den Theatern zunächst nicht aufgeführt wurden. Solch eine Conférence geschah nicht etwa vor *jeder* Vorstellung dieser Gesellschaft, sondern selten; wenn man für notwendig hielt, das Publikum in ein ihm ungewohntes künstlerisches Wollen einzuführen. Mir war die Aufgabe dieser kurzen Bühnenrede aus dem Grunde befriedigend, weil sie mir Gelegenheit gab, in der Rede eine Stimmung walten zu lassen, die mir selbst aus dem Geist heraus strahlte. Und das war mir lieb in einer menschlichen Umgebung, die sonst kein Ohr für den Geist hatte.» Ungefähr ein Jahrzehnt später hat dann Rudolf Steiner ähnliche Einführungen zu halten begonnen, als er die Einstudierung der Weihnachtspiele aus altem Volkstum, der Oberuferer Spiele, vornahm und wiederum den Zuhörern, Zuschauern etwas vorstellte, was ihnen bisher unbekannt geblieben war. Und dann hat er eben, wann immer nur es ihm möglich war, vor den Eurythmie-Aufführungen Ansprachen gehalten, um die von ihm inaugurierte neue Bewegungskunst dem Publikum in ihren Grundlagen darzustellen und nahe zu bringen.

Das war naturgemäß eine weitaus schwierigere Aufgabe, als er sie am Ende des vorigen Jahrhunderts in Berlin durchzuführen hatte, denn die Kultur hatte sich ja keineswegs in der Richtung entwickelt, wie man das noch um 1900 hat erwarten können. Und so liegt in den hier veröffentlichten Darstellungen der Versuch vor, immer von neuen Gesichtspunkten aus, die Gesetzmäßigkeiten einer neuen Kunst aufzuzeigen. Das war bei einer – wenigstens zu einem Teil – stets wechselnden Zuschauerschaft notwendig. Allerdings wurde diesen Versuchen nicht immer das zu erwartende Interesse entgegengebracht, weil man gewohnt war, rein auf das Inhaltliche der Ausführungen abzustellen und nicht die verschiedenartige Form dieser Einführungen berücksichtigte. Was Rudolf Steiner anstrebte, war, daß «ein Gefühl für die Darstellung von den verschiedenen Gesichtspunkten aus entwickelt werde». Das erwartete er überhaupt von den Vertretern der anthroposophisch orientierten Geisteswissenschaft, sowohl auf wissenschaftlichem als auch auf künstlerischem Gebiete. In einer Konferenz mit dem Lehrerkollegium der Freien Waldorfschule in Stuttgart am 31. Juli 1923 weist er auf solche aufzugreifenden Aufgaben durch die Lehrerschaft hin und sagt: «Ich habe ein Musterbeispiel davon geben wollen in den Einleitungen zu den verschiedenen Eurythmie-Vorstellungen, wenn ich versuche, es immer umzugießen, immer dasselbe von den verschiedensten Punkten aus zu geben. Das habe ich mit diesen Eurythmie-Einleitungen versucht. Als ich neulich – [bei der Delegierten-Tagung in Stuttgart, Ende Februar] – eine gehalten habe, da standen die Leute draußen und gingen nicht hinein dazu.» Es machte also Rudolf Steiner selbst darauf aufmerksam, wie schwer es war, auch hierfür ein weitgehendes Verständnis zu erwecken. Der Leser wird es daher in Kauf nehmen müssen, daß er diesen mit den Einführungen verbundenen Wiederholungen im Text ausgesetzt wird. Bei der Herausgabe mußte oftmals geprüft werden, die neue Variante ohne den sie begleitenden Gedanken, aus welchem sie sich entwickelte, zu bringen. Allein das konnte nur in vereinzelten Fällen geschehen, welche der Leser im Anhang findet.

Die Überschriften zu den Ansprachen wurden von den Herausgebern hinzugefügt, mit Ausnahme derjenigen zum 21./22. Juli 1923 und 27. April 1924, die von Marie Steiner herrühren. Die Überschriften für die drei Ansprachen beim Summer Art Course 1921 sind entsprechend dem Manuskript Rudolf Steiners.

Die Programme wurden nach den im Archiv vorliegenden Unterlagen wiedergegeben; die Wortlaute der Ankündigungen für die Zeitungen stammen von Rudolf Steiner.

Was zum näheren Verständnis im einzelnen zu bemerken war, ist in den Hinweisen festgehalten. Auf die Übersicht über alle Ansprachen wurde schon aufmerksam gemacht. Als Einleitung zu dem Buch stehen Ausführungen Rudolf Steiners aus einem Vortrag, den er in Nürnberg am 14. März 1914 über den *universellen Charakter der geisteswissenschaftlichen Bewegung* hielt.

Die Herausgeber

So haben wir in der Tat eine Art bewegte Plastik. Die Bildhauerei, die in Ruhe dargestellt werden kann, stellt eigentlich die schweigende Seele dar. Derjenige, der unbefangen so etwas betrachten kann, empfindet in den bildhauerischen Werken die schweigende Seele. Indem wir hier den Menschen als Werkzeug verwenden, bringen wir die Seele unmittelbar in der Gebärde, in dem Ausdrucke, den wir dem Menschen geben, zur Anschauung. So daß also die plastische Kunst die Offenbarung der schweigenden Seele ist und die *Eurythmie die Offenbarung der sprechenden Seele.*

Aus der Eurythmie-Ansprache vom 3. Mai 1924 in Dornach

DER UNIVERSELLE CHARAKTER DER GEISTESWISSENSCHAFTLICHEN BEWEGUNG

Nürnberg, 14. März 1915

Wir müssen uns die Wahrheit zum Bewußtsein bringen, denn es geht nicht, daß wir über diese Dinge – was auseinandergesetzt wurde – wie im Traume denken. Die Wahrheit ist ja doch diese, daß zum Beispiel all dasjenige, was ich geschrieben habe in meinem Buche «Die Mystik im Aufgange des neuzeitlichen Geisteslebens», nur herausgeschrieben ist aus der Art, wie der Spiritualismus in der mitteleuropäischen Kulturströmung lebt. Das Buch ist sogleich ins Englische übersetzt worden, und man hat uns damals dort – mir wenigstens – gesagt, in diesem Buche stecke die ganze Theosophie darin. Wir könnten nun sagen: Nun ja, wenn die Leute in London finden, daß in dem Buche die ganze Theosophie darinsteckt, so können sie ja mit uns gehen. – Aber wir haben nicht einen Schritt gemacht, der etwas anderes war als ein Ausdruck des mitteleuropäischen sich entwickelnden Spiritualismus. Und einige Monate vor dem Kriegsausbruch hat es mich noch eigentümlich berührt – heute darf ich das erwähnen –, daß einige von unseren Damen, die Eurythmie treiben, nach London hinübergegangen sind, um dort einen Kursus zu geben. Die Eurythmie hat gefallen. Das ist ganz gut; sie soll den Menschen gefallen, aber man merkt nicht, daß diese Eurythmie das Geistige ist, der Gegenpol des materialistischen Sportwesens. Man hat auf der einen Seite das Europa überflutende, ganz dem Materialismus Angehörige und trägt den Materialismus bis in die Bewegung der Menschen hinein durch den Sport, der dem Amüsement der Menschen, der Sucht, sich gesund zu machen, dient, der ganz materialistisch ist, während bei uns jede Bewegung der Ausdruck für das Geistige ist, die genau dem entspricht, was mitteleuropäische Spiritualität ist. Immer handelt es sich darum, auf diesem Boden zu arbeiten und aus diesem Boden heraus die Früchte der geistigen Entwickelung zu treiben. Wie hat gerade das Sportwesen auch in der zweiten Hälfte des 19. Jahrhunderts in Deutschland eingegriffen. Wie haben dann auch feinere sportliche Tätigkeiten – ich glaube, eine

Methode war besonders die von *Dalcroze* –, wie haben diese Dinge eingegriffen. Jetzt wird man ihn nicht besonders gerne mögen, weil er auch zu denjenigen gehört, die den «deutschen Barbarismus» so furchtbar beschimpfen. Aber dasjenige, was dem deutschen Wesen angehört, ist das Eurythmische, wodurch das Geistige, das in den Bewegungen des Ätherleibes gegeben ist, dem Ätherleib naturgemäß ist, das im übersinnlichen Menschen wirkt, zum Ausdruck gebracht wird in den Bewegungen des physischen Leibes. Denn diese Eurythmie beruht auf folgenden Prinzipien: Wir haben ein Organ, durch das der Ätherleib unmittelbar in Aktion tritt, so daß das Physische ein Abbild des Ätherischen wird. Das ist der Fall, wenn wir sprechen. Aber es wird nicht das ganze Physische, sondern die Luft ein Abbild des Ätherischen. Das tönende Wort in der Luft, die Art, wie da die Luft schwingt, ist unmittelbar ein Ausdruck des Ätherischen. Wenn man nun dasjenige ergreift, was im Laut, im Wort lebt, und es auf den ganzen Ätherleib ausdehnt und dann Hände und Füße und alles am Menschen sich so bewegen läßt, wie ganz naturgemäß im Sprechen und im Gesang die Luft im Ätherleib bewegt wird, dann hat man die Eurythmie. Denn die Eurythmie ist ein Sprechen des ganzen Menschen, so daß zu Hilfe genommen wird nicht nur die sich bewegende Luft, sondern die menschlichen Organe.

An einer solchen Sache sehen Sie, wie universell, wie umfassend dasjenige gedacht ist, was das Eingreifen der Geisteswissenschaft in die moderne Kultur ist. Wir haben, um den Nerv der Sache zu verstehen, einiges gehört, woran man heute gar nicht einmal denkt. Und wenn ich durch diese beiden Vorträge, die ich jetzt in diesem engeren kleinen Kreise gehalten habe, wirklich nichts anderes erreiche, als daß in Ihnen die Empfindung angeregt wird, man müsse noch mehr auf das hinschauen, was Geisteswissenschaft in universeller Beziehung für das ganze menschliche Leben will, so ist das schon genug. Denn damit, daß wir uns einzelne theoretische Begriffe aneignen, wird wirklich die Aufgabe der Geisteswissenschaft nicht erfüllt. Die Aufgabe der Geisteswissenschaft wird erfüllt, wenn sie eingreift in alles Leben und dieses Leben durchgeistigt, dieses Leben spiritualisiert.

Notwendig ist es in unserer fünften Kulturepoche innerhalb desjenigen Volkes, dem insbesondere diese Aufgabe zufällt, die Spiritualisierung herbeizuführen, diese Dinge zu verstehen, ein Verantwortlichkeitsgefühl in bezug auf die Entwickelung herbeizuführen. Die Menschheitsentwickelung zu kritisieren ist leicht, recht leicht. Darum handelt es sich aber nicht, denn die Dinge, die geschehen, geschehen mit Notwendigkeit, auch wenn sie demjenigen widersprechen, was gewissermaßen der gute Fortschritt mit den Menschen will.

Nun müssen wir in einer gewissen Beziehung etwas, was diesem guten Fortschritt eigentlich widerspricht, in unserer Kultur darinnen haben und darinnen lassen. Unter diesen mancherlei Dingen, die dazugehören, ist zum Beispiel dieses, daß wir im Grunde genommen eigentlich wegen unseres gegenwärtigen Kulturstandpunktes unserer Zeit, wie man sagt um des Fortschrittes willen unsere Kinder vom zartesten Alter an zu malträtieren beginnen. Man weiß es nicht, aber man malträtiert sie. Denn es gibt im Grunde genommen nichts der menschlichen Natur Widersprechenderes, als die Kinder vom siebenten Jahre an schon anfangen zu lassen, die Schulgegenstände zu lernen und sie schulmäßig zu unterrichten, wie man es gegenwärtig tut. Es könnte einen wirklich als etwas besonders Glückliches treffen, wenn man ganz anders heranwüchse und solches, was schon im siebenten Jahr an die Menschen herangebracht wird, erst im neunten oder zehnten Jahr bekäme... Aber es muß der Gegenpol geschaffen werden. Und während wir auf der einen Seite dadurch, daß wir gewisse Arten des Schulunterrichtes haben, namentlich die Ätherleiber der Kinder malträtieren, weil wir ihnen etwas einprägen, wofür sie in diesen Jahren absolut nicht taugen, müssen wir im Zuführen der Eurythmie einen Gegenpol schaffen und gerade das, was Eurythmie ist, den Kindern zuführen, damit der Ätherleib in diesen ihm eingeborenen Bewegungen den Ausgleich hat. Eurythmie wird etwas werden, was ganz allgemein ist, denn die Entwickelung erreicht nicht ihr Ziel dadurch, daß man einseitig vorwärtsgeht, sondern daß man in Gegensätzen vorwärtsgeht. Man muß immer den Gegenpol schaffen, den Gegenpol geltend machen. Entwickelung bewegt sich in Gegensätzen. Und der Malträtierung des Ätherleibes durch den heutigen Schulunterricht muß ein Gegenpol geschaffen werden in dem Elastischmachen, dem naturgemäßen In-Bewegung-Bringen des Ätherleibes in dem Sinne, wie es in den ersten Anfängen in unserer Eurythmie versucht wird. So hängt etwas, was vielleicht viele heute noch «unsere Eurythmie» nennen, wirklich mit demjenigen zusammen, was ich den universellen Charakter unserer geistigen Bewegung zu nennen habe.

I

DAS PRINZIP DER EURYTHMIE, UND WIE SIE ENTSTANDEN IST

Wien, 2. Juni 1918

Die Veranlassung, diese sogenannte Eurythmie in unserem Kreis zu betreiben, ist eigentlich wie eine Art Schicksalsfügung gekommen, wie wir überhaupt nicht eine agitatorische Bewegung sind, sondern bei unseren Maßnahmen immer darauf sehen, was in der Zeit sich notwendig von da- oder dorther ergibt. Programm-Macher sind wir nicht. So kam es, daß ein Mitglied unserer Gesellschaft mich eines Tages fragte, ob vielleicht, gerade mit Rücksicht auf die jüngeren und älteren Mitglieder, die dafür besonderes Interesse finden könnten, eine Art Tanzkunst in unserem Kreis inszeniert werden könnte. Das führte dazu, daß diese Eurythmie in unseren Kreis eingeführt worden ist. Sie ist bis jetzt noch immer im Anfangsstadium, und es wird bedeutsam sein, dieses Anfangsstadium zu verfolgen, denn die Eurythmie ist etwas Neukünstlerisches, aber im Anfangsstadium.

Als diese Frage an mich herantrat, mußte ich mir selbst sagen, innerhalb unseres Kreises kann nicht das, was man sonst bisher gerade als Tanzkunst verstanden hat, besonders gepflegt werden, da man heute hinlänglich auf dem Gebiete der Tanzkunst die mannigfaltigsten Versuche sieht. Man mußte sich erinnern, daß die Bewegung im Grunde genommen als künstlerisches Wirken und Schaffen von der Menschheit ausgegangen ist, alle geistige Bewegung. Im Beginne einer gewissen Zeit, die sich sogar, ich möchte sagen, historisch mit unseren geistigen Mitteln zurückverfolgen läßt, war es so, daß die geistigen Strömungen aus einer Quelle flossen. Im Ursprung waren die Erkenntnis, das religiöse und das künstlerische Leben aus einer Quelle geflossen. Man stellte etwas dar im alten mythischen Leben, das man begreifen wollte durch gewisse Verrichtungen, durch Kultushandlungen und dergleichen; man stellte denselben Inhalt dar für die menschliche Andacht, für die menschliche Verehrung, für die Offenbarung. Im schönen Schein stellte man dasselbe künstlerisch dar. Es war damals noch durchsichtig durch die drei Äste desselben Baumes, daß eine Quelle zugrunde liegt. Die Kunst als solche ist auch wieder aus einer Quelle entsprungen und beweist das instinktiv, indem in unserer Zeit die berechtigte Tendenz besteht, was dann in getrennten Strömen geflossen ist, zusammenzubringen. Wenn eine einzelne Kunst auftritt, muß diese selbstverständlich hervorgehen aus dem Bewußtsein, worauf das Künstlerische in seiner Totalität überhaupt beruht, und da war denn die Frage, wenn man den menschlichen Organismus durch Tanzkunst in Bewegung zu bringen hat, worauf das heute beruhen kann. Nichts Willkürliches sollte geschaffen werden, nicht etwas, was bloß aus den persönlichen Absichten eines Menschen hervorgeht. Programm-Macher sind wir nicht.

Es handelte sich zunächst darum, Tanzkunst zu schaffen als Begleiter des Wortes. Sie wird auch ausgebildet werden als Begleiter des Tones. Heute handelt es sich um die Tanzkunst als Begleitung des Wortes. Wie erhält man etwas Objektives auf diesem Gebiete? Hier muß ich selbstverständlich auf die geisteswissenschaftlichen Ergebnisse hinweisen, wenn ich dieses Objektive zum Bewußtsein bringen will.

Wenn der Mensch spricht, ist die Tendenz vorhanden, daß der ganze Organismus des Menschen, nicht nur der physische in Bewegung ist. Gerade das, was gesprochen wird, kommt aus dem ganzen menschlichen Organismus heraus; der ganze Ätherleib, Bildekräfteleib des Menschen ist in Bewegung. Daß der Mensch spricht, daß er Worte hervorbringt, wie man es gewöhnt ist, beruht darauf, daß gerade die Bewegungen des Bildekräfteleibes zurückgehalten und lokalisiert werden in der Gegend der Brust, des Kehlkopfes und der Nachbarorgane, der Zunge und so weiter. Durch das Lokalisieren der Bewegungsvorgänge, die den ganzen Organismus ergreifen, wird vom Ätherleib aus der Kehlkopf und seine Nachbarorgane in jene Bewegungen versetzt, welche das Wort und das Wortgefüge hervorbringen. Die Kehlkopfbewegung ist eine organische Bewegung unseres ganzen Ätherleibes. Wir können das aber zurücknehmen in den ganzen Leib. Was wir Eurythmie nennen, ist im Grunde von jedem Menschen ausgeführt, wenn er spricht. Es sind solche Bewegungen, welche von irgendeinem Organ des Kehlkopfs und seiner Nachbarorgane im Organismus beim gewöhnlichen Sprechen ausgeführt werden. Was lokalisiert ist im Kehlkopf, wird physisch übertragen vom Ätherleib aus auf ein Organ. Der ganze Mensch wird zum Kehlkopf gemacht. Derjenige, der ganz genau bekannt ist mit dem, worauf Eurythmie beruht, wird nicht zu hören brauchen im allgemeinen ein Gedicht, sondern würde lesen können dasjenige, was der Inhalt eines Gedichtes ist, aus den Bewegungen. Wir sind im allgemeinen nicht so weit, haben auch nicht so viele Kräfte zur Verfügung, so daß die Bewegungen nicht vollständig sind, sondern nur angedeutet werden.

Wir gehen so vor, daß das Gedicht gesprochen wird und von den Bewegungen, die über den Organismus ausgebreitet sind, begleitet wird. Eurythmie ist eine expressionistische Kunst. Es wird Eurythmie von jedem Menschen hervorgebracht und wird nur übertragen auf den ganzen Organismus. Wir haben im Anfange versucht, eigentlich nur die Bewegung zu begleiten. Da hat sich uns gezeigt, daß es vielleicht stören kann unrezitativ die Bewegungen zu begleiten, und da die Eurythmie eine expressionistische, die Rezitation eine impressionistische Kunst ist, ergänzen sich diese, wie ich glaube. Man hat zwei Pole, und man bekommt heute durch Verbindung der Eurythmie mit der Rezitation etwas heraus, das uns als besondere künstlerische Spezialität vorschwebt. Die Übertragung der Kehlkopfbewegungen und derjenigen der Nachbarorgane auf den ganzen Organismus bezieht sich hauptsächlich auf die Bewegung des einzelnen Menschen.

Wir machen Bewegungen, welche im Raume ausgeführt werden, und auch Gruppentänze, was wir nur primitiv vorführen können. Wenn bei diesen Tänzen, welche im Raum ausgeführt werden, die Arme bewegt werden, ist das die Ausführung der Kehlkopfbewegungen. Das, was im Raume vollführt wird, wo der ganze Organismus sich im Raume bewegt, wo sich Gruppen bewegen, schließt das ein, was sonst verhalten wird. Wir sprechen niemals bloß mit unserer Kehle. Wir sprechen uns mit dem ganzen Organismus, wenigstens im Rumpforganismus, physisch aus. Diese Bewegungen geben nur den Grundton des Sprechens. Das Timbre, man fühlt das durch, sind verhaltene Bewegungen; diese lösen wir auf, führen sie im Raume aus. Dazu gehört das, was im Rhythmus, im Reime liegt. Was gesprochenes Wort ist, tritt im Rhythmus auf; was im Raume ausgeführt wird, das Verhaltene, bleibt nur ein Grundton, die Grundstimmung; wenn ein Satz mit Wärme gesagt wird, oder sonst von Gemütsstimmung durchzogen wird, so kommt das durch die Bewegung im Raume zustande. Wir lösen die verhaltene Bewegung auf. Nichts ist Willkür. Alles Pantomimische, alle Mimik wird strenge vermieden. Alle Bewegungen sind fest bestimmt und fügen sich nach Gesetzen zusammen wie bei der Musikkunst. Das Individuelle kommt nur so weit in Betracht, als jemand eine Sonate nach seiner Auffassung so, der andere anders spielen kann. Das, was zugrunde liegt, ist im strengsten Sinne eine in sich geregelte Kunst. Aber wir sind im Anfangsstadium. Das ist, was uns unterscheidet von dem, was sonst ausgeführt wird, wo instinktiv Unwillkürliches, Gefühltes in willkürliche Bewegung umgesetzt wird. Wenn etwas Willkür darinnen liegt, kommt es nur durch die Auffassung hinein.

Das wollte ich vorausschicken, um Sie auf das Prinzip aufmerksam zu machen.

DER URCHARAKTER DES KÜNSTLERISCHEN

Berlin, 28. Juni 1918

Eurythmie ist uns, wie alles in unserer Bewegung, durch das Karma zugebracht worden. Vor einer Reihe von Jahren wandte sich Frau *Smits* an mich, ob sich innerhalb unseres Kreises nicht etwas finden ließe, was eine Art Tanzkunst sein könnte. Nicht an eine gewöhnliche Tanzkunst im äußerlichen Sinne, sondern an etwas Ernsteres, Bedeutungsvolleres mußte gedacht werden, wenn dem Gedanken nähergetreten werden sollte.

Man muß immer wieder und wieder daran denken, daß alle Kulturströmungen aus einem gemeinsamen Quell hervorgegangen sind. Nicht nur die einzelnen Künste, sondern auch, was wir bezeichnen

Berlin, 28. Juni 1918

PROGRAMM

Heiterer Auftakt

Porzellan . . . . Manfred Kyber

Beim Anblick eines Katers . . . . Fercher von Steinwand

Heiterer Auftakt

Tarpeja . . . . C. F. Meyer

Mein Jahr . . . . C. F. Meyer

Vorfrühling . . . . Manfred Kyber

Rosen im Süden . . . . Friedrich Hebbel

Thibaut von Champagne . . . . C. F. Meyer

Die blaue Blume . . . . Manfred Kyber

Die Frau vom Meer . . . . Manfred Kyber

Firnelicht . . . . C. F. Meyer

Vögel . . . . R. Schaukal

Begegnung . . . . C. F. Meyer

Vision . . . . C. F. Meyer

Der Botenlauf . . . . C. F. Meyer

Licht und Stern . . . . Rudolf Steiner

O du heilige ...

Johannis-Stimmung . . . . Rudolf Steiner als Kunst, Religion und Wissenschaft, ist ebenfalls aus einem gemeinsamen Quell hervorgegangen. So getrennt wie heute waren diese in der Urkultur der Menschheit nicht. In den Mysterien war noch ein Gemeinsames vorhanden. Stellte man es vor die Menschen hin, daß sich den Sinnen offenbarte, was sich der Seele an Weltengeheimnissen darbietet, so war es Kunst. Stellte man es so hin, daß das menschliche Gemüt im Inneren ergriffen werden und von sich aus eine Brücke zu den ewigen Geheimnissen des Daseins finden sollte, so hatte man es mit Religion zu tun. Und stellte man es so hin, daß die Erkenntniskraft in Anspruch genommen wurde, so war man in dem Gebiete der Wissenschaft. Im Entwickelungsgang der Menschheit, im Laufe der Zeiten gliederte sich dann das gemeinsame Ganze in Wissenschaft, Religion und Kunst, und die Kunst dann wieder in die einzelnen Künste. Das Nähere über die Kunst und die Künste ist in dem Büchelchen «Das Wesen der Künste» enthalten.

Es mußte nun gewissermaßen auf den Urcharakter des Künstlerischen zurückgegriffen werden, da mit der Eurythmie an den Ursprung der Kunst zurückgegangen werden sollte. Die Kunst knüpft an das Verhältnis des Makrokosmos zum Mikrokosmos an. Das All spricht sich in dem Mikrokosmos aus. Wer den Menschen in seiner Totalität als ein Bild des Makrokosmos erschauen kann, der durchdringt auch die einzelnen Künste. Und jede einzelne Kunst knüpft insofern an das Weltall und den Mikrokosmos an, als in irgendeiner Weise zum Vorschein kommen kann, was vom Weltall auf den Menschen Bezug hat. Nicht an etwas Erfundenes, sondern an etwas, was durchaus im Menschen ist, wurde bei der Eurythmie angeknüpft.

Ausgangspunkt war die menschliche Sprache: Wie lebt das eigentlich, was im Menschen zur Darstellung kommt, wenn er spricht? – Das künstlerische Sprechen wurde dabei zugrunde gelegt.

Der Ätherleib des Menschen hat seine bestimmte Gliederung, und eine Teilgliederung entspricht dem Kehlkopf und was damit zusammenhängt. In ganz bestimmte, gesetzmäßige Bewegungen kommt der Ätherleib des Kehlkopfes und was dazu gehört, Zunge, Gaumen und so weiter, beim Sprechen, so daß man dieses Glied des Ätherleibes in bestimmten Bewegungen sieht, wenn der Mensch spricht.

Nun kann alles, was an einem Teile zum Ausdruck kommt, auch durch den ganzen Menschen ausgedrückt werden. Das andere kann zurückgehalten werden, und die Gesamtkraft, welche der Mensch beim Sprechen aufbringt, kann besonders zum Ausdruck gebracht werden. In Bewegungen des ganzen Menschen kann man jene Bewegungen ausdrücken, die diesem Gliede des Ätherleibes zugrunde liegen. Das wurde bei der Eurythmie getan.

Was der Eurythmist dann, wenn er in Ruhe ist, mit seinem Körper und seinen Händen tut, das ist nichts anderes, als wenn statt des Kehlkopfes und der Anhangorgane das zum Ausdruck gebracht wird, was außer den unmittelbaren Sprechwerkzeugen an der Sprache mitbeteiligt ist. Was sonst partiell im Kehlkopf zum Ausdruck kommt, wird durch den ganzen Menschen in den einzelnen Bewegungen dargestellt. Es ist etwas am ganzen Menschen Abgelesenes. Dazu kommt aber noch, außer den Kehlkopfbewegungen und so weiter, was Wirkungen in der Lunge und in den anderen Organen sind. Das wirkt fein mit, gibt Timbre, Grundton, Gefühlsinhalt der Sprache. Das sind zurückgehaltene Bewegungen. Das geschieht durch das ganze Bewegen des Eurythmisten, eines einzelnen oder auch einer Gruppe, eines Chores. In Gruppenbewegungen lösen wir auf, was sonst zurückgehaltene Bewegungen sind. Das liegt zunächst der Eurythmie zugrunde.

Die eurythmische Kunst ist sehr mannigfaltig wie die Musik auch. Sie kann mit dem musikalischen Element in Verbindung gebracht werden. Auch für den musikalischen Ausdruck, nur in einem etwas anderen Sinne, gilt das, was ich für den sprachlichen gesagt habe. Was in der Sprache, in der Dichtung zur Kunst wird, das kann in der Eurythmie zum Ausdruck kommen, aufgelöst in Gruppenbewegungen. Dadurch kann in der Eurythmie herauskommen, was heute in der dichterischen Kunst schon recht sehr vernachlässigt wird. Meist wird nur das Prosaische der Dichtung hervorgehoben, das heißt, das eigentlich Unkünstlerische. Das Künstlerische aber wird auch wieder durch das eurythmische Element gefunden werden können. Die Dinge sind im einzelnen ebenso bestimmt wie im Musikalischen. Individualitäten kommen genauso in Betracht wie bei der Wiedergabe einer

Beethovenschen Sonate. Das Rezitatorische braucht nicht in den Hintergrund zu treten.

Es können auch die verschiedenen Künste dabei zusammenwirken. Impressionistische Kunst, die Dichtung, kann zusammenwirken mit den anderen expressionistischen Künsten. Dadurch können sie sich gegenseitig heben und tragen. Nur das künstlerisch dichterische Element kann in die Eurythmie hineingehen, nur die Gedanken*gestaltung*. Der Gedanken*inhalt* hat mit der Kunst als solcher überhaupt nicht viel zu tun.

Beim Anschauen eines eurythmischen Kunstwerkes können gerade manche Geheimnisse der Dichtung hervortreten. Die Eurythmie wird sich noch vervollkommnen. Und wenn wir dann später einmal mit ihr in die Öffentlichkeit treten, werden die Eurythmiker wohl genügend gewappnet sein, um den ganz gewiß schimpfenden Kritikern entgegentreten zu können. Aber wir können sicher sein, würde sie nur gelobt werden, so wäre sie etwas Überflüssiges und brauchte nicht gepflegt zu werden. Je mehr über sie geschimpft werden wird, desto mehr wird sie vielleicht den Menschen zu sagen haben.

DIE ERNEUERUNG DER ALTEN TEMPEL-TANZKUNST DURCH DIE NEUE RAUMBEWEGUNGSKUNST

Dornach, 25. August 1918

anläßlich des Besuchs des holländischen Prinzgemahls mit einer Darstellung aus Goethes «Faust» I, «Prolog im Himmel»

Ich darf mir vielleicht erlauben, ein paar Worte den folgenden Vorstellungen vorauszuschicken über den Sinn und die Absichten, die wir mit der eurythmischen Kunst verbinden. Ein Stückchen von dieser eurythmischen Kunst soll ja zur Vorstellung kommen.

Wir denken uns unter dieser eurythmischen Kunst etwas, ich möchte sagen wie eine Erneuerung, aber in durchaus moderner Form, der alten Tempel-Tanzkunst. Denkt man heute an die Inaugurierung von dergleichen, so ist es natürlich notwendig, daß man dann den ganzen Sinn der menschlichen Kunstentwickelung überhaupt ins Auge faßt, wenn irgend etwas, das neu sein soll, in die Gegenwart hereinkommt. Wenn man heute die verschiedenen Zweige der Geistesentwickelung der Menschheit ansieht, so bewegen sie sich nebeneinander. Kunst, Religion, Wissenschaft, überhaupt alle menschlichen Geistesbewegungen sind eigentlich aus einer Wurzel entsprungen. Man kann in älteren Zeitepochen, den Urkulturen sozusagen, sich die göttlich-heiligen Geheimnisse der Menschheit ansehen; sie konnten, insofern sie dem Sinnensein entnommen werden konnten, so angesehen werden, dann war es schöne Kunst. Dasselbe konnte auch so angesehen werden, daß es auf das Erkenntnisvermögen wirkte,

Dornach, 25. August 1918

PROGRAMM

Musikalischer heiterer Auftakt . Musik von Leopold van der Pals
Die Nektartropfen . . . . J. W. v. Goethe
Musikalischer Auftakt: Schau in dich . . . Leopold van der Pals
Aus dem Mysteriendrama: Die Pforte der Einweihung Rudolf Steiner
Das Märchen vom Lieben und Hassen
Das Märchen vom klugen Verstand
Musikalischer Auftakt: Planetentanz
An Elise . . . . Friedrich Hebbel
Auf die Sixtinische Madonna . . . . Friedrich Hebbel
Gruß an die Elemente . . . . Friedrich Hebbel
An den Mistral . . . . Friedrich Nietzsche
Zum Neuen Jahre . . . . J. W. v. Goethe
Schau in dich, schau um dich...
Liederseelen . . . . C. F. Meyer
Prolog im Himmel, aus «Faust» I . . . . . . J. W. v. Goethe
Musik von Jan Stuten

dann war es Wissenschaft. Dasselbe konnte aber auch so angesehen werden, daß es auf die menschliche Hingabe wirkte, dann war es Religion.

So gliederten sich aus Religion, Kunst und Wissenschaft wiederum die einzelnen Kulturzweige in die einzelnen Künste. Wenn man heute einen einzelnen Kunstzweig ins Auge faßt, insbesondere einen solchen, wie er erstehen soll, dann handelt es sich darum, sich in diesen ganzen geistigen Zusammenhang hineinzustellen, der uns aus der Menschheitsgeschichte heraufschimmert und heraufleuchtet.

So etwas trat an uns heran, als wir durch äußeres – man könnte sagen – Schicksal veranlaßt wurden, an die Inaugurierung dieser Eurythmie zu denken. Bei dieser handelt es sich nicht darum, irgend etwas Willkürliches rein aus der Phantasie heraus zu schaffen, sondern darum, etwas hineinzustellen in die Welt, das aus dem Geistigen, aus den spirituellen Gesetzen des Weltendaseins selbst entnommen ist. Aber alles das, was man in die Welt hineinstellen kann, findet sich in irgendeiner Form an dem Menschen. Der Mensch ist wirklich eine kleine Welt, ein Mikrokosmos, innerhalb der großen Welt, des Makrokosmos. Und diese Eurythmie ist entnommen dem Wirken und Weben eines organischen Systems des Menschen, dem Wirken und Weben der unsichtbaren Kräfte, die immer wirksam sind – sie werden die ätherischen Kräfte in der Geisteswissenschaft genannt –, wenn wir sprechen oder denken. Wir haben nicht nur diesen sichtbaren physischen Kehlkopf, der für die Anatomie oder Physiologie vorliegt, sondern dahinter die unsichtbaren Kräfte des Kehlkopfes und der sich anschließenden Organe. Da zeigt sich dem sehenden Auge, wie wir sprechen, und wir sehen zu gleicher Zeit Bewegungen eines lokal begrenzten Teiles dieses Organismus.

Nun handelt es sich darum, das, was sonst von Natur aus da ist, zur Kunst zu erheben, ganz in dem Stil und Sinne, wie *Goethe* eine in der Weise seiner Metamorphosenlehre verwandte Kunstauffassung gedacht hat. Er hat, als er in Italien sich eine Vorstellung von den griechischen Kunstwerken bilden wollte, gesagt: Da ist Notwendigkeit, da ist Gott. – Da, meinte er, offenbart sich das Göttliche im Menschen. Und für ihn handelte es sich darum, daß in jeder Kunst der Mensch zum Bewußtsein seines Verbundenseins mit dem ganzen All kommt. In seinem Sinne handelt man, wenn man dasjenige, was in lokaler Abgrenzung in der Natur im Dasein wirkt, im unsichtbaren Teile des Kehlkopfes, überträgt auf den ganzen Menschen.

Und so übertragen wir denn zunächst in Bewegungen der menschlichen Glieder dasjenige, was sonst im Sprechen, im Singen, im Musikalischen nur ausgeführt wird von dem unsichtbaren Teile des menschlichen Kehlkopfes und seinen Nachbarorganen. Hier ist nichts Pantomime, sondern hier ist alles streng gesetzmäßig. Jeder einzelne Vokal kehrt wieder, kehrt wieder in seinen entsprechenden Zusammenhängen, Satzformen, Gliederungen der Sprache, des Musikalischen. Das alles soll auch in dieser Raumbewegungskunst des Menschen zum Ausdruck kommen.

Nun haben wir, indem wir sprechen und singen, nicht nur den unsichtbaren Kehlkopf in Bewegung, sondern wir senden in die Bewegungen des Kehlkopfes unser Gemüt, unser Herz hinein, unseren ganzen Menschen. Das liegt nur in den Untertönen, man möchte besser sagen, in der Untertönung dessen, was wir aussprechen. Wenn wir Wärme, wenn wir Begeisterung, wenn wir Rhythmus, wenn wir künstlerische Gestaltung hineinbringen in das Gesprochene, dann ist das im Sprechen etwas Verhaltenes. Das lösen wir auf, und es erscheint in den Gruppentänzen. Diejenigen Bewegungen, welche die Gruppen ausführen, die herauskommen durch die Stellung der einzelnen Persönlichkeiten in den Gruppen, entsprechen dem, was nicht wirklich ausgeführt wird vom Menschen, sondern was nur in diesem unsichtbaren Kehlkopf veranlagt ist, was Untertönung ist. Dasjenige, was der einzelne Mensch für sich im Raume ausführt, das ist ganz ein Abbild dessen, was in jedem Sprechen des Menschen der unsichtbare Kehlkopf ausführt. So ist es also im wesentlichen ein Verwandeln des ganzen Menschen in einen lebendigen Kehlkopf, ein In-Beziehung-Bringen zum einzelnen Menschen, so wie der Kehlkopf im gegenseitigen Sprechen in Beziehungen kommt. Es ist Natur in die Kunst heraufgezogen. Goethe sagte: Kunst ist höhere Natur in der Natur. – Das ist nun hier in der entsprechenden Kunst gemeint.

Ich bitte sehr, diesen Zweig, der eine Episode, ein Einschiebsel unseres eigentlichen geisteswissenschaftlichen Wirkens ist, so zu betrachten, wie er sich jetzt darstellt. Er ist durchaus erst im Anfange. Es sind erst schwache Versuche, die ausgeführt werden sollen. Aber alles, was in die Welt tritt, kann ja erst keimhaft in die Welt treten, gerade wenn es als erster Versuch auftritt. Als solche ganz anspruchslosen Versuche ist dasjenige zu nehmen, das wir nun in einzelnen Dichtungen und in einer eurythmischen Ausgestaltung des Goetheschen «Prolog im Himmel», dem Anfang des «Faust», darzubieten uns erlauben.

Dornach, 9. November 1918

PROGRAMM

Spruch aus dem Seelenkalender . . . . Rudolf Steiner

Kosmischer Auftakt . . . . . Musik von Leopold van der Pals

Chor der Urträume . . . . Fercher von Steinwand

Dornach, 15. November 1918, vor Beginn des Vortrages:

Meine lieben Freunde, Sie haben vor kurzem [am 9. November] eurythmisiert den «Chor der Urträume» von Fercher von Steinwand gesehen. Es wird nun vorbereitet jene Dichtung Fercher von Steinwands, die sich an den «Chor der Urträume» anreiht: der «Chor der Urtriebe» für eine eurythmische Darbietung.

Es ist vielleicht bei dieser Dichtung ganz wünschenswert, wenn Sie sich mit dem Gedanken der Dichtung erst bekanntmachen, weil – während der eurythmischen Darstellung durch das gleichzeitige Aufnehmen des Eurythmischen und der Dichtung – die Aufmerksamkeit doch sehr stark in Anspruch genommen wird. Damit nun vor der eurythmischen Aufführung es möglich ist, daß Sie sich schon mit der Dichtung bekanntmachen, wird heute Frau Dr. Steiner den ersten und den zweiten Absatz des Chores der Urtriebe rezitieren vor dem Vortrag und morgen dann damit fortsetzen.

EURYTHMIE

Chor der Urtriebe
von Fercher von Steinwand

Rezitation
der
Chöre der Urtriebe
durch
Frau Marie Steiner
am
23. und 24. November 1918

Eurythmische Darbietung
am
30. November und 1. Dezember 1918

1918 Silvester, Neujahr 1919

PROGRAMM

Wochenspruch aus dem Seelenkalender
von Rudolf Steiner

Olaf Åsteson

ein Traumlied aus: «Norske Folkeviser»

[in freien Formen]

Dornach, 16. Januar 1919 [vor Gästen]

18. und 19. Januar *25. und 26. Januar*

PROGRAMM

«FAUST» II

Aus der «Klassischen Walpurgisnacht»

Felsbuchten am Ägäischen Meer

Musik von Leopold van der Pals

Der unterzeichnete Vorstand erlaubt sich, Sie einzuladen zu dem Versuch, mit seinen bescheidenen Mitteln eine Darbietung aus dem Gebiete des Goetheanismus zu veranstalten. Die Veranstaltung findet im geheizten provisorischen Saal des Goetheanum in Dornach, dem Nebensaal der Schreinerei hinter dem Hauptgebäude statt.

DER VORSTAND
DES VEREINS DES GOETHEANUM,
der freien Hochschule für Geisteswissenschaft.

PROGRAMM

Sonntag, den 2. Februar 1919, nachmittags 5 Uhr:
(Ende gegen 7 Uhr)

1. Conférence von Dr. RUDOLF STEINER über die letzte Szene der klassischen Walpurgisnacht im zweiten Teil von Goethes Faust.
2. Dramatisch-eurhythmische Aufführung der obengenannten Szene.

MENSCHLICHES ERKENNTNISSTREBEN UND ECHTE KÜNSTLERSCHAFT

Dornach, 2. Februar 1919

zur Schluß-Szene der Klassischen Walpurgisnacht aus «Faust» II

Bevor wir mit der Aufführung der Goetheschen Szene beginnen, darf ich mir wohl erlauben, alle die verehrten Gäste, welche diesen unseren Versuch, eine – wie man wohl von einem gewissen Gesichtspunkte aus sagen kann – bedeutungsvolle Dichtung dramatisch darzustellen, mit ihrem Interesse beehren wollen, herzlichst im Namen der Veranstalter willkommen zu heißen.

Dasjenige, was wir zur Darstellung bringen wollen, ist der Schluß des zweiten Aktes des Goetheschen zweiten Teiles des «Faust», der Schluß der sogenannten Klassischen Walpurgisnacht. Von einem gewissen Gesichtspunkte aus, erlaubte ich mir schon zu bemerken, kann man gerade der Anschauung sein, daß diese Dichtung *Goethes* sowohl auf der einen Seite für die Erkenntnis des Goetheschen Geistes und der Goetheschen Geistesart, wie auch auf der anderen Seite für die Anschauung der dichterischen Kraft der Menschheit eine ganz besondere Rolle spielt. Wer sich tiefer einläßt auf die Betrachtung dieser Episode aus dem so nach allen möglichen Richtungen hin reichen zweiten Teil von Goethes «Faust», der wird nur zu bestätigt finden, was Goethe zu seinem Freunde und Hausgenossen *Eckermann* über den zweiten Teil des «Faust» überhaupt sagte. Goethe sprach da einmal dasjenige, was mit Bezug auf diesen zweiten Teil des «Faust» so wichtig ist zu berücksichtigen, mit den folgenden Worten aus. Er sagte zu Eckermann, er habe in den zweiten Teil seines «Faust» viel, viel hineingeheimnißt, was der Eingeweihte, der nach den tieferen Gründen dieser Dichtung sucht, wohl finden und bemerken werde. Allein, er habe auch gesucht, durch die Ausgestaltung des Bildhaften für das naive Gemüt so zu wirken, daß man durchaus die tieferen Geheimnisse nicht braucht, wenn man die bloße Bilderfolge auf der Bühne rein gefühlsmäßig beobachten will.

Aber damit weist Goethe überhaupt auf eine Eigentümlichkeit einer solchen Szene hin, wie die nachher aufzuführende ist, und wie sie sich recht zahlreich gerade im zweiten Teil seines «Faust» finden. Wer versucht, nun wirklich das auch zu finden, was Goethe glaubte in diese Szene hineingeheimnißt zu haben, und wer auf der anderen Seite einen freien, offenen ästhetischen Sinn hat, um wirklich dramatisch und künstlerisch gegenständlich Gewordenes unmittelbar auf sich wirken zu lassen, der wird gerade vor einer solchen Szene so stehen, daß er sich sagt: Hier ist einmal in einer Dichtung grandios zum Ausdrucke gekommen höchstes menschliches Erkenntnisstreben, wahrhafteste menschliche Weisheitsanschauung, und nach der anderen Seite ganz unmittelbare Kunst. – Dadurch, daß man es zu tun hat mit der Ausgestaltung eines höchsten menschlichen Erkenntnisstrebens, wurde unter Goethes eindringlicher dichterischer Kraft ein solches Gedicht nicht zum Lehrgedicht, nicht zum trockenen, nüchternen Lehrgedicht. Auf der anderen Seite aber fällt auch alles bloß ästhetisch Spielerische fort durch die Dichtung, die überall durchdrungen ist von menschlicher Einsicht, von ehrlichstem, aufrichtigstem Streben vor allen Dingen nach dem – das ist ja das Bedeutungsvolle im «Faust» –, was man nennen kann menschliche Selbsterkenntnis und Selbsterfassung.

Und das ist das Bedeutungsvolle einer solchen Schöpfung Goethes, daß man an ihr sieht, wie diese Goethe-Persönlichkeit im höchsten Sinne des Wortes durch und durch in ihrem Wahrheitsstreben und in ihrem künstlerischen Schaffen absolut ehrlich ist und absolut ehrlich, innerlichst ehrlich glaubt an die Möglichkeit, immer und immer neue Offenbarungen in der Seele zu empfangen, je weiter man im Leben vorrückt. Goethe gehörte zu denjenigen Persönlichkeiten, die tief innersten Glauben an das Leben hatten, die gewissermaßen überzeugt sind davon, daß, je älter sie werden, desto reichlicher und reichlicher in ihr Seelisches die Offenbarungen der Weltengeheimnisse fließen. Darum ist es so laut sprechend sowohl für Goethes Geist wie für den Geist der Menschheit überhaupt in ihrer Eigentümlichkeit, daß Goethe eine solche Szene, wie wir sie nun vorführen wollen, im Zustande seiner höchsten Reife, wenige Jahre vor seinem Tode, als einen Teil derjenigen Dichtung niedergeschrieben hat, die ihn damals bereits seit sechs Jahrzehnten beschäftigte.

Auf ein sechzigjähriges dichterisches und Erkenntnisstreben blickte Goethe zurück, als er diese reifste Episode seiner Menschheitsdichtung einfügte. Und niemals war er der Ansicht, daß dasjenige, was einem beschert wird, wenn man entgegenlebt der Lebensreife und Lebenserfahrung, daß das, was einem später beschert wird, irgendwie nicht bedeutungsvoller sein könne als dasjenige, was einem früher beschert wird.

Was ist nun die eigentliche Aufgabe dieser Goetheschen Szene? Wir sehen über die Bühne geleitet in einer Phiole mit Benutzung eines mittelalterlichen, alchimistischen Bildes, der mittelalterlichen alchimistischen Vorstellung, den Homunkulus – Homunkulus, geleitet von dem alten griechischen Naturphilosophen Thales. Wir sehen Homunkulus in seinem Streben, Homo zu werden. Den Weg vom Homunkulus zum Homo will Goethe gerade in dieser Szene darstellen. Zugrunde liegt das Streben nach wirklicher menschlicher Selbsterkenntnis und Selbsterfassung.

Das aber verbindet eine Geisteswissenschaft, wie sie hier am Goetheanum gepflegt werden sollte, mit Goethes Weltanschauung, daß Goethe tief davon durchdrungen war: Auf zwei Wegen kommt man nicht zu einer lebensfruchtbaren und lebenseindringlichen menschlichen Selbsterkenntnis und Selbsterfassung, auf zwei Wegen nicht, nicht auf dem einseitigen Wege der bloßen naturwissenschaftlichen Erkenntnis, nicht auf dem einseitigen Wege einer bloßen mystischen, abstrakt-innerlichen Vertiefung. – Goethe war sich klar darüber, daß weder einseitige Mystik, noch einseitige Naturwissenschaft dem Menschen Selbsterkenntnis und Selbsterfassung bringen könne; daß ein anderer Weg notwendig ist, der Weg, den Geisteswissenschaft immer behaupten muß. Goethe war noch nicht in derjenigen Epoche, in welcher Geisteswissenschaft da sein konnte. Heute sucht gerade Geisteswissenschaft am intensivsten in die Goethesche Weltanschauung einzudringen. Goethe war sich klar darüber, daß mit all derjenigen Erkenntnis, die in der Naturwissenschaft zu großartigen Triumphen führt, in der Mystik zu einer gewissen Verinnerlichung des Menschen, zu einer gewissen religiösen Stimmung führt, das Wesen des Menschen aber nicht erkannt werden kann. Dasjenige, was nur sich aufschwingt in bezug auf die Erkenntniskräfte der äußeren sinnlichen Anschauung, des an das Gehirn gebundenen Verstandes, das kann nicht vordringen zu der wirklichen Beantwortung der Frage: Was ist der Mensch? Wie ist der Mensch hineingestellt in das Weltendasein? – Diese Erkenntnis, die eine bloße sinnliche und Verstandeserkenntnis ist, kann nicht den Weg zeigen vom Homunkulus zum Homo. Dieser Weg kann allein gefunden werden, wenn das gewöhnliche Bewußtsein, das sowohl der gewöhnlichen Naturwissenschaft wie der gewöhnlichen Mystik zugrunde liegt, selber durch diejenigen Kräfte, die sonst im Menschen verborgen sind, durch jene übersinnlichen Kräfte entwickelt wird, durch die der Mensch wirklich aufsteigen kann, um zu erkennen mit Erkenntniskräften, die nicht mehr sich der Werkzeuge des Leibes bedienen. Wir nennen heute in geisteswissenschaftlicher Anschauung solche Erkenntnis, die gewissermaßen außerhalb des Leibes gewonnen wird, imaginative, inspirierte, intuitive Erkenntnis. Es ist jene Erkenntnis, die dem Menschen werden würde, wenn er nachts schlafend, zwischen dem Einschlafen und dem Aufwachen, in jenem Zustand, wo er frei vom Leibe als Seele ist, plötzlich im Geistigen so sehen würde, wie er sonst durch seine Sinnesaugen, durch seine Sinnesohren, durch seinen physischen Verstand, sehend, hörend und verstehend in der physischen Welt ist. Das kann man werden. Goethe wollte wenigstens ahnungsartig hinweisen, daß man es werden könne. Allein er wollte nicht, wie man es heute auf dem Boden der Geisteswissenschaft macht, selber Imaginationen hinstellen. Das ist nun diejenige Eigenschaft, die zu seiner Grundehrlichkeit im Wahrheits- und im Kunststreben als Besonderes hinzutritt; er war nicht nur ehrlich, er war tief, tief bescheiden sowohl in seinem Kunststreben wie in seinem Erkenntnisstreben. Deshalb wollte Goethe nicht eigene Imaginationen hinstellen da, wo er aufmerksam machen wollte auf wirkliche Menschenerkenntnis. Er stellte nicht eigene Imaginationen hin, er nahm zu Hilfe die Imagination der griechischen Mythe, der griechischen Mythologie. Er wußte ganz gut, wenn man in den bedeutungsvollen Bildern lebt, lebt der Mensch nicht nur in bloßen erträumten Welten, sondern er lebt in etwas, was nähersteht der wirklichen

Homonatur, während die Verstandeserkenntnis und die sinnliche Erkenntnis und auch die gewöhnliche Mystik nur das Selbstbild des Menschen geben, was nicht Homo ist, was nicht wirklicher Mensch ist, was nur Menschlein ist, was Homunkulus ist.

Diesen Homunkulus führt nun Thales über die Szene. Wir sehen, daß Goethe wirklich die Bilder ausgestaltet, die rein äußerlich künstlerisch aufgefaßt die Seele anziehen und ein gewisses, rein ästhetisches Empfinden hervorrufen können. Wir sehen aber auch überall, wie er seine tiefere Weltauffassung und Lebensempfindung in diese Dinge hineingeheimnißt hat. Wir sehen, wie er zunächst auftreten läßt die Sirenen, als äußere Bilder der griechischen Mythologie entnommen, hier hindeutend darauf, wie das gewöhnliche, an die Sinnlichkeit gebundene Bewußtsein hinaufgeführt werden muß in eine übersinnliche Welt.

Die Sirenen locken in ein Bewußtsein hinein, das in eine Welt schaut, die sonst der Mensch nur vom Einschlafen bis zum Aufwachen bewußtlos durchlebt. Darauf weist Goethe deutlich hin. Eine nächtliche Szene wird uns vorgeführt. Und heran treten an die Sirenen andere Imaginationen der griechischen Mythologie: die Nereiden und Tritonen, Wesenheiten dämonischer Natur, die, richtig aufgefaßt, Goethe näher glaubte dem Menschenrätsel, dem wirklichen Homo-Rätsel als dem bloßen Verstand, der nur dem Homunkuluswesen nahe ist. Das zeigt er auch, indem er uns vorführt diese Nereiden und Tritonen auf dem Wege nach dem griechischen Heiligtum, dem heiligen Samothrake, wo die Mysterien der Kabiren gefeiert wurden. Diese Kabiren – man hat viel nachgedacht über sie! Gewiß, geehrt werden soll alles dasjenige, was Gelehrsamkeit, emsige, fleißige Gelehrsamkeit über diese Kabiren zutage gefördert hat, allein es bedarf wohl einer noch stärkeren Vertiefung in griechisches Denken und griechisches Empfinden, wenn man das nachbilden, nachdenken will, was durch die griechischen Seelen zog, wenn diese Seelen dachten an dasjenige, was dargestellt wurde durch die dämonischen Götter in Samothrake, durch die Kabiren.

Diese Kabiren hängen mit alledem zusammen, was Werdekraft in der großen Natur ist, was wieder verwandt ist mit aller Werdekraft im Menschen. Daß Goethe an höchste Menschenrätsel mit dieser Szene rühren will, das zeigt er einfach dadurch, daß er das Kabirenrätsel hinstellt, die Kabiren herbringen läßt durch die Nereiden und Tritonen.

Dann sehen wir, wie versucht wird durch Thales, der den Homunkulus auf diesem Wege vom Homunkulus zum Homo führt, bei dem alten Meergreis, Meerdämon Nereus, man möchte sagen, alle die einzelnen Seelenkräfte, die der Mensch im höheren Sinne ausbilden kann, vorzuführen, insofern sie geeignet sind, das menschliche Erkenntnisvermögen eindringen zu lassen in wahrhaftige Menschheitserkenntnis und Menschenerfassung. Und so sehen wir, daß uns in Nereus entgegentritt eine dämonische Gestalt, welche in sich vereinigt dasjenige, was sonst beim Menschen nur in geringerem Maße vorhanden ist: großer Verstand, aber Verstand hinaufgebracht bis zu prophetischen Gaben. Unvermögend ist dieser Nereus-Verstand, diese Nereus-Kritik, das Menschenrätsel, das Homo-Rätsel zu erfassen. Nereus verweist auf Proteus – man sieht, wie Goethes Bescheidenheit in alledem waltet –, auf Proteus, den Dämon der Verwandlungskräfte in Natur- und Menschenleben. Daß er der Dämon der Verwandlungskräfte ist, tritt dadurch hervor, daß er selbst in seine Gestalten sich verwandelt. Zuerst tritt er auf als Schildkröte, dann in menschlicher Gestalt, dann als Delphin. Auf ihn verweist Goethe, um zum Ausdruck zu bringen, wie er sich selber bemüht hat auf dem Wege seiner tiefsinnigen Metamorphosenlehre – ein geistiger Darwinismus vor dem materialistischen Darwinismus –, das Werden in der Natur bis zum Menschen hinauf zu verfolgen durch die Verwandlung der Form. Allein Goethe bleibt bescheiden, indem er andeutet: Die verschiedenen Wege führen zwar in die Nähe der Menschenerkenntnis, aber man kann das Menschenrätsel – gewissermaßen wie ein Photograph ein Objekt nur von verschiedenen Seiten photographiert – auch nur von verschiedenen Seiten erfassen. Man kann es dann ahnen, aber man kann es nicht voll in seine Seele aufnehmen. – Und so muß denn auch Proteus darauf verzichten, dem Homunkulus zu sagen, wie der Weg zum Homo ist. Nereus hat schon früher hingewiesen darauf, daß er seine Tochter Galatee erwartete, die Schwester der Doriden.

Mit dieser Galatee tritt hier in dieser Szene die Repräsentation all derjenigen Kräfte auf, die im großen Kosmos draußen walten und gleichartig sind mit den Kräften, welche die menschlichen Werdekräfte sind, indem der Mensch von der Empfängnis durch die Geburt ins sinnliche Dasein eintritt. Indem ein solcher Mensch wie Goethe an diese Kraft, die nicht nur im Menschen liegt, sondern die den ganzen Kosmos durchwebt und durchwallt, denkt und sie empfindet, denkt und empfindet er tiefste Geheimnisse, die im Weltenall weben und leben. Vor allen Dingen kommt dann einer solchen Natur, wie es die Goethesche ist, zum Bewußtsein, wie das Eindringliche, Große verwandt ist mit demjenigen, was in der Alltäglichkeit schon lebt, aber weil es in der Alltäglichkeit lebt, eben nicht genügend tief vom Menschen erfaßt wird. Goethe war es klar: Wenn wir des Morgens aus jenem Zustande, der für die meisten Menschen nicht geheimnisvoll erscheint, aber für den tiefer Denkenden und Empfindenden gerade zum größten Lebensgeheimnis werden kann, wenn man des Morgens aus dem Schlafe erwacht und auf die Kräfte hinblickt, die einen heraustragen aus dem Schlafe zur Wiederbenützung seines Körpers, zum Wieder-sich-Hineinfinden in die sinnliche Welt, so wirken bei jedem Aufwachen, nur abgeschwächt, abgelähmt, dieselben Kräfte, die auch im Menschen geboren werden, im Menschenwerden. – Diese Kräfte repräsentiert die heranrückende Galatee. Das Anschauen und Empfinden dieser Kräfte, es verbindet in dem Menschen das Sinnliche mit dem Übersinnlichen. Goethe empfand wohl das Bedeutungsvolle dieses Zusammenstellens von Sinnlichem und Übersinnlichem, wie der Mensch hinstrebt immer vom Sinnlichen zum Übersinnlichen, wie er aber in dem Augenblicke, wo er sich aufschwingen kann mit seiner Seele zum Erfassen des Übersinnlichen, sogleich wiederum von dem Übersinnlichen lassen muß, weil das Sinnliche ihn in Anspruch nimmt. Das stellt Goethe hier in diesem Satz so schön dar, indem die Schwestern der Galatee ja direkt die Schifferknaben bringen, die irdischen Menschen, gebracht von den göttlich-dämonischen Wesenheiten. Sie möchten das miteinander verbinden. Die Götterwesen, die übersinnlichen Wesen wollen sich mit dem menschlichen Wesen verbinden. Allein:

Die Götter wollen's nicht leiden.

Dieses Zusammenstoßen von Sinnlichem und Übersinnlichem – Goethe hat es anschaulich zur Darstellung gebracht. Noch einmal darf ich sagen: Goethes ganz tief innerlichste Bescheidenheit waltet gerade in dieser Dichtung. Goethe hat die verschiedensten Wege zur Wahrheit gesucht.

Wie bedeutungsvoll klingt es, wenn er, auf seiner italienischen Reise begriffen, nach der er sich so gesehnt hat, nach Hause schreibt an seine Weimarer Freunde, gewissermaßen anklingend an dasjenige, was er herauslesen wollte aus seinem *Spinoza*, er nun nach Hause schreibt, indem er die italienischen Kunstwerke anschaut, durch die er der griechischen Kunst nahezukommen suchte, wie diese in den italienischen Kunstwerken noch in einem Abglanze erschienen. Da schreibt er an seine Weimarer Freunde: Indem ich diese Kunstwerke betrachte und der griechischen Kunst glaube auf die Spur gekommen zu sein, ist es mir, als ob ich sähe, wie die griechischen Künstler nach denselben Gesetzen verfuhren, nach denen die Natur selbst verfährt, und denen ich auf der Spur bin. Da ist Notwendigkeit, da ist Gott.

Und wer die tiefen Gedanken in dem Goethebuch über *Winckelmann* auf seine Seele wirken läßt, der weiß, mit welchem Ernst und welcher Größe Goethe die Spur der Wahrheit in künstlerischem Schaffen verfolgte, ohne all das, was der Mensch durch ästhetisches Nachschaffen der Naturkräfte vor seine eigene Seele hinzustellen vermag. Auch diesen Weg wollte Goethe für sich gehen, und er wollte zeigen, wie er auch nur gewissermaßen von dieser Seite dem großen Rätsel des Daseins sich nähern kann. Das sehen wir grandios dargestellt, indem hier die Telchinen von Rhodos auftreten, die ersten, gewissermaßen großen künstlerischen Nachschöpfer der Naturkräfte.

So sehen wir Bild für Bild, indem Goethe überall zeigen will, wie der Weg, wenn er versucht wird, vom Homunkulus zum Homo den Menschen führt, von sinnlicher Verstandeserkenntnis, die nur den Homunkulus liefern kann, zur übersinnlichen Erkenntnis, die erst an den Homo herankommen kann. Denn, wenn der Mensch mit dieser übersinnlichen Erkenntnis zur Selbsterfassung, zu dem Hineinstellen seines eigenen Wesens in das Praktische und in das Weltenall wirklich gekommen ist, dann erlebt der Mensch etwas, das Goethe nun grandios in dem Schluß dieser Szene hinstellt. Der Mensch, der nun in übersinnlicher Erkenntnis sich hinaufgeschwungen hat und wiederum wie in einem Erwachen aus tiefem Schlaf zurückkehrt, um sich seiner sinnlichen Augen, seiner sinnlichen Ohren zu bedienen, seines sinnlichen Verstandes, dem ist es schon so, wie es einem ist, wenn man hier am Schluß dieser Szene auf der Bühne sieht, daß der Wagen der Galatee heranrückt, Homunkulus auf dem Weg zum Homo zerschellt an diesem Muschelwagen der Galatee. So ist es, daß unsere übersinnliche Erkenntnis, wenn wir sie herübertragen wollen in die Welt, in der Augen sehen Luft und Wasser, Natur und Erde, in der Ohren die irdischen Töne hören, in der der physische Verstand denkt. So ist es, daß, wenn wir die Homo-Erkenntnis herübertragen in diese Welt, sie wie zerschellt an der äußeren physischen Erkenntnis.

Das kommt, wie ich glaube, wirklich grandios in diesem Schluß der Klassischen Walpurgisnacht Goethes zum Ausdruck.

Wir haben nun versucht – und nehmen Sie das, sehr verehrte Anwesende, was Ihnen da geboten werden soll, eben als einen schwachen Versuch auf –, mit Hilfe unserer in einer besonderen Art ausgebildeten, sogenannten eurythmischen Kunst, einer Art Gebärdenkunst, solche Goetheschen Szenen zur Darstellung zu bringen in ihrer Vollständigkeit, die sonst auf der Bühne kaum vollständig zur Darstellung kommen könnten. Diese Gebärdenkunst unterscheidet sich von allem ähnlichen, was auf diesem Gebiet in der gegenwärtigen Zeit so zahlreich versucht wird. Die Eurythmie beruht wirklich nicht auf willkürlichen Gebärden, sondern auf einer inneren Gesetzmäßigkeit. Diese innere Gesetzmäßigkeit ist ebenso bestimmt wie die Gesetzmäßigkeit der musikalischen Kunst selber, und wenn ein und dieselbe Szene, ein und dasselbe Gedicht oder sonst etwas wiedergegeben wird in unserer eurythmischen Kunst durch die eine oder andere Eurythmistin, so ist Subjektives darinnen nur ebensoviel wie in der Wiedergabe, sagen wir einer Beethovenschen Sonate durch die eine oder die andere Person.

Mit Hilfe dieser eurythmischen Kunst ist es uns vielleicht gelungen, so schwierig darstellbare Szenen wie diese, wenigstens versuchsweise auf der Bühne ein wenig möglich zu machen. Wir müssen selbstverständlich, da es sich um einen schwachen Versuch handelt, um Nachsicht bitten. Ich kann aber noch einmal versichern, welch tiefe Befriedigung es uns gewährt, daß die verehrten Gäste mit uns zusammen ihr Interesse dieser Goetheschen Schöpfung zuwenden wollen.

WAS IST UND WILL DIE NEUE BEWEGUNGSKUNST?

Zürich, 24. Februar 1919

anläßlich der ersten öffentlichen Darstellung eurythmischer Kunst

Gestatten Sie, daß ich unserer Aufführung einige wenige Worte voranschicke. Dies wird um so notwendiger sein, als es sich bei dieser Aufführung durchaus, wie ich von vornherein bemerken darf, nicht um irgendeine schon vollendete Kunstform handelt, sondern um ein Wollen, vielleicht könnte ich sogar sagen, um die Anlage zu einem Wollen. Und in diesem Sinne bitte ich Sie, sehr verehrte Anwesende, diesen unseren heutigen Versuch auch aufzufassen und aufzunehmen. Wir wollen durchaus nicht mit irgendeiner unserer Kunstform scheinbar ähnlichen Tanzkunstform oder dergleichen in irgendeiner Weise konkurrieren. Wir wissen sehr gut, daß man in allen diesen Nachbarkünsten unendlich viel Vollkommeneres in der Gegenwart darzubieten versteht, als wir noch auf unserem speziellen Gebiete können. Doch handelt es sich für uns auch gar nicht darum, irgend etwas zu geben, was in irgendeiner anderen Form schon da ist. Es handelt sich um eine besondere Form von Kunst, hervorgebracht durch Bewegungen des menschlichen Körpers, durch gegenseitige Bewegungen und Stellungen von zu Gruppen verteilten Persönlichkeiten.

Der ganze Sinn dieser unserer eurythmischen Kunst fußt auf der Goetheschen Weltanschauung, und zwar gerade auf denjenigen Teilen der Goetheschen Weltanschauung, die, wenn man sie in seine künstlerische Empfindung aufnimmt, wohl als die grundtiefsten und für die Zukunft der künstlerischen Entwickelung vielleicht fruchtbarsten erscheinen. Wenn es auch theoretisch aussieht, so darf ich zur Erläuterung der darstellenden Gruppen in dieser Beziehung vielleicht einiges bemerken. Es ist in weitesten Kreisen bekannt, wie *Goethe* nicht nur als Künstler tätig war, sondern wie er tiefe – leider darf man heute nicht sagen wissenschaftliche – wissenschaftsähnliche Einblicke in das Weben und Wesen all der Naturvorgänge und Naturbedingungen getan hat. Man braucht nur zu erinnern, wie Goethe zu der Vorstellung gelangt ist, jedes einzelne Pflanzenorgan als eine Umwandlung der anderen Pflanzenorgane, die an demselben Wesen vorkommen, anzusehen, das eine Glied eines natürlichen Wesens als eine Metamorphose des anderen Gliedes, dann aber wiederum die ganze Pflanze – und so auch auf höhere organische Wesen, Tiere und Menschen übertragen –, das ganze Wesen als eine zusammenfassende Metamorphose der einzelnen bedeutungsvollen Glieder anzusehen. Dazu war Goethe gekommen.

Durchdringt man sich mit dem, was für die Intuition in dieser Natureinsicht liegt, so ist es möglich, diese Einsicht in künstlerische Empfindung und künstlerische Gestaltung umzusetzen. Das ist versucht worden hier in unserer eurythmischen Kunst für gewisse künstlerisch ausgestaltete Bewegungen des menschlichen Körpers selbst. Und zwar soll das dadurch erreicht werden, daß das, was Goethe angeschaut hat zunächst für die Form, hier künstlerisch umgesetzt wird in Bewegung.

Wenn ich zusammenfassend ausdrücken will, was eigentlich in dieser eurythmischen Kunst unsere Absicht ist, so möchte ich sagen: Der ganze Mensch soll zu einer Metamorphose eines einzelnen Organes, eines allerdings hervorragenden, bedeutungsvollen Organes, des Kehlkopfes, werden. – So wie der menschliche Kehlkopf durch das Wort, durch den Ton das ausdrückt, was in der Seele lebt, so ist es möglich, daß, wenn man intuitiv die Kräfte erfaßt, welche im Kehlkopf und seinen Nachbarorganen bei der Lautformung, bei der Tonformung wirksam sind, man sie umsetzen kann in Bewegungsformen des ganzen menschlichen Organismus. Der ganze menschliche Organismus kann gewissermaßen ein sichtbarer Kehlkopf werden, wobei man sich nur klar vor Augen halten muß, daß dasjenige, was der menschliche Kehlkopf zum Ausdrucke bringt in Wort, in Ton, in der Harmonie, in der gesetzmäßigen Aufeinanderfolge der Laute und der Töne, nur die Anlagen zu gewissen Bewegungen innerhalb der Luftmassen selber sind, in denen eigentlich dasjenige, was Wort und Ton ist, zu seinem sinnlich-physischen Ausdrucke kommt.

So möchte ich sagen: Das, was als Gestaltungsform die Bewegung des menschlichen Kehlkopfes hineinschickt in eine Luftmasse, versuchen wir durch den ganzen menschlichen Organismus zum Ausdruck zu bringen.

Dann soll auch dasjenige, was Ton und Rede durchklingt als Seelenstimmung, als innere Empfindung, was erklingt in der künstlerischen Gestaltung der Rede in Rhythmus, in Reim, in Alliteration, in Assonanz und so weiter, nun zum Ausdruck dadurch kommen, daß wir Gruppen bilden, deren einzelne Glieder eben Rhythmus, rein innere Seelenstimmung, Weben der Empfindung und dergleichen zu dem noch hinzufügen, was die einzelne Persönlichkeit durch ihre Bewegungen zum Ausdruck bringt.

Vermieden, wesentlich vermieden ist bei uns alles dasjenige, was irgendwie nur ein augenblicklicher Ausdruck wäre desjenigen, was in der Seele vorgeht. So wie unser Kehlkopf nicht in irgendeiner augenblicklichen, erfundenen Bewegung zum Ausdrucke bringt, was in der Seele vorgeht, sondern so, wie im Kehlkopf eine Gesetzmäßigkeit gegeben ist in der Aufeinanderfolge der Laute und der Töne, so ist hier in dieser eurythmischen Kunst eine Gesetzmäßigkeit gegeben in der Aufeinanderfolge der Bewegung. Alle Mimik, alle Ausdrucksform, die bloß in der Geste liegen, sollen vermieden werden. Und alle Mimiken, wo sie heute auftreten werden, da bitte ich Sie, dies noch als in unserer Kunstform bestehende Unvollkommenheit aufzufassen. Wir sind noch durchaus nicht so weit, als wir schon gerne wären.

Von anderen ähnlichen Kunstformen unterscheidet sich, wie Sie aus diesen Worten schon werden entnehmen können, unsere eurythmische Kunst noch dadurch, daß der ganze menschliche Körper, nicht bloß etwa die Beine, in Bewegung kommt. Ich möchte sagen: Es wird hier in besonders hervorragendem Maße gar nicht mit den Beinen eine tanzartige Bewegungskunst entfaltet, sondern die Hauptorgane für diese Bewegungskunst sind gerade die menschlichen Arme.

So versuchen wir auf einem ganz bestimmten Gebiete dasjenige, was als Impuls in der Goetheschen Weltanschauung liegt, in unserer eurythmischen Kunst vorzuführen. Derjenige, welcher uns heute richtig beurteilen will, muß dasjenige, was wir bieten können, durchaus nur als einen allerersten Anfang, der als Anfang nur unvollkommen sein kann, aufnehmen. Er muß aber auch berücksichtigen, daß jene Gewohnheiten des künstlerischen Aufnehmens solcher Dinge entgegenstehen demjenigen, was in unserer eurythmischen Kunst eigentlich als das Wesentlichste wirkt. Hier ist nichts augenblicklicher Ausdruck, sondern alles ist einer innerlichen Gesetzmäßigkeit unterworfen, die auf einem intuitiven Studium der Bewegungsmöglichkeiten des menschlichen Organismus beruht, wie in der Musik selbst die Aufeinanderfolge der Töne einer Gesetzmäßigkeit unterworfen ist, wie im Sprechen, im Versemachen die Aufeinanderfolge der Laute und Worte einer ganz bestimmten Gesetzmäßigkeit unterworfen ist, so daß niemals irgend etwas aus augenblicklicher Willkür bei dieser eurythmischen Kunst entstehen kann, sondern, wenn zwei Menschen, die vielleicht in ihrer Individualität sehr verschieden voneinander sind, in eurythmischer Kunst etwas darstellen, oder zwei verschiedene Gruppen etwas darstellen, so kann die Verschiedenheit nur so weit gehen, wie etwa die Verschiedenheit der Auffassung verschiedener Klavierspieler, die eine und dieselbe Beethoven-Sonate spielen. Es handelt sich also darum, daß alles Subjektive, alles Willkürliche aus unserer eurythmischen Kunst ausgeschaltet ist.

Indem ich mir erlaubt habe, diese paar Worte vorauszuschicken, bitte ich Sie, daß Sie erkennen, daß Sie wissen, daß es sich durchaus nur um einen Anfang, um einen schwachen Anfang bei unserer eurythmischen Kunst handelt, von dem wir allerdings glauben, daß er einer weiteren Vervollkommnung fähig ist. Und so bitten wir

Sie, das, was wir darstellen können, mit aller Nachsicht, die in solchen Dingen möglich ist, aufzunehmen. Wenn Sie uns so behandeln, dann hoffen wir, daß nach diesem ersten Versuch unsere Kräfte wachsen und wir oder vielleicht andere einmal auf diesem Gebiete in solchen Kunstformen auch etwas Besseres leisten können als schon heute.

Zürich, 24. Februar 1919 / Dornach, 13. und 14. März 1919

PROGRAMM

Einleitende Worte von Rudolf Steiner über eurythmische Kunst

In eurythmischer Einzel- oder Gruppenkunst kommen zur Darstellung:

Worte an den Geist und die Liebe aus Rudolf Steiners «Pforte der Einweihung», mit musikalischer Beigabe von L. van der Pals dargestellt durch eine Gruppe
Was treibst du, Wind von Conrad Ferdinand Meyer . E. Dollfus und A. Groh
Planetentanz von Rudolf Steiner
mit musikalischem Auftakt von L. van der Pals . . . . eine Gruppe
Göttermahl von Conrad Ferdinand Meyer
mit musikalischer Beigabe von L. van der Pals . . . . eine Gruppe
Noch einmal von Conrad Ferdinand Meyer
mit musikalischem Auftakt von L. van der Pals . . . . . Tatiana Kisseleff
Auftakt «Schau um dich, schau in dich» von L. van der Pals . . . eine Gruppe
Vor den Pforten des Paradieses von Hans Reinhart . . . . eine Gruppe
Auf die Sixtinische Madonna von Friedrich Hebbel . . . . Tatiana Kisseleff
Halleluja Eurythmie ohne Worte . . . . eine Gruppe
Aus dem «Chor der Urtriebe» von Fercher von Steinwand . . . eine Gruppe
Der Musensohn von Wolfgang Goethe
mit musikalischem Auftakt von L. van der Pals . . . . eine Gruppe

PAUSE

Vereinsamt von Friedrich Nietzsche
mit musikalischer Beigabe von L. van der Pals . . . . eine Gruppe
Jahreszeiten von Hans Reinhart . . . . eine Gruppe
Elfenmusik von Jan Stuten . . . .
Liederseelen von Conrad Ferdinand Meyer . . . . eine Gruppe
Heidenröslein von Wolfgang Goethe, mit musikalischem Auftakt
von Jan Stuten . . . . Tatiana Kisseleff und Elisabeth Dollfus
Die gebratene Flunder von Paul Scheerbart
mit musikalischem Auftakt von L. van der Pals . . . . eine Gruppe
Km 21 . . . . }
Bim bam bum . . . . . . } aus Christian Morgensterns
Das ästhetische Wiesel . . } «Galgenliedern» . . . . . . eine Gruppe
Der Tanz von Friedrich Schiller
mit musikalischer Beigabe von Max Schuurman . . . . eine Gruppe

DER GRUNDGEDANKE DER EURYTHMISCHEN KUNST

Dornach, 13. März 1919

zur ersten öffentlichen Eurythmie-Aufführung am Goetheanum

Gestatten Sie, daß ich unserer Eurythmik, eurythmischen Aufführung einige Worte voranschicke. Es wird dies um so mehr gerechtfertigt erscheinen, als Sie ja gebeten werden, Ihre Aufmerksamkeit nicht etwas in sich Abgeschlossenem, Vollkommenem zuzuwenden, sondern einer künstlerischen Bestrebung, mit der eigentlich zunächst auch nach der Ansicht derer, die sie ausführen, noch nicht ein Ziel erreicht ist, sondern vorläufig erst etwas gewollt wird, vielleicht könnte ich sogar sagen: mit dem der Versuch gemacht wird, etwas zu wollen. Es ist naheliegend, daß dasjenige, was wir hier als eurythmische Kunst darbieten, in Parallele gezogen wird mit mancherlei ähnlichen Bestrebungen der Gegenwart, bewegungskünstlerischen, tanzkünstlerischen Bestrebungen und dergleichen, und es muß gesagt werden, daß auf diesen Gebieten in der Gegenwart vieles und auch außerordentlich in sich Vollkommenes geleistet wird. Wenn Sie aber denken würden, daß wir mit diesen gewissermaßen Nachbarkünsten konkurrieren wollen, dann würden Sie unsere Absichten verkennen. Nicht darum handelt es sich, sondern es handelt sich darum, eine besondere, neue Kunstform zu entwickeln, die allerdings, soweit wir mit ihr gekommen sind, durchaus nur an ihrem Anfange steht.

Dasjenige, was dieser Bestrebung zugrunde liegt, ist im Grunde in derselben Richtung gehalten wie andere unserer Bestrebungen: eine Fortsetzung desjenigen, was in der Goetheschen Welt- und Kunstauffassung beschlossen liegt. Hier ist es im besonderen ein ganz bestimmtes Gebiet, in dem wir versuchen, die Goethesche Kunstauffassung zur Ausgestaltung zu bringen, wie es moderneren künstlerischen Anschauungen und Empfindungen entsprechen kann.

Goethe hat den das Wesen der Kunst – vielleicht doch tiefer als mancher andere – treffenden Ausspruch getan: Die Kunst ist eine Offenbarung geheimer Naturgesetze, die ohne ihre Betätigung niemals würden geoffenbart werden können. – Goethe konnte in dem künstlerischen Gestalten und Schaffen etwas sehen, was wie eine Offenbarung geheimer Naturgesetze ist, solcher Naturgesetze, die nicht mit dem nüchternen, trockenen, wissenschaftlichen Verstande zur Offenbarung kommen, weil er durch seinen umfassenden Weltblick eine tiefe Anschauung gerade von der Natur und ihren geheimnisvollen Wesenheiten erhalten hat. Nur, ich möchte sagen, einen kleinen Ausschnitt von dieser gewaltigen, umfassenden Goetheschen Naturanschauung erhält man, wenn man die allerdings für diese Naturanschauung bezeichnende, bedeutungsvolle Abhandlung Goethes über das Werden und Weben des pflanzlichen Organismus auf sich wirken läßt, wovon dann Goethes Anschauung und Gedanken über das Werden und Weben des Lebendigen in der Welt überhaupt ausstrahlt.

Nur kurz kann ich erwähnen, wie Goethe der Anschauung ist, daß jedes einzelne Glied eines Lebewesens in einer geheimnisvollen Art wie ein Ausdruck des ganzen Lebewesens ist und wiederum wie ein Ausdruck jedes anderen einzelnen Gliedes. Goethe betrachtet die werdende Pflanze, wie sie wird, Blatt für Blatt, bis hinauf zur Blüte und zur Frucht. Er ist der Anschauung, daß dasjenige, was wir als farbiges Blumenblatt bewundern, nur eine Umgestaltung ist des grünen Laubblattes, ja, daß sogar die feineren Blütenorgane, die in der äußeren Gestalt sehr unähnlich einem gewöhnlichen grünen Laubblatt sind, doch nur eine Umwandlung dieses grünen Laubblattes sind. In der Natur ist überall Metamorphose. Darauf beruht gerade die Gestaltung des Lebendigen, daß überall Metamorphose ist. Und so ist auch jedes einzelne Glied, jedes einzelne Blatt ein Ausdruck des Ganzen. Goethe sieht in dem einzelnen Laubblatt, in dem einzelnen Blütenblatt, in dem einzelnen Staubgefäß eine ganze Pflanze. Das aber ist angewendet auf alles Lebendige, vor allen Dingen auf das Urbild alles Lebendigen, auf die menschliche Gestaltung und auf die menschliche Bewegung, auf die menschliche lebendige Tätigkeit selbst. Und das sollte eben in dieser eurythmischen Kunst zum Ausdrucke kommen. Da sollten gerade geheimnisvolle Naturgesetze der menschlichen Wesenheit selber zum sichtbaren Ausdrucke kommen.

Gedacht ist das so. Aber das Gedachte ist dabei nicht die Hauptsache, sondern die Hauptsache ist, daß der Versuch gemacht worden ist, diese Goethesche Anschauung von dem Weben und Wesen des Organismus in künstlerische Empfindung wirklich aufzulösen und umzusetzen. Der Mensch spricht, indem er die Laut- und die Tonsprache an seine Umgebung offenbart, mit einem einzelnen Gliede seiner organischen Gestaltung, mit dem Kehlkopf, er singt mit dem Kehlkopf und mit den Nachbarorganen. So wie das einzelne Blatt eine ganze Pflanze ist, so ist gewissermaßen das, was Kehlkopf und Nachbarorgane sind, was Grundlagen der menschlichen Lautsprache sind, der ganze Mensch. Und wiederum der ganze Mensch kann aufgefaßt werden nur wie eine komplizierte Metamorphose des Kehlkopfes.

Dieser Versuch ist einmal gemacht worden, den ganzen Menschen in eine solche Bewegung und in solche Stellungen zu bringen, daß, wie durch den Kehlkopf lautlich, tönend gesprochen und gesungen wird, so einmal sichtbar durch den ganzen Menschen gesprochen und Musikalisches zur Geltung gebracht wird.

Dies soll aber durchaus nicht bedeuten, daß man in irgendeiner spintisierenden Weise die Bewegungen, die gemacht werden, ausdeuten soll; sondern nur, wenn – wie es bei der musikalischen Kunst selber ist, wo alles gesetzmäßig verläuft und doch alles elementar empfunden wird – die Bewegungen der eurythmischen Kunst so wie die musikalische Harmonie und Melodie selber empfunden werden in ihrer inneren Gesetzmäßigkeit, ohne daß man auf das eben Erwähnte zurückgeht, dann wird sich das Künstlerische dieses Eurythmischen ergeben.

Was in der menschlichen Seele lebt, wie es sonst ausgedrückt ist durch das Organ des menschlichen Sprechens, durch den Kehlkopf, soll ausgedrückt werden durch den ganzen Menschen, durch seine Bewegungen, durch seine Stellungen. Der ganze Mensch soll gewissermaßen als Kehlkopf sich vor dem Zuschauer entwickeln.

Nun ist aber in der menschlichen Sprache nicht bloß das enthalten, was sonst in Lauten und Lautfolgen zum Ausdrucke kommt, sondern es spricht sich das Ganze der menschlichen Seele aus: Gefühl, innere Wärme, Empfindung, Stimmung und so weiter. Daher ist unsere eurythmische Kunst auch bestrebt, dieses alles, was durch das Medium der Sprache zur Anschaulichkeit kommt, zum Ausdruck kommt, auch sichtbarlich darzustellen.

Wir haben es also mit einer Bewegungskunst zu tun, mit Bewegungen des einzelnen Menschen, aber auch mit Bewegungen von Gruppen, mit Bewegungen, die Stimmungen, Empfindungen, Wärme auszudrücken haben, welche die Sprache durchglühen und durchziehen.

Alles, was gewissermaßen die Nachbarschaft des Kehlkopfes zum Ausdruck bringt, ist wiederum durch unsere Gruppenstellungen und -bewegungen zum Ausdruck gebracht. Reim, Rhythmus, wodurch das Dichterische, das Künstlerische in der Sprache erreicht wird, ist durch diese Bewegungen von Gruppen, durch die gegenseitigen Stellungen der tanzenden Menschen und so weiter zu erreichen gesucht.

Das ist das Charakteristische dieser eurythmischen Kunst, sehr verehrte Anwesende, wodurch sie sich von allen Nachbarkünsten unterscheidet, daß nicht die augenblickliche Gebärde, nicht das augenblicklich Pantomimische gesucht wird, geradesowenig wie in der Musik in ihrer inneren Gesetzmäßigkeit irgend etwas als augenblicklicher Ausdruck gesucht wird – dann wäre es ja Musikmalerei –, ebensowenig wird in der eurythmischen Kunst bewußtes Mimisches durch augenblickliche Geste angestrebt. Nicht dasjenige, was augenblicklich in der Seele lebt, wird, wie es in Nachbarkünsten der Fall ist, durch augenblickliche Geste, durch augenblickliche Pantomime zum Ausdruck gebracht, sondern so ist es, daß dem Ganzen eine innere Gesetzmäßigkeit wie der Musik selbst zugrunde liegt. So daß allerdings, wenn zwei Eurythmiker dasselbe darstellen, die Verschiedenheit nur so sein wird, wie wenn zwei Klavierspieler ein und dieselbe Beethoven-Sonate nach ihrer subjektiven Auffassung wiedergeben. Größer wird der Unterschied nicht sein. Alles ist objektiviert. Und wo Sie noch sehen werden, daß ein Pantomimisches, daß ein Mimisches, daß Augenblicksgesten auftreten, da ist eben die Sache noch unvollkommen, da werden wir noch manches, gerade um unseren Anschauungen gerecht zu werden, zu überwinden haben.

So wird erreicht, daß man tatsächlich auf der einen Seite die gesprochene Dichtung wird hören können, oder auch das Musikalische, und auf der anderen Seite umgesetzt diese Dichtung, dieses Musikalische in der Weise in menschliche Bewegung und in Bewegungen von Gruppen von Menschen sehen wird, so daß dasjenige, was in diesen Bewegungen, in diesen Stellungen zum Ausdrucke kommt, so unmittelbar wirken soll wie die Luftschwingung, wie die Luftbewegung, die ja auch als eine wirkliche Bewegung aus dem menschlichen Kehlkopf hervorkommt. Man wendet ja die Aufmerksamkeit den zu hörenden Lauten und nicht der Bewegung, die unsichtbar bleibt, zu.

Mit unseren künstlerischen Bewegungen, mit unserer Eurythmie soll im Raume gesehen werden, was der Mensch gleichsam im Raume nicht sieht, weil er sein Ohr nur dem zuwendet, wie gesprochen wird, und nicht zuwenden kann irgendein Organ dem, was sich im Kehlkopf als Fortsetzung der Eigenbewegung des Kehlkopfes in Luftschwingungen, in Rhythmen, in Harmonie und so weiter entwickelt.

Das ist der Grundgedanke unserer eurythmischen Kunst. Darinnen sind wir natürlich durchaus mit unseren Bestrebungen im Anfange stehend, und ich bitte Sie, dies zu berücksichtigen. Sie werden etwas Unvollkommenes dargeboten finden, aber etwas, was ein Anfang sein soll zu einer weitergehenden Entwickelung nach dieser Richtung hin. Und wenn Sie die Güte und Freundlichkeit haben, dasjenige, was heute noch unvollkommen dargeboten werden kann, in dieser Unvollkommenheit sich anzusehen, so werden sich uns aus Ihrer Aufmerksamkeit selbst ganz gewiß weitere Impulse zur Vervollkommnung dieser Kunst, die sich unter andere Künste hineinstellen will, ergeben. Jedenfalls aber möchten wir, daß immer mehr und mehr empfunden werde, daß die Formen des Künstlerischen noch nicht abgeschlossen sind. Der Stil eurythmischer Kunst wird insbesondere in seinem Wesentlichen eingesehen werden, wenn man gerade auf die gesunde Goethesche Anschauung zurückgeht, die er mit den Worten ausdrückt: Der Stil beruht auf den tiefsten Grundlagen der Erkenntnis, auf dem Wesen der Dinge, insofern uns erlaubt ist, dieses Wesen der Dinge in sichtbaren und greiflichen Gestalten darzustellen. – Und Goethe ist es selbst, der alles, was man in der Kunst darstellen kann, zuletzt auf das bezieht, was durch den Menschen selbst zur Anschauung kommen kann. In seinem schönen Buche über *Winckelmann* will Goethe das Wesen der Kunst dadurch zum Ausdrucke bringen, daß er sagt: Im Menschen spiegelt sich die ganze Welt, im Menschen kommen die geheimsten Naturgesetze zur Offenbarung, und gerade indem er sie in sich und durch sich darstellt, stellt er einen Gipfel des Wesens und Werdens aller Dinge dar. – Goethe sagt: Indem der Mensch sich zu dem Gipfel der Natur erhebt, wird er in sich vollkommen und bringt seinerseits selber wiederum einen Gipfel hervor. Er versucht, in sich zu haben alle Vollkommenheiten, die sonst über einzelnes in der Natur ausgebreitet sind; er versucht Ordnung, Harmonie in sich zu vereinen, um so sich zuletzt zur Produktion des Kunstwerkes zu erheben.

Ein Versuch, aber wie gesagt, ein Versuch, der seine Vollkommenheit suchen wird, ist das, was wir Ihnen heute im Anfange darbieten wollen. Wenden Sie diesem Versuch als einem Anfange Ihre Aufmerksamkeit zu, denn wir haben die Überzeugung, daß in dem, was jetzt noch im Anfange steht, die Keime zu einem Vollkommeneren liegen, gleichgültig, ob dieses Vollkommene noch durch uns selbst erreicht wird, oder ob andere das, was wir begonnen haben in dieser Kunstrichtung, fortsetzen werden. Es erscheint denen, die mit diesem einzelnen Kunstzweige verbunden sind, als eine Grundlage tiefster Überzeugung: entweder wir noch selber oder andere nach uns werden aus den kleinen Anfängen, aus dem Unvollkommenen, das man jetzt noch vor sich haben kann, einstmals gerade einen wirklich in die Tiefen der menschlichen Wesenheit und ihre Möglichkeit hineinführenden Kunstzweig finden, der sich neben andere Kunstzweige hinstellen kann.

DIE NEUE, DEM LEBEN DER ZUKUNFT DIENENDE KUNST

Stuttgart, 6. Mai 1919

für die Angestellten und Arbeiter der Waldorf-Astoria-Zigarettenfabrik

Was wir Ihnen vorführen wollen, ist eine neue Kunst, aber Sie müssen berücksichtigen, daß wir mit ihr ganz am Anfang stehen. Sie wird sich nach einiger Zeit vervollkommnen und zu gewissen sehr weiten Zielen hinführen können. Allein man wird schon jetzt aus den Vorstufen, die wir erreicht haben, sehen, was gerade mit dieser besonderen Kunst für das zukünftige Leben der Menschheit gemeint ist. Diese Kunst soll sich nämlich in das Leben der Menschheit so hineinstellen, daß sie nicht engbegrenzten Kreisen angehört, sondern der ganzen breiten Masse der Menschheit dienen soll. In dieses Zukunftsleben soll sich diese Kunst hineinstellen.

Wenn ich daher das, was Sie als Eurythmie sehen werden, mit irgend etwas, was gegenwärtig in der Welt gepflegt wird, vergleichen wollte, so könnte ich es nicht. Was sonst als Bewegungskunst ausgeübt wird, ist immer nur ein Stück, ein Teil von dem, was Sie hier sehen werden. Und das, was hier gepflegt wird, ist der Versuch eines Zusammenflusses von verschiedenen Einzelheiten des vollen menschlichen Wesens zu kräftigender, gesundender, wie auch zu künstlerisch sich entfaltender Tätigkeit. Wenn ich dennoch einen Vergleich machen soll, so möchte ich sagen, daß durch die Eurythmie etwas in seelischer, in geistiger Weise angestrebt wird, so daß der Mensch sich wirklich auch als seelisches und geistiges Wesen dabei fühlt, was bisher nur in ungeistiger, in unseelischer Weise angestrebt worden ist durch das Turnen. Das Turnen bringt den Menschen nach körperlichen Gesetzen in äußere Bewegung, und man darf sich keiner Illusion hingeben: Das Turnen ist eine Bewegungskunst ohne eigentlich seelisch-geistiges Element. Hier aber sehen Sie eine Bewegungskunst, die in den Bewegungen der menschlichen Glieder zugleich Seelisch-Geistiges aufleuchten läßt. – Auf der anderen Seite könnte man das, was hier geboten wird, auch vergleichen mit der Bühnentanzkunst. Aber auch die Bühnentanzkunst ist nur eine einseitige Ausgestaltung eines wahren Menschlich-Künstlerischen, denn da wird von Äußerlichkeiten ausgegangen; Äußerlichkeiten werden in menschliche Tanzbewegungen umgesetzt.

In der Eurythmie wird nicht von etwas Äußerlichem ausgegangen. Was Sie hier durch einzelne Menschen und durch die Verhältnisse der Stellungen und Bewegungen von Menschengruppen dargestellt sehen werden, machen Sie selbst im Grunde genommen

Eurythmische Aufführung für die Arbeiter
und Angestellten der Waldorf-Astoria-Zigarettenfabrik
im Kuppelsaal in Stuttgart
Dienstag, den 6. Mai 1919, 12 Uhr

PROGRAMM

1. *Friedens- und Energietanz*
2. *Ich und Du*
3. *Harmonische Acht*
4. *Ballen und Spreizen*
5. *Säerspruch* von C. F. Meyer . . . . E. Wolfram
6. *Spruch aus dem Seelenkalender* von Rudolf Steiner . E. Dollfus
7. *Planetentanz* von Rudolf Steiner
8. *Symbolum* von J. W. v. Goethe
9. *Ganymed* von J. W. v. Goethe . . . . E. Dollfus
10. *Hallelujah*
11. *Musikalischer Auftakt «Schicksalsfrage»*
12. *Herbst* von Friedrich Nietzsche . . . . . . L. Maier-Smits
13. *Musikalischer Auftakt «Schau um dich, schau in dich»*
14. *Morgenlied* von C. F. Meyer . . . . E. Wolfram
15. *Heiterer Auftakt* von Leopold van der Pals
16. *Zum neuen Jahr* von J. W. v. Goethe
17. *Rosen im Süden* von Friedrich Hebbel
18. *Liederseelen* von C. F. Meyer . . . . L. Maier-Smits
19. *Satirischer Auftakt* von Leopold van der Pals
20. *Galgenlieder* von Christian Morgenstern
    a. Unter Zeiten
    b. Der Trichter
    c. Der Seufzer . . . . E. Wolfram
    d. Die beiden Flaschen . . . . Thea Smits, I. Bögel
    e. Bim, Bam, Bum . I. Bögel, L. Maier-Smits, E. Wolfram

fortwährend den ganzen Tag hindurch. Nur machen Sie es nicht mit Ihren äußerlich sichtbaren Gliedern, mit Armen und Beinen, sondern Sie machen es, indem Sie sprechen. Sie machen es fortwährend mit den äußerlich unsichtbaren Organen Ihres Kehlkopfes und mit der Luft, die Sie durch Ihren Kehlkopf in Bewegung bringen. Man ist nur nicht aufmerksam auf die Art, wie die Organe des Kehlkopfes und die benachbarten Organe schwingen, wie Gaumen und Lunge in Bewegung sind, weil man beim Sprechen zuhört, weil man auf die Umsetzung der Bewegungen in den Ton hinhört. Aber wer sich vertiefen kann in dasjenige, was Kehlkopf, Lunge, Zunge, Gaumen, Lippen eigentlich vollführen, was namentlich die Luft vollführt, wenn gesprochen wird, der kann sagen, daß von jedem Menschen im Sprechen die kunstvollsten Bewegungen ausgeführt werden, besonders im künstlerischen Sprechen, in der Deklamation, und diese künstlerischen Bewegungen sind in ihrer Wirkung dem Musikalischen ähnlich. So sonderbar es klingt: Was wir als Eurythmie bringen, ist etwas den geheimnisvoll künstlerischen Schöpfungen Abgelauschtes, welche die Natur des Menschen im Sprechen vollzieht. – Wenn Sie irgendeinen Eurythmisten auftreten sehen, so ist alles, was Sie da auftreten sehen in dem Verhältnis der Stellungen und Bewegungen der Gruppen zueinander in menschliche Bewegung umgesetzte Kehlkopfbewegung. Da ist der ganze Mensch und die ganze Gruppe einfach Kehlkopf; alles wird Sprachorgan. Daher können wir auf der einen Seite das Musikalische hören lassen, auf der anderen Seite das, was im Musikalischen veranlagt ist, statt durch Kehlkopfbewegungen wie im Singen durch die Bewegungen der Menschengruppen zum Ausdruck bringen. So können wir auch die dichterische, die kunstvoll geformte Sprache in der Bewegung einzelner Menschen und in den Bewegungen und Stellungen von Menschengruppen darstellen. Das, was das Wort, der Laut enthält, drückt immer der einzelne Mensch in der Eurythmie aus; dasjenige, was unsere Sprache, namentlich unsere dichterische Sprache durchsetzt an menschlicher Empfindungswärme, an Gemütsinhalt, drücken die Bewegungen und Stellungen der Gruppen aus. Und alles im reinen Rhythmus. Alles können wir ausdrücken durch dasjenige, was Sie hier sehen werden. Also das, was im Menschen am beseeltesten ist, das, wodurch des Menschen innerste Gemütsbewegungen sich nach außen offenbaren, das menschliche Sprachorgan, das übertragen wir auf den ganzen Menschen. Dadurch durchseelen und durchgeistigen wir den Menschen, bringen das, was im Körper geformt ist, in den Geist hinein, so daß der Mensch in der Eurythmie sich als Seele, als Geist in Wirklichkeit fühlen kann.

In der neueren Zeit haben die Menschen verlernt, zu der wahren dichterischen Kunst ein Verhältnis zu haben. Rezitieren, deklamieren kann man heute wirklich gar nicht mehr, weil man doch immer nur Prosa liest. In der Eurythmie ist der Mensch genötigt zu wissen, daß Dichtung mehr ist als bloße Prosa, daß Dichtung geformte, gestaltete Sprache ist. Daher wird das Gesprochene, wodurch Sie das, was Sie in den Bewegungen sehen, auch hören werden, durch kunstvolles Sprechen wiedergegeben, nicht durch prosaische Deklamation, wie man sie überall hat, wo die Kunst auf diesem Gebiete verlorengegangen ist. Diese Deklamationskunst ergibt sich, wenn man genötigt ist, das Deklamieren dem anzupassen, was der Mensch, wenn er ganz Kehlkopf ist, zum Ausdruck bringen muß.

So wird das seelenlose Turnen mit dem nur äußerlich beseelten Tanz zu einer Einheit zusammengefügt. Dadurch wird etwas geschaffen, was nicht bloß zum Anschauen ist wie der Bühnentanz, auch nicht bloße Körperbewegung wie das Turnen, sondern was beides ist. Es ist als Kunst etwas Neues, was man als Mensch ausführen kann, indem man sich aus dem Geistig-Seelischen heraus gesund und kräftig macht, was das Turnen nicht kann, weil es nicht den ganzen Menschen ergreift.

Aber Sie müssen berücksichtigen, daß die Arbeit eine große ist. Sie will dem Leben der Zukunft dienen, der Zukunft, von der ich Ihnen in Ihrer Werkstätte drüben in der Fabrik kürzlich vom sozialen Standpunkte aus gesprochen habe. Sie will dann auch den befreiten Menschen, wenn sie verständnisvoll sich einleben können, dienen. Sie wird sich schon vervollkommnen entweder durch uns oder durch andere, denn sie ist ein richtiger Anfang zu dem in die Zukunft hinein seine Entwickelung suchenden Menschheitsideal.

Eintragungen in ein Notizbuch

Für die erste öffentliche Eurythmie-Aufführung in Stuttgart am 25. Mai 1919

Anfang.

1.) Nicht konkurrieren mit scheinbar Verwandtem.
2.) Beseelte Bewegungskunst.
3.) Im Sinn der Goetheschen Weltanschauung.
4.) Die Metamorphose des Sprechens und Singens.
5.) Nicht Geste und nichts Mimisches.
6.) Innere Gesetzmäßigkeit wie in der Musik – und gerade deshalb Wiedergabe zum Beispiel des Sprachcharakters.
7.) Stimmung, Reim, Rhythmus etc.
8.) Rezitation.
9.) Hoffnung, daß vervollkommnet werden kann. Der *ganze Mensch* spricht –

1.) Es ist die Eurythmie ein Versuch.
2.) Sie stammt aus Goethescher Kunstgesinnung.
3.) Geheimnis zwischen dem *Hörenden* und dem Sprechenden, Singenden und dem im Musikalischen sich Offenbarenden.
4.) Die Metamorphose zwischen dem Musikalischen, Dichterischen und dem Hörenden.
5.) Rechtfertigung des Musikalischen und Dichterischen: der ganze Mensch lebt und schwingt darin weiter. *Schiller.*
6.) Nichts von bloßer Willkür = Geste; nichts von Mimik – innere Gesetzmäßigkeit. Das Subjektive.
7.) Beseelte Bewegungskunst.
8.) Gegen das Spezialistentum.
9.) Eben Versuch.

Eintragungen auf einem Notizblatt

Zu den öffentlichen Eurythmie-Aufführungen in Stuttgart im Juli 1919

Eurythmie

Kunst, die sich zum Ausdruck bringt durch den bewegten menschlichen Körper.

Aus der Goetheschen Kunstgesinnung.

Wie das Blatt eine ganze Pflanze,
wie die Pflanze ein kompliziertes Blatt:
So Bewegungen des Menschen, die dem Sprechen zum Grund liegen.
Und die Bewegungen des Kehlkopfs und seiner Nachbarorgane Bewegungsbilder des ganzen Menschen.

Gruppenbewegungen.

Keine Pantomime, keine Augenblicksgesten =
Innere Gesetzmäßigkeit wie bei der Musik.

Rezitation kann die Eurythmie nur begleiten, wenn sie wieder wird, was sie einst gewesen: die Kunst der bewegten Sprache – nicht der Inhalt, sondern die künstlerische Form. Schiller vor dem Dichten ein musikalisches Motiv. –

Musik:
Beseelte Bewegung des menschlichen Organismus. Soll päd. die seelenlose Turnkunst ins Beseelte heben. –

Benedetto Croce: 1902: Ästhetik als Wissenschaft des Ausdrucks und allg. Linguistik.*

* Vgl.: Geisteswissenschaftliche Behandlung sozialer und pädagogischer Fragen Stuttgart, 6. Juli 1919, Bibl.-Nr. 192, Dornach 1964

Eintragungen in ein Notizbuch

Zu den öffentlichen Eurythmie-Darbietungen in Stuttgart am 24. Juli 1919 und in Mannheim am 27. Juli 1919

Jede bildende Kunst strebt nach dem Musikalischen.
Jede hörbare Kunst strebt nach der Gestaltung.

Die Pantomimik ist ein egoistisches Sich-Vordrängen des Menschen –: darin leben alle Willkür-Impulse.

Das Sprechen ist ein Sich-Verlieren des persönlichen Menschen –

Bewegungskunst

Aber nicht Mimik oder pantomimisch –

Die beim Zuhören unterdrückten Bewegungen

Individuelle Verschiedenheit

DAS SICHTBARWERDEN DER SPRACHE DURCH DEN GANZEN MENSCHEN

Dornach, 11. August 1919

Zu einer Aufführung für Ferienkinder aus München

So, liebe Kinder, Ihr habt hierherkommen dürfen aus Eurer Heimat, habt die schönen Berge, die schönen Felder, die Wiesen sehen dürfen, und Ihr habt die freundlichen Leute kennengelernt, die Euch aufgenommen haben. Ihr habt Euch herzlich freuen können an dieser freundlichen Aufnahme, die Ihr empfangen habt in der schönen, lieben Schweiz.

Und nun haben wir Euch gestern und heute auch noch gezeigt, was wir hier zu zeigen haben. Ihr habt hier oben mancherlei zu sehen bekommen. Wenn Ihr später einmal nachdenken werdet und Euch erinnern werdet, was Ihr gesehen habt, und wenn Ihr einmal verstehen werdet das Wort Eurythmie, dann wird das hoffentlich eine schöne Erinnerung für Euch sein.

Ihr wißt, daß der Mensch die schöne Gottesgabe der Sprache hat. Man spricht aber gewöhnlich mit dem Munde. Das, was Ihr hier an Eurythmie gesehen habt, ist auch eine Sprache, nur spricht der ganze Mensch. Und Ihr werdet alle einmal wissen, was das ist, was man die Seele des Menschen nennt. Ihr wißt jetzt noch nicht, könnt es noch nicht wissen, was im Menschen ist, was in Euch ist und was Ihr einmal Seele nennen werdet.

Aber was Ihr hier gesehen habt, was man an Bewegungen gemacht hat mit den Armen, was man an Bewegungen gemacht hat im Kreis und sonst, das ist alles gesprochen, aber so gesprochen, daß man es nicht hört, sondern daß man es sieht. Und was spricht, ist nicht der Mund, es ist der ganze Mensch, es ist die Seele im Menschen. Und wenn Ihr einmal später fragen werdet: Was wohnt in meiner Brust? – da wohnt die Seele –, dann erinnert Euch, daß Ihr hier gestern und heute gelernt habt, wie die Seele durch den Menschen, durch seine Glieder spricht.

Und jetzt möchte ich über Eure Köpfe weg zu den Erwachsenen ein paar Worte über dasjenige sagen, was Ihr seht und was Ihr später besser verstehen werdet. Ich möchte sagen, daß das, was wir einen eurythmischen Versuch nennen, daß diese unsere Eurythmie eine Ausführung der Goetheschen Weltanschauung und der Goetheschen Kunstanschauung ist, so wie wir sie uns zu denken haben eben im ersten Drittel des 20. Jahrhunderts, nicht zu Goethes Zeiten selber.

Goethe hat tiefer als irgendeiner seiner Zeitgenossen, und namentlich tiefer als irgendeiner der auf ihn folgenden Generationen, in das lebendige Wesen der Natur hineingeschaut. Die Tiefe der Goetheschen Weltanschauung ist heute noch immer nicht gewürdigt. Was man aus der Goetheschen Weltanschauung auf einem eng begrenzten Gebiete gewinnen kann, das soll durch unsere Eurythmie dargestellt werden.

Goethe sieht in der ganzen Pflanze nur ein komplizierter gestaltetes Blatt. Jedes Blatt ist für Goethe etwas, worin er mit dem übersinnlichen Auge wiederum die ganze Pflanze sieht.

Und diese Anschauung, die lange noch nicht ausgebaut ist, die kann im Sinne von Goethes Weltanschauung künstlerisch immer weiter vervollkommnet werden. Hier wird sie auf einem bestimmten, konkreten Gebiete angewandt.

Wer intuitiv schauen kann, was im ganzen Menschen vorgeht, wenn gesprochen wird, namentlich wenn künstlerisch-dichterisch gesprochen wird, der weiß, daß im Grunde genommen diese vom Kehlkopf und den Nachbarorganen ausgeführten Bewegungen, Tätigkeiten, sich zu dem ganzen Menschen so verhalten, wie Goethe glaubte, daß sich das Blatt zu der ganzen Pflanze verhält. Das Blatt ist eine Metamorphose der ganzen Pflanze.

Für uns hier ist das, was durch den Kehlkopf und seine Nachbarorgane in der menschlichen Sprache zum Ausdruck kommt, eine Metamorphose dessen, was der ganze Mensch zurückhält, was er eigentlich ausführen will, indem er zuhört. Und wer übersinnlich schauen kann, weiß, daß es nicht nur eine Theorie ist, wenn man sich vorstellt, daß wir durch unsere Sprachorgane die Luft in Bewegung bringen. Sprache trägt also in sich ein unsichtbares Sich-Bewegen. Und das ist es, was wir in der Eurythmie versuchen: den ganzen Menschen in seiner Bewegung zu einem großen Kehlkopf zu machen, anschaulich zu machen alles, was sonst in der Sprache unsichtbar bleibt, weil wir unsere Aufmerksamkeit selbstverständlich auf das Hören richten.

Das Sichtbarwerden der Sprache durch den ganzen Menschen ist es, was wir in der Eurythmie anschaulich machen wollen. Darin ist nichts Willkürliches.

Es ist noch nicht alles erreicht. Die eurythmische Kunst ist erst im Anfange, ist erst der Versuch eines Anfanges. Alles Pantomimische, alles Willkürliche ist ausgeschlossen. Wie die Musik selbst gesetzmäßig ist, wie ein Ton musikalisch aus dem anderen folgt, wie die Musik in Dur und Moll gesetzmäßig aufgebaut ist, so ist das, was in der Eurythmie zutage tritt, innerlich gesetzmäßig aufgebaut. Wenn zwei Menschen oder zwei Menschengruppen ein und dieselbe Sache an zwei verschiedenen Orten eurythmisch zur Darstellung bringen, so darf nicht mehr individueller Unterschied in der Wiedergabe sein, als wenn zwei verschiedene Klavierspieler ein und dieselbe Sonate von Beethoven mit persönlicher Auffassung spielen. Es ist ein gesetzmäßiger Aufbau vorhanden.

Das ist es, was angestrebt wird und wodurch wir auf der einen Seite etwas Künstlerisches zu erreichen versuchen, auf der anderen Seite aber auch etwas Pädagogisch-Hygienisches. Künstlerisch soll dieses große Goethesche Kunstprinzip zum Ausdruck kommen, das er ausspricht, wenn er sagt: Denn indem der Mensch auf den Gipfel der Natur gestellt ist, so sieht er sich wieder als eine ganze Natur an, die in sich abermals einen Gipfel hervorzubringen hat. Dazu steigert er sich, indem er sich mit allen Vollkommenheiten und Tugenden durchdringt, Wahl, Ordnung, Harmonie und Bedeutung aufruft und sich endlich bis zur Produktion des Kunstwerkes erhebt, das neben seinen übrigen Taten und Werken einen glänzenden Platz einnimmt.

Hier wird der ganze Mensch zum Kunstwerke durch diejenigen Bewegungsmöglichkeiten, die im ganzen Menschen so wie im Kehlkopf liegen, wo sie unsichtbar bleiben. Die sollen zur Anschauung kommen.

Das, was die Sprache aus der seelischen Empfindung, aus der inneren Seelenwärme heraus durchglüht, was sie durchkraftet aus dem Enthusiasmus unserer Persönlichkeit heraus, und was der Dichter im Reim, im Rhythmus zum Ausdruck bringt, das kommt in den Gruppenbewegungen und Bewegungen der Menschen im äußeren Raume zum Vorschein. Das entspricht einer inneren Gesetzmäßigkeit. Willkürlich ist darin nicht mehr, als sich aus der künstlerischen Darstellung ergibt, wenn zwei verschiedene Darsteller ein und dieselbe Sache ausführen.

Natürlich soll durch diese paar einleitenden Worte dem Künstlerischen nicht vorgegriffen werden. Die Kunst beruht ja darauf, daß sie unmittelbar genossen werden kann. Aber auf die übersinnlichen Quellen alles künstlerischen Schaffens im Sinne Goethes soll hingewiesen werden. Es scheint mir nötig, gerade auf diesem Gebiete eine neue Kunstform zu schaffen, die wir hinzu erschaffen wollen zu allem übrigen, was wir zu unserem Bau hinzu erschaffen möchten.

Die Eurythmie wird einerseits begleitet werden von Rezitation, andererseits von Musikalischem. Eben das, was man rezitatorisch hört, was man musikalisch hört, soll durch die Formen der Eurythmie dargestellt werden.

Ich möchte dabei nur erwähnen, daß die Rezitationskunst wieder zurückkehren muß zu den alten, guten Formen. Die heutigen Menschen haben eine richtige Rezitationskunst eigentlich gar nicht mehr kennengelernt; das hat im Grunde genommen in den siebziger Jahren des 19. Jahrhunderts aufgehört. Goethe war noch so durchdrungen von dieser Rezitationskunst, daß er seine «Iphigenie» mit seinen Schauspielern mit dem Taktstock in der Hand einstudierte wie ein Kapellmeister. Das ist durchaus gerechtfertigt, denn nicht darauf kommt es an, daß die prosaische Rezitation, wie das heute aus einem gewissen materialistischen Hang heraus geschieht, den wortwörtlichen Inhalt besonders betont, sondern darauf, daß man gerade das Künstlerische, das Rhythmische, dasjenige, was nicht der Prosainhalt, sondern die künstlerische Formgestaltung ist, in der Rezitation zum Ausdruck bringt.

Dann sieht man gerade in dem Parallelgehen von Rezitation und Eurythmie, wie der ganze Mensch eigentlich daraufhin gebaut ist, sich innerlich zu bewegen, wenn etwas Künstlerisches geschaffen wird.

Ich erinnere nur daran, daß *Schiller,* bevor er sich den Inhalt eines Gedichtes in seinem Geiste vergegenwärtigte, nicht den wortwörtlichen Begriff in der Vorstellung hatte, sondern ein unbestimmtes Melodiöses, Musikalisches in der Seele empfand. Schiller schuf durchaus aus der musikalisch-bewegten Seele heraus. Also das Rhythmische, das Innerlich-Bewegte, das sich dann erst auf den Prosainhalt überträgt, lag den bedeutendsten Gedichten Schillers zugrunde.

Das Pointieren des Prosainhaltes einer Dichtung wollen wir wiederum zurücktreten lassen und das eigentlich Dichterische in der Rezitation, die der Eurythmie parallel gehen soll, zum Ausdrucke bringen.

Sie werden natürlich Nachsicht haben müssen. Wir stehen mit unserer Eurythmie erst im Anfang. Vor allen Dingen ist zu bemerken, daß das Pantomimische, das Mimische, die Augenblicksgeste, daß das alles später, wenn die Eurythmie mehr vervollkommnet sein wird, heraus kommen wird. Wir sind selbst unsere strengsten Kritiker und wissen, daß wir mit der Kunst der Eurythmie heute durchaus noch auf einer unvollkommenen Stufe stehen. Wir glauben aber, daß wenn im Sinne Goethes der ganze Mensch aufgerufen wird, so daß man fühlt, daß höhere Naturgesetze durch das hindurchscheinen, was sich äußerlich den Sinnen darbietet, daß dann auf der Grundlage dieser Goetheschen Weltanschauung eine solche neue, echte Kunst, die etwas Edleres ist als die Tanzkunst, die man sonst hat, wird zum Vorschein kommen können. Und das, was im Turnen im Grunde nur physiologisch ist, was nur den Körper, den äußeren Leib ausbildet, soll in der Eurythmie durchseelt werden, so daß zum Vorschein kommt, daß die Seele überall mitvibriert, mitspricht. So wollen wir auch ein pädagogisches Element in diese unsere eurythmische Kunst hineintragen.

Ich glaube, Ihrer Nachsicht empfehlen zu dürfen, was wir jetzt in einer noch unvollkommenen Weise darbieten werden. Wir hoffen aber, daß wenn die Zeitgenossen diesem Versuche einiges Interesse entgegenbringen, wir doch – vielleicht nicht mehr durch uns, aber durch andere, die nachfolgen werden – gerade diese eurythmische Kunst zu einer solchen Vollkommenheit bringen können, daß sie sich wie eine vollberechtigte neue Kunst neben die anderen älteren Künste wird hinstellen können.

Dornach, 10. August 1919

(vor dem Vortrag)

PROGRAMM

Die Hoffnung . . . . Friedrich Schiller
mit musikalischer Beigabe von M. Schuurman

Aus den Jahressprüchen . . . . Rudolf Steiner

Meeresstille . . . . J. W. v. Goethe

Glückliche Fahrt . . . . J. W. v. Goethe
mit musikalischer Beigabe von L. van der Pals

Aus: «Wir fanden einen Pfad» . . . . . . Christian Morgenstern

Die Geburt der Perle . . . . Fercher von Steinwand
mit musikalischem Auftakt von L. van der Pals

Auftakt: Evoe . . . . Max Schuurman

Ein Traumerlebnis . . . . L. van Blommestein

Die Beichte des Wurms . . . . Christian Morgenstern
für Gesang, Ton- und Lauteurythmie

Dornach, 11. August 1919

Aufführung für Münchener Ferienkinder

Eurythmie-Programm wie am Tage zuvor, etwas gekürzt;
dazu noch: Das Ästhetische Wiesel von Christian Morgenstern

Samstag, den 16. August 1919, um 7 Uhr abends und
Sonntag, den 17. August 1919, um 5 Uhr nachmittags
im provisorischen Saal des Goetheanum, Dornach

PROGRAMM

Einleitende Worte von Rudolf Steiner über eurythmische Kunst

Die Hoffnung von Schiller
mit musikalischer Beigabe von Max Schuurman dargestellt durch eine Gruppe
Wochenspruch aus dem Seelenkalender von Rudolf Steiner . . Tatiana Kisseleff
Meeresstille und glückliche Fahrt von Goethe
mit musikalischer Beigabe von Leopold van der Pals . . . . . eine Gruppe
Selige Leichtigkeit von Christian Morgenstern . . . . . . Tatiana Kisseleff
Aus: «Wir fanden einen Pfad» von Christian Morgenstern Annemarie Donath
Der Spaziergang von Martin Opitz, für Gesang, Ton- und Lauteurythmie,
komponiert von Max Schuurman . . . . eine Gruppe
Nachklänge Beethovenscher Musik von Clemens Brentano . Annemarie Donath
Die Geburt der Perle von Fercher von Steinwand
mit musikalischer Beigabe von Leopold van der Pals . . . . . eine Gruppe
Auftakt «Evoe» von Max Schuurman . . . . eine Gruppe
Vollendung von Hebbel
mit musikalischer Beigabe von Leopold van der Pals . . . Tatiana Kisseleff

PAUSE

Der römische Brunnen von C. F. Meyer . . . . eine Gruppe
Himmelstrauer von Nikolaus Lenau . . . . eine Gruppe
Die drei Zigeuner von Nikolaus Lenau . . . . Tatiana Kisseleff
Aus den «Davidsbündlertänzen» von Robert Schumann . . L. v. Blommestein
Aus der «Chymischen Hochzeit» von Valentin Andreae, für Gesang, Laut-
und Toneurythmie, komponiert von Max Schuurman . . . . eine Gruppe
An den Mistral von Friedrich Nietzsche . . . . Annemarie Groh
Satyrischer Auftakt von Leopold van der Pals . . . . eine Gruppe
Zigeunerlied von Goethe . . . . eine Gruppe
Mondendinge . . . . . .
Der Gingganz . . . . . .
Der Lattenzaun . . . . . . } aus den Galgenliedern von Christian Morgenstern . . eine Gruppe
Die Beichte des Wurms von Christian Morgenstern, für Gesang, Ton-
und Lauteurythmie, komponiert von Max Schuurman . . . . eine Gruppe

Am Klavier: Luise van Blommestein und Max Schuurman.

Die der Aufführung zugrunde liegenden Dichtungen
werden von *Marie Steiner* rezitiert werden.

Die eurythmische Kunstform ist nach Intentionen
und Angaben Rudolf Steiners gebildet.

GOETHESCHE WELTANSCHAUUNG UND GOETHES KUNSTGESINNUNG

Dornach, 17. August 1919

Die eurythmische Kunst, von der wir Ihnen eine Probe vorzuführen uns erlauben, soll auf Goethescher Kunstgesinnung beruhen, wie alles, was mit diesem Bau hier angestrebt wird und mit ihm zusammenhängt, im wesentlichen eine Fortsetzung desjenigen sein will, was in der Anlage innerhalb der Goetheschen Weltanschauung liegt. Künstlerisch auf einem bestimmten Gebiete, einem engbegrenzten Gebiete das Große und Umfassende der Goetheschen Weltanschauung anzuwenden, liegt dem Versuch einer Eurythmie zugrunde. Um deutlich, begreiflich zu machen, wie die durch die menschlichen Gliedmaßen und durch die Bewegung von Menschen oder Menschengruppen im Raume bewirkten künstlerischen Ausdrucksformen in der Eurythmie verwendet werden, möchte ich in ein paar Strichen dasjenige zeichnen, was der Goetheschen Weltanschauung zugrunde liegt, was heute eigentlich noch immer nicht in genügendem Maße gewürdigt wird.

Das, was die Goethesche Weltanschauung vermöchte, entspringt nicht einseitig aus einer bloß theoretischen Betrachtung der Welt. Alles ist bei *Goethe* zu gleicher Zeit durchwärmt von wirklicher Kunstempfindung. Kunst ist bei Goethe wissenschaftlich durchleuchtet, Wissenschaft ist bei Goethe künstlerisch in Gedanken geformt. Daher läßt sich überall von seiner Weltanschauung zur künstlerischen Gestaltung die Brücke schlagen.

Nun kann man in einfacher Weise zum Ausdrucke bringen, wie er das Werden des Lebendigen in der Natur anschaut. Goethe sah in dem einzelnen Pflanzenblatte, wenn es noch so einfach gestaltet war, in der Anlage eine ganze Pflanze. Und wiederum in der ganzen Pflanze sah er nur ein kompliziert aufgebautes Pflanzenblatt. So daß sich Goethe vorstellte: Das Gesamtlebewesen Pflanze besteht aus vielen, vielen einzelnen Pflänzchen. – Das ist eine Anschauung, die auf alles Lebendige, insbesondere auf den Gipfel des Lebendigen in der Natur, auf den Menschen, angewendet werden kann. Man kann dabei wie Goethe als Morphologe zunächst nur an die Metamorphose der Formen denken, man kann denken, daß die Gesamtform eines Organismus die kompliziertere Gestaltung der Form eines einzelnen Organes ist. So hat zunächst Goethe den Gedanken selber ausgebildet. Man kann aber auch daran denken, daß dasjenige, was ein Organ ausführt am lebendigen Organismus, in der Anlage im Kleinen das ist, was der ganze Organismus ausführt und wiederum umgekehrt. Man kann sich denken, daß die Betätigung des Gesamtorganismus eine kompliziertere Offenbarung desjenigen ist, was das einzelne Organ ausführt.

Dieser Gedanke, dessen Fruchtbarkeit, wie gesagt, erst in der Zukunft voll eingesehen werden wird, auch von der Wissenschaft, liegt unserer eurythmischen Kunst zugrunde.

Wenn wir dem sprechenden Menschen zuhören, dann ist natürlich zunächst unsere Aufmerksamkeit auf die Lautfolge, auf dasjenige gerichtet, was sich im Tönen in der Sprache zum Ausdrucke bringt. Aber für den, der im Sinnlichen das Übersinnliche schaut, für den, der intuitives Schauen hat und durch dieses intuitive Schauen die Geheimnisse der Natur durchdringen kann, ist im Kehlkopf und in den Nachbarorganen eine unsichtbare Bewegung bei jedem einzelnen Laute vorhanden. Und die Lautfolge stellt sich in unsichtbaren Bewegungen dar.

Wir können uns auch veranschaulichen, wie die Bewegungsanlage des Kehlkopfes und seiner Nachbarorgane zum Ausdrucke kommt. Sie wissen, dasjenige, was man spricht, was heraustönt aus dem Sprachorganismus, setzt sich in der Luft um in Bewegungswellen. Diese Bewegungswellen sehen wir nicht; wir hören dasjenige, was gesprochen wurde. Der übersinnlich Schauende sieht, was in den Wellen der Luft liegt, während wir sprechen. Er schaut es in den geheimnisvollen Bewegungsanlagen des Kehlkopfes und seiner Nachbarorgane. Der Kehlkopf ist ein einzelnes Organ des menschlichen Organismus. Wie die ganze Pflanze ein komplizierteres Blatt ist im Goetheschen Sinne, so kann der ganze Mensch mit seinen Gliedern zur Bewegung aufgerufen werden, die nur komplizierter das darstellen, was beim Sprechen als einzelnes Organ der Kehlkopf darstellt. Dann wird dasjenige durch den ganzen Menschen zum Ausdrucke kommen, was man eine sichtbare Sprache nennen kann. Und eine sichtbare Sprache ist diese Eurythmie, die wir anstreben.

Was Sie von dem einzelnen Menschen auf der Bühne durch die Bewegungen der Glieder des menschlichen Organismus dargestellt sehen werden, stellt gewissermaßen den sichtbar gewordenen, bewegten Kehlkopf und seine Nachbarorgane dar: der ganze Mensch wird durch die Eurythmie zum Kehlkopf. Also nach außen wird das geoffenbart, was sonst übersinnlich in den Bewegungsanlagen des Kehlkopfes vorhanden ist.

Man könnte auch die Sache noch anders ausdrücken. Sie werden wissen, sehr verehrte Anwesende, wenn Sie nur ein wenig Selbsterkenntnis üben, daß eigentlich, wenn wir einem Menschen zuhören, in uns immer eine innere übersinnliche Nachahmungskunst steckt. Wir halten sie zurück, und wahr ist es einfach, daß wir zuhören, indem wir gewisse mit den Schwingungen des Sprechens mitschwingende übersinnliche Bewegungen in unserem Organismus zurückhalten. Diese Bewegungen, die wir beim gewöhnlichen Zuhören, wenn wir stillstehen oder -sitzen und zuhören, zurückhalten, werden durch die Eurythmie vor das Auge hingestellt. Der in Bewegung geratene Zuhörer, der gleichsam überall das Spiegelbild desjenigen zeigt in seinem Zuhören, was gesprochen wird, das ist der Eurythmist.

Nur kommt zu dem, was ich genannt habe: der ganze Mensch wird Kehlkopf – hinzu, daß dasjenige, was von dem Menschen gesprochen wird, durchwärmt ist von der Empfindung der Seele, daß es durchtönt wird von Lust, Freude, Enthusiasmus, von Schmerz, von Leid; daß Stimmungen durchvibrieren. All das kann auch durch die Eurythmie zum Ausdrucke kommen. Wir bringen es zum Ausdruck, indem wir nun den stehenden Menschen in Bewegung kommen lassen, nicht nur den an einem Platze befindlichen Menschen eurythmisieren lassen, sondern indem wir den einzelnen Menschen im Raume sich bewegen lassen, oder Menschengruppen im Raume gewisse Formen bilden lassen, oder gewisse Bewegungen im Verhältnis zueinander ausführen lassen. Wenn also der Mensch selber im Raume sich bewegt, so drückt es das aus, was seelisch als Stimmung, als Enthusiasmus, als Leid und Lust durch die Sprache vibriert; auch dasjenige, was in der künstlerisch gestalteten Sprache zum Ausdruck kommt beim Dichter in Rhythmus und Reim – all das wird durch die Bewegungen ausgedrückt.

Dabei bitte ich Sie zu berücksichtigen, daß die eurythmische Kunst nicht Mimik, nicht Pantomime, nicht Gebärdenkunst ist, daß sie nichts mit der gewöhnlichen Tanzkunst zu tun hat. Bei all diesen Kunstformen kommt das, was in der Seele lebt, durch eine unmittelbare Geste oder dergleichen, durch eine unmittelbare Bewegung zum Ausdruck. Die Eurythmie ist etwas wie die Musik selbst. Nichts Willkürliches liegt in der Bewegung, die ausgeführt wird, sondern etwas so Gesetzmäßiges liegt in der einzelnen Bewegung und Bewegungsfolge, daß man sagen kann: Wie in der Musik die Harmonien, wie die Melodie, die Aufeinanderfolge der Töne sich offenbaren, so ist eine innere Gesetzmäßigkeit in dem, was durch die Eurythmie dargestellt wird.

Daher kann es auch durchaus so sein, daß Sie jeden Eurythmisten nur seine individuellen Möglichkeiten zum Ausdrucke bringen sehen –, nichts Willkürliches; das Gegenteil ist der Fall. Gerade so, wie wenn eine Beethoven-Sonate von zwei Menschen auf dem Klavier vorgetragen wird, individuell Verschiedenes auftritt, aber die vorgetragene Sache dieselbe ist, so ist es, wenn zwei Menschen oder zwei Menschengruppen dasselbe eurythmisch zur Darstellung bringen. Es ist eine individuelle Auffassung darinnen, aber grundsätzlich geht es über jede Willkür hinaus wie beim Musikalischen selbst.

Das also, was der Mensch sonst beim Sprechen, im Singen, im Musikalischen, überhaupt in der künstlerisch gestalteten Sprache offenbart, das wird zur sichtbarlichen Sprache in der Eurythmie.

Daher werden Sie auf der einen Seite parallel gehen sehen Musikalisches, das in anderer Weise bewegt zum Ausdrucke bringt das, was in der menschlichen Seele lebt; Sie werden parallel gehen sehen der eurythmischen Darstellung die Rezitation, die wiedergeben soll die künstlerische, die dichterische Sprache. Dabei zeigt sich, daß, indem man die Eurythmie durch Rezitation begleitet, diese Rezitation selbst wiederum zurückgehen muß auf bessere Zeiten der rezitatorischen Kunst, als die heutigen sind. Heute liebt man es, ich möchte sagen, prosaisch zu rezitieren, den Prosainhalt zu betonen, den Hauptwert darauf zu legen, daß der Inhalt des Dichterischen dargestellt zum Ausdruck kommt. Wenn wir weiter zurückgehen in der Entwickelung der Rezitationskunst, sehen wir, wie das, was Inhalt ist, gewissermaßen nur als Gelegenheit ergriffen wird, um Rhythmen, um innere Bewegung, um das eigentlich Künstlerische darzustellen, daß in gewissen Urzeiten der Kunst die Rezitatoren, die aufgetreten sind, ich möchte sagen, in primitiver Eurythmie begleitet haben dasjenige, was sie rezitiert haben, und gerade auf den Aufbau der Verse, auf dasjenige, was sonst künstlerische Gestaltung ist, den höchsten Wert gelegt haben. Beim wirklichen Dichter finden wir auch, daß aus einer inneren Musik, das heißt, aus Rhythmus und Gestaltung des Tones die Dichtung hervorgeht. Wir wissen, daß *Schiller* bei vielen seiner Dichtungen nicht zunächst den Inhalt des Gedichtes faßte, sondern daß ihm der Inhalt des Gedichtes noch ganz ferne liegen konnte, daß ihm aber ein melodiöses Element in der Seele lebte, und dieses noch wortlose, noch gedankenfreie, melodiöse Element setzte er dann erst um und fügte sozusagen den Wortinhalt der Dichtung hinzu. Heute wird aus der Prosa, aus dem Novellistischen heraus rezitiert. Das würde neben der Eurythmie nicht gehen.

Daher wird so leicht verkannt, was als Rezitationskunst in der Eurythmie auftreten mußte. Diese Rezitationskunst muß wiederum das eigentlich Künstlerische in der gestalteten Sprache betonen, nicht das, was heute das bloß inhaltlich Prosaische liebt.

Insofern Sie noch Mimisches oder Pantomimisches sehen werden, bitte ich Sie, betrachten Sie es als etwas, was noch unvollkommen ist. Denn ich darf wohl, nachdem ich diese Worte vorausgeschickt habe über die Absichten der eurythmischen Kunst, besonders betonen, daß wir genau wissen, daß die eurythmische Kunst erst im Anfange steht, daß sie vielleicht überhaupt erst das Wollen einer Absicht ist. Aber in dieser Absicht liegt etwas, was eine Kunst werden kann, was sich neben die anderen Künste vollberechtigt hinstellen kann.

Nicht nur, daß das Künstlerische auf der einen Seite von Menschen ergriffen werden kann im echt Goetheschen Sinne durch diese eurythmische Kunst, sondern man kann sich auf der anderen Seite auch dem Glauben hingeben, daß sie als Pädagogisch-Didaktisches in der Zukunft wirken kann, als beseeltes Turnen neben dem rein auf Physiologie, auf die Körperlichkeit gebauten Turnen. Und wir werden in der Pädagogik als beseeltes Turnen, das zu gleicher Zeit Kunst ist – es kann auch als Eurythmie aufgefaßt werden –, allmählich in unsere Erziehung und Pädagogik der Waldorfschule eine Bewegungskunst des menschlichen Organismus, die beseelt ist, einfügen, gegenüber dem seelenlosen, bloß auf die Körperkultur gerichteten Turnen. Nach diesen zwei Seiten hin möchte Eurythmie befruchten.

Im wesentlichen natürlich kommt es darauf an, daß der Mensch auf der Stufenleiter des Organischen, des Lebendigen, das höchste Wesen ist, das wir zunächst auf Erden kennen, und daß daher in ihm zum Ausdrucke kommen kann wirklich ein höchster Extrakt des Naturgesetzlichen. Daher kann, wenn wir den Menschen selbst zum Werkzeug künstlerischer Darstellung bilden, im höchsten Maße das erfüllt werden, was Goethe erhofft von menschlicher künstlerischer Wirksamkeit, indem er sagt: Indem der Mensch auf den Gipfel der Natur gestellt ist, bringt er in sich selbst wiederum einen Gipfel hervor, nimmt Maß, Harmonie, Ordnung und Bedeutung zusammen, und erhebt sich endlich zur Produktion des Kunstwerkes. – Darin sieht Goethe etwas wie die Lösung des Welträtsels, wenn die Menschheit im Spiegel der Kunst das, was die Welt an Geheimnissen enthält, wiederum zurückgewinnen kann. Und wenn der Mensch selbst sich als das Instrument dieses Zurückwerfens betrachtet, dann erfüllt er offenbar etwas, was man wie eine Zusammenfassung der verschiedensten sonstigen künstlerischen Motive auffassen kann.

Aber ich bitte Sie nochmals, betrachten Sie das, was wir darbieten können, mit Nachsicht, denn es ist ein Anfang, und wir sind selbst die strengsten Kritiker, kennen genau dasjenige, was noch unvollkommen ist, aber wir sind des Glaubens, daß dieses Unvollkommene, wenn es von uns selbst noch oder von anderen weiter ausgearbeitet werden wird, eine vollberechtigte Kunstform neben anderen Kunstformen bilden wird.

Sonntag, den 14. und Dienstag den 16. September 1919, um 8 Uhr abends finden statt in den Räumen der Anthroposophischen Gesellschaft, Potsdamerstraße 39, 39 a, Ateliergebäude

Darstellungen

Eurythmischer Kunst

Mitwirkende:

Annemarie Groh, Lory Maier-Smits, Natalie Papoff, Erna Wolfram

und Andere.

Die der Aufführung zugrunde liegenden Dichtungen werden von MARIE STEINER rezitiert werden. Die begleitende Musik ist von Leopold van der Pals und von Walter Abendroth.

Karten zu Mk. 4.—, 3.— und 2.— in der Geschäftsstelle der Anthroposophischen Gesellschaft, Motzstrasse 17, Grth. II und an der Abendkasse.

DARSTELLUNGSFOLGE

Einleitende Worte

von Rudolf Steiner über eurythmische Kunst.

Jn eurythmischer Einzel- oder Gruppenkunst kommen zur Darstellung:

Worte an den Geist und die Liebe, aus Rudolf Steiners „Pforte der Einweihung", dargestellt durch eine Gruppe.

Wochenspruch aus dem Seelenkalender, von R. Steiner, dargestellt durch Erna Wolfram.

Das Ewige, von Hans Reinhard, dargestellt durch eine Gruppe.

Die blaue Blume, von M. Kyber, dargestellt durch N. Papoff.

Das Märchen vom Lieben und Hassen und vom klugen Verstand, von R. Steiner, dargestellt durch eine Gruppe.

Auftakt, „Schau in dich, schau um dich", von L. van der Pals, dargestellt durch eine Gruppe.

Irrlichter, von Th. Wertsch, dargestellt durch N. Papoff.

Vorfrühling, von Fr. Hebbel, dargestellt durch eine Gruppe.

Waldlied, von N. Lenau, mit musikalischer Beigabe von Walter Abendroth, dargestellt durch eine Gruppe.

Der Herbst, von Fr. Nietzsche, dargestellt durch L. Maier-Smits.

Einer Toten, von R. Steiner, mit musikalischer Beigabe von Walter Abendroth, dargestellt durch eine Gruppe.

PAUSE

Wanderers Nachtlied, von Goethe, dargestellt durch eine Gruppe.

Auftakt „Evoe", von Walter Abendroth, dargestellt durch eine Gruppe.

Der römische Brunnen, von C. F. Meyer, dargestellt durch eine Gruppe.

Mein Glück, von Fr. Nietzsche, dargestellt durch A. Groh.

Satyrischer Auftakt, von L. van der Pals	dargestellt
Aus den „Galgenliedern", von Chr. Morgenstern	durch eine
Heiterer Auftakt, von L. van der Pals	Gruppe.

ÜBER DAS WESEN DER EURYTHMIE

Berlin, 14. September 1919

Die eurythmische Kunst ist durchaus noch im Anfange ihres Arbeitens. Man könnte sie sogar nennen die Absicht zu einem Versuch. Deshalb wird es gestattet sein, über das Wesen derselben einige Worte der Darstellung vorauszuschicken.

Alles, was versucht wird und was wohl künftig vervollkommnet werden wird in bezug auf diese eurythmische Kunst, fußt auf der Goetheschen Welt- und Lebensauffassung. Diese Goethesche Welt- und Lebensauffassung hat eine ganz besonders künstlerische Gesinnung und eine besondere Kunstauffassung im Gefolge. Und gerade das ist das Eigentümliche bei *Goethe,* daß er verstand für seine eigene Anschauung die Brücke, die, ich möchte sagen, ganz selbstverständliche Brücke zu schlagen zwischen künstlerischer Gesinnung, künstlerischer Kraft und allgemeiner Weltanschauung. So könnte auch versucht werden auf dem Boden des Goetheanismus, auf dem wir mit unserer ganzen anthroposophisch orientierten Geisteswissenschaft stehen, es könnte versucht werden auf einem ganz speziellen Gebiete, auf dem Gebiete der Bewegungskunst des Menschen selbst etwas zu schaffen, das ganz ein Ausdruck Goethescher künstlerischer Gesinnung sein wird. Deshalb bitte ich Sie auch, dasjenige, was wir heute schon darbieten können, in dieser Richtung nicht so zu betrachten, als ob wir mit irgendeiner der Künste und Kunstformen, die gewissermaßen in der Nachbarschaft unserer eurythmischen Kunst stehen, irgendwie konkurrieren wollen. Das wollen wir durchaus nicht. Wir wissen ganz gut, daß Tanzkunst und ähnliche Künste, die man vielleicht mit der unsrigen verwechseln könnte, heute auf solchem Gipfel der Vollkommenheit stehen, daß wir ganz und gar nicht konkurrieren können. Aber das wollen wir auch gar nicht; sondern es handelt sich für uns darum, etwas im Grunde genommen Neues in die allgemeine Kunstentwickelung der Menschheit hineinzustellen. Und ohne theoretisch zu werden, möchte ich ganz kurz auseinandersetzen, wie mit dem Großen der Goetheschen Weltanschauung dieser unser Versuch zusammenhängt.

Das eigentlich Bedeutungsvolle, das Große und Einschneidende der Goetheschen Weltanschauung ist noch lange nicht hinreichend gewürdigt. Goethe war imstande, seine Ideenwelt, seine erkennende Empfindungswelt so zu orientieren, daß er wirklich von der Wissenschaft des Unlebendigen – das ist im Grunde genommen alle heutige Wissenschaft noch – den Aufstieg machen konnte zu einer gewissen Erkenntnis des Lebendigen. Es sieht nur theoretisch aus, wenn alles hinweist auf Goethes große Idee der Metamorphose der organischen Wesen und einer einzelnen organischen Wesenheit. Man braucht sich im Sinne Goethes nur vorzustellen, wie eine einzelne Pflanze als lebendiges Wesen wird, wie sie wächst, sich vervollkommnet und den Gipfel ihres Werdens erreicht. Für Goethe ist jedes einzelne Pflanzenblatt – ob grünes Pflanzenblatt oder farbiges Blumenblatt – im Grunde genommen eine ganze Pflanze, nur einfacher gestaltet als die ganze Pflanze, und wieder ist die ganze Pflanze für ihn nur ein komplizierteres Blatt.

Diese Anschauung, die ungeheuer bedeutungsvoll ist, galt Goethe für alles, was Lebewesen ist. Jedes Lebewesen ist so gestaltet, daß es als Ganzes die kompliziertere Ausbildung jedes einzelnen seiner Glieder ist, und wieder jedes einzelne Glied offenbart, nur einfacher gestaltet, das ganze Lebewesen. Diese Anschauung kann man nun übertragen auf die Äußerungen, die Betätigungen eines Lebewesens und insbesondere des höchsten Lebewesens, welches der Mensch innerhalb seiner Welt kennt: des Menschen selbst. Und so kann man, ausgehend von Goethe, sagen: Auch in dem, was menschliche Sprache ist, ist ein einzelnes der gesamten Menschennatur gegeben. In dem, was der Mensch aus den Tiefen seiner Seele heraus sprechend äußert durch den Kehlkopf und seine Nachbarorgane, ist etwas gegeben, was eine einzelne Organäußerung, eine Offenbarung des Menschen ist. – Für den, der zu schauen vermag, was eigentlich an Kräften, an Betätigungsmöglichkeiten und Bewegungsanlagen im menschlichen Kehlkopf beim Sprechen, namentlich beim künstlerischen Sprechen, beim Sprechen der Dichtung wie auch beim Gesang veranlagt ist, für den, welcher das schauen kann, der nicht nur darauf beschränkt ist, hinwegzuschauen über das, was der Kehlkopf an Bewegungen vollbringt, und bloß hinzuhören, indem das laut wird, was an Bewegungen vollbracht wird, für den ist es möglich, auf den ganzen Menschen dasjenige zu übertragen, was sonst nur im einzelnen Organ – im Kehlkopf und in seiner Nachbarschaft – im Sprechen zum Ausdrucke kommt. Es ist möglich, den ganzen Menschen zum Kehlkopf zu machen, so daß er in seinen Gliedern sich so bewegt, wie, ich möchte sagen, der Kehlkopf veranlagt ist sich zu bewegen, indem der Mensch spricht oder singt. Man könnte auch so sagen: Spricht man, so hat man es zu tun mit der Wellenbewegung der Luft. Was Laut ist, sind Bewegungen der Luft. Nur sieht man selbstverständlich diese Bewegungen der Luft im gewöhnlichen Leben nicht. – Wer das schaut, der kann daher jene Bewegungsmöglichkeiten gewinnen, die er zu übertragen vermag auf den ganzen Menschen, auf seine Glieder. Dann entsteht eine sichtbarliche Sprache, indem des Menschen Arme und sonstige Glieder sich bewegen, in gesetzmäßiger Weise sich bewegen. Und indem durch diese sichtbarliche Sprache zur Offenbarung gebracht wird das Dichterisch-Künstlerische der Sprache, des Gesanglichen, des Musikalischen, entsteht eine völlig neue Kunstform. Das soll unsere Eurythmie sein.

Was Sie hier dargestellt sehen, ist zunächst nichts anderes, als des Menschen künstlerisch geformte Kehlkopfbewegung auf den ganzen Menschen übertragen. Selbstverständlich ist das, was nun Kunst sein soll und unmittelbar in der Anschauung einen entsprechenden ästhetischen Eindruck machen muß, wenn es im unmittelbar Geschauten künstlerisch wirken soll, aus der Tiefe der Menschennatur in seinem Quell entstanden. So kann man sagen: Es soll aus dem Menschen hervorgeholt werden, was in ihm einfach deshalb veranlagt ist, weil er menschlicher Organismus ist. – So ist in der Eurythmie nichts Künstliches. Alle Geste, alles Pantomimische ist vermieden. Wie es sich in der Musik nicht darum handelt, durch einen beliebigen Ton etwas zum Ausdruck zu bringen, sondern in der Aufeinanderfolge der Töne eine Gesetzmäßigkeit zu befolgen, so handelt es sich auch hier nicht darum, daß zum Beispiel die Hand oder dergleichen eine beliebige Bewegung macht, sondern daß in der Aufeinanderfolge die menschlichen Glieder gesetzmäßige eurythmische Bewegungen machen.

Daher ist alles Willkürliche vermieden, und wo noch etwas auftritt, da können Sie es durchaus so ansehen, daß dort noch etwas Unvollkommenes vorhanden ist. Wenn zwei Menschen oder zwei Menschengruppen ein und dieselbe Sache darstellen würden, so würden sie in der Darstellung nur insofern verschieden sein, als auch die Wiedergabe zum Beipiel einer Beethoven-Sonate durch zwei verschiedene Klavierspieler verschieden sein wird.

Alles ist in der Eurythmie nachgebildet den Bewegungen des Kehlkopfes und seiner Nachbarorgane. Aber die menschliche Sprache ist durchtönt von Seelenwärme, von Enthusiasmus, von Lust, von Schmerz und Leid, von allerlei inneren Krisen. Alles, was als innere Seelenäußerungen die menschliche Sprache durchtönt, bringen wir wieder zum Ausdrucke in den Verhältnissen der gegenseitigen Formen, der Gruppen und durch das, was der Mensch durch die Bewegungen im Raume offenbaren kann. So kommt auch die innere Stimmung der Seele, was aus den Tiefen der Seele den Laut durchdringt, zum Ausdrucke. Sie werden daher auf der einen Seite dasjenige sehen, was sichtbare Sprache ist. Wir werden es begleiten lassen entweder von dem Musikalischen, das ja nur der andere, der parallele Ausdruck desselben ist, oder in der Hauptsache von der Rezitation, von der Dichtung. Dabei muß ich bemerken, daß, indem die eurythmische Kunst von der Dichtung begleitet wird, berücksichtigt werden muß, daß dasjenige, was heute Deklamationskunst, Rezitationskunst ist, gar sehr in Dekadenz ist. Wenn man die eurythmische Kunst von der Dichtung begleiten lassen will, so muß man wieder zurückgehen zu alten, guten Formen des Rezitierens, der rezitatorischen Kunst. Nicht darum handelt es sich, daß das gewöhnliche Novellistische, der Inhalt einer Dichtung durch Betonung zum Ausdruck gebracht wird, sondern abgesehen von dem rein Novellistischen, von dem Inhalt, soll das eigentlich Künstlerische durch die Rezitation zum Ausdruck kommen: das Rhythmische, der Reim, das Vibrieren des Künstlerischen einer Dichtung, alles, was außerhalb des Inhaltes da ist, mit anderen Worten das Dichterisch-Musikalische. Dafür hat man in der Gegenwart wenig Verständnis. Aber man braucht sich nur zu erinnern, daß Goethe mit dem Taktstock seine «Iphigenie» dirigierte, und man braucht sich nur vor Augen zu halten, daß *Schiller,* bevor er überhaupt den Prosainhalt eines Gedichtes in seiner Dichtung lebendig machte, eine allgemeine Melodie in der Seele hatte, das heißt, er ging von dem allgemein Künstlerischen aus. Das heutige Betonen des Inhaltes beim Rezitieren ist sozusagen Unfug, ist Dekadenz. Man würde mit dieser, bloß auf den Inhalt sehenden Rezitationskunst nicht die Eurythmie begleiten können. Daher muß wieder zurückgegangen werden zu dem, was als Rezitationskunst von unserer Zeitgenossenschaft wenig verstanden wird. So aber glauben wir, wieder ein möglichst künstlerisches Element in der Gegenwart betonen zu können durch diese eurythmische Kunst und dadurch etwas von Goethescher Kunstgesinnung lebendig zu machen. Goethe sagt ja so schön: Wem die Natur ihr offenbares Geheimnis zu enthüllen beginnt, der empfindet eine unwiderstehliche Sehnsucht nach ihrer würdigsten Auslegerin: der Kunst. – Er sieht in der Kunst eine Offenbarung geheimer Naturgesetze, die ohne sie, die Kunst, nicht offenbar würden.

Das tritt uns ganz besonders entgegen, wenn wir sehen werden, wie der Mensch selbst in seiner Bewegung eine sichtbare, lebendige Sprache ausdrückt. Goethe sagt an einer anderen Stelle: Die Kunst besteht in einer Art von Erkennen, indem wir das Wesen der Dinge an greifbaren und sichtbaren Gestalten erfassen. – Und das Höchste der äußeren Natur, der Mensch, wird uns offenbar, wenn wir sichtbar machen können das, was in seinen Bewegungen ist, und vor unsere Augen hinstellen können. Daher fühlen wir so recht nach den Goetheschen Ausspruch: Indem der Mensch auf den Gipfel der Natur gestellt ist, so sieht er sich wieder als eine ganze Natur an, die in sich abermals einen Gipfel hervorzubringen hat. Dazu steigert er sich, indem er sich mit allen Vollkommenheiten und Tugenden durchdringt, Wahl, Ordnung, Harmonie und Bedeutung aufruft und sich endlich zur Produktion des Kunstwerkes erhebt.

Wir glauben, daß durch diese eurythmische Kunst, die aus dem Menschenwesen selbst hervorgeholt ist, zu gleicher Zeit sichtbarlich vor das menschliche Auge etwas hingestellt wird wie eine künstlerische Offenbarung des Weltenrätsels, das im Menschen im höchsten Sinne zum Ausdruck kommt. Bisher ist aber von alledem nur ein Anfang da. Wir wissen das sehr gut, und wir sind selbst die strengsten Kritiker der Unvollkommenheiten, die diesem unserem eurythmischen Kunstversuch noch anhaften. In diesem Sinne bitte ich auch die heutige Darstellung aufzunehmen. Wenn sie Verständnis findet bei unseren Zeitgenossen, dann wird das dazu führen, daß sie weiter vervollkommnet wird. Denn so sehr wir überzeugt sind, daß sie heute noch im Anfange ist, so sehr sind wir andererseits wieder davon überzeugt, daß sie solche Prinzipien in sich hat, daß sie entweder durch uns selbst oder durch andere zu solcher Vollkommenheit gebracht werden kann, daß neben anderem auch diese eurythmische Kunst als vollberechtigt sich wird hinstellen können.

Aufzeichnungen auf einem Notizblatt

Die als Eurythmie bezeichnete Bewegungskunst ist entstanden aus der Nachempfindung und Anschauung der im menschlichen Sprechen und Singen wirksamen, aber bei diesen nur im Laute und der Lautfolge wahrnehmbaren Bewegung. Was am menschlichen Organismus im Kehlkopf und seinen Nachbarorganen als Bewegung geschieht, oder intendiert wird, das wird durch die Eurythmie zur Erscheinung gebracht. Wie alle wahre Kunst ist auch die Eurythmie eine Offenbarung verborgener Naturgesetze, die ohne die Kunst nicht zum Vorschein kämen. –

Die Eurythmie ist nicht die willkürliche Erfindung gewisser Bewegungen des Menschen durch seinen Organismus oder im Raume, sondern die Umsetzung gewisser Verrichtungen, die im Sprechen oder Singen durch den Kehlkopf und seine Nachbarorgane ausgeführt oder intendiert werden.

Dornach, 11. Oktober 1919 (öffentlich)
und 12. Oktober 1919

PROGRAMM

Einleitende Worte von Rudolf Steiner über eurythmische Kunst

Symbolum von Goethe, mit musikalischer Beigabe von Leopold van der Pals . . . . dargestellt durch eine Gruppe

Zueignung von Novalis . . . . eine Gruppe

Aus dem hohen Lied Salomonis . . . . eine Gruppe

Das letzte Wort von Fercher von Steinwand. Mit musikalischer Beigabe von M. Schuurman . . . . eine Gruppe

Aussöhnung von Goethe, mit musikalischer Beigabe von L. van der Pals . . . . Tatiana Kisseleff

Aus der Gedichtsammlung «Der Tag»
von Hans Reinhart . . . . eine Gruppe

Er ist's von Eduard Mörike . . . . Annemarie Groh

Aus: Chinesisch-deutsche Jahres- und Tageszeiten
von Goethe . . . . eine Gruppe

Humoristischer Auftakt von Jan Stuten

Aus: «Die Galgenlieder» von Christian Morgenstern:
Der Tanz; die beiden Esel; Philantropisch; die Waldgeiß;
der Fischer

Pause

Szenen aus «Faust», I. Teil (eurythmisch dargestellt):

Gretchen im Dom . . . . Annemarie Donath

Böser Geist . . . . Tatiana Kisseleff

GOETHES ANSCHAUUNG VON DER IDEE

Dornach, 19. Oktober 1919

Es ist ein künstlerisch umgrenztes Gebiet, ein künstlerisches Gebiet, das aus der Goetheschen Weltanschauung heraus als eurythmische Kunst entwickelt werden soll. Ich möchte nicht theoretisieren, aber ich möchte doch mit einigen Worten vorausschicken, was die Quellen dieser eurythmischen Kunst sind.

Man muß sich, namentlich wenn eine solche Kunstform zuerst in der Kulturentwickelung auftritt, durchaus klarmachen, daß – gerade im Goetheschen Sinne ist es so gedacht – dasjenige, was wir künstlerisch, ästhetisch genießen, eigentlich in bezug auf geheimnisvolle Tiefen in den Dingen ist, und daß wir uns das auch durch unsere Erkenntnis zu offenbaren versuchen.

Goethe hatte das Eigentümliche, daß für ihn Kunst und Wissenschaft nicht streng voneinander geschiedene Gebiete waren. Ein sehr charakteristischer Ausdruck von Goethe ist der, indem er sagt: Man sollte eigentlich nicht sprechen von der Idee der Wahrheit, von der Idee der Schönheit, von der Idee der Güte, denn Goethe meinte, die Idee sei eins und alles, und sie offenbare sich einmal als Güte des Menschen, einmal als Schönheit, einmal als Wahrheit. Dabei hatte Goethe allerdings etwas viel Lebendigeres, Geistigeres im Auge, als das Abstrakte, das viele Menschen sich heute unter Idee vorstellen. Er hatte dasjenige unter Idee im Auge, was lebendig die Natur selbst beseelt, und was der Mensch wiederum in sich findet, wenn er nur tief genug in die Schächte seines eigenen Wesens hinuntersteigt.

Aber man muß schon eingehen auf dasjenige, was gerade das Bedeutungsvolle und Charakteristische der Goetheschen Weltanschauung ist, wenn man durchschauen will, was eigentlich hier mit der Eurythmie gemeint ist. Das Wesentliche in Goethes großer Naturanschauung, die zugleich, indem sie künstlerisch sich offenbart, Kunstanschauung ist, ist etwas, das noch lange nicht genügend gewürdigt ist. Unsere Wissenschaft ist im Grunde genommen eine Wissenschaft vom Toten, und wir streben immer mehr und mehr, wenn wir rechte Naturwissenschafter sein wollen, danach, auch das Lebendige als ein Totes zu begreifen, das Lebendige als aus dem Toten Zusammengesetztes uns zu denken. Goethe wollte das Lebendige unmittelbar anschauen. Er nannte dieses Anschauen des unmittelbar Lebendigen seine Metamorphosenlehre.

ZUR DARSTELLUNG VON FAUST-SZENEN

Bern, 5. November 1919

Zum zweiten Teil der öffentlichen Eurythmie-Aufführung

Wir werden jetzt den Versuch machen, zwei kleine Szenen aus dem zweiten Teil von *Goethes* «Faust» aufzuführen. Bei diesen Darstellungen vom zweiten Teil von Goethes «Faust» – wir haben solche eine ganze Reihe bereits versucht an anderen Orten – hat sich uns gezeigt, wie Eurythmie gerade bei Vorstellungen solcher dramatischer Schöpfungen dienen kann, wie sie im zweiten Teil des «Faust» sind. Ich glaube, die verehrten Zuhörer werden wissen, welche großen Hindernisse da sind, wenn der zweite Teil des «Faust» auf die Bühne gebracht werden soll. Man erinnere sich vielleicht verschiedener Versuche durch mannigfaltige Regiekünste, um diesen zweiten Teil des «Faust» darzustellen. Es braucht nur gedacht zu werden an die liebenswürdige Regiekunst und Einrichtung von *Wilbrandt* oder die Mysterieneinrichtung von *Devrient* mit der Lassenschen Musik und an die zahlreichen anderen Einrichtungen, und man wird immer finden, daß diese Darstellungen irgend etwas nicht herausbringen von dem, was in dem Goetheschen «Faust» darinnen liegt.

Man sollte nun dennoch das Gefühl haben: In dieser Dichtung spricht sich gerade dasjenige aus, was als so Gewaltiges sich offenbart in der ganzen reichen Entwickelung des Goetheschen Lebens. – Man hat es da zu tun mit allen Phasen des menschlichen Künstlertums, vom Jugendzeitalter bis in die höchste Altersreife hinauf. Und derjenige, der nicht in Vorurteilen irgendwelcher Art befangen ist, wird mit einer großen inneren Befriedigung gerade die Ent-

Öffentliche Vorstellung in Eurythmischer Kunst
Bern, im Theatersaal «Kursaal Schänzli»,
Mittwoch, den 5. November 1919, abends 8 Uhr

PROGRAMM

Einleitende Worte von Rudolf Steiner über eurythmische Kunst

In eurythmischer Einzel- oder Gruppenkunst kommen zur Darstellung:

Die Hoffnung von Schiller
mit musikalischer Beigabe von M. Schuurman dargestellt durch eine Gruppe

Wochenspruch aus dem Seelenkalender von Rudolf Steiner . . . . T. Kisseleff

Meeresstille und Glückliche Fahrt von Goethe
mit musikalischer Beigabe von Leopold van der Pals . . . . . eine Gruppe

Selige Leichtigkeit von Christian Morgenstern . . . . T. Kisseleff

Dämmerung von Goethe . . . . eine Gruppe

Der Spaziergang von Martin Opitz, für Gesang, Ton- und Laut-Eurythmie,
komponiert von Max Schuurman . . . . eine Gruppe

Mein Glück von Friedrich Nietzsche . . . . Annemarie Groh

Auftakt «Wir wollen suchen» komponiert von Max Schuurman
T. Kisseleff und A. Donath

Nachklänge Beethovenscher Musik von Clemens Brentano . . . . . A. Donath

Auftakt «Evoe» von Max Schuurman . . . . eine Gruppe

Aussöhnung von Goethe . . . . T. Kisseleff

Humoristischer Auftakt von Jan Stuten . . . . eine Gruppe

Aus den «Galgenliedern» von Christian Morgenstern
W. Siedlecka, M. Waller, E. Dziubaniuk und andere

PAUSE

Aus «Faust» II. Teil: «Um Mitternacht»

Faust . . . . Jan Stuten
die Sorge . . . . Tatiana Kisseleff
der Mangel . . . . . . Nora Stein
die Schuld . . . Annemarie Groh
die Not . . . . . . Ilse Aisenpreis

wickelung dieses reichen Goetheschen künstlerischen Lebens verfolgen.

Allerdings, Goethe hat schon zur Zeit seines Lebens darüber manches erfahren müssen, was ihn, man möchte sagen, geärgert hat. Der erste Teil des «Faust», der gewiß leichter zu verstehen ist als der zweite Teil, in den Goethe nach seinem eigenen Ausdrucke viel hineingeheimnißt hat – viel hineingeheimnißt hat von dem, was er durch ein reiches Leben erkannt und erfahren hat –, der erste Teil des «Faust» fand auch schon zu Goethes Zeiten ein großes Publikum. Und Goethe selber dachte, als er in Italien seine gewaltige Kunstschule durchgemacht hatte, er sei mit seiner «Iphigenie», «Tasso» und später, wie er gemeint hat, mit seiner «Natürlichen Tochter» weit hinausgekommen über die Kunstform, die er im ersten Teil des «Faust» durchführte. Dennoch, im zweiten Teil, der erst nach Goethes Tod erschienen ist, hat er wohl eine ganz besondere Höhe erreicht. Aber dasjenige, was eingetreten ist zu seinen Lebzeiten, was ihn geärgert hat, ist, daß die Leute immer wieder und wieder gesagt haben: Ja, Goethe ist alt geworden. In seinem «Tasso», da sieht man schon nicht mehr jene sprudelnde Jugendkraft, die sich in seinen Jugendwerken äußert – und so weiter. Er ist ärgerlich darüber geworden. Und ganz gewiß hätte er auch manches gesagt, wenn er noch hätte erleben können, daß nicht nur der gewöhnliche Philister, sondern, wie man auch sagt, höhere Töchter, höhere Philister sich aufgeregt haben darüber, daß der zweite Teil des «Faust» nur einen Rückgang in der Goetheschen Kunst darstellen würde. Zum Beispiel der Schwaben-*Vischer*, der sogenannte V-Vischer, hat sich nicht nur gedrängt gefühlt, eine große Anzahl von Abhandlungen zu schreiben über den mißglückten zweiten Teil des «Faust», er hat sogar versucht, etwas Besseres zu dichten, selbst einen zweiten Teil des «Faust» zu dichten. Er ist auch darnach geworden! Er hat immer wieder betont, dieser große V-Vischer, der zweite Teil des Goetheschen «Faust» sei ein zusammengeschustertes, zusammengeleimtes Machwerk des Alters!

Wie gesagt, Goethe hat schon, und zwar nicht dem zweiten Teil des «Faust», sondern manchem anderen noch Unvollkommenen gegenüber, sich recht schwer, man kann sagen, künstlerisch gerächt. Es findet sich ein schöner Vierzeiler in seinem Nachlaß. Gerade mit Rücksicht auf solche Dinge schrieb er ihn nieder. Er heißt:

> Da loben sie den Faust,
> Und was noch sunsten ...

er meint den «Faust» des ersten Teils, der war fertig –

> Da loben sie den Faust,
> Und was noch sunsten
> In meinen Schriften braust
> Zu ihren Gunsten.
>
> Das alte Mick und Mack,
> Das freut sich sehr;
> Es meint das Lumpenpack:
> Man wär's nicht mehr!

So hätte Goethe ganz zweifellos auch gesagt, wenn er hätte erleben können, was so große Ästhetiker wie V-Vischer über den zweiten Teil des «Faust» geäußert haben. Es ist eben sehr vieles in dem zweiten Teil des «Faust», wo Goethe sich zu wirklich übersinnlichen, geistigen Erfahrungen der Menschenseele erhebt. Und gerade diejenigen Szenen, in die Goethe so viel hineingeheimnißt hat von dem, was nur er in seinem reichen Leben erfahren konnte, das stellte sich uns so dar, daß es herausgeholt werden kann aus der Dichtung durch die Zuhilfenahme der eurythmischen Kunst.

Und so möchten wir Ihnen auch heute abend eine kleine Probe, die Szene «Um Mitternacht», geben, wo vor Faust die vier Kräfte auftreten, die am menschlichen Leben nagen: Mangel, Not, Sorge, Schuld, und wo Faust alles dasjenige durchlebt, was man diesen vieren, die sich hier Sorge, Not und so weiter nennen, gegenüber empfinden, erleben und erfahren kann. Das, was Goethe durch die Art der Darstellung in die Dichtung hineingelegt hat, kommt gerade durch diese bewegte Sprache, durch diese stumme Sprache, Ausdruckssprache, durch die Bewegungsmöglichkeiten des ganzen Menschen sich offenbarend, es kommt gerade dadurch heraus.

So darf vielleicht eine solche Darstellung, wo Eurythmie zu Hilfe genommen wird, als eine Art Experiment gelten. Dasjenige, was Menschlich-Alltägliches ist, wird natürlich im gewöhnlichen Sinne dargestellt; dasjenige aber, was in die übersinnliche Welt sich erhebt, soll mit Hilfe der Eurythmie dargestellt werden. So kann gerade so etwas als eine Art Experiment gelten. Wir glauben, gerade dadurch, daß wir Eurythmie zu Hilfe nehmen bei nicht durch irgendwelche Bühnenkunstregie Darzustellendem, etwas auf diesem engeren Gebiete darstellen zu können, was sonst nicht herausgeholt hätte werden können.

DER WEG ZU EINER WIRKLICHEN GEISTESKULTUR

Dornach, 8. November 1919

Eurythmie-Aufführung und Vortrag für die Arbeiter des Goetheanumbaues

Ich würde Sie ja sehr gerne, wenn es hier Licht gäbe,* bei Licht herzlich willkommen heißen. Aber da wir vorläufig noch kein Licht haben, so gestatten Sie mir, in dieser Finsternis die verehrten Anwesenden, die heute uns die Ehre geben, unsere Gäste zu sein, auf das herzlichste willkommen zu heißen. Es ist uns immer eine besondere Freude, wenn wir Gäste hier sehen können, auch schon jetzt in derjenigen Zeit, in der unser Bau eigentlich noch lange nicht fertig sein kann. Denn das, was notwendig sein wird gerade für die Bestrebungen, welchen dieser Bau dienen soll, das wird das Interesse unserer Zeitgenossen sein, das Interesse für dasjenige, was, wie wir glauben, aus einem wirklichen Menschheitsbedürfnis der Gegenwart heraus durch jene geistige Bewegung angestrebt wird, der dieser Bau, das Goetheanum, die Freie Hochschule für Geisteswissenschaft, dienen soll. Es ist allerdings heute noch für weite Kreise der

* Vor Beginn der Aufführung versagte die gesamte Beleuchtung in der Schreinerei auf längere Zeit.

Menschheit etwas Zweifelhaftes, wenn von Geisteswissenschaft, von Erkenntnis des Geistes als solcher gesprochen wird. Da auch dasjenige, was wir Ihnen, sofern wir Licht bekommen werden, als unsere eurythmische Kunst in einer Probe darbieten wollen, zusammenhängt mit dem Ganzen unserer geistigen Bestrebungen, so darf ich wohl in Kürze einiges zur Charakteristik dieser geistigen Bestrebungen voranschicken. Hier werden wir durch alles das, was mit diesem Bau zusammenhängt, den Versuch machen, eine wirkliche Erkenntnis der geistigen Welten wiederum in die Menschheitskultur einzuführen. Ich sage, eine wirkliche Erkenntnis, denn daß die Welt zurückzuführen ist auf geistige Ursachen, geben viele als etwas zu, an das man glauben kann. Hier handelt es sich aber nicht etwa bloß darum, der Menschheit irgendein Glaubensbekenntnis zu geben – wir denken gar nicht daran, irgendein neues religiöses oder sonstiges Glaubensbekenntnis zu geben –, sondern dasjenige, was hier versucht werden soll, ist eine wirkliche Erkenntnis des geistigen Lebens, das ebenso in der Welt vorhanden ist wie das äußere Leben der Sinneswelt.

Allerdings liegt die Zeit hinter uns – für viele Menschen ist sie noch immer da –, in der es geradezu als das Kennzeichen eines gescheiten Menschen gilt, wenn er aus seiner vermeintlichen Überzeugung heraus sagen kann: Ja, der Mensch kann durch seine Erkenntnis nichts irgendwie Geistiges erreichen; der Mensch kann durch seine Erkenntnis nicht dazu kommen, nachzuweisen, daß er wirklich in sich selbst ein Geistig-Seelisches trägt, das zusammenhängt mit dem Geistig-Seelischen, das die ganze Welt durchdringt. – Das war gewissermaßen dasjenige, was viele Menschen als ihre Überzeugung gerade in dem Zeitalter geltend machten, das als das wissenschaftliche Zeitalter gilt, das wir hinter uns haben, und das für viele heute auch noch, wie ich gesagt habe, vorhanden ist. Es wird eine Zeit kommen, in der diese Anschauung als etwas sehr Veraltetes gelten muß. Gewiß, viele Menschen werden heute noch entweder zweifeln oder mit einem gewissen Hohn einem begegnen, wenn man von einer Geist-Erkenntnis spricht. Diejenigen aber, die sich auf den Wegen, die hier gesucht werden, mit Geist-Erkenntnis beschäftigt haben, wissen, daß es mit allem, was sich in die Menschheitsentwickelung einfügen will, schließlich sich so verhält, daß es zunächst Gegner findet, Leute findet, die es verhöhnen, und daß es dann, wenn es Verbreitung gewinnt, wie etwas Selbstverständliches gilt. Und als etwas Selbstverständliches wird die Erkenntnis der geistigen Welt in einer verhältnismäßig gewiß gar nicht fernen Zeit gelten.

Der Mensch, so wie er in die Welt hereingeboren wird, kann durch seine Sinne die äußere Welt wahrnehmen, die er Natur nennt, die äußere Welt, die ihm darbietet Mineralisches, Pflanzliches, Tierisches, die ihm darbietet über ihm die Welt der Sterne, die Welt von Sonne und Mond und so weiter. Wenn der Mensch nichts anderes sein ganzes Leben hindurch sucht als dasjenige, was ihm werden kann, wenn er einfach sich gehen läßt, nichts weiter unternimmt, um etwas Tieferes in seiner Wesenheit herauszuentwickeln, dann wird er ganz selbstverständlich zu einer Ablehnung aller Wissenschaft vom Geistigen kommen müssen. Allein zur Anerkennung der Wissenschaft des Geistigen gehört eine gewisse, ich möchte sagen, Vernunft-Bescheidenheit. Es sieht sonderbar aus, wenn man zu den heutigen Menschen von dieser Vernunft-Bescheidenheit redet. Denn die heutigen Menschen, insbesondere dann, wenn sie ein bißchen etwas gelernt haben, kommen sich außerordentlich gescheit vor. Aber man braucht sich nur etwa zu denken, wie ein fünf- oder sechsjähriges Kind, sagen wir, vor einem Globus oder einer Landkarte steht: es wird höchstens mit der Hand über diesen Globus darüber fahren, es wird die Karte versuchen zu zerreißen und dergleichen. Man kann nicht sagen, daß das Kind mit dieser Landkarte das Richtige zu machen versteht. Wenn aber das Kind dann sich entwickelt, wenn die Kräfte, die in diesem fünf- oder sechsjährigen Kind noch nicht da sind, aus seinem Inneren hervorgeholt werden, dann weiß das Kind – nach zehn Jahren, sagen wir – recht viel mit dieser Landkarte oder diesem Globus anzufangen, weiß sich so zu enträtseln, was es darauf sieht. Ich erwähne das nur als ein Gleichnis dafür, daß es doch nicht ganz töricht zu sein braucht, wenn man sagt: Vielleicht ist die ganze Welt ringsherum mit ihren Steinen, Pflanzen, Tieren, Sternen, mit Sonne und Mond, zunächst für den Menschen, der einfach so wie er geboren ist und heranwächst, sich selbst überläßt, ähnlich so wie die Landkarte oder der Globus für ein fünfjähriges Kind. – Man kann etwas ganz anderes noch in der Welt, der sogenannten Natur sehen, wenn man über das hinaus seine Entwickelung in die Hand nimmt. Was sich dann einfach von selbst für den Menschen ergibt, zeigt, daß es möglich ist, daß gewisse Entwickelungen durchgemacht werden vom Menschen, durch die er viel mehr in der Natur sehen kann, als er ohne diese Entwickelung sehen kann. Das soll gerade durch die hier gemeinte Geisteswissenschaft bewiesen werden.

Wer auf dem Gesichtspunkte dieser Geisteswissenschaft steht, weiß ganz gut, warum so viele Menschen diese Geisteswissenschaft ablehnen. Was notwendig ist, ist eben, daß man zugibt: Der Mensch kann über dasjenige, was er erreicht einfach dadurch, daß er als Mensch geboren wird, sich weiter entwickeln; dann werden für ihn sichtbar, geistig sichtbar, seelisch sichtbar Dinge, die er ohne diese Entwickelung nicht sehen kann.

Nun gehört wirklich einiges dazu, um eine solche Entwickelung durchzumachen. Ich habe in verschiedenen Büchern beschrieben, was dazugehört für den Menschen, um eine solche Entwickelung durchzumachen, durch die ihm, um dieses Goethe-Wort zu gebrauchen, seine Geistesaugen, seine Seelenaugen aufgehen. Was da beschrieben ist, das ist etwas, was verhältnismäßig leicht jeder Mensch, wenn er nur Geduld und Ausdauer hat und sich Zeit dazu läßt, durchmachen kann. Man wird dann allerdings nicht immer schon in der Lage sein, große Entdeckungen in der geistigen Welt zu machen, aber diese geistigen Entdeckungen, diese Entdeckungen in der geistigen Welt können von einzelnen Zeitgenossen immer gemacht werden. Und nicht um, ich möchte sagen, mit vollen Segeln in die geistige Welt immer hineinzugehen, ist das Buch geschrieben «Wie erlangt man Erkenntnisse der höheren Welten?», sondern es ist dazu geschrieben, daß man eine innere Kraft erhält, die wirklich sonst in der Seele schlummert, eine innere Kraft, um zu begreifen, was der geistig Forschende in der geistigen Welt wirklich finden kann.

Also man muß unterscheiden, daß es wirklich Menschen geben

kann, welche in der Lage sind, in der geistigen Welt gewisse Entdeckungen zu machen, die mit dem Menschenleben innig zusammenhängen. Gewiß, es wird nicht jeder diese Entdeckungen machen können, aber jeder kann, wenn er sich nur seinem gesunden Menschenverstande hingibt und dann dasjenige beobachtet, was gesagt ist etwa in meiner Schrift über «Wie erlangt man Erkenntnisse der höheren Welten?», jeder kann dasjenige, was Geisteswissenschaft behauptet, wirklich verstehen. Freilich wird man sagen können: Ja, dann werden es einzelne wenige Menschen sein, die in die geistige Welt eindringen; die anderen werden nur die allerdings für das Menschenleben wertvollen Wahrheiten von solchen Menschen erfahren können. – Man sollte gerade in der heutigen Zeit begreifen, welche Bedeutung es für das Menschenleben hat, daß das gerade so ist und eigentlich vielleicht immer mehr und mehr in der Zukunft so sein wird. Wir reden heute davon, daß ein gewisses soziales Leben sich in der Menschheit ausbreiten muß. Soziales Leben aber, das heißt, zusammen leben, miteinander leben, heißt so leben, daß dasjenige, was der einzelne hervorbringt, von dem anderen angenommen wird, für den anderen gilt, daß wir Menschen füreinander arbeiten. Füreinander arbeiten sollen aber die Menschen nicht nur materiell, füreinander arbeiten sollen die Menschen auch geistig. Und es wird ein richtiges soziales Leben sich gerade dadurch entwickeln, daß es in der Zukunft einzelne Menschen geben wird, welche dasjenige durchmachen, was Entdeckungen machen läßt in der geistigen Welt, und andere, die sich nur aneignen jene Entwickelung, durch die man verstehen kann das, was die Erforscher der geistigen Welt mitzuteilen wissen. Aber was die Erforscher der geistigen Welt mitzuteilen wissen, das ist für das menschliche Leben ungeheuer bedeutungsvoll. Es würde die Menschheit nach und nach dazu kommen, das Geistige überhaupt nicht mehr anzuerkennen, wenn es keine Geisteswissenschaft in der Gegenwart und für die Zukunft geben würde. Was gegenwärtig verhindert, daß schon die großen Schäden des Mangelns einer Geist-Erkenntnis eintreten, ist, daß aus alten Zeiten, in denen Geist-Erkenntnis da war, wenn auch auf eine andere Weise als das heute der aufgeklärten Menschheit gegenüber der Fall sein muß, noch geistige Erkenntnisse da sind. Mit denen arbeitet heute die Menschheit wie mit einem Erbstück. Ohne daß geistige Erkenntnisse errungen werden, kann der Mensch auch nicht in der physischen, in der materiellen Kultur wirklich weiterdringen. Ich möchte Ihnen das durch einen Vergleich klarmachen.

Bedenken Sie einmal, in der Schweiz sind so und so viele Tunnel; diese Tunnel können heute nicht gebaut werden, ohne daß die Ingenieurkunst die Grundlage dazu liefert. Ja, diese Ingenieurkunst ist aber zusammenhängend mit dem, was in einsamer Gedankenarbeit Leute erarbeitet haben, die damals, als sie das erarbeiteten, noch nicht daran dachten, irgend etwas hervorzubringen einmal, was etwa Tunnel sind. Aber die Tunnel könnten nicht da sein, und vieles andere könnte nicht sein; alles dasjenige, was uns heute, nicht in diesem Augenblicke gerade, aber sonst heute in der Welt umgibt als elektrisches Licht, was uns sonst in der Gegenwart umgibt, könnte nicht da sein, wenn es nicht seinen Ausgangspunkt genommen hätte von den Gedanken einsamer Denker. Aber diese Gedanken – man glaubt das heute nicht, man meint, daß die Gedanken der praktischen Welt so einfach aus den menschlichen Gehirnen herauswachsen, aber das ist nicht der Fall –, diese Gedanken, die gefaßt worden sind, konnten nur gefaßt werden, weil die Menschheit ein altes Geisteserbe hatte. Der Mensch, der keine geistigen Anregungen aus einer geistigen Welt heraus erhält, kann nicht in Wirklichkeit, geistig auch nicht, für die äußere materielle Kultur arbeiten. Das sehen die Leute heute nur noch nicht ein, weil sie den ganzen Zusammenhang noch nicht erkennen. Unsere materielle Kultur würde verschwinden, es würde nichts Neues zu ihr hinzukommen und das Alte würde auch nach und nach verschwinden, wenn nicht auch ein geistiger Fortschritt in der Menschheit Platz greifen könnte. Aber ein wirklicher geistiger Fortschritt ist nur möglich, wenn eine geistige Erkenntnis immer mehr und mehr wiederum Platz greift, und wenn das Vorurteil aufhört, das man gerade im Zeitalter der Aufklärung immer mehr und mehr geltend gemacht hat, daß eigentlich nur der ein gescheiter Mensch ist, der nicht an Geistiges und Seelisches glaubt.

Also es handelt sich darum, daß die geistige Welt erforscht werden kann, daß außer unserer Welt, die wir mit unseren Augen sehen, mit unseren Händen greifen, eine geistige Welt vorhanden ist. Nun haben immer mehr in der neueren Zeit Menschen auch das Bedürfnis gehabt nach einer Erkenntnis der geistigen Welt, aber sie haben dieses Bedürfnis mit recht ungeeigneten Mitteln befriedigt. Und wenn man heute hört, daß so etwas da ist wie unsere anthroposophische Bewegung, die sich solch einen Bau aufrichtet, dann sagen sehr viele Menschen: Nun ja, das ist auch so etwas Obskures wie die Spiritisten; da sucht man mit allerlei mystischen Mitteln den Geist. – Nein, meine sehr verehrten Anwesenden, alles dasjenige, was Sie hören können in der Welt heute als Spiritismus, als falsche Mystik, das wird gerade am heftigsten von unserer geistigen Bewegung abgewiesen. Wir haben nichts zu tun mit irgendwelchen obskuren Dingen, wie sie heute vielfach zur Erforschung des Geistes getrieben werden und die man auch als wissenschaftliche ausgibt. Wir haben mit etwas zu tun, was ebenso klar und scharf ist wie die Naturwissenschaft selbst. Wir haben mit etwas zu tun, was so klar und scharf ist wie dasjenige, wodurch ein *Kopernikus,* ein *Galilei,* ein *Giordano Bruno* in der neueren Zeit gewirkt haben. Wir haben mit dem zu tun, was allerdings Geist und Seele ist, aber wir bedienen uns derjenigen Denkmethoden, die gerade in der Naturwissenschaft ihre großen Triumphe gefeiert haben.

Sehen Sie, bis zu der Zeit, in der am Beginne der neueren Zeit solche Geister gewirkt haben wie Kopernikus, Galilei, Giordano Bruno, haben die Menschen hinaufgesehen, sahen da oben das Himmelsgewölbe, das blaue, wie ein blauer Glassturz etwa über die Erde darübergestülpt, die Sterne so darauf gemalt, und was draußen war, das, haben die Menschen gesagt, nun, das ist die achte Sphäre. Aber das ist ganz anders geworden, als solche Geister, wie Kopernikus, Galilei, Giordano Bruno gewirkt haben. Da haben die Menschen endlich begriffen: Da oben, wo das scheinbare blaue Firmament erscheint, da ist in Wirklichkeit nichts, obschon unsere Augen es sahen bis dahin als blaues Firmament. Durch die Beschränktheit unseres eigenen Sehens erscheint uns ein blaues Himmelsgewölbe;

das rührt davon her, daß wir nicht weiter sehen können. Der Raum aber ist unendlich. Und, was scheinbar aufgemalt ist auf dem Himmelsgewölbe, das ist dasjenige, was über unendliche Raumesweiten ausgebreitet ist. – Nun, in bezug auf den Raum ist das überwunden worden. Heute gilt es, daß man ein beschränkter Kopf ist, wenn man glaubt, da oben sei ein blauer Glassturz als Firmament und darauf seien die Sterne aufgeheftet. Aber es gilt noch immer für viele gerade als ein Zeichen der Aufklärung, wenn sie sagen: Ach, wir können vom Menschen doch nichts anderes erkennen als dasjenige, daß er von einem Vater, von einer Mutter geboren wird und daß er dann wieder stirbt; was darüber ist, das kann man nicht erkennen. – Geradeso wie die Menschen des Mittelalters gesagt haben: Da oben, da ist eine Grenze, das blaue Firmament –, so sagen die Leute noch vielfach für das Erkennen: Da ist eine Grenze, Geburt und Tod, über die kann man nicht hinaussehen. – Geradesowenig wahr ist es, daß man über Geburt und Tod nicht hinaussehen kann, wie es nicht wahr ist, daß man über das blaue Firmament nicht hinausschauen kann und nicht hinausdenken kann. Und wie es heute als das Zeichen eines beschränkten Geistes gelten würde, wenn er da oben das blaue Firmament als etwas Festes ansehen würde, so wird es in nicht allzu langer Zeit als das Zeichen eines beschränkten Geistes gelten müssen, wenn man sagen wird: Man kann nichts erkennen, was über Geburt und Tod hinausreicht. – Der Mensch trägt in sich die ewigen Kräfte seines Daseins. Und wenn er diese ewigen Kräfte seines Daseins nur wirklich ausbildet, dann gelangt er dazu, ebenso wie Giordano Bruno hinausgewiesen hat über das Firmament, hinauszuweisen über Geburt und Tod, so hinauszuweisen, daß man wissen kann: So wie im unendlichen Raume eingebettet sind die Sterne, so ist unser eigenes menschliches Dasein eingebettet in die unermeßliche Zeit. Wir waren da, bevor wir geboren worden sind, und wir werden da sein, nachdem wir gestorben sind.

Gewiß, für viele Menschen ist das heute ein Glaube, aber es wird in der Zukunft ein Wissen sein, eine Erkenntnis werden. Und zu diesem Reifegrade, daß das eine Erkenntnis werden wird, daß das etwas werde, was der Mensch so wissen kann, wie er, sagen wir, Rechnen, Geometrie weiß, dazu soll eine solche Bewegung beitragen, wie diese anthroposophisch orientierte Geisteswissenschaft es ist. Und nicht durch irgendwelche äußere Veranstaltungen, nicht durch äußere Experimente wird das erreicht, sondern es wird dadurch erreicht, daß der Mensch an sich selbst arbeitet, daß er dasjenige, was sonst in ihm schlummert, zum Erwachen bringt, und daß er in seinem Inneren die Kräfte des Ewigen gewahr wird. In dem Momente, wo die Menschen sich getrauten, mit ihrem Denken über das Firmament hinaus zu denken, in diesem Momente waren sie so glücklich, den Raum als ein Unendliches zu erkennen. In dem Momente, wo sie den Mut fassen werden, über Geburt und Tod hinaus zu forschen, in diesem Momente werden sie ihr eigenes Seelisches als ein Ewiges wissen.

Sehen Sie, damit skizziere ich Ihnen nur mit ein paar Worten dasjenige, was eine ausgebreitete Wissenschaft ist, was eine so ausgebreitete Wissenschaft ist, daß, man möchte sagen, alle anderen Wissenschaften befruchtet werden können gerade durch diese Geisteswissenschaft. Erst dann, wenn man auf diese Geisteswissenschaft wird eingehen können, werden gewisse Rätselfragen, die dem Menschen heute schwer auf der Seele liegen, sich lösen lassen. Und manches, was heute gesucht wird – man glaubt es suchen zu können aus den alten Voraussetzungen heraus –, wird man nur finden können, wenn man auf die hier gemeinte Geisteswissenschaft wird eingehen können.

Ich will Sie auf eines aufmerksam machen. Es ist nun schon lange her, mehr als anderthalb Jahrhunderte, da wurde die Theorie gefaßt, daß unser ganzes Sonnensystem hervorgegangen sei aus einem Urnebel. Ein Urnebel war da, so dachte man, der rotierte, der sich drehte. Man nennt das die Kant-Laplacesche Theorie. Da ballten sich ab die Planeten von der Sonne, diese Planeten umkreisten dann die Sonne und so weiter, und im Laufe langer, langer Zeiten, da hätte sich auf dem Planeten, vorzugsweise also auf unserer Erde gebildet, was man zunächst glaubt nur wissen zu können, Pflanzen, Tiere, zuletzt auch der Mensch und so weiter. Ja, es gibt immerhin einzelne Geister, welche das ganz Törichte dieser heute so viel bewunderten Naturanschauung eingesehen haben. Der große Kunstschriftsteller *Herman Grimm,* er hat einmal sehr schön über diese Kant-Laplacesche Theorie gesprochen. Er sagte: Da bilden sich die Menschen heute ein, aus irgendeiner Wissenschaft, besonders dieser Naturwissenschaft heraus annehmen zu dürfen, daß einmal ein solcher Urnebel da war, und aus diesem Urnebel heraus habe sich durch Zusammenballen von selber dasjenige gebildet, was wir heute auf der Erde bewundern. Und dann, das wird auch gesagt, nach wiederum unermeßlich langen Zeiträumen wird all dasjenige, was auf der Erde ist, zugrunde gehen, die Sonne verfallen, und so weiter. – Herman Grimm meinte: Ein Aasknochen, um den ein hungriger Hund seine Kreise herumziehe, wäre ein appetitlicherer Anblick als diese sogenannte wissenschaftliche Errungenschaft. – In der Zukunft werden die Menschen nicht begreifen, meint er, wie eigentlich ein solcher wissenschaftlicher Wahn in unserer Zeit habe Platz greifen können, überhaupt wie er die Menschen einmal habe überfallen können.

Sie müssen nur bedenken, was eigentlich mit einer solchen Sache gesagt ist. Es ist sehr viel gesagt, denn die Menschen, die heute unterrichtet werden gerade von unserer vielgepriesenen Wissenschaft, betrachten es als einen Aberglauben, als etwas durchaus Rückständiges, wenn man nicht schwört auf das Vorhandensein dieses Kant-Laplaceschen Urnebels. Nun, ich weiß sehr gut alle Gründe, die solche Menschen vorbringen, die auf diesen Kant-Laplaceschen Urnebel schwören. Ich weiß auch, daß es durchaus begreiflich ist, daß wenn jemand so spricht wie ich, daß man das als einen Wahn hinstellt, daß er dann unter Umständen als ein beschränkter Kopf oder selbst als ein wahnwitziger Mensch angesehen werden kann. Aber über diese Dinge wird man erst urteilsfähig, wenn man wirklich eindringt in dasjenige, was hier als Geisteswissenschaft gemeint ist. Denn da stellt sich heraus, daß ebensowenig wie der Mensch mit der Geburt etwa aus der Materie heraus entsteht, sondern wie er sich als Geist und Seele nur verbindet mit der Materie, und wie er, nachdem er durch den Tod gegangen ist, auftaucht in der geistigen Welt als geistiges Wesen, so ist dasjenige, was wir heute als unsere Erde erkennen, nicht aus einem materiellen Urnebel hervorgegangen, sondern unser Planet, unsere Erde, ist aus einem geistigen Zustande hervorgegangen, ist Geistiges. Das ist dasjenige, was vorangegangen ist allem Materiellen. Die Menschen forschen heute nach, wie der Geist sich an der Materie entwickle. In Wahrheit hat sich alle Materie aus dem Geiste entwickelt. Und geläuterte, gereinigte Begriffe bekommt man, wenn man sich auf dasjenige, was hier als Geisteswissenschaft gemeint ist, einläßt.

Sehen Sie, dasjenige, was heute die Menschen als Materie, als materielle Welt erkennen – was ist es? Ich möchte Ihnen das durch einen Vergleich wiederum darlegen. Nehmen Sie an, Sie hätten ein großes Bassin vor sich, darinnen sehen Sie Eisstücke, Sie sehen nicht, daß auch Wasser da ist; ich nehme an, Sie könnten das Wasser nicht sehen. Sie sehen dann die Eisstücke. Sie wissen nicht, wenn Sie nur die Eisstücke sehen würden, ich meine, wenn Sie niemals etwas vernommen hätten von dieser Sache, nur die Eisstücke gesehen hätten, so würden Sie nicht wissen, daß dieses Eis ja nichts anderes ist als aus dem Wasser Entstandenes, durch Verdichtung aus dem Wasser Entstandenes. So verhält sich der Mensch gegenüber der materiellen Welt. Er schaut diese materielle Welt an und glaubt, daß sie für sich da ist. Diese materielle Welt ist in Wahrheit ebenso durch Verdichtung entstanden, Verdichtung des Geistigen, wie das Eis durch Verdichtung des Wassers entstanden ist. Und in dem Augenblicke, wo, wie ich es angedeutet habe, der Mensch die Kräfte in sich entdeckt, die ihn das Geistige schauen, das Geistige wahrnehmen lassen, in dem Augenblicke sieht er alles Materielle wie eine Verdichtung des Geistigen an. Alles Materielle hört auf, eine Selbständigkeit zu haben. Und dasjenige, was wir als Erde, als materielle Erde, mit allem Materiellen, was darauf ist, anzuerkennen haben, das ist aus einer Geist-Erde hervorgegangen, und das wird wiederum zurück sich verwandeln in eine Geist-Erde, so daß wir erkennen, daß das Materielle ein Zwischenzustand ist zwischen geistigen Zuständen. Ich schildere Ihnen mehr oder weniger nur die Ergebnisse; ich kann Ihnen natürlich nicht in einer kurzen Betrachtung alle die Methoden zeigen, die ebenso sichere Methoden sind wie diejenigen, die auf der

Sternwarte zur Erkenntnis der äußeren materiellen Sterne verwendet werden, oder die in der Klinik getrieben werden, um die menschliche Anatomie kennenzulernen. Die Methoden sind, insofern sie hier getrieben werden, durchaus geistige Methoden, aber sie führen zur Erkenntnis desjenigen im Menschen, was etwas ist, das als Seelisch-Geistiges mit dem Geistig-Seelischen der Welt zusammenhängt.

Sehen Sie, der Mensch erlangt dadurch, daß er sich seines Geistigen wiederum bewußt wird, eine gewisse innere Sicherheit, einen gewissen inneren Schwerpunkt, möchte ich sagen. Heute gibt es noch viele Menschen, welche durchaus mit Recht davon überzeugt sind, daß das Seelisch-Geistige durch die Todespforte geht und dann in einer geistigen Welt bleibt. Aber wenig wird darüber nachgedacht, daß, indem der Mensch durch die Geburt ins Dasein tritt, er aus der geistigen Welt kommt. Was er aus der materiellen Welt erhält, ist nur wie eine Umkleidung dessen, was aus der geistigen Welt kommt, aus der geistigen Welt herunterkommt. Und ebenso wie man sagen muß: Dasjenige, was nach dem Tode übrig bleibt, ist eine Fortsetzung des physischen Lebens, das wir auf der Erde führten – ebenso kann man sagen: Das Leben, welches wir hier auf der Erde führen, ist eine Fortsetzung eines geistigen Lebens, das wir früher geführt haben. – Dadurch aber ergibt sich die Möglichkeit, ganz anders dem Menschen gegenüberzustehen, als man diesem Menschen gegenübersteht, wenn man eigentlich nur den Glauben hat, daß der Mensch mit der Geburt unmittelbar entstanden ist aus dem Materiellen heraus. Denken Sie nur einmal, was es heißt, ein werdendes Kind von seiner Geburt an so anzuschauen, sich zu sagen: Mit jedem Tage, mit jeder Woche, mit jedem Jahre arbeitet sich der Geist, der aus dem Geistigen gekommen ist, heraus, arbeitet sich durch die materiellen Glieder hindurch. – Wenn das einmal wirkliches Prinzip der Erziehung und des Unterrichtes des Menschen wird, dann werden Sie sehen, welcher Einfluß auf die Pädagogik, auf die Erziehungskunst wirklich ausgeübt werden kann. In dieser Beziehung kann dasjenige, was wir Geisteswissenschaft nennen, heute schon durchaus praktisch werden. Wir waren in der Lage, in einer Stadt in

Süddeutschland vor kurzer Zeit dasjenige einzurichten, was dienen soll im Sinne unserer Geisteswissenschaft als Erziehungskunst. In Stuttgart haben wir die Waldorfschule eingerichtet, eine Volksschule, die auf der einen Seite all den sozialen Forderungen dienen soll, die jetzt gestellt werden, wo nur Rücksicht genommen werden soll auf dasjenige, was der Mensch als Mensch ist, die aber auf der anderen Seite auch dienen soll all dem, was eine wirkliche Erziehungskunst der Zukunft ist, die ausgehen soll von einer wirklichen Menschenerkenntnis, die den Menschen so erziehen soll von seinem sechsten bis zu seinem fünfzehnten Jahre gerade durch die Schulzeit, daß in jedem einzelnen Lebensalter im siebenten, neunten, elften, fünfzehnten Jahre, immer Rücksicht darauf genommen wird, was sich da aus der Menschennatur heraus enthüllt. Dadurch allein können wirklich alle Kräfte der menschlichen Natur entwickelt werden. Ich will das nur andeuten. – Da wir aber jetzt so glücklich sind, wiederum Licht zu haben, werden wir versuchen, möglichst bald zu unserer Vorstellung zu kommen. – Diese Pädagogik ist es, wodurch man uns heute gestattet, schon praktische Versuche zu machen, und es ist mir eine große, eine tiefe Befriedigung, ein Lehrerkollegium auszubilden für diese Volksschule, ein Lehrerkollegium, das eine wirkliche Erziehungskunst aus der Geisteswissenschaft heraus entwikkelt. Eine Erziehungskunst, die mit dem ganzen Menschen rechnet, nicht bloß mit der Leiblichkeit des Menschen, die mit dem Menschen rechnet als mit Leib, Seele und Geist.

Und sehen Sie, es ist ja so, daß dieses, was aus der Geisteswissenschaft heraus die menschliche Seele durchdringen kann, dem Menschen einen ganz anderen Halt zu bieten vermag als dasjenige, was heute vielfach als materialistische Gesinnung die Menschen durchsetzt. Davon wird sich die Menschheit noch überzeugen müssen. Es soll hier nicht ein müßiges Spiel getrieben werden mit allerlei vermeintlichen Wissenschaften, sondern es soll ehrlich und redlich gerade denjenigen Forderungen gedient werden, die heute in zahlreichen menschlichen Seelen Wurzel gefaßt haben. Nur sind sich die Menschen noch nicht klar darüber geworden, was eigentlich für Sehnsucht in ihnen ist. Instinktiv streben heute die Menschen schon nach einer solchen geistigen Erkenntnis hin. Dieser geistigen Erkenntnis möchte alles dasjenige dienen, wofür dieser Bau hier ein äußerer Repräsentant ist. Dieser Bau ist in seiner ganzen künstlerischen Gestaltung so eingerichtet, daß man ihm ansieht, es handelt sich um eine neue geistige Bewegung, um etwas, das unter die Menschen kommen muß, wenn die Kultur wirklich fortschreiten, nicht rückwärtsschreiten soll, rückständig bleiben soll mit dem, was von alten Zeiten heraufgekommen ist.

Nun, ich wollte Ihnen mit ein paar Worten das ehrlich-redliche Bestreben nach einer Geist-Erkenntnis charakterisieren, die hier gemeint ist, nach jener Seite, von der heute viele Menschen noch glauben, daß sie überhaupt irgendein Wahngebilde sei. Aber, meine sehr verehrten Anwesenden, als in Deutschland die erste Eisenbahn gebaut worden ist, von Fürth nach Nürnberg, da hat man ein Ärztekollegium um ein Gutachten gefragt, ob man eine solche Eisenbahn bauen soll. Und da hat das Ärztekollegium gesagt – es ist das kein Märchen, es ist eine wahre Tatsache, 1837 passiert, also noch nicht einmal hundert Jahre liegt das hinter uns –, man solle keine Eisenbahn bauen, denn die Menschen, die darinnen fahren werden, die werden sich ihre Nerven ruinieren, und man wird sie ganz krank machen. Aber wenn es schon solche Menschen gäbe, die sich bereit finden, in den Eisenbahnen zu fahren, dann solle man wenigstens links und rechts hohe Bretterwände aufrichten, damit diejenigen, an denen die Eisenbahn vorbeifahre, nicht Gehirnerschütterungen kriegen. Das ist durchaus kein Märchen, das ist ein nachweisbares Gutachten einer gelehrten Gesellschaft. Sie können natürlich heute zahlreiche materialistisch denkende Menschen fragen, ob dasjenige, was hier an dieser Hochschule für Geisteswissenschaft getrieben wird, so getrieben werden solle? Und diese gelehrten Leute werden heute das Urteil abgeben: Es soll nicht getrieben werden, denn die Menschen könnten dadurch, ja, was weiß ich, den Verstand verlieren. Es ist das geradeso begründet wie das Ärztegutachten jenes bayrischen Medizinalkollegiums 1837, das geglaubt hat, durch die Eisenbahn würden die Menschen krank werden. Wenn man auf die Menschen hört, die so denken, dann kommt man überhaupt nicht weiter. Denn diejenigen Menschen, die heute solch einen geistigen Fortschritt ablehnen, wie er hier gemeint ist, gehören auf das Blatt, auf das diejenigen gehörten, die, als Kolumbus seine Schiffe ausrüsten wollte, um hinauszufahren in die weite Welt, gesagt haben: Das ist doch ein Wahnsinn, da hinauszufahren! Wohin sollte man denn da kommen? – Er hat nur eben Amerika entdeckt, und wenn er nicht hinausgefahren wäre, wäre Amerika nicht entdeckt worden. Stellen Sie sich vor, wie anders die Welt heute ausschauen würde. Gewiß, es gibt heute viele Leute, die sagen: Es ist ein reiner Wahnsinn, der da getrieben wird. – Aber es wird eine Zeit kommen, wo man diesen Wahnsinn als etwas ansehen wird, was sehr notwendig war für die Entwickelung der Menschheit. Gewiß gibt es sehr viele Menschen, die sagen: Man kann doch dasjenige, was als Geist dargeboten wird, nicht essen und trinken. – Von einem gewissen elementaren Standpunkte aus wird man recht haben damit, aber von einem tieferen Standpunkte aus nicht. Denn dasjenige, was für die äußere materielle Kultur der Menschheit getrieben wird, das kann nur in richtiger Weise getrieben werden, wenn sich die Menschheit geistig zu verhalten weiß. Aber geistig verhalten kann sich die Menschheit nur, wenn sie wirklich in den Geist eindringen kann. Vom Geiste wird hier nicht nur gesprochen, sondern Geist soll wirklich erkannt werden. Es soll nicht nur gesagt werden, Geist ist in der Welt, sondern es sollen die geistigen Methoden so durchschaut werden, daß man so etwas mit Bestimmtheit sagen kann: Unsere Erde ist nicht aus einem Kant-Laplaceschen Urnebel hervorgegangen, sondern aus einem geistigen Wesenszustand, und kehrt wiederum mit uns allen in einen geistigen Wesenszustand zurück; und dergleichen mehr.

Sehen Sie, dasjenige, was wir Ihnen als ein Stück des Künstlerischen, das hier getrieben wird, darbieten wollen als eine Probe unserer Eurythmie, ist im Grunde genommen etwas von dem, was nur geboten werden kann, wenn man vieles, was sonst nur materiell, mit den äußeren Sinnen angeschaut wird, vom Gesichtspunkte einer Geist-Erkenntnis auffaßt. Der Mensch spricht durch seinen Kehlkopf und dessen Nachbarorgane, Zunge, Gaumen und so weiter. Wir wenden, indem wir dem Menschen zuhören, unsere Aufmerksamkeit durch das Ohr auf das Gehörte. Aber während wir sprechen, da bewegen sich fortwährend, ohne daß es gesehen wird, wenigstens in der Anlage, der Kehlkopf und seine Nachbarorgane. Das weiß sogar die Physik, daß da Bewegung im Sprechen ist. Denn während ich hier zu Ihnen rede, bewegt sich die Luft im Saale in bestimmten Formen. Durch dasjenige geistige Schauensvermögen, durch das man den Geist in der Natur, im Menschen, erkennt, erkennt man auch das Geistige, das der menschlichen Sprache zugrunde liegt. Dieses Geistige kann man dann so, wie wir es in der eurythmischen Kunst tun, auf Bewegungen des ganzen Menschen anwenden. Und so werden Sie heute Menschen sich bewegen sehen auf der Bühne, die sich nicht bewegen in Bewegungen, die wir ausgedacht haben, o nein, sondern, wenn Sie dabei ein Gedicht rezitieren hören, wenn Sie kunstvolle Sprache dabei hören, dann machen die Menschen hier oben mit ihrem ganzen Körper diejenigen Bewegungen, die sie sonst selbstverständlich ausführen, wenn sie die Sache sprechen. Nur hört man sonst der gesprochenen Sprache zu, den Lauten zu, dem Hörbaren zu. Hier haben Sie eine sichtbare Sprache; aber dieselben Bewegungen, die sonst auch ausgeführt werden, werden hier durch den ganzen Menschen zur Anschauung gebracht. Sie lernen also, ich möchte sagen, den ganzen Menschen kennen wie einen lebendig gewordenen Kehlkopf, eine sichtbar gewordene Sprache. Und Kunst ist immer dasjenige, was dadurch entsteht, daß gewisse Geheimnisse der Natur offenbar gemacht werden. Nach *Goethe* haben wir diese Hochschule für Geisteswissenschaft Goetheanum genannt. Er hat das schöne Wort gesagt: Wem die Natur ihr offenbares Geheimnis enthüllt, der sehnt sich nach ihrer würdigsten Auslegerin: der Kunst.

Und besonders, wenn wir dem Menschen gegenüberstehen! Oh, im Menschen ist unendlich viel Geheimnisvolles. Wenn wir dasjenige, was unsichtbar zugrunde liegt der Sprache, hervorholen durch die Bewegungen der Arme, durch die Bewegungen des ganzen Menschen, durch die Bewegungen von Menschengruppen machen lassen, dann wird dasjenige enthüllt, was als so großes Wunder lebt in der menschlichen Sprache. Die Menschen sehen gar sehr, besonders heute, hinweg über dasjenige, was als großes Wunder überall zugrunde liegt dem natürlichen Dasein. Derjenige, der kennenlernt, welcher Wunderbau dieser menschliche Kehlkopf mit seinen Nachbarorganen ist, und der aufzuwecken versucht dasjenige, was im Kehlkopf und seinen Nachbarorganen darinnen lebt, was als ein Wunder bewahrt ist in dem einzelnen Menschen, der kann es verstehen, daß Goethe tatsächlich es ausspricht: Denn indem der Mensch an den Gipfel der Natur gestellt ist, sieht er sich wieder als eine ganze Natur an, die in sich abermals einen Gipfel hervorzubringen hat. Dazu steigert er sich, indem er sich mit allen Vollkommenheiten und Tugenden durchdringt, Wahl, Ordnung, Harmonie und Bedeutung aufruft und sich endlich zur Produktion des Kunstwerkes erhebt.

Und wenn er dann aus sich selber ein Instrument macht und enthüllt dasjenige, was für seine eigenen Glieder zum Vorschein kommen kann, dann kommen ganz besonders tiefe Naturgeheimnisse, Geistesgeheimnisse, Seelengeheimnisse für die unmittelbar menschliche Empfindung zum Vorschein.

Dasjenige, was heute in der Schule getrieben wird als Turnen, es wird bloß aus dem Leibe heraus gedacht; einmal wird es an der Stelle dieses Turnens auch diese Eurythmie geben. Diese Eurythmie, sie wird durchgeistigtes Turnen, beseeltes Turnen sein. Der Mensch wird nicht nur diejenigen Bewegungen machen im Turnen, die er macht, weil ihm der Anatom, der Physiologe, der Naturwissenschafter sagt, daß dies körperlich gesund sei; man wird einsehen, wie die Gesundheit auch vom Seelischen, vom Geistigen ausgeht, und wie der Mensch tatsächlich beseelte Bewegungen dann macht, beseelte, durchgeistigte Bewegungen. Und man hat in der Waldorf-Schule schon sehen können, wo immer eine Stunde nur das gewöhnliche Turnen, die andere Stunde diese Eurythmie mit den Kindern eben getrieben wird, wie die Kinder dabei sind, wie sie sich enthusiasmiert fühlen von dem, daß sie nun Bewegungen machen, die nicht bloß aus dem Leibe heraus gedacht sind, sondern die aus Geist und Seele heraus gedacht sind. Auch in diesem kleinen Teile – es ist nur ein ganz kleiner Teil von dem, was wir mit unserer Geisteswissenschaft meinen – zeigt sich, was wir wollen: auf allen Gebieten Durchgeistigung, Durchseelung. Und so bitte ich Sie, das, was hier geboten wird, als einen Anfang zu betrachten. Es muß alles erst vervollkommnet werden. Nehmen Sie es mit Nachsicht als einen Anfang auf, aber man kann schon daraus erkennen, wohin, möchte ich sagen, der Weg geht. Er geht zu einer wirklichen Geisteskultur, die auf allen Gebieten des Lebens fruchtbar werden kann.

Und jetzt möchten wir Ihnen, meine sehr verehrten Anwesenden, eine kleine Probe von dieser eurythmischen Kunst zeigen. Sie werden sehen, wie der ganze Mensch die Bewegungen ausführt, die man sonst nicht sieht, sondern nur hört. Sie werden eine sichtbare Sprache sehen, und Sie werden hören, wie zu gleicher Zeit die Musik bei dem Ertönen dasselbe ausdrückt, was Sie auf der Bühne durch die Bewegungen des Menschen sehen. Sie werden die Gedichte rezitieren hören, die durch die Sprache dasjenige ausdrücken, was Sie auf der Bühne durch den bewegten Menschen sehen werden: eine sichtbar gewordene Sprache. Sie werden sie erkennen als etwas, das erst aus der Natur, aus den geheimnisvollen Tiefen der menschlichen Wesenheit herausgeholt werden soll. Und so bitte ich Sie, mit Nachsicht dasjenige aufzunehmen, was auch nur ein Anfang sein soll, so wie unser Bau nur ein Anfang sein soll. Denn wir glauben, wenn die Menschen diesen Dingen Interesse entgegenbringen, so wird dasjenige, was hier getrieben wird, immer mehr und mehr gleichsam nach sich ziehen, so daß dasjenige, was heute noch von vielen nur als etwas Törichtes, Phantastisches angesehen wird, einstmals als etwas Selbstverständliches, als wahre Kunst angesehen wird, etwas, was zu jedem menschlichen Dasein notwendig ist und was wie ein geistiges Licht anerkannt werden wird, weil die Menschen es brauchen werden.

Nach einer kurzen Pause wollen wir nun zwei kleine Szenen aus «Faust» darstellen: «Mitternacht.» Dieser zweite Teil des «Faust» ist ja, wie Sie vielleicht wissen, Goethes reifste Dichtung. Das Manuskript zum zweiten Teil des «Faust» ist kurz vor Goethes Tod erst fertig geworden, und der zweite Teil ist erst nach Goethes Tod erschienen. Man kann sagen, daß die Faust-Dichtung Goethe eigentlich sein ganzes Leben hindurch begleitet hat. Vielleicht zu den allerersten, wenigstens nahezu zu den allerersten dichterischen Versuchen Goethes gehören die ersten Szenen des ersten Teils. Und immer wieder und wieder hat Goethe im Verlaufe seines langen Lebens die Faust-Dichtung vorgenommen und im höchsten Alter sie erst vollendet. Gerade an der Faust-Dichtung kann man so recht beurteilen, was es bedeutet, ein aufsteigendes und fortwährend sich entwickelndes Leben durchzumachen. Wir wissen, daß auch heute es immer noch Leute gibt, welche das größte Vergnügen nur an den Jugenddichtungen Goethes haben, die ganz eigentlich aus der Sphäre des gewöhnlichen Lebens heraus nur gedichtet sind. Goethe hat dann verschiedene Stufen, immer reifere und reifere Stufen seines Schaffens durchgemacht. Als Goethe in Italien war und die großen Kunstwerke betrachten konnte, da glaubte er erst recht in das Wesen der Kunst eingedrungen zu sein, und sprach dazumal die großen, schönen, bedeutungsvollen Worte aus: Ich habe nun die Kunst der Griechen kennengelernt und glaube, daß die Griechen nach denselben Gesetzen verfuhren bei Erschaffung der Kunstwerke, nach denen die Natur selbst verfährt und denen ich auf der Spur bin. – Goethe selbst wußte, wie er mehr und mehr heranreifte zu immer höherer Kunstauffassung. Daher muß es uns merkwürdig berühren, wenn wir sehen, wie es auch schon Zeitgenossen Goethes gab, welche auf die ersten Teile des Goetheschen «Faust» wieder zurückwiesen, als Goethe seine «Iphigenie», seinen «Tasso» und seine «Natürliche Tochter» geschrieben hatte, die er selber als viel bedeutendere Kunstwerke betrachtete als den ersten Teil des «Faust». Da gab es viele, die sagten: Na, Goethe ist eben alt geworden, da kann er sich nicht mehr so recht auf der Höhe halten. – Die Leute wußten gar nicht, woran es eigentlich lag. Sie konnten sich nämlich nicht auf die Höhe Goethes hinaufstellen und wiesen daher immer wieder zurück auf das, was Goethe in seiner Jugend gedichtet hat. Dasselbe hat man lange nach Goethes Tod noch erleben müssen, zum Beispiel, daß ein großer Ästhetiker, sogar Leute, die man durchaus nach einer gewissen Seite schätzen kann, der sogenannte Schwaben-Vischer, der V-Vischer, weil er sich mit V schrieb, der dicke Bände einer

Kunstgeschichte geschrieben hat und der, trotzdem er ein bedeutender Gelehrter in der Kunst war, immer wieder gesagt hat: Ja, der erste Teil, das ist ein richtiges Kunstwerk; aber der zweite Teil des «Faust», das ist ein zusammengeschustertes, zusammengeleimtes Machwerk des Alters. – Man muß schon auf solche Dinge hinweisen, denn es gibt unter den großen Männern Leute – ja, sehen Sie, wie es höhere Töchter gibt, so gibt es höhere Philister, und trotzdem ich den Schwaben-Vischer, *Friedrich Theodor Vischer,* sehr schätze von einer gewissen Seite her, so ist er doch dem «Faust» gegenüber ein höherer Philister. Er hat ja auch versucht, einen anderen Teil zu «Faust» II zu schreiben! Und es muß erwähnt werden, daß Goethe selbst oft einen bitteren Groll gehabt hat über die Leute, die seine späteren Dichtungen – «Faust» II erschien ja erst nach seinem Tode, aber dem wäre es ebenso gegangen –, zum Beispiel den «Tasso», seine «Iphigenie», seine «Natürliche Tochter» und so weiter nicht mochten und immer wieder zurückwiesen auf den ersten Teil seines «Faust». Da sagte Goethe:

Da loben sie den Faust,
Und was noch sunsten
In meinen Schriften braust
Zu ihren Gunsten.

Das alte Mick und Mack
Das freut sich sehr;
Es meint das Lumpenpack,
Man wär's nicht mehr.

So hätte Goethe wohl auch gesagt, wenn er erfahren hätte, wie der Schwaben-Vischer oder andere Gelehrte über den zweiten Teil seines «Faust» gedacht haben. Im ersten Teile des «Faust», mit Ausnahme dieser Szenen, wo er auch mit der Empfindungswelt des Menschen ins Übersinnliche hinaufsteigt, um im weiteren das menschliche Leben darzustellen – so schön die Gretchen-Szenen sind im irdischen Felde –, im zweiten Teile, um in die übersinnliche Welt selbst hineinzudringen, in die Welt der geistigen Erlebnisse hineinzusehen, da muß man sagen, daß es schwer ist, diesen zweiten Teil des «Faust» mit den gewöhnlichen Mitteln darzustellen und die höchsten Erlebnisse des Menschen auf der Bühne vorzuführen. Wer mancherlei gesehen hat, wie ich – ich habe in den achtziger Jahren des vorigen Jahrhunderts die Bearbeitung des zweiten Teiles des «Faust» von *Wilbrandt* im Wiener Burgtheater gesehen in der seinem Wesen nach eigenartigen, liebenswürdigen Regie, habe dann manches andere über die Bühne gehen sehen, zum Beispiel in der *Devrientschen* Mysterienbearbeitung des «Faust» mit der Lassenschen Musik und so weiter. Aber man kann sagen: Die Mittel der Bühne, man sieht, sie reichen hier nicht aus.

Nun haben wir versucht, verschiedenes mit Zuhilfenahme der eurythmischen Kunst in den zwei kleinen Szenen darzustellen, wo an den «Faust» herangetreten wird mit Bezug auf diejenigen inneren Erlebnisse, die Faust hat mit diesen Seelenkräften und Schicksalskräften. Das ist etwas, wo durchaus das Menschenleben hinaufgerückt wird in eine höhere Sphäre. Und da kann man sagen: Goethe wollte nach seinen Intentionen in diese Dichtung seines Lebens viel, viel hineingeheimnissen. – Das muß aber auch bühnenmäßig in der entsprechenden Weise herausgeholt werden. Man kann es nicht mit den gewöhnlichen Bühnenmitteln herausholen. Nun nehmen wir hier zu Hilfe die eurythmische Kunst, die Darbietungen, die ich Ihnen vorhin beschrieben habe, und die Sie in einigen Proben gesehen haben.

Wir stellen dann noch dar die Szene «Faust um Mitternacht», wo er alle Tiefen und Schauer des Lebens erlebt. Selbstverständlich, das, was Faust spricht, muß mit den gewöhnlichen Bühnenmitteln dargestellt werden; dann aber, wenn diese vier Gestalten, die vier grauen Weiber, namentlich die Sorge auftritt, da soll die Eurythmie zu Hilfe genommen werden, damit dasjenige, was Goethe so schön hineingeheimnißt hat in seine Faust-Dichtung von den tiefsten menschlichen Seelenimpulsen und Seelenerfahrungen, damit das gerade durch diejenige Kunst herauskomme, die sich aus den Tiefen der Menschennatur heraus offenbaren möchte.

Dornach, 15. November 1919

PROGRAMM

Wochenspruch	Rudolf Steiner
Aus «Chymische Hochzeit»	Valentin Andreae Musik: Max Schuurman
Melodie	Ludwig Jacobowski
Frage und Antwort	Musik: Max Schuurman
Die zwei Reigen	C. F. Meyer
*Hymnus an die Natur**	J. W. v. Goethe

Pause

Szenen aus «Faust» I. Teil	J. W. v. Goethe

Studierzimmer: «Habe nun, ach, ...»
Erdgeist, Wagner
Osterszene: Chor der Engel, Frauen, Jünger

* Der «Hymnus an die Natur» wurde in diesem Programm zum ersten Male eurythmisiert. Vergleiche die Ansprache vom 17. April 1920, Seite 173.

ÜBER DAS WESEN DER REZITATIONSKUNST

Dornach, 16. November 1919

Wird nun dasjenige, was im einzelnen Laute des Wortes liegt, ausgedrückt durch die Bewegung der einzelnen Glieder, so wird dasjenige, was Seelenwärme ist, was Lust und Leid, Freude und Enthusiasmus ist, ausgedrückt durch die äußere Bewegung im Raume oder durch die Verhältnisse und die gegenseitigen Bewegungen der in einer Gruppe vereinigten Eurythmisten.

Begleitet werden Sie sehen die stumme Sprache der Eurythmie, auf der einen Seite durch das musikalische Element, das im Grunde genommen, mit anderen Worten gesagt, dasselbe zum Ausdruck bringt, auf der anderen Seite durch die Kunst der Rezitation. Und gerade bei dieser Rezitation zeigt es sich, wie durch die Eurythmie das Künstlerische der Dichtung zum Ausdrucke kommen muß.

Heute ist gerade die angesehenste, die wohlgelittenste Rezitationskunst nach unserer Überzeugung auf einem Abwege. Heute betont man im Rezitieren dasselbe, was wortwörtlicher Inhalt ist, das heißt eigentlich nicht das wirklich Dichterische, sondern das Prosaische! Das wirklich Dichterische liegt auch bei der Dichtung in dem untergründlichen musikalischen Elemente, im Rhythmus, im Takt, in dem Formalen, in dem Reim, in allem, was auch durch die Eurythmie parallelgehend der Rezitation hier zum Ausdrucke gebracht werden wird.

Daß dies bei der wirklichen Dichtkunst so ist, davon kann man sich überzeugen, wenn man nur etwas zurückgeht auf dasjenige, was man in früheren Zeiten als wirkliche Rezitationskunst, und auch als das der Dichtkunst Zugrundeliegende angesehen hat. Ich erinnere nur daran, daß *Schiller* zum Beispiel bei den besten seiner Gedichte nicht zunächst den wortwörtlichen Inhalt in der Seele hatte, den gar nicht; sondern daß er in der Seele eine Art melodiöses Element hatte, eine unbestimmte Melodie oder wenigstens etwas Melodieartiges. Und daran erst fing er das wortwörtliche Element auf, kleidete er erst das wortwörtliche Element hinein.

Goethe hat mit dem Taktstock wie ein Kapellmeister seine «Iphigenie», die ein Jambendrama ist, mit seinen Schauspielern einstudiert! Er hat Wert, den Hauptwert nicht auf den wortwörtlichen Inhalt gelegt, sondern auf dasjenige, was an Verskunst, an Form in der Dichtung war.

Das alles muß wiederum herausgeholt werden, was der Dichtung zugrunde liegt. Gerade dasjenige, was das eigentlich Künstlerische ist, wird heute in der Rezitationskunst ganz besonders im Grunde genommen übersehen. Derjenige – jetzt kommen ja diese Dinge immer mehr und mehr ab –, der noch Gelegenheit hatte, primitives Rezitieren von einfachen Volksdichtungen zu erleben, wie sie in Dörfern zum Beispiel geübt worden sind in Mitteleuropa bis in die letzten Jahrzehnte des 19. Jahrhunderts hinein, konnte, ich möchte sagen, eine aus der Urzeit der Menschheit stammende, primitive Eurythmie wahrnehmen. Da wurde nicht so rezitiert wie heute, daß der Prosainhalt der Dichtung die Hauptsache bildete, sondern – verzeihen Sie den harten Ausdruck: der Bänkelsänger, der immer seine «Moritat» rezitierte, ging auf und ab und gestikulierte in ganz regelmäßigen Bewegungen. So daß man daran studieren kann, wie eigentlich aus jenem tiefen Element der menschlichen Seele, aus dem hervorgesucht wird das Eurythmische, wie daraus eigentlich auch die Kunst der Dichtung hervorgegangen ist in der Menschheitsentwickelung.

Das, was hier zugrunde liegt, ist wirkliche Goethesche Psychologie, Goethesche Seelenlehre. Wenn der Mensch spricht, insbesondere wenn er künstlerisch spricht, kann man das studieren. Dann fließen zusammen in der Sprache von der einen Seite her die Gedanken. Die Gedanken ergießen sich gewissermaßen – verzeihen Sie, daß ich das so primitiv ausdrücke, aber es könnte auch sehr, sehr gelehrt, wissenschaftlicher ausgedrückt werden – auf die Kehlkopforgane, und es durchdringt aus dem ganzen Menschen heraus der Wille dasjenige, was in den Gedanken liegt. Sprache ist die Zusammenfassung desjenigen, was im Menschen als Wille liegt, und desjenigen, was in den Gedankenformen vom Hirn ausgeht. Zusammengefaßt ist beides durch das menschliche Gemüt im Sprechen. Das menschliche Gemüt schickt dadurch in dieses Gedanken-Willenselement seine Wellen.

Hier wird nun versucht, dasjenige, was gerade konventionell sein kann, dasjenige, was im Außenleben im Verkehre der Menschen dient zur Menschenverständigung, was also vom Künstlerischen wegführt, wegzulassen und nur dasjenige, was vom ganzen Menschen herauskommt als das Willenselement, zu einer sichtbaren Sprache zu machen.

DIE SEELENKUNDE DER GOETHESCHEN WELTANSCHAUUNG

Dornach, 22. November 1919

Zur eurythmischen Darstellung von «Faust» I: Studierzimmer

Die eurythmische Kunst, von der wir Ihnen wiederum eine Probe vorführen wollen, steht durchaus im Anfang ihrer Entwickelung, und das bitte ich Sie zu berücksichtigen bei dem, was wir uns erlauben werden, Ihnen zu zeigen. Es ist das, was hier als anthroposophische Bewegung sich geltend macht, herausgeboren aus der Goetheschen Weltanschauung. Und so ist auch dieser engbegrenzte Kreis – denn ein solcher ist es in unserem Gesamtwirken – der eurythmischen Kunst herausgeholt aus Goethescher Weltanschauung und Goethescher Kunstgesinnung. Dadurch ist es möglich geworden, den Menschen selbst mit seinen inneren Bewegungsmöglichkeiten zu einer Art künstlerischem Instrument zu machen. Das, was Sie sehen werden auf der Bühne, ist der Versuch einer sichtbaren, gesehenen Sprache. Die menschlichen Glieder werden benützt, um in derselben Weise das auszudrücken, was ausgedrückt wird durch den menschlichen Kehlkopf in der Lautsprache, in derselben Weise, wie sonst der Mensch in seinen Bewegungen durch Gebärden sich ausdrückt. Allein das, was als gestaltete Bewegungen aus dem menschlichen Körper herausgeholt wird, ist nicht in einem beliebigen Zusammenhange mit dem, was die menschliche Seele fühlt, was sonst die menschliche Seele in Worten ausdrücken will, sondern es ist so, daß wirklich durch eine Art sinnlich-übersinnlichen Schauens dem Kehlkopf und seinen Nachbarorganen diejenige Bewegungsmöglichkeit abgelauscht ist, welche bei ihm Wirklichkeit wird, sich offenbart, wenn gesprochen wird, wenn der Laut zur Sprache geformt wird. Das, worauf wir unsere Aufmerksamkeit wenden, wenn der Mensch spricht, das ist das Hörbare. Aber dem Hörbaren liegt zugrunde ein innerliches Bewegen des Kehlkopfes und seiner Nachbarorgane, das sich fortsetzt in der äußeren Luft, die wir ja auch in Schwingungen, in wellenartige Bewegungen versetzen. Wer in der Lage ist, sich durch eine Art des Schauens eine Vorstellung zu machen von diesen Bewegungen, die der gesprochenen Sprache zugrunde liegen, der kann übersetzen gesetzmäßig das, was sich sonst nur im hörbaren Laut ausdrückt, in die stumme Sprache, die Eurythmie ist. Dadurch kommt man in die Lage, aus dem Sprachlichen alles herauszusondern, was in ihm nur auf Konvention, nur auf dem Wesen des menschlichen Verkehrs beruht, und was daher der unkünstlerische Teil der Sprache ist.

Wenn wir als Menschen miteinander sprechen, so beruht die Formung des Lautes, der Inhalt des Lautes auf dem Bedürfnis des menschlichen Verkehrs. Dadurch kommt die Prosa in unsere Sprache hinein. Man muß nun studieren, wie der Sprache eigentlich seelisch und, indem sich das Seelische im Körperlichen leiblich ausdrückt, auch körperlich-leiblich zwei Elemente, zwei Antriebe zugrunde liegen. Wenn wir sprechen, dann wirkt in die Sprache hinein zunächst der Ausdruck des Gedankens, der Ausdruck unserer Vorstellungen. Dieser Ausdruck verbindet sich, indem wir sprechen, mit dem Ausdrucke des Willens. Der Ausdruck des Gedankens kommt aus dem Haupte, aus dem Kopfe, indem wir die Sache leiblich auffassen. Der Ausdruck aber des Willens kommt aus dem ganzen Menschen. Indem wir sprechen, holen wir tatsächlich aus unserem ganzen Menschen das heraus, was sich dann in den Willensorganen konzentriert, welche den hörbaren Laut bewirken.

Nun gestattet dieses übersinnliche Schauen der Bewegungsmöglichkeiten des Kehlkopfes und seiner Nachbarorgane, daß man wirklich übersetzt in das, was sonst vom Menschen zurückgehalten wird, indem er spricht, die Bewegungsmöglichkeit des ganzen Leibes, das, was sonst gehört wird. So daß man für die eurythmische Darstellung aus dem Sprechen zunächst das wegläßt, was der Vorstellungsteil der Sprache ist, und nur das aufnimmt, aber jetzt aufnimmt in die Bewegungen des ganzen Menschen, was aus dem Willenselement des Menschen kommt.

Sie sehen, dadurch wird die Eurythmie, die so eine stumme Sprache darstellt, zum Ausdruck eines viel Innerlicheren im Menschen, als sich offenbaren kann durch die Lautsprache. Durch die Lautsprache verlegen wir gewissermaßen das, was wir innerlich erleben, mehr an die Oberfläche des menschlichen Leibes, überhaupt an die Oberfläche des menschlichen Wesens. Dadurch, daß wir dieselben Bewegungen, dieselben gesetzmäßigen Bewegungen, welche zugrunde liegen der gesprochenen Sprache, von dem ganzen Menschen ausführen lassen, dadurch beteiligen wir den ganzen Menschen an dem, was sonst Inhalt der Sprache ist. Und man kann, wenn man eine Empfindung für das hat, was zum Ausdruck, zur Offenbarung kommt durch die inneren Bewegungsmöglichkeiten des menschlichen Leibes, wirklich eine stumme, aber deshalb nicht minder sprechende Sprache als Eurythmie darstellen.

Diese Seelenkunde, welche in dieser Art wirkt, sie kann durchaus hervorgeholt werden aus der Goetheschen Weltanschauung. Der ganze Mensch wird gewissermaßen auf der Bühne vor Ihnen zum Kehlkopf und seinen Nachbarorganen. Und das, was sonst die Sprache durchglüht als Begeisterung der Seele, als Lust und Leid, als Freude und Schmerz, es kommt in der Bewegung des Menschen im Raume zum Ausdruck, in der Bewegung von Gruppen, die zueinander so sich verhalten, daß der einzelne Mensch die inneren Bewegungsmöglichkeiten, die den Kehlkopfbewegungen nachgebildet sind, ausführt; während das, was sich einem in der Gruppe darstellt, oder sich in den Bewegungen des einzelnen Menschen im Raume zur Offenbarung bringt, mehr den wirklichen Seelengehalt ausdrückt. Doch ist nichts eine bloße Gebärde oder eine bloße Pantomime. Alles bloße Pantomimische, alles bloß Gebärdenhafte ist ausgeschlossen. Das, was Sie sehen, beruht auf einer inneren gesetzmäßigen Folge der Bewegungen. Wenn zwei Menschen oder Menschengruppen an verschiedenen Orten ein und dieselbe Sache durch die stumme Sprache der Eurythmie ausdrücken, so ist nicht mehr Persönliches darinnen, als darinnen ist in der persönlichen Auffassung, wenn zwei Klavierspieler an zwei verschiedenen Orten ein und dieselbe Beethovensche Sonate spielen. Wie in der Musik das wirklich Künstlerische in der Gesetzmäßigkeit der Tonfolge liegt, so liegt hier das wirklich Künstlerische in der Gesetzmäßigkeit der eurythmischen Bewegungen.

Man kann sagen: das Künstlerische schließt immer aus das unmittelbar Vorstellungsmäßige durch Ideen, die sonst in der Erkenntnis ihre große Rolle spielen. Wo Begriffe mitspielen, da ist kein Künstlerisches vorhanden.

Sie sehen, hier schließen wir bewußt die Vorstellung aus und stellen das heraus, was wie ein Geheimnis der menschlichen Organe selbst in einer stummen Sprache, ich möchte sagen, unmittelbar im Anschauen erraten werden kann. Wenn man so in die Geheimnisse des Daseins im unmittelbaren Anschauen ohne Vermittlung der Vorstellungen eindringt, so ist das eine wirkliche Kunst. Also das, was aus dem menschlichen Seelischen heraus das Musikalische auf der einen Seite darstellen kann, was die dichterische Sprache künstlerisch aus der Lautsprache hervorholt, es wird in anderer Art dargestellt durch die stumme Sprache, die in der Eurythmie zur Kunstform ausgestaltet wird. Daher werden Sie heute auf der Bühne sehen auf der einen Seite die stumme Eurythmie-Sprache, oder das, was man musikalisch ausdrücken kann; auf der anderen Seite gewisse Inhalte rezitiert hören, wobei Sie allerdings werden berücksichtigen müssen, daß, indem solch eine neue Kunst wie die Eurythmie auftaucht, die eine andere Art von Sprache ist, sie die Anforderungen stellt, auch das Rezitieren wiederum zurückzuführen zu der alten, guten Art des Rezitierens. Heute wird in der Rezitationskunst mehr darauf gesehen, das Prosa-Element, das rein inhaltliche Element der Sprache zu berücksichtigen; hervorzuholen, indem man rezitiert, aus dem Inhalt eines Gedichtes das, was mehr dem Prosagehalte der Dichtung entspricht. Das wirklich Künstlerische ist das nicht. Das wirklich Künstlerische ist, was als Takt, Rhythmus, Reim und so weiter zugrunde liegt. Das muß wiederum hervorgesucht, hervorgeholt werden. Und daher muß die Rezitationskunst gegenüber dem Abweg, den sie heute eingeschlagen hat, zu ihren guten, alten Formen zurückgeführt werden.

Goethe, der von diesen guten, alten Formen allerdings viel verstand, hat mit dem Taktstock wie ein Kapellmeister selbst seine «Iphigenie» mit den Schauspielern einstudiert, um zu zeigen, wie das wirklich Rhythmische zugrunde gelegen hat, nicht das, was eigentlich die Prosa ist in dem künstlerischen Elemente darinnen.

Nun werden wir Ihnen heute vorzuführen haben ein Stück aus

dem ersten Teil des Goetheschen «Faust», die Studierzimmer-Szene. Sie wissen vielleicht, wie sehr man sich bemüht hat, den Goetheschen «Faust» auf die Bühne zu bringen, was alles an Regiekünsten und ähnlichem aufgewendet worden ist, um diesem Goetheschen «Faust» eine würdige Darstellung zu verschaffen. Wenn man an eine Darstellung des Goetheschen «Faust» auf der Bühne denkt, dann muß man vor allen Dingen zweierlei berücksichtigen: erstens, daß Goethe indem er seinen «Faust» gedichtet hat – er hat ja sechzig Jahre lang an der Faust-Dichtung gearbeitet –, zunächst aussprechen wollte durch diese Weltdichtung das Tiefste, was in der Seele eines strebenden Menschen vor sich gehen kann. Goethe wollte zum Ausdruck bringen die Erlebnisse der Menschenbrust von dem Niederdrückendsten, an das gewöhnliche Erdenleben Gebundenen, bis hinan zu dem höchsten geistigen Streben. Das alles, wie es Goethe zuweilen in seinen jungen Jahren empfunden hat – vielfach noch unreif –, hat er in die ersten Partien hineinverlegt; wie er es später empfunden hat, hat er es in die späteren Partien des ersten Teiles des «Faust» hineinverlegt. Er hat dann das Reifste hineinverlegt in den zweiten Teil. Wie wenig Goethe selbst zunächst daran gedacht hat, den «Faust» als eine bühnenmäßige Dichtung hinzustellen, das geht einfach aus folgendem hervor. Als Ende der zwanziger Jahre eine Deputation, an deren Spitze der Schauspieler *La Roche* stand, sich zu Goethe begeben hat, nachdem sie den Beschluß gefaßt hatten, den ersten Teil des «Faust» auf die Bühne zu bringen in seiner Gänze – Teile waren allerdings schon früher gegeben –, da hielt Goethe selbst das für etwas Unmögliches. Und trotzdem er lauter angesehene Herren vor sich hatte, sprang er auf von seinem Sitz, nachdem man ihm die Sache auseinandergelegt hatte, mit dem zornigen Ruf: Ihr Esel! – So hatte er diejenigen belegt, die es haben unternehmen wollen, den ersten Teil seines «Faust» auf die Bühne zu bringen. Er sah am besten die Schwierigkeiten, welche darinnen bestehen, wenn man das, was nicht sinnlicher, irdisch-physischer Natur ist, sondern was geistiger Natur ist, auf der Bühne darstellen will. Aber es ist ja – und zwar mit vollem Rechte – die Darstellung des «Faust» als etwas angesehen worden, was, man möchte sagen, den tiefsten künstlerischen

Bedürfnissen entspricht. Und so hat man das Verschiedenste angewendet, von den Mysteriendarstellungen des *Devrient* bis zu der liebenswürdigen Regie des *Wilbrandt,* um den «Faust» auf die Bühne zu bringen. Aber gewisse Partien, die unmittelbar aus dem Irdischen sich ins Überirdische erheben, sind nach unserer Überzeugung nur darzustellen, wenn man die stumme Sprache der Eurythmie zu Hilfe nimmt. Und so haben wir denn auch in diesem kleinen Stück des «Faust», das wir Ihnen vorführen, für das, wo die geistige Welt hereinspielt in das Menschliche, die eurythmische Kunst zu Hilfe gerufen.

Nach der Pause werden wir auch eine Anzahl von Goetheschen Gedichten bringen, und es wird sich zeigen, daß da, wo Goethe in seinen herrlichen «Wolken»-Dichtungen für ihn wunderbare Wolkengebilde mit wunderbarer Naturinnigkeit nach der Anleitung von *Howard* beschreibt, das, was in Goethes Auffassung künstlerisch-weltanschauungsgemäß in der Natur selber wahrgenommen werden kann, auch dichterisch umgesetzt werden kann, so daß man naturgemäß in den der Dichtung ganz ähnlichen Formen, die aufgeführt werden, das nachempfinden kann, was sonst sich durch Verwandlung namentlich der Wolkenformen in der Natur selbst zeigt. Diese innere Wandlungskraft, was Goethe als Metamorphose der natürlichen Erscheinungen bezeichnet, was er verfolgte bei allen Lebewesen, ihm offenbarte es sich, indem er die Wolkenbildungen betrachtete. Und in diesen Verwandlungen der Wolkenbildungen sah er etwas Künstlerisches, etwas, was wie jene Kraft wirkt, welche die alte indische Weltanschauung im Kosmos wahrnahm und Kama Rupa nannte. Das ist es, was er zum Ausdruck bringen wollte in seinen schönen «Wolken»-Dichtungen, was man auch in der stummen Sprache der Eurythmie am besten nachbilden kann.

Damit wollte ich Ihnen zeigen, aus welchen Quellen eigentlich die Formen hervorgehen, die Sie als eurythmische sehen werden. Noch einmal möchte ich betonen, daß aber eigentlich alles das, was mit Eurythmie gewollt ist, durchaus erst im Anfange ist und weitere Ausbildung noch finden wird, entweder durch uns selbst oder durch andere, wenn es das Interesse der Zeitgenossen findet. Wir sind aber durchaus überzeugt, wenn sich diese Kunst weiterentwickeln kann, so wird sie sich dereinst als eine vollberechtigte Kunstform neben andere Kunstformen hinstellen können.

Dornach, 29. November 1919 (öffentlich)
und 30. November 1919

PROGRAMM

Aus «Faust» I. Teil . . . . J. W. v. Goethe
Studierzimmer; Pudelszene; Geisterchor

PAUSE

Der römische Brunnen . . . . C. F. Meyer

Himmelstrauer . . . . Nikolaus v. Lenau

Stimmen in der Nacht (für Klavier) . . . . Leopold van der Pals

Melodie . . . . Ludwig Jacobowski
Musik: Leopold van der Pals

Spruch aus dem Seelenkalender . . . . Rudolf Steiner

Zu Howards Ehrengedächtnis . . . . J. W. v. Goethe
(dargestellt durch T. Kisseleff)

[Die Wolken] Stratus
Cumulus
Cirrus
Nimbus

Die Nektartropfen . . . . J. W. v. Goethe

Aus den «Galgenliedern» . . . . Christian Morgenstern
Die Rehlein
Igel und Agel

Erlkönigs Tochter (aus dem Dänischen) . . . . . . J. G. Herder

Hymnus an die Natur . . . . J. W. v. Goethe

II

Dornach, 10. Januar 1920

I. Teil: Eurythmische Darbietungen, u. a. «Das Traumlied vom Olaf Åsteson».

II. Teil: Das Oberuferer Paradeisspiel.

Dornach, 11. Januar 1920

I. Teil: Eurythmische Darbietungen, u. a. «Das Traumlied vom Olaf Åsteson».

II. Teil: Das Oberuferer Christgeburtspiel.

DIE INAUGURIERUNG EINER WIRKLICH NEUEN KUNSTRICHTUNG

Dornach, 11. Januar 1920

Im ersten Teil unserer heutigen Darbietung werden wir uns erlauben, Ihnen Eurythmisches vorzustellen. Und da ich wohl annehmen darf, daß nicht alle verehrten Zuhörer schon bei vorigen Vorstellungen waren, in denen ich das Wesen unserer eurythmischen Kunst auseinandergesetzt habe, so möchte ich wenigstens mit ein paar Worten mir gestatten, auch heute auf dieses Wesen unserer eurythmischen Kunst hinzuweisen. Es handelt sich dabei tatsächlich nicht um irgend etwas, was man mit irgendwelchen äußerlich ähnlich erscheinenden Tanzkünsten oder dergleichen vergleichen könnte, sondern es handelt sich um die Inaugurierung einer wirklich neuen Kunstrichtung.

Die Eurythmie ist herausgeboren aus demjenigen, was wir hier Goethesche Kunstanschauung, Kunstempfindung nennen, die aber innig mit der ganzen Goetheschen Weltanschauung zusammenhängt. Ich will heute nicht ausführlich sein, sondern nur mit einigen Sätzen andeuten, um was es sich dabei handelt.

Sie werden von Personen ausgeführte Bewegungen sehen, Sie

werden Personengruppen sehen in Stellungen zueinander, in wechselweisem Verhältnis zueinander ausgeführte Gruppenbewegungen. Was sollen diese Bewegungen, die entweder durch eine Bewegung des menschlichen Organismus und seiner Glieder selbst zustande kommen, oder die durch Gruppen von Menschen zustande kommen? Was sollen diese Bewegungen, was bedeuten Sie? Sie sind durchaus nicht willkürliche Gebärden. Denn alles, was bloße Pantomimik, Mimik ist, was Augenblicksgesten sind, ist aus dieser eurythmischen Kunst streng verbannt. Es handelt sich durchaus um etwas innerlich Gesetzmäßiges.

Geradeso wie man in der Musik, in Harmonie und Melodie, eine innere Gesetzmäßigkeit hat, und wie es eigentlich unmusikalisch ist, auf bloße Tonmalerei hin irgend etwas zu bilden, handelt es sich auch bei unserer Eurythmie nicht darum, zufällige Zusammenhänge zu schaffen zwischen äußerer Bewegung und Seeleninhalten, sondern es handelt sich auch da um eine Art Gesetzmäßigkeit in der Aufeinanderfolge dieser Bewegungen, um ein musikalisches Element, um ein sprachliches Element. Es handelt sich darum, daß man eine stumme Sprache vor sich hat in dieser eurythmischen Kunst. Und zwar so, daß diese stumme Sprache dadurch entstanden ist, daß man mit Hilfe des sinnlich-übersinnlichen Schauens das Auge gerade mehr darauf richtet im menschlichen, namentlich künstlerischen Sprechen, das man sonst nicht berücksichtigt, wenn man der Sprache nur zuhört. Da wendet man seine Aufmerksamkeit auf den Ton.

Nun brauchen Sie sich nur zu überlegen, daß ich, indem ich hier zu Ihnen spreche, die Luft in Bewegung bringe. Diese Bewegung ist nur die Fortsetzung desjenigen, was an Bewegung, namentlich aber an Bewegungsanlage im Kehlkopf und seiner Nachbarorgane vorhanden ist. Jene wundervolle Organisation, welche dem Sprechen zugrunde liegt, kann man studieren. Und dann kann man dasjenige, was sonst als verborgene Bewegungsanlage, oder halb oder ganz ausgeführte Bewegungen im Kehlkopf und seinen Nachbarorganen sich abspielt, auf den ganzen Menschen übertragen, so daß der ganze Mensch ein bewegter Kehlkopf wird, das heißt, zum Ausdrucksmittel wird für eine stumme Sprache.

Es ist im allgemeinen untunlich, dasjenige, was Kunst ist, erst zu erklären. Das will ich auch nicht. Ich will darauf hinweisen, daß gerade diese eurythmische Kunst durch den unmittelbaren Eindruck, den das ästhetische Genießen, Empfinden macht, sich offenbaren muß. Das kann sie aber auch aus dem Grunde, weil aus dem sprachlichen Elemente etwas herausgenommen wird, was in der gewöhnlichen gehörten Sprache, namentlich in unseren zivilisierten Sprachzusammenhängen, schon längst über das Künstlerische hinaus- und in das Konventionelle hineingewachsen ist. In unserer tönenden Sprache wirken zusammen, ich möchte sagen vom Kopfe aus der Gedanke und vom ganzen Menschen aus der Wille... In der Eurythmie schalten wir nun die Vorstellungen aus und bringen auf dem Umwege der menschlichen Glieder in Bewegung, was sonst der Kehlkopf und seine Nachbarorgane ausführten: den menschlichen Willen. In einer stummen Sprache drückt sich der ganze Mensch als ein Willenswesen aus.

So werden Sie auf der Bühne diese stumme Sprache sehen als Eurythmie, begleitet entweder von Musikalischem, das dann dasselbe durch den musikalischen Ton, durch die musikalische Kunst ausdrückt, oder begleitet von der Rezitation, die nun ihrerseits dasjenige durch die hörbare Sprache ausdrückt, was durch die Eurythmie in stummer Sprache geoffenbart wird. Die Rezitation muß sich in diesem Falle an die Eurythmie anschließen. Und darum muß sie auf die besseren älteren Kunstformen des Rezitierens zurückgehen, die mehr Rücksicht nahmen auf das eigentlich Künstlerische, auf dasjenige, was als Taktmäßiges, Rhythmisches, überhaupt als das Formale der Dichtung zugrunde liegt, während man heute mehr aus dem bloßen prosaischen Inhalt heraus rezitiert. Es hat noch für manchen etwas Fremdes, daß dasjenige, was in bewegten Gliedern sichtbar wird durch die Eurythmie, in der Rezitation selbst in der Art und Weise gehört wird, wie Dichtung behandelt wird durch den Rezitator, wenn er gerade die Eurythmie begleitet.

Wir werden Ihnen einzelne Dichtungen durch die eurythmische Kunst vorführen und dann eine längere Dichtung, ein norwegisches Traumlied, Olaf Åsteson. Dieses norwegische Traumlied ist an sich etwas außerordentlich Interessantes. Es ist wieder aufgefunden worden, als das besondere Interesse in Norwegen der Volkssprache sich zuwandte, die man, im Gegensatz zu der Sprache der norwegischen Gebildeten, Riksmål, das Landsmål nennt, das jetzt mehr gepflegt wird. Dieses Landsmål ist wie ein altes Volksbuch, und es ist so etwas darin enthalten, zu dem auch dieses Traumlied gehört von Olaf Åsteson. Offenbar geht es auf recht frühe Zeiten zurück, wo norwegischer Geist dasjenige geschaffen hat, was sein Seelenleben bewegte, indem auf der einen Seite noch fortlebte altes nordisches hellseherisches Heidentum, das dann durchsetzt wurde vom Christentum. Wie diese alten nordischen Vorstellungen zusammenflossen mit dem in tiefster Sehnsucht inneren empfindungsgemäßen Verstehens aufgenommenen Christentum, das tritt uns in dieser Dichtung von Olaf Åsteson entgegen. Wirklich eine wunderbare Volksdichtung. Mit Hilfe von norwegischen Freunden, die das Landsmål beherrschen, habe ich dann versucht, dieses Traumlied in unserer Sprache wiederzugeben in der Art, wie es heute als Grundtext einer eurythmischen Vorführung vor Ihnen auftreten soll.

Und als drittes wollen wir Ihnen dann vorführen ein Weihnacht-Hirtenspiel von der Art jener Weihnachtspiele, die uns so recht zurückführen, ich möchte sagen, in die christliche Volkserziehung früherer Jahrhunderte.

Dasjenige, was hier als Weihnacht-Hirtenspiel vorgeführt wird, wurde aufgefunden von meinem verehrten Lehrer, *Karl Julius Schröer,* mit dem ich viel über diese Dinge – es ist jetzt schon fast vierzig Jahre her – damals sprach, so daß dazumal schon meine Liebe zu diesen Dingen entstand. Aus dieser Liebe heraus haben wir versucht, gerade innerhalb der anthroposophischen Bewegung seit einigen Jahren diese Dinge wiederum zu erneuern und sie heute dem Publikum vorzuführen.

Dieses Weihnachtspiel ist zuletzt gespielt worden unter den deutschen Kolonisten Westungarns in der Preßburger, der Oberuferer Gegend, in der Nähe der Schüttinsel. Und das Interessante ist, daß dieses und ähnliche Weihnachtspiele – Schröer hat sie für Ungarn gesammelt, *Weinhold* für Schlesien, sie wurden gesammelt in der Zeit, in der sie eigentlich schon zugrunde gingen – bis in das 16. Jahrhundert hinein von den deutschen Kolonisten, die sich von westlicheren Gegenden vorgeschoben haben nach slawischen, nach ungarischen Gegenden hin, mitgebracht worden sind und unter denen in ursprünglicher Gestalt fortlebten. Jedesmal, wenn die entsprechenden Festeszeiten des Jahres kamen, wurden diese Spiele mit einer großen Feierlichkeit vorbereitet und gespielt. Es hat etwas ungemein Rührendes, sich daran zu erinnern, wie die Leute auf dem Dorfe – diese verschlagenen armen Deutschen, so waren sie durchaus zu bezeichnen – in den vierziger, fünfziger, sechziger Jahren, als Karl Julius Schröer dort die Weihnachtspiele sammelte, die Weihnachtspiele einleiteten; diese Aufführungen, die alljährlich um die Weihnachtszeit stattfanden.

Wenn die Weinlese vorüber war, dann versammelte derjenige, dem im Orte die Sache anvertraut war, die bravsten Burschen um sich. Diese Weihnachtspiele wurden nur demjenigen im Orte anvertraut – sie wurden damals nicht etwa gedruckt, sondern pflanzten sich in der Handschrift vom Vater auf den Sohn und auf den Enkel fort –, der dazu berechtigt war. Im Einverständnis mit dem Pfarrer des betreffenden Ortes suchte er nun die würdigen Burschen aus; nur Burschen durften damals darstellen.

In dieser Beziehung hat sich ein alter Brauch für theatralische Vorstellungen erhalten. Und den Spielern wurden strenge Vorschriften gegeben. Gerade an diesem sieht man die Gesinnung, aus der heraus so etwas da vorgebracht worden ist. Diese Burschen durften sich die ganze Zeit über nicht im Wirtshaus aufhalten; sie waren verpflichtet, in dieser ganzen Zeit einen sittlichen Lebenswandel zu führen; sie durften in der Zeit, in der die Spiele einstudiert und aufgeführt wurden, das Versprechen nicht übertreten, nicht die Autorität ihres Lehrers, der ihnen diese Spiele einstudierte, irgendwie anzutasten, und so weiter. Mit einer großen Feierlichkeit ging man daran.

Und dann, indem man zuerst einen Umzug im Dorf, im Orte machte und sich in einem Wirtshaussaal versammelte, wurden diese Weihnachtspiele für die Leute vorgeführt. Sie zeigen uns, wie sie gelebt haben unter den Leuten, die von weiterher westlich gekommen sind.

Sie werden nachher gleich in der Einleitung, im sogenannten Sterngesang, vom Meer und von dem Rhein hören. Die sind natürlich nicht vorhanden gewesen in der Oberuferer Gegend, wo diese Spiele zuletzt aufgefunden worden sind, sondern wenn vom Meer die Rede ist, so ist der Bodensee gemeint; wenn vom Rhein die Rede ist, so hat man es natürlich damit zu tun, daß diese Spiele ursprünglich in einer Rheingegend gelebt haben. Die Menschen sind nach Osten hinüber ausgewandert und haben sie mitgenommen.

Während die Bildung in westlichen Ländern diese Dinge unterdrückt hat, so daß sie höchstens noch verborgen weiter gepflegt worden sind, haben diese deutschen Kolonisten sie bis in die Mitte des 19. Jahrhunderts treu bewahrt und in aller Pietät die Spiele aufgeführt. Da sehen wir tief hinein in die Art und Weise, wie das Christentum die Menschheit Mitteleuropas erzogen hat. Und wir betrachten es als unsere Aufgabe, nicht bloß äußere Geschichte zu treiben und die Entwickelung der Menschheit kennenzulernen, sondern in solcher Weise Geschichte lebendig vor die gegenwärtige Menschheit hinzustellen.

Im übrigen bitte ich Sie, zu berücksichtigen, daß wir genau wissen: Unsere eurythmische Kunst steht erst im Anfange. Sie wird vervollkommnet werden und sich dann neben die anderen Kunstformen hinstellen können. – Aber heute bitte ich Sie noch, die Eurythmie mit Nachsicht aufzunehmen; es ist ein Anfang. Ebenso bitte ich, unsere Aufführung des Weihnachtspieles auch so aufzufassen, daß wir nicht vollausgebildete Schauspieler etwa haben, sondern daß es sich darum handelt, eine kulturhistorische Erscheinung festzuhalten.

Nehmen Sie vorlieb mit dem, was wir zu bieten vermögen! Wir appellieren an Ihre Nachsicht, aber wir glauben, daß bei der Eurythmie das Wohlwollen und bei diesem Weihnachtspiel das kulturhistorische Interesse die Darbietung rechtfertigen.

GOETHEANUM, DORNACH

Zwei Darbietungen
Samstag, den 17. Januar 1920, 5 Uhr
Sonntag, den 18. Januar 1920, 5 Uhr

Eurythmische Darstellung
von Natur-Imaginationen und Anderem

Ankündigung in den Zeitungen

Dornach, 17. und 18. Januar 1920

PROGRAMM

Mailied . . . . J. W. v. Goethe
Aus «Die Pforte der Einweihung»:
Das Märchen vom Lieben und Hassen . . . . Rudolf Steiner
Schwalben . . . . Christian Morgenstern
Zum neuen Jahr . . . . J. W. v. Goethe
Aus «Der Hüter der Schwelle»:
Das Märchen von der Phantasie . . . . . . Rudolf Steiner
Spruch: Es keimen die Pflanzen . . . . Rudolf Steiner
*Die Metamorphose der Pflanzen** . . . . J. W. v. Goethe
Der vergessene Donner . . . . Christian Morgenstern
Eurythmischer Auftakt
Die Lerchen . . . . Robert Hamerling
Ecce Homo . . . . Rudolf Steiner
Zwei Sprüche aus dem Seelenkalender . . . . Rudolf Steiner
Musik . . . . L. v. Blommestein
Schwellengang . . . . B. v. Polzer-Hoditz
mit Musik von Paul Baumann

* Die Metamorphose der Pflanzen wurde bereits am 14. Dezember 1919 aufgeführt.

NATUR-IMPRESSIONEN

Zu den Programmen vom 17. und 18. Januar 1920

Wir werden heute versuchen, Ihnen eine Reihe von Dichtungen zu zeigen, die vielleicht gerade diese eurythmische Darstellung besonders vertragen aus dem Grunde, weil sie zum Teil schon durchaus so empfunden sind, daß innere Eurythmie in ihnen ist, oder weil sie, wie zum Beispiel Goethes «Metamorphose der Pflanzen», treu der Natur nachgebildet sind, so daß die Eurythmie wie von selbst sich ergibt. Das ist nämlich das Eigentümliche: bei schlechten Dichtungen wird man nicht leicht mit der Eurythmie nachkommen; bei Dichtungen aber, die von vornherein künstlerisch empfunden sind, für die allerdings unsere Zeit recht wenig Empfindung hat, wird man gerade mit der Eurythmie nachkommen können. Insbesondere wenn sie das sind, was ich Natur-Impressionen nennen möchte, was im Schaffen ein wirkliches Mitgehen der menschlichen Seele mit der Natur voraussetzt.

Es ist das Übertragen der sonst nur unbewußten Bewegungen, die vom Kehlkopf und seinen Nachbarorganen ausgeführt werden, während wir zuhören, aus dem Grunde interessant, weil für den sinnlich-übersinnlichen Beobachter in einer gewissen Weise klar ist, wie in dem Stimmlichen eines Wesens das ganze Verhältnis dieses Wesens zur umliegenden Natur und zu seiner eigenen Gestalt zum Vorschein kommt. Wer intuitives Auffassungsvermögen hat, wird unschwer in dem Brüllen der Raubtiere eine gewisse Nachahmung ihrer Gestalt und namentlich ihrer Bewegung sehen, so wie sich diese aus dem Muskelapparate ergibt. Und so könnte man auch mit einer entsprechenden sinnlich-übersinnlichen Beobachtungsgabe sehen, wie der Gesang der Vögel, die Tonwandlung des Vogels ein wunderbarer Ausdruck der Bewegung des Vogels auf den Wellen der Lüfte selber ist. Auf der anderen Seite kann man beobachten, wie gewisse Vogelarten ihre Tonwandlungen, ihre Gesangsgestaltungen in begleitenden Bewegungen zum Ausdruck bringen.

Wenn man solche Dinge sachgemäß studiert, kommt man dazu, dasjenige, was sonst in den Bewegungsanlagen des Kehlkopfes und seiner Nachbarorgane unsichtbar bleibt, auf sichtbare Bewegungen des ganzen menschlichen Organismus übertragen zu können, so daß man dadurch in der Tat eine Art stummer Sprache hervorrufen kann. Nur ist der Organismus für diese stumme Sprache der ganze Mensch.

Diejenigen der verehrten Besucher unserer Veranstaltungen, welche schon öfters hier waren, werden sich überzeugen können, daß wir in den letzten Wochen ein gutes Stück vorangekommen sind, insbesondere im Aufbau des Satzbaues, der hier in Anschauung an den Formen zum Ausdruck kommt, des künstlerischen Aufbaues, des Rhythmus, des Reimes und so weiter, in der ganzen Formung der Strophen.

Wir werden uns sehr bemühen, von Monat zu Monat vorwärtszukommen. Aber es ist eben doch alles noch im Anfange.

Dornach, 24. und 25. Januar 1920

PROGRAMM

Aus «Die Prüfung der Seele»:
Das Märchen vom Quellenwunder . . . . . Rudolf Steiner
mit Musik von Leopold van der Pals

Der Fischer . . . . J. W. v. Goethe

Der vergessene Donner . . . . Christian Morgenstern

Schwalben . . . . Christian Morgenstern

Aus den 52 Wochensprüchen . . . . Rudolf Steiner

Mahomets Gesang . . . . J. W. v. Goethe

Weltseele . . . . J. W. v. Goethe
mit Musik von Max Schuurman

Die Dichtungen
werden von Marie Steiner rezitiert

EURYTHMIE, DAS ZUKUNFTSELEMENT UNSERER KULTUR

Dornach, 25. Januar 1920

Gestatten Sie, meine sehr verehrten Anwesenden, daß ich versuche, unserer Eurythmie-Aufführung auch heute einige Worte voranzuschicken, da nicht anzunehmen ist, daß alle die verehrten Zuhörer, welche heute da sind, auch in manchen früheren Veranstaltungen schon anwesend waren. Diese paar Worte sende ich immer voraus aus dem Grunde, weil es sich hier um die Eröffnung einer neuen Kunstquelle handelt, nicht um dasjenige, was vorgeführt werden soll, zu erklären. Denn alles Künstlerische soll nicht einer Erklärung bedürfen, sondern im unmittelbaren Anschauen, für den unmittelbaren Eindruck wirken.

Aber zum ersten Male wird hier – anders als das bei gewissen Nachbarkünsten der Fall ist, mit denen man diese Eurythmie leicht verwechseln kann, aber nicht verwechseln sollte – der Mensch selber als Instrument benützt. Der Mensch selber stellt sich in den Dienst des Künstlerischen als Ausdrucksmittel. Sie werden auf der Bühne den bewegten Menschen sehen, Bewegungen der einzelnen menschlichen Glieder als solche, Bewegungen der in Gruppen angeordneten Persönlichkeiten zueinander und dergleichen mehr.

Alle diese Bewegungen sind durchaus nicht etwa willkürlich, sind nicht einmal insoweit willkürlich, als sie etwa Wiedergaben wären von Gebärden, wie sie in der Anlage der Mensch auch als Begleitung der Lautsprache macht, sondern all dasjenige, was Sie hier an Bewegungen sehen, ist wirklich eine stumme Sprache, ist herausgeholt aus den Bewegungsanlagen, die im ganzen menschlichen Organismus sind, so wie die Bewegungsanlagen im menschlichen Kehlkopf und seinen Nachbarorganen sind.

Mit einem gewissen sinnlich-übersinnlichen Schauen, um diesen Goetheschen Ausdruck zu gebrauchen, ist versucht, zu erkennen, welche Bewegungsanlagen der Lautsprache zugrunde liegen. Dann wurde versucht, in dieser stummen Sprache der Eurythmie dieselben Bewegungsanlagen zur äußerlichen Offenbarung zu bringen.

Damit steht man ganz auf dem Boden Goethescher Kunstanschauung und Goethescher Kunstgesinnung. Und gegenüber dem, was man zum Beispiel durch die dichterische Kunst mit Hilfe der gewöhnlichen Lautsprache erreichen kann, wird in dieser Eurythmie etwas weit Künstlerischeres deshalb erreicht werden können, weil in der Lautsprache sich immer einmischt – sonst wäre sie nicht jenes dienstbare Glied unseres Verkehres, das sie sein muß – das gedankliche, das ideelle Element. Aber das gedankliche, das ideelle Element ist der Tod des Künstlerischen. Daher ist die Dichtung, welche die gewöhnliche Lautsprache verwendet, nur insoferne künstlerisch, als in der dichterischen Sprache zwei Elemente anklingen, von denen eigentlich eines unter dem gewöhnlichen Seelenleben, ich möchte sagen eine Schichte tiefer liegt als das gewöhnliche Seelenleben, und ein anderes Element eine Schichte höher liegt.

Hinein mischt sich in die gewöhnliche Sprache, wenn der Dichter dasjenige, was er in der Seele erlebt, gestaltet, erstens ein musikalisches Element, zweitens ein gestaltendes, plastisches Element.

Schiller ist mehr ein musikalischer, *Goethe* mehr ein plastischer Künstler als Dichter.

Man kann sagen: Je weniger man im künstlerischen Empfinden der Dichtung hinhorcht auf den wortwörtlichen Inhalt, je mehr man sich auf das Musikalische, das im Rhythmus, im Takt, auch im Melodiösen die Sprache trägt und durchklingt, einstellt, je mehr man auf der anderen Seite sich einstellen kann, wenn es vorhanden ist, auf das Plastische, auf das Gestaltende der Sprache, je mehr kommt man zu dem eigentlichen Künstlerischen der Dichtung, denn der wortwörtliche Inhalt ist nicht der Kunstgehalt der Dichtung. Der Kunstgehalt der Dichtung ist das musikalische oder plastische Gestaltende, das gewissermaßen wie ein mitklingendes Element das Wortwörtliche begleiten muß. – Es ist in der Eurythmie herausgenommen aus der Sprache alles dasjenige, was mit der Entfaltung des menschlichen Willens zusammenhängt, so daß der ganze Mensch gewissermaßen zum Kehlkopf wird, und Menschengruppen sich als Sprachorgane auf der Bühne offenbaren.

Dadurch erreicht man etwas, was wirklich sich als ein neues künstlerisches Element in unsere Kulturentwickelung einfügen kann.

Man kann vielleicht sagen: In unserer Sprache ist etwas enthalten, auf dessen Entstehung am besten dadurch hingewiesen wird, daß man darauf aufmerksam macht, wann von dem Menschen die Sprache gelernt wird. Man bedenke nur einmal: die Lautsprache ist von dem Menschen gelernt als Kind, wenn der Mensch noch nicht vollständig zum Dasein seelisch erwacht ist, sich noch in das Leben hereinträumt. Und tatsächlich liegt in dem sprachlichen Elemente etwas von Hineinträumen ins Leben. Wir denken, indem wir die Bedeutung der Sprachlaute und ihre Zusammensetzung entwickeln ebensowenig daran, wie das zusammenhängt mit der Realität, wie wir schließlich beim Träumen an den Zusammenhang mit der Realität denken. Dieses träumerische Element ist ja eine Seite des menschlichen Seelenlebens. Es ist gewissermaßen ein unterseelisches Element. Je mehr der Mensch das egoistische Empfinden ausbildet, je weniger träumt er sich auch ins gewöhnliche Leben hinein. Und in einer der heutigen Zeitaufgaben durchaus nicht angemessenen Weise ist es, wenn man im Künstlerischen nach diesem Traumhaften hin arbeitet. Dieses Traumhafte ist ein abgetanes Element des Künstlerischen. In der Eurythmie wird zu etwas hingestrebt, was ein wirkliches Zukunftselement unserer Kultur ist.

Wenn man sagen kann: Je mehr man in der Sprache ausbildet das eigentlich lautlich-gedankliche Element, desto mehr kommt man in das Traumhafte hinein, desto mehr wird das Bewußtsein herabgestimmt –, so muß man sagen: Die Eurythmie ist dasjenige, was das Gegenteil von allem Traumhaften in sich schließt. – Die Eurythmie ist gerade dasjenige, was erzielt wird dadurch, daß der Mensch mehr aufwacht, als er im gewöhnlichen Leben aufgewacht ist. Es ist ein intensiveres Wachen, und ein Ausführen von willentlichen Bewegungen in diesem intensiveren Wachen, als dasjenige ist, was im gewöhnlichen Leben als Bewußtseinszustand vorhanden ist. Gewissermaßen ist das Eurythmietreiben das Gegenteil des Träumens. Das Träumen ist ein Einlullen des Menschen; das Eurythmietreiben ist ein Aufgewecktsein der menschlichen Natur. Im Traume bewegen wir uns nicht, wenn der Traum ein gesunder ist; wir liegen still, und die Bewegungen, die der Mensch im Traume ausführt, sind nur

Schein. Dagegen ist das bildhafte Element, das Vorstellungselement im Traum das vorwiegende.

Hier in der Eurythmie ist das Gegenteil der Fall. Alles Traumhafte ist unterdrückt, dagegen tritt hervor das Willenselement, das im gewöhnlichen Leben unbewußt bleibt, das aber hier hervorgeholt wird. Dadurch aber wird möglich, daß der Mensch alles Egoistische abstreift und solche Bewegungen ausführt, die gewissermaßen sich harmonisch in die ganze rätselvolle Weltgesetzmäßigkeit hineinstellen. Und man kann sich bei der Eurythmie denken, daß, indem man den bewegten Menschen mit dieser stummen eurythmischen Sprache anschaut, man die Ahnung von Enträtselung von Naturgeheimnissen empfindet, die sich auf eine andere Weise nicht offenbaren können, auch da Rechnung tragend jener Goetheschen Kunstgesinnung, die so schön sich in jenen Goetheschen Worten ausdrückt: Wem die Natur ihr offenbares Geheimnis zu enthüllen beginnt, der empfindet die tiefste Sehnsucht nach ihrer würdigsten Auslegerin: der Kunst.

Wenn man nun den ganzen Menschen als ein stumm sprechendes Element betrachtet, um durch seine in ihm veranlagten Bewegungen das zum Ausdrucke zu bringen, was als Gesetzmäßigkeit der ganzen Welt zugrunde liegt – denn der Mensch ist ein Kompendium der ganzen Welt, ein Mikrokosmos –, so erreicht man geradezu ein höchstes Künstlerisches. Daher ist auch alles Willkürliche, alles bloß Pantomimische oder Mimische in der Eurythmie verbannt. Dasjenige, was hier zum Vorschein kommt, ist ein allgemein Menschliches. Es spricht sich gewissermaßen nicht der einzelne Mensch aus seinem gewöhnlichen Empfinden heraus wie in der gewöhnlichen Gebärdensprache oder Tanzkunst aus, es spricht sich dasjenige, was in der Natur selber ist, aus.

Das soll erreicht werden, was Goethe so schön in seinem Buche über *Winckelmann,* wo er ein Höchstes seiner Kunstoffenbarung ausgesprochen hat, sagt: Wenn die gesunde Natur des Menschen als ein Ganzes wirkt, wenn er sich in der Welt als in einem großen würdigen und werten Ganzen fühlt, so möchte das Weltall als an sein Ziel gelangt aufjauchzen und den Gipfel des eigenen Wesens und Werdens bewundern.

Das Weltenall selbst kann durch den Menschen sprechen. Daher ist eben nichts Willkürliches in den Bewegungen der Eurythmie, sondern sie sind durch sinnlich-übersinnliches Schauen aus den Bewegungsanlagen des ganzen menschlichen Organismus hervorgeholt.

Wenn zwei Menschen oder zwei Menschengruppen an ganz verschiedenen Orten zum Beispiel ein und dasselbe Motiv eurythmisch darstellen, so ist nicht mehr Subjektives, Individuell-Willkürliches darinnen, als wenn zwei Klavierspieler ein und dasselbe Tonstück nach ihrer Auffassung wiedergeben. Wenn Sie noch Pantomimisches in den Dingen finden, so rührt das davon her, daß wir mit der Eurythmie noch im Anfange stehen. Das wird mit der Zeit überwunden werden.

So werden Sie sehen, wie zum Beispiel auf der einen Seite Motive eurythmisch dargestellt werden, diese Motive musikalisch begleitet werden, denn das Musikalische in seiner fortlaufenden Gesetzmäßigkeit ist nur ein anderer Ausdruck desjenigen, was plastisch-beweglich durch Eurythmie erreicht wird. Aber Sie werden auch sehen, daß dieses selbe Motiv, welches durch die stumme Sprache der Eurythmie zum Ausdrucke kommt, begleitet werden kann in der Rezitation als dichterisches Motiv. Dabei werden Sie bemerken, daß gerade diese Rezitationskunst in Anlehnung an die Eurythmie wiederum zurückgehen muß zu den guten alten Formen des Rezitierens.

Daher wird hier die Rezitationskunst auch so ausgebildet. Das ruft sehr leicht Mißverständnisse und Verkennung in der Gegenwart hervor. In der Gegenwart empfindet man das Rezitieren durchaus als unkünstlerisch, indem man als das Wesentliche des Rezitierens das Betonen des Wortwörtlichen ansieht, also das Heranbringen des Prosainhaltes der Dichtung. Hier wird ganz anders rezitiert, denn anders könnte sonst nicht das Eurythmische begleitet werden. Das Musikalische, der Takt, das Rhythmische, das Melodiöse, also dasjenige, was schon wiederum eurythmisch ist in der Sprachbehandlung, in der Sprachgestaltung, in der intensivsten Sprachdurchdringung mit dem Musikalischen, das wird zum Wesentlichen der rezitatorischen Kunst. Daher wird ebenso, wie heute noch die Eurythmie selbst Anfechtung erfährt, auch die Art des Rezitierens, die aber so sein muß, wie sie hier geschieht, wenn sie die Eurythmie begleiten soll, noch Anfechtungen erfahren.

Dies ist unsere Absicht, und so versuchen wir gerade dasjenige, was man nur außerhalb des Gedankens an Enträtselung der Weltengeheimnisse erreichen kann, durch diese Darstellungen zu erreichen. Denn die Weltengeheimnisse enthüllen sich zuletzt doch nur durch dasjenige, was der Mensch aus sich heraus offenbart. Goethe sagt so schön empfunden: Was wären schließlich alle Millionen von Sonnen, von Sternen und Planeten wert, wenn nicht zuletzt eine menschliche Seele das alles aufnehmen würde und sich an all dem erfreuen, es genießen würde?

Wenn man sagen kann: Dasjenige, was in der Welt webt und wirkt, kann dargestellt werden durch menschliche Gestaltung –, so enträtselt sich, ohne den Umweg durch den Gedanken zu nehmen, vieles von den Weltengeheimnissen. Und das ist dasjenige, was gerade durch die Eurythmie angestrebt werden soll.

Nun, Sie werden sehen, daß bei den Gedichten, die heute zur Darstellung kommen, von denen einzelne schon in der dichterischen Veranlagung eurythmisch empfunden sind, leicht eine eurythmische Darstellung gegeben werden kann, zum Beispiel von solchen Natur-Imaginationen, wie sie «Das Quellenwunder», das hier zur Darstellung kommt, darstellt.

Drei Aspekte, möchte ich sagen, hat unsere Eurythmie. Erstens soll sie als Künstlerisches vor die Welt hintreten. Zweitens hat sie aber auch im wesentlichen ein hygienisches Element, ein gesundheitliches Element. Wenn die Eurythmie Interesse gewinnen wird in weitesten Kreisen, so wird man finden, daß durch das Hineinstellen des Menschen auf unegoistische Weise in die ganze Weltgesetzlichkeit, wie dies in der Eurythmie der Fall ist, ein gesundendes Element in dem Menschen geltend gemacht wird. Und drittens hat sie eine pädagogische Seite. Das gewöhnliche Turnen soll durchaus nicht beseitigt, sondern nur ergänzt werden durch die Eurythmie. Dort wird nur auf die Physiologie, auf das Körperliche gesehen. Hier aber wird der ganze Mensch angeschaut. Und was durch Leib, Seele und Geist in der Bewegung sich äußern will, wird durch die Eurythmie zum Ausdruck gebracht: ein beseeltes und durchgeistigtes Turnen neben dem, was die Eurythmie künstlerisch ist. So wird Eurythmie wirklich ein befruchtendes Element unserer Zeitentwickelung sein können.

Eurythmische Kunst

Zwei Darbietungen
in teilweise erneutem Programm

Samstag, 31. Januar 1920, 5 Uhr
Sonntag, 1. Februar 1920, 5 Uhr

Impressionen und Imaginationen nebst anderem
Ernstes und Heiteres

Ankündigung in den Zeitungen

PROGRAMME

Dornach, 31. Januar 1920

Das Märchen vom Quellenwunder
aus «Die Prüfung der Seele» . . . . Rudolf Steiner
mit Musik von Walter Abendroth

Chor der Gnomen und Sylphen
aus «Der Seelen Erwachen» . . . . Rudolf Steiner

Humoresken . . . . Christian Morgenstern

Dornach, 1. Februar 1920

Chor der Geister aus «Faust» I . . . . J. W. v. Goethe

Das Märchen vom Quellenwunder
aus «Die Prüfung der Seele» . . . . Rudolf Steiner
mit Musik von Walter Abendroth

Weltseele . . . . J. W. v. Goethe

Chor der Gnomen und Sylphen
aus «Der Seelen Erwachen» . . . . Rudolf Steiner

ÜBER DEN CHARAKTER DER EURYTHMISCHEN KUNST

Dornach, 31. Januar 1920

Gestatten Sie, daß ich auch heute, wie immer vor diesen Vorstellungen, ein paar Worte über den Charakter unserer eurythmischen Kunst vorausschicke. Es geschieht das gewiß nicht, um eine Art Erklärung abzugeben über die eurythmische Kunst als solche; das wäre natürlich ein unkünstlerisches Beginnen, denn alles Künstlerische muß nicht durch irgendeine theoretische Anschauung wirken, sondern durch den unmittelbaren Eindruck und durch dasjenige, was sich unmittelbar in der Kunst offenbart. Allein, es kann unsere eurythmische Kunst sehr leicht verwechselt werden mit allerlei Nachbarkünsten. Es wäre wirklich eine Verwechslung, wenn man sie gleichstellen würde Tanzkünsten, Gebärdenkünsten und dergleichen, denn, was Sie hier als Eurythmie vorgeführt bekommen werden, ist aus ganz bestimmten neuen Kunstquellen heraus geschöpft. Und wie alles, was hier getrieben wird, wofür dieser Bau, das Goetheanum, der Repräsentant sein soll, durchtränkt ist von dem, was man nennen kann Goethesche Weltanschauung, so ist auch unsere eurythmische Kunst durchtränkt von Goethescher Kunstgesinnung und Goethescher Kunstauffassung. Natürlich muß dabei *Goethe* nicht so genommen werden, wie die Goethe-Gelehrten ihn nehmen, als diejenige Persönlichkeit, die 1832 gestorben ist und deren Lebensinhalt man äußerlich studieren kann, sondern Goethe muß genommen werden als ein fortwirkender Kulturfaktor der Menschheit, der auch jetzt noch mit jedem Jahre ein anderer wird. Wenn von Goetheanismus gesprochen wird, so wird nicht von dem Goetheanismus des Jahres 1832 gesprochen, sondern von dem des 20. Jahrhunderts, vom Jahre 1920. Und da handelt es sich darum, daß Goethe an die Stelle der toten, auch unsere heutige Anschauung noch beherrschenden Orientierung über die Welt, eine lebendige setzen wollte. Diese lebendige Anschauung, namentlich von dem Wirken der Lebewesen selbst bis herauf zum Menschen, wie sie sich bei Goethe findet, ist noch lange nicht genug gewürdigt, lange nicht irgendwie verstanden. Sie wird ein Einschlag der ganzen geistigen Entwicklung der Menschheit werden müssen. Diejenigen, die heute glauben, schon etwas zu verstehen von Goetheanismus in seiner Richtung, mißverstehen gerade das Allerintimste, das Allergewichtigste. Dasjenige, was hier als eurythmische Kunst dargeboten wird, ist aus Goetheschem sinnlich-übersinnlichem Anschauen herausgeholt, aus dem ganzen Menschen. So wie Goethe in der ganzen Pflanze nach seiner lebendigen Weltauffassung ein komplizierter ausgestaltetes Blatt sieht, so ist in der Tat nicht nur der Form nach, sondern allen Bewegungen nach, die er machen kann, der Mensch nur eine kompliziertere Ausgestaltung eines einzelnen seiner Organe, und insbesondere eine Ausgestaltung in komplizierterer Art des hervorragendsten, eigentlich menschlichsten Organes: des Kehlkopfes und seiner Nachbarorgane, welche die Werkzeuge abgeben für die Lautsprache.

Nun handelt es sich aber darum, daß man, um Eurythmie durch sinnlich-übersinnliches Schauen hervorzubringen, sich erstens in die Lage versetzt, was eine langwierige seelisch-geistige Arbeit ist, zu erkennen, welche Bewegungen, namentlich aber Bewegungsanlagen zugrunde liegen dem Kehlkopf, der Lunge, dem Gaumen, der Zunge und so weiter, wenn sie hervorbringen die Lautsprache. Da liegt zugrunde, das kann schon abgenommen werden daraus, daß die ganze Luftmasse eines Raumes, in welchem ich spreche, in Bewegung ist, eine gewisse Bewegung. Auf diese Bewegung wenden wir die Aufmerksamkeit nicht, wenn wir dem Ton zuhören, wenn wir der Lautsprache zuhören. Aber diese Bewegung kann eben abgesondert erkannt werden. Und dann kann sie übertragen werden auf Bewegungen des ganzen Menschen. Und so werden Sie sehen, wie der ganze Mensch vor Ihnen hier auf der Bühne gewissermaßen zum Kehlkopfe wird und dadurch in der Eurythmie tatsächlich eine stumme Sprache entsteht, die nicht irgendwie willkürlich auszudeuten ist, sondern die ebenso gesetzmäßig aus den Organanlagen des menschlichen Organismus hervorgeholt ist wie die Lautsprache. Aber dadurch, daß so dasjenige, was sonst unsichtbar bleibt, beim Sprechen sichtbar gemacht wird teils durch den bewegten Menschen, teils durch die Menschengruppen in ihren gegenseitigen Bewegungen und Stellungen, dadurch kann man das Künstlerische des Sichdurch-die-Sprache-Offenbarens besonders herausheben. Denn in unserer Sprache ist, auch wenn dichterische Kunst sich durch sie ausdrückt, in der Tat nur so viel wirkliche Kunst, als in dieser Sprache Musikalisches auf der einen Seite und Plastisch-Gestaltetes auf der anderen Seite ist. Dasjenige, was der wortwörtliche Inhalt ist, worauf man gewöhnlich, wenn man unkünstlerisch die Dichtungen betrachtet, den größten Wert legt, gehört eigentlich gar nicht zur wirklichen Dichtkunst. Die Werke der wirklichen Kunst sind viel seltener, als man denkt.

Schiller hatte, bevor er den wortwörtlichen Inhalt eines Gedichtes in der Seele sich vergegenwärtigte, immer eine Art wortloses melodiöses Element zugrunde liegend, ein rhythmisches, taktmäßiges, melodiöses Element, und daran reihte er erst das Wortwörtliche auf.

Goethe, der mehr ein plastischer Dichter war, hat etwas Gestaltendes in seiner Sprache. Und dieses Gestaltende kann man durchschauen, wenn man wirkliche Goethesche Dichtung empfinden kann.

So ist dasjenige, was eigentlich der Dichtung zugrunde liegt, selbst schon ein verborgenes Eurythmisches. Es wird studiert und auf die Bewegungen des ganzen Menschen übertragen. Dann ist nichts Willkürliches in diesen Bewegungen, dann ist in diesen Bewegungen etwas, was so gesetzmäßig nacheinander verläuft, wie die melodiöse Gesetzmäßigkeit oder die Gesetzmäßigkeit der Harmonie in der Musik selber sich offenbaren. Dadurch erreicht man es aber, daß man gerade in der Eurythmie etwas besonders Künstlerisches zustande bringen kann, denn in unserer Lautsprache ist viel Konventionelles, Nützlichkeitsmäßiges eingeschaltet. Wir haben unsere Sprache zur menschlichen Verständigung. Was ihr anhaftet von dieser Seite her, ist gerade das Unkünstlerische. So daß das Künstlerische immer mehr zum Vorschein kommt, je mehr das Unbewußte der Sprache hervordringt. Man darf nicht vergessen, daß die Sprache eigentlich auch im einzelnen Menschen aus dem Unbewußten, Traumhaften heraus geboren wird. Das Kind ist noch nicht zum vollen Bewußtsein seiner selbst erwacht, während es sprechen lernt. So wie die Bilder des Traumes sich hineinstellen in das menschliche Bewußtsein als ein Dunkles dieses Bewußtseins, so ist noch das Bewußtsein des Kindes dunkel, wenn die Lautsprache von ihm gelernt wird. Das deutet auf der einen Seite darauf hin, wie die Lautsprache etwas enthält, was aus dem Unbewußten des Menschen heraufquillt. Auf dieses Unbewußte muß man bei allem Sprachlichen Rücksicht nehmen.

Ich bitte Sie nur, vor allen Dingen zum Beispiel das eine zu bedenken: Grammatik, also der innerlich logische Aufbau der Sprache, der dann in Künstlerisches übergeht, wenn die Sprache künstlerisch behandelt wird, ist nicht etwa bei den sogenannten zivilisierten Sprachen der vollkommenere oder das Ausgebaute, sondern gerade bei den unzivilisierten Sprachen ist gewöhnlich die kompliziertere Grammatik vorhanden. Also nicht aus dem, was aus dem zivilisierten Bewußtsein heraus stammt, kommt dasjenige, was die Sprache als ihre Gesetzmäßigkeit durchzieht. Dieses unterbewußte Element ist es, was herausgeholt wird aus dem Menschen. Dadurch wird die Eurythmie allerdings das Gegenteil des Träumerischen. Während der Traum ein Herabstimmen des Bewußtseins bedeutet, vor allen Dingen ein Herabstimmen des Willens, wird in Eurythmie der Wille, wie er in der Sprache entsteht, der als ein Element sich hineingestaltet, herausgeholt; willensmäßig wird ein Sich-Offenbaren des Menschen durch eine stumme Sprache herbeigeführt. Dadurch aber gelangen wir geradezu bewußt in das unbewußte Schöpferische des Menschen hinab, und wir kommen dazu, den Menschen selber in seiner ganzen organischen Gestaltung und Bewegungsmöglichkeit als ein künstlerisches Werkzeug zu benützen. Und wenn man bedenkt, daß der Mensch das vollkommenste Wesen ist, sagen wir, das wir in der Sinneswelt kennen, so muß auch, wenn man sich seiner bedient als eines künstlerischen Werkzeuges, etwas wie eine Vervollkommnung des künstlerischen Ausdruckes, der sonst möglich ist, überhaupt herauskommen. So sehr ist alles aus der Gesetzmäßigkeit der menschlichen Natur bei dieser Eurythmie herausgeholt, daß durchaus nichts Willkürliches, also nicht Zufallsgebärden oder dergleichen darinnen sind. Wenn zwei Menschen oder zwei Menschengruppen an zwei ganz verschiedenen Orten ein und dieselbe Sache eurythmisch darstellen würden, so würde die Darstellung nicht mehr Unterschiede aufweisen, als wenn ein und dieselbe Sonate nach einer subjektiven Auffassung gegeben würde. Es ist immer eine Gesetzmäßigkeit, so wie im Musikalischen selbst, im Eurythmischen da. Daher kann durch diese stumme Sprache der Eurythmie, die aus derselben Naturgesetzmäßigkeit hervorgeholt worden ist wie die Lautsprache, gerade ein tiefer Künstlerisches erreicht werden, indem das Gedankenmäßige, das sonst in der Sprache wirkt, zur Ausschaltung gekommen ist.

Und so werden Sie sehen, wie auf der einen Seite Dichtungen durch die stumme Sprache der Eurythmie dargestellt sind; parallel gehend werden Sie dann in einigen Fällen Musikalisches sehen, das nur eine andere Ausdrucksart gibt desjenigen, was eurythmische Darstellung ist. Auf der anderen Seite werden Sie Dichtungen durch die Lautsprache rezitiert hören und dabei sehen, daß man gerade gezwungen ist, wenn man dieselbe Dichtung, die auf der Bühne durch die Eurythmie plastizierend dargestellt wird, wenn man sie rezitierend begleitend darstellt, abzugehen von dem heutigen Unkünstlerischen des Rezitierens, das auf der besonderen Hervorhebung des Inhaltes allein beruht. Worauf es vielmehr hier ankommt im Rezitieren, das ist dasjenige, was in der Dichtung selbst schon eurythmisch ist. Was als plastische Gestaltung, Rhythmus, Takt, Musikalisches der eigentlichen Dichtung zugrunde liegt, was als bewegtes Element in der Dichtung lebt, taktmäßig, rhythmisch, dasjenige, was im Gestalteten hinter den Worten geahnt werden kann, das muß in der Rezitation, die besonders diese Eurythmie begleiten soll, ausgearbeitet werden. Daher wird wieder zurückgegangen werden hier auf diejenige Form der Rezitationskunst, die geübt wurde, als man noch ein Gefühl hatte von der eigentlichen Rezitationskunst. Heute ist das sehr selten vorhanden, man nimmt mehr den Prosainhalt, das eigentlich Unkünstlerische in der Dichtung wahr und rezitiert danach.

So wird natürlich noch mißverstanden werden die Eurythmie selbst, weil sie etwas durchaus Neues in den Quellen darstellt, und die sie begleitende Rezitation. Allein darauf kommt es nicht an. Alles dasjenige, was sich als ein Ursprüngliches hineinstellen will in die menschliche Zivilisationsentwickelung, wird zumeist mit scheelen Augen angesehen. Dennoch darf ich aber bitten, zu berücksichtigen, daß wir selbst die strengsten Kritiker sind und sehen, was wir heute noch nicht können. Wir betrachten das, was wir schon leisten können, als nichts anderes als einen Anfang, der gar sehr der weiteren Ausbildung, der Vervollkommnung bedarf. Sie werden zwar sehen, daß Dichtungen, die selbst schon als Impressionen gedacht sind, wie das «Quellenwunder», die also schon Eurythmisches in sich haben, sich besonders, ich möchte sagen, wie selbstverständlich in Eurythmie umsetzen lassen. Sie werden aber auch sehen, daß, wo wirkliche innere Beweglichkeit und Plastik in einem Gedichte ist, wie in so vielen Goetheschen Gedichten, da in der Tat die Eurythmie manches leisten kann. Auch in den Humoresken, die wir Ihnen heute vorführen werden, werden Sie sehen, wie man, ohne daß man Pantomime und Mimik, die nur Zufallsgebärden sind, zu Hilfe nimmt, durch eurythmisch-musikalische Raumformen diesen Dingen nachkommen kann.

Wir werden Ihnen nach der Pause, meine sehr verehrten Anwesenden, eine Gnomen- und Sylphenszene vorführen können. In derselben ist versucht, die geheimnisvollen Kräfte der Natur, die sich im Zusammenleben des Menschen mit der Natur offenbaren können, zur Offenbarung zu bringen, und zwar dasjenige im Naturwalten, was nicht erreicht werden kann durch ein Eingehen auf die Natur in bloß abstraktem Denken oder in sogenannten Naturgesetzen. Es wird vielleicht noch lange nicht zugegeben werden, daß in der Natur ein Wirken und Walten, ein Weben und Leben ist, das durch Abstraktion und durch Naturgesetze nicht zu erreichen ist, das nur dann erreicht werden kann, wenn sich unsere Naturauffassung durch wirklich künstlerische Formen belebt. Die Natur sagt uns so viel und so intensives, daß, was sie uns sagt, wohl in umfangreicheren und intensiveren Formen gesagt werden muß, als es durch abstrakte Naturgesetze geschehen kann. So etwas ist versucht worden aus jenen Naturgesetzen herauszuholen, was wir dann erleben, wenn wir das Menschenwesen so recht in ein Verhältnis mit dem bringen, was durch die Natur wallt und webt. So etwas ist also in diesem Gnomen- und Sylphenchor einmal versucht worden. Und auch da liegt Goethesche Kunstgesinnung zugrunde, denn Goethe hat durchaus die

Kunst mit dem Erkennen in ein sehr nahes Verhältnis gebracht, und er sieht in der Kunst dasjenige, was zu gleicher Zeit ein höheres Erkennen des Menschen- und Weltenrätsels vermittelt, als es das bloße Naturerkennen kann. Deshalb sagt auch Goethe: Wem die Natur ihr offenbares Geheimnis zu enthüllen anfängt, der empfindet eine unwiderstehliche Sehnsucht nach ihrer würdigsten Auslegerin: der Kunst. – Und man wird schon einmal einsehen, wenn das auch heute noch als irgend etwas Laienhaftes oder Dilettantisches angesehen wird gegenüber der sogenannten strengen Wissenschaft, daß durch ganz andere Mittel, als diese strenge Wissenschaft bieten kann, dasjenige erkannt werden muß, was in der Natur als Geheimnis waltet, was die Natur aus sich heraus offenbart, wenn man nur sich auf sie einläßt.

Eintragungen in ein Notizbuch

Dornach, 14. Februar 1920

Das Künstlerische ist entweder:
Aus der Beobachtung – mit Umgehung des Begriffes
oder aus dem Erlebnis – ohne daß es zur Vorstellung kommt. –
Eurythmie macht das innere Erlebnis am Menschen zur äußeren Bewegung.

Man hat impressionistische Kunst gesucht; aber *die Natur* kann nicht so erfaßt werden, denn schon die Sinne gestatten bloße Impressionen nicht. Man kann die Expressionen nicht malerisch oder musikalisch festhalten, weil die Ausdrucksmittel nicht die Expressionen offenbaren.

Eurythmie:
Sie ist eine Kunst, die sich des Menschen als Instrument, seiner Bewegungsanlagen als Ausdrucksmittel bedient.

Die Sprache nimmt die Gedanken auf. Aber sie bringt sie in den Willen hinein.

Künstlerisch aber nur, was aus dem Willen stammt. –

DIE SUCHE NACH DEM NEUEN QUELL DES KÜNSTLERISCHEN

Dornach, 14. Februar 1920

Wer die Kunstentwickelung unserer Tage beobachtet, wird finden, daß von einer ganzen Reihe jüngerer kunststrebender Leute gewisse neue Ziele für die Kunstentwickelung angestrebt werden. Sie wissen ja, daß diese neuen Kunstbestrebungen unter den verschiedensten Schlagworten auftauchten. Wenn man nach den tieferen Gründen dieser oftmals außerordentlich bedenklichen Bestrebungen forscht, so findet man, daß eigentlich auf allen Kunstgebieten von künstlerischen Naturen selber heute empfunden wird, daß die Ausdrucksmittel, deren sich die Künste in den verschiedenen Epochen bedient haben, eigentlich erschöpft seien, und daß ein neuer Quell des Künstlerischen auf den verschiedenen Gebieten gesucht werden müsse; es müsse gewissermaßen wiederum appelliert werden an das elementare, primitive künstlerische Erleben des Menschen.

Dann aber, wenn solch ein Bestreben auftritt, muß man wenigstens ausgehen von einer ganz bestimmten Empfindung gegenüber dem Künstlerischen.

Nun hat alles Künstlerische, soweit es überschaut werden kann in der Weltentwickelung, wesentlich zwei Quellen. Die eine ist die äußere Beobachtung. Diese äußere Beobachtung kann nur dann der Kunst etwas liefern, was sie verarbeiten kann, wenn sie als Naturbeobachtung nicht erst durch Begriffe, Ideen und Vorstellungen durchgeht. Man hat in der neueren Zeit auf dem Gebiete verschiedener Künste versucht, nach dem unmittelbarsten ersten Eindruck, den, sagen wir zum Beispiel, irgendeine Landschaft machen kann, etwas Künstlerisches zu schaffen. Man fand, daß in dieser Beziehung auch die alten Mittel der Malerei erschöpft seien, daß man viel zu sehr nach Ideen, nach bereits verarbeiteten Natureindrücken gemalt hat, daß man viel mehr, ich möchte sagen, im Augenblicke, bevor man zum Nachdenken kommt, festhalten müsse, was einem in der Natur sich offenbart durch Licht und Luft und so weiter. Kurz, das Bestreben liegt da zugrunde, einmal etwas Künstlerisches hinzustellen, welches das Ergebnis einer äußeren Beobachtung ist, aber einer Beobachtung, die es nicht bis zum denkenden Erfassen bringt, denn das denkende Erfassen ist das Gegenteil alles Künstlerischen, ist eigentlich der Tod alles Künstlerischen. Wo viel symbolisiert, spintisiert, wo viel in Ideen ausgeheckt wird, wie man Formen anordnen, Farben anordnen soll und dergleichen, da wird die Kunst getötet. Daher hat man versucht, unmittelbare Eindrücke festzuhalten. Man nannte diese Impressionen und strebte nach einer impressionistischen Kunst.

Aber es stellt sich vorläufig für Malerei, für Plastik ein gewichtiges Hindernis entgegen. Wir können in der Gegenwart nur schwer finden – aber hier in diesem Bau ist es versucht worden –, plastisch und malerisch Form und Farbe nach dem unmittelbaren Eindruck so festzuhalten, daß man das rein Künstlerische auf sich wirken lassen kann, mit Ausschluß alles Ideellen, mit Ausschluß alles Gedanklichen. Und wenn einmal dieser Bau fertig sein wird, dann wird sich zeigen, daß hier nicht irgendwelche vertrackten mystischen Ideen durch plastische oder malerische Formen zu verkörpern gesucht worden sind, wenigstens in der Hauptsache nicht, daß hier keine Symbole verkörpert werden wollten, sondern daß unmittelbar in Formen und in Farben mit Überspringung des Vorstellungsmäßigen der Eindruck – sowohl der architektonisch-plastische, wie der plastisch-malerische – gesucht worden ist.

Auf der anderen Seite ist ein zweiter Quell des Künstlerischen das innere Erlebnis des Menschen, das sich zum inneren Anschauen erhebt. Und auch an diesen Quell des Künstlerischen hat man in der Gegenwart von verschiedenen Seiten wiederum appelliert. Man versuchte dasjenige, was man innerlich bloß empfinden, erleben kann, bis zur Expression zu bringen, man versuchte es zum Beispiel auf dem Gebiete der Malerei. Aber man kann sagen: In den Kreisen jüngerer Künstlerschaft, welche sich in dieser Richtung bemüht haben, sind denn doch bis jetzt nur bedenkliche Formen zum Ausdrucke gekommen, aus dem einfachen Grunde, weil alles, was Linie ist, was Farbe, was Form ist, in einer wirklich außerordentlich starken Weise demjenigen widerstrebt, was inneres menschliches Erlebnis ist, wenn man es technisch handhaben will.

Nun gibt es ja zwei Künste, die unmittelbar inneres menschliches Erlebnis ausdrücken wollen: die musikalische und die dichterische Kunst. Aber auch bei diesen Künsten zeigt sich, daß der Quell, den das neuere Kunstempfinden eröffnen möchte, im Grunde genommen in weiteren Kreisen, wo man ihn sucht, noch nicht gefunden werden kann.

Das Musikalische ist in seinen Formen – im harmonischen, melodiösen Element – zunächst nicht dazu geartet, unmittelbar das volle Innere, wie es der Mensch erlebt, auszusprechen, so daß das Musikalische dem Expressionistischen, dem Visionären außerordentlich stark widerstrebt und sogar in das Musikalische etwas Ungesundes hineinkommt, wenn es sich zum Visionären hinbegeben will.

Das Dichterische auf der anderen Seite ist furchtbar stark abhängig von der Entwickelung der menschlichen Sprache. Und da muß man sagen, daß unsere zivilisierten Sprachen bereits soweit gekommen sind, daß sie außerordentlich viel von dem konventionellen Gedankenelement in sich haben, so daß der Dichter heute genötigt ist, eigentlich auf Kosten des ursprünglichen, elementaren künstlerischen Empfindens sich wortwörtlich auszudrücken. Damit kommt er aber in das Gedankenelement hinein, das von vorneherein der Tod alles wirklich Künstlerischen ist. Man kann sagen, daß durch einen großen Teil des Dichterischen, welches heute entsteht, eigentlich die Kunst nicht einmal gefördert, sondern sogar zurückgedrängt und ertötet wird. Und man sieht das ganz besonders an dem, was heute den Leuten an den Dichtungen gefällt. Sie nehmen die Dichtungen auch oftmals hin wie Prosaisches, das durch seinen wortwörtlichen Inhalt wirken soll. Das wirklich Dichterische aber ist nur in dem musikalischen und in dem formalplastischen Elemente gelegen.

Wenn man sich wirklich vertieft in dasjenige, wovon unsere Geistesströmung ausgehen will, für die hier dieser Goetheanumbau der äußere Repräsentant ist, kommt man zur Ausgestaltung des Goetheanismus. Bei *Goethe* ist ja in seinem ganzen künstlerischen Wirken eines auffällig. Ich glaube, ich darf das sagen, denn ich habe sieben Jahre in Weimar am Goethe- und Schiller-Archiv selbst gearbeitet, an alledem teilgenommen, was da mehr oder weniger wie das Beste der

Gegenwart einem größeren Publikum unbekannt geblieben ist. Man kann sagen: Was da veröffentlicht worden ist von Weimar aus, macht Goethe zu einem außerordentlich wirksamen Schriftsteller. Man lernt heute von Goethe manches kennen durch dasjenige, was er nicht bewältigte. – Auf mich hat den größten Eindruck alles das gemacht, was Goethe im Laufe seines Lebens unternommen hat, was er nicht zu einer solchen Vollkommenheit gebracht hat, wie seine dramatischen Werke, «Iphigenie», «Tasso», «Faust», sondern was liegengeblieben, was in den ersten Anfängen steckengeblieben ist. Gerade das beweist, daß man im Goetheanismus nicht etwas hat, was mit Goethe selbst gestorben ist, sondern im Goetheanismus etwas haben kann, was noch in unserer Zeit wirkt und jetzt erst recht fruchtbar gemacht werden kann. Goethe hat einfach so große Kunst-Intentionen in sich getragen, daß er als sterblicher Mensch selbst nicht mehr fähig war, diese Dinge zu etwas anderem als zu Fragmenten zu bringen, so daß das Unvollendete in Goethes Schaffen eigentlich eine ungeheuer große Rolle spielt. Daher hat man immer das Gefühl, aus dem Goetheanismus kann viel, viel herausgeholt werden. Nun, herausgeholt ist diese Eurythmie, die des Menschen selber sich bedient als eines neuen künstlerischen Instrumentes, und die einen besonderen neuen Kunstquell eröffnen will.

Man kann nämlich sagen: Alles, was Sie hier auf der Bühne sehen werden an Bewegungen der menschlichen Arme, der anderen menschlichen Glieder, ausgeführt von Menschengruppen, ist durchaus nichts Willkürliches. Das sind nicht Zufallsgebärden, die zu irgendeiner Dichtung oder einem musikalischen Motiv hinzu erfunden sind, das ist etwas innerlich in einer solchen Gesetzmäßigkeit Komponiertes und auf solche Gesetzmäßigkeit aufgebaut wie das Musikalische selber, wenn es sich auslebt in dem Harmonischen oder sich offenbart in der Zeitfolge im melodiösen Elemente. Wie in der Musik nichts Willkürliches ist, sondern etwas innerlich Gesetzmäßiges, so ist es auch bei dieser sichtbaren, aber stummen Sprache der Eurythmie, die ganz besonders gestattet, künstlerisch sich zu offenbaren, sich durch das vollkommenste künstlerische Instrument zu offenbaren, durch den Menschen selber. – Es ist also eine stumme Sprache, die Sie hier von der Bühne aus durch Bewegungen der menschlichen Glieder oder durch Bewegungen von Menschengruppen sehen werden. Und diese stumme Sprache ist entstanden durch ein – ich gebrauche diesen Goetheschen Ausdruck – sinnlich-übersinnliches Schauen, durch eine übersinnliche Beobachtung desjenigen, was eigentlich vorgeht, wenn wir die gesprochene Sprache, welche der gewöhnlichen Dichtung zugrunde liegt, zur Offenbarung bringen und als menschliches Ausdrucksmittel verwenden. Da liegt etwas sehr Eigentümliches vor. Diese gesprochene Sprache ist ein Zusammenfluß desjenigen, was aus dem Gedanken des Menschen kommt, und desjenigen, was aus dem Willen kommt.

Nun liegt beim Kehlkopf und seinen Nachbarorganen die Sache so: indem da die Bewegungsantriebe ausgeführt werden, stoßen sie nicht an Muskeln, sondern sie teilen sich unmittelbar dem äußeren Elemente der Luft mit. Das ist ja die wunderbare Einrichtung unseres Kehlkopfes, daß er unmittelbar in seiner knorpeligen Konstitution an das äußere Luftelement angrenzt. Dadurch ist erst die Möglichkeit gegeben, daß dasjenige, was vom menschlichen Willen aus in den Kehlkopf und seine Nachbarorgane hineinwirkt, durchströmt wird von den Impulsen des gedanklichen Elementes. Aber dadurch kommt gerade auch in der Dichtung, die sich der Sprache bedienen muß, etwas Unkünstlerisches zustande, es kommt das Gedankenelement hinein. Doch auf dem Grunde dieses Gedankenelementes ist, aus dem ganzen Menschen herauskommend, das Willenselement. Ich möchte sagen: Der Gedanke schwimmt im Sprechen auf den Wellen des Willens.

Nun wird bei der eurythmischen stummen Sprache das Gedankenelement vollständig unterdrückt. Nur dasjenige, was der dichterischen Sprache als Takt, als Rhythmus, als Gestaltung, kurz, als plastisches und musikalisches Element zugrunde liegt, wird in die Bewegungen übertragen. Und das kann dadurch geschehen, daß – wenn man nicht lautlich sprechen läßt, sondern diejenigen Bewegungen, die sonst nur veranlagt sind im Kehlkopf und seinen Nachbarorganen, durch den ganzen Menschen oder durch Menschengruppen so regelmäßig ausführen läßt, wie sie sonst der Kehlkopf an die Luft überträgt – man dann das Willenselement hat, ihm widerstrebend die Muskelorganisation des Menschen. Es ist etwas anderes, ob die Bewegungstendenzen des Kehlkopfes und seiner Nachbarorgane mit Aufnahme des gedanklichen Elementes an die Luft übertragen werden und da also die Bewegungen der Luft, der Lautsprache entsprechend, hervorrufen, oder ob der Wille des Menschen aus dem ganzen Menschen heraus unmittelbar an den Muskelapparat stößt und die Glieder in Bewegung bringt. Dadurch wird ein ganz anderes hervorgerufen. Die kleinen, nicht mehr als Bewegung wahrgenommenen Vibrationen, welche der Sprache zugrunde liegen, kommen dadurch zustande, daß dem Kehlkopf nicht das muskulöse Element entgegensteht. Aber bei der stummen Sprache der Eurythmie wendet sich der Wille unmittelbar an das Muskelelement, an das ganze Bewegungselement des Menschen, an Muskelsystem und Knochensystem, und es bringt der ganze Mensch, der zum Kehlkopf wird in der stummen Sprache der Eurythmie, das zum Vorschein, was sonst nur die Lautsprache zum Vorschein bringt. Dadurch wird die Eurythmie für das Künstlerische, welches aus dem Rhythmischen, dem Taktmäßigen besteht, das ganz besonders aus dem Dichterischen und Musikalischen hervorgeht, ein neues künstlerisches Element schaffen.

Daher muß auch das rezitatorische Element, das mit dem musikalischen oftmals abwechselnd, aber als Hauptsächlichstes das begleitend, was als stumme Sprache auftritt, in anderer Weise gehandhabt werden, als heute die Rezitation oftmals gehandhabt wird. Und wird man schon mißverstehen dasjenige, was eigentlich gewollt wird mit dem eurythmischen Elemente, so wird man die Begleitung der Rezitation heute auch noch viel mehr mißverstehen können, weil sie nicht auf den wortwörtlichen Inhalt gehen kann – so würde sich die Eurythmie nicht rezitatorisch begleiten lassen –, sondern auf das eigentlich Künstlerische gehen muß, das in unserer heutigen unkünstlerischen Zeit gar nicht mehr an der Dichtung empfunden wird: an das Rhythmische, Taktmäßige, das erst dem wortwörtlichen Inhalt zugrunde liegt. Die Rezitationskunst selbst muß wiederum zu guten alten Formen des Rezitierens zurückkehren, die heute noch wenig verstanden werden.

Aber Sie werden sehen, gerade dann, wenn etwas schon als Dichtung eurythmisch gedacht ist, läßt sich das mit einer Sprachform der stummen Sprache der Eurythmie ganz besonders zum Ausdrucke bringen. Wir werden heute außer einigem anderen eine Szene aus einem meiner Mysterien eurythmisch zur Darstellung bringen, worinnen Weltengesetzmäßigkeiten ausgedrückt werden, und die künstlerischen Mittel zeigen, welche man anwenden muß, um dasjenige, was eigentlich in der Natur webt und lebt, zum Ausdruck zu bringen. Da steht dann der Mensch der Natur und der Welt überhaupt schon ungemein viel näher als in dem bloßen abstrakten Begreifen der sogenannten Naturgesetze, die eigentlich immer nur ein Äußeres der Natur ausdrücken.

Nun kann aber auch das Künstlerische, wenn es das innere Erlebnis ausdrücken will, in der Gegenwart nicht zurechtkommen, weil, wenn wir Farben, wenn wir Formen verwenden, gleichgültig ob wir den Griffel verwenden oder den Pinsel, diese Ausdrucksmittel noch mit äußerster Sprödigkeit dem inneren Erlebnis widerstreben. Deshalb nehmen sich die expressionistischen Bilder der heutigen jüngeren Maler so kurios aus, weil einfach die Mittel noch nicht gefunden sind, um dasjenige auszudrücken, was innerlich erlebt wird, aber noch nicht getrieben wird bis zum inneren Element, wo es Gedanke wird, da dies unkünstlerisch wäre. Auf der anderen Seite läßt sich die Natur nicht impressionistisch auslegen. Die Natur macht es gewissermaßen selber notwendig, wenn wir uns ihr menschlich gegenüberstellen, daß wir den Gedanken nicht ausschließen, sie läßt sich nicht impressionistisch auslegen; der eigentliche Eindruck von der Natur läßt sich nicht künstlerisch wiedergeben. Wenn man aber den Menschen als höheres Instrument nimmt, dann hat man das innere Erlebnis, das nicht bis zur gesprochenen Sprache kommt, also auch nicht bis zum gedanklichen Element, und man nimmt den Menschen selber, indem man durch seine Bewegungen – also das, was beobachtet werden kann – das innere Erleben mit Ausschluß des Gedankenelementes zur Anschauung bringt. Die Expression im unmittelbaren impressionistischen Eindruck, das ist dasjenige, was in der Eurythmie durchaus erreicht werden kann.

Nun behaupte ich durchaus nicht, daß Eurythmie die einzige Kunst ist, die andere Kunstformen ersetzen soll, aber ich behaupte, daß die Eurythmie anschaulich machen kann, wohin diejenigen mit den anderen Ausdrucksmitteln streben sollen, die heute aus einem guten, aber noch unvollkommenen, ich möchte sagen, kindlichen Empfinden nach neuen Kunstquellen suchen.

DIE PÄDAGOGISCH-HYGIENISCHE BEDEUTUNG DER EURYTHMIE

Dornach, 21. März 1920, vor Medizinern

Mit Kinderdarbietungen

Für diejenigen der heutigen Teilnehmer, die früher nicht da waren, möchte ich nur ganz kurz ein paar Worte vorausschicken angesichts dessen, daß unsere mitwirkenden Kinder – Spuze – nicht zu lange ungeduldig gemacht werden dürfen. Ich möchte bemerken, daß das, was wir als eurythmische Kunst bezeichnen, nicht irgendwie willkürlich erfundene Gesten sind, sondern daß sie aus den Bewegungsanlagen des menschlichen Kehlkopfes und seiner Nachbarorgane hervorgeholt sind, all der Organe, die sonst beim Lautesprechen tätig sind. So daß einfach dasjenige, was Tendenz ist im Kehlkopf und seiner Nachbarorgane, übertragen ist auf den übrigen Menschen. Es tritt gewissermaßen der ganze Mensch in dieser stummen Sprache der Eurythmie, die begleitet wird von Rezitation oder Musik, dann als Kehlkopf auf. Der ganze Mensch wird zum Kehlkopf in dem, was Ihnen auf der Bühne vorgeführt wird. Ebenso werden Menschengruppen zum Kehlkopf, wodurch man sich in diese Eurythmie etwas schwerer hineinfindet, dadurch, daß sie nicht etwas Willkürliches ist, nicht ein Zusammenstellen von Augenblicksgesten, sondern die Fortsetzung dessen, was der Lautsprache an unbemerkten Bewegungen zugrunde liegt, und daß diese eben abgebildet in eine sichtbare Sprache umgesetzt sind. Nur das möchte ich zur Rechtfertigung dieser Kunstrichtung, der Eurythmie, die wir hier pflegen, für die Freunde, die bis heute noch nichts davon gesehen haben, erwähnen.

Auch möchte ich noch sagen, daß unsere Herren und Damen Ärzte kaum das sehen werden, was ich gestern bezeichnet habe als die hygienische Seite unserer eurythmischen Kunst, weil nur einiges vorgeführt werden konnte, was vorbereitet war bei unserer Ankunft. Frau Dr. Steiner konnte nur einiges von dem, was geübt worden war, aufnehmen. Aber es konnte kaum, in den wenigen Tagen, seitdem wir aus Stuttgart zurück sind, ein objektives Programm geformt werden. So bitte ich diejenigen, die etwas mehr wissen wollen von dieser Eurythmie, sich bis später zu gedulden. Ich werde, wenn wir nächstens eine Vorstellung in der Eurythmie haben, in einer etwas ausführlicheren Einleitung Ihnen das ganze Wesen der Eurythmie auseinandersetzen. Heute bitte ich, durchaus vorlieb zu nehmen mit dem wenigen, das wir Ihnen in so kurzer Zeit, nachdem wir von Stuttgart zurückgekommen sind, bieten können. Und so möchte ich denn nichts weiter erörtern zu der Vorstellung.

Fräulein *Hollenbach,* als Eurythmielehrerin der Kinder, hat sich die Aufgabe gestellt, Kinder im Chorgesang unter dem Hüpfen der Töne auszubilden. Wir beginnen mit einem Lied «Frohsinn» von Löwenstein mit Musik von Hiller. Sie hat den Kindern das Hüpfen der Töne und die Bewegungen in der Eurythmie beigebracht. Es handelt sich um eine durch und durch beseelte Turnkunst, die sich dem gewöhnlichen Turnen wird an die Seite stellen können. Und es wird durchaus dem gewöhnlichen Turnen kein Abbruch getan durch die eurythmische Kunst. Aber gerade dadurch, daß man auch der Kinderwelt beseelte Bewegungen beibringen kann, wird sich zeigen, daß diese eurythmische Kunst auch eine pädagogisch-hygienische Bedeutung haben wird. Wenn das Turnen auch eine Stärkung des Körpers ist, weniger des ganzen Menschen, so wird namentlich die Initiative des Willens durch diese Eurythmie gestärkt werden können. Hinzugefügt also wird zu dem gewöhnlichen Turnen das in beseelten Bewegungen Spielen des Kindes, wozu die eurythmische Kunst werden kann.

Dornach, 21. März 1920

PROGRAMM

Frohsinn . . . . Löwenstein
für Gesang und Toneurythmie, mit Musik von Hiller

Das Seelchen . . . . C. F. Meyer

Spruch aus dem Seelenkalender . . . . Rudolf Steiner

Elfenliedchen . . . . J. W. v. Goethe

Dornröschen
für Gesang, Laut- und Toneurythmie (arrangiert von Brahms)

Spruch aus dem Seelenkalender . . . . Rudolf Steiner

Schwebender Genius . . . . J. W. v. Goethe

Abendlied . . . . J. W. v. Goethe

Gleich und Gleich . . . . J. W. v. Goethe

Spruch aus dem Seelenkalender . . . . Rudolf Steiner

Kindergebet . . . . Rudolf Steiner

Reiselied (für zweistimmigen Kinderchor)

Rätsel

Heiterer Auftakt

GOETHEANUM DORNACH

Eurythmische Kunst

Vorstellungen
Sonntag, den 4. April 1920, 5 Uhr
Montag, den 5. April 1920, 5 Uhr

Eurythmische Darstellung dichterischer und musikalischer Imaginationen nebst Kinderdarbietungen

Ankündigung in den Zeitungen

DAS SINNLICH-ÜBERSINNLICHE IN DER KUNST

Dornach, Ostersonntag, 4. April 1920

Gestatten Sie, daß ich auch heute, wie immer vor diesen eurythmischen Darstellungen, ein paar Worte vorausschicke. Dasjenige, was wir als Eurythmie wiederum in einer Probe uns gestatten, Ihnen vorzuführen, ist der Versuch einer neuen Kunstform. Sie werden auf der Bühne allerlei Bewegungen sehen, die der Mensch durch seine Glieder an sich selber ausführt, oder die ausgeführt werden von Menschen im Raume, von einzelnen Menschen im Raume, oder auch durch Wechselbewegungen, Wechselstellungen von Menschengruppen. Diese Bewegungen, die da vorgeführt werden, sollen der Ausdruck sein für Dichterisches oder auch Musikalisches. Nun könnte man diese Bewegungen zunächst einfach als Gebärden deuten. Das sind sie aber nicht. Denn diese eurythmischen Bewegungen sind nicht willkürliche Gebärden, die mit irgend etwas Dichterischem in Verbindung gebracht werden, sondern sind durchaus gesetzmäßige Ausdrücke des von der Seele Erlebten wie die Sprache selbst.

Es ist in dieser Eurythmie eine wirkliche Sprache zu geben versucht, eine Sprache, die in menschlicher Bewegung besteht. Die Art und Weise, wie das versucht wird, ist ganz im Sinne der Goetheschen Weltanschauung gelegen. Nur muß man dasjenige, was an Mannigfaltigem in dieser Goetheschen Weltanschauung liegt, nicht mißverstehen, und es auch weiter auszubilden verstehen. So recht ist die Eurythmie das, was *Goethe* die Ausdrucksform des Sinnlich-Übersinnlichen nennt. Denn zugrunde liegt das Studium der Bewegungsimpulse und Bewegungstendenzen, die bei der Lautsprache im menschlichen Kehlkopf und all denjenigen Organen, die gerade mit dem Kehlkopf verbindend in Bewegung versetzt werden für die Sprache, gelegen sind.

Die Lautsprache dient ja als dichterisches Ausdrucksmittel. Allein man kann gerade sagen: Je weiter irgendeine Kultur vorrückt, desto mehr nähert sich die Lautsprache in ihrem ganzen Charakter als Ausdrucksmittel dem Prosaischen. Wenn man zu dem Dichterischen früherer Zeiten zurückgeht, kann man sehen, daß es in früheren Zeiten durchaus noch in dem gesehen wurde, was eigentlich hinter dem eigentlich Prosaischen der Sprache liegt: in den Rhythmen, in der rhythmischen Bewegung der Sprache, auch in der plastischen Bildergestaltung, die durch die Sprache zum Ausdrucke kommt. Dieser gesangartige und plastische Charakter der Sprache wird immer mehr und mehr abgestreift, je mehr die Sprache den Charakter annimmt, der ihr insbesondere dadurch verliehen wird, daß die Lautsprache zum Menschenverständnis da ist, da ist also zur Konversation. Dadurch fließt immer mehr und mehr in die Lautsprache ein unkünstlerisches Element hinein.

In dieser Lautsprache kann man aber dasjenige aufsuchen, was in ihr als das eigentlich Künstlerische zugrunde liegt. In ihr fließen zwei menschliche Offenbarungen von zwei ganz verschiedenen Seiten her zusammen, auf der einen Seite die Offenbarung der Gedanken, alles Gedanken- und Vorstellungsmäßige, gewissermaßen alles dasjenige, was aus dem Kopfe des Menschen in den Kehlkopf fließt. Das ist das eine Element der Lautsprache. Das andere Element ist alles dasjenige, was aus dem ganzen Menschen kommt. Es ist das Willenselement in der Sprache. Man kann schon sagen: Die Gesetzmäßigkeit des Willens, das innere im Willen sich offenbarende seelische Leben, sie fließen ganz besonders, wenn man die Lautsprache künstlerisch gestaltet, zusammen.

Aber wie in jeder Kunst um so weniger wirklich Künstlerisches vorhanden ist, je mehr Ideelles gedankenmäßig in sie einfließt, so ist eigentlich auch in dem, was dichterisch dargeboten wird, um so weniger wirklich Künstlerisches, als der Gedanke, der ein prosaisches Element ist, in dieses Künstlerische einfließt. Das eigentlich Dichterische ist im Willenselement gegeben, das sich eben in Rhythmus und Takt auslebt, in der ganzen Formung, das sich auch auslebt in den Bildern, die zugrunde liegen.

Nun handelt es sich gerade bei der Eurythmie darum, dasjenige abzustreifen, was Gedankenelement ist. Es kommt dann zur Geltung in der die Eurythmie begleitenden Rezitation, die aber auch in einer besonderen Weise für die Eurythmie gestaltet werden muß, wie ich gleich erwähnen werde. Dagegen wird man in den Bewegungen der Eurythmie selber alles Gedankenmäßige abstreifen. Der ganze Mensch wird zum Subjekt des Ausdruckes gemacht. Alles dasjenige, was an Bewegungen, als stumme Sprache sich vollzieht, ist der Ausdruck jetzt nicht der Gedanken, sondern des Willenselementes, das sich durch den ganzen Menschen, namentlich durch alles dasjenige, was zusammenhängt, was sich eingliedert auch in das rhythmische System, in das Herzsystem und so weiter, zum Ausdrucke bringt.

Dazu aber, daß man das könne, daß man wirklich das Willenselement durch Bewegungen wie eine stumme Sprache zur Offenbarung bringen kann, ist notwendig, daß man die Bewegungstendenzen des Kehlkopfes und der anderen Sprachorgane studiert.

Wenn wir sprechen – das ist ja klar –, sind unser Kehlkopf und die Sprachorgane in Bewegung. Man braucht nur daran zu denken, daß, während ich hier spreche, die Luft in gewisse gesetzmäßige Bewegungen kommt, welche Bewegungen einfach eine Fortsetzung desjenigen sind, was der Kehlkopf und seine Nachbarorgane an Bewegungen einleiten. Aber nicht so sehr diese Bewegungen – die auch schon, weil wir beim gewöhnlichen Sprechen unsere Aufmerksamkeit dem Gehörten zuwenden, als Nichtgehörtes zu dem Sinnlich-Übersinnlichen gehören –, nicht so sehr diese Bewegungen sind es, welche für die Eurythmie in Betracht kommen. Man kann nun nach dem Goetheschen Metamorphosengesetz, nach welchem der ganze Organismus nur eine kompliziertere Ausgestaltung eines einzelnen Organes ist, den ganzen Menschen in solche Bewegung bringen, wie sie eigentlich der Kehlkopf in der Lautsprache entwickeln will. Das ist das Studium, welches zugrunde liegen muß dieser stummen Sprache, die in der Eurythmie zum Vorschein kommt.

Sie sehen gewissermaßen den ganzen Menschen zum bewegten Kehlkopf geworden. Die Bewegungen sind nur aus dem Grunde andere, als sie bei der Lautsprache funktionieren, weil bei der Lautsprache die Knorpel des Kehlkopfes unmittelbar mit der äußeren Luft zusammenschlagen, während wir bei der Eurythmie zusammenschlagen lassen dasjenige, was sich aus dem Willenselement ergießt, mit den Muskeln, die einen wesentlich stärkeren Widerstand entgegensetzen demjenigen, was da durch den Willen zum Vorschein kommt. Daher treten in verlangsamter Form diese Bewegungen in der Eurythmie auf, die in schwingenden Oszillationsbewegungen beim Lautesprechen zum Vorschein kommen, gleichsam summiert die schwingende Bewegung zu einer Hauptform. Und das ist ausgedrückt durch das Ganze der menschlichen Persönlichkeit, durch das Ganze der Muskelorganisation. Das ist diese stumme Sprache der Eurythmie.

Daher ist sie etwas, was in der Aufeinanderfolge der Bewegungen ein so notwendig Gesetzmäßiges darstellt wie das Musikalische selber in der Aufeinanderfolge des melodiösen Elementes oder in der Nebeneinanderstellung, was etwas so Gesetzmäßiges darstellt wie das harmonische Element in der Musik. Und wie ebensowenig, wenn ein und dieselbe Sonate zwei Klavierspieler unabhängig voneinander spielen, mehr als nur bis zu einem gewissen Grade von der subjektiven Auffassung etwas hineinkommt, so ist es auch in der Eurythmie. Wenn ein und dieselbe Sache, ein und dieselbe Dichtung von zwei Persönlichkeiten dargestellt wird oder von zwei Gruppen, so ist dasjenige, was durch Individuelles hineinkommt, nicht stärker verschieden als die individuelle Auffassung zweier Klavierspieler von ein und derselben Beethoven-Sonate.

Es ist also nichts Willkürliches in diesem eurythmisch Künstlerischen darinnen, sondern es ist alles ebenso innerlich gesetzmäßig wie bei der Musik selbst. Dadurch ist dieses Eurythmische, diese stumme

Sprache auch besonders geeignet – weil es das Prosaische, das Gedankenelement von der Dichtung loslöst und das unter der Dichtung Liegende, eigentlich Künstlerische in anschaubare Bewegung übersetzt –, gerade damit der Forderung Goethes zu dienen, ein sinnlich-übersinnliches Element in die künstlerische Darstellung hineinzubringen. Plastik in Bewegung, so könnte man auch sagen, Gebärde, die den ganzen Menschen ergreift, als Sprache, als wirkliche Sprache aufgefaßt, als eindeutige Sprache: das soll in der Eurythmie zum Vorschein kommen.

Daher werden Sie sehen, daß diese stumme Sprache auf der einen Seite von dem musikalischen Element begleitet werden kann und auf der anderen Seite von dem dichterischen Elemente in der Rezitation, die aber als solche, als Rezitationskunst auch wiederum zu den früheren guten Formen des Rezitierens zurückkehren muß, wo man rezitierte nach Takt und Rhythmus, nicht nach dem Prosagehalt der Dichtung, nach dem hin man gerade heute besonders die Rezitationskunst ausgebildet hat und in dieser prosaischen Ausgestaltung der Rezitationskunst etwas Vollkommenes sieht.

Wie große Dichter durchaus nicht dieses prosaische Element, auf das heute in unserem unkünstlerischen Zeitalter so viel Wert gelegt wird, für die Hauptsache gehalten haben, das geht daraus hervor, daß zum Beispiel *Schiller* niemals zuerst den wortwörtlichen Inhalt einer Dichtung im Sinne oder in der Seele gehabt hat, wenigstens bei seinen großen Dichtungen nicht. Er hatte da immer ein unbestimmt Melodiehaftes in der Seele, und an das gliederte er erst den wortwörtlichen Inhalt an. Goethe studierte sogar seine «Iphigenie» mit seinen Schauspielern mit dem Taktstock wie der Kapellmeister ein Musikstück ein, nicht auf den Prosainhalt bei der Rezitation das Wesentliche legend, sondern auf die künstlerische, rhythmische, taktmäßige Gestaltung, auf das plastische, musikalische Element im Dichterischen, was im Dichterischen das eigentlich Künstlerische ist.

Dann werden wir sehen, wie dasjenige, was nun schon in der Phantasie eurythmisch gestaltet ist, wie zum Beispiel Szenen aus meinen Mysteriendramen, die heute auch zur Darstellung kommen, die ausdrücken Gesetzmäßigkeiten innerhalb des menschlichen Seelenlebens selber, Wege, die dieses Seelenleben machen kann, wie dasjenige, was schon innerlich so gestaltet ist in der Empfindung, ganz naturgemäß sich auch eurythmisch äußerlich darstellen läßt. Bei solchen Szenen wird man sehen, wie wir uns hinentwickeln müssen zu einer veränderten Auffassung auch des Natur- und Weltlebens. So daß wir nicht mehr bloß Verstandesabstraktionen zugrunde legen, wenn wir das Natur- und Weltenleben wirklich durchschauen wollen, sondern Imaginationen; Imaginationen, wie ich sie in meinen Mysterien versucht habe, von denen auch heute eine Probe gegeben wird. Denn daß nach dieser Richtung die menschliche Entwickelung gehen muß, das entspricht einer tiefen Überzeugung, die man gewinnt, wenn man überhaupt etwas in das Getriebe der menschlichen und der außermenschlichen Natur hineinschaut. Was nützt es denn, wenn man zum Beispiel schon darüber philosophiert, daß wirkliche Erkenntnis, wirkliches Wissen nur in dem Verstandesmäßigen, klar Analysierbaren bestünde, wenn die Natur eben ihr Wesen nicht dem Analysierbaren hergibt, dem Diskursiven, dem Verstandesmäßigen allein, wenn die Natur in Bildern wirkt, die nur als Bilder das innere Wesen der Natur enthüllen! Dann ist es notwendig, daß wir auch durch Bilder, durch Imaginationen in das innere Wesen des Weltendaseins eindringen.

Daß die Menschen nur mit dem Verstande die Natur begreifen wollten, führte sie eigentlich dazu, kleinmütig zu sagen:

Ins Innre der Natur
Dringt kein erschaffner Geist,
Glückselig! wem sie nur
Die äußre Schale weist!

Goethe sagte aus seiner Kunst- und Weltanschauung heraus gegenüber diesen Hallerschen Worten im hohen Alter, wo er über solche Dinge wirklich klarer dachte als viele, die verstandesmäßig philosophieren, er sagte:

«*Ins Innre der Natur* –»
O du Philister! –
«*Dringt kein erschaffner Geist.*»
Mich und Geschwister
Mögt ihr an solches Wort

Nur nicht erinnern!
Wir denken: Ort für Ort
Sind wir im Innern.
«*Glückselig, wem sie nur*
Die äußre Schale weist!»

Das hör' ich sechzig Jahre wiederholen,
Ich fluche drauf, aber verstohlen;
Sage mir tausend tausend Male:
Alles gibt sie reichlich und gern;
Natur hat weder Kern
Noch Schale,
Alles ist sie mit einem Male;
Dich prüfe du nur allermeist,
Ob du Kern oder Schale seist!

So ist es. Derjenige, der nicht selber Schale sein will, mit seiner Seele, das heißt ein Bündel von intellektuellen Vorstellungen, der muß zu Bildern aufrücken. Dann verbindet sich aber Erkenntnis mit der Kunst und man kann dasjenige sagen, verständnisvoll sagen, was Goethe auch von der rechten Kunst forderte, daß sie eine Manifestation geheimer Naturgesetze sei, die ohne sie niemals zur Offenbarung kommen könnten.

Dann versteht man das andere, was Goethe empfand gegenüber Natur und Kunst: Wem die Natur, so sagte er, ihr offenbares Geheimnis zu enthüllen anfängt, der empfindet eine unwiderstehliche Sehnsucht nach ihrer würdigsten Auslegerin, der Kunst. – Solch eine Weltanschauung, solcher Goetheanismus liegt dem zugrunde, was wir hier eurythmisch darstellen wollen.

Im zweiten Teile, nach der Pause, werden Sie sehen, daß in der Vorführung unserer Kindereurythmie – Vorführung von eurythmischen Gedichten durch Kinder – diese Eurythmie auch noch eine sehr stark hygienisch-pädagogische Seite hat. Das gewöhnliche Turnen, dessen Einseitigkeit man heute noch nicht in der Öffentlichkeit einsieht, wird ergänzt werden müssen durch die Eurythmie, weil es bloß auf das Physiologische im Menschen Rücksicht nimmt. Und die beseelte Bewegungskunst, die Eurythmie, wird erst den Menschen wirklich willensstark machen, während ihn das bloße Bewegungsturnerische zwar als Leib stark macht, aber eben nicht auch gleichzeitig als Seele, namentlich nicht seine Willensinitiative aus seinem Inneren herausholt. Das Herausholen der Initiative des Willens aus dem Inneren des Menschen, das wird zustande gebracht werden durch die Eurythmie.

Eintragungen in ein Notizbuch

Dornach, 5. April 1920

Eurythmie =

1.) Versuch einer neuen Kunstform. –
Durch Einbeziehung desjenigen, was
dem Menschen ganz abhanden gekommen ist.

2.) Gegenwärtig Auseinandersetzung des menschlichen Kopfes mit der Naturoberfläche.

3.) Bilderschrift – Zeichenschrift
Das gefühlte u. gewollte Element
der Sprache und das bloß *angeschaute*

In der Musik der Mensch genügend in sich in seinem Geiste, um das Erlebnis zu haben.
In der Eurythmie der Mensch genügend in dem Geiste der Dinge, um das Erlebnis zu haben. –

4.) Eurythm. Form = *Bild* – vom mitschwingenden Menschen geformt.

Dornach, 10. April 1920

Eurythmie.

1.) Sinnlich = übersinnlich = das Äußere

2.) Beseelte Bewegungen: es ist ein Element, das sonst nicht zur Geltung kommt.

3.) Die Malerei – bringt durch Farbe und Linie – den Inhalt zur Geltung. –

GOETHEANUM DORNACH

Eurythmische Kunst

Vorstellungen

Samstag, 10. April 1920, 5 Uhr
Sonntag, 11. April 1920, 5 Uhr

Natur- und Seelenbilder eurythmisiert –
Kinderdarbietungen, humoristisch-satirische Bildszenen,
Musikalisches

Ankündigung in den Zeitungen

DIE QUELLE DES KÜNSTLERISCHEN WIRKENS IN DER MENSCHLICHEN NATUR

Dornach, 11. April 1920

im zweiten Teil mit Darbietungen von Kindern

Gestatten Sie, daß ich auch heute wie sonst vor diesen eurythmischen Vorführungen ein paar Worte vorausschicke über die Art, wie versucht werden soll, innerhalb dieser eurythmischen Kunst erstens eine Art neuer künstlerischer Form zu suchen, Ausdrucksmittel zu suchen, und dann in einer gewissen Weise auf die Quelle des künstlerischen Wirkens in der menschlichen Natur selbst zurückzugehen.

Sie werden hier auf der Bühne vorgeführt sehen Bewegungen der menschlichen Glieder, Bewegungen des ganzen Menschen im Raume, Wechselbewegungen und Wechselstellungen von Menschen in Gruppen. Das alles soll eine Art von stummer Sprache sein, aber nicht eine stumme Sprache, die etwa aus Zufallsgebärden bestünde, so daß man zu den Dichtungen, die gleichzeitig rezitiert werden, oder zu dem Gesanglichen, Musikalischen jeweilig Gebärden suchte. Ebensowenig werden hier Zufallsgebärden gesucht zu dem, was ausgedrückt werden soll, wie der Sprachlaut selbst oder das Wort irgend etwas ist, was zufällig hinzukommt zu dem Sinn; wie es etwas ist, was sich durch die menschliche Organisation selber mit dem Sinn, den der Laut ausdrücken soll, verbindet. Um eine solche Kunst zu schaffen, mußte wirklich das in Anspruch genommen werden, was man nach *Goethe* nennen kann die sinnlich-übersinnliche Anschauung.

Wenn wir die Lautsprache des Menschen verfolgen, dann wenden wir unsere Aufmerksamkeit zunächst dem gesprochenen Laute zu oder der Lautfolge. Wir werden nicht darauf aufmerksam – es liegt das in der ganzen Organisation der Sprache –, daß unsere Organe, die mit der Hervorbringung der Sprache etwas zu tun haben, Bewegungen ausführen. Diese Bewegungen werden allerdings rhythmisch kleine Bewegungen, aber ihnen liegen Bewegungstendenzen zugrunde. Diese Bewegungstendenzen kann derjenige, welcher in der Lage ist, die Sprache in einem gewissen Sinne zu verfolgen, wirklich schauen. Er kann ein Bild bekommen von den im Kehlkopf und seinen Nachbarorganen vorhandenen Bewegungstendenzen, während die Sprache lautlich an uns heranklingt.

Nun kann man dasjenige, was man da beobachtet, was ein einzelnes Organ oder ein System von Organgliedern beim Sprechen ausführt, auf den ganzen menschlichen Organismus übertragen. Allerdings, wie ich gleich darstellen werde, nicht ohne weiteres, sondern in einer gewissen metamorphosischen Umstellung. Geradeso wie Goethe zu seiner Anschauung von der Metamorphose gekommen ist als dem, was einer wirklichen Organik zugrunde liegen müsse, so muß man auch sich aufschwingen zu einer solchen Anschauung der menschlichen Funktionen, die uns erkennen läßt, wie eine einzelne Funktionsgruppe, also dasjenige, was der Sprachbewegung zugrunde liegt, mit einer entsprechenden Bewegung des ganzen Menschen zusammenhängen kann, geradeso wie Goethe die ganze Pflanze nur als ein kompliziertes metamorphosiertes Blatt oder Blumenblatt, auch als komplizierte Staubgefäße angesehen hat. Diese Anschauung, die Goethe nur für das Morphologische angewandt hat, kann man auf das Funktionelle ausdehnen, kann sie künstlerisch durchdringen. Aber ebenso kann man dasjenige, was sich dadurch, daß der Kehlkopf beim

Sprechen in unmittelbare Berührung mit der äußeren Luft kommt und sich da in rhythmische kleine Bewegungen umsetzt, gewissermaßen seiner Haupttendenz nach verfolgen. Dadurch kommt ein anderes Element mehr zur Geltung bei dieser Übertragung der Lautbewegung auf den ganzen Menschen, als es in der Lautbewegung zur Geltung kommt, nämlich das Element des Wollens, auch das Element des wollenden Fühlens.

In unserer Sprache fließen ja ineinander der Gedanke, die Vorstellung und der Wille, das Fühlen, das wollende Fühlen, das fühlende Wollen. Wir brauchen diese Dinge nicht zu unterscheiden, denn es stehen sich eigentlich auch nur die Vorstellung und der Wille gegenüber. Und wir haben bei der künstlerischen Anschauung immer, ich möchte sagen, zu kämpfen dagegen, daß nicht allzuviel einfließe in das Kunstwerk von dem, was die Vorstellung, was die Idee ist, in das unmittelbare Wahrnehmen des Bildes, aber des Bildes nicht so, wie wir es sonst in der Natur wahrnehmen, sondern des durchgeistigten Bildes. Das ist es, was eigentlich im Kunstempfinden und im Kunstschaffen wirken soll.

Nun aber, wenn wir im gewöhnlichen Leben oder auch in der Wissenschaft die Natur betrachten, so verwandeln wir durch den Gedanken das Bild in dasjenige, was es dann als durchgeistigtes Bild ist. Dadurch heben wir es aus der Sphäre des bloßen Künstlerischen heraus. Im Künstlerischen soll das Bild unmittelbar geistig wirken. Es soll gewissermaßen als Bild schon in derselben Weise auf uns wirken, wie sonst nur der Gedanke wirkt. Sobald aber der Gedanke als Gedanke wirkt, hört das Künstlerische auf, wird das Künstlerische gelähmt. Nun ist in unserer Sprache tatsächlich um so weniger die Möglichkeit zu künstlerischer Gestaltung, auch in der Dichtung, als die Sprache mit der Zivilisation fortschreitet. Sie wird immer mehr und mehr als Lautsprache konventionell, sie wird Ausdrucksform für dasjenige, was wir abstrakt intellektualistisch darstellen wollen. Dadurch verarmt eigentlich unsere Dichtung in bezug auf ihre Ausdrucksmittel. Aber es ist im Grunde in der Dichtung nur soviel wirklich Künstlerisches, als in ihr Musikalisches auf der einen Seite, oder Bildhaftes, Plastisches auf der anderen Seite ist.

Bildhaftes, Plastisches ist hier so gemeint, daß man, indem man der Sprache, der dichterisch gestalteten Sprache zuhört, unmittelbar auch im Tone eine Art Bild wahrnimmt. Von all dem, was von dem Gedanken in die Dichtung einfließt, entledigen wir nun die Dichtung dann, wenn wir dasjenige, was sonst an Bewegungstendenzen der Kehlkopf und seine Nachbarorgane ausführen, auf den ganzen Menschen übertragen. Dadurch, daß wir diese Metamorphose der Funktion des Sprechens vornehmen und von dem ganzen Menschen jetzt [ausführen lassen], kann es natürlich nicht zur Lautierung kommen, weil wir die makroskopischen Bewegungen, die Bewegungstendenzen, statt der mikroskopischen ins Auge fassen. Dasjenige, was wir da aus dem Gesprochenen herausholen, ist das Willenselement, jenes Willenselement, das an den ganzen Menschen gebunden ist. Daher, wenn der Mensch als ganzer, gewissermaßen – ich darf das Bild gebrauchen hier – wie ein lebendig bewegter Kehlkopf erscheint, haben wir die Ausdrucksform durch den Menschen selbst gegeben. Wir haben aber auch zugleich die Möglichkeit, das, was uns im Menschen selbst als Bild entgegentritt, ohne daß wir darüber spintisieren, dieses erst durchseelt, durchgeistigt zu empfinden. Das durchgeistigte Bild entsteht dadurch, daß der Mensch, der selber durchgeistigt ist, in seinem Sich-Bewegen zu diesem Bilde wird. Daher können wir unmittelbar im Anschauen das durchseelte Bild haben. Durch dieses durchseelte Bild, welches in einer stummen Sprache zum Ausdrucksmittel der Dichtung werden kann, haben wir eigentlich viel von dem erreicht, was gerade von der Kunst angestrebt werden muß: das durchseelte Bild zu schaffen, ohne daß man erst den Umweg durch den Intellekt, durch das Denken zu machen hat, was auf die Kunst ertötend wirkt.

Natürlich muß die Rezitation, welche die Eurythmie begleitet, durchaus darauf Rücksicht nehmen, daß gerade dasjenige herausgeholt wird, was das eigentlich Künstlerische, nicht der Prosainhalt der Dichtung ist. Heute legt man im Rezitieren, weil wir in einer unkünstlerischen Zeit leben, eigentlich dem Prosainhalt, der Konvention des Wortwörtlichen, die größte Bedeutung bei. Der künstlerische Mensch empfindet nicht in diesem Herausheben des Wortwörtlichen der Dichtung das Wesentliche, sondern in dem Herausheben des Rhythmischen, des Taktmäßigen, des Musikalischen oder auch des bildmäßig-plastisch Gestaltenden. Daher wird die Rezitation, insofern sie Begleitung der Eurythmie sein soll, wiederum zurückkehren müssen zu den guten alten Formen des Rezitierens, an die auch Goethe selbstverständlich sich gebunden fühlte. Er, der künstlerisch empfand, hat wie ein Kapellmeister mit dem Taktstock selbst seine «Iphigenie» auf die Form hin, nicht auf den Inhalt, mit seinem künstlerischen Personal einstudiert. Und *Schiller* hatte immer, bevor er den wortwörtlichen Inhalt, wenigstens bei vielen seiner Gedichte, in der Seele hatte, einen unbestimmten melodiösen Zusammenklang, der so in ihm summte und zu dem er dann den wortwörtlichen Inhalt hinzusuchte.

Sie werden sehen, was als stumme Sprache gesetzmäßig aus dem Menschen hervorgeholt wird, ist ebensowenig willkürlich wie die Lautsprache. Sie werden begleitet finden auf der einen Seite diese Eurythmie von der Rezitation, auf der anderen Seite vom Musikalischen. Es ist nur eine andere Seite desjenigen, was in diesen beiden Künsten auftritt. Außerdem glaube ich, daß man in der Eurythmie erst dasjenige schaffen kann, was sich tatsächlich als eine Art neuer Kunstform neben unsere älteren Kunstformen hinstellt.

Wir haben da nötig, wenn wir zu den bildenden Künsten greifen, gewissermaßen dasjenige, was im Menschen bewegt ist, erst zur Ruhe zu bringen. Das Musikalische und das Dichterische, das allerdings bewegt ist, muß zu gleicher Zeit mit einer so starken Kraft der Verinnerlichung wirken, daß der äußere Sinneseindruck oftmals zurücktritt. Auch beim rein Musikalischen, beim absolut Musikalischen tritt der äußere Sinneseindruck gegenüber einer Verinnerlichung zurück. Aber gerade dadurch, daß die Musik, wenn sie als reine Musik auftritt, noch zu den reinen Sinnen sprechen kann, bewahrt sie das rein Künstlerische. Dagegen finden wir gerade innerhalb derjenigen Kunstgebiete, mit denen man als den traditionellen rechnet, nicht dasjenige, was ich plastische Bewegung nennen möchte, künstlerisch gestaltete Plastik, die nun nicht darauf angewiesen ist, bloß in Ruhe, im Formellen, im ruhig Formenhaften darzustellen; sondern Plastik, die mit der menschlichen Bewegung rechnen kann, wird zu gleicher Zeit ganz von selbst diese Eurythmie, die darauf beruht, daß die Bewegungstendenz den menschlichen Sprachorganen abgelauscht wird und auf den ganzen Menschen übertragen wird.

Sie werden an dem Versuch sehen, der von mir gerade mit der Darstellung des der Welt geistig Zugrundeliegenden gemacht worden ist, was dann in Verbindung steht mit der Wesenheit des Menschen, was also schon dichterisch so gedacht ist, daß man darauf rechnet, daß mehr vorhanden ist in der Wirklichkeit, als was die bloßen abstrakten, in intellektuelle Formen gefaßten Naturgesetze geben, daß das am leichtesten sich eigentlich eurythmisch darstellen läßt.

Da wird man, wie mit der ganzen Eurythmie, in der Gegenwart wahrscheinlich noch auf Mißverständnisse und Gegnerschaften stoßen müssen, weil man einfach heute glaubt, dasjenige, was wesenhaft den Dingen zugrunde liegt, müsse sich in intellektualistischer Form fassen lassen. Allein die Natur schafft eben in Bildern, und daher können wir auch der Natur in ihrem eigentlichen Schaffen und Weltenweben überhaupt nur beikommen, wenn wir uns auf Bilder einlassen. Und so wird sich schon das bewahrheiten, was Goethe gemeint hat, als er sagte: Wem die Natur ihr offenbares Geheimnis enthüllt, der sehnt sich nach ihrer würdigsten Auslegerin, der Kunst.

Goethe war die Kunst etwas, was sich, ich möchte sagen, in fortlaufender Metamorphose mit dem auch bloß wissenschaftlich Erkennenden verband, so daß man wirklich vielleicht da, wo der ganze Mensch in Bewegung, in gesetzmäßige Bewegung gerät, die zu gleicher Zeit der Ausdruck ist, wie die Lautsprache selbst, daß man da am besten bewahrheitet findet das Goethe-Wort: Im Künstlerischen habe man eine Art Manifestation geheimer Naturgesetze, die ohne diese künstlerische Manifestation niemals offenbar werden.

Das ist wohl die eine Seite, die für die Außenwelt zunächst wichtigere Seite, die künstlerische Seite.

Allein es ist darauf hinzuweisen, daß über das Künstlerische hinaus in dieser Eurythmie auch noch ein wichtiges hygienisch-pädagogisches Element steckt, daß dieses auch schon bei Kindern, in der Kindererziehung hinzukommt, so daß zu dem eigentlich bloß auf die physiologische Anschauung des Menschen begründeten Turnen dieses beseelte Turnen hinzukommt. Wenn man einmal etwas unbefangener urteilen wird, wird man schon einsehen, daß das Turnen zwar die Muskeln stark macht, aber nicht zu gleicher Zeit beiträgt, die Initiative aus der Seele herauszuholen und den Willen zu gestalten, daß dazu aber die beseelte Bewegung, das seelenvolle Turnen, das in der Eurythmie an die Kinder herangebracht werden kann, gerade dienen kann. Daher wurde in die Unterrichtspläne in der Waldorfschule in Stuttgart diese Eurythmie eingeführt, die auf diesen wichtigen pädagogischen Prinzipien aufgebaut ist, und in der sich herausgestellt hat, daß die Kinder durch das beseelte Turnen bei ihrem Eintritt ins Leben schon nach der ersten Schulzeit ein sehr Wesentliches, eine gewisse Willenskultur sich aneignen können, auf deren Pflege es ja in der Gegenwart so sehr ankommt: beseelte Willenskultur, eine solche Willenskultur, die nicht bloß ein Kind der physiologischen Anschauung des Menschen ist, sondern ein Kind ist der psychologischen Anschauung des Menschen.

Deshalb werden wir Ihnen auch nach der Pause etwas nur von Kindern Ausgeführtes vorführen, also gewissermaßen auch eine Probe von Kindereurythmie geben. Gerade das aber bitte ich Sie, durchaus mit Nachsicht anzusehen. Wir sind selbst die strengsten Kritiker gegenüber diesen unseren Anfängen, denn es ist ein Anfang! Es ist zunächst ein Versuch. Aber so, wie wahrscheinlich diejenigen der verehrten Zuschauer, welche früher schon einmal da waren, sehen werden, daß wir uns bemüht haben, von Monat zu Monat wirklich weiterzukommen, so wird man sich weiter bemühen, diesen Anfang eben zu etwas Vollkommenerem zu machen. Und man darf sich der Überzeugung hingeben, daß, obzwar wir heute noch beim spärlichsten Anfang dieser eurythmischen Kunst stehen, sie einer Vervollkommnung fähig ist, durch die sie sich als eine heute noch junge Kunst, aber vollberechtigt, wird hinstellen können neben die älteren Kunstformen.

ÜBER GOETHES PROSAHYMNUS «DIE NATUR»

Dornach, 17. April 1920, vor der Pause

Es folgt eine kurze Pause und nach derselben wird Ihnen unter anderem vorgeführt werden *Goethes* «Hymnus an die Natur». Goethes Prosahymnus ist wie eine Vorverkündigung seiner Weltanschauung. Goethe hat ihn etwa erdacht, kann man sagen, im Beginn der achtziger Jahre des 18. Jahrhunderts, und er ist so entstanden – ich habe versucht, die ganze Entstehungsgeschichte im siebenten Bande in den Schriften der Goethe-Gesellschaft vor vielen Jahren schon darzustellen –, daß Goethe ihn nicht unmittelbar aufgeschrieben hat, sondern er hatte die Gedanken in seiner Seele und sprach sie mit dem damals in Weimar weilenden Schweizer *Tobler* durch. Offenbar mit Tobler im Freien sich ergehend, hat Goethe diesen Prosahymnus hingesprochen, und in der Schrift Toblers findet er sich auch im heute noch vorhandenen «Tiefurter Journal» in Weimar. Tobler schrieb ihn dann unmittelbar nach dem Gespräch nieder. Daß so die Entstehungsgeschichte ist, versuchte ich dazumal nachzuweisen. Sie finden, wie gesagt, eine Abhandlung davon im siebenten Bande der Schriften der Goethe-Gesellschaft. Und ich konnte in dieser Anerkennung der Entstehungsgeschichte durch nichts, auch nicht durch dasjenige irgendwie erschüttert werden, was jetzt in der letzten Zeit namentlich hier geschrieben worden ist.* Goethe hat selbst anerkannt, daß er von dem, was er in diesem Prosahymnus geschildert hat, ausgegangen ist, indem er alles das fortgebildet hat, was dann in seiner «Metamorphose» und so weiter enthalten ist. Er nannte alles Spätere eine Art Komparativ seiner Weltanschauung im Gegensatz zu diesem Positiv. So daß man also sagen kann: In diesem Prosyhymnus ist alles dasjenige enthalten, was dann im höchsten Grade metamorphosisch gesteigert als Goethesche Weltanschauung uns entgegentritt.

* [Es war in der Sonntagsblatt-Beilage einer Schweizer Zeitung der Versuch gemacht worden, zu beweisen, daß der Prosahymnus eigentlich nicht von Goethe, sondern von Tobler sei.]

Dann werden wir in diesem zweiten Teil außer diesem Prosahymnus Goethes noch einiges, namentlich Goethesches vorzubringen haben, auch solches, in dem sich der, wie ich glaube, gerade großartige Humor der Goetheschen Weltanschauung, in der alles wirklich mit tiefster Seele erlebt ist, auch alles Weltanschauliche, offenbaren kann.

GOETHEANUM DORNACH

Eurythmische Kunst

Vorstellungen

Samstag, den 24. April 1920, 5 Uhr
Dienstag, den 27. April 1920, 5 Uhr

Dramatisches Weltbild aus Goethes «Faust» eurythmisiert; Welt- und Naturbilder, Humoristisch-Satirisches in eurythmischer Darstellung. Musikalisches.

Ankündigung in den Zeitungen

ZUR INSZENIERUNG DER ARIELSZENE AUS GOETHES «FAUST» II

Dornach, 24. April 1920

Dasjenige, was irgendeine Kunst an Ideen enthält, macht eigentlich immer das unkünstlerische Element aus. Und indem wir gerade durch die Eurythmie herausbringen können das ideelle, das intellektuelle Element und hineinbringen können in die Darstellung den ganzen Menschen in seiner Offenbarung, wird die eurythmische Sprache eine im eminentesten Sinne künstlerische Sprache, eine künstlerische Ausdrucksform.

Ich möchte sagen, wenn man richtig empfinden kann, wird man in einer eurythmischen Bewegung, in einer eurythmischen Form etwas finden, was viel mehr an den individuellen Menschen gebunden ist als das Wort, als der Satz, so daß man wieder zurückgeht in das Menschlich-Individuelle, indem man von der Lautsprache zur Eurythmie schreitet.

Und nichts Willkürliches ist darinnen, sondern es ist gerade das an der Lautsprache studiert, was man sonst nicht beachtet, wenn man der Lautsprache zuhört. Man beachtet die Tonfolge, den Inhalt der Worte, alles dasjenige, was in der Eurythmie unterdrückt wird.

Weil es unterdrückt wird, müssen wir heute noch diese Eurythmie begleitet sein lassen von der Dichtung oder von der Musik. Aber dafür tritt etwas anderes ein. Der Mensch, der selber eurythmisiert, wird finden, indem er eine eurythmische Bewegung macht, lebt er sich in diese mit seinem ganzen Menschen hinein, während er sich bei der Lautsprache hingibt an ein einzelnes menschliches Organ. Das ist eben studiert, was dieses Organ, der Kehlkopf und seine Nachbarorgane, an Bewegungstendenzen beim Lautesprechen entwickeln. Und das ist gesetzmäßig übertragen auf die Bewegungen des ganzen Menschen, so daß Sie auf der Bühne sehen im ganzen Menschen oder in der Menschengruppe etwas wie den bewegten Kehlkopf. Sie würden einfach, wenn Sie durch irgendein Instrument die Bewegungsformen des Kehlkopfes, des Gaumens, der Zunge, der Lippen graphisch festhalten könnten, und würden aus den Zitterbewegungen die Linien loslösen können, die durch die Bewegungen als die Bewegungstendenzen durchgehen, so würden Sie überall die Bewegungen, die hier von dem Menschen ausgeführt werden, auf der Bühne sehen. So daß, wenn zwei Menschengruppen oder zwei Menschen an verschiedenen Orten ein und dasselbe Musikstück eurythmisch darstellen, nicht mehr Unterschied darinnen ist, wie wenn zwei verschiedene Klavierspieler ein und dieselbe Sonate zu spielen haben. Wie die Musik in der gesetzmäßigen Aufeinanderfolge der Melodien besteht, so besteht hier diese bewegte Musik in der gesetzmäßigen Aufeinanderfolge der Bewegungen, die abgelauscht sind den Bewegungstendenzen der menschlichen Sprachorgane, abgelauscht durch übersinnliches Schauen, weil man durch dieses Schauen gerade das beobachtet am menschlichen Sprechen, was sonst nicht beachtet wird. So kann man fragen, wenn man Eurythmie richtig empfindet: Was ist sie dann? – Sie ist das, was entstehen würde, wenn man die Bewegungsvorgänge des Kehlkopfes, des Gaumens, der Lippen, plötzlich vergrößern könnte, so daß sie die Größe des ganzen Menschen einnehmen würden, und dann vom ganzen Menschen das ausführen lassen würde, was so vergrößert ist. – Also es beruht auf einem wirklichen Beobachten desjenigen, was die Seele in den Laut gießt. Hier in der Eurythmie gießt die Seele das in die Bewegungen hinein.

Sie werden im ersten Teil vor der Pause auch sehen die sehr bedeutende Szene des Anfanges des zweiten Teiles des «Faust» von Goethe. Und da zeigt sich, wie man gerade die Eurythmie verwenden kann, um dasjenige bühnenmäßig darzustellen, was sonst mit dem gewöhnlichen Naturalismus durchaus nicht bühnenmäßig darzustellen ist.

Wer viele «Faust»-Vorstellungen in verschiedensten Bearbeitungen gesehen hat, weiß, wie gerade dasjenige bei Goethe im «Faust» schwer auf der Bühne darzustellen ist, was von dem gewöhnlichen Prosagehalt des Lebens abführt und die Beziehungen der menschlichen Seele zur übersinnlichen Welt darstellt. Die haben wir in dieser ersten Szene des zweiten Teiles ganz besonders gegeben. Man hat Goethe sogar einen Vorwurf daraus gemacht, daß er, nachdem Faust die große, schwere Schuld des Mordes sogar auf sich geladen hat, von furchtbaren Gewissensbissen gequält ist, in eine solche Lage gebracht wird wie im Beginne des zweiten Teiles. Da treten ja diejenigen Mächte auf, welche aus dem Übersinnlichen herein in die Menschenseele wirken, die natürlich, wenn sie dramatisch vorgeführt werden, personifiziert werden müssen, aber nicht als Personifikation gemeint sind, sondern als Anschauung der wirklichen übersinnlichen Welt.

Es hat zum Beispiel ein Herr *Max Rieger,* der ein Büchelchen geschrieben hat über den Goetheschen «Faust», gemeint, Goethe wäre der Ansicht gewesen, wenn ein Mensch eine schwere Schuld auf sich geladen hat, brauche er nur einen Morgenspaziergang zu machen im frischen Sonnenlicht, so wird er von diesen Gewissensbissen geheilt sein. So ist es allerdings hier bei Goethe nicht gemeint. Es ist vielmehr gemeint, daß die Metamorphose der Seele, nachdem die Seele solches auf sich geladen hat wie Faust, nur durch eine Beeinflussung von seiten der übersinnlichen Welt vor sich gehen könne!

Nun hat sich herausgestellt, daß man gerade durch die Zuhilfenahme der Eurythmie solche übersinnlichen Szenen sachgemäß auf der Bühne darstellen kann. Ich bin sehr damit beschäftigt, auch den Versuch zu machen, Dramatisches überhaupt noch weiter auszuarbeiten. Wir stellen heute vorzugsweise, weil wir nur das können, Lyrisches, Episches und dergleichen dar; aber ich bin auch sehr damit beschäftigt, vielleicht einmal Formen zu finden, durch die das Dramatische als solches auch eurythmisch ausgedrückt und dargestellt werden kann.

Aber wenn auch heute noch nicht erreicht ist, das Dramatische im Gang der dramatischen Handlungen, die dramatischen Spannungen und Lösungen eurythmisch darzustellen, wenn man beibehält die gewöhnliche bühnenmäßige Kunst, die gewöhnliche Bühnentechnik für das im physischen Leben sich Abspielende, so kann die Eurythmie zu Hilfe gerufen werden da, wo die dramatische Dichtung sich von dem physischen Erleben zu dem überphysischen Erleben, zu dem geistigen Erleben, erhebt, wie so etwas bei dieser Szene der Fall ist. Ich deutete darauf hin, wie ich hoffe, daß die eurythmische Kunst auch auf das Dramatische, auf das allgemein Dramatische wird ausgedehnt werden können; ich hoffe dieses.

Diejenigen, die als verehrte Zuhörer öfter dagewesen sind, werden sehen, daß wir uns bemüht haben, namentlich in den letzten Monaten, zu immer Vollkommenerem und Vollkommenerem gerade in dieser eurythmischen Kunst zu kommen. Dennoch aber ist noch sehr vieles zu tun. Und ich darf daher auch heute die verehrten Zuhörer um Nachsicht bitten, denn wir stehen mit unserer eurythmischen Kunst am Anfange, aber wir glauben, daß, da sie sich des Mittels des menschlichen Bewegens selbst bedient als eines Werkzeuges, und da sie schöpft aus den allerursprünglichsten Quellen des künstlerischen Schaffens, aus den Tiefen der menschlichen Seele, und dafür neue

Formen sucht, sich diese eurythmische Kunst einmal neben die älteren Künste, die sich schon ihren Platz in der Welt erobert haben, einst als vollberechtigte Kunst wird in der Welt hinstellen können.

Wie gesagt, es ist darauf aufmerksam zu machen, daß wir es noch mit einem Anfange, vielleicht sogar mit dem Versuch eines Anfanges in der werdenden eurythmischen Kunst zu tun haben, die vielleicht nicht mehr durch uns, aber durch andere wahrscheinlich zu einer vollwertigen, jüngeren Kunst wird ausgebildet werden können.

Auch Goetheschen Humor werden wir heute zur Darstellung bringen. Man wird gerade an der Darstellung des Goetheschen Humors durch die Eurythmie sehen, wie eigenartig dieser Goethesche Humor ist: ein Humor, der sich erheben kann bis in die Höhen der Weltanschauung und doch ein elementar gesunder Humor bleibt.

Ich mache Sie darauf aufmerksam, wenn Sie mir das gestatten, meine sehr verehrten Anwesenden, daß wir uns jetzt besonders bemühen, an solchen humoristischen Dichtungen, die wir in Eurythmie umsetzen, zu zeigen, wie der Hauptwert bei diesem Eurythmisieren nicht darinnen liegt, wie ich schon sagte, daß der Prosainhalt in den Formen oder Gesten zum Ausdrucke kommt, sondern dasjenige, was der Dichter künstlerisch gemacht hat, so daß man in der Tat die künstlerische Sprachgestaltung wieder nachfühlen kann auch in der bewegten, der stummen Sprache der Eurythmie.

So soll sich also gerade daran zeigen, daß hier nicht versucht wird, mimisch oder pantomimisch die Humoresken nachzubilden, den humoristischen Inhalt, sondern zu zeigen, wie die künstlerische Lautform umgesetzt wird in eurythmische stumme Bewegungsformen.

Eurythmische Kunst

Samstag, den 1. Mai 1920, 5 Uhr
Sonntag, den 2. Mai 1920, 5 Uhr

Lebens- und Weltbilder eurythmisiert. Humoristisch-Paradoxes in eurythmischer Darstellung. Musikalisches.

Ankündigung in den Zeitungen

WIE SOLLTE EURYTHMIE AUFGENOMMEN WERDEN?

Dornach, 2. Mai 1920

Ich wurde einmal eingeladen, in einer Gesellschaft Vorträge über Goethes «Faust» zu halten. Die Anwesenden haben sich diese Vorträge über Goethes «Faust» recht willig angehört. Aber nachher sagten einige Leute, die glaubten, Praktiker zu sein, weil sie einem sogenannten praktischen Berufe angehörten: Ja, aber Goethes «Faust» ist doch eigentlich kein Bühnenwerk! Denn ein Bühnenwerk ist ein Lustspiel von Blumenthal, Lindau, Sardou oder so etwas. Goethes «Faust», das ist eine Wissenschaft, da muß man denken, wenn man zuhört. Das will man doch nicht, man hat doch den ganzen Tag im Geschäft gedacht. Geht man nun ins Theater, dann will man doch nicht denken. – Man will nicht mitmachen, man will am liebsten heute, auch wenn man sich schon abends irgendeinem geistigen Genusse hingibt, keineswegs wachen, will nicht nachdenken, nur sehen. Wenn man Vorträge hört, am liebsten mit Lichtbildern. Nur nicht denken. Man will passiv sich alles ansehen können, man will nicht innerlich mitarbeiten.

Allerdings diejenigen Menschen, deren Ideal es ist, sich so hinzusetzen auf den Stuhl und in aller Passivität das aufzunehmen, was da von der Bühne herunter über sie ergossen wird, werden niemals ein richtiges Publikum werden für die Eurythmie. Denn die Eurythmie ist wie die Sprache selbst. Man muß die Sprache lernen. Man lernt sie als Kind, und da ist man noch williger als später. Aber man muß sich auch klar darüber sein, daß die Eurythmie nicht etwas ist, was unmittelbar so wie irgendeine Pantomime hingenommen werden kann, sondern die Eurythmie ist etwas, was wirkt wie eine wirkliche Sprache. Gerade darum aber, weil sie das Verstandeselement zurückdrängt, das ideelle Element, und unmittelbar aus dem ganzen Menschen herauskommt und den ganzen Menschen in Bewegung bringt, kommt sie auch aus der Individualität des Menschen heraus. Und daraus stammt ja alles Künstlerische. Dadurch sind wir imstande, heute den künstlerischen Gehalt einer Dichtung durch die stumme sichtbare Sprache der Eurythmie in viel höherem Sinne hervorzubringen als durch die Lautsprache.

Eintragungen in ein Notizbuch

Dornach, 15. Mai 1920

1.) Wenn der Mensch *spricht,* so fügt er
sich einem sozialen Ganzen ein –
Sprache wird aus dem kindlichen Element herausgebildet.

2.) Das Element, das der Künstler braucht, ist Rhythmus – Bild etc. das geht ein auf den *Menschen selbst.*

Offenbarung des Innern: der Mensch geht auf sich selbst zurück.

3.) keine Mimik –

Formen: was der Künstler aus der Sache macht.
Beim mimischen Spiel tritt die Subjektivität auf = es tritt ein, wenn man mit der Sprache nicht zustandekommt.

4.) Die Rezitation

5.) Beseeltes Turnen

6.)

Kunst Didaktik Hygiene

1.) Kunst – der Mensch selbst Werkzeug

2.) Didaktische Seite = Beseeltes Turnen

3.) Hygienische Seite = Harmonie mit dem Weltenwesen

DIE DREI GESICHTSPUNKTE DER EURYTHMIE

Dornach, 15. Mai 1920

Mit der eurythmischen Kunst, von der wir Ihnen auch heute wiederum eine Probe vorführen dürfen, möchten wir in die Geistesentwickelung der Menschheit etwas hineinstellen, das sich von drei Gesichtspunkten aus beurteilen läßt: erstens vom rein künstlerischen Gesichtspunkte, zweitens von einem pädagogisch-didaktischen und drittens auch von einem hygienischen Gesichtspunkte aus.

Als Kunst ist die Eurythmie etwas, was eine Art von stummer sichtbarer Sprache darstellt, was aber als Sprache, trotzdem es in Form von Gebärden, in Form von Bewegungen des menschlichen Organismus, von Gruppen oder im einzelnen Menschen auftritt, doch nicht mit Mimischem oder etwas Pantomimischem, auch nicht mit einer bloßen Tanzkunst, verwechselt werden darf. Sondern als Sprache bedient sich die Eurythmie des ganzen Menschen als ihres Ausdrucksmittels und zwar so, daß diese sichtbare stumme Sprache gewonnen worden ist durch das Studium der Gesetze der Lautsprache.

Die Lautsprache ist erstens eine Art von Ausdruckmittel für das, was im Menschen selber liegt. Es ist zwar durchaus richtig, was *Schiller* aus einer bedeutsamen Intuition heraus gesagt hat: *Spricht* die Seele, so spricht, ach, schon die *Seele* nicht mehr. – In einem gewissen Sinne ist das richtig. Die Sprache ist neben dem, daß sie die Seele des Menschen an die Außenwelt hintragen soll, zugleich ein Verständigungsmittel von Mensch zu Mensch und dadurch etwas Konventionelles, dadurch auch der Träger der Gedanken, durch die sich die Menschen verständigen sollen. Die Sprache ist in diesem Sinne eine soziale Erscheinung. Und je mehr die Sprache als Verständigungsmittel und als Ausdrucksmittel der Gedanken dienen muß, desto weniger ist eigentlich die Sprache dann noch künstlerisches Ausdrucksmittel, denn das Künstlerische muß aus dem Menschen, aus dem ganzen Menschen heraus entspringen.

Die Sprache hat zwei Seiten. Erstens die soziale Seite. Der Mensch muß sich an die soziale Welt hingeben, indem er spricht, und nur dadurch behält die Sprache etwas, das mit der ganzen menschlichen Wesenheit eine intime, eine innerliche Beziehung hat, daß vom erwachsenen Menschen die Sprache nicht gelernt wird, sondern ich möchte sagen, aus den Kinderträumen heraus, in der Zeit, in welcher der Mensch mit alldem, was er ist, sich anpassen will an die Umgebung. Und dadurch wird – durch dieses selbstverständliche Sich-Anpassen an die Umgebung – die Sprache davor bewahrt, ein bloßes Verständigungsmittel zu sein.

Wenn aber dann der Dichter, der Künstler des Wortes sich in der Sprache ausdrücken will, dann bedarf er, ich möchte sagen, all desjenigen, was hinter der Sprache immer schwebend ist, eines anderen. Er bedarf des Bildes und vor allen Dingen des musikalischen Elementes. Es ist gar nicht das eigentlich Dichterische, das eigentlich Künstlerische des Gedichtes, was wortwörtlicher Inhalt ist, sondern es ist die Art der Gestaltung des Inhaltes das Wesentliche der Dichtung. Mehr als bei irgend etwas anderem muß gerade bei der Dichtung darauf Rücksicht genommen werden, was *Goethe* in das schöne «Faust»-Wort prägte: Das Was bedenke, mehr bedenke Wie. – Die Art, wie der Dichter den Stoff formt, das ist es, worauf es ganz besonders in der Dichtung ankommt.

Das kann man nun viel mehr herausbekommen, wenn man sich nicht desjenigen Ausdrucksmittels bedient, das eben zu stark den Gedanken aufnehmen muß, um rein kunstgemäß sich offenbaren zu können, sondern wenn man sich des ganzen Menschen als eines Ausdrucksmittels bedient. Zu diesem Zwecke wurde durch sinnlich-übersinnliches Schauen studiert, in welchen Bewegungstendenzen der menschliche Kehlkopf, die menschliche Zunge, die anderen Sprachorgane sind, wenn der Mensch in der Lautsprache sich offenbart. Diese Bewegungstendenzen, die sich dann beim wirklichen Sprechen durch die Laute umsetzen in die Zitterbewegung, die Schwingungsbewegung der Luft, werden studiert. Sie werden dann auf andere Organe des Menschen übertragen, vor allen Dingen auf diejenigen Organe des Menschen auch, welche am besten sich mit den primären Bewegungsorganen des Sprachorganismus vergleichen lassen, auf Arme und Hände.

Es überrascht manchmal beim ersten Ansehen der eurythmischen Kunst, daß der einzelne Mensch sich mehr als anderer Glieder der Hände bedient. Man würde verstehen, daß dies eine Selbstverständlichkeit ist, wenn man bedächte, daß schon im gewöhnlichen Sprechen dann, wenn der Mensch mehr als das Konventionelle in der Sprache geben will, wenn er seine Individualität, sein Empfinden, sein Wollen mit der Sprache zugleich zum Ausdrucke bringen will, daß er sich dann schon genötigt fühlt, in diese frei beweglichen Organe, in die Arme und in die Hände Ausdrucksbewegungen zu legen. Nun wird natürlich in der Eurythmie der ganze Mensch, nicht bloß Arme und Hände, berücksichtigt. Es werden vor allen Dingen Ausdrucksbewegungen im Raume zu Hilfe genommen, namentlich bei Gruppen, aber auch bei einzelnen Menschen. Aber das Wesentliche ist bei dem allem, daß diese Bewegungen am Menschen in Gruppen nichts Willkürliches sind, sondern dieselben Bewegungen an Linien, die sonst zugrunde liegen dem, was die Lautsprache hervorbringt, sind auf den ganzen Menschen übertragen.

Ich muß daher immer wieder und wiederum sagen: Was Sie auf der Bühne sehen, ist im Grunde genommen eine Art Kehlkopf, dargestellt durch den ganzen Menschen. Das gestattet uns, Rhythmus, Takt, das Musikalische, aber auch das Bildhafte, also das eigentlich Dichterische, wo das Dichterische Kunst ist, das nun wirklich durch den ganzen Menschen oder durch Menschengruppen herauszuholen.

Wir begleiten dann durch Musik oder durch Rezitation dasjenige, was in stummer, in sichtbarer Sprache in der Eurythmie dargestellt wird. Dabei sind wir genötigt – Musik und Sprache sind ja nur andere Ausdrucksmittel für das menschliche Seelenleben als die Eurythmie –, insbesondere genötigt bei der Rezitationskunst, wiederum zurückzugreifen zu dem guten alten Rezitieren, das Goethe im Auge hatte, als er nicht bloß den wortwörtlichen Inhalt, selbst im Drama, einstudierte mit seinen Schauspielern, sondern wie ein Kapellmeister mit dem Taktstock den Gang des Jambus mit ihnen einstudierte. Wir sind genötigt, abzusehen von dem, was einer unkünstlerischen Zeit, wie es unsere ist, besonders bedeutsam ist in der Rezitation, namentlich das Hervorkehren des wortwörtlichen

Inhaltes, wir sind genötigt, zurückzugehen auf dasjenige, was insbesondere im primitiven Rezitieren sich als das eigentlich Künstlerische zeigt. Man erlebt das heute kaum noch, insbesondere Stadtmenschen erleben das heute kaum noch. Es hat sich aber noch manches erhalten, daß auf dem Lande von Leuten meines Alters in ihren Kindheitsjahren noch herumziehende Rezitatoren zu sehen waren, die «Moritaten» rezitierten; die hatten sie auf Tafeln aufgezeichnet und sprachen dann den Text dazu. Sie sprachen ihn aber nie anders, als daß sie zugleich mit dem Fuße den Takt anklingen ließen, bei einer temperamentvollen Stelle hin und her marschierten, damit andeutend, daß es ihnen nicht darauf ankam, bloß den Inhalt zu erklären, sondern darauf, den Schritt des Verses, die innere Gestaltung besonders ins Auge zu fassen.

Sie werden sehen, daß wir daher überall versuchen, dieses tiefere Künstlerische wiederum hervorzuheben. Da, wo wir selbst im Humoristischen, im Grotesken, im Possierlichen das Dichterische wiederzugeben versuchen durch Eurythmie, geben wir nicht etwa in Gebärdensprache oder durch Pantomimen den wortwörtlichen Inhalt wieder, sondern in den Formen, die als musikalische Formen nur eben im Raume, nicht in der Zeit ausgebildet werden, geben wir dasjenige wieder, was der Dichter, der Künstler aus dem Inhalt gemacht hat.

Das sind so einige Andeutungen, die ich über das künstlerische Element in der Eurythmie geben möchte. Dadurch, daß der Mensch selbst das Werkzeug ist, nicht die Violine, nicht das Klavier, nicht Farbe und Form und so weiter, ist diese Eurythmie in ganz besonderem Maße geeignet, wirklich, ich möchte sagen, aus den treibenden Weltenkräften heraus dasjenige zu gestalten, was im Menschen selbst von diesen treibenden Weltenkräften wie in einer kleinen Welt veranlagt ist.

Die zweite Seite der Eurythmie ist die didaktisch-pädagogische Seite. Es ist meine Überzeugung, daß das bloße Turnen, das sich in einer materialistischen Zeit herausgebildet hat in bezug auf seine Gesetze, zu stark Rücksicht nimmt auf das bloße Anatomisch-Physiologische im Menschen. Man wird später, wenn man objektiver diesen Dingen gegenübersteht, erkennen, daß dadurch zwar der Mensch in einer gewissen Weise gekräftigt wird, aber daß diese Kräftigung nicht zu gleicher Zeit eine Kräftigung ist der Seelen- und Willensinitiative. In didaktisch-pädagogischer Beziehung wurde die Eurythmie zugleich ein beseeltes Turnen, ein beseeltes Bewegungsspiel. Und in den kleinen Anfängen, die wir auch mit Kindern Ihnen heute vorführen werden, werden Sie sehen, wie jede Bewegung dann auch von den Kindern so ausgeführt wird, daß sie Seele-getragen ist. Dadurch wird zu der Ausbildung der Körperlichkeit hinzu entwickelt dasjenige, was ich nennen möchte, Initiative des Seelenlebens, Initiative des Willens, dasjenige, was wir so sehr brauchen, und was die bloße Turnerei nicht ausgebildet hat in dem heranwachsenden Menschen. Es ist schon außerordentlich wichtig, daß das erkannt wird, was wir in der Stuttgarter Waldorfschule im Lehrplan versuchen durchzuführen.

Wir sind ja genötigt, wenn wir Ihnen Kinderübungen vorführen, zu betonen, daß die Kinder nur in den spärlichen Stunden, die ihnen von der Schulzeit übrigbleiben, zur Eurythmie angeleitet werden; aber das ist gar nicht richtig. Gerade jene Pädagogik, welche diesen Bestrebungen, die hier von Dornach ausgehen, zugrunde liegt, die bis zu einem gewissen Grade in Stuttgart in der Waldorfschule verwirklicht werden konnten, laufen alle darauf hinaus, die Kinder gerade nicht zu überbürden, nichts außerhalb ihrer Schulzeit von eigentlichem Lernen an sie heranzubringen.

Deshalb ist es von solcher Wichtigkeit, daß die Eurythmie in ihrer Bedeutung so durchschaut wird auch in bezug auf ihre pädagogisch-didaktische Seite, daß man sie einfach in den Lehrplan der Schule hineinwebt. Dann wird es so sein, daß die Kinder alles dasjenige haben, was einer normalen geistig-seelisch-körperlichen Entwickelung dienstbar sein kann, gerade auch von diesem eurythmischen Gesichtspunkte aus.

Und das dritte ist ein hygienisches Element. Der Mensch ist ja eine kleine Welt, ein Mikrokosmos. Und im Grunde genommen beruht alles Ungesundsein darauf, daß sich der Mensch herausreißt aus den großen Gesetzen des Weltenalls. Alles Ungesundsein –

man möchte es bildhaft darstellen, indem man sich sagt: Wenn ich meinen Finger von meinem ganzen Organismus wegnehme, ist es nicht mehr ein Finger, er verdorrt; er hat nur seine innere Gesetzmäßigkeit im Zusammenhange mit dem ganzen Organismus. So hat der Mensch auch nur seine innere Wesenheit im Zusammenhange mit der ganzen Welt. Er hängt wirklich mit dem, was in ihm geschieht, mit der ganzen Welt zusammen. Man bedenke nur einmal das Alleräußerste, was zeigt, wie der Mensch mit der Welt zusammenhängt, wie er nicht bloß dieses Wesen ist, das innerhalb der Grenzen seiner Haut eingeschlossen ist. Bedenken Sie nur einmal, dieselbe Luft, die Sie jetzt unmittelbar in sich haben, war vorher noch außer Ihnen, aber jetzt, nachdem Sie sie eingeatmet haben, bildet sie in Ihnen einen Teil Ihres Organismus. Und dasjenige, was Sie in sich haben, wird wieder ausgeatmet, ist dann wiederum draußen. So leben Sie in Ihrer Umgebung nicht bloß mit der Luft, sondern mit allem, was das Weltenall erfüllt.

Nun kann man alles Ungesunde im Menschen gerade davon herleiten, daß dasjenige, was vom Menschen selbst als Sprache getrieben und ausgeführt wird, wenn das dem Zeitalter oder der ganzen menschlichen Wesenheit nicht angemessen ist, durchaus nicht beitragen kann zur Harmonie, die zwischen dem Menschen und der ganzen übrigen Welt herrschen muß. Aber gerade dadurch, daß jede Bewegung in der Eurythmie so natürlich aus der ganzen Menschenorganisation herausgeholt ist wie die Bewegungen des Kehlkopfes und seiner Nachbarorgane für das gewöhnliche Lautesprechen, ist dasjenige, was in der Eurythmie ausgeführt wird, etwas, was den Menschen in Einklang bringen kann mit der Welt, mit dem ganzen Makrokosmos.

Es ist also im wesentlichen ein gesundendes Element, und man kann schon so sagen: Dasjenige, was der Mensch haben kann, was er erwerben kann auch als Kind von den eurythmischen Bewegungen, die natürlich nur sachgemäß und nicht dilettantisch ausgeführt werden dürfen, das ist etwas, was durchaus unter einem solchen Gesichtspunkt einer seelisch-geistig-körperlichen Gesundheitspflege betrachtet werden kann.

Das sind also die drei Gesichtspunkte, von denen aus man Eurythmie ins Auge fassen kann und von denen aus sie sich in ehrlicher Weise hineinstellen will in unsere Geistesbewegung.

GOETHEANUM DORNACH

Eurythmische Kunst

Vorstellungen

Samstag, den 17. Juli 1920, 7 Uhr

Sonntag, den 18. Juli 1920, 7 Uhr

Eurythmisierte Spruchkunst, Musikalisches eurythmisiert; auch allerlei lyrisch Ornamentales ernster und heiter-scherzhafter Art von Morgenstern und Goethe

---

Vor und nach der Eurythmiedarstellung Gelegenheit für hungrige und durstige Leute durch ein ganz niedliches Buffet.

Ankündigung in den Zeitungen

Zum ersten Anthroposophischen Hochschulkurs am Goetheanum vom 26. September – 16. Oktober 1920

PROGRAMM

zur Eröffnungsfeier des ersten Goetheanum am 26. September, 5 Uhr

I

Musikalisches Vorspiel . . . . Jan Stuten

Frau Dr. Steiner: Rezitation aus «Der Hüter der Schwelle»
Die umgedichtete Rede des Hilarius
(von der Orgelempore)

Ansprachen: Dr. Rudolf Steiner – Dr. Roman Boos – Oberstleutnant Seebohm – Dr. Emil Grosheintz – Emil Molt – Dr. Carl Unger – Dr. Rudolf Steiner

Aus «Die Chymische Hochzeit des Christiani Rosenkreutz»:
«Heut, heut, heut, ...» . . . . Musik von Max Schuurman

Pause von 10 Minuten

Dr. Steiner: Nach dieser Zeit wird der zweite Teil der Eröffnungsfeier folgen, in dem wir bringen werden zunächst eine Probe derjenigen Rezitationskunst, die innerhalb unseres Kreises gepflegt wird; dann noch musikalische Vorführungen, und endlich eine Darstellung aus dem Gebiete unserer eurythmischen Kunst. – Also nach zehn Minuten!

II

Ansprache von Dr. Rudolf Steiner

Frau Dr. Steiner: Rezitation aus «Der Seelen Erwachen»:
Ägyptische Szene . . . . . von Rudolf Steiner

Adagio aus dem Streichquintett . . . . . . von Anton Bruckner

Eurythmie: *Zwölf Stimmungen* . . . . von Rudolf Steiner

Nach Vorlagen und mündlichen Mitteilungen rekonstruiert. Die genaue Programmfolge ließ sich bisher nicht feststellen.

Dornach, 16. Oktober 1920

Am Schluß der Veranstaltungen wurde bei der Eurythmiedarbietung, auf Dr. Steiners speziellen Wunsch, der «Satirische Auftakt» vorgeführt. Dr. Steiner hatte ausgesprochen, es würde notwendig sein, diesen Auftakt zu bringen. (Notiz von H. Finckh.)

Dr. Steiner: Wir müssen, meine sehr verehrten Anwesenden, ebenso, wie wir uns zuwenden einer wirklichen geisteswissenschaftlichen Kultur, Kunst und so weiter, ebenso stark abweisen alles dasjenige, was aus nicht-ehrlichen, nicht-wahren, nicht-aufrichtigen Empfindungen heraus sich zu dem sogenannten Geistigen wendet, was Mystelei und dergleichen ist. Und um Ihnen zu zeigen, was wir gegenüber dem falschen Mysteln, dem koketten Mysteln, dem unaufrichtigen, unehrlichen Mysteln für Empfindungen haben können, möchten wir Ihnen noch kurz etwas Eurythmisches vorführen.

Es wurde anschließend die Satire «Das Lied von der Initiation» aufgeführt.

Eintragungen in ein Notizbuch

während des ersten Hochschulkurses im Oktober 1920

16. Oktober

Eurythmie =

die ins Innerliche strömende Außenwelt – – Musik
die im Außen lebende Innerlichkeit = Plastik
Musik ergießt sich in die Plastik –
die Plastik gestaltet das Musikalische –
der Mensch stellt durch sich dar, indem er sich zugleich ausschaltet –
Wir haben = die von der Bewegung ergriffene Natur der Dinge – Der Mensch bewegt sich *in* der Natur, indem er die Bewegtheit der Natur auslöst – Natur ist stumm – sie läßt den Menschen sprechen; der Mensch löst in der Eurythmie der Natur die Zunge –

DIE FORMENSPRACHE IN DER EURYTHMIE UND IN DEN ÜBRIGEN KÜNSTEN

Dornach, 17. Oktober 1920

anläßlich des ersten Hochschulkurses

Gestatten Sie, meine sehr verehrten Anwesenden, daß ich unserer Eurythmieaufführung einige Worte voranschicke, nicht um die Vorstellung zu erklären. Bei künstlerischen Dingen darf nicht eine Interpretation oder eine Erklärung vorausgeschickt werden, sie müssen durch sich selber wirken, sonst gehörten sie mitnichten dem Gebiete der Kunst an. Aber dasjenige, was wir uns als Eurythmie denken, namentlich in seiner weiteren Ausführung, kommt doch aus gewissen künstlerischen Quellen heraus, von denen die Menschheit bisher nur einen sehr geringen Gebrauch gemacht hat, und liegt in einer künstlerischen Formensprache, die auch in den anderen Künsten und überhaupt im künstlerischen Leben bisher kaum angewendet war. Mit alldem, was sonst ähnlich ist, darf eigentlich die Eurythmie doch nicht verglichen werden, denn die Ähnlichkeit mit gewissen pantomimischen Künsten, Tanzkünsten und dergleichen, könnte nur eine äußerliche sein. Das alles will die Eurythmie nicht sein, denn sie bedient sich eines besonderen Ausdrucksmittels, welches in einer Art stummer Sprache besteht, die durch Bewegungen wirkt.

Und so werden Sie auf der Bühne den bewegten Menschen sehen, das heißt, den aus sich bewegten Menschen, den Menschen, der seine Glieder in einer gewissen Weise bewegt, oder auch Menschengruppen, die Bewegungen ausführen, in ihrem gegenseitigen Verhältnisse sich verändern in den Raumesverhältnissen, so daß eben auch da Bewegung, gesetzmäßige Bewegung von Menschengruppen entsteht.

Das alles ist nun nicht etwa so zustande gekommen, wie zustande kommt, man möchte sagen, eine Zufallsgebärde, eine Zufallsgeste mit dem, was sich in der Seele abspielt, sondern all das, was da ausgeführt wird an Bewegungen, steht durchaus in einem solchen Zusammenhange mit dem menschlichen Seelen- und Geistesleben, wie die Tonsprache selbst. Zustande gekommen sind nämlich diese Bewegungen, die da ausgeführt werden von den eurythmisierenden

Menschen, so, daß durch sinnlich-übersinnliches Schauen, um mich dieses Goetheschen Ausdrucks zu bedienen, beobachtet ist, welche Bewegungstendenzen der Kehlkopf und die anderen Sprachorgane des Menschen haben, wenn der Mensch sich durch die Lautsprache offenbart. Da sind allerdings nur Bewegungstendenzen vorhanden, denn so wie der Mensch in Berührung ist mit der Außenwelt im Sprechen, so geht dasjenige, was da eigentlich unmittelbar im Kehlkopf und in den Nachbarorganen geschieht, über an die bewegte Luft, durch die ja der Ton vermittelt wird; die eigentliche Bewegungstendenz aber wird schon im Entstehen unterbrochen.

Wenn man diese Bewegungstendenzen, die durch den Kehlkopf und seine Sprachorgane erregt werden, erkennen, beobachten kann durch sinnlich-übersinnliches Schauen, so kann man sie auch, indem man das Prinzip der Goetheschen Metamorphose heraufhebt ins Künstlerische, aus der bloßen Gestaltenbeobachtung in die Handhabung der menschlichen Funktionen übertragen, nach diesem Prinzip der Goetheschen Metamorphose den ganzen Menschen und auch Menschengruppen sich so bewegen lassen, wie sich sonst, ich möchte sagen, bewegen wollen der Kehlkopf und seine Nachbarorgane in der gewöhnlichen Tonsprache.

Goethe hat ja darauf aufmerksam gemacht – und das wird in der zukünftigen Lehre vom Lebendigen eine noch viel größere Rolle spielen, als sich heute schon die Menschheit träumen läßt –, Goethe hat geltend gemacht, daß die ganze Pflanze nichts anderes ist als ein komplizierter ausgebildetes Blatt und das Blatt eine einfach gestaltete ganze Pflanze. So kann man auch sagen: Dasjenige, was im Kehlkopf und seinen Nachbarorganen veranlagt ist, ist eigentlich der ganze Mensch. Und man kann wiederum, wenn man es beobachten kann in seinem innerlichsten Vorgange, was da vorgeht in den Sprachorganen, auf den ganzen Menschen und Menschengruppen übertragen. Dann bekommt man diese bewegte Sprache heraus, die Ihnen als Eurythmie vorgeführt wird. Da ist nichts Mimisches, Pantomimisches, nichts bloß Tänzerisches darinnen, sondern da ist die Aufeinanderfolge der Bewegungen so, wie die Aufeinanderfolge der Laute in der menschlichen Sprache ist. Und es sind die Formen, in denen wir die Bewegungen ausführen, um künstlerische Gestaltung des wortwörtlichen Inhaltes darzustellen, nachgebildet der reinen Entstehung, der Gestaltung, wie sie der Dichter herausformt aus der bloßen Prosasprache und so weiter. Dadurch bekommt man in der Tat eine besondere Kunstart, die den Anforderungen unserer Zeit ganz wesentlich angepaßt ist. Die heutige Zeit muß darnach streben, wenn der Mensch nicht wirklich, statt zu einem Aufschwunge zu kommen, in die Barbarei, die ja viele heute schon voraussagen, und die sogar von *Spengler* wissenschaftlich bewiesen werden sollte, hineinsinken soll, ein innerliches Erheben des Menschen, ein innerliches Durchlebtwerden mit neuen Kräften, neuen Formen und so weiter zu erwirken.

Nun wohl, Eurythmie ist solch ein innerliches Durchkraften des Menschen, und ich werde, um das zu zeigen, diese Eurythmie in die Reihe der übrigen Künste mit ein paar Worten hineinstellen müssen.

Da haben wir zum Beispiel die Plastik. Man versteht sie nur, die Plastik, die Bildhauerkunst, wenn man aus seiner Form heraus die Gestaltung des physischen menschlichen Leibes versteht. Denn im Grunde genommen können wir alles, was wir sonst in der Plastik formen, nur plastisch ausbilden, wenn wir die Plastik des menschlichen Leibes verstehen. Die Architektur ist dann eine Kunst, die zunächst so wirkt, daß man ein eigentliches Vorbild für sie nicht hat. Sie wirkt so, wie sie auftritt, durch Proportionalität, Symmetrie, durch ein erfühltes oder erschautes Gleichmaß und Gleichgewicht der einzelnen architektonischen Glieder und so weiter. Man fühlt aus dem Grunde kein Vorbild für die Architektur, weil dieses Vorbild im Äußeren des Menschen selber ist. Dasjenige, was wir erleben, indem wir zum Beispiel als kleines Kind von dem Zustande, in dem wir nicht gehen können, uns zur Vertikalen allmählich hinaufschwingen, gehen lernen, dasjenige, was wir als Gleichmaß erleben, indem wir unsere Glieder bewegen lernen, kurz, alles dasjenige, was wir in uns erleben, erleben können als das Innerlichste der menschlichen Leibesgestaltung, wenn dieser Leib lebt, das tragen wir in die äußere Welt hinaus und bilden es zur Architektur.

Und indem wir uns der äußeren Welt selber hingeben, ihren intensiven Eindrücken in Farben und Hell-Dunkel, bilden wir die Malerei aus. Dann aber, wenn wir dasjenige, was eigentlich unter der Oberfläche der Dinge, mit der sich im wesentlichen die Malerei beschäftigt, wenn wir das, was das Äußere der Natur an übersinnlichem Gleichmaß darbietet, wenn wir das erfühlen können, uns hingeben können der Natur nicht als ein bloßer Beobachter, sondern mitgehen mit den inneren Geheimnissen der Natur, und statt daß wir – was wir schon als Kind tun – das Gleichgewicht unseres eigenen Leibes fühlen, die Symmetrie, das rätselvolle, geheimnisvolle Gleichmaß der Naturdinge draußen fühlen, die Proportionalität und Symmetrie der Naturdinge, und wenn wir das dann in uns selber gewissermaßen zu einem Echo ausbilden, der stummen Natur das Gegenbild der ihr abgelauschten Geheimnisse entgegenhalten, dann bilden wir das Musikalische dadurch aus, daß wir unsere eigenen Leibesglieder, die daraufhin organisiert sind, anpassen den äußeren Symmetrie- und Gleichmaßverhältnissen der Natur. Zur Architektur tragen wir unser Gleichmaß und unsere Proportionalitätsverhältnisse in die Außenwelt; für den Gesang tragen wir dasjenige, was an Gleichmaß in der Außenwelt existiert, in uns hinein und bringen es durch unseren eigenen Leib, durch einen Teil unseres Leibes bis zu einer Art Echo der stummen Natur. Und ein Ast davon ist dasjenige, was wir in der Sprache, insbesondere im Metrum, im Rhythmus der Sprache und so weiter ertönen lassen in der Deklamation, Rezitation.

Bei alldem ist es unser ätherischer Leib, der gewissermaßen in sich ruhend bleibt, aber Teile von sich, also sein Inneres zu einem Widerklang des natürlichen Geschehens macht. In dem Augenblicke aber, wo wir die Naturgeheimnisse, ich möchte sagen, tiefer in uns einströmen lassen, als das beim Gesang und bei der Deklamation der Fall ist, werden wir durch die Sprach- und Gesangsorgane durchströmen lassen in die ganze Leibesorganisation dasjenige, was in der äußeren Natur ist. Dann fühlt sich der Mensch nicht so, daß er gewissermaßen wie beim Singen oder Deklamieren dasjenige behält, was er als Echo der Natur ertönen läßt, sondern er fühlt sich so, daß er dasjenige, was er der Natur an Geheimnissen ablauscht, gleich wieder selbst in Bewegung überführt; so daß der Mensch zwar das Instrument ist, um die bewegte oder symmetrische oder proportionierte Übernatur zur Darstellung zu bringen, aber gleich wieder in die Natur übergeht; er behält das nicht, was er von Gesang oder Musik aufnimmt, in sich, sondern geht gleich in die äußere Natur über. Der Mensch ist ganz selbstlos, physisch selbstlos. Er wird zu einem Werkzeuge desjenigen, was die Geheimnisse der Natur selber sind, wenn er eurythmisiert. Dadurch ist in der Tat die eurythmische Kunst etwas für die Verinnerlichung, und sie ist etwas echt Künstlerisches. Denn dasjenige, was die Verinnerlichung wird, das zeigt sich irgendwie wiederum in den Bewegungen objektiviert an der sinnlichen Außenwelt: der Geist der Welt in den Bewegungen des Menschen. Man könnte sagen, so wirkt die Eurythmie ganz im Sinne des schönen Goethe-Wortes: Wenn der Mensch an den Gipfel der Natur gestellt ist, empfindet er sich selbst wiederum als eine ganze Natur, nimmt Ordnung, Maß, Harmonie und Bedeutung zusammen und erhebt sich zur Produktion des Kunstwerkes. – Am Schönsten und Edelsten erhebt er sich aber zur Produktion des Kunstwerkes, wenn er sich selbst als Werkzeug hingibt. Er tut das allerdings im Gesang, in der Deklamation; aber er tut es nun so, daß er das, was er ausbildet, nicht in seiner eigenen Leibesorganisation bildet, sondern sogleich nach außen vernehmbar macht als eine sichtbare Sprache in der Eurythmie.

So hat diese eurythmische Kunst etwas, wodurch sie sich in die Reihe der Künste gerade für den gegenwärtigen Menschen auf eine ganz besondere Art einreiht. Sie hat auch eine therapeutisch-hygienische Seite, von der ich hier nicht sprechen will, die auch weiter ausgebildet werden muß; sie hat aber auch eine didaktisch-pädagogische Seite. Daher haben wir sie eingereiht in den Lehrplan als obligatorischen Unterrichtsgegenstand in unserer Stuttgarter Waldorfschule.

Wenn einmal die Menschen objektiver, unbefangener denken werden über die Dinge, die hier in Betracht kommen, als heute, wird man sagen müssen: Das Turnen mag eine gute Sache sein, es ist den physiologischen Gesetzen des menschlichen Leibes abgelauscht, und dasjenige, was erreicht wird, bezieht sich eigentlich nur auf das, was Ausbildung des Leiblichen ist. Aber für die Kinder hat dasjenige, was durch Eurythmie an sie herangebracht wird, einen ganz besonderen Wert. Erstens lieben die Kinder, wenn sie sie wirklich kennenlernen, diese Eurythmie ganz außerordentlich, wie das sich in der Waldorfschule im Unterricht gezeigt hat; dann aber ist die Eurythmie ein beseeltes Turnen. Keine Bewegung wird ausgeführt, ohne daß Geist und Seele hineingelegt wird. Jede Bewegung jedes Gliedes ist der Ausdruck, die Offenbarung eines Geistig-Seelischen. – Das ist etwas, in das das Kind so hineinwächst, daß in ihm Willensinitiative, Seelenkräftigkeit sein wird. Und das ist etwas, was der Menschheit heute eigentlich gegeben werden soll, denn es ist dasjenige, was mit unserem Niedergange am allermeisten zusammenhängt, daß die Menschheit diese Seelenenergie nicht hat. Und furchtbare Degenerationserscheinungen der Kultur müßten auftreten, wenn die nächste Generation in einer ebensolchen Weise aufgezogen würde mit schläfriger Seele, ohne Energie, wie es zum großen Teile diejenigen Generationen geworden sind, die dann hineingesegelt sind in die furchtbare Katastrophe der Gegenwart.

Ich habe während dieses Kurses auch über Deklamation und Rezitation gesprochen, und es ist tatsächlich so, daß unsere Eurythmie, die begleitet wird auf der einen Seite von dem Musikalischen, auf der anderen Seite von der Rezitation und Deklamation, nur eine andere Ausdrucksform für beides ist, denn der Mensch bedient sich eines einzelnen Organes bei der Deklamation, während er sich bei der Eurythmie seines ganzen Leibes bedient. Was aber sich zeigt, ist dieses: Gerade an der Eurythmie kann man erkennen, wie berechtigt die Dinge sind, die ich bei unserem jetzigen Kursus über Rezitation gesprochen habe. In der gegenwärtigen unkünstlerischen Zeit hält man etwas ganz anderes für Rezitationskunst, als wirklich eine solche ist. Man glaubt, daß es darauf ankäme, den Prosainhalt besonders durch Betonen desjenigen, was man oftmals gefühlvoll nuancieren nennt, herauszubekommen. Nein, beim Deklamieren und Rezitieren – und das zeigt sich, wenn man zur Eurythmie rezitieren soll – kommt es darauf an, daß schon die innere Eurythmie,

Rhythmus, Takt, überhaupt die Formung des wortwörtlichen Inhaltes, wie sie durch den Dichter geschieht, daß das besonders in der Formung des Tones, in der Gestaltung, in dem Tempo, im Takt des Tones, im Rhythmus des Tones zum Ausdrucke kommt. Und nur indem man diese Rezitation, die auch im Praktischen geschildert werden sollte, durch dasjenige, was während des Kurses Frau Dr. *Steiner* rezitiert hat, indem man diese Rezitationskunst ausübt, kann man überhaupt zeigen, wie auf der einen Seite in der sichtbaren Sprache der eurythmischen Bewegung und andererseits durch die eurythmische Formung des Tones in der Rezitation oder Deklamation der Inhalt erst zum vollen Ausdrucke kommt.

Es bedarf sehr viel, um das zu vervollkommnen, was heute erst ein Anfang ist. Wenn es aber dann vervollkommnet sein wird bis zu einer gewissen Stufe, dann wird man schon sehen, daß diese Eurythmie, die hier aus Goetheschem Kunstsinn und Kunstgesinnung, wie alles andere, was von hier ausgeht, ausgebildet ist, sich als eine vollberechtigte jüngere Kunst neben die anderen Schwesternkünste wird hinstellen können. Auch diese Schwesternkünste mußten erst nach und nach im Laufe der Menschheitsentwickelung sich ihre Position erobern. Eurythmie wird sich, wenn sich manche einseitigen Vorurteile, beziehungsweise Vorempfindungen erst abgestreift haben werden, diese Position schon auch neben den anderen Künsten in der Zukunft erobern.

Eintragungen in ein Notizbuch

23. Oktober 1920

Zur Eurythmie pädagogisch

1.) Sprache beobachten –
2.) Sie entspringt aus dem ganzen Menschen.
Löst sich aber los. Dadurch vom *Willen* losgelöst.
3.) Euryt. bringt sie wieder an den Willen heran. Bekämpft die *Phrase* – macht den Menschen zum *Teilnehmer* an seinem Gesprochenen.

GOETHEANUM DORNACH

Eurythmie

Darbietung Samstag, den 23.,
und Sonntag, den 24. Oktober 1920,
5 ½ Uhr nachmittags

Ernstes und Humoristisches – auch Mysterien-Bilder-Szenen – in eurythmischer, deklamatorischer und musikalischer Kunst.

Ankündigung in den Zeitungen

BILDERSCHRIFT - SCHRIFT - EURYTHMIE

Dornach, 30. Oktober 1920

Was Sie auf der Bühne sehen werden, ist der bewegte Mensch, oder auch bewegte Menschengruppen. Die Bewegungen, die da ausgeführt werden, sind im wesentlichen nicht etwa Gebärden, ist nicht eine mimische Darstellung, ist auch nicht etwas durchaus Tanzartiges, sondern es ist in Wirklichkeit eine sichtbare Sprache, und zwar eine wahre Sprache, eine Sprache, die auch nicht etwa durch Ausdeutung des Wortes oder dergleichen gewonnen ist, sondern die auf einem sorgfältigen Studium des Wesens der Tonsprache selbst beruht.

Bei der Tonsprache haben wir es auch noch mit Bewegungen zu tun, die der Kehlkopf und die anderen Sprachorgane ausführen wollen, die aber nicht herauskommen als solche, sondern gewissermaßen in ihrer Entstehung aufgehalten werden, so daß sie sich dann verwandeln in jene Luftbewegung, durch die der Ton vermittelt wird.

Durch sinnlich-übersinnliches Schauen – das ist ja ein Goethescher Ausdruck – kann man sich tatsächlich eine Vorstellung davon bilden, durch sorgfältiges Studium, wie der Kehlkopf und die anderen Sprachorgane sich bewegen wollen, wie diese innere Bewegung ist, im Entstehen ist, die sich dann in den Ton verwandelt. Und man kann dann gewissermaßen durch Bewegung eines einzelnen Organes oder einer Organgruppe des menschlichen Organismus durch den ganzen Menschen eine sichtbare Sprache zustande bringen. So daß sich der ganze Mensch so bewegt, namentlich seine Arme so bewegen, wie sich bei der Tonsprache die Sprachorgane bewegen wollen, aber im Wollen sich aufhalten, so daß Ton daraus wird.

Nun kann man sagen, daß dadurch, daß man gewissermaßen den ganzen Menschen zum Kehlkopf macht, oder Menschengruppen wie zu einem großen Sprachorgane umbildet, man in die Lage kommt, wirklich künstlerische Quellen und eine künstlerische Formensprache zu eröffnen, auch für dasjenige, was sonst musikalisch zum Ausdrucke kommt, oder namentlich dasjenige, was sonst dichterisch zum Ausdrucke kommt. Das geschieht auf die folgende Weise.

Der Dichter muß sich durch die Sprache ausdrücken. Die Sprache wird gerade in Zivilisationen, die weiter fortgeschritten sind, auf der einen Seite immer konventioneller, auf der anderen Seite wird die Sprache aber auch immer mehr der Ausdruck des abstrakten Denkens. Weder das Konventionelle noch das abstrakte Denken kann irgendwie künstlerisch wirken. Daher kann man schon sagen, wenn ich mich etwas trivial ausdrücken will: Das Dichten wird in den zivilisierten Sprachen immer schwieriger, wenn nicht andere Elemente des Ausdruckes zu Hilfe genommen werden.

Wir können uns unter dem, was ich hier eine sichtbare Sprache nenne, schon etwas vorstellen, wenn ich Sie, ich möchte sagen, auf den anderen Pol, auf den abstrakten, unkünstlerischen Pol der Ausbildung der Sprache verweise, auf andere Pole im Verhältnis zur Eurythmie, von der wir gleich sprechen werden.

Gewissermaßen wird die Schrift, die wir dann fixieren auf unserem Papier, auch als eine Metamorphose des Sprechens angesehen werden können. Sie ist auch eine Art sichtbarer Sprache. Aber die Schrift entwickelt sich nach der anderen Seite hin. Wir können die Schrift zurückverfolgen, wo sie in ihren ursprünglichen Stadien vorhanden war. Da sehen wir, wie der Gedanke, die Vorstellung, die sich ein Mensch von einem äußeren Gegenstand bildete, noch in das

Schriftzeichen oder in die Schriftzeichen hineingelegt wird, wie da das gedankliche Element zu einer Art stummen Sprache in der Schrift wird, zu einer sichtbaren Sprache.

Doch dann bildet sich das, was zuerst als Bilderschrift oder als Zeichenschrift vorhanden ist, zu der ganz konventionellen Schrift aus. Das ist der eine Pol.

In die Schrift, möchte ich sagen, geht das Gedankenleben der Sprache hinein. Es wird die Sprache in der Schrift stumm. Das Gedankenelement geht in die Schrift hinein. Die Schrift ist dadurch auch eine Art sichtbare Sprache. Je weiter eine Zivilisation fortschreitet, um so weniger erkennt man an ihrer Schrift, wie diese Schrift herausquillt aus dem Lebendigen der Sprache. Bei den Urschriften würde man noch dieses menschlich-individuell Persönliche in der Schrift darinnen merken. Man würde auch da eine Art stummer, sichtbarer Sprache noch empfinden in der Schrift, wenn man die Urschriften ins Auge faßt. Aber da geht dann nach und nach mit der Menschheitsentwickelung das Element, das in der Sprache lebt, ganz in das Gedankliche und in das Konventionelle, das heißt in das Unkünstlerische über. Und je mehr der Mensch, ich möchte sagen, das Gedankliche festhalten will in der Schrift, desto unkünstlerischer wird die Schrift. Daher ist die höchste Potenz des Unkünstlerischen, nicht wahr, die Stenographie, die schon greulich ist durch ihren Gegensatz zu allem Künstlerischen.

Nun kann man zu dem anderen Pol kommen, wo man nicht das gedankliche Element der Sprache ins Auge faßt, sondern gerade das Willenselement. Indem der Mensch spricht, fließen in seinem Ton-Sprache-Elemente das gedankliche Element, das den Dingen der Außenwelt entlehnt ist, und das Willenselement zusammen: der Anteil, den der Mensch an der Außenwelt hat, und was aus seinem Inneren hervorquillt. Was in die Schrift fließt, wird ganz und gar abgestoßen. Wenn man nun die Tonsprache studiert, um aus ihr die Eurythmie zu machen, da führt man gewissermaßen hinein, was in der Schrift veräußerlicht wird, herausgeworfen wird, so daß man dann das Geschriebene vor sich hat und nichts mehr vom Menschen darinnen ist, ganz abgesondert ist vom Menschen. Das wird in der

Eurythmie gewissermaßen hineingenommen. Der Mensch wird in seiner Ganzheit, Totalität, zum Ausdrucke desjenigen durch seine Bewegungen gemacht, was in der Sprache das Willenselement ist.

Dadurch aber kann man sagen: Während sich in der Schrift, die auch eine stumme Sprache ist, das sprachliche Element vom Menschen loslöst, verbindet es sich immer intimer, wenn man zu der Eurythmie übergeht, die nun wiederum ganz im Menschen darinnen lebt, wo der Mensch nicht in einem abgesonderten Zeichen dasjenige fixiert, was in der Sprache zum Ausdrucke kommt, sondern wo der Mensch sich selber zum künstlerischen Werkzeuge desjenigen macht, was in der Sprache, zum Beispiel in der Dichtung lebt. So daß man sagen kann: Die Sprache gliedert sich nach zwei Polen hin. Einmal nach dem unkünstlerischen Elemente der Schrift, das ganz abgestoßen wird. Und wenn man die Sprache innerlich durch sinnlich-übersinnliches Schauen so studiert, daß man sie dann metamorphosiert zur Eurythmie, da nimmt der Mensch alles wiederum in seine eigene Wesenheit herein. Da lebt alles, was in seinem Willen, in seinem Gemüte lebt von der Dichtung, in den Bewegungen der Eurythmie wiederum auf. Daher kann zum Beispiel auf der einen Seite dasjenige, was in der Eurythmie als künstlerische Bewegungen erscheinen kann, musikalisch nuanciert werden. Aber im Grunde genommen ist die Eurythmie doch der beste Ausdruck für das wirklich innere Künstlerische der Dichtung.

Das innere Künstlerische der Dichtung ist nicht der Prosainhalt des Gedichtes, sondern es ist dasjenige, was im Rhythmus, im Takt, kurz, im Musikalischen lebt, was also dasjenige ist, auf dem die Worte gleichsam sich nur wie auf Wellen fortbewegen. Oder es ist das Bildhafte. Beides, das Bildhafte der Sprache und dasjenige, was als Musikalisches in der Sprache, in der Dichtung lebt, kommt in der Eurythmie ganz besonders zur Geltung, weil der Wille des Menschen sich durch das Werkzeug des Menschen selber zum Ausdrucke bringt, äußert, kann man sagen. Indem man den bewegten Menschen sieht, der aber so wirkt, wie sonst ein seelischer Inhalt, der sich in der Tonsprache ausspricht, hat man etwas vor sich, was man unmittelbar anschaut, was man nicht erst zu begreifen braucht.

Gewiß, gegenwärtig ist der Mensch an die Eurythmie noch nicht gewöhnt, daher ist ihm vieles unverständlich. Aber je mehr man sich daran gewöhnt, desto mehr wird man jede eurythmische Bewegung, jede Folge von Bewegungen ganz unmittelbar als den Ausdruck desjenigen finden, was in der Rezitation der Dichtung zugleich anklingt. Und da wird man dann gerade diesen ganzen Menschen als Instrument für das Seelische anschauen, und man wird zugleich das Seelische haben. Denn der Mensch legt natürlich sein Seelisches in die eurythmische Bewegung hinein, dasjenige Seelische, das der Dichter in der Sprache nur unvollkommen zum Ausdrucke bringen kann, weil da das unkünstlerische Gedankenelement hineinkommt.

So wird dasjenige, was der Mensch, ich möchte sagen, an Verprosaischung, wenn ich den Ausdruck wählen darf, in der Zivilisation erlebt, wo er immer prosaischer und prosaischer wird, je mehr er schreibt – manchmal haben die Menschen gar nicht mehr ein wirkliches inneres Erlebnis von dem Gesprochenen, die Menschen kommen dazu, nicht mehr zu hören die Sprache, sondern eigentlich gleich in die Schrift zu übertragen, wodurch von vornherein der Mensch ganz ausfließt in die Prosa –, so wird die Poesie wieder ins menschliche Empfinden zurückkommen, in die menschlichen Emotionen, wenn wir zur Eurythmie kommen, indem wir die Sprache in das Innere des Menschen, in seine Bewegungen hineinnehmen.

Daher kann auch nicht so, wie heute in unserer unkünstlerischen Zeit, in unserem papierenen Zeitalter rezitiert wird, zur Eurythmie rezitiert werden. Zur Eurythmie kann nur so rezitiert werden, daß man hört Rhythmus, Takt, Musikalisches, daß man das Bild, das im Dichter lebt, empfindet, und daß die Worte gewissermaßen nur Gelegenheit geben, um das Tieferliegende, eigentlich Künstlerische der Dichtung zur Offenbarung zu bringen. In der Eurythmie leben nun die Worte als solche, nicht die gehörten Worte. Damit aber verfliegt gewissermaßen auch das unkünstlerische Gedankenelement, und es lebt in der Eurythmie von der Dichtung nur dasjenige, was das eigentlich Künstlerische ist.

Wir haben uns in der neueren Zeit bemüht, vielfach gerade auch dasjenige, was sonst in dem Empfinden des Sprachlichen lebt, durch Formen herauszugestalten. Sie werden bei solchen Dingen, wie wir sie heute aufführen, sehen, wie auf der einen Seite bei den ernst-getragenen Dichtungen in den Formen das Wie der Gestaltung zum Ausdrucke kommt, wie wir aber auch bei den humoristischen, bei den komischen Dichtungen durch den anderen Stil der Formen den Stil der Dichtung auch durchaus zum Ausdrucke bringen. Das ist die eine Seite.

Die Eurythmie hat manche andere Seite noch, auch eine hygienisch-therapeutische Seite, von der ich hier nicht sprechen will. Sie hat dann auch eine pädagogisch-didaktische Seite, die sich wirklich schon segensreich erwiesen hat in dem einen Jahr, durch das hindurch wir als obligatorischen Unterrichtsgegenstand in der Waldorfschule in Stuttgart die Eurythmie hatten. Da hat man schon gesehen, wie etwas ganz anderes, als von dem bloßen Turnen, das nur die Körper ausbildet, die Kinder von diesem beseelten Turnen haben, wo sie nicht bloß Bewegungen ausführen, die man zunächst nach der Physiologie studiert, ob sie für den Körper günstig sind, sondern wo das Kind bei jeder Bewegung, die es ausführt, seine Seele hineinlegt. Das ist etwas, was der Erwachsene, der sich mit der Eurythmie beschäftigt, nicht mehr empfinden kann, was für ihn keine große Bedeutung hat, was sich aber bei Kindern zeigt, wie in ganz beträchtlicher Weise das Eurythmische mit seinem Menschentum den Menschen verbindet. Weil der Mensch im Eurythmischen die Offenbarung seines seelischen Wesens wiederum hat, wird man in dieser Eurythmie, wenn sie Erziehungsmittel ist, zugleich wiederum ein Erziehungsmittel zum Wahrheitssinn haben. Je mehr die Sprachen abstrakt werden, desto mehr werden sie auch unwahr. Und gerade bei vorgeschritteneren Sprachen findet man das Phrasenelement ganz besonders ausgebildet, weil sich die Sprache loslöst vom Menschen.

In der Eurythmie wird alles, was sich in der Sprache loslöst, wiederum zurückgenommen in den Menschen. Da kann dann der Mensch, wenn er sich ganz hineinzuleben hat in das, was er selber empfindet, indem er sich selber zum Instrument macht, nicht unwahr sein. Und wenn man die Kinder Eurythmie machen läßt, so entwickeln sie einen Gegensinn für alles Phrasenhafte, sie entwickeln einen Sinn für Wahrhaftigkeit. Das ist dasjenige, was man als pädagogisch-didaktisches Ergebnis schon finden wird, wenn man über diese Dinge einmal objektiver denken wird.

Seit längerer Zeit schon beschäftigt mich die Frage, wie man das Dramatische zum Beispiel zum Ausdrucke bringt. Wir können jetzt bloß das Epische und das Lyrische zum Ausdrucke bringen und das eigentlich Dramatische, wenn es Übersinnliches zum Ausdrucke bringt. Sie werden das heute gerade dargestellt finden, Dramatik, die Übersinnliches zum Ausdrucke bringt, in einem Stück eines meiner Mysteriendramen. Das Übersinnliche kann man auch im Drama adäquat eurythmisch darstellen. Aber das gewöhnliche Dramatische, das sozusagen auf dem Boden der Sinnenwelt spielt, ist etwas, was ich mir als Problem vorgesetzt habe, wozu wir auch noch die eurythmischen Formen finden werden. Sie sehen, es ist alles noch im Flusse.

Eintragungen auf einem Eurythmie-Programm

Freiburg, 19. November 1920

Die Musik trägt auf ihren Tönen das seelische Erleben –

Die Sprache löst es los vom Menschen –

Eur. Kunstmittel – Formensprache –
Entstehung derselben –

Musik: bleibt beim Willen, beim
Gemüt stehen –

Lautsprache = Prägt den Gedanken ein –

nicht mehr bloßer Wille –
noch nicht der unsichtbare Gedanke einge[prägt]

Kasinosaal Freiburg i. Br.

Freitag, den 19. November 1920, abends 7 ½ Uhr

VORFÜHRUNG IN EURYTHMISCHER KUNST

ausgehend von der Freien Hochschule für Geisteswissenschaft «Goetheanum», Dornach/Schweiz

Mitwirkende: 12 Kinder von der Freien Waldorfschule Stuttgart
Frau Elisabeth Baumann, Frl. Edith Röhrle, Frau Lory Maier-Smits,
Frau Alice Fels ... und andere
Rezitation: Frau Marie Steiner Gesang: Frau Olga Leinhas
Klavierbegleitung: Paul Baumann

Einleitende Worte von Dr. Rudolf Steiner

I

Waldesnacht (eine Kindergruppe) . . . . Paul Baumann
Meeresbrandung. Eine Elementarphantasie
(L. Maier-Smits) . . . . Christian Morgenstern
Die Enten laufen Schlittschuh (eine Kindergruppe) . . . Christian Morgenstern
mit musikalischer Beigabe von L. van der Pals
An die Cikade (I. Bögel) . . . . J. W. v. Goethe
Kleine Geschichte (eine Kindergruppe) . . . . Christian Morgenstern
Haschemann (eine Kindergruppe) . . . . Robert Schumann
Heideröslein (E. Baumann und L. Maier-Smits) . . . . . . J. W. v. Goethe
Die Freuden (I. Bögel) . . . . J. W. v. Goethe
Goldne Wiegen schwingen (Laut- und Toneurythmie,
dargestellt durch Kinder der Waldorfschule) . . . . . . Paul Baumann
Kleine Ballade (eine Kindergruppe) . . . . Ernst Moritz Arndt

II

Was treibst du Wind? (E. Baumann und L. Maier-Smits) . . . . C. F. Meyer
An Schwager Kronos (E. Röhrle) . . . . J. W. v. Goethe
Schwellengang (eine Gruppe) . . . . B. von Polzer
Bittendes Kind (Toneurythmien, dargestellt durch
Kinder der Waldorfschule) . . . . Robert Schumann
Nachtlied (E. Schilbach) . . . . Friedrich Hebbel
Volksliedchen (Toneurythmie, dargestellt durch
Kinder der Waldorfschule) . . . . Robert Schumann
Herbst (L. Maier-Smits) . . . . Friedrich Nietzsche
Auftakt «Schau in dich, schau um dich» (eine Gruppe)
Zwiegespräch (E. Baumann und L. Maier-Smits) . . . . C. F. Meyer
Schön Blümelein (Laut- und Toneurythmie,
dargestellt durch Kinder der Waldorfschule) . . . . Robert Schumann
Mahomets Gesang (E. Röhrle) . . . . J. W. v. Goethe
Salome (E. Baumann) . . . . Manfred Kyber
mit musikalischer Beigabe von Paul Baumann

EURYTHMIE ALS BESEELTES TURNEN

Freiburg, 19. November 1920

mit Darstellungen durch Kinder der Waldorfschule Stuttgart

Es wird erreicht, daß das seelische Erleben des Menschen, welches der Musiker ebenso wie der Dichter darstellen wollen, durch andere Ausdrucksmittel zur Offenbarung kommt, so wie die Sache nicht losgelöst ist vom Menschen, sondern durchaus am Menschen selber sich offenbart. Wenn wir das Musikalische betrachten, so finden wir, dieses Musikalische offenbart seelisches Erleben. Insbesondere im Gesang können wir dieses seelische Erleben verfolgen. Aber die Ausdrucksmittel sind gewissermaßen losgelöst vom Menschen. In der Musik trägt der Ton das seelische Leben auf seinen Flügeln, kann man sagen, aber es ist losgelöst vom Menschen. Es löst sich selbst im Gesang los. In der Lautsprache wird der Gedanke als ein unkünstlerisches Element eigentlich eingefügt dem Laut, dem Ton. Demgegenüber wird in der Eurythmie die menschliche Bewegung selbst als eine sichtbare Sprache gebraucht, gewissermaßen auch als eine sichtbare Musik. Dadurch steht der ganze Mensch da als körperlicher Ausdruck des Seelischen. Indem er körperlicher Ausdruck des Seelischen ist, kann er beobachtet werden im künstlerischen Empfinden, und man hat unmittelbar ein Seelisches, das äußerlich-sinnlich zur Darstellung kommt. Was ist aber alle Kunst eigentlich anderes als die sinnliche Darstellung eines Übersinnlichen, eines Geistigen. Wenn der Mensch selbst zum Werkzeug wird, nicht ein totes Instrument, sondern zu einem Werkzeug der Kunst wird, so kommt im Grunde genommen das Künstlerische im allerhöchsten, schönsten Sinne zum wirklichen Ausdruck.

Man wird insbesondere bemerken können, wie das Musikalische gerade durch die Eurythmie wieder seinen eigentlichen Ausdruck finden kann. Ich will nur darauf aufmerksam machen, daß Sie, wenn Sie in der Eurythmie genauer die Bewegungen auf Ihre Sinne wirken lassen, dasjenige sehen werden, was sich in Dur-, was sich in Mollstimmung zum Ausdrucke bringt, wenn Musikalisch-Eurythmisches sich darbietet. Dann haben wir unmittelbar aus dem menschlichen

Willen fließende Bewegungen in dieser Eurythmie zu geben. Sie haften sozusagen eng am Menschen. Nun können wir durchaus immer sehen, wie wir darstellen müssen in der Eurythmie alles dasjenige, was in Dur-Stimmung ist, durch vom Menschen abgehende Bewegungen, alles das, was in Moll-Stimmung ist, durch an den Menschen herantretende Bewegungen, die sich in entsprechender Weise artikulieren, so daß das, was auf Flügeln der Töne in der Musik künstlerisch sich offenbart, sichtbar werden kann gerade durch dasjenige, was sich in den Bewegungen der menschlichen Glieder ausspricht.

Ebenso ist es, wenn dasjenige, was in der Dichtung durch die Lautsprache sich darstellt, durch mehr vom Menschen losgelöste Bewegungen eurythmisch zur Darstellung kommt, Bewegungen, die sich mehr dem Bildlichen anschließen. Aber alles das ist sowohl auf dem Gebiete der eurythmischen Darstellung des Musikalischen, wie der eurythmischen Darstellung des Dichterischen weit entfernt von jeder Mimik, weit entfernt von aller Tanzkunst, von allem bloßen Gebärdenspiel. Es ist dasjenige, was das eigentlich Künstlerische ist. Es ist entweder ein plastisch, aber bewegt-plastisch Wirkendes oder auch ein musikalisch Wirkendes. Daher ist es auch notwendig, daß die Rezitation, die parallel auftritt, die ein anderer Ausdruck nur ist für dasselbe, was man in der Eurythmie sieht, selbst schon eurythmisch sich gestaltet. Was man heute so vielfach ansieht als Vollendung der Rezitation oder Deklamation, das Prosaische, das durchklingen soll im Rezitieren, ist im Grunde genommen nicht dasjenige, was die Eurythmie begleiten kann. Denn an der Dichtung ist nur soviel wirklich künstlerisch, als in ihr entweder Plastisches oder Musikalisches ist. Daher muß immer wieder daran erinnert werden, wie ein wirklicher Dichter, zum Beispiel *Schiller,* arbeitete. Bevor er den Prosainhalt hatte, lebte eine unbestimmte Melodie in seiner Seele. Was rhythmisch, was Takt, was melodisch hinter der Dichtung ist, und nicht der Prosainhalt, der wortwörtliche Inhalt, das ist schon das wahrhaft Künstlerische auch der Dichtung. Und so kann man in diesem neuen Ausdrucksmittel der Bewegungen am Menschen selber eine sichtbare Sprache, eine sichtbare Musik schaffen, die wir uns in einigen Proben heute vorzuführen erlauben.

Das ist aber nur die eine Seite der Eurythmie. Die andere Seite wird sich besonders dadurch heute darbieten, daß wir in der Lage waren, eine Anzahl Kinder unserer Stuttgarter Waldorfschule hierher zu bringen. In der Stuttgarter Waldorfschule haben wir als einen obligatorischen Lehrgegenstand die Eurythmie eingeführt. Und für die Kinder dieser Freien Waldorfschule, die herausgestaltet ist aus anthroposophisch orientierter Geisteswissenschaft, ist die Eurythmie zu gleicher Zeit ein beseeltes Turnen, und als solches ein wunderbares Erziehungsmittel, das die Kinder außerordentlich lieben. Man muß sagen, gegen das Turnen als solches ist nichts einzuwenden, aber es ist doch nur auf physiologische, auf körperliche Gesetze begründet. Ich will gewiß nicht soweit gehen, wie kürzlich ein berühmter Mann der Gegenwart, *Abderhalden,* der sagte, daß das Turnen nicht ein Erziehungsmittel, sondern eine Barbarei sei. Ich will dem Turnen für die körperliche Vervollkommnung der Jugend seine Bedeutung zugestehen. Aber es ist etwas ganz anderes, wenn dieses beseelte Turnen, diese Eurythmie, an die Kinder herantritt, das zu gleicher Zeit eine Kunst ist. Das Kind liebt es, dasjenige zu vollziehen, zum Ausdrucke zu bringen, was sich künstlerisch aus der ganzen Organisation des Menschen heraus ergibt. Dadurch kommt auch, wenn man die Eurythmie an die Kinder heranbringt, etwas noch ganz Besonderes zustande, was allerdings nicht so in die Erscheinung tritt, wenn die älteren Leute noch Eurythmie betreiben.

Das Kind, indem es in die sichtbare Sprache den Seeleninhalt umsetzt, kann nicht irgendwie in die Phrase verfallen. Bei unserer Wortsprache, besonders bei den Wortsprachen der höheren Zivilisationen spielt ja die Phrase, spielt das Konventionelle eine so große Rolle, und es geht ganz sanft die Wahrheit in Lügenhaftigkeit über. Wenn das Kind zurückgeführt wird in den ursprünglichen, elementaren Ausdruck des seelischen Erlebens, in die Bewegungen der eigenen Glieder, kann es dabei nicht lügen und in die Phrase verfallen. Deshalb ist diese eurythmische Erziehungskunst zu gleicher Zeit etwas, was zur Wahrhaftigkeit die Kinder heranzieht, so daß man ein wichtiges Erziehungsmittel in dieser Eurythmie hat. Und es wird sich zeigen, zunächst in einer Probe wenigstens, wie gerade durch den kindlichen Organismus dieses beseelte Turnen, die Eurythmie, wirkt.

VOR- UND NACHTAKTE
DRAMATISCHE EURYTHMIE

Dornach, 12. Dezember 1920

Sie werden sehen, namentlich solche der verehrten Zuschauer, die schon früher sich diese Aufführungen angesehen haben, wie wir von Monat zu Monat weiterkommen. Wir haben früher durch diese sichtbare Sprache der Eurythmie den dichterischen Inhalt im Verlaufe der Rezitation gleichzeitig zur Darstellung gebracht. Jetzt versuchen wir durch Vor- und Nachtakte, die rein durch Bewegungen gegeben werden, den ganzen Inhalt einer Dichtung oder dergleichen zu geben, so daß die stumme, sichtbare Sprache der Eurythmie also auch hier schon zur Geltung kommen kann.

Wir werden zunächst einzelne Stücke zur Schau bringen im ersten Teil unserer Darbietung; im zweiten Teil, nach einer kurzen Pause, werden wir versuchen, eine Szene aus einem meiner Mysteriendramen zu zeigen. Alles, was sich auf Übersinnliches bezieht, was also ein Hereinragen des Übersinnlichen in die Sinnenwelt bedeutet, ist eurythmisch darzustellen, währenddem dasjenige, was, ich möchte sagen, ganz in der Prosa des Tages abläuft, was also in der sinnlichen Welt abläuft, natürlich naturalistisch im Drama dargestellt werden muß zunächst. Es besteht allerdings bei mir die Absicht, auch für das Dramatische als solches eine Art Eurythmie zu finden. Das ist aber noch im Werden. Dann wird sich auch herausstellen wohl, daß die heute noch bestehende Unausgeglichenheit zwischen dem Eurythmischen und dem rein Naturalistischen in der Dramatik noch überwunden werden wird. Aber das sind eben durchaus Arbeiten, die noch gemacht werden müssen. Wir haben auch, indem wir versucht haben, den Goetheschen «Faust» so darzustellen, daß wir dasjenige, was sich darinnen auf das Übersinnliche bezieht, eurythmisierten, gezeigt, und man hat daraus sehen können, daß gerade diese übersinnlichen Elemente des Dramas erst recht zur Offenbarung kommen, wenn man die Eurythmie auf sie anwendet.

Ich möchte aber nur mit ein paar Worten sagen, daß nach der Pause, im zweiten Teile dargestellt wird die Szene, in welcher eine Etappe gegeben ist einer sich entwickelnden Seele. Es tritt einer Seele in einem bestimmten Punkte ihres Werdens – äußerlich objektiviert – die eigene Jugend entgegen; es treten andere Seelenkräfte ihr entgegen. Dasjenige, was sonst im Menschen sich abspielt, nicht sinnlich greifbar wird, wird herausgestellt nicht als symbolische Figur, nicht übertragen allegorisch, sondern tatsächlich so, daß es in unmittelbarer übersinnlicher, geistiger Realität dargestellt wird. Und für das eben, weil so etwas nicht anders als eurythmisch gedacht werden muß – man kann das nicht anders, als eurythmisch denken, eurythmisch fühlen –, taugt die Eurythmie ganz besonders.

WAHRNEHMUNG VON SEELISCH UND GEISTIG ERLEBTEM
DRAMATISCHE EURYTHMIE
DIE THERAPEUTISCH-HYGIENISCHE SEITE DER EURYTHMIE

Dornach, 20. Dezember 1920

Ebensogut wie man begleiten kann das gesprochene Wort, so kann man das Musikalische begleiten. Geradeso wie man durch die Sprachorgane singen kann, so kann man singen mit dieser sichtbaren Sprache der Eurythmie. Sie kann ebensogut das Tonwerk gesanglich begleiten wie der hörbare Ton selbst. Es ist also wirklich hier dasjenige angestrebt worden, was den ganzen Menschen zu einem Ausdrucke macht des seelisch und geistig Erlebten, wie die Ton- und Lautsprache oder wie der Gesang selber.

Wenn man im Leben den Blick auf den anderen Menschen richtet – vielleicht wird es nicht immer im hastigen Leben bemerkt, aber es ist da –, wenn man gewahr wird die menschliche Gestalt, fühlt man das eigene, innere Wesen in dem Anblicke des anderen Menschen, fühlt sich als Mensch dem Menschen verbunden. Es ist schon etwas wie ein Stück Sich-selbst-Sehen, wenn man den anderen Menschen sieht. Und drückt der andere Mensch dasjenige, was seine Seele bewegt, durch die Lautsprache aus, dann ist ein inniges Aufgehen in dem Wesen des anderen Menschen vorhanden.

Dasselbe kann nun erreicht werden durch das Anschauen, das Wahrnehmen dieser sichtbaren Sprache der Eurythmie. Es ist gewissermaßen durchaus dasjenige, was wir empfinden können in den Gestaltungen, die der Dichter, der wirkliche künstlerische Dichter vollführt in seiner Dichtung, es ist wirklich etwas gelegen in diesen gesetzmäßigen Bewegungen der Eurythmie, was in einer anderen Weise gegenüber unserer Tonsprache unser ganzes Anschauen bereichert. Und derjenige, der Freude empfinden kann über eine Erweiterung des Kunstgebietes, kann sich gewiß nicht wenden gegen den Versuch, mit besonderen Kunstmitteln, die in dem In-Bewegung-Bringen der menschlichen Gestalt selber bestehen und in einer besonderen künstlerischen Formensprache, eine solche Erweiterung des Kunstgebietes zu sehen.

Sie werden dann auch, meine sehr verehrten Anwesenden, bewegte Menschengruppen sehen in ihrem gegenseitigen Verhältnisse im Raume. Es kommt hier dasjenige zum Ausdrucke, was inneres seelisches Erleben ist. Da sehen wir gewissermaßen uns selbst und unser bewegtes Seelenleben. Dieses Seelenleben ist wirklich so, daß es ein Spiegelbild ist der ganzen äußeren Welt. Was Menschen miteinander erleben, wie Menschen miteinander in Harmonie und Disharmonie stehen können, das alles schlägt sich, wenn ich so sagen möchte, auf dem Grund unseres Seelenlebens ab. Das alles kann wiederum durch Dichtung und Musik zum Ausdruck gebracht werden. Dann ist es besser, wenn wir dieses innerlich bewegte Seelenleben, das in seinem Verhältnisse zu einer Mehrheit von Menschen lebt, gewahren wollen, daß wir uns der Menschengruppen bedienen. Die Menschengruppe hat in sich für das Eurythmische durchaus etwas Natürlicheres. Sie werden sehen, daß ohne die begleitende Sprache oder die Musik durchaus durch dasjenige, was als eurythmische Form selber gefunden worden ist, gewissermaßen gesprochen oder gesungen werden kann in einleitenden Formen, in ausleitenden Formen. Da werden wir die Stimmung eines Gedichtes oder eines Musikalischen anzuschlagen haben in der einleitenden Form, oder wir werden die Stimmung auszuhauchen haben in einer stummen Form. Dadurch liegen gewisse Entwickelungsmöglichkeiten in unserer eurythmischen Kunst, die wir bisher nur bis zu einem ganz gewissen Teil herausgeholt haben.

Sie werden heute gerade im ersten Teile unserer Darstellungen ersehen können, wie auch für das Dramatische, nicht nur für das Lyrische und Epische, sich die eurythmische Kunst verwenden läßt. Allerdings bis jetzt ist es uns nur gelungen, dasjenige in der richtigen Weise eurythmisch auszudrücken, was gewissermaßen in das Drama hinein als Übersinnliches, als eine Offenbarung des inneren menschlichen Seelenlebens sich darstellt. So zum Beispiel ist es wirklich möglich, diejenigen Szenen im Goetheschen «Faust», wo Übersinnliches von *Goethe* herangezogen wird, wo also die Darstellung sich erhebt vom irdisch Sinnlichen zu dem geistig Übersinnlichen, dieses Hereinragen des Übersinnlichen in das Sinnliche durch eurythmische Formen so auszudrücken, daß in der Tat gerade dadurch der dramatische Fortgang besonders belebt wird. Ich hoffe allerdings, daß auch noch besondere Formen gefunden werden können für das Realistisch-Dramatische, das wir heute noch so hinstellen müssen, wie eben nach der gewöhnlichen realistischen Bühnenkunst mit bloßen Gebärden als Wortbegleitung diese Dinge zur Darstellung gebracht werden müssen. Das ist eine Seite des Eurythmischen.

Es gibt noch zwei andere. Da ist zunächst diejenige, die ich kurz erwähnen will, die therapeutische, hygienische Seite. Diejenigen Bewegungen, die da herausgeholt werden aus der menschlichen Gestalt, sind durchaus in derselben Strömung laufend, in der des Menschen Wachstums-, Gestaltungskräfte liegen, in der alles dasjenige liegt, was im menschlichen Kreislauf, in der menschlichen Atmung als normale Bewegungen, als gesundheitsfördernde, gesundheitserhaltende Bewegungen enthalten ist. Daher kann man, indem man die Bewegungen, welche hier künstlerisch zum Ausdrucke gebracht werden, erweitert, entsprechend weiter gestaltet, auch eine therapeutisch-hygienische Eurythmie ausgestalten. Und sie wird auch ausgestaltet werden; sie wird als ein Heilfaktor ganz zweifellos in unser Leben eintreten können.

Eintragungen auf einem Notizblatt

Alles Künstlerische geht auf *Gestalt* oder *Bewegung* =

Die Gestalt ist am Ende angelangt in der menschlichen Bildung –

Der Gedanke ohnmächtig und doch in seiner Vollkommenheit –

Die Bewegung, die aus der menschlichen Gestalt entspringt = sie ist der Wille in seiner *Reinheit*.

Dichtung = sie strebt darnach, den Gedanken als Gestalt zu gebären –

Musik = sie strebt darnach, den Willen in ein reines Element zu versetzen –

Eurythmie will beides vereinen = Gestalt und Wille –

Hilversum, 20. Februar 1921
Amsterdam, 22. Februar 1921
Rotterdam, 26. Februar 1921
den Haag, 27. Februar 1921

PROGRAMM

Einleitende Worte über eurythmische Kunst von Rudolf Steiner

Göttermahl . . . . C. F. Meyer
mit Musik von Leopold van der Pals
Aus den «Waldliedern» . . . . Nikolaus Lenau
Aus den Jahressprüchen . . . . Rudolf Steiner
Die Spröde . . . . J. W. v. Goethe
Die Bekehrte . . . . J. W. v. Goethe
Mächtiges Überraschen . . . . J. W. v. Goethe
Das trunkne Lied . . . . Friedrich Nietzsche
Aus «Die Prüfung der Seele» 9. Bild:
Woher kommt das Böse? . . . . Rudolf Steiner
Musik: Max Schuurman
Elfe . . . . J. Fr. v. Eichendorff
Musik: Jan Stuten
Orphische Urworte . . . . J. W. v. Goethe

Pause

Aus der «Chymischen Hochzeit» . . . . Valentin Andreae
Aus den «Liedern Zarathustra's» . . . . . . Friedrich Nietzsche
Aus dem «Buch der Lieder» . . . . Heinrich Heine
Satirischer Auftakt Musik: Leopold van der Pals
Aus den Humoresken: . . . . Christian Morgenstern
Die Oste
Bim, Bam, Bum
Korfs Uhr und Palmströms Uhr Musik: Jan Stuten
Die Mausefalle
Physiognomisches
Nach Norden
Westöstlich
Humoristischer Auftakt Musik: Jan Stuten

URRHYTHMUS, URGESANG UND ARRHYTHMUS IN IHREM VERHÄLTNIS ZUR EURYTHMIE

Dornach, 9. April 1921

anläßlich des zweiten anthroposophischen Hochschulkurses

Meine sehr verehrten Anwesenden, wie sonst vor diesen eurythmischen Versuchen möchte ich mir auch heute erlauben, dieselben mit ein paar Worten einzuleiten, indem ich spreche über die besonderen Kunstmittel, die Formensprache, in denen sich diese eurythmische Kunst bewegt. Es handelt sich dabei darum, daß man auf der Bühne eine wirklich unhörbare, aber sichtbare Sprache sieht, eine Sprache, die ausgeführt wird durch Bewegungen des einzelnen Menschen, durch Bewegungen von Menschengruppen und so weiter. Dasjenige, was der Mensch ausführt, wird dann begleitet entweder vom Musikalischen oder von der Rezitation des Dichterischen. Und dasjenige, was auftritt in den Bewegungen des einzelnen Menschen oder der Menschengruppe, soll genau dieselbe Offenbarung durch eine sichtbare Sprache oder durch einen sichtbaren Gesang sein, wie auf der anderen Seite dieselben Motive musikalisch oder dichterisch-rezitatorisch zur Offenbarung kommen.

Aber es handelt sich nicht darum, daß hier in irgendeiner Weise eine mimische oder pantomimische oder sonst eine Art von Gebärdenkunst zugrunde liegt, auch nicht darum, daß dasjenige, was man im gewöhnlichen Leben Tanz nennt, hier zugrunde gelegt ist, sondern es ist eine ebenso in sich wesenhaft bestimmte Sprache der menschlichen Gestalt und der menschlichen Bewegung ausgebildet worden, wie sie nur auf andere Art in der Tonsprache und im Gesange selbst lebt.

Das ist dadurch zustande gekommen, daß durch sinnlich-übersinnliches Schauen abgelauscht worden sind dem menschlichen Kehlkopf und den anderen Sprachorganen die Bewegungstendenzen, welche dem hörbaren Laut zugrunde liegen, und auch die Bewegungsübergänge, welche den Lautverbindungen, den Wortgestaltungen und so weiter, auch den Satzgestaltungen, zugrunde liegen. Es ist dadurch etwas zustande gekommen, was innerlich so gesetzmäßig ist in der Aufeinanderfolge der Töne, wie das Musikalische zum Beispiel gesetzmäßig ist.

Wenn man durchschauen will, um was es sich eigentlich bei dieser eurythmischen Kunst handelt, tut man gut, einiges von der menschlichen Entwickelung ins Auge zu fassen. Die menschliche Entwickelung schreitet so vor, daß allerdings deutlich sichtbar nicht in der historischen, sondern nur in der vorhistorischen Zeit ist, wie sich bestimmte Lebensäußerungen des Menschen, sagen wir zum Beispiel seine Bewegungsfähigkeit, seine Sprachfähigkeit gestaltet haben. Für unseren Zweck hier möchte ich auf eines hinweisen.

Es gibt eine interessante Tatsache, die heute auch schon der äußeren gewöhnlichen Wissenschaft bekannt ist, und die auf ein Entwickelungselement im Menschengeschlecht hinweist. Es ist die Tatsache, daß in den älteren, primitiven Sprachen, für die menschliche Bewegung, welche dann zum Tanz geworden ist, für die rhythmische Bewegung, die, wie gesagt, sich dann später umgeformt, umgestaltet hat in die Bewegungen, die während des Tanzes ausgeführt wurden, daß für diese urrhythmischen Bewegungen, möchte ich sagen, und für den Gesang eine einzige Wortbezeichnung da war. Man unterschied nicht dasjenige, wovon man überzeugt war, daß es innerlich zusammengehört: Gesang und rhythmische Bewegung des Menschen. Der Urmensch fühlte sich gewissermaßen veranlaßt, wenn es ihm nur irgend möglich war, nicht dasjenige, was er schon ertönen ließ, mit ruhigen Gliedern ertönen zu lassen, sondern es immer begleitet sein zu lassen von irgendwelcher Bewegung seiner Glieder. Er verhielt sich dann auch so, wenn es möglich war, die Arbeit, die er verrichtete und bei der er seine Glieder sich bewegend betätigte, so zu verrichten, daß die Glieder sich bewegen konnten in einem gewissen Rhythmus. So hatte er für diese Bewegung des Rhythmus eine bestimmte Gesetzmäßigkeit, die sich ihm instinktiv ergab. Aber denselben Rhythmus entfaltete er in dem Aufeinanderfolgenlassen eines gewissen gesangartigen Tönens, so daß für ihn zusammenfloß sein Urgesang und der Urrhythmus seiner Bewegungen. Sie waren so eins, daß, wie gesagt, er eine einzige Wortbezeichnung dafür hatte.

Dieses, was dem Menschen einer sehr frühen Zeit eigen war, differenzierte sich dann. Indem der Mensch in der Zivilisation vorrückte, sonderten sich gewissermaßen die Bewegungen, die aus dem Willen hervorgingen, zu einer gewissen Selbständigkeit ab, paßten sich immer mehr und mehr dem äußeren Leben an. Nur in einer gewissen freieren Beweglichkeit blieben nicht die Beinbewegungen, wohl aber die Armbewegungen. Aber immer noch wurde zurückgehalten auch in diesen, ich möchte sagen von dem Tonlichen, Gesanglichen sich emanzipierenden Beinbewegungen dasjenige, was in solchen Bewegungen dann möglich war, wenn sie nicht der bloßen Nützlichkeit dienten. Sie wurden gewissermaßen hinuntergedrückt, diese Bewegungen, in den instinktartig wirkenden Willen in all demjenigen, was dann der Mensch als sein eigenes Menschliches in den unbestimmten, unbewußten Willen hineinlegte. Dadurch differenzierten sich die Bewegungen, die früher immer mit dem Gesang verknüpft waren, zu Kulttänzen. Und auch dasjenige, was man in älteren Zeiten Liebestänze nannte, war in gewissem Sinne differenziert, aber es differenzierte sich so, daß bei den Kulttänzen ins edlere Unbewußte, bei den Liebestänzen ins instinktiv unbewußte Willensartige hinuntergeführt wurden die Bewegungen, die früher mehr mit dem Gemüthaften zusammenhingen, als die Bewegung mit dem Gesang, mit dem tönenden Worte, auch als eines empfunden wurde.

Indem sich auf der einen Seite die Bewegung, die aus dem Willen kommt, abdifferenzierte, absonderte, differenzierte sich auf der anderen Seite dasjenige, was im Laute, im Worte lag, indem die Bewegung immer mehr und mehr ins Nützliche und ins Spielartige, auch wohl in das Kultartige bei gewissen Völkern überging; es differenzierte sich der Mensch nach dem Worte hin. So daß das Wort zum Erkenntniswort, zu demjenigen wurde, in das gewissermaßen vom Verstande aus hineingepreßt wurde alles dasjenige, was gedankenhaft sich durch das Wort ausdrücken läßt. Und während die unteren Bewegungen sich zum Nützlichen differenzierten, differenzierten sich die Worte zum Erkenntnismittel und zum äußeren konventionellen Verständigungsmittel.

Indem nun hier fortgeschritten wird zu einer Durchgeistigung desjenigen, was für die menschliche Erkenntnis gegeben ist, wird auch wiederum das Wort durchdrungen mit dem Geiste, das dann auch wiederum mit dem Willen sich verbinden kann. Aber wenn man Künstlerisches erreichen will, so muß man womöglich das Verstandesmäßig-Gedankliche überwinden. Das Verstandesmäßig-Gedankliche ist lähmend für die Kunst. Aber was als Geist lebt im Verstandesmäßig-Gedanklichen, kann wiederum vereinigt werden mit der Bewegung.

Nun ist dasjenige, was einstmals, ich möchte sagen, einheitliche menschliche Offenbarung in der Gesanges-Bewegungskunst war, für die man nur eine Bezeichnung hatte, innig zusammenhängend wiederum mit dem menschlichen Atmungsrhythmus. Und es ist das Eigentümliche, man kann sagen, was eigentlich vom Innersten der menschlichen Wesenheit spielt von diesem Ineinander-Zusammenspielen von Geistig-Seelischem, Physisch-Leiblichem, wie es sich besonders so fein ausdrückt im Atmungsrhythmus und im Puls als in dem, was überhaupt menschlicher Rhythmus ist. Man kann sehen, wie auf der einen Seite, indem dasjenige, was gewissermaßen nach dem Kopfe geht, zu dem Verstandesmäßigen in dem Worte wird, wie dadurch, wenn auch in einer leisen Weise Arrhythmie eintritt, Arrhythmie in dem rhythmischen System des Menschen. Und ebenso tritt Arrhythmie ein, wenn die Beweglichkeit des Menschen sich nur nach dem Nützlichen hin entwickelt.

Wenn man nun das Bestreben hat, dasjenige zu erlauschen, durch sinnlich-übersinnliches Schauen, was sich nun herausdifferenziert hat als eine einzelne Organgruppe in der Betätigung des Sprechens, dann kann man besonders gut überschauen, wie dieses Sprechen mit dem Atmen zusammenhängt, wie die Atembewegungen gewissermaßen mit dem Sprechen in eines zusammenspielen, wie aber das Hineinspielen des Gedanklichen, Verstandesmäßigen, Arrhythmie bewirkt. Und Arrhythmie finden wir bei, ich möchte sagen einem zu stark entwickelten verstandesmäßigen Sprechen. Wir finden aber auch Arrhythmie bei einem Sprechen, das zu stark nach dem bloßen Nützlichkeitsprinzip hingeht.

Indem wir nun zurückzugreifen versuchen zur inneren Wesenheit des Menschen, zu jener inneren Wesenheit, die sich, wenn ich es so sagen darf, im rein menschlichen Rhythmus ausdrückt, und damit auch wiederum zurückkommend darauf, wie sich das Tonliche diesem reinen menschlichen Rhythmus anpaßt, so finden wir, daß der wahre Dichter ganz unbewußt seine Sprachbehandlung so einrichtet, daß er in der Aufeinanderfolge der Laute und Worte und in der ganzen Satzgestaltung der Sprache eine solche Gestalt gibt, daß sie sich an den reinen menschlichen Atmungsrhythmus anschließt oder wenigstens zu diesem reinen menschlichen Atmungsrhythmus in einem ganz bestimmten Verhältnisse steht. Aber so wie heute unsere Zivilisation ist, würde, wenn man zunächst vom Gedanklich-Verstandesmäßigen ausgehen würde, noch immer viel Arrhythmisches hineinkommen in das menschliche Wesen. Dagegen kann man heute schon, wenn man ausgeht auf das Seelisch-Geistige, was aus dem Vollmenschen im Willen sich herausentwickelt, wiederum zurückwirken in die Bewegungen menschlicher Glieder, namentlich in die Bewegung der Arme, so daß sich in der Armbewegung ausdrücken läßt das Seelisch-Geistige, wie es dereinst aus der menschlichen Natur heraus gebildet war. Dadurch bekommt man in derselben Weise, nur nach einer anderen Seite hin, in den Bewegungen der menschlichen Glieder, namentlich der Arme, etwas ganz Ähnliches, wie vorhanden ist in der Gestaltung der Luftbewegungen, die aus dem rhythmischen Atmungsprozeß mit entlassen werden. Man drückt dann in einer sichtbaren Sprache das gleiche aus, was sich in der Luft gestaltet beim tönenden Worte. Und man bekommt dadurch die Möglichkeit, was musikalisch dem Gesange, was dichterisch zugrunde liegt der gestalteten Sprache, auch ins Sichtbare überzuführen. So daß man also hier nicht etwa eine gewöhnliche Dichtung, nicht eine Gebärdenkunst, eine mimische oder pantomimische Kunst, sondern daß man hier einen wirklichen Ausdruck des menschlich Geistig-Seelischen im Physisch-Leiblichen hat, wie sie am schönsten zusammenstimmen in jenen Sprachformungen, die nicht dem äußeren Nützlichkeitsprinzip entlehnt sind, sondern die heraus sich offenbaren aus der menschlichen Natur selber. All dasjenige, was da durch die Eurythmie angestrebt wird, offenbart eigentlich das, was einem Gedichte, was einem Gesanglichen zugrunde liegt auf der einen Seite von der musikalischen, auf der anderen Seite von der Bildseite, von der plastisch gestaltenden Seite her. Und es kommt dasjenige, was in dem Dichter als Vollmenschen gelebt hat, sichtbarlich nach außen zur Offenbarung. Man sieht das auch darinnen, daß zum Beispiel all die Unarten des Rezitierens und Deklamierens, die sich heute in einer unkünstlerischen Zeit ganz besonders üppig entwickeln, wegbleiben müssen. All das Hineinnehmen namentlich des Inhaltlich-Prosaischen, des wortwörtlichen Elementes in das Rezitieren und Deklamieren, wo man besonders das gefühlsmäßige innere Betonen hat, womit gar nicht etwa ein Schatten geworfen werden soll auf das Gefühlsmäßige, muß übergehen in Rhythmus, Takt, eben in Musikalisches oder was plastisch, bildähnlich ist. All dasjenige, was von Prosa ganz besonders betont wird in Rezitation und Deklamation, kann nicht zu demjenigen Deklamieren und Rezitieren gebraucht werden, das diese sichtbare Sprache begleiten soll, welche durch die Eurythmie dargeboten wird. Denn es wird gerade aus dem Dichterischen herausgeholt, was das echte, wahre Künstlerische ist. Und das ist eben in der Dichtung nicht das Wortwörtliche, sondern was als Takt, als Rhythmus zugrunde liegt, was sich dann ausdrückt in der Formgestaltung der Sprache. Daher wird heute noch mancher, der vielleicht schon durch die eurythmische Kunst selber genug schockiert ist, noch besonders schockiert dadurch, daß er die besondere Art des Deklamierens und Rezitierens hört als begleitende Kunst, wie sie für diese Eurythmie gefordert wird. Das ist etwas, was heute noch vielfach mißverstanden wird, was durch diese Eurythmie angestrebt wird, diese sichtbare Sprache. Kritiken tauchen auf, wie: etwas automatisch gestaltet – man konnte es voraussagen, daß unsere Eurythmisten zu wenig Gesichtsbewegungen zeigten – und das Gesicht wäre doch das Ausdrucksvollste und so weiter. – Das ist geradeso für denjenigen, der nun wirklich eingeht auf den Zusammenhang, der zwischen dem menschlich Seelisch-Geistigen und der sichtbaren Sprache besteht, die hier in der Eurythmie zum Vorschein kommt, als wenn irgend jemand versucht wäre, dasjenige, was er spricht, mit fortwährenden, unnatürlichen Grimassen zu begleiten. – Darum handelt es sich, daß gerade dasjenige, was zum Ausdruck kommt, durch eine besondere Formensprache, durch eine besondere Bewegungssprache zum Ausdruck kommen soll und eben nicht durch dasjenige, was sonst als Zufallsgebärde, auch als Zufallsmimik des Gesichtes unser gewöhnliches Sprechen begleitet.

Das möchte ich heute sagen zu der einen Seite, welche unsere eurythmische Kunst hat, zu der künstlerischen Seite.

Eurythmie-Darstellung

am

GOETHEANUM Dornach

Sonntag, den 1. Mai 1921, 5 Uhr Nachmittag

I

Im Kuppelbau = Dramatische Szenen und Gedichte eurythmisiert.

Musikalisches

II

Im provisorischen Saal = Ernstes und Anregend-heiter-bizarres.

Ankündigung in den Zeitungen

EURYTHMIE ALS DRAMATISCHES AUSDRUCKSMITTEL

Dornach, 5. Mai 1921

Sie werden sehen, meine sehr verehrten Anwesenden, daß man auch Eurythmie allein – wir haben das in den letzten Monaten immer mehr und mehr versucht – darstellen kann. Sie werden das in den einleitenden Formungen und in den Ausklängen am Schlusse eines Gedichtes oder eines Musikstückes sehen, die Ihnen in der Eurythmie vorgeführt werden. Man kann die Stimmung eines Gedichtes einleiten, oder man kann sie auch ausklingen lassen, diese Stimmung, so daß allerdings Eurythmie in einem gewissen Sinne für sich allein sprechen kann. Sie spricht dann in einer äußerlich sichtbaren Gestaltung, in einer bewegten Plastik dasjenige, was durch das Gedicht oder durch das Musikstück empfunden wird, aus.

Dann werden Sie sehen, daß bei der Szene, die heute vorgeführt wird aus einem meiner Mysterienspiele, wo seelische Vorgänge eines Menschen geschildert werden, die Eurythmie da sich als ganz besonders dramatisches Ausdrucksmittel bühnenmäßig verwenden läßt. Es ist diese Szene eine von denjenigen in meinen Mysterien, wo gezeigt werden soll, wie im Menschen nicht bloß abstrakte seelische Vorgänge im gewöhnlichen vollen Leben oder im gewöhnlichen Erkennen sich abspielen, sondern wie im Menschen Seelenvorgänge sich abspielen, die ihn so in seinem ganzen Verhalten zur äußeren Welt verändern, wie einen Wachstumsverhältnisse, also reale Vorgänge des Werdens, verändern. Dadurch, daß man genötigt ist, solche Dinge, welche also im Menschen geistig etwas durchaus Reales vorstellen, darzustellen, muß man des Menschen Verhältnis zur Welt in einer intimeren Weise darstellen, als das sonst im realistischen Drama geschieht. Man kann zum Beispiel auch nicht eine Magnetnadel dadurch erklären, daß man nur auf sie selber schaut; man muß sie erklären, indem man sie mit dem ganzen Erdmagnetismus in Verbindung bringt. So muß man den Menschen mit der ganzen geistigen Welt in Beziehung bringen. Das kann man nicht durch abstrakte Gesetzmäßigkeiten darstellen, da muß man ins

Konkret-Bildhafte hereingehen. Da muß man Naturvorgänge so darstellen, daß sie zugleich eine moralische Entwickelung darstellen.

Solches ist in der Szene, die heute zur Darstellung kommen soll und in welcher besonders das eurythmische Ausdrucksmittel verwendet wird, der Fall. Da wird dargestellt, wie dieser Johannes solche inneren seelischen Vorgänge durchmacht. Aber es würde nur ein blasses Bild geben, wenn man sie etwa Johannes aussprechen ließe, oder wenn man sie symbolisch gar darstellen würde. Das ist nicht wirkliche Kunst, sondern man muß konkret-bildhaft die Dinge sehen, muß ins Konkret-Bildhafte gehen, so daß dasjenige, was sich abspielt zwischen Maria und den Seelenkräften, die als wirkliche Geistmächte, nicht bloß als Naturmächte, auftreten, eine Offenbarung desjenigen ist, was geistig wirklich vorhanden ist. So wird dann die Darstellung etwas, was den Menschen wirklich angeht, was in den Menschen hineinspielt aus der geistigen Welt, wie der Erdmagnetismus in die Magnetnadel hineinspielt.

Da ist es dann notwendig, daß man sich auch mit diesem Bühnenmäßig-Dramatischen in der Kunst und in der Gebärde zu dem erheben muß, was durch Eurythmie gegeben ist, wo man tatsächlich durch das Gestaltete der menschlichen Bewegungen das ganze menschliche Innere adäquater ausdrücken kann, als das sonst durch die gewöhnliche Alltagsgebärde möglich ist. Die stilisierte Gebärde, welche aber nicht mehr Gebärde ist, sondern eine Fortführung desjenigen, was in der ruhenden Gestalt vorhanden ist, geht in die Bewegung über. Man gestaltet, man stellt dasjenige dar, was in die übersinnliche Welt hinüberspielt.

Eine Folge davon, daß das eigentlich Dichterisch-Künstlerische durch die Eurythmie herausgefordert wird, ist dann, daß auch die Rezitation oder Deklamation von demjenigen abkommen muß, was man heute in unserem unkünstlerischen Zeitalter als Rezitationskunst besonders schätzt. Heute tendiert eigentlich alles Rezitatorische oder Deklamatorische darauf hin, das prosaische Element, also das unkünstlerische Element im Gedicht, besonders zu pointieren. Hier aber muß zurückgegangen werden auf die eigentliche Gestaltung, welche der Dichter nach Rhythmus, Takt, Reim, Bildlichkeit und so weiter gibt. Es ist merkwürdig, man konnte neulich einmal in einer besonders lobenden Kritik über das gegenwärtige bühnenmäßige und rezitatorische Sprechen lesen, daß es jemandem in der letzten Zeit gelungen ist, mit der Sprache gelungen ist, so darzustellen, daß man nichts mehr merkte vom Rhythmus, vom Reim und so weiter. Also es wurde besonders gelobt, daß es dem Betreffenden ganz besonders gelungen ist, das Dichterische in das Prosaische hinüber abzutöten. Das findet man heute ganz besonders hervorragend. Das ist aber etwas, was durchaus Charakter eines unkünstlerischen Zeitalters ist. Da muß gerade etwas, was nach wirklich künstlerischen Mitteln sucht, eintreten. Man muß wiederum das Rezitatorische und Deklamatorische in die Rhythmik zurückführen, man muß immer mehr ein Eurythmisches schon im Sprechen erreichen. Und in vieler anderer Beziehung wird Eurythmie auch noch in der Lage sein, zu einem wirklich künstlerischen Erleben zurückzuführen, das unserer heutigen Zeit vielfach sehr ferne liegt, mehr als die meisten Menschen eigentlich glauben.

GOETHEANUM DORNACH

Eurythmische Kunst

Vorstellung

am 15. Mai 1921, 5 Uhr
am 16. Mai 1921, 5 Uhr

Eurythmische Gestaltung von Welt- und Lebensbildern, sowie von heiter Groteskem und naiv Possierlichem. Musikalisches.

Ankündigung in den Zeitungen

ZU DEN VORGÄNGEN IM ZWEITEN BILD VON «DER SEELEN ERWACHEN»

Dornach, 15. Mai 1921

Rezitation von Marie Steiner: «Der Seelen Erwachen», zweites Bild
Eurythmie: «Der Seelen Erwachen», zweites Bild (Fortsetzung)

Die Darbietungen, die nunmehr vor sich gehen sollen, werden rezitatorisch, eurythmisch, musikalisch sein. Es ist so veranstaltet worden, daß das ganze zweite Bild aus meinem vierten Mysteriendrama, aus «Der Seelen Erwachen», heute zur Darstellung kommen kann, und zwar in der folgenden Weise. Zuerst wird Frau Dr. Steiner rezitatorisch den ersten Teil dieses zweiten Bildes zur Darstellung bringen. Es ist mir daher vielleicht gestattet, einiges gerade über diese Mysteriendramen aus dem Grunde zu sagen, weil nur ein Bild hier zur Darstellung kommen soll, und vielleicht doch einige Worte nötig sind, um dieses Bild in denjenigen Zusammenhang hineinzustellen, in dem es darinnen steht. Es handelt sich bei diesen Mysteriendramen tatsächlich um die Darstellung innerer Seelenvorgänge, keineswegs etwa in symbolischer oder allegorischer Art, sondern auf solche Weise, daß das Seelische, insofern es für den Menschen und seine Entwickelung so Wirklichkeit ist wie die ihn umgebende Sinnenwelt, durchaus ganz ideell, wenn ich den paradoxen Ausdruck bilden darf, ideell-realistisch zur Darstellung kommt.

Die vier Mysteriendramen stellen die innere seelische Entwickelung einer Reihe von Menschen dar, die sozial und seelisch miteinander zusammenhängen. Gewissermaßen wie der Mittelpunkt des Vorganges, der sich durch alle vier Mysteriendramen hindurchzieht, nimmt sich das Schicksal, das seelisch-geistige Schicksal derjenigen Persönlichkeit aus, die den Namen Johannes trägt. Johannes ist ein Maler, aber ein solcher, der innerhalb seines künstlerischen Strebens nach einer Durchgeistigung des Künstlerischen hinzielt, die auch im Malerischen dann eine übersinnliche Wirklichkeit, aber durchaus realistisch, zur Offenbarung bringen kann.

Johannes kommt durch sein Lebensschicksal in Zusammenhang mit verschiedenen Persönlichkeiten, die, während er seine seelische

Entwickelung durchmacht, ihrerseits die ihrige durchmachen. Und dadurch kann in dramatischen Bildern gezeigt werden, wie die verschiedenen übersinnlichen Kräfte in die Entwickelung derjenigen Menschen eingreifen, die in Wahrheit eine innerliche seelische Entwickelung durchmachen. Wir sehen, wie insbesondere in Maria an die Seite gestellt wird dem Johannes Thomasius eine Persönlichkeit, die, während Johannes selber am Ausgangspunkte noch, man möchte sagen, im Anfange seiner Entwickelung steht, schon eine gewisse Entwickelungsreife erlangt hat, so daß eine Art seelische Auseinandersetzung stattfindet zwischen dem noch unentwickelten Johannes Thomasius und der reiferen Persönlichkeit der Maria.

Es schließen sich dann andere Persönlichkeiten dem Kreise an. Da ist vor allen Dingen der Schicksalsgegensatz zur Darstellung gebracht, der in den beiden Persönlichkeiten, dem Professor Capesius und dem Doktor Strader, auftritt. Es soll dargestellt werden in Strader eine Persönlichkeit, welche ihrer ganzen Veranlagung nach eigentlich durchaus ins unmittelbar praktische Leben hineinpaßt, die nur durch Eltern und Erziehungsvorurteile zunächst in eine andere Lebensentwickelung hineingebracht worden ist. Aber zu gleicher Zeit ist es eine Persönlichkeit, die innerhalb des praktischen Wirkens gar nicht sein kann, ohne daß dieses praktische Wirken durchlebt wird von einer durchgeistigten Weltanschauung, und zugleich ist es eine Persönlichkeit, die aber nicht will, daß auf der einen Seite das nüchtern-realistische Leben, dem man eben seinen Tribut darbringt, die Praxis steht, und auf der anderen Seite in abstrakt mystischer Form die Hingabe an die geistige Welt. Sondern in Strader soll eine Persönlichkeit dargestellt werden, die durchaus vom Gesichtspunkte des Menschlichen, vom Wirklichen aus Geistiges und Praktisches ineinanderweben will.

In Capesius steht dagegen eine Persönlichkeit vor uns, die mehr ins wissenschaftliche Leben hineingestellt worden ist und auch in diesem wissenschaftlichen Leben darinnen gewissermaßen befriedigt ist, jedoch nur im allgemeinen in dem wissenschaftlichen Leben als solchem befriedigt ist, nicht in der besonderen wissenschaftlichen Art der Gegenwart, in die sie hineingestellt ist. Daher fühlt sich

Capesius ganz besonders hingezogen zu denjenigen Offenbarungen, die ihm aus Märchenerzählungen, aus der Darstellung von Mythen, überhaupt aus alldem werden kann, was auf eine phantasievolle, volkstümliche Art sich in die Geheimnisse des Daseins hineinfindet. Was, man möchte sagen, in gegenseitiger Seelenwechselbeziehung solche Menschen aneinander erleben können, wird nun in den drei ersten Mysteriendramen dargestellt bis zu jenem Punkte hin, wo die Persönlichkeiten eine bestimmte Vorstellung mit dem verknüpfen können, was es heißt, darinnenzustehen im geistigen Leben.

Denn das muß durchaus eine seelische Erfahrung sein, ein seelisches Erlebnis. Etwas, das in abstrakten Formeln eben nur annähernd ausgedrückt werden kann, was man nennt Darinnenstehen in der geistigen Welt, was man so charakterisieren kann, daß für den also in der geistigen Welt darinnen Stehenden diese geistige Welt wirklich ist wie die äußere sinnenfällige Welt, so wirklich ist, daß er dann sprechen muß nicht nur von irgendwelchen abstrakten geistigen Wesen, sondern von konkreten geistigen Wesenheiten, die keine Symbole und Allegorien sind, sondern die zusammenwirken mit der menschlichen Natur, die selber nach der einen Seite eine geistig-seelische ist wie eben die Wesen der äußeren Sinneswelt. Und es ist absichtlich nach den Szenenbildern, die schon charakterisieren dieses Darinnenstehen in der geistigen Welt bei den maßgebenden Persönlichkeiten der Mysteriendramen, der Übergang in das praktische Leben dargestellt. Nach dem Drama, das ich benannt habe «Der Hüter der Schwelle», ist das Drama gestellt, sich als eine Weiterentwickelung darstellend, in welchem sich die Persönlichkeiten, auf die es ankommt, nun ins praktische Leben hineinstellen.

Wir sollen gerade durch den Verlauf dieser dramatischen Vorgänge darauf aufmerksam werden können, wie eine geistige Welt durch dasjenige, was hier gepflegt werden soll, nicht angestrebt werden soll wie ein Sonntagsvergnügen, wie etwas, was neben dem Leben einherläuft, sondern wie es angestrebt werden soll als eine geistige Wirklichkeit, die aber mit dem äußeren ganz realen alltäglichen Leben unmittelbar zusammenhängt. Kein Wolkenkuckucksheim als geistige Welt soll angestrebt werden, sondern etwas, was mit den einzelnen Kräften durchaus geeignet ist, in das derb materielle Leben hineinzuwirken, geistig hineinzuwirken. In dem ersten Bilde dieses vierten Mysteriendramas «Der Seelen Erwachen» wird daher dargestellt, wie eine der Persönlichkeiten der vier Dramen, Hilarius Gottgetreu, dazu kommt, seine ganz praktischen, nämlich industriellen Unternehmungen so zu ordnen, daß er den Johannes Thomasius und den Doktor Strader hineinnimmt in diese praktische Unternehmung, damit sie in dieser praktischen Unternehmung tatsächlich dasjenige zur Verwirklichung bringen können, was im höheren Sinne eine soziale Gemeinschaft ist, was also die abstrakte Technik, in der es die neuere Zeit zu einer gewissen Vollkommenheit gebracht hat, mit demjenigen verbindet, was zugleich mit den Handlungen der Technik alles dasjenige fördert, was den Menschen so hineinstellt in diese Gemeinschaft, daß ein jeder in dieser Gemeinschaft sein menschenwürdiges Dasein finden kann. Soll das verwirklicht werden, so muß von der Maschine aus angefangen werden, anders zu denken, als im bisherigen, gerade im neuzeitlichen Leben gedacht worden ist. Dann muß in der Tat der Geist angerufen und aufgerufen werden, damit er dasjenige, was bisher nur in abstrakter Mechanik erklärt worden ist, in vollmenschlicher Weise erklärt, so daß unmittelbar hinausgetragen werden kann zum Heil und zur Fortentwickelung der Menschheit in das praktische Leben dasjenige, was in der geistigen Welt geschaut wird. Es sollen also die geistigen Persönlichkeiten mit einer gewissen Entwickelung hineingestellt werden in das praktische Leben, und es soll das praktische Leben in den Dienst der geistigen Wirksamkeit gestellt werden.

Das ruft die Vorurteile derjenigen hervor, welche bisher bloß aus, ich möchte sagen, abstrakter Praxis heraus sich einer solchen Unternehmung gewidmet haben wie der Bürochef im ersten Bilde der praktischen Unternehmung des Hilarius Gottgetreu. Und wir sehen die ganze Opposition, mit der die sogenannte Praxis demjenigen gegenübersteht, was einzig und allein Heil hereintragen kann in das Leben in einer die Menschheit überzeugenden Auffassung, einer geistigen Auffassung des Lebens.

Dasjenige, was jetzt einigermaßen, aber in allerersten elementaren Anfängen von uns praktisch versucht wird, steht durchaus in diesen Mysteriendramen darinnen, und als 1913 gerade das vierte Drama, «Der Seelen Erwachen», aufgeführt worden ist, konnte eben zunächst nur auf die Welt, die eigentlich nur die Welt bedeutet, nämlich auf die Bühnenwelt dasjenige gebracht werden, was aber durchaus in einem durch und durch realen, wirklichen Sinne, wenn auch im Sinne einer geistig-physischen Wirklichkeit gedacht ist. Allerdings, wenn man so etwas vor sich sieht, dann merkt man sehr bald, wie nicht nur etwa die sogenannte praktische physische Welt ihre Vorurteile demjenigen entgegenbringt, was vom Geistigen auf sie Einfluß ausüben will, was sie geistig durchdringen will, sondern wie auch durchaus zuweilen diejenigen, die nun nach den geistigen Höhen streben, die eine gewisse geistige Entwickelung durchmachen wollen und sie auch durchmachen, wie diese auch im rechten Momente durchaus versagen können. Und dieses Versagen nun von der anderen Seite, das wird in dem zweiten Bilde, das wir nunmehr zur Darstellung bringen wollen, künstlerisch versucht vorzuführen.

In dem ersten Bilde, das hier nicht zur Darstellung kommen soll, wird gewissermaßen der Widerstand der äußeren Praxis gegen das Geistige dargestellt. In diesem zweiten Bilde soll nun dargestellt werden gewissermaßen der Widerstand der Geistesmenschen.

Da ist zunächst Johannes selber, der im Laufe langer Lebensereignisse vieles durchgemacht hat, der sich zu einer gewissen Anschauung der geistigen Welt aufgeschwungen hat, so daß er schon durch das Ereignis des Schwellenüberganges in die geistige Welt hat geführt werden können. Da er sich aber plötzlich eigentlich unheimlich von dieser ganzen geistigen Welt berührt fühlt, in die er hineingekommen ist – er steht der geistigen Welt gegenüber, er kommt sich wie ohne Boden in dieser geistigen Welt vor –, möchte er wieder seine Zuflucht nehmen zur unmittelbaren Natur und vor allen Dingen zu demjenigen, was als seine eigenen Kindheitserinnerungen in ihm auftaucht. Diese innere Tragik, die eigentlich immer größer wird, je mehr der Mensch in der geistigen Welt vorrückt, diese innere Tragik eines sich so entwickelnden Menschen soll in diesem Bilde dargestellt werden. Man möchte sagen, durch eine solche geistige Entwickelung wird der Mensch, wenn er ein gewisses Alter erreicht hat, seinen früheren Lebensepochen fremder als sonst. Er sieht auf seine früheren Lebensepochen so hin, wie, man möchte sagen, wenn die Kindheit, die erste Kindheit, wie ein selbständiger Mensch dastünde, wie ein anderer Mensch; dann wiederum die Jugendepoche, ich möchte sagen, wie ein anderer Mensch. Fremder wird man sich selbst durch eine solche geistige Entwickelung. Und man muß wiederum auf eine intensivere Art, als das sonst geschieht, den Weg zurückfinden.

Wir sehen dargestellt, wie die Kindheit des Johannes Thomasius vor ihm auftritt, wie er in diese Kindheit zurück will, weil er nicht fassen kann, weil er noch nicht gelernt hat anzuschauen die geistige Welt. Gerade in dem Augenblicke, wo er berufen wird, man möchte sagen, in der Welt nützlich werden soll, wird er sich selber zur Last. Sie sehen ihn in der ganzen Tragik dastehen, zunächst der Maria gegenübertreten, wie er zurückgeführt werden soll zu dem, was er nun schon einmal war. Wir sehen aber auch, wie eine andere Persönlichkeit, die mit ihm verknüpft ist, Capesius, eine gewisse Entwickelungsstufe zurückgelegt, durchgemacht hat und den Weg nicht zurückfindet in die Wirklichkeit, wie Capesius in abstrakten geistigen Welten bleiben will, nicht in solchen, welche die Wirklichkeit durchdringen können. Er, der von der Wissenschaft, ich möchte sagen, auferzogen worden ist, nicht von der Praxis, wie Strader, kann leichter in Versuchung gebracht werden, nun darinnen zu bleiben in der abstrakten geistigen Welt. Wir sehen ihn daher gewissermaßen zeitweilig abfallen gerade im Verlaufe dieses Bildes.

Und das alles soll nichts anderes darstellen als eine Kraft – ich brauche nur an Johannes Thomasius zu erinnern, nicht an mystisch Geheimnisvolles –, wenn ich für diese Kraft den Ausdruck ahrimanisch gebrauche, wenn man sieht, wie in dieses Leben das Ahrimanische hereingreift, das ihn nur ketten möchte an die äußere geistlose Praxis, an all dasjenige, was den Menschen nur an das Physisch-Mechanische fesselt. Dieser Ahriman tritt allerdings nicht auf in diesem Bild, aber man sieht auf der anderen Seite dasjenige auftreten, was nun den Menschen gewissermaßen über sich hinausführen will, was im Menschen dahin wirkt, daß er mystisch oder im schlechten Sinne theosophisch um eine halbe Menschenlänge über sich hinauswachsen will. Man kennt diese Art von Theosophie, die darinnen besteht, daß die Betreffenden immer sagen: Ich habe den höheren Menschen in mir, ich habe das höhere Ich in mir. – Und dann fühlen sie sich so, als wenn sie mit einem halben Menschen über ihren Kopf hinausgewachsen wären und über alle übrigen Menschen hinaussehen könnten. Das ist schlechte Mystik, das ist schlechte Theosophie; das ist dasjenige, was den Menschen abbringen will von dem festen Stehen auf einem sicheren Boden praktisch physischer Wirklichkeit, die aber vom Geiste durchdrungen werden muß. Diese Kräfte, die den Menschen so sich selber entfremden wollen in eine abstrakte geistige Welt hinein – ich verweise wiederum auf den Thomasius –, sollen luziferische Kräfte genannt werden. Sie treten hier auf. Aber das Ganze ist nicht symbolisch gedacht, sondern durchaus dynamisch als in der Welt vorhandene Kräfte wie Elektrizität und Magnetismus, die man nicht sehen kann, die aber doch als Kräfte da sind. Wir sehen, wie durch alles, was da wirkt, Johannes Thomasius dazu gebracht wird, seine Jugend nun nicht im Wahn und Traum zu sehen und sich danach zurückzusehnen, sondern sie real vor sich zu sehen. Der Kampf seiner Seelenkräfte, Philia, Astrid, Luna und die andere Philia werden ihm vorgeführt; der Geist von Johannes Jugend wird vorgeführt. Es ist Johannes selber, aber etwas ihm fremd Gewordenes, eine fremde Persönlichkeit, gewissermaßen den jungen Johannes Thomasius dem älteren Johannes Thomasius gegenübergestellt. Da wirken die Seelenkräfte zusammen, so daß Johannes Thomasius in dem Lebensalter, in dem er sich wieder finden kann, nicht mehr im Wahn sich zurückträumt nach seiner Jugend, sondern auf diese Weise sich bereitmachen kann, nun wirklich in das praktische Leben allmählich einzugreifen, wie es sein soll in dem wirklichen richtigen Verhältnisse zwischen der Geistwelt und der physischen Welt.

Der erste Teil wird rezitiert werden; im zweiten Teil, da wo die Gnomen und Sylphen auftreten und die Seelenkräfte, wo schon das

Drama selber eine Art eurythmische Darstellung fordert, wie es im Drama angemerkt ist, wird dann die Rezitation übergehen in die bühnenmäßige Darstellung durch Eurythmie, durch jene eurythmische Kunst, welche sich gründet auf einer sichtbaren Sprache, die ebenso gesetzmäßig aus der menschlichen Organisation hervorgeholt wird wie die menschliche Lautsprache oder der Gesang. Aber gerade dasjenige, was übersinnlich dargestellt werden soll, was ins Übersinnliche hineinspielt, kann eigentlich nicht mit der gewöhnlichen Bühnenrealistik dargestellt werden. Wir haben den Versuch gemacht bei den Szenen, in denen *Goethe* zum Beispiel sein «Faust»-Drama ins Übersinnliche überführt, unsere Eurythmie, diese sichtbare Sprache, zu Hilfe zu nehmen, und man sieht, wie überall dasjenige, was Goethe in eine höhere Wirklichkeitswelt hineindichtet, gerade durch die Eurythmie auch seinen Stil in der Darstellung finden kann. Dasjenige, was hier als sichtbare Sprache auftritt, ist so gemeint, daß tatsächlich die innere Bewegungstendenz studiert wird, die der menschliche Kehlkopf, die Sprachorgane haben. Wenn die Lautsprache oder der Gesang zustande kommen, dann wird dasjenige, was da beobachtet wird an innerer Gesetzmäßigkeit der Sprache, übertragen auf den ganzen Menschen oder auf Menschengruppen, so daß gewissermaßen der Mensch selber oder Menschengruppen wie ein sichtbarer Kehlkopf, Sprachorgan, auf der Bühne auftritt. Die Eurythmie ist keine bloße Gebärde oder Mimik, auch kein gewöhnlicher Tanz etwa, sondern die Eurythmie will etwas ganz anderes im Grunde genommen darstellen. Wenn wir heute mit unseren Gebärden unsere Sprache begleiten, so sind das Willkürgebärden. Es ist interessant, daß man in Urzeiten der menschlichen Entwickelung ein einziges Wort gehabt hat für die Gebärde, die sich dazumal mit dem Laute noch verbunden hat. Unsere heutigen Gebärden sind Sinngebärden; sie entstehen durch dasjenige, was wir eigentlich aussprechen wollen und was schon durch die Gedanken durchgegangen ist. Was in der Eurythmie auftritt, ist das, was am Ton und Laut erlebt wird. Was erlebt wird, wenn der Mensch den einzelnen Laut seelisch erlebt, ist bereits in der äußeren Sprache abstrakt. Wir aber müssen wieder mehr in der Eurythmie zurückführen von der

Sinngebärde in die Lautgebärde. Und darum handelt es sich, wie die Lautsprache und der Gesang selber dadurch etwas hervorrufen, was wiederum eine wirkliche Sprache ist, nicht bloß eine Begleitung. Dadurch wird wiederum auf die elementare Form, die künstlerische Empfindung des Ausdrucks zurückgegangen.

Das allerdings führt aber auch zu einer veränderten Stellung gegenüber den anderen Künsten, namentlich gegenüber der Deklamation und Rezitation. Man könnte ja, indem man die Eurythmie begleitet nicht in dem Sinne, wo man eigentlich den Prosainhalt besonders pointieren will und alles dasjenige, was Rhythmus, Takt, Reim und so weiter, Versfuß und so weiter sind, zurücktreten läßt in der Deklamation –, also wenn man das eigentlich Künstlerische unterdrücken würde, könnte man mit dieser Rezitationskunst gar nicht die Eurythmie begleiten. Deshalb greifen wir zurück zu demjenigen, was zum Beispiel von Goethe, dem wirklichen Künstler, noch recht gefühlt worden ist, indem er selbst im Drama einstudierte mit seinen Schauspielern dasjenige, was er einzustudieren hatte, mit dem Taktstock, also die Hauptsache sehend in dem, was in der Sprachbehandlung, in der Formung des Sprachlich-Lautlich-Tonlichen dem eigentlichen wortwörtlichen Inhalt zugrunde liegt. Denn das ist das eigentlich Künstlerische. Während es ein unkünstlerisches Beginnen ist, wenn man sich in das Inhaltliche besonders hineinverlegt und das eigentlich nur pointieren will, was man heute als das Großartigste vielfach der Rezitations- und Deklamationskunst ansieht. Jene Rezitations- und Deklamationskunst wenden wir dann an, wenn überhaupt rezitiert und deklamiert wird, indem überall zurückgegangen wird auf das künstlerisch Gestaltete, das sich des wortwörtlichen Inhaltes eigentlich nur bedient, um etwas viel Tieferes auszudrücken, als durch den abstrakten wortwörtlichen Inhalt, den gedankenerfüllten Inhalt ausgedrückt werden kann.

In diesem Sinne soll der erste Teil des Bildes rezitiert werden. Dann wird unmittelbar der Übergang genommen werden zu der eurythmischen Darstellung des zweiten Teiles des zweiten Bildes zu meinem Mysteriendrama «Der Seelen Erwachen». Eine Pause wird nicht stattfinden. Es wird die ganze Vorstellung in diesem Raume ohne Pause stattfinden. An die Darstellung dieses Mysterienbildes werden sich eurythmische Darstellungen von anderer Art anschließen, und es wird auch noch etwas Musikalisches dargeboten werden.

EURYTHMIE-AUFFÜHRUNG

im Schillersaal, Tübingen, am 31. Mai 1921 abends 8 Uhr

PROGRAMM

Einleitende Worte von Leopold van der Pals über eurythmische Kunst.

I. Teil

Symbolum von Goethe . . . . eine Gruppe
mit musikalischem Auftakt von L. v. d. Pals

Weltenseelengeister von Rudolf Steiner . . . . . . A. Donath, J. de Jaager, J. Bögel

Beherzigung von Goethe . . . . M. Waller

Frühling von Rudolf Steiner . . . . . . J. de Jaager, J. Bögel

Der Fischer von Goethe . . . . T. Kisseleff und Andere

Hochländisch von Goethe . . . . A. Spiller

Waldkonzerte von Chr. Morgenstern . . . . eine Gruppe
mit musikalischer Beigabe von M. Schuurman

Das Sträußchen von Goethe . . . . J. de Jaager
mit musikalischer Beigabe von L. v. d. Pals

Mit einem gemalten Band von Goethe . . . . J. Bögel

Weltseele von Goethe . . . . eine Gruppe
mit musikalischem Auftakt von M. Schuurman

II. Teil

Die drei Zigeuner von Lenau . . . . J. von Molnar, A. Spiller
Musik von Jan Stuten J. de Jaager, N. Bogojawlenskaja

Aus Wilhelm Meister von Goethe
Mignon . . . . C. Husemann
Der Harfenspieler . . . . A. Donath

Erlkönig von Goethe . . . . T. Kisseleff, M. Waller, A. Spiller

Charon von Goethe . . . . T. Kisseleff

Satyrisches von Goethe

Humoristisches von Chr. Morgenstern

Die der Aufführung zu Grunde liegenden Dichtungen werden von Frau Marie Steiner rezitiert.

Frankfurt, 3. Juni 1921, Darmstadt, 5. Juni 1921,
Baden-Baden, 9. Juni 1921, Stuttgart, 12. Juni 1921

PROGRAMM

(I. Teil wie in Tübingen)

II. Teil

Erlkönig (mit Elfenauftakt)		J. W. v. Goethe
Charon		J. W. v. Goethe
Harfenspieler		J. W. v. Goethe
Die drei Zigeuner	Musik: Jan Stuten	Nikolaus Lenau
Satirischer Auftakt	Musik: Leopold van der Pals	
Der Aesthet		Christian Morgenstern
Kläffer		J. W. v. Goethe
Aus den Humoresken		Christian Morgenstern
Die Korfsche Uhr – Palmströms Uhr	Musik: Jan Stuten	
Der Schnupfen – Séance		

Eintragungen in ein Notizbuch

Zürich, 21. Juni 1921

Eurythmie =

Im Ton und Tanz eine Polarität.

Die Sprache artikuliert den Ton – gestaltet ihn – ebenso die ausdrucksvollen Bewegungen der Eurythmie = es muß schon künstlerisch angesehen werden –

Der Weg von der *Gestalt* in das ruhende Seelische in Ton und Farbe –

Das Willenselement geht in die Bewegung –

Es ist die zum Stillstand gebrachte Körperbewegung – die im musikalischen Element lebt –

In der Lautsprache wird dann die Bewegung nur innerlich herausgeholt und in die Vokalisierung und Konsonantierung gebracht –

In der Eurythmie wird die Bewegung vollends herausgeholt – dadurch kann die Sprache sich zurückziehen und die innere Form geben –

Dornach, 24. Juli 1921

PROGRAMM

I. Teil *(im Goetheanum)*

Göttermahl . . . . C. F. Meyer

L'Art et le Peuple . . . . Victor Hugo

Aus den Jahressprüchen . . . . Rudolf Steiner
3. Juliwoche

Meisenglück . . . . Friedrich Hebbel

Aus den Jahressprüchen . . . . Rudolf Steiner
4. Juliwoche
5. Juliwoche

La Prière du Mort . . . . J. M. Hérédia

Aus «Faust» I: Prolog im Himmel . . . . J. W. v. Goethe

II. Teil *(im Bühnensaal der Schreinerei)*

Zum neuen Jahr . . . . J. W. v. Goethe

Aus «Rêves» I . . . . Victor Hugo

Offene Tafel . . . . J. W. v. Goethe

Heiterer Auftakt Musik: Leopold van der Pals

Das Gebet . . . . Christian Morgenstern

Der E.P.V. . . . . Christian Morgenstern

Valet . . . . J. W. v. Goethe

Rezensent . . . . J. W. v. Goethe

Unter Schwarzkünstlern . . . . Christian Morgenstern

Eurythmische Kunst

Darstellung am
Sonntag, den 14. August 1921, 5 Uhr nachmittags

Getragene Dichtungen eurythmisiert. Musikalisches
Humoristisch-antipathetisches.

Dornach, 14. August 1921

PROGRAMM

I. Teil *(im Goetheanum)*

Aus «Die Prüfung der Seele»:
Das Märchen vom Quellenwunder . . . . . Rudolf Steiner

Tanzlied . . . . Friedrich Nietzsche

Aus den Jahressprüchen . . . . Rudolf Steiner
2. Augustwoche

Die Freuden . . . . J. W. v. Goethe

Aus den Jahressprüchen . . . . Rudolf Steiner
3. Augustwoche

Elfe . . . . J. Fr. v. Eichendorff

Aus «Buch der Lieder»:
Aus alten Märchen . . . . Heinrich Heine

Das Veilchen . . . . J. W. v. Goethe

Die Metamorphose der Pflanzen . . . . J. W. v. Goethe

II. Teil *(in der Schreinerei)*

Trauermarsch . . . . F. Mendelssohn-Bartholdy

Aus «Pierrot Lunaire» . . . . A. Giraud
Abend übertragen von O. E. Hartleben
Gebet an Pierrot
Harlekin
Souper

Aus den Humoresken . . . . Christian Morgenstern
Der Purzelbaum – Etikettenfrage – Toilettenkünste
Anto-logie – Der Gaul

TANZ, PANTOMIME UND DIE EURYTHMIE

Dornach, 14. August 1921

Das alles will eine wirkliche sichtbare Sprache sein, und zwar eine Sprache, die als sichtbare sich wirklich anschließen darf an die Ton- oder Lautsprache, die aber andererseits, trotzdem sie durch Bewegungen des Menschen zur Offenbarung kommt, nichts zu tun hat mit bloßer Mimik, mit Pantomime und dergleichen.

Was der Mensch in seiner Seele erlebt und sich auf die verschiedenste Weise durch seine Körperorganisation zum Ausdrucke bringt, bewegt sich, von einem gewissen Gesichtspunkte aus betrachtet, durchaus zwischen zwei Polen: zwischen der Laut- oder Tonsprache, welche in die nicht mehr künstlerische, prosaische Rede übergeht, und zwischen demjenigen, was der Mensch versucht, aus, ich möchte sagen, Gleichgewichtslagen und -formen seines Organismus heraus zu entwickeln. Nun ist der Mensch auf beiden Wegen, sowohl nach der Lautsprache hin wie auch nach der Pantomime hin, durchaus auf einem unkünstlerischen Wege, beziehungsweise auf einem Wege, der zu unkünstlerischen Zielen führt.

Dasjenige, was der Mensch im Musikalischen oder im Sprachlich-Lautlichen aus seinen Seelenerlebnissen heraus formt, könnte man, wenn man es in seinem Wesen empfindet, bezeichnen wie dasjenige, was der Mensch, nachdem er es abgesondert von der Außenwelt in sich entwickelt hat, gewissermaßen dieser Außenwelt aufdrängt. Dieses Aufdrängen des eigenen Wesens des Menschen gegenüber der Außenwelt tritt am meisten hervor in der Prosa gesprochenen Rede. In dieser Prosa gesprochenen Rede liegt eigentlich, ästhetisch empfunden, man möchte sagen, die Aufdrängung des eigenen menschlichen Wesens an die Außenwelt. Und dabei verfährt der Mensch so, daß er dasjenige, was er in sich ausbildet als Seelenerlebnisse, immer mehr und mehr umformt in dem Gedankenausdruck, der dann entweder der Ausdruck im Wort wird für das innere geistig Erlebte oder für das konventionell Mitzuteilende.

In beidem, sowohl in dem konventionell Mitzuteilenden, zu dem sich besonders die Kultursprachen hin entwickeln müssen, wie auch in demjenigen, was sich in inneren Seelenerlebnissen geistig zum Ausdruck bringt, verliert sich das ästhetische Gewissen, möchte man sagen, und die logische Besonnenheit tritt da ein. In demselben Maße, in welchem die logische Besonnenheit in den mündlichen Ausdruck eingreift, in demselben Maße verliert sich das ästhetische Gewissen, verliert sich dasjenige, was das eigentlich Künstlerische ist.

Nach der anderen Seite hin, nach dem Mimischen, muß sich der Mensch so verhalten, daß er sich entweder seines Organismus so bedient, daß er diesen Organismus formt. Dann ist er von den den Organismus beherrschenden Naturgesetzen abhängig. Oder aber, er bringt sich selbst im Raume in Bewegung, so daß die Pantomime dann tanzartig wird. In dieser Bewegung, welche das Seelische in sich begreift, geschieht das Entgegengesetzte mit dem Menschen. Er übergibt sich gewissermaßen der Natur. Er übergibt sich der Außenwelt. Er gliedert sich der Außenwelt ein. Während also der Mensch sich aufdrängt in der Tonsprache und auch im Musikalischen, formt er dasjenige, was er selber in sich erlebt, in Luft wieder um, er übergibt also dasjenige, was sein inneres Erleben ist, der äußeren Objektivität.

Während das also nach der einen Seite hin bei der Sprache, bei dem Tonlichen überhaupt der Fall ist, gliedert sich der Mensch ein, gibt sich selbstlos hin an die Naturgesetze, wenn er sinnvoll seinen eigenen Organismus in Bewegung bringt.

So wie aber der Mensch an das Geistige sich verliert in dem Sprechen oder auch in dem Singen, so verliert er sich in das Natürliche, wenn er in die Pantomime, in den Tanz übergeht. Auch da hört das ästhetische Gewissen auf. Und es tritt etwas ein, was zuletzt, wenn Pantomimisches gerade immer mehr und mehr nach der einen Seite zu einer gewissen Vollkommenheit ausgearbeitet wird, an dem Menschen erscheinen läßt, wie wenn er von Drähten gezogen würde, also eingegliedert würde in ein unmenschliches oder außermenschliches System.

Wenn er in Tanz übergeht, so gerät er hart an die Ekstase, also wiederum an ein Unkünstlerisches heran.

Zwischen diesen beiden Extremen, nicht nach der einen oder anderen Seite hinwegschreitend, will nun Eurythmie stehen als eine sichtbare Sprache. Sie ist dadurch entstanden, daß sorgfältig studiert wird, in welchen Bewegungstendenzen der Mensch lebt, die dann gleichsam im Kehlkopf und den anderen Sprachorganen gleichsam in der Entstehung aufgefangen werden, um in Luftbewegungen umgesetzt zu werden. Das wird studiert. Und wie *Goethe* in der ganzen Pflanze etwas sieht, was in komplizierter Art alle Geheimnisse des grünen Blattes enthält, so kann man übertragen auf die seelische Bewegung der Arme und Hände dasjenige, was sonst der Sprache als Bewegungstendenzen zugrunde liegt, auch dem Gesange, was aber dann nur gelten wird, wenn der Mensch spricht oder singt, und das kann so gesetzmäßig, wie in der Sprache und dem Gesang, eine innere Gesetzmäßigkeit werden, durch die äußere Bewegung des Menschen, oder von einer Gruppe von Menschen ausgeführt werden. So daß man nicht eine willkürliche Pantomime hat, nicht einen Zufall von Gebilden mit einem anderen, sondern daß man einen wirklichen, zusammenstimmenden sprachlichen Ausdruck desjenigen hat, was in der menschlichen Seele vorgeht.

Wird so eine tatsächlich sichtbare Sprache geformt, so kann dieses gerade der Ausdruck desjenigen werden, was auf der einen Seite der Mensch musikalisch erlebt als dasjenige, was er der Außenwelt übergibt von sich, von seinem eigenen Wesen, wie auch dasjenige, was er sprachlicherseits erlebt. Es kann das übergeführt werden in Bewegungen, durch welche der Mensch gewissermaßen in die Außenwelt, in die Bildhaftigkeit dieser Außenwelt sich eingliedert.

Daher kommen diejenigen Dinge, die in der Dichtung als wirklich Künstlerisches entstanden sind, die auch im Musikalisch-Tonlichen enthalten sind, aber einer Bildhaftigkeit zugänglich sind, durch diese bewegte plastische Kunst, die Eurythmie, besonders zum Vorschein.

Bei der dichterischen Kunst kann man sagen, wenn sie wirklich dichterische Kunst ist, daß von dem Dichter eigentlich ein Kampf durchgekämpft wird. Die Sprache neigt hin zum Prosainhalt; das heißt zu demjenigen, wo die Logik durchscheint; da ist das ästhetische Gewissen niedergehalten. Der Dichter wird gewissermaßen ergriffen, indem er sich sprachlich äußern will, von diesem ästhetischen Gewissen, und er schiebt wiederum zurück dasjenige, was in der Prosasprache wirkt. Durch Rhythmus, Takt, Reim, durch die thematischen Motive schiebt er es wiederum zurück in die Sprachgestaltung, so daß dasjenige, was in der Prosasprache in den Geist ausgeflossen ist, wiederum zurückgeführt wird in das Seelische.

Daher können gerade diejenigen Möglichkeiten, nach denen der Dichter strebt, nach der Sprachgestaltung, die das wirklich Künstlerische in der Dichtung ausdrücken, durch diese sichtbare Sprache der Eurythmie herausgeholt werden durch dasjenige, was von vornherein eurythmisch gedacht ist in der Sprachgestaltung.

Ich darf Sie aufmerksam machen, weil es in dem Eurythmieprogramm kommt, auf jenes «Märchen vom Quellenwunder», bei dem es selbstverständlich ist, wie es ausfließt in die äußere eurythmische Bewegungsplastik.

So wird man auf der einen Seite vom Musikalischen das Eurythmische begleitet finden können; denn man kann ebenso in dieser sichtbaren Sprache, in diesem sichtbaren Tongewebe der Eurythmie singen, möchte ich sagen, wie man durch den Ton singen kann. Und auf der anderen Seite wird man dasjenige, was eurythmisch auf der Bühne aufgeführt wird, begleitet sehen von der entsprechenden poetischen, von dem wörtlichen, aber künstlerisch gestalteten Ausdrucke des Seelenerlebnisses.

Dabei zeigt sich gerade aber, wie Eurythmie wiederum in einer gewissen Weise zum Urquell des Künstlerischen auch auf diesem Gebiete wieder zurückkehren muß.

DREI ANSPRACHEN BEIM SUMMER ART COURSE

handschriftlich für die Übersetzungen

Einleitende Worte für die Eurythmie (pädagogisch)

Montag, 22. August 1921, 5 Uhr nachmittags

Eurythmie, wie wir sie Ihnen heute und in den nächsten Tagen hier vorführen werden, beruht auf einer aus der Wesenheit des Menschen heraus gebildeten sichtbaren Sprache. Diese Sprache offenbart sich in Bewegungen, welche der einzelne Mensch durch seinen Körper und seine Körperglieder ausführt, oder welche durch Menschengruppen vollzogen werden. Insoferne sieht, was hier zur Darstellung kommt, einer Offenbarung durch Geberden, durch Mimik, durch Tanz ähnlich. Und doch steht Eurythmie von diesen so weit ab, wie die gesetzmäßig gebildete menschliche Sprache selbst. Es wird nicht ein einzelnes Seelenerlebnis, eine Empfindung, ein Gefühl mit einer Geberde oder Bewegung, die sich der augenblicklichen Willkür ergeben, zusammengebracht. Sondern es stehen die Einzelgeberde, die Einzelbewegung in einem solchen Zusammenhang mit den Möglichkeiten des seelischen Erlebens wie der einzelne Sprachlaut oder der einzelne Gesangston. Und es folgen sich Geberden und Bewegungen wie Laute und Töne im Satz, in der Rede.

Wie eine solche sichtbare Sprache zur künstlerischen Darstellung aufsteigt, das werde ich zu sagen haben vor den nächsten Eurythmie-Aufführungen. Heute haben wir es zu tun mit einer anderen Seite der Eurythmie. Kinder werden vor Ihnen auftreten. Für sie ist diese ein beseeltes, durchgeistigtes Turnen. Deshalb ist sie in der von Emil Molt in Stuttgart begründeten, von mir geleiteten Waldorfschule als obligatorischer Lehrgegenstand neben dem Turnen eingeführt.

Die Berechtigung dazu liegt darin, daß sie den menschlichen Organismus in eine Beweglichkeit überführt, die ein ganz naturgemäßes, zeitweiliges Ausleben seiner eigenen Gestalt, seiner inneren ruhenden oder beweglichen Wesenheit ist. Man sehe sich einen menschlichen Arm mit der Hand an. Seine Gestalt enthält zugleich das Geheimnis seiner Beweglichkeit, seiner Betätigung. Man kann die ruhende Hand und den ruhenden Arm nicht ansehen, ohne die in ihnen liegenden Bewegungsmöglichkeiten im Geiste *mit*zusehen, wie man ein ruhiges, stummes Antlitz nicht sehen kann, ohne daß es in Form und Gestalt verrät, wie es nur den Mund zu öffnen braucht, um eine Seele hörbar zu machen. Und man kann eine bewegte Hand und einen bewegten Arm nicht sehen, ohne in der Bewegung das Streben nach der ruhenden Gestalt mitzuempfinden, wie im sprechenden Menschen sich das Geheimnis seines physiognomischen Ausdruckes offenbart.

Aber wie die Sprache selbst aus dem inneren Wesen des Menschen gesetzmäßig hervorbricht, so ist es auch möglich, innere Seelenzusammenhänge in Bewegungen umzusetzen, die sich von Geberde und Mimik bis zur vollen Artikulation einer sichtbaren Sprache fortbilden. Und der Mensch erlebt dann an seinen Bewegungen eine Ausdrucksfähigkeit, die der Tonsprache und dem Gesange ähnlich ist. Es offenbart sich der Mensch in seinem ganzen Wesen, nach Leib, Seele und Geist durch eine solche sichtbare Sprache.

Und diese Möglichkeit der Selbstoffenbarung empfindet das Kind. Der im Menschen liegende Bewegungsdrang findet seine eigene Wesenheit wieder in seinem Tun. Was in dem Menschen veranlagt ist, fühlt es herausgeholt aus der inneren Wesenheit und aus dem körperlichen Allgemeinempfinden. Auf solchem Herausholen beruht alle wirkliche Erziehung. Die Eurythmie als beseeltes, durchgeistigtes Turnen ist ein bedeutsames Erziehungsmittel. Künftige Zeiten, die manche Vorurteile der Gegenwart werden abgelegt haben, werden auch einsehen, wie das Turnen durch die Eurythmie ergänzt werden muß. Das Turnen holt seine Gesetze aus der Erkenntnis der menschlichen Körperlichkeit. Was es dadurch erreichen kann, soll ihm durchaus hier nicht abgesprochen werden. Allein das beseelte Turnen wird erreichen, was das rein körperliche nicht kann; es wird z.B. die Willens-Initiative aus dem Menschen herausholen. Es wird den Vollmenschen, nach Leib, Seele und Geist erziehen, aber keineswegs den Leib vernachlässigen. Denn im Vollmenschen sind Leib, Seele und Geist Eines. Und wer Bewegungen ausführen läßt, die dem *lebendigen* Geiste, nicht dem abstrakten, nebulosen Geiste, von dem man heute

Kinder-Eurythmie-Aufführung

Montag, 22. August 1921, 5 Uhr

PROGRAMM

1. *Stabübungen*
2. *Ballen und Spreizen*
3. *Chromatische Skala und Dur-Dreiklänge*
4. *Anapäste*
5. *Marienwürmchen* (Lauteurythmie) . . . . Volkslied
6. *Chromatische Skala und Moll-Dreiklänge*
7. *Im Hochwald* . . . . Christian Morgenstern
8. *Tonleiterübung*
9. *Männlein im Walde* . . . . Hoffmann v. Fallersleben
10. *Energietanz*

---

11. *Berceuse* (Toneurythmie) . . . . Sophie v. Walleen
12. *Was treibst du Wind?* . . . . C. F. Meyer
13. *Tanz* . . . . J. S. Bach
14. *Das Häslein* . . . . Christian Morgenstern
15. *Tanz* . . . . J. S. Bach
16. *Ländliches Lied* . . . . Robert Schumann
17. *Schlaf, Herzenskind* (Toneurythmie)
18. *Philantropisch* . . . . Christian Morgenstern
19. *Vöglein im hohen Baum* (Toneurythmie) . . . . . Volkslied
20. *Kling, kling, Glöckchen* (Toneurythmie) . . . . . Zagwijn
21. *Das bucklige Männlein* . . . . Volkslied
22. *Frohsinn* . . . . Löwenstein
Musik: Hiller

fast allein spricht, entstammen, der pflegt zugleich auch das am besten, was leibgemäß, was naturgemäß ist.

Deshalb empfinden die Kinder in der Eurythmie etwas, was sie so selbstverständlich von Innen aus vollführen wollen, wie sie sprechen wollen aus innerem Antrieb.

Die Berechtigung der Eurythmie als Erziehungsmittel gilt für den, der aus wahrer, sachgemäßer Menschen-Erkenntnis heraus die Wege der Erziehung sucht. Deshalb darf man glauben, daß man die Aufnahme dieses beseelten Turnens künftig in jeden Erziehungsplan aufnehmen wird. Man wird es tun zur Erhöhung des inneren Anteiles des Kindes am Erziehungswege; zur Pflege des ganzen vollen Menschentums während der Erziehung.

Einführende Worte vor der Eurythmie-Vorstellung

Mittwoch, 24. August 1921, 5 Uhr nachmittags

Am letzten Montag erlaubten wir uns, Ihnen eine Eurythmie-Vorstellung zu bieten, welche diese Kunst gewissermaßen in der Form eines geistig-seelischen Turnens als ein Erziehungs- und Unterrichtsmittel veranschaulichen sollte. Heute möchten wir vor Sie hintreten mit der Eurythmie als einer freien Kunst. Eine Vorstellung in einer solchen erklären wollen, ist ein unkünstlerisches Unternehmen. Denn eine wirkliche Kunst muß durch dasjenige wirken, was sie in unmittelbarer Anschauung offenbaren kann; und der Zuschauer kann daran nur dasjenige künstlerisch finden, was ihm in dieser unmittelbaren Anschauung restlos entgegentritt.

Es kann also nicht sein, um über die Vorstellung erklärende Worte zu sagen, warum ich diese Einleitung spreche. Es geschieht aus einem andern Grunde. Die Eurythmie schöpft aus bisher ungewohnten künstlerischen Quellen und bedient sich einer ebenso noch ungewohnten Formensprache. Und über diese Quellen und diese Formensprache dürfen wohl einige einleitende Worte gesprochen werden. Der Eurythmie liegt zu Grunde eine sichtbare Sprache. Ihre Ausdrucksformen sind die Bewegungen der Glieder des menschlichen Körpers, oder Bewegungen von Menschen in Gruppen.

Diese Bewegungen kommen nicht wie die gewöhnliche Geberde, nicht als Mimik, Pantomime, und am wenigsten als gewöhnlicher Tanz zu Stande. Sie sind dadurch gebildet worden, daß man durch sinnlich-übersinnliches Schauen die Bewegungstendenzen der menschlichen Gesangs- und Sprachorgane studierte. Es handelt sich da um das Studium nicht völlig ausgebildeter Bewegungen, die dem Gesang und dem Sprechen zu Grunde liegen. Beim Singen und Sprechen setzen sich diese Bewegungen nur an und wandeln sich dann in dasjenige um, was Ton und Laut vermitteln kann. Man muß also das Singen und Sprechen in der Entstehung (im status nascens) festhalten. Was man dadurch sinnlich-übersinnlich als Bewegungsmöglichkeit erfaßt, das überträgt man auf den ganzen Menschen. Dieser wird zum Sing- und Sprechorganismus.

Es ist das von Goethe zum Ziel einer morphologischen Anschauung verwendete Prinzip der Metamorphose, das in das künstlerische Schaffen heraufgehoben wird. Goethe sieht in der ganzen Pflanze nur ein komplizierter ausgestaltetes Blatt; in dem Blatte der Idee nach eine ganze Pflanze, die nur in einfacherer Art für die Sinne sich offenbart.

In der menschlichen Sprache verbindet sich der Gedanke mit dem Willen. Der Gedanke ist das unkünstlerische Element. Daher wird der Sprache der künstlerische Charakter um so mehr genommen, je zivilisierter sie wird. Sie wird da zum Ausdrucke des Gedankens, der auf der einen Seite ein Diener der Erkenntnis, auf der andern der sozialen Konvention wird. Der wahre Künstler als Dichter kämpft gegen das unkünstlerische Gedankenelement der Sprache. Er sucht nach einer Gestaltung der Laut- und Wortzusammenhänge, denen der Rhythmus, der Takt, die Harmonie, der Reim, die Alliteration, das musikalische oder imaginative thematische Motiv zu Grunde liegt. Er macht dadurch die Sprache zum Ausdruck des Willens, das heißt des vollen Menschen.

Dieses Element des Willens ist es, das durch die ganze Wesenheit der Eurythmie in dieser waltet. Man bringt durch sie sichtbar zur

Offenbarung, wonach der Musiker in der Tongestaltung, der wahre Dichter in der Sprachgestaltung hinstreben. Was einem Gedichte über seinen Prosagehalt hinaus als Kunst zu Grunde liegt, kommt durch die Eurythmie vor das Auge.

Das Eurythmische wird einerseits begleitet vom Musikalischen. Da ist es ein sichtbarer Gesang. Anderseits von Rezitation und Deklamation. Da kommt durch sie der wirklich künstlerisch-poetische Gehalt der Dichtung zur Anschauung.

Man kann aber nicht so zur Eurythmie deklamieren und rezitieren, wie man es in unserem unkünstlerischen Zeitalter macht, in dem man im Pointieren des Prosagehaltes eines Gedichtes ein Wesentliches sieht. Man muß über den Prosagehalt hinaus in der rezitatorischen und deklamatorischen Sprachgestaltung, in der Herausarbeitung von Takt, Rhythmus, Harmonie, Reim, musikalischem und bildhaftem Thema dieses Wesentliche sehen. Man muß aus der Dichtung die unsichtbare Eurythmie herausholen, die dann daneben als sichtbare vor den Zuschauer hintritt.

Die Eurythmie ist noch im Anfange ihrer Entwickelung. Das wissen wir und sind selbst die strengsten Kritiker desjenigen, was schon heute vermocht wird. Aber wer kennt, was angestrebt wird, der muß in ihr unbegrenzte Entwickelungsmöglichkeiten sehen. Goethe fand: «Wem die Natur ihr offenbares Geheimnis zu enthüllen beginnt, der empfindet die tiefste Sehnsucht nach ihrer würdigsten Auslegerin, der Kunst.» Nun, Eurythmie kann sagen: «Wem der Mensch die Geheimnisse der Menschenorganisation zu enthüllen beginnt, der empfindet die tiefste Sehnsucht nach der künstlerischen Gestaltung, die in der Eurythmie versucht wird.» Denn diese bedient sich nicht eines äußeren Werkzeuges, sondern des Menschen selbst als des würdigsten Werkzeuges. Und ein andermal sagt Goethe: «Wenn der Mensch auf den Gipfel der Natur gestellt ist, empfindet er sich wieder als eine ganze Natur, nimmt Ordnung, Harmonie, Maß und Bedeutung zusammen und erhebt sich zur Produktion des Kunstwerkes.»

Dieses Erheben muß am besten dann gelingen, wenn der Mensch Ordnung, Harmonie, Maß und Bedeutung seines eigenen Wesens nimmt und durch sich selbst ein Kunstwerk gestaltet; denn in ihm als dem Mikrokosmos liegen alle Geheimnisse des Makrokosmos auf irgend eine Art verborgen.

Aus dieser Zielsetzung heraus darf gehofft werden, daß, wenn auch heute Eurythmie erst ein Anfang ist, sie sich doch wird dereinst als vollberechtigte Kunst neben die älteren vollberechtigten Schwesterkünste hinstellen können.

Eurythmie-Aufführung

Dornach, 24. August 1921

PROGRAMM

Aus «Die Prüfung der Seele»:

Das Märchen vom Quellenwunder . . . . . Rudolf Steiner

Evening Bells . . . . Thomas Moore

Das Nildelta . . . . Wladimir Solovjeff

Aus den Jahressprüchen: 3. Augustwoche . . . . Rudolf Steiner

April . . . . W. Watson

Das Veilchen . . . . J. W. v. Goethe

Les Papillons . . . . J. Rameau

Weltenseelengeister . . . . Rudolf Steiner

The Arrow and the Song . . . . H. W. Longfellow

Romantischer Auftakt . . . . Musik: Max Schuurman

Aus «Pierrot Lunaire» . . . . A. Giraud

Abend - Souper - Gebet - Harlequin

übersetzt von O. E. Hartleben

Aus den Humoresken . . . . Christian Morgenstern

Der Hahn – Die Weste – Der Purzelbaum

Die wirklich praktischen Leute – Der Würfel

Die Feuerprobe – Die Hystrix – Anto-logie

Als Ausdrucksmittel der eurythmischen Kunst dient die Bewegung des Menschen und der Menschengruppe. Durch dieses Ausdrucksmittel kann das vor die Augen geführt werden, was der Sprachbehandlung durch den Dichter und der Tonbehandlung durch den Componisten zu Grunde liegt. Es ist dies das Element, durch das Dichter und Componist ihre Schöpfungen in die Sphäre des Geistigen hineinstellen können. Denn Laut- und Toninhalt führen herunter in das Sinnliche, Laut- und Tongestaltung leiten hinauf in das Geistige.

Naturgemäss führt auch Eurythmie das Geistige in der sinnlich anschaubaren Bewegung vor. Aber diese Bewegung stellt nur das Geistige dar, das durch Ton und Laut hindurch erlebt wird. Sie trägt also das Geistige ganz unmittelbar in die Sinneswelt herein.

Daher kommt es, dass im Drama Scenen mit Zuhilfenahme der eurythmischen Kunst gegeben werden können, welche sich aus dem physisch-sinnlichen Geschehen in den Bereich erheben, wo eine unmittelbare Berührung der Menschenseele mit der geistigen Welt in Frage kommt.

Einführende Worte zur Eurythmie-Vorstellung

(mit Szenen aus den Mysteriendramen)

Freitag, 26. August 1921. 8 Uhr abends

Welches die Quellen und die künstlerische Formensprache der Eurythmie sind, habe ich mir erlaubt auseinanderzusetzen in den Einleitungen zu den beiden vorangehenden Vorstellungen. Heute bitte ich Sie, mir zu gestatten darüber zu sprechen, wie Eurythmie in den Dienst der Dramatik treten kann. Denn es werden in dieser Vorstellung neben anderem dramatische Szenen mit Zuhilfenahme der Eurythmie vorgeführt werden.

Als Ausdrucksmittel der eurythmischen Kunst dient die Bewegung des Menschen und der Menschengruppe. Durch dieses Ausdrucksmittel kann das vor die Augen geführt werden, was der Sprachbehandlung durch den Dichter und der Tonbehandlung durch den Komponisten zu Grunde liegt. Es ist dies das Element, durch das Dichter und Komponist ihre Schöpfungen in die Sphäre des Geistigen hineinstellen können. Denn Laut- und Toninhalt führen herunter in das Sinnliche, Laut- und Tongestaltung leiten hinauf in das Geistige.

Naturgemäß führt auch Eurythmie das Geistige in der sinnlich anschaubaren Bewegung vor. Aber diese Bewegung stellt nur das Geistige dar, das durch Ton und Laut hindurch erlebt wird. Sie trägt also das Geistige ganz unmittelbar in die Sinneswelt herein.

Daher kommt es, daß im Drama Szenen mit Zuhilfenahme der eurythmischen Kunst gegeben werden können, welche sich aus dem physisch-sinnlichen Geschehen in den Bereich erheben, wo eine unmittelbare Berührung der Menschenseele mit der geistigen Welt in Frage kommt.

Szenen in Goethes «Faust», wie der Prolog im Himmel, die Arielszene und so weiter, offenbaren ihren dichterischen Gehalt erst, wenn nicht mit der naturalistischen Bühnenmimik gespielt wird, sondern wenn diese hinaufgehoben wird in die stilvoll getragene eurythmische Darstellung.

Ich glaube, daß dies auch für viele Szenen meiner Mysteriendramen gilt. Nicht nur, daß bei ihnen viele Szenen die Darstellung übersinnlicher Vorgänge sind. Sondern sie sind schon in eurythmischer Form konzipiert.

Ich darf vielleicht, ohne unbescheiden sein zu wollen, sagen, daß jede Einzelheit dieser Dramen unmittelbar in ihrer vollen Räumlichkeit und Zeitlichkeit anschaulich vor meiner Seele stand. Die tun diesen Dramen Unrecht, die sie symbolisierend in abstrakte Begriffe auflösen. Ich hatte nie solche abstrakte Begriffe in der Seele. Ich sah nur die Personen, hörte ihre Worte, nahm ihre Handlungen wahr. Für mich ist alles auf einer geistig geschauten Bühne bis auf die Szenerie fertig da gewesen.

Was aber so im Geiste geschaut wird, hat, wenn auch Geistiges der Inhalt ist, stilvolle, nicht naturalistische Bewegung. Daher wird für viele Szenen die Eurythmie die naturgemäße Form des Bühnenausdruckes sein.

Für dasjenige, was die Wiedergabe von Vorgängen der physischsinnlichen Welt in der dramatischen Kunst betrifft, ist es mir bisher nicht gelungen, die befriedigende eurythmische Ausdrucksform zu finden. Ich hoffe, daß dies noch geschehen wird.

Ich darf vielleicht noch darauf aufmerksam machen, wie bei einzelnen Gedichten versucht wird, in eurythmischen Formen, zu denen nicht hinzu gesprochen wird, die Stimmung einer Dichtung einzuleiten und ausklingen zu lassen. Es kann dies den Beweis liefern, daß Eurythmie durchaus als ein selbständiges Sprechen für sich gelten kann.

Ich hoffe, daß auch diese Vorstellung den Beweis stützen werde, daß die eurythmische Kunst neben den andern Künsten eine Daseinsberechtigung hat, daß sie das Gebiet des künstlerischen Wirkens erweitert gerade durch etwas, was den Menschen besonders naheliegt.

Dornach, 26. August 1921

PROGRAMM

Aus «Der Seelen Erwachen», 2. Bild:
Sylphen- und Gnomenchor . . . . Rudolf Steiner

Proæmion . . . . J. W. v. Goethe

Elfe . . . . Fr. v. Eichendorff

Aus alten Märchen ... . Heinrich Heine

Schmetterling . . . . Edvard Grieg

Die Metamorphose der Pflanzen . . . . J. W. v. Goethe

Wer in der Weltgeschichte ... . J. W. v. Goethe

Meine Weisheit ... . Friedrich Nietzsche

Ein glitzernder ... . Friedrich Nietzsche

Da stehn sie da ... . Friedrich Nietzsche

---

Aus «Der Hüter der Schwelle», 6. Bild:
Luziferische und ahrimanische Wesen . . . . Rudolf Steiner

Vereinsamt . . . . Friedrich Nietzsche

Für Tänzer . . . . Friedrich Nietzsche

Rezensent . . . . J. W. v. Goethe

Aus «Pierrot Lunaire»: Souper / Eine Bühne . . . . A. Giraud
in der Übertragung von O. E. Hartleben

Auf einer Bühne . . . . Christian Morgenstern

Satirischer Auftakt . . . . . . Musik: Leopold van der Pals

Unter Schwarzkünstlern . . . . Christian Morgenstern

Eintragungen in ein Notizbuch

Zur Eurythmie-Vorstellung

am 3. Sept. 1921

Goethe

«Die mimische Tanzkunst würde eigentlich alle bildenden Künste zu Grunde richten, und mit Recht. Glücklicherweise ist der Sinnenreiz, den sie bewirkt, so flüchtig, und sie muß, um zu reizen, ins Übertriebene gehen. Dieses schreckt die übrigen Künstler glücklicherweise sogleich ab; doch können sie, wenn sie klug und vorsichtig sind, viel dabei lernen.»

Also = Goethe meint = 1.) Zu Grunde richten der bild. Künste.

2.) Reiz der Sinne flüchtig

3.) Daher Reiz in Übertriebene.

4.) schreckt übrigen Künstler ab

5.) können viel dabei lernen –

Das ist alles nicht bei der Eurythmie –

Sie geht nicht auf Mimik, sondern auf das Zurückliegende –

sie gibt, woraus Gesang und Wortgestaltung entstehen

[Ansprache nicht vorhanden]

Eintragungen in ein Notizbuch

Dornach, 23. Oktober 1921

Eurythmie = bringt den künstlerischen Gehalt einer Dichtung oder eines Tonstückes – es sind die festgehaltenen und umgesetzten Bewegungen = was im Innern vorgeht – sichtbare Sprache oder sichtbare Musik. – –

Jeder Laut ist eigentlich die Wiedergabe einer Bewegung =

Vokal die Bewegung im Innern, die den Eindruck ertragen läßt –

Konsonant das Nachahmungsbedürfnis, der Trieb einen äußeren Vorgang nachahmend zu verstehen. –

Übersinnliches im Drama. –

Maria Benedictus – nun aber Geist von Johannes Jugend – Doppelgänger – Schwellenhüter – Ahriman. –

DAS ENTSTEHEN DER EURYTHMISCHEN GEBÄRDE

ÜBER DIE DRAMATISCHEN VORGÄNGE IM VIERTEN BILD VON «DER SEELEN ERWACHEN»

Dornach, 30. Oktober 1921

Wenn der Mensch singt oder spricht, so liegen immer gewisse Bewegungstendenzen zugrunde, sei es im Singen oder Sprechen, die im Moment des Entstehens schon übergehen, sich metamorphosieren in anderes, in dasjenige, was sich dann umwandelt in die Lufttingierung, die den Ton oder den Laut vermittelt.

Diese Bewegungstendenzen kann man in zweifacher Weise studieren, entweder indem man direkt darauf losgeht, sinnlich-übersinnlich zu beobachten, was gewissermaßen der Kehlkopf und die anderen Sprachorgane ausführen wollen und was im status nascens, möchte ich sagen, im Entstehungsmomente festgehalten wird oder aber man kann seine Aufmerksamkeit auf anderes lenken. Man kann gewissermaßen sich vorhalten den zuhörenden Menschen. Der also dem Singen oder Sprechen zuhörende Mensch, der erscheint einer solchen Beobachtung so, als ob er eigentlich bei diesem Anhören jedes Lautes, jedes Tones, eine innerliche intime Bewegung ausführen möchte. Er führt sie nicht aus, sondern die Bewegung bleibt verhalten, kommt nicht zur Realität. Aber das Verstehen des Lautes oder das Auffassen des Tones besteht eben in dem innerlichen Erleben dieser aufgehaltenen Bewegung. Wenn man dann diese Bewegung herausholt aus dem Menschen und sie überträgt auf dasjenige, was der einzelne Mensch durch seinen eigenen Organismus an Bewegungen ausführen kann, oder was Menschengruppen an Bewegungen ausführen können, so bekommt man eine sichtbare Sprache.

Diese sichtbare Sprache muß dann natürlich erst, wenn sie verwendet wird, wie wir es hier tun, in das Künstlerische heraufgehoben werden, so wie auch eine gewöhnliche Tonfolge oder ein beliebig ausgesprochener Satz, die nicht gestaltet sind, noch nichts Künstlerisches sind. So ist Eurythmie als solche erst dann Kunst, wenn sie ins Künstlerische heraufgehoben wird. Dadurch ist man in der Lage, das Kunstgebiet wirklich zu erweitern, und den ganzen Menschen

Dornach, 30. Oktober 1921

PROGRAMM

Begegnung	C. F. Meyer
Aus «*Der Seelen Erwachen*», 4. Bild: Doppelgängerszene	Rudolf Steiner
Schmetterling	Edvard Grieg
Aus den Jahressprüchen: 4. Oktoberwoche / 1. Novemberwoche . . .	Rudolf Steiner
Sonett: *They, that have power*	W. Shakespeare
Madonna Überwunden die Hetze (russisch)	Wladimir Solovjeff
Auftakt: Evoe	Musik: Max Schuurman
Artémis	J. M. Hérédia
Takt als Anfang	Friedrich Nietzsche
Tiaoait	Musik: Leopold van der Pals
Vision de KHèm I u. II	J. M. Hérédia

oder auch Menschengruppen wie ein künstlerisches Instrument zu verwenden.

Wer eine heutige, insbesondere Zivilisationssprache nimmt, muß berücksichtigen, daß auf der einen Seite gerade die zivilisierte Sprache sich schon völlig angepaßt hat an das Konventionelle oder an das Weltgemäße, auf der anderen Seite sich anpassen der Wiedergabe der Gedanken. Sowohl nach der einen Seite, nach der Seite des Konventionellen, wie nach der Seite der Wiedergabe der Gedanken entwickelt sich natürlich die Sprache nach dem Unkünstlerischen hin. Der Gedanke an sich ist ein kunsttötendes Element. Alles Gedankliche ist unkünstlerisch. Man möchte den Satz so radikal wie möglich aussprechen. Aber auch durch Anpassung an die sozialen Bedürfnisse der Sprache rückt die Sprache aus dem eigentlich Künstlerischen heraus. Durch das Zurückziehen auf das nun nicht Wortbedeutungserlebnis, sondern auf das Ton- oder Lauterlebnis kann man die Sprache auch wiederum zurückführen auf das Künstlerische. Das tut eigentlich im Grunde genommen der wahre Dichter ganz von selbst. Er bringt schon eine intime Eurythmie in die Gestaltung des Sprachlichen hinein. Diese verhaltene, intime Eurythmie wird einfach in äußerlich sichtbare Bewegungen verwandelt, und dadurch entsteht dasjenige, was hier als Eurythmie auftritt.

Daß man es da mit etwas zu tun hat, was aus dem vollen Menschen hervorgeht, während das Sprechen und Singen doch nur aus einem Teil der menschlichen Organisation hervorgeht, macht möglich, daß man auch das ganze, volle Erlebnis eines Tonstückes oder einer Dichtung gerade durch diese eurythmische Sprache zur Offenbarung bringen kann. Es zeigt sich, daß man – Sie werden sehen, wie das Eurythmische auf der einen Seite vom Musikalischen begleitet ist – ebensogut in der Eurythmie durch sichtbare Tonfolge singen, wie man eben durch hörbare Töne singen kann.

Und auf der anderen Seite wird das Eurythmische begleitet von der Dichtung. Da ist man dann genötigt, aus unserem unkünstlerischen Zeitalter in bezug auf Rezitations- und Deklamationskunst wiederum zu künstlerischeren Zeitaltern zurückzukehren. Unser Zeitalter sieht eigentlich doch mehr oder weniger das Ideal des Rezitierens und Deklamierens in dem Pointieren, das heißt in dem Behandeln des Prosagehaltes der Dichtung, nicht der eigentlichen künstlerischen Unterlage. Der Prosagehalt der Dichtung, dieses prosaische Deklamieren und Rezitieren, wäre als Begleitung der Eurythmie gar nicht möglich. Da handelt es sich darum, daß man entweder, sagen wir, bei der Goetheschen Dichtung auf das imaginative Element zurückgeht, das gerade in den Goetheschen Dichtungen lebt, auf das Imaginative sonst der Sprache, das Lautende, oder aber, wie es bei anderen Dichtern der Fall ist, auf das Musikalische, Dramatische zurückgeht, auf das Rhythmische, Taktmäßige und so weiter, und das deutlich durchvernehmen läßt durch das Rezitieren und Deklamieren. So darf man hoffen, daß in bezug auf das letztere wiederum eine Gesundung tatsächlich eintreten kann, indem wir hier rezitatorisch und deklamatorisch die Eurythmie begleiten.

Es wird auch dadurch der Mensch versetzt werden können in ein Erleben des Lautes, jedenfalls in den ursprünglicheren Sprachen ganz besonders in ein bemerkbares Erleben des Lautes als solchem. Das ist eigentlich ganz verlorengegangen in den zivilisierten Sprachen. Wer fühlt heute noch lebendig das Vokalisieren, das ein Miterleben mit der Welt ist, das ein innerliches Aufleuchten und Auftönen desjenigen ist, was der Mensch an der Welt erlebt? Während das Konsonantisieren ein Nachahmen, ein Nacherleben ist. Dieser wunderbare Übergang vom Vokal zum Konsonanten, vom Miterleben zum Nacherleben, das ist etwas, was durch die besondere Gestaltung in dieser bewegten Sprache der Eurythmie zum Ausdrucke kommen kann.

Man sieht, was auch bühnenmäßig zum Ausdrucke kommen kann, indem wir Szenen aus dem Goetheschen «Faust» aufgeführt haben, und zwar solche, welche sich aus der gewöhnlichen naturalistischen Dramatik zu dem erheben, was innerliches Erleben des Menschen ist, was gleichbedeutend damit ist, daß der Mensch mit einer höheren geistigen Welt in Beziehung tritt. Und wenn man da Künstlerisches hat, das nicht in strohernen Allegorien oder in abstrakten Symbolen sich erschöpft, sondern das zu wirklicher konkreter Gestaltung kommt, wie man sonst nachahmend die äußere Natur oder das äußere Leben gestaltet, dann sieht man, daß man nötig hat – dadurch, daß das Dramatische sich aus dem Naturalistischen zum Übersinnlichen erhebt, oder sagen wir, das innerlich Erlebte, wenn man das lieber hört –, daß man da ein Stilisieren nötig hat, welches nicht zufällig nur an eine besondere Einzelheit gebunden ist, sondern wie mit einer Selbstverständlichkeit aus dem ganzen Menschen und auch der ganzen Kunst hervorgeht wie die Sprache oder die Musik selber.

Wir werden uns heute erlauben, gleich im ersten Teil als zweite Nummer eine Szene vorzuführen aus einem meiner Mysteriendramen. In diesen Mysteriendramen habe ich den Versuch gemacht – sie sind durchaus zusammenhängend, es ist aber natürlich nur ein ganz kleines Fragment, das geboten werden kann –, innere Erlebnisse, innere Zusammenhänge des Menschen, die er durch seine innere Entwickelung mit der übersinnlichen Welt durchmacht, ohne Allegorie, ohne Symbolisches zu gestalten, indem Geistiges, geistig gedachte Gestalten, die auf die Bühne kommen, tatsächlich unmittelbar so geistig angeschaut sind, wie unsere äußerlichen, sinnlichen Wesenheiten angeschaut sind.

Ich darf mit ein paar Worten auf die Szene hinweisen, weil sonst vielleicht nicht verständlich sein könnte, was eigentlich gemeint ist. Durch diese ganzen Mysteriendramen geht hindurch die Gestalt eines Menschen, der sich entwickelt erstens durch sein eigenes Inneres, das durch verschiedene Stufen hindurchgeht, das sich aber auch durch die mannigfaltigsten Beziehungen zu der natürlichen Welt entwickelt, namentlich auch zu der Welt anderer Menschen. An manchen Gedanken und Erlebnissen anderer Menschen wächst er wie ein anderer, und die Erlebnisse, die er da durchmacht, sind versucht in Gestalten festzuhalten. Sie erscheinen demjenigen, der das vermag, durchaus auch in Gestalten, die nicht symbolisch oder allegorisch sind, sondern geradeso geschaut werden sinnlich-übersinnlich, wie das Sinnliche als solches geschaut werden kann durch die äußeren Sinne.

Und so tritt in dieser Szene Johannes Thomasius auf, nachdem er vieles durchgemacht hat. Er ist an dem Punkte angekommen, wo er durch das Überraschende, das seine Seele bestürmt, in die Notwendigkeit zu einer richtigen tieferen Selbstschau versetzt ist. So tritt ihm gewissermaßen sein eigener Mensch in Form eines Doppelgängers entgegen. Dasjenige, was man als mahnender zweiter Mensch in sich empfinden kann unter gewissen Voraussetzungen, was aber doch im Grunde die Unterlage ist für wahre Selbsterkenntnis und auch für wahre Selbstschau, tritt dem Johannes Thomasius entgegen. Und ich kann nicht sagen, daß er sie retuschiert, weil ein unmittelbares Erlebnis wiedergegeben ist, weil tatsächlich jene Mahnungen, jene Aufforderung, welche dieser Doppelgänger spricht, tatsächlich unmittelbar real erlebt werden können.

Und hier in dieser Szene tritt uns entgegen, wie Johannes Thomasius auf einer Lebensstufe angekommen ist, in der er gewissermaßen seine eigene Jugend verloren hat; diese eigene Jugend ist ihm objektiv fremd geworden. Dadurch hat er sie eigentlich nicht in seinem Bewußtsein. Aber wenn jemand etwas wie ein Stück seines

Lebens verloren hat, dann ist die ganze Welt für ihn anders. Und so steht Johannes Thomasius seinem in diesem Moment erfaßbaren Doppelgänger, seinem eigenen Selbst gegenüber, das mahnend, lehrend, in allen möglichen Situationen ihm entgegentritt, aber auch seiner eigenen verlorenen Jugend gegenüber, die gebunden ist gewissermaßen an sein eigenes Selbst, das er wie ein anderes erlebt. Es wohnt bei seinem organischen Selbst, das in der Selbstschau auftritt, die eigene Jugend wie ein Gestalt gewordenes Wesen.

Es ist also schon etwas von dem versucht zu gestalten, was den Menschen durchaus hineinführt in eine geistige Welt. Deshalb treten in dieser Szene außer dem Johannes Thomasius selbst, der natürlich naturalistisch dargestellt werden muß, der nicht eurythmisieren darf, Gestalten auf, die man eigentlich durchaus charakterisieren kann, wenn man eine organische Stilisierung vornehmen kann, wie es durch die Eurythmie möglich ist, nicht eine willkürliche Stilisierung, sondern eine organische aus der Sache selbst, aus der Wesenhaftigkeit der Sache selbst sich ergebende Stilisierung. Es tritt dann auf der Hüter der Schwelle, was man den Hüter der Schwelle nennt, was der, welcher sich von der geistigen Welt zu sprechen erkühnt, als vor dem gewöhnlichen Bewußtsein stehend empfindet, es nicht hineinlassend in die geistige Welt. Der Mensch kann nicht, wenn er durch die nötige Vorbereitung die Reife hat, unmittelbar hineinschauen in die geistige Welt; das wäre für ihn schädlich. Daher sagt man, es stehe vor der geistigen Welt etwas wie ein Hüter. Wiederum solch eine Gestalt, welche weder allegorisch noch symbolisch ist, die ein wirkliches Erlebnis ist, die aber doch nicht im äußeren, naturalistischen Sinne dargestellt werden kann. Dann tritt noch eine Gestalt auf, die ich immer in der anthroposophischen Geisteswissenschaft die ahrimanische Gestalt nenne, Ahriman. Es ist diejenige Gestalt, die in jedem Menschen lebt. Wenn der Mensch kein Herz, sondern nur Verstand hätte, wenn er keine Hingabe, keine Liebe für die Welt hätte, sondern nur Kritik – etwas ist ja von dem in jedem Menschen –, dann würde er als solch ahrimanisches Wesen durch die Welt wandern. Daher sehen wir diese beiden einander fremden Gestalten: den Hüter, welcher die Menschen hinführen soll zu allem, was positiv oder besser natürlich anmutet, aber was man durchaus seelenhaft erleben kann, wozu eben dieser Hüter den Menschen führt, und wie das verspottet wird durch die ahrimanische Gestalt, die alles verzerrt, karikiert.

Und durch die Erlebnisse, welche Johannes Thomasius in dieser Art durchmacht, wird er dann erst reif, Persönlichkeiten kennenzulernen, zu denen er seit langem in einem Verhältnisse steht, Maria und seinen Lehrer, Benedictus, in einer neuen Gestalt zu sehen. Die treten dann ganz kurz am Ende der Szene auf. Man soll die Empfindung haben, daß das alles, was wie ein Aufleuchten der geistigen Welt da durch Johannes' Seele zieht, ihn reif macht, Persönlichkeiten wie Benedictus und Maria, die er durch einen großen Teil seines Lebens hindurch begleitet hat, dann erst in ihrer wahren Wesenheit, in neuer Gestalt zu schauen.

An solchen Dingen bemerkt man erst, wie man diese Stilisierung braucht, die aus dem Ganzen der menschlichen Organisation hervorgeholt ist, nichts Zufälliges hat, sondern die so aus dem Menschen herauswächst wie die Sprache und der Gesang.

Eintragungen in ein Notizbuch

Dornach, 6. November 1921

Zur Eurythmie =

Mensch kann sich nicht bloß durch «Laut-Worte» aussprechen – «Laut-Worte» werden in der Kindheit durch direkte Nachahmung gelernt.

Die Sprache selbst ist innern Wesenselementen der Dinge entnommen.

Vokale = in innerer Bewegung nachahmen –
Konsonanten = in äußerer Bewegung nachahmen –
Dann ausleben im Spezialorgan.

Eurythmie = Zurückführen auf den ganzen Menschen. –

[Ansprache nicht vorhanden]

Eurythmie-Aufführung

Dornach, 13. November 1921 (in der Schreinerei)

Aus «Die Prüfung der Seele», 5. Bild:	
Das Märchen vom Quellenwunder	Rudolf Steiner
Weiße Glöckchen	Wladimir Solovjeff
Wieder weiße Glocken	Wladimir Solovjeff
Elfe	Fr. v. Eichendorff
	Musik: Leopold van der Pals
Ariels Lied	Shakespeare
Wer sich der Einsamkeit	J. W. v. Goethe
Elegischer Auftakt (ohne Musik)	
An die Türen will ich	J. W. v. Goethe
Romantischer Auftakt	Musik: Max Schuurman
Les Papillons	J. Rameau
Weltseele	J. W. v. Goethe

Aus «Der Hüter der Schwelle», 6. Bild:	
Luziferische und ahrimanische Wesen	Rudolf Steiner
Vereinsamt	Friedrich Nietzsche
Tonbild, Op. 3, Nr. 2	Edvard Grieg
Der Aesthet	Christian Morgenstern
Die Schuhe	Christian Morgenstern
Das Geierlamm	Christian Morgenstern
Der Rattenfänger Musik: Max Schuurman . .	J. W. v. Goethe

Eintragungen in ein Notizbuch

13. November 1921

Das Mimische spielt das Seelenleben nach dem Gedanklichen und sinnlich-mechanisch Ausdrucksvollen hinüber; die Eurythmie nach dem Gefühlsmäßig-Seelischen und Willensmäßigen. – Die Mimik als Tanzkunst verliert die Form in der Bewegung; die Eurythmie gewinnt die Form in der Bewegung.

[Ansprache nicht vorhanden]

Eintragungen in ein Notizbuch

Eurythmie: 27. Nov. 1921 [Kristiania – Oslo]

1.) Man könnte leicht glauben, E. sei Pantomime, oder Tanz.

2.) Sie ist eine wirkliche sichtbare
Sprache – Gesang.
Bei diesen wird die große Bewegung
in die kleine übergeführt –
bei der Eurythmie die kleine in die große –

3.) Dadurch wird das Gedankliche ausgeschaltet
und der Wille und das Gefühl geoffenbart –

4.) Der Mensch wird Ausdruck der Welt, nicht bloß seiner selbst.

5.) Die Rezitation und Deklamation als
Begleiter der Eurythmie

6.) Mediz.-hygienische Seite

7.) Paed.-didact. Seite

8.) Mensch selber Instrument

[Ansprache nicht vorhanden]

Kristiania, 27. November 1921
Nationaltheater

PROGRAMM

Aus «Die Prüfung der Seele», 5. Bild:
Das Märchen vom Quellenwunder . . . . . Rudolf Steiner
Musik: Walter Abendroth

Erlkönigs Tochter . . . . J. G. Herder

Elfe ... Musik: Max Schuurman . . . . Fr. v. Eichendorff

Ariels Lied: Wie die Bien' ... (Sturm) . . . . . . Shakespeare

Harfenspieler I: «Wer nie ...» . . . . J. W. v. Goethe

Elegischer Auftakt (stumm)

Harfenspieler II: «An die Türen ...» . . . . . . J. W. v. Goethe

Romantischer Auftakt ... Musik: Max Schuurman

Weltseele . . . . J. W. v. Goethe
mit Anapästen, Musik: Max Schuurman

Aus «Der Hüter der Schwelle», 6. Bild:
Luziferische und ahrimanische Wesen . . . . Rudolf Steiner

1. Vereinsamt, aus «Mitleid hin und her» . . Friedrich Nietzsche

Tonbild, Op. 3, Nr. 2 . . . . Edvard Grieg

Aus den «Humoresken» . . . . Christian Morgenstern
Das Perlhuhn
Der Aesthet

Satirischer Auftakt ... Musik: L. v. d. Pals
Palmström am Teich
Der Leu
St. Expeditus I, II
Bim, Bam, Bum

Der Rattenfänger . . . . J. W. v. Goethe
Musik: Max Schuurman

Wilhelma-Theater Cannstatt

Zwei Vorstellungen
in
EURYTHMISCHER KUNST
ausgehend von der Freien Hochschule für Geisteswissenschaft
«Goetheanum» Dornach
am 13. und 14. Dezember 1921, je abends 7½ Uhr

*

PROGRAMMFOLGE

I. Teil

DIE WEIHNACHTSDICHTUNG:

Das Traumlied, aus dem Alt-Norwegischen Musik von Jan Stuten

II. Teil

Elfe . . . . J. Fr. v. Eichendorff
mit musikalischer Beigabe von Max Schuurman

Sommerbild . . . . Friedrich Hebbel

Abendgefühl . . . . Friedrich Hebbel

Aus «Ruhm und Ewigkeit» . . . . Friedrich Nietzsche
Höchstes Gestirn

Tonbild, Op. 3, Nr. 2 . . . . Edvard Grieg

Die der Aufführung zugrunde liegenden Dichtungen
werden von Marie Steiner rezitiert.

Programm einer Eurythmie-Reise November 1921 – Januar 1922

Kinder-Aufführung
im Rahmen des Weihnachtskurses für Lehrer
Mittwoch, 28. Dezember 1921 (Schreinerei)

PROGRAMM

Stabübungen

Ich und Du ...

Im Baum, du liebes Vöglein . . . . Christian Morgenstern

Übungen in Anpästen

Das Vöglein (Toneurythmie) . . . . Volkslied

Ballen und Spreizen

Wandrers Nachtlied . . . . J. W. v. Goethe

Tonübungen in Moll

Mollmelodie . . . . Volkmann

Schwebender Genius . . . . J. W. v. Goethe

Alliteration

An der Krippe . . . . Musik: J. Kainradl

Zur Weihnacht

Zum neuen Jahr . . . . J. W. v. Goethe

Wächterlied . . . . Jan Stuten

Was treibst du, Wind? . . . . C. F. Meyer

Tonleiterübung

Schneiderlied

Waldkonzerte . . . . Christian Morgenstern

Das Häslein . . . . Christian Morgenstern

Der Schneider in der Höll . . . . Ludwig Jacobowski

Gigue . . . . J. S. Bach

Kinderreigen . . . . Max Schuurman

EURYTHMIE ALS ERZIEHUNGSMITTEL

Dornach, 28. Dezember 1921

Gestatten Sie, daß wir heute zu der Eurythmie-Vorstellung von neulich eine solche hinzufügen, welche Eurythmie in ihrer pädagogisch-didaktischen Bedeutung zeigen soll. Dasjenige, was heute dargestellt werden soll, wird durch Kinder dargestellt. In der von *Emil Molt* begründeten, von mir geleiteten Waldorfschule in Stuttgart, haben wir durch alle Schulklassen hindurch die Eurythmie neben dem Turnen als einen obligatorischen Lehrgegenstand eingeführt. Und man kann jetzt, nach einigen Jahren der Praxis, bereits sehen, daß damit allerdings für die Entwickelung des Kindes etwas Bedeutsames geschehen kann.

Das gewöhnliche Turnen ist ja so gestaltet, daß dabei nur die Gesetze der menschlichen Leiblichkeit, Körperlichkeit, berücksichtigt werden. Es soll von mir gar nichts gegen das Turnen eingewendet werden; wir schaffen es ja auch nicht ab, sondern wir wollen es nur ergänzen durch dasjenige, was als Eurythmie neben diesem gewöhnlichen Turnen gewissermaßen ein beseeltes, ein durchgeistigtes Turnen ist. Ich werde gewiß nicht so weit gehen wie ein deutscher Physiologe, ein sehr berühmter Mann, der einmal auch hier in diesem Saale anwesend war bei einer Eurythmievorstellung und auch die Worte angehört hat, die ich über die Beziehung von Eurythmie und Turnen gesprochen habe, und der dann nachträglich zu mir sagte: Sie bezeichnen das Turnen als etwas, was aus der Körperlichkeit des Menschen heraus sich rechtfertigen läßt als ein Erziehungsmittel? Für mich – als Physiologe, meinte er – ist Turnen gar kein Erziehungsmittel, sondern eine Barbarei. – Wie gesagt, soweit werde ich nie gehen. Ich sage das also nicht, habe es auch nicht weiter zu rechtfertigen.

Was aber die Eurythmie auch in pädagogisch-didaktischer Beziehung ist gegenüber dem Turnen, ist, daß sie im Fühlen und in den Willensimpulsen jederzeit für jede Bewegung, für jede Bewegungsform beim Kinde das Erleben eines Seelischen, eines Geistigen ist. Die Bewegungen werden so ausgeführt, daß das Kind in die Bewegungen seine Seele, seinen Geist hineinfließen läßt und so hineinfließen läßt, daß nicht nur das allgemeine Erlebnis einer Gebärde, sondern das sinnvolle Erlebnis einer wirklich belebten Sprache, einer sichtbaren Sprache sich des Kindes bemächtigt.

Dadurch kommt auch das zustande, was man bei dem Gebrauche von Eurythmie als pädagogisch-didaktisches Prinzip klar bemerken kann: die Kinder in einem späteren Lebensalter finden sich in einer ebenso elementaren naturgemäßen Weise wohl bestimmt in diese Sprache hinein, wie sie sich in den früheren kindlichen Lebensjahren in die Lautsprache hineinfanden und in den Gesang. Denn Eurythmie ist ebensosehr als Gesang zu gebrauchen wie als Sprache.

Wenn man außerdem aus einer wirklichen Erkenntnis des menschlichen Körpers oder der ganzen menschlichen Natur heraus weiß, daß die Konfiguration des Denkens, die künstlerische Gestaltung des Denkens nicht bloß etwas ist, was vom menschlichen Kopf, vom menschlichen Gehirn abhängt, sondern was aus dem ganzen Menschen heraus kommt – der Mensch lernt nicht nur so denken, wie sein Gehirn ist, sondern der Mensch lernt so denken, wie er seine Beine und seine Arme bewegen kann –, wenn man das weiß, dann wird man auch verstehen, daß die Inanspruchnahme nicht bloß der Sprachorgane, des Kopfes, der Brust, beim Laute Sprechen und beim Singen dieses zeigt. Man kann auch anderes bemerken, kann bemerken, wie durch dieses beseelte, durch dieses durchgeistigte Turnen etwas im Menschen ausgebildet wird, was aus der Not unserer Zeit heraus die ganz besonders jetzige und die folgende Generation brauchen werden: Initiative des Seelischen, und namentlich Initiative des Willens. Und in bezug auf die Entwickelung des Willens hat man in der Schule ein bedeutendes Unterstützungsmittel in der Eurythmie. Das Turnen macht den Körper geschmeidiger, geschickter, aber es holt nicht dasjenige heraus, was körperlich ist, aus dem Seelischen. Und dadurch kann es auch weniger eine Willenskultur vermitteln, als das gerade durch die Eurythmie der Fall ist.

Und so kann man, wenn man den Menschen wiederum zu betrachten beginnt nach seinem ganzen Wesen, nach Leib, Seele und Geist, durchaus Verständnis entwickeln für die Anwendung der Eurythmie als eines Erziehungsmittels. Das ist dasjenige, was wir Ihnen heute in einigen Beispielen vorführen wollen, daß in der Tat die Eurythmie angewendet auf den kindlichen Körper, sich als etwas Selbstverständliches darstellt. Und auch in der Anschauung wird, wie ich glaube, dasjenige hervorgerufen, was man sehen kann, wird die Empfindung hervorgerufen: Diese Kunst ist etwas, was sich in die Menschenwesenheit hineinlebt als etwas, was mit Freude, mit innerer Befriedigung erlebt werden kann. – Und Freude, innere Befriedigung im ernsten Sinne in der Erziehung angewendet, liefern immer sehr gute, bedeutsame Resultate. Das werden Sie, meine sehr verehrten Anwesenden, meine Damen und Herrn, vielleicht aus dieser unserer heutigen Darstellung ersehen können.

Dornach, 1. Januar 1922, im Goetheanum

PROGRAMM

Symbolum . . . . J. W. v. Goethe
Musik: Leopold van der Pals

Mignon . . . . J. W. v. Goethe

Aus den Jahressprüchen:
4. Dezemberwoche . . . . Rudolf Steiner

Sonett: True Love . . . . W. Shakespeare

Gavotte

Contre les Bûcherons à la forêt de Gâtine . . . . . P. de Ronsard

Auftakt: Evoe . . . . Musik: Max Schuurman

Artémis . . . . J. M. Hérédia

Aus «Der Seelen Erwachen», 2. Bild:
Chor der Gnomen und Sylphen . . . . . . Rudolf Steiner
Luzifer, Geist von Johannes' Jugend, Seelenkräfte, Theodora

EURYTHMISCH-DRAMATISCHE SZENE AUS «DER SEELEN ERWACHEN», ZWEITES BILD

Dornach, 1. Januar 1922

Ich werde mich auch heute darauf beschränken, nur einige Worte darüber zu sagen, wie jede Stilisierung, die bei bühnenmäßig Dargestelltem durch die Eurythmie ganz besonders zur Geltung zu bringen möglich ist, zur Darstellung kommen soll bei einigen anderen Stücken aus den von mir versuchten Mysteriendramen. Wir werden im zweiten Teil unserer heutigen Vorstellung eine Szene aus «Der Seelen Erwachen» aufführen, und zwar eine Szene, die im Stück dem gestern Aufgeführten voranging. Auch in dieser Szene kommt zur Darstellung etwas von dem Seelenleben des Johannes Thomasius, und zwar so, daß dieses Seelenleben wiederum nicht in allegorischer oder symbolischer Beziehung gemeint ist, sondern so, wie es sich darstellt durch sinnlich-übersinnliches Schauen.

Es wird zuerst ein zweifacher Chor auftreten: ein Chor von gnomenartigen Gestalten und ein Chor von sylphenartigen Gestalten. Der Gnomenchor hat den Sinn zu zeigen, wie in der Seele des Johannes Thomasius diejenigen Seelenkräfte wirksam sind, die mehr nach der Verstandesseite hin liegen; der Sylphenchor, wie diejenigen Seelenkräfte wirksam sind, die mehr nach der Gefühls- und Gemütsseite hin liegen.

Daß man genötigt ist, wenn man das Seelenleben eines Menschen darstellt, zu solchen naturgeistartigen Szenen zu greifen, liegt daran, daß in Wirklichkeit der Zusammenhang des Menschen mit der Natur so ist, daß er sich keineswegs in einer abstrakten Gesetzmäßigkeit, wie wir sie in unserer heutigen Erkenntnis zu geben gewohnt sind, erschöpfen läßt. Man kann lange darüber Betrachtungen anstellen, wie das Verhältnis des Menschen zur Natur in solchen Gesetzen allein wissenschaftlich gerechtfertigt sich ausdrücken läßt, da es eben nicht so ist. Da man sich nach der Wirklichkeit und nicht nach den menschlichen Erkenntnisanforderungen richten kann, so muß man zu demjenigen greifen, was in einer realen Weise das Verhältnis des Menschen zur Natur zum Ausdrucke bringt.

Wenn aber der Mensch in einer wirklichen Selbstschau darinnensteht, wie das bei Johannes Thomasius der Fall ist, dann kommt er auch in gewissen Momenten seines Lebens der Natur ganz besonders nahe; er fühlt sich dann der Natur gewissermaßen ganz besonders verbunden. Und diese Verbundenheit soll dargestellt werden durch den Gnomenchor, gerade durch das, was aus der Natur heraus sich offenbart wie ein Walten von rein verstandesmäßig, schlau-ironischen Mächten, und durch den Sylphenchor, der alles dasjenige offenbart, was an Seelenkräften, an Gemütskräften in die Natur hinein sich denken läßt, wenn man an das Innere der Natur sich erinnert: die Seelenhaftigkeit.

Dann treten drei Gestalten auf, die durch eine vierte ergänzt werden: Philia, Astrid, Luna und die andere Philia. Diese Gestalten treten aus dem Grunde auf, weil vor Augen geführt werden soll, wiederum nicht in symbolischer Weise, sondern eben so, wie sich so etwas vor dem erkennenden, übersinnlichen Schauen ausnimmt. Vor Augen geführt werden soll, was durch Johannes Thomasius bei der Selbstschau wirkt. Was, ich möchte sagen, Erlebtes für die Menschenseele ist, drückt sich aus durch dasjenige, was in der Gestalt der Philia wirkt. In der Gestalt der Astrid drückt sich dasjenige aus, was weisheitsvoll die Seele durchglüht. Und in der Gestalt der Luna alles dasjenige, was Charakterfestigkeit darstellt, was an die Charakterfestigkeit appelliert. In der anderen Philia drückt sich schon etwas luziferisch aus, was den Menschen aus seinen Seelenkräften heraus, ich möchte sagen, über seinen eigenen Kopf in ein mystisches Schwelgen hineinzuführen droht. Alle diese Seelenwesen kommen in Betracht, wenn der Mensch vor einer wahren Selbstschau steht.

Wiederum so wie gestern steht vor uns der Geist von Johannes' Jugend, das heißt, der jugendliche Johannes selber, aber für Johannes so objektiv geworden wie eine äußere Wesenheit, so daß sie für ihn, diese Jugend, besondere Schicksale hat. Sie kommt in ein Verhältnis zu der luziferischen Welt, die durch Luzifer repräsentiert auftritt, und sogar so objektiviert, daß Johannes Thomasius sehen kann, wie eine andere Persönlichkeit, die Theodora, welche durch alle vier Mysterienstücke geht und eine Art von zurückgebliebenem Hellsehen darstellt, also in einer gewissen Weise in die geistige Welt hineinschaut. Wie diese Gestalten darin sich verhalten werden, wird in das Schicksal des Geistes von Johannes' Jugend in einer bestimmten Weise eingreifen. So wird das Seelenleben des Johannes in einem bestimmten Momente festgehalten, bühnenmäßig dramatisch vorgeführt.

Es wird überall angestrebt, die Gestalten lebendig zu machen, nicht zu strohernen Allegorien abstrakt werden zu lassen. Das kann dann durch jene Eigenschaften der Eurythmie, wie ich öfters schon von dieser Stelle aus dargelegt habe, auch besonders stilisiert auftreten. Denn in der Tat ist dasjenige, was in diesen Mysteriendramen in die übersinnliche Welt hinüberspielt, überall so gedacht, daß es auch schon eine innere Eurythmie, eine Gedanken-Eurythmie, in sich hat, so daß im Grunde genommen wie selbstverständlich sich das, was Inhalt dieser Mysteriendramen ist, in die sichtbare Sprache der Eurythmie umsetzen läßt.

Wir werden die Vorstellung heute so einrichten, daß allerlei Dichterisches im ersten Teil zur Darstellung kommt. Und es wird eine Pause sein nach der Darstellung der «Artémis» von Hérédia. Nach Verlauf dieser Pause werden zunächst die eben besprochene dramatische Szene zur Aufführung kommen und dann Goethesche Dichtungen.

Aufzeichnungen auf einem Notizblatt

Zur Eurythmie, 22. Januar 1922 Mannheim =

Nicht Kunst erklären –
Die Bewegungen sind nicht Geberden, nicht Mimik. –
In der Lautsprache beruhigt sich der menschliche Wille, indem er sich dem Gedanken und damit der Welt anpaßt. In der Musik erlebt der Mensch die eigene Organisation. In der Eurythmie bringt der Mensch die Gesetze der eigenen Organisation zur Offenbarung. Eine Sprache, in der das Weltall durch die menschliche Bewegung spricht.

Stuttgart, 24. und 25. Februar 1922

PROGRAMM

Hymnus an die Natur	J. W. v. Goethe
Lebenszauber	Edvard Grieg
Kophtisches Lied	J. W. v. Goethe
Begegnung	C. F. Meyer
Aus «Der Seelen Erwachen» 4. Bild: Doppelgänger-Szene	Rudolf Steiner
Aus «Der Seelen Erwachen» 2. Bild: Chor der Gnomen und Sylphen	Rudolf Steiner
Auf dem Wasser zu singen	Franz Schubert
Aus den «Humoresken» . . . . Scholastikerproblem, Das Grammophon, Die Fledermaus	Christian Morgenstern
Nachtwächter . . . . Toilettenkünste, Die Windhosen	Jan Stuten

Dieses Programm wurde, mit kleinen Änderungen, am 1. März in Leipzig und am 5. März in Halle aufgeführt.

Aus einem Brief von Marie Steiner an Rudolf Steiner in Dornach:

[Stuttgart, 25. Februar 1922]

Wir haben nun unsern ersten Probeabend hinter uns. Scheinbar ist man begeistert. Ich weiß natürlich nicht, wie viel auf Konto des Wunsches kommt, uns wegen der letzten faux pas zu begütigen. Gestern war es sehr gut besucht, auch Stehplätze wurden vergeben. Die «Natur» ist aber nicht gut gegangen; es ist überhaupt eine Sache, wo man am wenigsten zum Erleben durchdringt, weil die Gedächtnisspannung überwiegt; die Bühne ist ja leider hier zu eng, und nun kam durch den Temperaturunterschied vor und hinter den Vorhängen eine solche Blähung der Vorhänge, daß die Damen in die Mitte zusammenrücken mußten und dadurch viel zu gedrängt dastanden, um die Formen auswirken zu lassen. Ich war nur froh, daß Kisseleff nicht in den Vorhängen hängen blieb, die ihr in die Beine wehten. Das gab sich dann später, als die Temperatur ausgeglichener war. Aber es ist überhaupt zu kalt hinter den Vorhängen, da es keine Heizkörper dort gibt. ... Das übrige ging ohne Malheur vor sich und wir hören nur Gutes. ... Ich freue mich sehr, daß wir gestern und heute die Szenen aus den «Mysterien» geben durften und daß man die Ergriffenheit spürte.

Dornach, 26. März 1922 (in der Schreinerei)

PROGRAMM

Hymnus an die Natur . . . . J. W. v. Goethe
Lebenszauber . . . . Edvard Grieg
Kophtisches Lied . . . . J. W. v. Goethe
Aus «Wegzehrung» . . . . Albert Steffen
Laßt uns die Bäume lieben ...
Wie die Blumen ...
Schwing dich ...
Aus «Der Hüter der Schwelle» 8. Bild:
Ahrimans Reich . . . . Rudolf Steiner

Norwegische Volksweise
Aus den «Humoresken» . . . . Christian Morgenstern
Mopsenleben
Himmel und Erde
Die Beichte des Wurms Musik: Max Schuurman
Das Wasser
Die Luft
Der Papagei
Das Mondschaf
Das Grammophon
Der Gaul

MUSIKALISCHES, LYRIK, EPIK UND DRAMATIK IN IHRER STILISIERUNG DURCH DIE NEUE BEWEGUNGSKUNST

Eurythmisch-dramatische Szene
aus dem Mysteriendrama «Der Hüter der Schwelle», achtes Bild

Dornach, 26. März 1922

Man kann sagen, es ist so, wie wenn bei dieser Eurythmie der ganze Mensch zu einem sichtbaren Kehlkopf, zu einem sichtbaren Sprachorganismus würde. Dasjenige, was da vorliegt, ist erst der Anfang des Künstlerischen, ist ein Sprechen, das künstlerisch behandelt werden muß. Und was man zuletzt anschaut, ist nicht etwa anders zu beurteilen als Rhythmus, musikalisches Thema, bildliche Lautgestaltung in der Sprache selbst. So daß man nicht den besonderen Wert darauf zu legen hat, welchen einzelnen Bewegungen als Gebärden entspricht dieser oder jener Laut, dieser oder jener Satz, dieser oder jener Ton, sondern man hat den besonderen Wert darauf zu legen: wie führt sich die eine Bewegungsform in die andere über, wie folgen die Bewegungen in künstlerischer Gestaltung aufeinander. Man hat es in gewisser Beziehung mit einer solchen Gesetzmäßigkeit der Bewegungen zu tun, wie man es zu tun hat in der Musik mit einer gesetzmäßigen Folge und Gleichheit der Töne. Dadurch wird diese Eurythmie zu einer Kunstform, die sich als dritte hinzugestalten läßt zu dem Musikalischen und zu dem Dichterisch-Sprachlichen.

Wenn wir das Musikalische fühlen, so fühlen wir eigentlich die Gemütsstimmung. Das Innere des Fühlens selber fühlen wir wiederum in dem Ton. Die Vergeistigung des Fühlens kommt im Musikalischen zum Ausdrucke. Wenn wir dann zum Dichterischen kommen, so zeigt sich im Dichterischen die geistige Ausgestaltung des Vorstellungsmäßigen. Bleibt also dann die Wahrnehmung selbst. In der Wahrnehmung hat der Mensch die sinnliche Außenwelt vor sich; allein allem, was in der sinnlichen Außenwelt vorhanden ist, liegt auch ein Geistiges zugrunde. Dieses Geistige kann nur durch den menschlichen Organismus selbst dargestellt werden. Und diese

Darstellung des wahrgenommenen Geistigen durch den menschlichen Organismus, also im Willensausdruck, das ist die Eurythmie. So daß man sagen kann: Musik ist der Geist des Fühlens, Dichtung ist der Geist des Vorstellens, und Eurythmie ist der Geist des Wahrnehmens.

Dadurch stellt sich diese Eurythmie als eine berechtigte Kunst neben die beiden anderen hin. Und man kann auch sagen: Wenn man so den bewegten Menschen auf der Bühne sieht, wie er zum Ausdrucksmittel wird für Dichterisches, für Musikalisches, so ist dieser bewegte Mensch wie die Plastik selber in Bewegung gebracht. – Oder man kann auch sagen: Neben die Plastik, neben die Bildhauerkunst stellt sich diese Eurythmie als eine besondere Kunstform hin.

Das zunächst über das Künstlerische der Eurythmie. Man kann in dieser Weise ohne weiteres dichterisch Episches, Lyrisches darstellen. Im Dramatischen sieht man, wie man gerade Eurythmie, weil sie höhere Stilisierung gestattet als die gewöhnliche Mimik der Schauspielkunst, wie man diese Eurythmie dann verwendet, wenn auf der Bühne nicht bloß naturalistische Szenen aus dem Leben des Alltags, der Sinnenwelt, dargestellt werden, sondern wenn solche Tatsachen dargestellt werden, in denen des Menschen Verbindung mit der geistigen, mit der übersinnlichen Welt sich offenbart. Gerade dasjenige, was die Beziehung des Menschen, der Menschenseele, mit der übersinnlichen Welt umfaßt, verlangt eine Stilisierung, die nicht durch die gewöhnliche naturalistische Bühnenkunst gegeben werden kann. Da sieht man dann, wie Eurythmie in ihrer höheren, in ihrer gesetzmäßigen Stilisierung, wo die Sprache selbst aus dem menschlichen Organismus hervorgeholt wird, das Dramatisch-Übersinnliche zum Ausdruck bringen kann.

Wir werden heute nur in der Lage sein, eine kleine Szene aus einem meiner Mysteriendramen darzustellen, aber Sie werden vielleicht daraus entnehmen können, wie es möglich ist, gerade mit Eurythmie so etwas zur Anschauung zu bringen. Es wird zur Darstellung kommen, wie eine Anzahl von menschlichen Seelen eigentlich träumend dasjenige darlebt, was diese Seelen aufgenommen haben aus allerlei Mystik, aus allerlei von übersinnlicher Erkenntnis und dergleichen. Dasjenige nämlich, was übersinnliche Erkenntnis ist, kann mit innerer Wahrhaftigkeit und Lebendigkeit in die Menschenseelen übergehen. Allein dazu gehört schon, daß man diesen übersinnlichen Erkenntnissen innere Wahrhaftigkeit, innere Ehrlichkeit, innere Aufrichtigkeit entgegenbringt. Zu denen muß man sich erst heranerziehen. Das ist gerade das Ideal, möchte ich sagen, der anthroposophischen Menschenerziehung, daß man sich heranerzieht zu völliger innerer Wahrhaftigkeit, zu innerer Ehrlichkeit und Aufrichtigkeit.

Auf dem Wege dahin, da stellen sich manche Seelen, die sonst durchaus gut sind, gutartig auch sind, so dar, daß sie entweder aus einer gewissen Sentimentalität heraus, aus einer gewissen inneren Unwahrhaftigkeit heraus zwar dasjenige aufnehmen, was in der übersinnlichen Erkenntnis zutage tritt, daß sie aber das doch nicht anders aufnehmen, als, man möchte sagen, mit einer gewissen Unlebendigkeit. Sie sind nicht voll ergriffen davon, sie träumen gewissermaßen nur, weil sie eine Art von Wollust darinnen haben. Man muß sich gerade klar sein, mit einer gewissen Ironie sich klar sein darüber, wie unwahrhaftig die Seelen, die sich nicht erst zu dieser Wahrhaftigkeit heranerzogen haben, werden können, vor sich selbst unwahrhaftig, wenn sie so etwas wie übersinnliche Erkenntnisse aufnehmen. Solche Seelen werden hier vorgeführt, Seelen der verschiedensten inneren Nuancierung.

Und diesen Seelen tritt dann gegenüber jene Gestalt, die ich oft Ahriman genannt habe, eine Gestalt, welche eigentlich alles dasjenige darstellt, was im Menschen pedantisch ist, was im Menschen diesen selbst herunterzieht in, ich möchte sagen, die Schwere der Welt. Wenn man so einen ganzen Chor von mehr oder weniger ehrlichen, aber auch von mehr oder weniger unehrlichen mystischen Seelen hat, dann kann man darstellen, wie das den Menschen Herunterziehende seine Freude und Befriedigung daran hat, wie gerade dasjenige, was sonst im Menschen so wirkt, daß es ihn an die Erde fesselt, wie das gerade in jenen Seelen auch wirken kann, die von der Erde gewissermaßen fortfliegen wollen in einer gewissen unwahrhaftigen und unaufrichtigen Mystik. Das ist durchaus etwas, was Innerseelisches im Menschen, was des Menschen Beziehung zum Übersinnlichen darstellt. Und diese Szene soll – aus einem meiner Mysteriendramen herausgerissen – eben heute in eurythmischer Darstellung zur Aufführung kommen. Man wird in diesem Ahriman etwas finden wie eine Gestalt, die anklingt an Goethes Mephistopheles, aber die Ahrimangestalt geht durch alle Zeiten menschlicher Geistesentwickelung und kann auch durchaus in unserer Zeit lebendig empfunden werden. Man möchte sagen, es ist diejenige Geistgestalt, die ihre Freude daran hat und ihren Nutzen davon hat, wenn Seelen innerlich zwar scheinbar recht tief, recht mystisch, recht okkult sind, aber doch eigentlich nicht wahrhaftig sind.

FERCHER VON STEINWANDS KOSMISCHE DICHTUNGEN

Dornach, 27. Mai 1922

Wir werden Ihnen heute im ersten Teil eine größere Dichtung darstellen, die Dichtung eines österreichischen, leider, wenn man seine wirklich große Bedeutung in Betracht zieht, zu unbekannt gebliebenen Dichters: *Fercher von Steinwand.* Fercher von Steinwand hat neben manchen außerordentlich interessanten dramatischen, lyrischen und epischen Dichtungen, welche ebenso groß sind in bezug auf die Liebenswürdigkeit in der Kunst wie auch der gedanklichen Tiefe und in bezug auf den gefühlsmäßigen, enthusiastischen Schwung, aber dasjenige, was ich nennen möchte seine kosmischen Dichtungen geschaffen, solche Dichtungen, die sich hineinverlieren in das Urbildliche der Weltengestaltung. Er entwickelt Gedanken, welche bis in fernste Urzeiten zurück den Weltenlauf wie im Träumen oder in Imaginationen verfolgen wollen.

Dadurch aber kommen ganz besonders solche Gedanken zustande, welche in edler Bildhaftigkeit dann vor uns stehen können. Sie sind manchmal – das bitte ich Sie beim heutigen Anhören und Zuschauen zu berücksichtigen – für den ersten Anhub nicht gleich unmittelbar

Dornach, 27. Mai 1922 (im Goetheanum)

PROGRAMM

Chor der Urträume	Fercher von Steinwand Musik: L. van der Pals
Elfe ... Musik: M. Schuurman	Fr. v. Eichendorff
Abendgefühl	Friedrich Hebbel
Erinnerung	Anton Bruckner
Auf Flügeln des Gesanges	Heinrich Heine
Under the Greenwoodtree (As you like it)	Shakespeare Musik: L. van der Pals
Winter (Love's Labour lost)	Shakespeare
Ariel's Song (The Tempest)	Shakespeare
Satirischer Auftakt	Musik: L. van der Pals
Der Papagei	Christian Morgenstern
Tonbild	Edvard Grieg
Der Zwölfelf	Christian Morgenstern

faßbar, aber sie stellen überall weite Perspektiven, tiefes Mitfühlen mit dem kosmischen Geschehen in der Welt dar. Und weil sie so in das Kosmische hineinreichen als Gedanken, als Gefühle, als Empfindungen und weil dasjenige, was durch den bewegten Menschen dargestellt wird, weil der Mensch wirklich eine kleine Welt ist, weil das auch am edelsten sich ausleben kann, wenn die großen Bewegungen des Kosmos nachgeahmt werden, so eignen sich solche Ferscherschen Dichtungen in ganz ausgezeichneter Weise für die eurythmische Darstellung. Man kann diese wunderbaren Gedanken- und Gefühlsnuancen, mit denen er die Welterscheinungen verfolgt, gerade auch mit dieser bewegten Sprache, wenn man die verschiedenen Hilfsmittel des Menschen heranzieht, ganz besonders zum Ausdrucke bringen.

Es wird allerdings nur dann auch im Anschauen richtig verstanden werden, wenn man eingehen mag auf all die Bewegungsnuancen, die eigentlich immer im Zusammenhange stehen mit dem, was die Welt im großen zu dem Menschengemüte spricht, wenn dieses Menschengemüt sich dem zu öffnen vermag, was dieser Welt im großen zugrunde liegt.

Eine ältere Kunst, welche der Eurythmie ähnlich war, nicht dasselbe war, eine Tempeltanzkunst in uralten Zeiten, hat insbesondere die Bewegungen der Sterne, so wie man das in älteren Zeiten aufgefaßt hat, im menschlichen Tanz und mimischer Bewegung zur Offenbarung gebracht. Das ist etwas, was allerdings nicht in unmittelbarer Weise heute gebracht werden kann, was aber in einer anderen, für die heutige Zeit gemäßen Form durchaus in der Eurythmie auftreten kann.

ÜBER «DIE STERBENDE MEDUSE» VON C. F. MEYER

Dornach, 2. Juli 1922

Hier auf der Bühne werden Sie verschiedenes dargestellt sehen in eurythmischen Formen, Dichterisches, Musikalisches. Ich möchte nur herausheben, daß man insbesondere das, was mehr geistiger Art ist, durch die Eurythmie ganz besonders darstellen kann.

In dieser Beziehung verweise ich auf die Schlußnummer des ersten Teiles vor der Pause, wo dargestellt wird Perseus gegenüber der sterbenden Meduse («Die sterbende Meduse» von C. F. Meyer). Die sterbende Meduse ist ja dasjenige, was aus der griechischen Mythologie bekannt sein kann. Sie stellt dar alles dasjenige, was in alten Zeiten die Menschheit einmal als Vorstellungswelt gehabt hat, wobei der Mensch vielen Irrtümern ausgesetzt war. Und in Perseus wird eine starke Persönlichkeit dargestellt, welche die Menschen befreit hat, man möchte sagen, von dem, was wie alte phantastische Vorstellungsweisen, gleich wie ein Alp, auf ihnen lastete. Dieses Bekämpfen alter Irrtümer, irrtümlicher, nebelhafter Vorstellungen, welche aber den Menschen gefährlich sind wie eine Schlange – daher das Schlangenhaupt der Meduse –, durch den Helden Perseus, wird zur Darstellung kommen im letzten Stück vor der Pause. Dann wird eine Pause eintreten, und zuletzt werden noch allerlei, auch humoristische Dinge zur Darstellung kommen.

Dornach, 2. Juli 1922 (im Goetheanum)

PROGRAMM

Göttermahl	C. F. Meyer
Hochländisch	J. W. v. Goethe
Frühling	Rudolf Steiner Musik: L. van der Pals
Sommerbild	Friedrich Hebbel
Erinnerung	Anton Bruckner
Sturmesmythe	Nikolaus Lenau
Auftakt: Evoe	Musik: Max Schuurman
Die sterbende Meduse	C. F. Meyer

———

Der Zwölfelf	Christian Morgenstern
Scherzo	Franz Schubert
Amor und Psyche	J. W. v. Goethe
Arie	J. S. Bach
Beherzigung	J. W. v. Goethe
Ländliches Lied	Robert Schumann
Das Butterbrotpapier	Christian Morgenstern
Satirischer Auftakt	Musik: L. van der Pals
Im Reich der Interpunktionen	Christian Morgenstern
Menuett	L. van Beethoven

[Im zweiten Teil mit Darbietungen durch Schüler]

Aus der Ansprache Dornach, 23. Juli 1922:

Wir werden heute uns erlauben, Ihnen abwechselnd deutsch und englisch zu rezitieren in Begleitung der Eurythmie, so daß dadurch ja ganz besonders zur Offenbarung kommen kann, wie die Eurythmie etwas durchaus Internationales ist, wie in allen Sprachen durch die sichtbare Sprache der Eurythmie eine Ausdrucksart gefunden werden kann.

Dornach, 23. Juli 1922 (im Goetheanum)

PROGRAMM

Harmonischer Auftakt . . . . Musik: Max Schuurman

Sonett: They that have Power ... . Shakespeare

Weltenseelengeister . . . . Rudolf Steiner

Lebenszauber . . . . Edvard Grieg

Sturmesmythe . . . . Nikolaus Lenau

The Secret Gate . . . . Fiona Macleod

---

Aus «Der Hüter der Schwelle», 6. Bild:
Luziferische und ahrimanische Wesen . . . . Rudolf Steiner

Dirge: Fear no more ... (Cymbeline) . . . . Shakespeare

Frühling ... Musik: L. van der Pals . . . . . . Rudolf Steiner

May Song . . . . J. W. v. Goethe

Die Spröde
Die Bekehrte } Musik: Max Schuurman . J. W. v. Goethe

Balthazar's Song (Much ado about nothing) . . . . Shakespeare

Der Rattenfänger . . . . J. W. v. Goethe

EURYTHMIE: AUSDRUCK DES SPRACHCHARAKTERS

Dornach, 30. Juli 1922

Wir werden heute, wo eine große Anzahl der einzelnen Nummern nicht in deutscher Sprache, sondern in englischer Sprache rezitatorisch vorgeführt werden wird, gerade sehen, wie die Eurythmie jeder Sprache sich anpaßt, weil sie dem Laute angepaßt ist. Wenn wir Mimik oder Pantomimisches aus dem Sinn heraus gestalten, so wird einfach der Sinn, der Seelensinn aus einer Sprache in die andere hinübergetragen, wenn wir die Pantomime von einer Sprache in die andere in Begleitung irgendeiner Dichtung hinübertragen. Durch die Eurythmie geschieht nicht dasselbe. Durch Eurythmie geschieht, daß tatsächlich der verschiedene Charakter der Sprache in der Behandlung dieser bewegten, unhörbaren aber sichtbaren Sprache der Eurythmie, der Sprachcharakter, zum Ausdrucke kommt. Ob eine Sprache durch das Vorhandensein von I-, N-, D-Lauten dominiert ist, oder ob sie durch das Vorhandensein von U, A und so weiter eine besonders wohlklingende Sprache ist, dieser besondere malerisch-poetische Charakter der Sprache kommt auch im Eurythmischen durchaus zum Vorschein. Alles Sprachliche selber wird erfaßt durch die Eurythmie, nicht, daß von einer Sprache in die andere etwa nur der Sinn übertragen wird. Eurythmie ist eben durchaus eine sichtbare Sprache. Das zeigt sich auch, wenn man Dichtungen in verschiedenen Sprachen eurythmisch darstellt.

Dornach, 30. Juli 1922 (im Goetheanum)

PROGRAMM

Romantischer Auftakt . . . . Musik: Max Schuurman

The Arrow and the Song . . . . H. W. Longfellow

Sonett: Poor Soul . . . . Shakespeare

Summer Eve . . . . Edvard Grieg

Fairie's Song (Lullaby) . . . . Shakespeare

Dance of the Elves . . . . Edvard Grieg

The Bandruidh . . . . Fiona Macleod

Aus «Die Prüfung der Seele», 5. Bild:
Das Märchen vom Quellenwunder . . . . . Rudolf Steiner

Erlkönig . . . . J. W. v. Goethe

Hochländisch . . . . J. W. v. Goethe

Where the bee sucks ... (The Tempest) . . . . . . Shakespeare

When icicles hang ... (Love's Labour lost) . . . . . Shakespeare

It was a lover ... (As you like it) . . . . Shakespeare

Heiterer Auftakt . . . . Musik: Leopold van der Pals

Das Veilchen . . . . J. W. v. Goethe

Menuett . . . . L. van Beethoven

Clown's Song: When that I was ... (Twelfth Night) W. Shakespeare

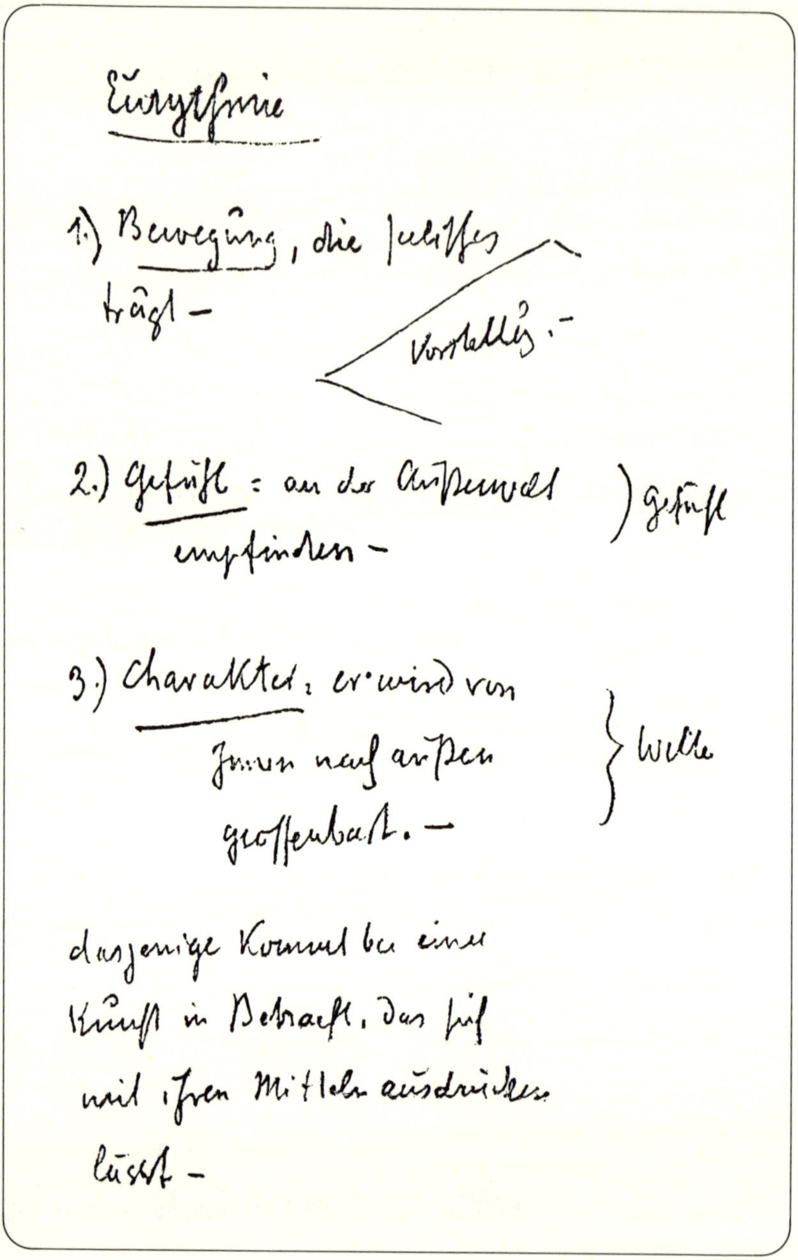
Eurythmie

1.) Bewegung, die Seelisches trägt –

Vorstellung. –

2.) Gefühl = an der Außenwelt empfinden –) Gefühl

3.) Charakter: er wird von Innen nach außen geoffenbart. – } Wille

dasjenige kommt bei einer Kunst in Betracht, das sich mit ihren Mitteln ausdrücken lässt –

Eintragungen in ein Notizbuch, Dornach 4. August 1922

ÜBER DIE KÜNSTLERISCHE FORMENSPRACHE DER EURYTHMIE

Eurythmisch-dramatische Szenen aus den Mysteriendramen «Der Seelen Erwachen» und «Der Hüter der Schwelle»

Oxford, 18. August 1922

Meine sehr verehrten Anwesenden, gestatten Sie, daß ich mit ein paar Worten unsere Eurythmieaufführung einleite. Es soll das nicht geschehen, um die Vorstellung etwa zu erklären, denn jede Interpretation eines Kunstwerkes ist ja etwas Unkünstlerisches. Kunst muß durch sich selbst wirken und wird durch unmittelbare Anschauung ihren Eindruck machen. Da es sich aber bei unserer Eurythmie um eine Kunstform handelt, welche sich gewisser Kunstmittel bedient, die heute noch ungewohnt sind, und welche aus künstlerischen Quellen schöpft, die ebenfalls heute noch ungewohnt sind, so gestatten Sie mir, daß ich über diese künstlerischen Quellen und diese künstlerische Formensprache ein paar Worte sage.

Man kann leicht Eurythmie verwechseln mit gewissen Nachbarkünsten, gegen die durchaus hier nichts gesagt werden soll, die voll anerkannt werden sollen, nur will eben Eurythmie etwas anderes sein, nicht Tanzkunst, nicht mimische Kunst, nichts Pantomimisches und dergleichen, sondern Eurythmie will durch das Kunstmittel einer wirklichen sichtbaren Sprache wirken. Es sind nicht Gebärden, es ist nicht mimischer, pantomimischer Ausdruck, was Sie hier auf der Bühne sehen werden, sondern es sind Bewegungen des einzelnen Menschen in seinen Gliedern, oder Bewegungen und Stellungen von Menschengruppen, die eine wirkliche sichtbare Sprache darstellen. Man kann nämlich dasjenige studieren, was innerlich im Menschen übersinnlich geschieht, wenn der Mensch singt, also wenn sich der Ton herausgestaltet aus seinem Organismus, und man kann studieren, was im Menschen geschieht, wenn sich der Laut der Sprache herausgestaltet aus seinem Organismus. Durch eine Art sinnlich-übersinnlichen Schauens entdeckt man da, daß Bewegungsabsichten, ich sage nicht Bewegungen, sondern Bewegungsabsichten, den ganzen Menschen durchwellen und durchweben.

Diese Bewegungsabsichten werden im Momente ihres Entstehens aufgehalten und verwandeln sich in einzelne Organbewegungen des Kehlkopfes und seiner Nachbarorgane, die dann mitgeteilt werden der Luft und so den Gesangston, das Musikalische oder auch den Sprachton, das Lautliche vermitteln.

Dasjenige, was durch ein übersinnliches Schauen als Bewegungsabsichten im Menschen entdeckt werden kann, kann als Anfangsentfaltung, als sichtbarer Anfang sich entfalten als eine sichtbare Sprache, wenn man die entdeckten Bewegungsabsichten auf den ganzen Menschen oder auf Menschengruppen überträgt. So daß Sie sehen werden, namentlich ausdrucksvollste Glieder des menschlichen Organismus, die Arme, die Hände sich bewegen.

Das soll nicht in der einzelnen Gebärde gedeutet werden. Es sollen nicht einzelne Gebärden bezogen werden auf irgend etwas Seelisches, geradesowenig wie der einzelne Laut auf irgend etwas Seelisches bezogen werden soll unmittelbar, sondern in seiner Konfiguration, in seinem Zusammenhang mit den anderen Lauten und so weiter. Und so ist es auch mit der Eurythmie. Sie soll durch dasjenige, was als Bewegung vorgeführt wird, ihren unmittelbaren Eindruck machen.

Und auf diese Art kann man, wenn Eurythmie begleitet wird von dem Musikalischen, sichtbar singen. Man kann, wenn es sich handelt um Dichterisches, wenn Gedichte deklamiert und rezitiert werden, mit der sichtbaren Sprache der Eurythmie die Dichtungen zum Ausdruck, zur Offenbarung bringen. Nichts Nebuloses ist dabei, sondern durchaus etwas, was mit derselben Selbstverständlichkeit als Bewegung aus dem ganzen Menschen kommt, wie der Laut und der Ton aus dem Kehlkopf kommen.

Daher sollte man auch ein Gefühl, eine Empfindung entwickeln mehr für die Aufeinanderfolge der Bewegungen als für die einzelnen Bewegungen. So wie es sich im Musikalischen um den melodischen oder um den harmonischen Zusammenklang der aufeinanderfolgenden Töne handelt, nicht um den einzelnen Ton, so handelt es sich hier nicht um die einzelne Bewegung, sondern um dasjenige, was aus der Bewegung heraus gestaltet wird.

Dann aber, wenn man also diesen sichtbaren Gesang oder diese sichtbare Sprache hat, muß man sie erst künstlerisch gestalten. Eurythmie ist zunächst bloß Sprache, bloß Ton. Das künstlerisch Geschaute, das soll dann zustande kommen, indem nachgefühlt wird einem Musikalischen, oder nachgefühlt wird einem Dichterischen dasjenige, was darinnen ist schon an verborgener Eurythmie. Denn das muß immer betont werden: Der wahre Dichter hat diese verborgene Eurythmie, die hier sichtbarlich zum Ausdrucke kommt, schon in seiner Seele, wenn auch unbewußt. Er gestaltet aus dem ganzen Menschen heraus, nicht bloß aus einem einzelnen Organ, seine Dichtung, wenn sie ein wirkliches Kunstwerk sein soll. – Daher, wenn Gedichte parallelgehend der Eurythmieaufführung deklamiert oder rezitiert werden, handelt es sich darum, daß auch da Deklamations- und Rezitationskunst in einer anderen Form auftreten muß als etwa in einer bloßen Betonung des Prosainhaltes.

Bei der Dichtung handelt es sich um die Gestaltung des Sprachlichen, so daß dasjenige, was im Sprachlichen musikalisch ist, oder im Sprachlichen bildhaft, lautbildhaft gestaltet ist, bei der Deklamation und Rezitation herauskommen muß, sonst würden diese Künste, diese Sprechkünste nicht begleiten können das Eurythmische. Mit einem Pointieren des Prosainhaltes kommt man daher nicht zurecht. Daher mußten wir auch auf ältere, mehr künstlerische Zeitalter zurückgehen, als das heutige ist, die Rezitations- und Deklamationskunst besonders ausbilden, so daß bei ihr auf das Musikalische, auf die Gestaltung der Sprache mehr Gewicht gelegt wird als auf das Pointieren des Prosainhaltes.

Gerade aber weil die Rezitation und Deklamation besonders auffallen muß, ist es notwendig, daß ich hier eine Entschuldigung vor Ihnen anbringe. Frau Dr. Steiner, welche deklamieren wird in einer ihr sonst nicht völlig gewohnten Sprache, wenigstens als Rezitation nicht völlig gewohnten Sprache, muß im Englischen rezitieren und deklamieren aus dem Grunde, weil es sich hier zugleich handelt um die Vorführung einer besonderen Kunstgestaltung der Deklamation und Rezitation, und diese eben erst selbst ausgearbeitet worden ist. Wir müssen abwarten, bis sie in den verschiedenen Sprachen, diese Rezitations- und Deklamationskunst, erst voll ausgebildet sein wird. Daher läßt sich Frau Dr. Steiner entschuldigen, daß sie als Nicht-Engländer in englisch rezitieren und deklamieren wird. Dies möchte ich nur vorausschicken.

Was Sie hier sehen werden auf der Bühne, zu dem möchte ich nur hinzufügen, daß die Eurythmie noch zwei andere Seiten hat. Eine Seite, die ich nur ganz kurz erwähnen will, ist die therapeutisch-hygienische Seite. Da alle Bewegungen, welche Sie ausgeführt sehen, obwohl sie hier nur künstlerisch gestaltet sind, mit einer elementaren Selbstverständlichkeit und Notwendigkeit herausgeholt sind aus der menschlichen Organisation, wie die Sprache selber, so kann man sagen: Diese Bewegungen sind die Offenbarung der gesunden Menschennatur. – Nicht die Bewegungen, die Sie hier sehen, aber andere Bewegungen, metamorphosierte, umgestaltete Bewegungen kommen als Heileurythmie in Betracht. Daher haben wir in unseren medizinisch-therapeutischen Instituten in Arlesheim in der Schweiz und in Stuttgart bereits die Heileurythmie als eine besondere therapeutische Form ausgebildet, und es hat sich gezeigt, wie sehr sie zum Hygienischen und zum Heilen verwendet werden kann, wenn sie in anderen Formen, als sie hier, wo sie rein künstlerisch auftreten soll, sich offenbaren wird.

Die dritte Seite ist die pädagogisch-didaktische Seite. Da wir aber morgen das große Vergnügen haben werden, Ihnen mit Kindern hier Eurythmisches vorzuführen, so kann ich heute verzichten, für die pädagogisch-didaktische Seite, die dritte Seite, zu sprechen und werde morgen einige Worte der Kinderaufführung vorausschicken über den pädagogischen und didaktischen Wert der Eurythmie, der sich schon gezeigt hat, wie er ist, seit die Waldorfschule in Stuttgart besteht, in der die Eurythmie als ein pädagogisch-didaktischer Lehrgegenstand, neben dem Turnen, als obligatorischer Lehrgegenstand eingeführt ist. Und ebenso selbstverständlich wachsen die Kinder in diese sichtbare Sprache hinein, in diesen sichtbaren Gesang, wie in jüngeren Jahren die ganz kleinen Kinder in Lautsprache und Gesang hineinwachsen.

Und so möchte ich nur noch anfügen, was ich niemals unterlasse zu sagen, daß die verehrten Zuschauer um Entschuldigung gebeten werden und Nachsicht haben möchten, denn Eurythmie ist heute noch durchaus im Anfange ihrer Entwickelung, und jede Kunstform, die erst anfängt, muß notwendigerweise unvollkommen sein. Wir sind selbst unsere strengsten Kritiker, kennen dasjenige, was noch mangelhaft an der Eurythmie ist, aber wir versuchen auch, ich möchte sagen, von Monat zu Monat immer weiterzukommen.

Sie werden zum Beispiel heute hier schon sehen, was man vor einem Jahr noch nicht sehen konnte, wie das ganze Bühnenbild eurythmisch gestaltet sein soll, so daß Sie nicht nur den bewegten Menschen in der Eurythmie sehen, sondern zugleich die Beleuchtungskräfte, die sich offenbaren noch innerhalb der einzelnen Szenen der Darstellung. Da wird nun auch der Hauptwert gelegt werden müssen nicht auf die einzelne Farbenbeleuchtung, sondern auf die Aufeinanderfolge, ich möchte sagen, dynamische Aufeinanderfolge der Beleuchtungseffekte, die sich eurythmisch auch hineinfügen sollen in das ganze übrige eurythmische Bild.

Und so darf man, wenn man auf der einen Seite gerade das Mangelhafte noch dieser Eurythmie erwähnt aus dem Bewußtsein heraus, mit welchen künstlerischen Mitteln gearbeitet und aus welchen künstlerischen Quellen noch geschöpft werden kann, sagen, daß sie einer unermeßlichen Vervollkommnung in die Zukunft hinein fähig sein wird. Denn sie bedient sich eines Werkzeuges, das im Grunde genommen das höchste künstlerische Werkzeug sein muß, sie bedient sich als eines Werkzeuges des Menschen selber, des gesamten Organismus des Menschen. Und alle Weltengeheimnisse, alle Gesetzmäßigkeiten des Kosmos sind im Menschen enthalten. Wenn man daher eine sichtbare Sprache aus dem ganzen Menschen herausholt, holt man zu gleicher Zeit etwas aus ihm heraus, was von der ganzen Summe der Weltengeheimnisse und der Weltengesetzmäßigkeit spricht. Der Mensch ist einmal ein Mikrokosmos, und so kann, wenn dieser Mikrokosmos als künstlerisches Werkzeug verwendet wird, zum Ausdrucke kommen dasjenige, was ausgebreitet ist an Geheimnissen, an Mysterien durch das ganze Weltenall hindurch. Deshalb darf man trotz der Unvollkommenheit hoffen, in der sich Eurythmie heute noch befindet, daß sie sich in die Zukunft hinein so vervollkommnen wird lassen und als vollberechtigte Kunstform einstmals neben die älteren vollberechtigten Kunstformen wird hintreten können.

Nur noch ein paar Worte über die Aufführung selbst. Wir teilen das Programm in zwei Teile. Am Schlusse des ersten Teiles wird eine Szene aus einem meiner Mysterienspiele dargestellt werden. Das Mysteriendrama hat es zu tun mit der Entwickelung eines Menschen, der sich allmählich einlebt in die übersinnliche Welt selbst. Zur Darstellung desjenigen, was den Menschen verbindet mit dem Übersinnlichen, ist ja Eurythmie ganz besonders geeignet. – Nun zeigt die Szene, welche hier am Schluß des ersten Teiles zur Darstellung kommt [«Der Seelen Erwachen», viertes Bild], wie dem Johannes Thomasius, weil in seinem Gedächtnis alles dasjenige aufsteigt, was er erlebt hat mit lieben Freunden, Capesius, Strader und so weiter, dieses in seiner Seele sich so vertieft, daß es ihm in der Gestalt des Doppelgängers erscheint, daß seine eigene Jugend vor ihm auftritt, daß dasjenige, was man den Hüter der Schwelle nennt, jenen Hüter, vor dem der Mensch steht, wenn er in die geistige Welt eintritt, erscheint, daß die andere Gestalt, die Gestalt des Ahriman, die Verkörperung des Schlauen, des Bösen auftritt. Es sind innere Vorgänge, die in der Seele des Johannes Thomasius selber erlebt werden. Alles dasjenige, was ins Übersinnliche hinaufweist, wird in Eurythmie dargestellt und von Frau Dr. Steiner deklamiert. Der Johannes Thomasius selbst aber als naturalistische Figur wird bühnenmäßig gespielt werden, denn alles dasjenige, was naturalistisch gefaßt ist, muß auch bühnenmäßig zum Ausdrucke kommen. Dagegen alles dasjenige, was ins Übersinnliche spielt, kann gerade durch die Eurythmie in einer höheren Weise zur Vorführung kommen.

Dies ist also am Schlusse des ersten Teiles. Im Beginn des zweiten Teiles wird ebenfalls eine Szene aus einem meiner Mysteriendramen [«Der Hüter der Schwelle», sechstes Bild] vorgeführt, wo dargestellt wird, daß die Mächte der Mystik, der Schwärmerei, die luziferischen Mächte auf der einen Seite, auf der anderen Seite die ahrimanischen Mächte des Bösen, der Schlauheit, der Klugheit, der List vor Johannes Thomasius auftreten, der aber diesmal nicht auf der Szene erscheint, die ihm im Traume erscheinen, was angedeutet wird durch eine besondere Gestalt, die vor dem Erwachen dieser Traumanschauung des Johannes Thomasius spricht. Wir haben es also mit Szenen aus Mysteriendramen zu tun, und ich bitte Sie, das zu berücksichtigen.

Oxford, 18. August 1922

PROGRAMM

Harmonischer Auftakt . . . . Musik: Max Schuurman

Sonett: They, that have power ... . Shakespeare

Weltenseelengeister . . . . Rudolf Steiner

The Magic of Life (Lebenszauber) . . . . Edvard Grieg

The Secret Gate . . . . Fiona Macleod

From «The Souls Awakening» . . . . Rudolf Steiner

From «The Gardian of the Threshold» . . . . . . Rudolf Steiner

Dirge (Cymbeline) . . . . Shakespeare

Frühling Musik: L. van der Pals . . . . Rudolf Steiner

May Song . . . . J. W. v. Goethe

Die Spröde
Die Bekehrte } Musik: Max Schuurman . J. W. v. Goethe

Balthazar's Song (Much ado about nothing) . . . . Shakespeare

The Pied Piper ... Musik: Max Schuurman . . J. W. v. Goethe

DAS PÄDAGOGISCHE ELEMENT DER EURYTHMIE

Oxford, 19. August 1922

mit Darbietungen von Kindern

Ich habe mir gestern erlaubt, einige Worte der eurythmischen Vorstellung vorauszuschicken, um die besondere Kunstform der Eurythmie zu erklären. Heute möchte ich über diese Kunstform nichts weiter sprechen. Dasselbe, was ich gestern gesagt habe, würde ich vorausschicken müssen dem zweiten Teile unserer heutigen Vorstellung. Der erste Teil umschließt eine Vorstellung mit Kindern, die hier kurze Zeit Eurythmie gelernt haben, und da darf ich einiges über die pädagogisch-didaktische Seite dieser Eurythmie sagen.

In erster Linie – das muß immer festgehalten werden – soll Eurythmie nicht Gymnastik, nicht Tanz sein, aber sie soll eine Kunstform sein. Da sie aber in einer wirklichen sichtbaren Sprache besteht, die herausgeholt ist aus der gesunden Organisation des Menschen, so kann sie auch ausgebildet werden so, daß sie gewissermaßen als ein geistiges Turnen im Unterricht und in der Erziehung verwendet wird. Wir haben gleich mit der Gründung der Waldorfschule in Stuttgart die Eurythmie als einen obligatorischen Lehrgegenstand neben dem Turnen eingeführt. Man kann sehen, daß jetzt, nach einigen Jahren der Führung der Waldorfschule, sich durchaus herausgestellt hat, welchen großen pädagogischen und didaktischen Wert diese Eurythmie hat.

Erstens hat sie dadurch ihre besondere Bedeutung, daß sie allem Sprachunterricht zu Hilfe kommt. Es ist immer so, daß sich die Kinder wie selbstverständlich hineinfinden in diese sichtbare Sprache, mit Wohlgefallen, mit innerer Befriedigung hineinfinden wie in etwas, was aus der menschlichen Organisation folgt, geradeso wie die ganz kleinen Kinder sich in die Lautsprache und in den Gesang hineinfinden. Indem die Kinder sich hineinfinden in diese sichtbare Sprache, fühlen sie das Wesen der Sprache in der menschlichen Organisation, und von da aus strahlt dann auch ein Verständnis in dasjenige, was man schulmäßig in der eigentlichen Lautsprache den Kindern beizubringen hat.

Dann ist aber Eurythmie eine besondere Hilfe für die Willenserziehung. In dieser Beziehung wird man einmal wohl unbefangener urteilen als heute noch, wo man das gewöhnliche Turnen, ich möchte sagen, das körperliche Turnen etwas überschätzt. Ich möchte nichts über dieses körperliche Turnen, das aus den Gesetzen der Physiologie zu schöpfen ist, hier sagen; ich erkenne es vollständig an. Ich möchte nur erwähnen, nur als Beispiel anführen, daß, als ich einmal über die Eurythmie und ihre pädagogische und didaktische Seite in unserer freien Waldorfschul-Methodik im Goetheanum einleitende Worte sprach, ich das Merkwürdige erlebte, daß ein sehr berühmter Physiologe der Gegenwart [Abderhalden], der sich diese Worte anhörte, in denen ich auch sagte, daß ich das Turnen durchaus anerkenne, daß aber Eurythmie als beseeltes Turnen eine wichtige Vollendung ist desjenigen, was durch das körperliche Turnen nur in einseitiger Weise erreicht wird, zu mir sagte: Sie sehen also das Turnen als ein Erziehungsmittel an? Ich als Physiologe sehe es an als eine Barbarei.

Nun, wie gesagt, das sage nicht ich, das sagt ein berühmter Physiologe der Gegenwart. Und immerhin, wenn wir auch das gewöhnliche Turnen in der Waldorfschule durchaus gelten lassen als ein körperliches Erziehungsmittel, so stellen wir daneben die Eurythmie als ein seelisches, als ein geistiges Turnen. Und als solches zeigt sie sich ganz besonders für den Willen, für die Initiative des Willens. Man bekommt die Möglichkeit, in das Seelische des Kindes deshalb einzuwirken, weil das Kind bei einer jeglichen Bewegung, die es ausführt, zu gleicher Zeit fühlt, wie es in seinem ganzen Menschen, mit Leib, Seele und Geist, sich betätigt, wie jede einzelne leibliche Bewegung, die es ausführt, zu gleicher Zeit eine innere seelische und geistige Bewegung hervorruft. Das Kind fühlt gewissermaßen, wie Leib, Seele und Geist zusammenrücken, wie sie verbunden sind in diesem eurythmisch-geistigen Turnen.

Und dann – es wird Ihnen vielleicht geradezu paradox erscheinen, aber wahr ist es doch, insbesondere in einer höheren Kultur, wie diejenige des Abendlandes heute ist, kann man mit der gewöhnlichen Lautsprache selbstverständlich mit der Wahrheit auch die Unwahrheit sagen. Unwahrhaftig, lügenhaft kann der Mensch leicht werden gerade in der Lautsprache. In der sichtbaren Sprache der Eurythmie kann man nicht lügen. Das hat sich als eine Erfahrung herausgestellt. Daher ist zugleich diese Eurythmie ein Erziehungsmittel in die Wahrhaftigkeit hinein. Der Mensch, das Kind findet nicht leicht die Möglichkeit, in die sichtbare Sprache der Eurythmie hinein zu lügen.

Damit habe ich einiges angedeutet von der Eurythmie aus in der Kindererziehung. Ich möchte noch das eine bemerken: Oftmals hat man bei einem Kinde diesen oder jenen Mangel im Seelischen, im Geistigen oder im Körperlichen beobachtet. Da kommen gewöhnlich die Lehrer der Stuttgarter Waldorfschule zu mir und sagen: Dieses Kind hat diesen oder jenen seelischen oder körperlichen Fehler. – In einem solchen Falle ist es nur notwendig, mit einer gewissen übersinnlichen Kraft des Sehens, mit einer gewissen Kraft des Schauens intuitiv zu erkennen, was man nun für eurythmische Übungen gerade diesem Kinde angibt, eurythmische oder Eurythmie-ähnliche Übungen. Und in der Tat, wir haben manchmal überraschende Resultate erreicht in der Verbesserung körperlicher oder seelischer Fehler, wenn wir gerade für das Kind besondere eurythmische Übungen anraten konnten und wenn sie durch unsere Lehrer in der Waldorfschule durchgeführt worden sind. Da muß dann, wie gesagt, Eurythmie nach ihrer pädagogisch-didaktischen Seite ausgebildet werden. Sie ist in erster Linie eine Kunst, sie kann aber auch in den Dienst der Pädagogik und Didaktik gestellt werden.

Zum Schluß möchte ich nur noch erwähnen, daß die Kinder, die Sie heute im ersten Teile der Aufführung sehen werden, nur kurze Zeit Eurythmie erlernt haben, daß daher für sie um ganz besondere Nachsicht gebeten werden muß. Die Lehrerinnen hier haben nur in wenigen Lektionen eigentlich diese Kinder unterrichten können, und als wir dann angekommen sind, haben wir einige Nummern des heutigen Programms wie eine Improvisation hinzugefügt. So daß Sie auch in dieser Kindervorstellung nichts Vollkommenes erwarten dürfen, sondern, wie wir auch für die andere Vorstellung um Nachsicht gebeten haben, nur etwas, was im Anfange der Entwickelung ist, aber doch so, daß man das Prinzip, daß man das Wesen erkennt. Ich denke, das wird sich auch in dieser Kindervorstellung in dem ersten Teil unseres heutigen Programms zeigen. Nach einer Pause wird dann vorgeführt, wie Eurythmie als Kunstform sein wird.

Oxford, 19. August 1922

PROGRAMM

I. *Children's Performance*

Staff and Rhythmic Exercices
«*I and you are we*»
Energy Danse
Pease Danse
Contraction – Expansion
The Children were shouting together, by A E
The Skylark . . . . James Hogg
Night . . . . William Blake
Spring Song . . . . Thomas Nashe
The Camel's Hump . . . . R. Kipling
Three blind mice (Nurcery Rhime)

II.

Auftakt: Evoe Musik: Max Schuurman
Portia: The qualety of mercy (The Merchant of Venice) Shakespeare
«*Wir wollen suchen*» Musik: Max Schuurman
With a painted Ribbon . . . . J. W. v. Goethe
Musette (Gavotte Nr. 2 aus der 3. Engl. Suite) . . . J. S. Bach
Scholastikerproblem . . . . Christian Morgenstern
Tapetenblume . . . . Christian Morgenstern
Autolycus Song (Winter's Tale) . . . . Shakespeare
Under the Greenwoodtree ... (As you like it) . . . . Shakespeare
Ingratitude: Blow, blow, thou winterwind ...
(As you like it) . . . . Shakespeare
Tonbild . . . . Edvard Grieg
Clown's Song: When that I was ... (Twelfth Night) Shakespeare

Den Haag, 2. November 1922
Düsseldorf, 24. November 1922
Köln, 26. November 1922
Berlin, 28. u. 29. November 1922

PROGRAMM

Romantischer Auftakt . . . . Musik: Max Schuurman

Lied des Türmers aus «Faust» II . . . . J. W. v. Goethe

Wie die Blumen ... aus «Wegzehrung» . . . . . Albert Steffen*

Erinnerung . . . . Anton Bruckner

Fairies Lullaby (deutsch) . . . . Shakespeare

Elfentanz . . . . Edvard Grieg

Erlkönigs Tochter . . . . aus dem Dänischen von Herder

Aus «Faust» II: Vier graue Weiber . . . . . J. W. v. Goethe

Amien's Song (As you like it) . . . . Shakespeare
Musik: L. van der Pals

Ingratitude (The Merchant of Venice) . . . . . . Shakespeare

O Mistress mine ... (Twelfth Night) . . . . Shakespeare

Menuett . . . . L. van Beethoven

Balthazar's Song (Much ado about nothing) . . . . Shakespeare

Danse de la Fée dragée . . . . P. Tschaikowsky

* [In Den Haag wurde statt des Steffen-Gedichtes «Zueignung» von Novalis aufgeführt.]

Den Haag, 5. November 1922, 2½ Uhr
in der königlichen Schauburg

PROGRAMM

Harmonischer Auftakt . . . . Musik: Max Schuurman

Aus «Wegzehrung»: Schwing dich . . . . Albert Steffen

Weltenseelengeister . . . . Rudolf Steiner

Lebenszauber . . . . Edvard Grieg

Kophtisches Lied . . . . J. W. v. Goethe

Begegnung . . . . C. F. Meyer

Aus «Der Seelen Erwachen», 4. Bild:
Doppelgängerszene . . . . Rudolf Steiner

* * * * *

Aus «Der Hüter der Schwelle», 6. Bild:
Luziferische und ahrimanische Wesen . . . . Rudolf Steiner

Traumverwandlung . . . . Joseph Kitir

Frühling ... . Rudolf Steiner
Musik: L. van der Pals

Mailied . . . . J. W. v. Goethe

Schmetterling . . . . Edvard Grieg

«*Hark, hark, the lark*» ... (Cymbeline) . . . . . . Shakespeare

Ariel's Song I (The Tempest) . . . . Shakespeare
Musik: L. van der Pals

Winter (Love's Labour lost) . . . . Shakespeare

Ariel's Song II (The Tempest) . . . . Shakespeare
Musik: Max Schuurman

DER ÜBERGANG DES DICHTERISCHEN UND MUSIKALISCHEN IN BEWEGUNGSFORMEN

Den Haag, 5. November 1922

Die gewöhnliche Lautsprache und der gewöhnliche Gesang bringen in Tätigkeit den Gedankenpol des Menschen, der hineingeleitet wird in den Luftstrom. Die Eurythmie bringt in Tätigkeit den Bewegungs- oder Willenspol des Menschen. So daß der ganze Mensch gewissermaßen auf der Bühne vor uns zu einer Art Kehlkopf wird, nur daß jetzt die Bewegungen, indem sie aus dem Willen hervorgehen, weil sie nicht zu der Ruhe des Gedankens und damit zur Bildhaftigkeit gekommen sind, sondern als Bewegungen ablaufen, eine sichtbare Sprache, einen sichtbaren Gesang darstellen.

Daher geht derjenige ganz fehl, welcher etwa sich dem Glauben hingibt, daß die einzelne Bewegung der Eurythmie unmittelbar bezogen werden kann auf dasjenige, was die Seele in dem Augenblick erlebt. Geradeso wie die Musikmalerei nicht etwas richtig Musikalisches ist, sondern wie im Musikalischen alles ausfließen muß, wenn etwas komponiert wird, in Harmonie, in Melodien, ebenso muß alles, was neben dem Eurythmischen erklingt an Dichterischem oder Musikalischem, übergehen in die Bewegungsformen, in denen eins aus dem anderen hervorgeht, gewissermaßen auch als sichtbare Melodie, Harmonie.

Man sollte daher auch nicht sagen, die Eurythmie verstehe man erst dann, wenn man alles einzelne auf die Dichtung oder auf das Musikalische beziehen kann. So ist es nicht. Kunst muß wirken im unmittelbaren Eindrucke. Sie muß auf das Gefühl wirken. Und so kommt es auch hier an auf die Rundung oder Eckigkeit der Form, auf das Hervorgehen der einen Form aus der anderen, auf dasjenige, was sich an Bewegungen zeigt im unmittelbar künstlerischen Genießen. Nichts Spekulatives, nichts Intellektualistisches sollte eigentlich in die Eurythmie hinein.

So hat man es zu tun mit etwas, was aus der ganzen innerlichen Notwendigkeit des menschlichen Organismus hervorgeholt wird wie die Sprache, wie der Gesang. Und es kann ebenso, wie Sie gleich nachher vernehmen werden in der Aufführung, wie man zu einem Musikalisch-Instrumentalen tonlich singen kann, so kann man dazu singen in einer eurythmischen Bewegungskunst, und man kann deklamieren und rezitieren eine Dichtung, wie Sie auch nachher sehen werden.

Eintragungen in ein Notizbuch

Eurythmie = 2. Nov. Haag [1922]

1.) Wesen der Eurythmie –

2.) Deklamation

Rezitation

3.) Stilisierung durch E. Gelegentlich

Faust. 2. Teil. –

In der *Sprache* das Gestaltende und

das Ausfüllende =

In der Eurythmie wird das Bild, das als Vorstellung im Gehirn vorhanden ist, sichtbar durch die menschlichen Glieder erzeugt. –

Wenn ich einen Laut ausspreche, so ist er entstanden aus dem Bilde einer Geste. –

GOETHEANUM, DORNACH

Montag, 25. Dezember 1922, nachmittag 5 Uhr
Eurythmie: Weihnachtgemäßes aus Poesie und Musik eurythmisiert mit eingestreuten Kinderszenen.

Ankündigung in den Zeitungen

Dornach, 25. Dezember 1922
und 4. Januar 1923

PROGRAMM

I

Tiaoait ... Musik: L. van der Pals	Rudolf Steiner
Worte an den Geist und die Liebe	Rudolf Steiner
Immanu-el	Wladimir Solovjeff
Aus den Jahressprüchen: 3. Dezemberwoche	Rudolf Steiner
Die Sonne schaue ...	Rudolf Steiner
Hirtenmusik aus dem Weihnachtsoratorium	J. S. Bach
Röslein rot ...	Volksweise
Weihnacht	Albert Steffen
Es ist ein Ros' entsprungen ...	Weihnachtslied

II

An der Krippe	Musik von J. Kainradl
Vom Vögerl	Volkslied
Ihr Kinderlein kommet ...	Volksweise
Das Wunderbild von Bötz (Mariensage)	
An den Abendstern	Reinecke
Lied vom Winde	Eduard Mörike
Gavotte	Massi
Ein Kinderlied: Klein Irmchen	Christian Morgenstern
Rondo	Fr. Couperin
Der Gingganz	Christian Morgenstern
Die Holzpuppe	P. Tschaikowsky

GOETHEANUM DORNACH

Sonntag, 31. Dezember 1922
5 Uhr nachmittags

Eurythmisches als Neujahrsgrüße; aus poetischem und musikalischem Sylvesterempfinden

Ankündigung in den Zeitungen

Dornach, 31. Dezember 1922

PROGRAMM

Aus «Faust» I:
Prolog im Himmel . . . . J. W. v. Goethe

Trauermarsch . . . . F. Mendelssohn-Bartholdy

Zum neuen Jahr . . . . Wladimir Solovjeff

Träumerei . . . . Max Reger

Epiphanie . . . . J. M. Hérédia

Le Repos en Egypte . . . . A. Samain

Allegro a. d. 4. Klaviersonate . . . . L. van Beethoven

Aus «As you like it»:
It was a lover and his lass . . . . Shakespeare

Heiterer Auftakt . . . . Musik: Leopold van der Pals

Aus «Love's Labour lost»: Winter . . . . Shakespeare

Aus «Faust» II: Lied der Insekten . . . . . J. W. v. Goethe

Capriccio . . . . Max Reger

DAS WESEN DER EURYTHMISCHEN KUNST

zu einer Darstellung aus «Faust» I von Goethe: «Prolog im Himmel»

Dornach, 31. Dezember 1922

(Zur letzten Aufführung im ersten Goetheanum-Bau)

Wir werden uns erlauben, Ihnen vorzuführen heute im ersten Teil vor der Pause den «Prolog im Himmel», und im zweiten Teil Dichtungen, musikalische Werke eurythmisiert. Ich möchte auch bei dieser Gelegenheit wie sonst über das Wesen der Eurythmie einige Worte vorausschicken. Eurythmie ist ja entnommen aus künstlerischen Quellen, die bis heute mehr oder weniger ungewohnt sind, und arbeitet auch in einer künstlerischen Formensprache, die ebenso ungewohnt ist. Es handelt sich bei der Eurythmie um eine wirkliche sichtbare Sprache.

Geradeso wie unbewußt aus dem menschlichen Organismus im zarteren Kindesalter die Möglichkeit herauskommt, durch Töne gesanglich, was dann ausgebildet werden kann, oder durch Laute, sprachlich, sich seelisch zu offenbaren, so daß die Offenbarung vom Gehörsinn empfangen wird, so kann auch dasjenige, was seelisch erlebt wird, sich äußerlich nicht nur in einem hörbaren Gesange oder in einer hörbaren Sprache offenbaren, sondern in einem sichtbaren Gesange oder in einer sichtbaren Sprache, die in Bewegungen der Glieder des einzelnen Menschen liegen, oder aber in Bewegungen oder Stellungen von Menschengruppen. Dabei hat man es weder zu tun mit Gesten, die ein bloß Mimisches darstellen, noch hat man es mit Tanz zu tun, sondern man hat es damit zu tun, daß ebenso wie jene Bewegungen des Menschen, die aus dem Kehlkopf und den übrigen Sprach- und Gesangsorganen unbewußt oder halbbewußt sich aus dem Menschen heraus formen, um sich der Luft zu übertragen und dadurch sich hörbar vernehmen zu lassen, daß in derselben Weise dasjenige, was als Empfindungsgehalt zugrunde liegt dem menschlichen Seelenleben, daß sich das ausdrücken läßt durch die Bewegung der menschlichen Glieder, gerade am meisten durch die Bewegung der ausdrucksvollsten menschlichen Glieder, der Arme und Hände.

Wenn man nämlich durch sinnlich-übersinnliches Schauen, um mich dieses Goetheschen Ausdrucks zu bedienen, richtig studiert, wie das ganze System, der Kehlkopf und sonstige innere Bewegungsansätze, zusammenhängt mit den Luftbewegungen, und wenn man das dann mit entsprechender Metamorphose namentlich also auf die menschlichen Arme und Hände überträgt, dann bekommt man eine Möglichkeit von Gesten, zu denen sich die gewöhnlichen Gesten, mit denen wir, um uns in bezug auf das Verständnis zu helfen, unsere Sprache begleiten, zu denen sich diese einfacheren Gesten, ja das einfachere Mienenspiel, dessen sich der Schauspieler bedient, verhalten wie das Lallen eines Kindes zur wirklich artikulierten, ausgebildeten Sprache oder zum ausgebildeten Gesange.

Also das gewöhnliche Mienenspiel, die gewöhnliche Geste wären eigentlich das Lallen, und dasjenige, was man durch ein genaues Studium, sinnlich-übersinnliches Studium der Bewegungsmöglichkeiten des menschlichen Organismus herausbekommt, ist dann das sichtbare ausgebildete Singen oder die sichtbare ausgebildete Sprache. Und alles dasjenige, was die Seele durch Gesang oder Sprache sonst ausdrücken kann, läßt sich auch ausdrücken durch diese sichtbare Sprache, durch diesen sichtbaren Gesang. So daß Sie auf der einen Seite in unserer Darstellung sehen werden, wie Musikalisches begleitet wird von solchen Bewegungen. Da singt man sichtbar, wie man sonst hörbar singt. Ebenso werden Sie Dichtungen rezitiert, deklamiert hören, die begleitet werden von eurythmischen Bewegungen des ganzen Menschen, von Menschengruppen, und namentlich aber begleitet werden von der Bewegung der Arme und Hände.

Dieses Bewegen der Arme und Hände ist nun ein vollkommener Ausdruck für dasjenige, was Dichtung ist wie die Lautsprache selbst. Während man aber, wenn man übergeht zu Bewegungen von Armen und Händen, im Bewegen des ganzen Menschen beim sichtbaren Gesange eigentlich mehr dasjenige zum Ausdruck bringt, was von der Seele aus als Empfindungen das Musikalische begleitet, bringt man in der eurythmischen Sprache tatsächlich, wenn sie richtig behandelt wird, alles Bildhafte, Melodiöse, Taktmäßige,

Rhythmische und auch den Inhalt des Sprachlichen zu einer wirklichen Offenbarung. Dadurch ist man imstande, dasjenige, was der Dichter wie eine, ich möchte sagen, innerliche Eurythmie in sein Kunstwerk hineinlegt, nun auch wirklich als Ausdruck des ganzen Menschen zur sichtbaren Offenbarung zu bringen. Und man bekommt dadurch die Möglichkeit, auch dramatisch Dichterisches in einer höheren Stilisierung auszudrücken als durch die gewöhnliche Mimik. Das kann sich besonders anschaulich zeigen bei einer solchen Dichtung wie derjenigen, die eben heute eurythmisch vor der Pause vorgeführt wird, bei *Goethes* «Prolog im Himmel».

Ein mächtiges, grandioses Bild von Engelgestalten, welche, die Weltenabsichten zu offenbaren, sprechen, tritt vor uns hin. Begleitet ist es von demjenigen, was Mephisto dabei zu sagen hat. Alles dasjenige aber, was sich als Erlebnisse der menschlichen Seele in ein Verhältnis stellt zum Übersinnlichen, das kann ganz besonders gut durch diese höhere Stilisierung der Eurythmie zum Ausdrucke gebracht werden. Und kennt man einmal die Eurythmie, so bekommt man unmittelbar das Bedürfnis, aus der gewöhnlichen naturalistischen Mimik herauszugehen für jene Szenen, die sich auf das Übersinnliche beziehen, und auf diese Weise auch eine vollkommenere bühnenmäßige Darstellung solcher Szenen zu bekommen, wie Goethes «Prolog im Himmel» eine darstellt.

Natürlich könnte man auch dasjenige, was Mephisto zu sagen hat, in eurythmische Darstellung bringen. Allein insofern der Mensch sich als ein seelisch-geistig-übersinnliches Wesen darlebt, kommt eben dieses innere Wesen durch die eurythmische Sprachbewegung zum Ausdruck, zur Offenbarung, und wir können das dann auch anwenden, wenn wir Engelwesen sich ausdrücken lassen wollen. Nur eben die Teufelseurythmie haben wir noch nicht erfunden, und daher muß Mephisto noch in ganz naturalistischer Mimik heute dargestellt werden. Vielleicht gelingt es, einmal auch die entsprechende Teufelssprache – ich meine in eurythmischer Form – zu entdecken; dann kann auch das eurythmisch dargestellt werden.

Aber wir streben wirklich darnach, das ganze Bühnenhafte immer mehr und mehr nach dem Eurythmischen hin auszugestalten. Und da zeigt sich eines, das ganz besonders interessant ist. Wir haben seit längerer Zeit schon begonnen, dasjenige, was dichterisch oder musikalisch eurythmisch dargestellt werden soll, auch zu unterstützen durch die entsprechenden Beleuchtungen, die wir dem Bühnenraum geben und die harmonisch zusammenklingen müssen, farbig harmonisch zusammenklingen müssen mit den Bekleidungen der einzelnen Gestalten, die eurythmisierend auftreten. Und da zeigt sich etwas Eigentümliches.

Man kann auch zum Beispiel, wenn man irgendwie rein Musikalisches, Instrumental-Musikalisches will ich sagen, aufführt, unter Umständen durch Beleuchtungseffekte Parallelerscheinungen, Lichtparallelerscheinungen hervorrufen, die ungefähr auch in ihrer Aufeinanderfolge einen ähnlichen Eindruck hervorrufen wie die musikalische Form oder der musikalische Inhalt. Aber es ist etwas ganz anderes, so etwas sagen wir in der Operndarstellung zu tun, und es zu tun bei unserer eurythmischen Darstellung. Bei der Operndarstellung wird man immer das Gefühl haben, daß die Beleuchtungseffekte doch eigentlich nur etwas sind wie die Begleitung des Kunstwerkes, etwas, was von außen sich zum Kunstwerke hinzugesellt, während hier die Beleuchtungseffekte streng innerlich sich mit dem Kunstwerke, nämlich mit dem eurythmischen Kunstwerke, verbinden. So daß man auch die Empfindung bekommt, wie die Stimmung beim Singen gewissermaßen vom Menschen ausströmt, nach allen Seiten des Raumes ausströmt, und wie man diese ausströmende Stimmung gewissermaßen als Lichtwirkungen darstellen könnte, so ist die ganze Stimmung, in welche das Bühnenbild durch Beleuchtungseffekte bei einer eurythmischen Aufführung gebracht werden muß, wie etwas, das nun nicht ausstrahlt von den eurythmisierenden Gestalten, sondern das so wirkt, wie wenn die eurythmisierenden Gestalten diese Lichtkörper, diese Lichtmassen einsaugen, einatmen würden, wie wenn sie sich zu ihnen hinbewegen würden, wie wenn sie ihrer bedürfen würden. Kurz, man wird noch allerlei Eigentümlichkeiten dieser sichtbaren Sprache, dieser Eurythmie im Laufe der Zeit entdecken. Heute ist wirklich davon im Grunde nur ein Anfang vorhanden.

Sie werden also auf der einen Seite begleitet finden das Eurythmische vom Musikalischen. Da ist es ein Singen, ein sichtbares Singen. Sie werden es begleitet finden von der Rezitation und Deklamation. Da ist es ein sichtbares Sprechen.

Nun hat sich immer mehr und mehr gezeigt, daß es eigentlich etwas ganz Unorganisches, Unkünstlerisches ist, wenn derjenige, der die eurythmischen Bewegungen ausführt, zu gleicher Zeit die Worte sprechen will. Es zeigt sich, daß das Künstlerische eigentlich doch darinnen besteht, daß derjenige, der seine Seele in der Bewegung auslebt, für das Ohr vollständig stumm wird, und daß dasjenige, was nun für das Ohr auftritt, abgesondert in Rezitation und Deklamation oder in Instrumentalmusik auftritt. Selbst der Sänger, wenn er begleiten sollte etwas Eurythmisches, müßte abgesondert singen, nicht selber eurythmisierend singen. Dadurch aber bekommt man in der Tat innerhalb der eurythmischen Kunst, ich möchte sagen, ein erweitertes Orchester, ein Orchester, das sich zusammensetzt aus dem, was auf der Bühne in Bewegung vor sich geht, und demjenigen, was musikalisch oder deklamatorisch und rezitatorisch dargestellt wird. Und es unterliegt dieses ganze Zusammenwirken ebenso den orchestralen Gesetzen wie ein Musikalisches. Man könnte daher ganz gut von einer Instrumentierung dabei sprechen. Diese Dinge werden aus dem Wesen der Eurythmie eben durchaus nach und nach gefunden werden. Veranlagt sind sie schon lange. Man muß sehr darauf achten, daß wir die Eurythmie bis jetzt nur in ihrem Anfange haben und daß sie immer weiter und weiter erst ihre entsprechende Ausbildung erfahren wird.

Schon jetzt zeigt sich aber, daß geradezu Sprachgeheimnisse sich eigentlich erst ergeben, wenn man beginnt, das Wesen der Eurythmie zu verstehen. Daher zeigt sich auch, daß das Rezitieren und Deklamieren selber wiederum von dem, was es heute in einem etwas unkünstlerischen Zeitalter ist, wo man das Prosaische eigentlich der Dichtung betont oder pointiert und im prosaischen Pointieren des Dichterischen das Wesentliche sucht, hinübergeführt werden muß etwa dahin, wo es Goethe hatte, der mit seinen Schauspielern selbst seine Jamben-Dramen nach Rhythmus, Takt und so weiter mit dem

Taktstock einstudierte wie ein Kapellmeister, also weniger den prosaischen Gehalt, sondern das Musikalische und Imaginative der Sprachgestaltung. In der bildhaften Gestaltung des Lautlichen bekommt man im Rezitieren und Deklamieren tatsächlich ein Imaginatives; in dem Berücksichtigen des Melodiösen, des Taktmäßigen, Rhythmischen bekommt man ein Musikalisches in der Sprache. Dadurch allein, daß man diese Dinge in das Rezitieren und Deklamieren einführt, kann man in richtiger Weise dasjenige, was eurythmisch geboten wird, begleiten.

Eintragungen auf Notizblätter [1923]

Eurythmie.

1.) Die mimische Geste ist als Begleitung des Wortes
eine persönliche Unterstützung desselben –
Die eurythmische Geste ist aber so, daß der Bewegungsorganismus in objektiver Art das die Sprache begleitende Gefühl aufnimmt.

2.) Bewegte Plastik.

3.) Musik. Dichtung. Eurythmie.

4.) Heil-Eurythmie und paed. Eurythmie.

5.) Nicht ein Malen des Inhalts, sondern wie eine musik. Compos.

6.) Offenbares Geheimnis. –
Ebenso wie der Gedanke tritt die menschl. Bewegung –
Dichtung: Zurückführung des Denkens zur Seele;
Eurythmie: Zurückführung der organischen Bewegungen zur Seele. –

Eintragungen in ein Notizbuch

Dornach, 4. Februar 1923

Eurythmie =

Die Geberde gibt zu dem Geiste, der im gesprochenen Worte lebt, die *Seele* dazu –

Eurythmie gibt das Miterleben mit den Dingen, – Sprechen erfordert Unterdrücken des Subjektiven –

Die Eurythmie ist ganz *Gefühl* –

Das *Gestalten* des Sprachlichen in der Eurythmie –

Rezitation vergeistigt das Seelische =

Eurythmie beseelt das Geistige =

Dornach, 4. Februar 1923

PROGRAMM

Rêves I Musik: Jan Stuten . . . . Victor Hugo
Weihnacht . . . . Wladimir Solovjeff
Sarabande, B-Dur . . . . G. Fr. Händel
Das Nildelta . . . . Wladimir Solovjeff
Prélude . . . . Fr. Chopin
Auf leichten Füßen . . . . Christian Morgenstern
Nocturne, Es-Dur, Op. 9, Nr. 2 . . . . Fr. Chopin

---

Das Verhängnis ... Musik: L. van der Pals Fercher von Steinwand
Der Gnade Wesen ... (Der Kaufmann von Venedig) Shakespeare
Feuerrotes Fohlen . . . . Albert Steffen
Aus «Waldszenen»: Eintritt . . . . Robert Schumann
Die Freuden . . . . J. W. v. Goethe
Zwei chinesische Gedichte: Musik: Jan Stuten
Sehnsucht . . . . Dschung Tsü
Waldgespräch . . . . Li Tai Pe
Deine Tänze ... . Albert Steffen
Caprice . . . . Max Reger

KÜNSTLERISCHE SPRACHBEHANDLUNG

Dornach, 11. Februar 1923

Die Eurythmie soll weder eine Mimik sein, eine bloße Gebärdenkunst, noch soll sie eine tanzartige Kunst sein. Sie werden auf der Bühne dargestellt sehen in Begleitung von Rezitation und Deklamation und in Begleitung von Musikalischem den bewegten Menschen oder auch bewegte Menschengruppen. Dasjenige aber, was von dem einzelnen Menschen in der Eurythmie ausgeführt wird, besonders durch die Bewegung der ausdrucksvollsten Organe, der Arme und Hände, oder durch Menschengruppen, ist etwas, zu dem sich die gewöhnlichen Gebärden, welche man wohl auch beim gewöhnlichen Sprechen macht, verhalten wie das Lallen eines Kindes zu der ausgebildeten, artikulierten Sprache des Menschen.

Wenn wir einem etwas lebhafteren Menschen zusehen, wie er spricht, so finden wir, daß er, wenn er das nicht durch eine besondere Erziehungskonvention sich abgewöhnt hat, seine sprachliche Offenbarung begleitet durch allerlei Gebärden. Wir sehen Gebärden angewendet bei der Bejahung, wir sehen Gebärden angewendet bei der Verneinung, wir sehen Gebärden angewendet, wenn dieses oder jenes Gefühl den Inhalt unserer Sprache begleitet, wenn wir in einer noch ausdrucksvolleren Weise als durch die Nuancierung der Sprache selbst auf dieses Gefühl hindeuten wollen.

Durch diese gewöhnlichen Gebärden, welche ja dann auch in der mimischen Kunst verwendet werden, deutet man aber eigentlich nur dasjenige an, was von Gefühls- oder Willensimpulsen das Sprachliche durchzieht. Aber man kann, wenn man dasjenige anwendet, was *Goethe* sinnlich-übersinnliches Schauen nennt, ich möchte sagen, dieses Gebärdenlallen dann ausbilden zu dem, was jetzt als Eurythmie auftritt. Der Mensch begleitet eigentlich innerlich mit seiner ganzen Seele, ja wiederum mit dem ganzen Körper, möchte ich sagen, beim sprachlichen Ausdruck – sowohl beim Anhören vom Sprachlichen wie auch beim Sprechen selbst –, was er durch Seelisches erlebt, das er im Grunde genommen im ganzen Körper fühlen kann, wenn er die nötige Aufmerksamkeit auf so etwas verwenden kann.

Aber man kann auch, wie gesagt, studieren, durch sinnlich-übersinnliches Schauen, wie beim Menschen diese innerlichen Bewegungen der Seele hineinschießen in diejenigen Bewegungen, welche der Kehlkopf zu Luftbewegungen umbildet, welche dann hörbar werden. Man kann gewissermaßen das, was da aus dem Menschen im Sprechen oder auch im Singen herauskommt, hineinverfolgen in den menschlichen Organismus selbst. Dann kommt man zu einer ausgebildeten sichtbaren Sprache, nicht bloß zu jenem Gebärdenlallen, welches in der mimischen Kunst vorhanden ist.

Man kommt nämlich dazu, zu erkennen, daß ebenso wie ein bestimmter Ton, der da lautet, der Ausdruck ist für irgend etwas, was die Seele empfindet, aber dessen sie sich nicht mehr bewußt ist, daß ebenso eine Bewegung des menschlichen Organismus dasselbe ausdrücken kann, was zum Beispiel empfunden wird, wenn der Mensch sich gedrängt fühlt, irgend etwas durch den I- oder A-Laut auszudrücken. Oder wiederum kann man gewisse Bewegungsformen finden, welche der Empfindung, dem Gefühle bei dem Konsonantensprechen parallel gehen können. Auf diese Weise kann man ebenso bewußt, wie unbewußt von dem kleinen Kinde in der Nachahmung die artikulierte Sprache ausgebildet wird, und wie der Gesang ausgebildet wird, das sichtbare Sprechen und sichtbare Singen ausbilden, wie das eben in der Eurythmie der Fall ist.

Dann bedeutet – und zwar in demselben künstlerisch-menschlichen Sinne, wie das Tonlich-Lautliche im Gesange oder in der Sprache das innere Seelenleben bedeutet, nicht in abstrakt-intellektualistischer Weise, sondern in künstlerisch-menschlicher Weise –, irgendeine Bewegung genau dasjenige, was erlebt wird im I, im A und so weiter, wie der Ton oder der Laut das bedeutet, und man bekommt eine wirklich sichtbare Sprache oder einen wirklich sichtbaren Gesang.

Wenn Musikalisches erklingt und dazu eurythmisiert wird, so hat man nicht ein Tanzen, sondern man hat ein sichtbares Singen. Und gerade bei diesem sichtbaren Singen kann man den Unterschied der Eurythmie von der bloßen Tanzkunst sehen. Die Tanzkunst strömt die Emotion, die Leidenschaft in eine menschliche Bewegung aus, wenn das auch bei diesen oder jenen Tänzen, welche schon edler geformt sind, nicht mehr gewußt wird. Aber das Eurythmische, welches in der Bewegung erscheint – parallel einem Musikalischen –, ist ein sichtbares Singen. Das sind Bewegungen, welche ebenso Takt, Rhythmus, das Melodiöse, ja das einzelne Intervall, den einzelnen Ton ausdrücken wie der Gesang selbst.

Und ebenso ist es, wenn parallel dem Deklamieren und Rezitieren dasjenige geht, was als eurythmische Bewegungen, als sichtbare Sprache auf der Bühne durch den einzelnen Menschen oder durch Menschengruppen erscheint. Eigentlich ist aber die Eurythmie schon enthalten in der künstlerischen Sprachbehandlung des wirklichen Dichters. In der künstlerischen Sprachbehandlung des wirklichen Dichters ist das Prosaische des Gedichtinhaltes ganz zurückgetreten. Es kommt gar nicht darauf an, daß irgend jemand als Dichter nur gewissermaßen in Verse gebrachte Prosa offenbart, sondern es kommt darauf an, wie der Dichter zum Ausdrucke bringt in der Sprachbehandlung imaginativ, also bildlich, oder auch, ich möchte sagen, musikalisch in Takt, in Rhythmus, in dem melodiösen Thema der Sprache, wie er in der Sprachbehandlung das zum Ausdrucke bringt, was er zum Ausdrucke bringen will.

Wenn wir zum Beispiel ein einfaches Gedicht nehmen:

Über allen Gipfeln
Ist Ruh,
In allen Wipfeln
Spürest du
Kaum einen Hauch;
Die Vögelein schweigen im Walde.
Warte nur, balde
Ruhest du auch.

da kommt es nicht darauf an, daß das ausgedrückt wird: «Über allen Gipfeln ist Ruh» und so weiter, sondern daß in der Behandlung des Lautlichen bildhaft – denn bei Goethe ist immer die Sprachbehandlung eine imaginative – dasjenige wellt und webt, was in der Natur draußen zum Beispiel bei einem solchen Gedichte wie diesem, selber webt und lebt. Es kommt nicht darauf an, daß ich ausdrücke die Ruhe in den Gipfeln, sondern es kommt darauf an, daß die Sprachsilben ebenso rinnen und wellen in einer solchen Ruhe, wie dasjenige, was da draußen in der Natur lebt:

Über allen Gipfeln
Ist Ruh,
In allen Wipfeln
Spürest Du
Kaum einen Hauch...

Man möchte sagen, dieselbe ruhige Atmosphäre, welche einem aus dem Walde entgegentönt, tönt einem auch entgegen aus der Aufeinanderfolge und dem Ineinanderklingen, Ineinandermalen, Ineinanderkolorieren der Silben. Da liegt schon in der wirklichen Sprachbehandlung des Dichters dies durchaus darinnen.

Aber diese Eurythmie ist eine verborgene. Diese Eurythmie muß der Rezitator, der Deklamator hervorholen. Der kann aber dasjenige, was als eine verborgene Eurythmie in dem Gedicht liegt, nur durch die Sprachbehandlung zur Offenbarung bringen. Dann wird das, was immer möglich ist, das lautliche Kolorieren des Einzelnen durch das Ganze, des einen durch das andere, in dem diese sichtbare Sprache der Eurythmie ausgebildet ist, auch sichtbar vor den Menschen hintreten können. Das ist dann künstlerisches Wirken durch die sichtbare Sprache oder durch den sichtbaren Gesang der Eurythmie.

So kann in der Tat durch die Eurythmie dasjenige, was in einem Gedichte, in einem Musikstück liegt, durchaus ebenso zum Ausdruck gebracht werden nach einer gewissen Seite hin, wie es zum Ausdruck gebracht werden kann durch Gesang und Lautsprache. Nur daß wir bei dem Gesang und bei der Lautsprache das Einmischen des gedanklichen Elementes haben. Und eigentlich kämpft der Dichter immer, da er sich der Worte bedienen muß, welche im Laute, im Ton zustande kommen, gegen das Unkünstlerische des Gedankens. Das Gedankenelement ist immer etwas Unkünstlerisches. Dieses Unkünstlerische bleibt weg in der sichtbaren Sprache und dem sichtbaren Gesang der Eurythmie. Da ist vorzugsweise das, was an einem

Gedicht gefühlsmäßig oder auch willensimpulsmäßig erlebt wird, daher das eigentlich Künstlerische.

Schopenhauer sah in dem Willen das eigentlich Künstlerische im Menschen. Er hat es abstrakt zum Ausdrucke gebracht. Ich möchte sagen, Eurythmie gibt die Praxis davon. Während man in der Dichtung noch ringen muß, daß der Gedanke nicht zu sehr zur Geltung kommt, sondern die sprachliche Gestaltung des Gedankens, gibt eigentlich die Eurythmie alles dasjenige, was der Dichter geben möchte, was er in sich trägt, solange noch das Gedicht nicht in die Lautsprache überfließt. Das, möchte man sagen, kann durch die Eurythmie besonders empfunden werden, was *Schiller* meinte, wenn er sagt: *Spricht* die Seele, so spricht, ach! schon die *Seele* nicht mehr. Die Seele hat etwas viel Innerlicheres, sie hängt viel innerlicher mit ihrem ganzen Leiblichen zusammen, und es kann Rezitation und Deklamation, wenn sie dieses Innerliche nachfühlt, allerdings in die Nuancierung des Sprachlichen hineinbringen das verborgene Eurythmische. Aber es kann auch dieses verborgene Eurythmische nach der anderen Seite hin in die Bewegungen des einzelnen Menschen oder von Menschengruppen hineingelegt werden. Und dann kommt in bewußter Weise durchaus etwas ganz ähnliches zustande wie auf unbewußte Weise während des kindlichen Lebensalters in der Lautsprache und im Gesang.

Nun, auch heute wie immer möchte ich die verehrten Zuschauer um Nachsicht bitten, denn wir wissen sehr wohl, daß die eurythmische Kunst noch im Anfange ihrer Entwickelung ist. Aber sie bedient sich des Menschen als ihres Instrumentes selbst. Man vergleiche nur einmal die Eurythmie mit dem, womit sie sich vergleichen läßt, mit der Plastik, der Bildhauerkunst. Da hat man ein äußeres Material. Man kann den ruhenden Menschen darstellen, gewissermaßen nur den schweigsamen Menschen in seinem Innenleben. Den innerlich bewegten Menschen stellt man in der Eurythmie durch den bewegten Menschen selbst dar. In der äußeren Körperbewegung tritt die innere Bewegung des Seelischen zutage. Da der Mensch ein Mikrokosmos ist, alle Geheimnisse der Welt in sich enthält, darf man hoffen, daß dieses vollkommenste Instrument, welches sonst nirgends als in der Eurythmie als solches künstlerisches Instrument gebraucht wird, gerade die eurythmische Kunst befähigt, immer vollkommener und vollkommener zu werden, damit sie sich einmal zuletzt als eine wirklich anzuerkennende Kunst neben die anderen heute schon voll anerkannten Schwesterkünste hinstellen kann.

Daß das heute noch nicht der Fall ist – wir wissen es, aber wir kennen auch die unermeßlich großen Entwickelungsmöglichkeiten, welche in der Eurythmie liegen. Daher glauben wir, daß das in der Zukunft noch einmal der Fall sein wird.

Wir haben drei Teile im Programm. Nach dem Beethoven-Menuett wird eine kurze Pause von etwa fünf Minuten sein; dann kommt «Das Verhängnis» von Fercher von Steinwand.

Dornach, 11. Februar 1923

PROGRAMM

Rêves I Musik: Jan Stuten	Victor Hugo
Des Engels Flügelschlag	Albert Steffen
Prélude, Op. 28, Nr. 15	Fr. Chopin
Die Seele fremd	Albert Steffen
Feuerrotes Fohlen	Albert Steffen
Allegro aus der Sonate Es-Dur, Op. 7	L. van Beethoven
Le Samouraï	J. M. Hérédia
Menuett	L. van Beethoven

Das Verhängnis ... Musik: L. van der Pals	Fercher von Steinwand
Auf leichten Füßen	Christian Morgenstern
Nocturne, Es-Dur, Op. 9, Nr. 2	Fr. Chopin
Mein Kind, wir waren Kinder	Heinrich Heine
Valet	J. W. v. Goethe
Scherzo aus der Sonate A-Dur, Op. 2, Nr. 2	L. van Beethoven
Die wirklich praktischen Leute	Christian Morgenstern

Eintragungen in ein Notizbuch

Dornach, 18. Februar 1923

Eurythmie

Wahrnehmen = Konsonantisch – }
Wollen = vokalisch – }

Im Eurythmischen = Das Wollen,
das Blut = wird zur Darstellung des *Menschen;*
das Wahrnehmen,
der Nerv wird zur Darstellung der Welt –

Wenn der Mensch die Sprache mit
Geberden begleitet, so stellt er
das Seelische körperlich-räumlich dar –
er stellt den Einklang zwischen sich und der Welt her –
der ruhende Körper ist «nicht von dieser Erde» –

Das Blut wird zum Nerv
gemacht im gewöhnlichen Sprechen –

Das *Wollen* in die Bewegung
Das *Wahrnehmen* = in die Haltung
In die Brust = die Gedanken bis zum Fühlen =
In den ganzen Menschen = bis zum Wollen =

DAS SEELENLEBEN IN SEINER ÄUSSERUNG IN SPRACHE UND GESANG ODER IN BEWEGUNG UND HALTUNG

Konsonant, Vokal – Nerv, Blut

Dornach, 18. Februar 1923

Eurythmie soll, wie ich öfter in diesen Einleitungen zu unseren Aufführungsversuchen ausgeführt habe, eine sichtbare Sprache beziehungsweise ein sichtbarer Gesang sein. Nun steht dasjenige, was Äußerung durch den Ton und Gesang ist, was Äußerung durch den Laut in der Sprache ist, mitten darinnen zwischen jenem Erleben des Menschen, das, ich möchte sagen, ganz in innerer Ruhe vor sich geht, zwischen jenem Seelenleben, das der Mensch entwickelt, wenn er sinnend, nachdenkend über die Dinge, aber mit innerem Anteil und innerem Interesse der Welt gegenübersteht. Da entwickeln wir unser bloßes Vorstellen. Aber dieses Vorstellen ist immer durchdrungen, durchlebt, durchwellt von unseren Willens- und Gemütsimpulsen.

Wer über sein Seelenleben sich aufklärt, wird wissen können, daß auch dann, wenn er mit seinem ganzen Körper in voller Ruhe betrachtend der Welt gegenübersteht, wenn er die Bilder, die sich ihm ergeben in der Wahrnehmung, durch seine Seele ziehen läßt, daß da immer auch Willens- und Gemütsäußerungen hineinschießen in das Vorstellungsleben, es in der verschiedensten Weise färbend und nuancierend.

Wir erleben die eine Vorstellung mit einer leisen Freude, die andere mit einer leisen Angst, Furcht, die andere mit einer gewissen Verehrung. Wir erleben dann ganz im Hintergrunde unseres Seelenwesens, wie der Wille sich regt: das möchtest du haben, nach jenem möchtest du greifen, das möchtest du ausführen.

Das ist dasjenige Seelenleben, wo sich der Mensch gewissermaßen ganz von seiner körperlichen Äußerung zurückzieht und in sich selbst ruhig dasjenige, was in der Welt vielgestaltig und vielbewegt ist, zum inneren Erleben, zur inneren Offenbarung kommen läßt.

Eine Steigerung nach außen dieses ganzen inneren ruhenden Lebens ist dann das Sprechen und das Singen. Man möchte sagen, während beim bloßen sinnenden, gedanklichen Betrachten der Welt der Nerv im Menschen die Hauptrolle spielt und das Blut nur insoweit die seinige, als es in ganz feinen Strömungen als Träger der Willensnatur den Nerv durchwebt und durchlebt, ist beim Sprechen und beim Singen Bluttätigkeit und Nerventätigkeit gleichmäßig beteiligt, gewissermaßen innerlich sich die Waage haltend. Der Nerv äußert sich, indem er in den Atmungsprozeß hineinwirkt und die Luft mit Hilfe der Sprach- und Gesangsorgane in Bewegung bringt. Das Blut äußert sich, indem es als eine noch undifferenzierte lebendige Körperäußerung beteiligt ist an diesem ganzen In-Bewegung-Setzen der Luft durch die Sprach- und Gesangsorgane. Da ist Nerv und Blut in gleicher Weise beteiligt. Da ist dasjenige, was wir von außen empfangen, in dem Konsonantischen nachgebildet. Da ist dasjenige, wie der Wille, wie das Gemüt im Inneren sich regt, in dem Vokalischen so, daß es das Nachgebildete durchdringt und gewissermaßen das Menschliche hinzutut zu dem, was der Mensch aufnimmt durch die Welt, indem er das Konsonantische in Sprache und Gesang zum Ausdrucke bringt. Da begegnen sich in Sprache und Gesang im Gefühle Vorstellen und Wollen in der Seele.

Nun kann es eben eine dritte Sprache geben, und diese dritte Sprache ist diejenige, welche dann entsteht, wenn der Mensch seinen ganzen Organismus in Anspruch nimmt und in Bewegung und Haltung dasjenige hineinlegt, was in dem bloßen Betrachten der Welt ganz in Ruhe verharrt. Was in Sprache und Gesang aus einer, ich möchte sagen, sich aufrüttelnden Ruhe in eine innerlich ruhende Bewegung übergeht, das verwandelt sich nun in der Eurythmie ganz in Haltung und Bewegung.

Was im Konsonantisieren des Sprechens lebt als Nachahmung der Außenwelt, kommt in den eurythmischen Formen und Bewegungen durch den ganzen Menschen zum Ausdrucke. Dasjenige, was im Vokalischen lebt, vom Blute herkommend, als das Willensmäßige, kommt in der Haltung des Menschen zum Ausdrucke, in der Haltung, welche in die Bewegung hineingelegt ist.

Wenn man daher den bewegten Menschen oder Menschengruppen auf der Bühne sieht in der Eurythmie, so sieht man sie immer in einer gewissen Bewegung, und in dieser Bewegung wiederum in einer gewissen Haltung. Wenn man Bewegung sieht, so ist darinnen das Konsonantische der Nachahmung der Außenwelt. Wenn man Haltung sieht, was namentlich im eurythmischen Ausdruck der Vokale der Fall ist, so ist darinnen dasjenige, was aus dem Blutleben des Menschen kommt. Aber es ist dabei so, daß Eurythmie das volle Gegenbild ist zu dem, was der Mensch innerlich ruhig beim bloßen Betrachten der Welt entwickelt. Während dort der Nerv die Hauptsache ist und das Blut nur, ich möchte sagen, als der Ausdruck des Willens in feinen Strömungen in Betracht kommt, insofern er sich in das Nervenleben ergießt, ist hier bei dem Eurythmisieren dasjenige die Hauptsache, was der Körper vollbringt in Bewegung und Haltung, indem er aus dem im Blute verankerten Willen heraus das alles vollführt. Da ist es so, daß in der Eurythmie vorzugsweise der Blutorganismus in Tätigkeit ist und der Nerv insoferne, als er der Blutzirkulation, also dem inneren Rhythmus, dem innersten Rhythmus des Menschen eigentlich dient.

Und so kann man zusammen auf sich wirken lassen dasjenige, was in Bewegung und Haltung übergegangene innere Rhythmik des menschlichen Organismus ist, aus dem Willenselement der Seele herkommend, und dasjenige, was etwas höher liegt, mehr dem betrachtenden Menschen genähert ist: die Sprache und der Gesang.

Wenn zu der eurythmischen Bewegung rezitiert wird, kann man nicht so rezitieren, wie das heute in einer unkünstlerischen Zeit beliebt ist, daß man die Prosa des Gedichtinhaltes bloß pointiert, sondern man muß dasjenige, was geheime Eurythmie ist, eigentlich schon hineinbringen in die Gestaltung des Lautes, in die Rhythmik des Lautes, in das Taktmäßige, auch in das Melodiös-Harmonische, in das Harmonische des Lautes, in das Harmonische der Lautgestaltung.

Wenn man so orchestral zusammensieht und -hört Eurythmie und Deklamation oder Rezitation, dann muß einem so recht dasjenige zum Bewußtsein kommen, was der Mensch eigentlich, wenn er sich seelisch empfindet, immer erlebt. Der Mensch möchte, weil die Seele im innigen Verbande ist mit dem Körper, auch dasjenige, was er innerlich seelisch erlebt, in seinem Körper nachbilden. Bis in die Finger- und Zehenspitzen lebt die Seele im menschlichen Organismus, und sie kann alles, was in ihr lebt, auch räumlich körperlich nachbilden. Sie nimmt im Sprechen und Singen dasjenige, was sonst am ganzen Menschen sich ausdrücken könnte, Bewegung und Haltung, nur zurück in den Brustorganismus. Und weil der Brustorganismus bestimmte Organe hat, um dasjenige, was sonst Gesamtbewegung und Gesamthaltung des Menschen wäre, kommt in der Sprache und im Gesange des Menschen dasjenige zustande, was auch Haltung und Bewegung ist, was aber dann in die als Bewegung unwahrnehmbare Luftgestaltung übergeht, während es am Menschen selber nur seelisch in Ton und Laut zur Offenbarung kommt. Und so ist eigentlich beim Darstellen desjenigen, was Sie hier im Eurythmischen sehen, meine sehr verehrten Anwesenden, nur der betrachtende Mensch unterdrückt. Während der Mensch in seinem Gemüte, wofür die Brustorgane dienen, und in seiner ganzen Gestaltung, wofür die Willensorgane, Bewegungsorgane dienen, äußerlich zur Offenbarung kommt, ist auf der Bühne und in der Deklamation, Rezitation der betrachtende Mensch zunächst nicht da.

Dieser betrachtende Mensch ist dann der Zuschauer und Zuhörer. Der aber kommt demjenigen entgegen, was sich ihm auf der Bühne und am Deklamationspult darbietet. Der nimmt dasjenige auf, das heißt, er lebt sich ein in jenes vollkommenste Instrument, dessen sich die Eurythmie bedient: in den ganzen menschlichen Organismus. Er sieht und betrachtet den Menschen insofern, als der Mensch ein Wesen ist, das sich nach außen hin offenbart. Und so wird durch Eurythmie dasjenige, was der Mensch für die Welt ist, in der Betrachtung selber ganz Innenwelt.

Während man bei anderen Künsten es mit äußeren Instrumenten zu tun hat und der Mensch sich eigentlich nur der äußeren Instrumente bedient, ist der Mensch bei der Eurythmie selber Instrument. Daher tritt in der Eurythmie der Mikrokosmos, diese kleine Welt, vor den Menschen hin, und der schauende Betrachter kann sich gewissermaßen sagen: Dasjenige, was innerlich ist, kann ohnedies nicht Inhalt der Kunst werden, sondern nur dasjenige, was sich nach außen hin offenbaren will, denn die Kunst muß erschaut und wahrgenommen werden.

Aber alles das, was sich am Menschen nach außen entfalten kann, wird in der eurythmischen Kunst dem Innenleben des Menschen im Zuschauer dargeboten. Daher darf man das schon sagen, obwohl man jedesmal, wenn solch ein eurythmischer Versuch vorgeführt wird, die verehrten Zuschauer um Nachsicht bitten muß, weil alles noch in den Anfängen ist, wenn man so recht bedenkt, was die Eurythmie für eine Zukunft hat, denn sie wird hinstellen in den feinsten Regungen und in den feinsten Offenbarungen alles dasjenige, was im Menschen seelisch und geistig nach außen wirkt, vor die Innerlichkeit von Seele und Geist.

Damit aber wird sie Seele und Geist in vollster Konzentration zum Anschauen vor den Zuschauer rufen. Und das ist im Grunde das höchste Ideal aller Kunst. Daher darf man hoffen, daß gerade diese Kunst wie eine Ergänzung alles übrigen: Poetischen, Rhythmischen, Musikalischen, Plastischen und Architektonischen, wie eine Synthesis von alledem, dereinst als eine vollberechtigte jüngere Kunst neben die älteren vollberechtigten Künste sich wird hinstellen können. Das darf man hoffen, wenn man bedenkt, wessen sich die Eurythmie als Ausdrucksmittel bedient: des Menschen in seiner Offenbarung nach außen, und an was sie appelliert: an dasjenige im Menschen, was vollstes, totales Interesse an der ganzen Menschlichkeit hat, insofern diese in einem Mikrokosmos eine Äußerung, eine Offenbarung der großen Welt, des Makrokosmos, ist.

Aus einem Brief von Marie Steiner an Rudolf Steiner in Dornach:

[Berlin] 12. März 1923

Hier ist alles ausverkauft, so daß wir gut einige Vorstellungen hinzufügen können. Der Gräfin Keyserlingk habe ich für den 24. abgeschrieben, und gesagt, daß wir vielleicht Ende April oder Anfang Mai im Anschluß an Prag Breslau besuchen könnten. Mit Mörike könnte ich mich schon anfreunden. Den richtigen Rhythmus findet man ja

Stuttgart, 27. und 28. Februar 1923
Berlin, 11. und 12. März 1923

PROGRAMM

Der Mond geht auf ...	Albert Steffen
Aus «Faust» I: Weh, Weh! ...	J. W. v. Goethe
Trauermarsch	F. Mendelssohn-Bartholdy
Die Geisterscharen ...	Albert Steffen
Als wir auf der goldnen Insel ...	Albert Steffen
Weihnacht ...	Albert Steffen
Der Sänger	J. W. v. Goethe
Zwei chinesische Gedichte: Musik: Jan Stuten	
Sehnsucht	Dschung Tsü
Waldgespräch	Li Tai Pe
Selige Leichtigkeit	Christian Morgenstern
Allegro aus der Sonate Es-Dur, Op. 7	L. van Beethoven
Mein Kind, wir waren Kinder ...	Heinrich Heine
Vöglein	Edvard Grieg
Deine Tänze ...	Albert Steffen
Caprice	Max Reger

am schnellsten durch die Eurythmie. Hier füge ich einige Gedichte bei, die mit eurythmischen Formen von Dir entzückend sein würden. Darf ich sie als Geburtstagsgabe erbetteln? Wenn ich sie hier in Berlin bekäme, könnten wir noch etwas üben. Ich denke, daß wir Mittwoch den 21. abreisen. Aber Frl. Bauer würde wohl so gut sein, mir Kopien zu verfertigen; die Originale hätte ich lieber bei Frl. Lehmann aufbewahrt gewußt. ...

Aus einem Brief Rudolf Steiners an Marie Steiner in Berlin:

Dornach, 15. März 1923

Hoffentlich hat Dich das Geburtstagstelegramm erreicht. Ich sende ihm auch hiemit noch die herzlichsten Geburtstagsgedanken nach. Ich füge diesen Gedanken bei die spruchartige Zusammenfassung des Inhaltes meines Vortrages vom Sonntag hier:

In gegenwärtiger Erdenzeit
Braucht der Mensch erneut
Geistigen Inhalt für die Worte seiner Rede;
Denn von der Sprache behalten Seele und Geist
Für die Zeit des schlafenden Wesens außer dem Leibe
Das vom Wort, was auf Geistiges weist
Denn es müssen schlafende Menschen
Bis zur Verständigung mit den Archangeloi komme
Die aber nehmen nur Geist-Inhalt
Nicht Materien-Inhalt der Worte auf.
Fehlt dem Menschen diese Verständigung
Nimmt er Schaden an seinem ganzen Wesen.

———

Es ist mir lieb zu hören, daß es in Berlin gut geht. Dein Brief ist erst heute früh angekommen. Ich habe mich nun gleich daran gemacht, die vier Gedichte zu eurythmisieren. Ich denke, daß sie gelungen sind. Ich übersende sie mit diesem Briefe. Ich behalte also die Originalien da und schicke die von Bauer gemachten Kopien. …

EURYTHMIE – TANZ – MIMIK

Stuttgart, 28. März 1923

Man muß sagen, daß zum Beispiel in der Begleitung des Musikalischen die Eurythmie nicht ein Tanz wird, sondern ein sichtbares Singen wird. Man muß sich allmählich einleben in diese besondere Art der Anschauung der eurythmischen Bewegungen. Man wird dann finden, daß allerdings das Eurythmische auf der einen Seite übergehen kann in das Tanzartige, ich möchte sagen, daß in gewissen Bewegungen zu dem rein Eurythmischen, das der Mensch innerhalb seines Organismus in voller Besonnenheit erhält, daß sich dazu das Tanzartige gesellt. Aber es muß sich dezent, ich möchte sagen, intim nur so zugesellen, daß höchstens auf der einen Seite das Eurythmische etwas in Tanz ausläuft. Das wird dann besonders der Fall sein, wenn im Fortlaufe des Gedichtes etwas besonders Leidenschaftliches auftritt, denn im Tanzartigen ist nicht ein Sich-Halten da, das bei der Eurythmie der Fall ist, sondern im Tanzartigen läuft das menschliche Bewußtsein in etwas Bewußtloses aus. Es wird dasjenige, was man so charakterisieren könnte, daß bei der Eurythmie die Seele in jeder einzelnen Bewegung, in jeder einzelnen Vibration sogar den Leib in ihrer Gewalt hat, im Tanze so, daß fortwährend das Seelische in das sich selbst Gehenlassen des Leibes ausläuft. Das darf bei der Eurythmie nur an denjenigen Stellen eintreten, wo etwa das, was geoffenbart werden sollte, sagen wir, übergeht in Schimpfen, in Zanken, in ähnliche Äußerungen des Menschen, in Ärger könnte man auch sagen. Das ist der eine Pol, wo Eurythmie nicht recht hin darf, denn wenn Eurythmie als Eurythmie zu stark in den Tanz hineinschlägt – der Tanz für sich hat seine Berechtigung, ist etwas ganz anderes –, wird sie als Eurythmie brutal.

Und die andere Gefahr ist nach der anderen Seite, wenn das Eurythmische auszudrücken hat etwas, das etwa, ich möchte sagen, ein Schmunzeln, ein Lächeln, ein Sich-Hinwegsetzen über irgend etwas im Verlaufe der Rede auszudrücken hat, dann kann die Eurythmie nach dem anderen Pol hinüberschlagen, in das Mimische. Aber so sehr die mimische Kunst für sich berechtigt ist, wenn die Eurythmie zu stark – wo nicht diese besondere Veranlassung des Schmunzelns, des Lächelns und so weiter da ist – in das Mimische hinüberschlägt, so wird sie, ich möchte sagen, so, wie wenn ein Mensch fortwährend bei seinen Worten grinste, oder wenn er, sagen wir, statt irgend etwas einem zu sagen, was Ausdruck des Unsympathischen ist, wenn er die Zunge herausstreckte. Es hat etwas von dem Übergehen des Sprachlichen in das unartige Element des menschlichen Lebens, wenn die Eurythmie herüberschlägt in das Mimische.

Diese Dinge müssen durchaus empfunden werden, dann wird man einsehen, daß dasjenige, was bei der Mimik außerordentlich berechtigt sein kann, bei der eurythmischen Kunst etwas Unberechtigtes ist.

GESTEN UND EURYTHMISCHE GEBÄRDENSPRACHE

Dornach, 2. April 1923

Was wir hier als Eurythmie versuchen, ist aus der Organisation des menschlichen Organismus und aus dem Verhältnisse des Menschen zu der ganzen Umwelt ebenso herausgeholt wie die menschliche Sprache oder der menschliche Gesang. So daß Eurythmie genannt werden kann sichtbares Sprechen oder sichtbares Singen.

Es ist so in der menschlichen Sprache, wenn sie sich herausringt aus dem kindlichen Organismus, daß das Kind damit beginnt, unartikulierte Laute zu sprechen, zu lallen, und daß dann der Organismus allmählich geschmeidiger wird, um das Lallen des Sprechens überzuführen in die artikulierte Sprache, die dann nicht nur dem gegenseitigen menschlichen Verständnisse dienen kann und als Ausdrucksmittel für das menschliche Denken, sondern die auch derjenigen Offenbarung der menschlichen Seele dienen kann, welche durch die dichterische Kunst zustande kommt. Aber alles dasjenige, was Sprache ist – und in einem ähnlichen Sinne gilt das, was ich

Dornach, 1. und 2. April 1923 (Ostern)

PROGRAMM

Nocturne, Es-Dur, Op. 9, Nr. 2	Fr. Chopin
Weihnacht	Albert Steffen
Die Seele fremd	Albert Steffen
Die Geisterscharen	Albert Steffen
Etude, As-Dur, Op. 25, Nr. 1	Fr. Chopin
Als wir auf der goldnen Insel	Albert Steffen
Allegro aus der Sonate Es-Dur, Op. 7 . . .	L. van Beethoven
Traumverwandlung	Josef Kitir
Proteus	Friedrich Hebbel

Der Sänger	J. W. v. Goethe
Chinesische Gedichte:	Musik: Jan Stuten
Sehnsucht	Dschung Tsü
Waldgespräch	Li Tai Pe
Mein Kind, wir waren Kinder	H. Heine
Slavischer Tanz, Nr. 2	A. Dvorak
Aus den «Humoresken»	Christian Morgenstern
Der Rock	
Notturno in Weiß	
Korf's Witze	
Die weggeworfene Flinte	
Toilettenkünste	
Menuett	L. van Beethoven

für die Sprache zu sagen habe, auch für den Gesang – läßt sich auch in Bewegungen der einzelnen Glieder des einzelnen Menschen umformen oder in Bewegungen oder gegenseitige Stellungen ganzer Menschengruppen. Dann entsteht eben Eurythmie, entsteht sichtbares Sprechen.

Dieses sichtbare Sprechen, wenn Sie es auf der Bühne sehen, macht zunächst auf Sie den Eindruck einer Gebärdensprache, die in der Form der Bewegungen, in den Formungen und Gestaltungen der Glieder dasjenige zum Ausdruck bringt, was in der Seele lebt als Inhalt. Aber wenn wir die Eurythmie in der richtigen Weise verstehen wollen, müssen wir doch das Folgende berücksichtigen. Der etwas lebhaftere, nicht temperamentlose Mensch begleitet auch sein gewöhnliches Sprechen mit irgendwelchen Gesten. Aber diese Gesten, die bei den gleichen Lauten, bei der gleichen Art, wie man irgend etwas, eine Überzeugung oder einen Zweifel oder dergleichen aussprechen will, die sich in der gleichen Art wiederholen, bleiben während des ganzen menschlichen Lebens für das gewöhnliche Seelenoffenbaren gewissermaßen sich abwechselnde Gesten.

Die eurythmische Kunst gestaltet dieses Gestenlallen ebenso aus, wie unbewußt der menschliche Organismus das Sprachlallen zur wirklichen Sprache ausgestaltet. Man darf also in der Eurythmie nicht etwas sehen, das man sich als ein wenig umgebildete Gesten, wie sie im gewöhnlichen Leben vorkommen, erklärt. So ist es nicht. Sondern Eurythmie wird aus der ganzen Organisation so hervorgeholt, daß in der Tat der ganze menschliche Organismus von der gewöhnlichen mimischen oder tanzartigen Betätigung bis zu der Eurythmie hin diejenige innere Gestaltung, innere Entwickelung durchmacht wie der Sprachorganismus vom Lallen zur artikulierten Sprache.

Wir müssen uns darüber klar sein, daß in Wirklichkeit eigentlich auch das gewöhnliche Sprechen eine Art Mimik ist, ein Mimisches, ein Gestenhaftes. Nur kommen die Gesten nicht, sagen wir, durch die Bewegungen der Arme und Hände oder anderer Glieder des Organismus zustande, sondern die Geste bildet sich aus dem Atmungs-Luftstrom. Und man kann nun genau unterscheiden in dem

Atmungs-Luftstrome das, was von der einen Seite des menschlichen Organismus herkommt, aus dem ganzen Menschen heraus als Willensäußerung. Das wird geformt durch den Kehlkopf und die anderen Sprachorgane, strahlt gewissermaßen als Geformtes in Gesten aus in den Raum, und man kann dann genau unterscheiden, ob sich eine solche, durch den Willen bewirkte Luftgeste, gewissermaßen spitz hineinbohrt in den umgebenden Luftraum oder ob sie sich verbreitert und so weiter. In dasjenige aber, was da durch den Willen in die menschliche Umgebung getrieben wird als Ausdruck des Seelischen, strömt dann ein, was von dem anderen Pol der menschlichen Organisation kommt, von dem Nervenpol, von dem Gehirn-Sinnespol, was von der Seite des Gedankens herkommt.

Wenn wir sprechen, wird der ausstrahlende Teil unserer Luftgeste von der Willensbetätigung gebildet. Und es wird dasjenige, was dann immer auf der radialen Richtung, auf der Ausstrahlungsrichtung senkrecht sich wölbt, und was bewirkt, daß die Luft in Schwingungen kommt und das Gesprochene dann gehört werden kann durch die Vermittlung der Luftschwingungen, dieses, was die Wellung der Luft bewirkt, wird von dem Gedankenpol bewirkt. So haben wir zusammenströmend in demjenigen, was als Luftgeste zustande kommt, ein Willensartiges und ein Gedankenartiges.

Nun ist das Gedankenartige immer unkünstlerisch. Je mehr in irgendeiner Äußerung der menschlichen Seele der Gedanke, welcher dem Logischen unterworfen ist, vorkommt, desto unkunstlerischer ist das, was durch die Sprache zur Offenbarung gelangt. Der Dichter ringt daher, den prosaischen Gedanken zu überwinden. Er gestaltet in der Sprache so, daß er entweder in der einzelnen Behandlung des Lautes, den er stärker oder schwächer, länger oder kürzer oder dergleichen werden läßt, in einer gewissen Weise färbt, oder in der Zusammenstellung der Laute oder der ganzen Worte den Gedanken mit Hilfe eines Bildlichen oder eines Musikalischen überwindet. Eigentlich ist das, was der Dichter sprachlich zustande bringt und worinnen seine eigentliche Kunst besteht, immer dem Gedanken erst abgerungen. Für den Dichter ist es nicht die Hauptsache, einen Prosainhalt in seinem Gedichte zu geben, sondern für den Dichter ist es die Hauptsache, wie er diesen Prosainhalt bildhaft und musikalisch zu gestalten weiß durch imaginative Mittel, durch Taktmäßiges, Rhythmisches, durch Melodiöses, Dramatisches, durch die Reimbildung, durch die Alliteration und so weiter. Das aber ist schon eine innere Eurythmie, eine Eurythmie, die auf folgende Weise zustande kommt.

Eigentlich ist der Dichter bei seinem künstlerischen Schaffen immer mit seinem ganzen Menschen auch in physischer Beziehung betätigt. Es ist ein Vorurteil, daß unser Seelisch-Geistiges an einem bestimmten Platze unseres Organismus sitzt. Das ist gar nicht der Fall. In Wahrheit füllt das Seelisch-Geistige unser gesamtes Physisch-Leibliches bis in die Fingerspitzen, bis in die äußersten peripherischen Teile unseres Organismus aus. Und der Dichter, der mit seinem ganzen Menschen bei seinem Geschöpfe, seinem künstlerischen Geschöpfe ist, muß dasjenige, was da als Wille sich hineinergießt in den ganzen Organismus, zurückhalten. Er muß das, was in den ganzen Leib ausstrahlen und in Bewegungen der Glieder des Leibes zur Offenbarung kommen will, nach der anderen Seite lenken. Er lenkt es hinein in dasjenige, was dann bei ihm in der Imagination zur Sprachgeste sich formt.

Man kann aber auch den umgekehrten Weg einschlagen. Man kann zum Beispiel bei einem Gedichte das, was der Dichter selber, wenn er innere Bewegungen seines Organismus in die Sprachgeste hineinverlegt, wiederum zurück in die Körpergeste verlegen, dann kommt etwas zustande, dann kommt eben dasjenige zustande, was Eurythmie ist. Und man kann auf diese Weise zu jedem einzelnen Laute, zu jeder Lautfolge, zu jedem Worte und jedem Wortzusammenhange in genau derselben Weise eine äußerlich sichtbare Ausdrucksform durch den ganzen menschlichen Organismus schaffen, wie man in der Sprache durch die besondere Gestaltung des Luftkörpers, der durch die Sprache und durch die Gesangsorgane sich bewegt, da das schaffen kann, was dann eben als das Gesprochene wahrgenommen wird. Es kann also durchaus diese sichtbare Sprache geben und ebenso einen sichtbaren Gesang, wie es eine hörbare Sprache und einen hörbaren Gesang geben kann.

Sie werden auf der Bühne diesen sichtbaren Gesang sehen, wenn das, was musikalisch auftritt, von den entsprechenden Bewegungen begleitet wird, die genau wie das Tonliche dasjenige, was seelisch im Musikalischen enthalten ist, sichtbar wiedergeben. Sie werden sehen, indem Sie das, was rezitiert oder deklamiert wird, von der eurythmischen Kunst begleitet sehen, wie jedem Laute, jeder Lautfolge und so weiter sichtbarlich ebenso eine äußerliche Offenbarung entspricht, wie ihr hörbar eine Offenbarung entspricht, indem eben rezitiert oder deklamiert wird. Nur muß man in der richtigen Weise zusammenstimmend haben Rezitation und Deklamation mit Eurythmie, wiederum zurückführend zu der Art des Rezitierens, wie man sie in Zeitaltern hatte, die künstlerischer geartet waren als das unsere.

In unserer Zeit wird manchmal rezitiert und deklamiert, indem bloß mit einem rechten Eifer der Prosainhalt des Gedichtes pointiert wird. *Schiller* hatte immer vor dem Prosainhalt eines Gedichtes eine unbestimmt verlaufende Melodie, und er setzte erst in die Bewegung dieser unbestimmt verlaufenden Melodie hinein die Worte. Man könnte sich sogar vorstellen, daß bei Schiller auf dasselbe melodiöse Thema, welches er so tönend in seiner Seele hatte, zwei ganz verschiedene, ihrem Prosainhalt nach verschiedene Dichtungen hätten sich aufreihen können.

Frau Dr. Steiner hat nun jahrelang versucht, die Rezitations- und Deklamationskunst wiederum so zu gestalten, wie sie allein in Begleitung der Eurythmie auftreten kann, nämlich, indem die schon in der Sprachgestaltung des Dichters lebende geheime Eurythmie auch im Deklamieren und Rezitieren zum Ausdrucke kommt, indem der Hauptwert nicht auf das prosaische Pointieren gelegt wird, sondern auf das Herausarbeiten des Imaginativen und des Musikalischen in der künstlerisch gestalteten Sprache. Dadurch kann man wirklich vom Rezitationstisch und von der Bühne aus zusammenstimmende Kunstoffenbarungen haben, die wie orchestral zusammenwirken. Das läßt eine Gesamtwirkung entstehen durch das Deklamieren, Rezitieren, oder auch durch das Artungsgemäße des Musikalischen, und durch dasjenige, was von der Bühne aus wirkt als sichtbarer Gesang, als sichtbare Sprache.

Es ist nun so, daß man diese Eurythmie durchaus unterscheiden muß von den Nachbarkünsten. Wenn man zum Beispiel den Tanz betrachtet, geht er ja ganz aus dem willensartigen Elemente des Menschen hervor, überführt dasjenige, was seelisch zunächst im Menschen erlebt wird, durch das willensartige Element in Bewegungen des Menschen. Allein der Tanz fließt nach außen. Dasjenige, was mimische Kunst ist, fließt allerdings mehr nach innen. Aber zwischen beiden darinnen liegt, ganz an den menschlichen Organismus selbst gebunden, die Eurythmie.

Die Eurythmie kann bei gewissen Äußerungen des Dichterischen, wenn besonders Leidenschaftliches zum Ausdrucke kommt, wenn zum Beispiel in der Dichtung die Schilderung des Schlagens, des Schimpfens, des Wütens und dergleichen zum Ausdrucke kommt, da kann die Eurythmie übergehen in Tanzartiges. Wenn auf der anderen Seite das sprachliche Element übergeht in das Höhnische, in das Unartikulierte, dann kann dasjenige, was Eurythmie ist, übergehen in ein bloß Mimisches. Aber das wirkliche Eurythmische liegt zwischen drinnen. Und wer dieses Eurythmische in der richtigen Weise fühlen kann, wird sehen, wie auf der einen Seite die eurythmischen Bewegungen in die Tanzbewegungen, auf der anderen Seite in das Mimische übergehen können, wie aber, wenn das nicht an dem richtigen Orte geschieht, dann das Tanzartige innerhalb des Eurythmischen brutal und das bloß Mimische unkeusch wird.

Hat man einmal diese Empfindungen, dann kommt man auch darauf, wie im Eurythmischen tatsächlich eine besondere künstlerische Äußerung durch dieses vollkommenste Instrument, das man haben kann, des menschlichen Organismus selbst, gegeben ist.

Und weil sich Eurythmie dieses vollkommensten Instrumentes – der Mensch ist ja ein Mikrokosmos, eine kleine Welt, und enthält auch in seiner Leibesgestalt alle Geheimnisse und alle Gesetzmäßigkeiten der großen Welt, des Makrokosmos, in sich – bedient, so darf man wohl, wie ich es auch diesmal tun muß, wenn Eurythmie aufgeführt wird, um Nachsicht der Zuschauer bitten, aber man kann dennoch heute wissen, daß sich die Eurythmie einmal weiter und weiter vervollkommnen kann.

Dann haben wir noch in der letzten Zeit das Licht- und Farbenelement in das Eurythmische eingeführt. Ich möchte sagen: Dasjenige, was an Bewegungen des Menschen und der Menschengruppen auf der Bühne erscheint, geht von der menschlichen Seele, von dem menschlichen Geiste aus. Aber das Menschlich-Seelische ist immer in Verbindung mit dem Elementarischen der Außenwelt. Und das, was auf der Bühne in dem Bilden der Menschenbewegungen vor sich geht, kann zusammengestimmt werden, indem es sich harmonisch fortsetzt und fortbildet in demjenigen, was nun die Bühne durchflutet als Farben- und Lichteffekte. Sie sind auf der einen Seite abgestimmt mit der Gewandung der Eurythmisierenden und geben auf der anderen Seite in ihrer Aufeinanderfolge selbst ein aus dem Laute herausgeborenes, ich möchte sagen, musikalisches Element. So daß auch das Beleuchtungselement der Bühne eurythmisch behandelt werden kann.

Dieses Bühnenbild des Eurythmischen ist heute allerdings erst unvollkommen vorhanden, aber es wird sich immer weiter und weiter vervollkommnen, und man wird dann sehen, daß sich wirklich Eurythmie als eine vollberechtigte jüngere Kunst neben die vollberechtigten älteren Künste einstmals wird hinstellen können.

Dornach, 14. April 1923

PROGRAMM

I. Teil

Lebenszauber . . . . Edvard Grieg
Um Mitternacht . . . . Eduard Mörike
Berceuse . . . . Franz Neruda
Die Geister am Mummelsee . . . . Eduard Mörike
Davidsbündler Tanz, Op. 6, Nr. 11 . . . . . Robert Schumann
Nixe Binsefuß . . . . Eduard Mörike
Schmetterling . . . . W. Niemann
Zwei Liebchen . . . . Eduard Mörike
Musik . . . . G. Tartini

II. Teil
(zum Teil mit Schülern)

Möwenflug . . . . C. F. Meyer
Zum zweiten Satz (Andante con moto)
von Beethovens Appassionata . . . . . . Christian Morgenstern
Davidsbündler Tanz, Op. 6, Nr. 2 . . . . . Robert Schumann
Schweizerlied . . . . J. W. v. Goethe
Vöglein . . . . Eduard Grieg
Offene Tafel . . . . J. W. v. Goethe
Tschechisches Volkslied
Tapetenblume . . . . Christian Morgenstern
Die Schuhe . . . . Christian Morgenstern
Musette (Gavotte II) aus der 3. Engl. Suite . . . . . J. S. Bach
Ein modernes Märchen . . . . Christian Morgenstern

GEBÄRDE IN PANTOMIME, IM TANZ UND IN DER RAUMBEWEGUNGSKUNST, DER EURYTHMIE

Dornach, 14. April 1923

während des pädagogischen Kurses für Lehrer am Goetheanum

Die eurythmische Kunst, von der wir Ihnen wiederum versuchen werden eine Probe vorzuführen, soll unterschieden werden von demjenigen, was pantomimisch oder tanzartig ist. Nicht als ob gegen die mimische Kunst oder die Tanzkunst hier das allergeringste eingewendet werden soll. Das ist nicht der Fall. Aber Eurythmie will etwas durchaus anderes sein. Bei der Pantomime hat man es zu tun, man möchte sagen, mit Gebärden, durch die etwas angedeutet wird. Andeutende Gebärden sind pantomimische, ist Mimisches. In der Tanzkunst hat man es zu tun mit überschäumenden Gebärden, mit Gebärden, in denen sich die Seele verliert. Die Eurythmie will weder, trotzdem sie auch durch Gebärden, durch die Bewegungen des menschlichen Organismus wirkt, andeutende Gebärde, noch will sie überschäumende Gebärde sein, sondern sie strebt nach ausdrucksvollen Gebärden, und zwar nach solchen Gebärden, die ausdrucksvoll sind wie das Wort selbst, wie alles dasjenige, was durch die Sprache vom Menschen aus wirkt.

In der Sprache haben wir es nämlich auch zuletzt mit einer Art Gebärdenkunst zu tun, nur daß da die Gebärde ausgeführt wird durch den ausströmenden Luftstrom. In diesem ausströmenden Luftstrom, der auch in seiner Gestaltung – wenn man ihn anschauen könnte, würde man das sehen – genau dem folgt, was im Worte, im Satze liegt, hat man es zu tun mit einem Ineinanderfließen des menschlichen Willens aus der Seele und des Denkens aus der Seele. Der Wille ist dabei dasjenige, was, ich möchte sagen, den Luftstrom mehr radial ausströmen läßt. Der Gedanke ist dasjenige, was den Querschnitt des Wellenartigen im Luftstrom bewirkt. Wenn wir es nun mit der künstlerischen Gestaltung der Sprache zu tun haben, dann sehen wir den Dichter ringen, möglichst den Gedanken, der in der Sprache liegt, wenn sie Prosa ist, zu überwinden. Ist es ja schon bei der Rhetorik, bei dem Sprechen, das sich bemüht, in schöner Sprache zu fließen, darauf abgesehen, die Sprache selber zu gestalten, vollends der Dichter versucht durch das musikalische Element oder durch das plastisch-malerische Element, welches in der Sprache liegt, das rein Prosaisch-Gedankliche zu überwinden und in der Gestaltung der Sprache selbst das auszudrücken, was ausgedrückt werden soll.

Daher wird es Aufgabe einer wirklichen Rezitations- oder Deklamationskunst sein, die heute in unserem unkünstlerischen Zeitalter nicht voll gepflegt werden, gerade das Wort musikalisch und plastisch-malerisch . wieder zu gestalten. Denn dasjenige, was zum Beispiel in der Dichtung als von der Leidenschaft bewegt in der Seele angedeutet werden soll, wird durch einen anderen Rhythmus in der Wortfolge ausgedrückt als dasjenige, was etwa Trauer oder In-sich-Gehaltensein der Seele ausdrücken will und dergleichen.

In der Prosasprache ist es so geworden, daß nun schon in dem Inhalte des Wortes selber auch der Inhalt des Seelenerlebens liegt. Und in der dichterisch-künstlerischen Sprache muß man durch die Behandlung der Sprache dasjenige offenbaren, was für die Prosa im Inhalte liegt. Es ist daher kein Deklamieren und Rezitieren, wenn man den Prosainhalt eines Gedichtes besonders pointiert, wie man das heute oftmals auch gern macht, sondern es ist rezitiert oder deklamiert, wenn man die geheime Eurythmie, welche der Dichter schon hineinlegt in die Sprache, herausbringt. Indem man aber gewahr wird, wie in der Sprache ein Musikalisches und ein Plastisch-Malerisches liegt, und indem man gewahr wird, daß man durch in sich gehaltene ausdrucksvolle Gebärden, welche in der naturgemäßen Organisation des menschlichen Körpers begründet sind, auch Musikalisches zum Ausdruck bringen kann, kommt man dazu, eine wirkliche sichtbare Sprache auszubilden. Diese wirkliche sichtbare Sprache ist nur in den Andeutungen vorhanden beim temperamentvollen Menschen, der das Gefühl hat, er kann nicht alles ausdrücken durch die Lautsprache, was er ausdrücken will. Dann hilft er sich, indem er Gebärden macht. Aber diese Gebärden, man möchte sagen, sind lallende Gebärden. Und geradeso wie das Kind die Sprache lernt, indem es vom Lallen ausgeht, dann erst zur artikulierten Sprache übergeht, so können die Gebärden zu dem, was man auf der Bühne sieht, was Sie auf der Bühne sehen werden als eurythmische Gebärden, sich verhalten wie ein Lallen zur wirklichen Sprache. Entstanden ist die Eurythmie dadurch, daß man wirklich studiert hat durch sinnlich-übersinnliches Schauen, wie der Luftstrom aus dem Kehlkopf und den anderen Sprachorganen beim Sprechen und Singen fließt.

Diese Gestaltung, die dem Seelenerlebnis angepaßt ist, legt man dann in die menschlichen Glieder. Die ausdrucksvollsten menschlichen Glieder sind ja Arme und Hände, aber auch der andere Körper kann sich eurythmisch bewegen. Und obwohl gerade die anderen Glieder für die Eurythmie weniger charakteristisch sind – hauptsächlich sind es die Arme und die Hände –, müssen die Seelenerlebnisse, wie sie sonst beim Sprechen oder Singen in die gestaltete Luft hineinfließen, hineinfließen in die ausdrucksvollen Formen der Arme, der Hände, der anderen menschlichen Glieder. Dann kann man es erleben – und so soll es bei der eurythmischen Kunst erlebt werden –, daß auf der einen Seite entweder eine Musik gespielt oder auf der anderen Seite rezitiert und deklamiert wird, und man da zunächst tonlich, lautlich das hört, was der Künstler gestaltet hat. Dasselbe kann aber mit Bezug auf dasjenige, was schon verborgen eurythmisch darinnen liegt, umgesetzt werden in sichtbaren Gesang oder in sichtbare Sprache, und das ist eben Eurythmie. Sie sieht man dann in den bewegten einzelnen Menschen oder in Stellungen zueinander begriffenen Menschengruppen, welche von der Bühne herab die menschliche Seele durch diese bewegte Sprache oder den bewegten Gesang offenbaren.

Eurythmie ist also nicht eine Erfindung von Zufallsgebärden, die im Augenblicke etwa zu irgendeinem Gedichte oder zu irgendeinem Musikstück hinzugegeben werden. Geradesowenig wie es möglich ist, daß dasjenige, was durch Worte ausgedrückt wird, in beliebiger Weise etwa durch Laute verkörpert werden könnte, sondern wie gerade einem jeden Seeleninhalte eine bestimmte Lautfolge entspricht, so entspricht nicht eine beliebige Gebärde, welche man im Augenblick erfinden könnte, sondern eine ganz bestimmte Gebärde einem bestimmten Seelenerlebnis. Wenn Sie also in einem Gedichte irgend etwas auszudrücken haben, da findet sich eine Vokalfolge, zu welcher der Dichter gegriffen hat, um gerade in dieser Vokalfolge musikalisch-malerisch das auszudrücken, was er ausdrücken will. So müssen Sie natürlich auch, indem Sie rezitieren, eine Vokalfolge in entsprechender Weise behandeln; Sie können nicht einmal das Gedicht so in Lauten zum Ausdruck bringen, das andere Mal anders; die Laute hängen zusammen mit der Harmonie zwischen der menschlichen Körperorganisation und dem Seelenleben. Ebenso sind nur eindeutige Bewegungen des menschlichen Organismus für die Eurythmie vorhanden. Dasselbe Motiv werden Sie immer mit denselben Gebärden sehen, ja bis zum Laut herunter wird alles durch dieselbe festbestimmte Gebärde ausgedrückt. Wie ein I im Laute etwas ganz bestimmtes ist, so ist es auch etwas bestimmtes in der Gebärde. Wie ein I aber hell und dumpf, laut und still, lang und kurz gerade in der dichterischen Sprache gesprochen werden kann, so können auch die Bewegungen, die ganz bestimmte sind in der Eurythmie, in verschiedener Weise behandelt werden. Daraus aber ersehen Sie schon, daß es bei der Eurythmie vor allen Dingen darauf ankommt, daß die entwickelte, ausgebildete Gebärde auch wirklich künstlerisch behandelt wird. Jede Bewegung muß dann künstlerisch behandelt werden. Und dadurch kommt dasjenige zustande, was neben den anderen Künsten eine wirkliche selbständige Kunst, eine Raumesbewegungskunst ist.

Allerdings, heute ist diese Kunst erst im Anfange ihrer Entwickelung. Allein sie trägt sehr viele Entwickelungsmomente dadurch in sich, daß sie sich des, man möchte sagen, vollkommensten menschlichen Instrumentes bedient, des menschlichen Organismus selber. Der menschliche Organismus enthält ja alle Geheimnisse der Welt und alle Gesetzmäßigkeiten der Welt in sich. Er ist ein Mikrokosmos, eine kleine Welt, gegenüber der großen Welt, dem Makrokosmos. Und indem sich die Eurythmie dieses Mikrokosmos bedient, bedient sie sich seiner wiederum in einer vollkommeneren Weise als zum Beispiel die mimische Kunst, die unvollkommen den Körper zu andeutender Gebärde verwendet, die sozusagen erraten werden muß, wo also Verstandesmäßiges einfließen muß. Sie bedient sich auch vollkommener des Organismus als die Tanzkunst, welche in die Bewegung im Raume überströmt. Gewiß, Eurythmie kann auch in die Bewegungen im Raume überströmen, aber nicht so, daß sie gewissermaßen in die Bewegung ausströmt, sondern daß sie gehalten wird durch die innere Organisation des menschlichen Organismus selbst. Keine Bewegung sollte in der Eurythmie ausgeführt werden, die nicht durch ihre eigene Wesenheit zeigt, daß da etwas Seelisches zugrunde liegt.

Wenn die Eurythmie allerdings etwas ausdrücken muß, was, ich möchte sagen, ähnlich ist, wie wenn wir bei der gewöhnlichen Sprache in allerlei Mimisch-Physiognomisches verfallen, wenn wir zum Beispiel grinsen, weil wir etwas ausdrücken, indem wir uns erheben über etwas anderes, wenn wir spöttisch die Mundwinkel verziehen und dergleichen, also wenn wir nach der einen Seite hinüber gewissermaßen körperlich Gefühle ausdrücken durch Mimisches, dann kann auch die Eurythmie in Mimik verfallen, wenn der Dichter das verlangt. Aber wenn die Eurythmie durch sich selbst zu stark in Mimik verfällt, dann wird sie unkeusch.

Ebenso kann die Eurythmie, wenn sie das ausdrückt, sagen wir, daß irgendeiner einen anderen haut, oder daß irgendeiner meinetwillen leidenschaftlich in der Welt herumläuft, in den Tanz hinüber verfallen. Aber es muß dennoch im Eurythmischen selbst begründet sein, dieses Hinüberströmen, sonst wirkt die Eurythmie, wenn sie tanzartig wird, brutal. Diese zwei Klippen des Mimischen und des Tanzartigen muß die Eurythmie vermeiden, nur das als ihre beiden Grenzbezirke betrachten, sonst verfällt sie in das Unkeusche oder in das Brutale.

Daraus ersehen Sie, daß Eurythmie wirklich als eine eigene Kunst empfunden werden muß. Das kann man insbesondere dann sehen, wenn zum Musikalischen eurythmisiert wird. Da wird nicht dazu getanzt, da wird statt des Tanzes bewegt gesungen. Eignet man sich einmal dafür ein Empfinden an, was da für ein Unterschied ist zwischen diesem bewegten Singen zur instrumentalen Musik und zum Tanz, dann wird man auch die richtige Empfindung dafür bekommen, wie Eurythmie wirklich darinnensteht zwischen der mimischen Kunst und zwischen der Tanzkunst.

So bedient sich Eurythmie durchaus in einer vollkommeneren Weise als diese beiden des menschlichen Organismus. Und man darf daher hoffen, weil eben der menschliche Organismus das vollkommenste Instrument ist, daß die Eurythmie sich immer mehr und mehr wird vervollkommnen können. Das betonen wir auch immerzu. Dazu kommt noch ein anderes. Wir haben in der letzten Zeit versucht, die Beleuchtung und das Zusammenstimmen der Beleuchtung mit dem Eurythmisieren auch in einer gewissen Weise zum Ausdruck zu bringen in immer vollkommenerer Art, so daß aus diesem Zusammenwirken auf der Bühne ein immer vollkommeneres und vollkommeneres Bild entsteht. Und man darf daraus hoffen, daß Eurythmie sich einmal als eine vollkommene, berechtigte Kunst neben die anderen berechtigten Künste wird hinstellen können. – Es ist noch zu erwähnen, daß in einer sehr bedauerlichen Weise Frau Dr. Steiner verhindert ist, zu dieser Eurythmie die Rezitation, die sie sonst immer besorgt, auszuführen. Fräulein Mitscher wird sie ersetzen. Es wird sich hoffentlich auch für diejenigen ergeben, die heute hier sind, daß das nächste Mal Frau Dr. Steiner selbst wieder rezitieren kann.

So also möchte ich damit zunächst in einigen Worten angedeutet haben, wie Eurythmie eine besondere Kunst neben den anderen sein will, nicht irgend etwas, was aus dieser oder jener Kunst herausgebildet ist, sondern eine Kunst, die aus bisher noch ungewohnten künstlerischen Quellen schöpft und sich einer noch ungewohnten künstlerischen Formensprache bedient.

ÜBER DIE ANDEUTENDE GEBÄRDE

Dornach, 15. April 1923

Wenn Sie die Eurythmie in richtiger Weise auf die Seele wirken lassen wollen, dann müssen Sie sie nicht verwechseln mit den Nachbarkünsten, mit den mimischen und mit den Tanzkünsten. Die Eurythmie ist weder das eine noch das andere. Gewiß, diesen Künsten soll alles Gute nachgesagt werden, sie sollen hier durchaus nicht in ihrer Bedeutung angefochten werden, aber Eurythmie will eben etwas ganz anderes sein. Wenn man dasjenige, was Eurythmie zum Ausdrucke bringt, zu stark nach dem Mimischen hin bildet, wenn also Mimisches zum Ausdrucke kommt, kann das nur der Fall sein, wenn zugrunde liegt, sagen wir, irgend etwas in der Dichtung, was Hohn, was Sich-Hinwegsetzen über irgend etwas bedeutet, also etwas bedeutet, wo der Mensch etwa die Mundwinkel verzieht, auch wenn er spricht, oder wo der Mensch mit den Augen zwinkert, wenn er spricht, und so weiter. Alles Mimische ist vom eurythmischen Standpunkte aus so zu betrachten. Will man mimisch sein, so ist das ganz berechtigt. Dasjenige, was ich also hier zu sagen habe, bezieht sich nicht auf die mimische Kunst als solche, sondern nur darauf, wenn die Eurythmie unberechtigterweise in das Mimische ausartet. Da wird dann die Eurythmie unkeusch.

Ebensowenig bezieht sich das, was ich sagen will, auf die Tanzkunst, auf diese selbst, sondern nur auf das unberechtigte Ausarten der Eurythmie in das Tanzen. Gewiß, die eurythmischen Bewegungen können in Tanzbewegungen übergehen, wenn zum Beispiel in einem Gedichte etwas vorkommt, wo einer den anderen schlägt, dem anderen irgend etwas antut, wo eine mächtige Leidenschaft zum Ausdrucke kommt. Dann kann die sonst ganz im Gebiet des Körperlichen gehaltene eurythmische Bewegung übergehen in die Tanzbewegung. Aber wenn die Eurythmie unberechtigt ausartet in Tanzen, wenn das Tanzen um seiner selbst willen im Eurythmischen erscheint, dann wirkt es brutal. Ich sage nicht, die Tanzkunst ist brutal, sondern das Ausschlagen der Eurythmie in die Tanzkunst. So daß man wirklich Eurythmie ablauschen kann, sagen kann: Eurythmie ist nicht pantomimisch, ist nichts Mimisches. Durch diese künstlerischen Formen werden andeutende Gebärden gemacht. Durch die Tanzbewegungen werden überschäumende Gebärden gemacht vom Menschen, wo die Leidenschaft ausfließt, so daß der Mensch gewissermaßen seine Bewegungen nicht innerhalb dessen zurückhält, was er mit seinem Bewußtsein umfassen kann. Die Eurythmie steht mitten drinnen. Sie hat nicht ausschweifende, tanzende Gebärden, die Eurythmie; sie hat auch andeutende Gebärden, die immer auf Verstand hindeuten. Man muß Andeutungen haben, eine andeutende Gebärde. Eurythmie hat ausdrucksvolle Gebärden, die angedeutet werden wollen, und die in der Andeutung ästhetisch-künstlerisch wirken sollen, Gebärden, die weder ausgeklügelt sind, noch ausschweifend sind, die weder gedeutet werden sollen, noch durch die man gewissermaßen überwältigt wird, sondern die man in der unmittelbaren Form der Linie, in der ganzen Art der Bewegung, dem Auge gegenüber als wohlgefällig, schön empfindet.

Man kann sich eine Empfindung von der Eurythmie verschaffen, wenn man sie sieht als bewegten Gesang. Sie werden auch Musikstücke hören; dazu wird eurythmisiert. Dieses Eurythmisieren ist nicht ein Tanz. Es unterscheidet sich ganz wesentlich, wenn es richtig gemacht wird, vom Tanz: es ist ein bewegtes Singen, nicht ein Tanzen. Und gerade daran, daß dieses bewegtes Singen ist, kann man unterscheiden die Eurythmie von ihren Nachbarkünsten. Und man kann sich daran eine Empfindung von dem erwerben, was ich eben ausgesprochen habe.

Eurythmiedarbietung
Mittwoch, 13. Juni 1923, 5 Uhr nachmittags

EURYTHMIE dargestellt durch sehr junge, mittlere und junge Menschen auf ernsten und heiteren Gebieten, gestaltlich, lautlich und musikalisch in mehr oder weniger großer Vollendung.

Ankündigung in den Zeitungen

Kinderaufführung

Dornach, 13. Juni 1923

PROGRAMM

Stabübungen	
Alliterationen	
Das Bienlein, aus «Demiurgos»	W. Jordan
Energie- und Friedenstanz	
Taktierübung	
Morgenlied	Ludwig Uhland
Sonne	Fercher von Steinwand
Kanon	J. S. Bach
Reisebild	Robert Hamerling
Klein Marie	
Musik	J. E. Gabrielli

Der Rheinborn	C. F. Meyer
Der Morgen	
Arie	G. Ph. Telemann
Was treibst du Wind?	C. F. Meyer
Andante cantabile	W. A. Mozart
Die Beichte des Wurms	Christian Morgenstern
Trio	Franz Schubert
Vermutlich Andante con moto aus dem Klaviertrio, Es-Dur, Op. 100	
Der Gingganz	Christian Morgenstern
Die beiden Flaschen	Christian Morgenstern
Hänsel und Gretel	E. Humperdinck
Die Probe	Christian Morgenstern
Musette	J. S. Bach
Der Werwolf	Christian Morgenstern
Aus dem Septett	L. van Beethoven

ÜBER DEN SPRACHGENIUS
DER BILDEKRÄFTELEIB DES MENSCHEN

Dornach, 16. Juni 1923

Im Laufe meiner Vorträge habe ich in diesem oder jenem Zusammenhange über den Sprachgenius gesprochen. Ich wollte, indem ich über den Sprachgenius dieses oder jenes sagte, andeuten, daß, wenn der Mensch versucht, jene Zusammenhänge, die sich als durchaus seelische Zusammenhänge ergeben, die in der Sprache selbst liegen, zu erforschen, er eigentlich sozusagen eine eigene Seele in der Sprache findet, eine Seele, die den Menschen überkommt, aus der er sich bildet. Indem er in die Sprache hineinwächst, bildet er sich. Wie ein objektiv Geistiges ist es, was ich als Sprachgenius andeuten wollte.

Nun möchte ich kurz hinweisen auf etwas, was als einzelnes Beispiel ein solches Hinwenden zum Sprachgenius sein kann.

Wir reden davon, wenn wir so ganz klug und gescheit über etwas denken, und es mit dem, was wir sonst denken, vereinen können, daß wir es begreifen. Wir sprechen davon, soferne wir uns der deutschen Sprache bedienen: Ich begreife dieses oder jenes.

Nun wende man sich an das Wort «begreifen». Was bedeutet denn das? Das bedeutet, etwas angreifen, es begreifen. Ich begreife die Uhr, indem ich sie nehme. Also wir bezeichnen das Verhältnis, das wir mit unseren Gedanken zu den Dingen haben, durch einen Ausdruck, der eigentlich eine äußere Handlung bedeutet, durch die wir uns handgreiflich zu den äußeren Dingen in eine Beziehung setzen.

Warum bringt uns denn die Sprache so etwas höchst Eigentümliches? Sie redet, wenn man vom Standpunkt der heutigen klugen Aufklärung aus spricht, töricht. Sie redet gerade so, als wenn man mit den Händen etwas anfassen würde, wenn man den Sinn allein begreift.

Dennoch redet die Sprache nicht töricht. Und das gehört zu den schönsten Erlebnissen, wenn man darauf kommt, daß die Sprache gerade in solchem Falle gar nicht töricht redet. Wenn man nämlich das tut, wovon man sagt, ich begreife etwas, dann greift man nur nicht mit der physischen Hand eine Sache an, aber man greift sie an mit einer Hand, die man sich erst aus dem sogenannten ätherischen oder Bildekräfteleib heraus formt. Und die Sprache hat ja Recht. Der ätherische Leib führt, wenn er etwas begreift, eine Bewegung aus, welche ein Hindeuten und ein Runden seines zu diesem besonderen Ziele gebildeten Gliedes bedeutet, wenn etwas begriffen wird. Der Ausdruck «begreifen» ist in ganz eigentlichem Sinne gemeint. Nur handelt es sich da nicht um ein Angreifen von seiten des physischen Leibes, sondern um ein Angreifen von seiten des ätherischen Leibes.

Man muß sich schon fragen: Woher kommt denn etwas so Weises, wie es in der Sprache liegt?

Das kommt aus jenen Zeiten her, in denen man noch lebendiger gefühlt hat, was man eigentlich tut, indem man denkt. Wenn das Wort nicht so paradox klänge – es ist aber richtig, klingt nur so paradox –, so möchte ich es nicht entschuldigen, aber möchte fast um Entschuldigung bitten, daß ich das ausdrücke. Es kommt eine solche Erscheinung aus den Zeiten, in denen man noch gefühlt hat, wie man aktiv ist innerlich, wenn man denkt.

Heute denkt man eigentlich am allerwenigsten, wenn man denkt. Man fühlt am wenigsten heute, wenn man denkt. Man weiß eigentlich heute gar nicht, was man tut, wenn man denkt. Man schläft am allermeisten, wenn man denkt.

Wenn man irgend etwas angreift, fühlt man, man bewegt den Arm, die Hand. Wenn man denkt, fühlt man nichts mehr. Aber als die Leute ihr Begreifen aus dem Innersten ihrer Seele heraus gebildet haben, da war es so, daß die Leute noch fühlten, sie tun da etwas; sie greifen an mit einem feineren Leibe als mit dem physischen.

Und als man die Sache so gefühlt hat noch, als man gefühlt hat noch, wenn du denkst, da streckst du etwas aus, da befühlst du etwas mit dem ätherischen Leibe, da wußte man, wie eng das Sprechen mit diesem Begreifen zusammenhängt, das im Denken enthalten ist, und was die enge Beziehung zwischen dem Atmen und dem Begreifen wußte. Man wußte, daß das Gehirn des Menschen – natürlich nicht so, wie wir heute die Dinge wissen, aber das ist ja ohnedies nicht sehr viel wert – heraussaugt das, was es dann als feine, wenn ich so sagen darf, Substanz zum Begreifen verwendet, aus dem Atmungsprozesse. Man fühlte, wenn man zum Beispiel sagte: Der Tag ist klar, die Nacht ist dumpf – in dem «klar», daß man noch mit dem Herumgreifen keinen Widerstand findet. Der ätherische oder Bildekräfteleib findet da, wo es klar ist, keinen Widerstand, kann herumgreifen. Da, wo es dumpf ist, findet man überall Widerstand; da kann man nicht herumgreifen, da stößt man überall an, kann nicht herumgreifen.

Nun, sehen Sie, da fühlte man, wie im Sprechen der Atem wirkt, wie aber in dem, was das Denken ist, aus dem Atem gewissermaßen herausgezogen wird dasjenige, womit man begreift; wie also das Sprechen ein dichteres Begreifen ist, ein in der Luft vor sich gehendes Begreifen. Und wenn Sie jetzt beim Begreifen merken, das ist ja eine Geste, eine Handlung, ein Angreifen, ein Hindeuten auf die Dinge mit dem Bildekräfteleib, dann werden Sie auch begreifen, wie das dichtere Atmen im Sprechen eigentlich Gebärde ist, nur die verdichtete Gebärde des Denkens.

Warum wird die Gebärde verdichtet? Weil durch diese Verdichtung das Denken hinuntergebracht wird zum Fühlen, weil das eingetaucht wird in das Fühlen.

Nun, in unserem Denken ziehen wir gewissermaßen den Bildekräfteleib heraus aus unserem Körperlichen, aus unseren leiblichen Bewegungen und machen mit ihm unsichtbare Bewegungen.

Die Eurythmie geht den umgekehrten Weg. Sie fragt jetzt nicht nach abstrakten Gedanken, aber nach dem Gefühl: Wie begreift man die Dinge? Wie begreift man namentlich dasjenige, was richtig künstlerisch erfaßt wird? – Und sie schiebt wiederum zurück die Gebärde des ätherischen Leibes in den physischen Leib. Läßt das ausführen, was im feinen gefühls- und willensmäßigen künstlerischen Begreifen, wie es der Dichter auch hat, wenn er sein Gedicht formt, wie es im Musikalischen ist, läßt das, was im seelischen Tun liegt, wiederum hinunterfallen in leibliche Bewegungen, so daß dann der physische Leib sich so bewegt, wie das eigentlich dem Ätherleib naturgemäß ist, sich zu bewegen.

Dadurch bekommen wir den Gang, der gemacht wird vom seelischen Erleben, vom Begreifen zum Sprechen; den machen wir um ein

Stück weiter. Wir gehen noch tiefer in unsere Leiblichkeit hinein als beim Sprechen; wir gehen von den luftförmigen Dingen zu den festen, halbfesten, kurz, zu demjenigen im Leibe über, was dann die organische Grundlage ist für die äußeren Bewegungen.

Dadurch aber, daß nicht ein Zweck dieser äußeren Bewegungen da ist, kommen gerade die Gebärden, die also aus dem Ätherleib herausgeholt werden, in der Eurythmie zutage. Dadurch wird in einem hohen Grade der Mensch frei im inneren Sinne. Sein Seelisches wird in die äußere Sichtbarkeit herausgetragen.

Sehen Sie, da kann man wiederum den äußeren Menschen und den inneren Menschen unterscheiden. Man kann manches daran erklären. Denken Sie sich einmal – es braucht ja nicht gleich so zu sein wie beim Demosthenes, man braucht nicht gleich Steine in den Mund zu nehmen –, aber denken Sie sich, Sie hätten irgendeinen Bissen gegessen; da wollten Sie sprechen; da sind Sie am Sprechen verhindert. Es muß der Sprachapparat frei liegen, wenn man nicht verhindert sein will am freien Sprechen. Im Denken ist so mancher Mensch manchesmal mit so einem Bissen drin versehen; dann kann er nicht begreifen; dann sind Hemmnisse da; diese Hemmnisse, die könnte man im einzelnen beschreiben. Also da hat man Hemmnisse mit Bezug auf das Denken, das innere Seelenleben, und man hat Hemmnisse durch einen Bissen oder durch einen Pfropfen, den man in den Mund steckt, in bezug auf das Sprechen, also auf das schon in die Luft herabgedrückte Gebärdenmachen.

Als ich ein kleiner Junge war, wurde ich einmal zur Kirchweih geführt. Da gab es etwas Besonderes. Es bestand darinnen, daß junge Knaben – Mädchen glaube ich nicht – in Säcke eingeschnürt wurden und sich auf diese Weise vorwärtsbewegen sollten. Alle Augenblicke fiel einer um. Es waren Wachen von fünf zu fünf Schritt da; die hoben sie wieder auf, und dann machte jeder weiter seinen Weg in dem Sack drinnen. Das ist ein äußerlich gehemmtes Gehen. Der Mensch führt dann nur das aus, was er begrenzt ausführen kann, so wie man im Sprechen, wenn man einen Bissen im Munde hat, nur dasjenige ausführt, was trotz der Hemmung auszuführen ist.

So ist aber der physische Leib des Menschen eine Art Hemmnis im ganzen Leben für dasjenige, was eigentlich an fortwährenden Bewegungen beim Verstehen der äußeren Welt der ätherische Leib ausführen will. Macht man nun den ätherischen Leib ganz frei und fragt ihn, was er bei diesem oder jenem in der Welt empfindet, und läßt man dann das in den physischen Leib frei ausfließen, so kommt das Gegenteil von dem zustande: die durch nichts gehemmte Bewegung des inneren Menschen.

Wie man den äußeren Menschen in einen Sack einschnüren kann und ihn noch äußerlich hemmen kann, so ist wiederum der physische Leib des Menschen eine Art von Sack, der die freien Bewegungen des ätherischen Leibes hemmt. Und indem man die Bewegungsmöglichkeiten des ätherischen Leibes studiert, kann man den physischen Leib so weit trainieren, daß er kein hemmender Sack mehr ist, sondern daß er diesen Bewegungen des ätherischen Leibes folgt. Dann bringt man es dahin, daß tatsächlich das seelische Leben, insofern es sich im ätherischen Leibe abspielt, durch den physischen Leib zum Ausdruck kommt, nicht bloß wie bei der Luft, bei der Lautsprache, sondern daß zum Ausdruck kommt in einer wirklichen Sprache aus dem physischen Leib, was sonst auch aus dem Ätherleib kommt, wie ja hier die Sprache der Reflex ist des Ätherleibes aus der astralischen Empfindung heraus.

So wird tatsächlich die Möglichkeit geschaffen, eine wirkliche sichtbare Sprache in der Eurythmie hervorzubringen. Eurythmie ist wirklich nicht etwas Ausgedachtes, sondern sie ist ein aus dem Inneren der Natur Herausgeholtes, auf den äußeren physischen Leib so Übertragenes, wie im zarten Kindesalter dasjenige, was im Inneren des Menschen noch in feineren Organen beschlossen ist, übertragen wird auf den Kehlkopf und seine Nachbarorgane und dann Luftgebärde wird. Geradeso wie das gewöhnliche Singen in Luftgebärden verläuft, verläuft dasjenige, was eurythmisches Sprechen und Singen ist, in Gebärden, die nun durch den physischen Leib ausgeführt werden.

Ich möchte sagen, wo man auch angreift in der Betrachtung des Menschen, kann man die Möglichkeit, einen Weg finden, die Eurythmie zu erklären.

Sehen Sie, das ist der Unterschied zwischen dem, was heute so gerne programmäßig ausgeführt wird, wo man Definitionen hat, und dann richtet man die Wirklichkeit nach den Definitionen ein. Wenn man dann redet über eine solche Sache, raspelt man sein Programm ab. Aber über die Eurythmie kann man von den verschiedensten Gesichtspunkten sprechen, weil sie nicht ein Programm ist, sondern etwas Lebendes ist, das von den verschiedensten Seiten her beleuchtet werden kann. So oft ich jetzt schon versucht habe, die Eurythmie aus allen möglichen Ecken her zu beleuchten, wie man einen Gegenstand von den verschiedensten Seiten her photographieren kann, es ist immer derselbe Gegenstand. Immer wiederum muß aber gesagt werden, daß, wenn wir es mit der Eurythmie zu tun haben, die Eurythmie eine Art von menschlicher Offenbarung ist, welche in ihrer Art durch die artikulierte Geste, nicht durch Mimisches und nicht durch Tanzartiges das zum Ausdrucke bringt, was auf der einen Seite durch musikalische Motive anklingt, oder auf der anderen Seite deklamiert oder rezitiert wird, wobei die Deklamation dann jenen Charakter annehmen muß, der auf das wirklich Künstlerische in der Dichtung sieht, das heißt auf die Sprachgestaltung, auf die Lautgestaltung, auf dasjenige, wie ein Laut den anderen koloriert, also auf das Malerische in der Sprache, oder auf das Musikalische in der Sprache, Takt, Rhythmus, melodiöses Thema und so weiter. So daß dieses bloße pointierte Rezitieren und Deklamieren, welches so gern gepflegt wird in unserer etwas unkünstlerischen Zeit, gerade an der Eurythmie wiederum zurückgeführt werden muß zu der wirklichen Deklamations- und Rezitationskunst.

Frau Dr. Steiner hat sich jahrelang bemüht, diese Rezitationskunst, die man schon in mehr künstlerischen Zeitaltern gefühlt hat, mehr und mehr auszubilden. Mit der heute beliebten Deklamations- und Rezitationskunst könnte man das Eurythmische gar nicht begleiten, weil dieses Eurythmische auf das eigentlich Künstlerische in der Dichtung zurückgehen muß.

Und betreibt man das Musikalisch-Eurythmische, so tanzt man nicht, sondern man singt eigentlich sichtbar. Es ist ein sichtbarer Gesang! Man muß sich ein Gefühl, ein Empfinden erwerben für den Unterschied des sichtbaren Gesanges und des eigentlichen Tanzes. Dann erst hat man diesen Unterschied für das Anschauen begriffen.

Jedenfalls soll man aber nicht glauben, daß es bei der Eurythmie auf irgendeine Deutung, Interpretation ankommt, sondern es handelt sich darum, daß man im unmittelbaren Anschauen empfindet, wie dasjenige, was aus der inneren harmonischen Natur des Menschen als ein Schönes, als ein Künstlerisches herauskommt, im Anschauen, nicht in der Erklärung oder in der Interpretation wirkt.

Dornach, 16. und 17. Juni 1923

PROGRAMM

Intermezzo, A-Dur	Johannes Brahms
Um Mitternacht	Eduard Mörike
Intermezzo, As-Dur	Johannes Brahms
Die Geister am Mummelsee	Eduard Mörike
Intermezzo, e-moll*	Johannes Brahms
Zwei Liebchen	Eduard Mörike
Andantino	Franz Schubert
Nixe Binsefuß	Eduard Mörike
Andante cantabile	G. Tartini

Das Buch	Christian Morgenstern
Musette	J. S. Bach
Etikettenfrage	Christian Morgenstern
Aus dem Septett	L. van Beethoven
Aus den «Humoresken»	Christian Morgenstern
Das Grammophon	
Kronprätendenten	
Der eingebundene Korff	
Das Nilpferd	
Die wirklich praktischen Leute	
Das Polizeipferd	
Humoristisches Rondo	Max Schuurman

* Am 17. Juni ohne das Intermezzo von Brahms

Dornach, 24. Juni 1923 (Johanni)
und 1. Juli 1923

PROGRAMM

Merkurauftakt	Musik: Leopold van der Pals
Aus «Die Pforte der Einweihung», 7. Bild	Rudolf Steiner
Nocturne, b-moll, Op. 9, Nr. 1	Fr. Chopin
Zueignung	Novalis
Davidsbündler Tanz, Op. 6, Nr. 11	Robert Schumann
Johannispruch	Rudolf Steiner
Davidsbündler Tanz, Op. 6, Nr. 2	Robert Schumann
Lebenslied	Robert Hamerling
Wanderers Sturmlied	J. W. v. Goethe
Aus «Ein Sommernachtstraum»	W. Shakespeare
Elfe, Droll, Oberon, Titania, Thisbe, Pyramus, Elfen	

JOHANNISTIMMUNG. DAS MITERLEBEN DER JAHRESFESTE

Dornach, 24. Juni 1923

Daß mit der Eurythmie nicht in einer beliebigen mimischen oder tanzartigen Kunst versucht wird zu wirken, das habe ich mir bei solchen einleitenden Worten, die den Versuchen unserer Aufführungen vorangingen, oftmals zu betonen erlaubt. Es handelt sich bei der Eurythmie wirklich darum, daß in ihr der Versuch einer sichtbaren Sprache vorliegt oder eines sichtbaren Gesanges. Dieselbe Gesetzmäßigkeit, welche der Entstehung des Lautlichen und des Tonlichen in Sprache und Gesang zugrunde liegt, die aus dem tiefsten Inneren des Menschen und der Beziehung des Menschen zur Welt herausgeholt ist, liegt zugrunde, wenn man diese Gesetzmäßigkeit, nicht wie bei der Lautsprache und dem Gesange auf den Kehlkopf und die anderen benachbarten Organe überträgt, sondern wenn man diese innere Gesetzmäßigkeit auf das Bewegungssystem des Menschen überträgt. Wenn man berücksichtigt, daß im Grunde genommen auch die Lautsprache und der Gesang eine Art Gebärde darstellen, Gebärde desjenigen, was in der Formung, in der Gestaltung des ausströmenden Luftstromes liegt, wenn man das bedenkt, so wird man nicht sehr weit sein von dem Verständnisse, daß, wie in der Sprache eine Art Gebärde der im Menschen bewegten strömenden Luft vorliegt, so kann auch zum Ausdrucke, zur Offenbarung kommen durch die menschlichen Bewegungsglieder oder durch die Bewegung des ganzen Menschen ein Sprach- oder Gesangartiges.

Nur muß man sich darüber klar sein, daß man zum Verständnis desjenigen, wie überhaupt Sprache zustande kommt, nicht gelangt, wenn man beim physischen Menschen stehenbleibt, bei der physischen Organisation des Menschen, sondern wenn man darauf Rücksicht nimmt, wie innerhalb dieser physischen Menschenorganisation die höhere, übersinnliche vorhanden ist. Und man muß zunächst davon sprechen, daß jene Kräfte, welche die in der Lautsprache und im Gesange sich formende Luft gestalten, im übersinnlichen, im ätherischen Organismus des Menschen erregt werden. Was da im Inneren des Menschen lebt, läßt sich studieren, und man kommt dadurch zu der Einsicht, daß der Sprache und dem Gesange etwas zugrunde liegt, was den Menschen in einer gewissen Weise hinweghebt über sein physisches Erdenleben. Gewiß, zunächst sind im menschlichen Umgange und auch in der Mitteilung durch die Wissenschaft die Sprachorgane und dasjenige, was sie hervorbringen, in den Dienst des Erdenlebens gestellt. Aber die Fähigkeit, zu sprechen und zu singen, ist etwas, was nicht unmittelbar aus der physischen Organisation hervorgeht, sondern im Gegenteil in die physische Organisation des Menschen, wenn ich mich so ausdrücken darf, hineinströmt. Es ist schon so, daß gewissermaßen der über das Physisch-Sinnliche hinausgehobene Mensch, der Mensch, welcher als übersinnliche Wesenheit seinen physisch-sinnlichen Körper beherrscht, in Sprache und Gesang lebt, wenn auch zunächst Sprache und Gesang, wie sie sich ausdrücken in dem irdischen Luftelemente, in ihrer Offenbarung auf das irdische Element gehen. Daher wird sich auch in Sprache und Gesang künstlerisch dasjenige zum Ausdruck bringen lassen, was dem menschlichen Sehnen – heraus aus dem Physisch-Sinnlichen in die geistigen Verhältnisse hinein – entspricht, wie ein solches Entsprechen ja bei jeder Kunst da ist.

So wie wir nun in der Sprache – als Umgangssprache zum Beispiel – eine Anpassung eines nicht irdischen Elementes an das irdische haben, so haben wir auch in den menschlichen Bewegungen, sogar im menschlichen Gange, im menschlichen Laufen, die Anpassung desjenigen, was als übersinnlicher Mensch hineinströmt in die menschlichen Glieder, an das Irdische. Wir können sowohl in der geformten Bewegung der Beine und Füße, wie aber namentlich in der ohnedies dem Irdischen entrissenen Bewegung, gestenartigen Bewegung der Arme und Hände, welche das Ausdrucksvollste am Menschen in bezug auf räumliche Offenbarung sind, entreißen die Bewegungen, welche in Anpassung an das Irdische entstanden sind, diesem Irdischen. Man kann sozusagen das darstellen, was rein im Inneren des Menschen lebt, was sich nicht überwältigen läßt von dem Irdischen, wie es beim Gehen und Laufen oder bei den der alltäglichen Bewegung dienenden Armen der Fall ist, was sich nicht beherrschen läßt von dem Irdischen, sondern was im strengsten Sinne dasjenige zum Ausdruck bringen will, was im Menschen als dem obersten Erdenwesen lebt.

Wenn man dies berücksichtigt, dann wird man sich sagen, daß in die Sprache, insbesondere in die Sprache der zivilisierten Völker, außerordentlich viel eingeflossen ist mit Anpassung an das Irdische. Und eigentlich besteht der Fortschritt in der Sprachentwickelung darinnen, daß die Sprache immer mehr und mehr sich an das Irdische anpaßt.

Dagegen, wenn wir heute die Bewegungen der menschlichen Gliedmaßen dem irdischen Dienst entreißen sozusagen, und diese Bewegungen rein zum Ausdrucke des inneren menschlichen Außerirdischen, Überirdischen machen, so haben wir viel mehr damit die Möglichkeit gegeben, das reine menschlich Seelische durch dieses Gebärdenhafte zum Ausdrucke zu bringen, als durch die Sprache. Denn die Sprache ist, insbesondere wo sie fortgeschritten ist, so stark an das Irdische angepaßt, daß man sie nicht leicht wieder in das Element des Außerirdischen zurückbringen kann.

Ein solches, meine sehr verehrten Anwesenden, zeigt sich ganz besonders, wenn man durch die Eurythmie in dieser sichtbaren Sprache und diesem sichtbaren Gesang so etwas verkörpern will, wenn ich so sagen darf, wie eine besondere festliche Jahresstimmung.

Wir wollen heute einmal das Experiment machen, die Johannistimmung eurythmisch zu offenbaren. Wir sind als moderne Menschen eigentlich ganz und gar herausgekommen aus der Bedeutung desjenigen Lebens des Menschen, welches ein Mitleben mit dem Jahresgange ist. Mit dem Tagesgange leben wir wirklich recht stark mit. Wir essen zum Frühstück, essen zu Mittag, essen zu Abend, manchmal auch noch zu anderen Sonnenständen, und wir haben als Menschen das Bewußtsein, daß die Sonne in ihrem Stande zur Erde etwas für diesen täglichen Entwickelunglauf des Menschen bedeute. Wir sind nicht recht zufrieden, wenn wir den täglichen Gang des sozusagen kosmischen Zeitlebens nicht mitmachen können.

In älteren Zeiten – wenn das auch dem modernen Menschen recht unwahrscheinlich, ja sogar paradox klingt – galt das Miterleben des Jahreslaufes durchaus noch als etwas ganz Ähnliches wie das Mitleben des Tageslaufes. Man war sich bewußt: das Miterleben des Tageslaufes braucht man für seinen physischen Leib; man muß eben zu den Tageszeiten essen. Aber man war sich bewußt – das berücksichtigen nur die Kulturgeschichten viel zu wenig –, daß der Mensch nicht nur so etwas Abstraktes hat, was man auch heute noch Seele nennt, obwohl man sich nichts Rechtes mehr darunter vorstellt, wenn freilich die Leute nicht so weit gehen wie der *Fritz Mauthner,* der das Wort «Seele» ganz abschaffen und dafür das Wort «Geseel» einführen wollte. Er kann sich nichts mehr vorstellen unter Seele. Das sind so unbestimmte Regungen, so wie man, wenn man unbestimmt eine Anzahl von Personen, die zusammengehören, ausdrücken will, von Geschwistern spricht, so kann man auch sprechen, wenn man sich keine reale Seele im Hintergrunde denkt, wenn man so Gedanken und Gefühle und Willensimpulse durcheinanderströmen hat, von Geseel. Ich hoffe ja, daß die Leute in der Zukunft nicht sprechen werden von der Empfindsamkeit meines Geseels, statt der Empfindsamkeit meiner Seele und dergleichen; aber Anstrengungen dazu werden von ganz gescheiten Leuten heute durchaus gemacht. Man war sich bewußt in älteren Zeiten, wenn das auch paradox klingt, denn wir wissen ja alle, daß der Mensch der Gegenwart um so viel gescheiter geworden ist als in älteren Zeiten, daß der Mensch auch Bedürfnisse der Seele hat. Und nun glaubte man, es wäre notwendig, diese Bedürfnisse der Seele geradeso nach dem Jahreszeitengange zu regeln, wie man die Bedürfnisse des Körpers nach dem Tageszeitengange regelte. Und so entstanden aus einem solchen lebendigen Bewußtsein des Menschen heraus die Jahresfeste: Weihnachten, Winterwendefest; Ostern, Frühlingsfest; und vor allen Dingen das Sommersonnenwendefest, das Johannifest. Wiederum das Michaelifest im Herbst. Denn was da veranstaltet wurde in älteren Zeiten an umfassenden Kulthandlungen, später noch an allerlei Handlungen, die daran erinnerten, drang in das Bewußtsein des Menschen ein, in das Fühlen, das Empfinden ein. Man hielt so etwas wie dieses innere Gesättigtwerden des Seelischen für ebenso notwendig, wie man das Gesättigtwerden durch den Stoff für den Leib für notwendig hielt. Man hatte Hunger, wenn die Hochsommerzeit zu Johanni herankam, die Tage wenigstens in solchen Festen zu erleben, welche den Menschen aus seiner Erdengebundenheit herausbrachten, welche den Menschen in allerlei kultartige Bewegungsspiele, könnten wir sagen, hineinbrachten, in allerlei Verrichtungen, die dem Menschen das Bewußtsein gaben, er steht nicht nur gebannt an die Erde, sondern er kann sich erheben und hinausblicken in den freien Weltenraum, in den Äther.

Es war ein solches Hinweggeheben bis in die ätherische Sphäre, was zur Johannizeit gefeiert worden ist. Man würde, wenn man das, was da unbewußt gelebt hat – eigentlich nicht in Worten ausgesprochen worden ist, aber unbewußt gelebt hat in den Menschen –, so aussprechen können, daß man sagen kann, der ältere Mensch hat gesagt: Den Körper macht hungrig und sättigt der Tag; die Seele macht hungrig und sättigt das Jahr.

Dann ist es der Geist mit seiner universellen Art, der nicht solch gewaltige Veränderungen durchmacht wie der Körper und auch nicht wie die Seele. Wir brauchen für unseren Körper jeden Tag Nahrung. Wir brauchen für unsere Seele im Laufe unseres Lebens oftmals Hunger und Nahrung. Und das Jahr gab in älteren Zeiten Hunger und Nahrung der Seele; der Geist war etwas, was sich konstant erhielt durch lange Zeit. Aber man wußte in alten Zeiten, daß in den großen Menschheitsepochen auch Morgendämmerungen, Hochsommerzeiten, Abenddämmerungen des geistigen Lebens vorhanden sind.

Es war wirklich nicht erst der Spenglerismus notwendig, der in dilettantischer Weise dasjenige nur zum Ausdrucke bringt, was man aus früheren, tieferen Einsichten heraus wußte, wenn sie auch in der Gegenwart nicht geschätzt werden; sie waren tiefer, als manche gegenwärtigen sind. Es war nicht erst nötig das, was in dieser Weise heraufgekommen ist, um zu wissen: der Geist des Menschen erlebt in den historischen Epochen eine Art von Durchgang durch Morgen, Mittag, Abend; Frühling, Sommer, Herbst und so weiter. Der Mensch fühlte sich in den Kosmos mit Körper, Seele und Geist hineingestellt.

Das gibt gerade eine richtige Einsicht in die Jahresfesteszeiten, was man als wirkliche Erkenntnis hat des alten gefühlten, nicht abstrakt definierten, aber gefühlten Seelenlebens. Wir brauchen heute wiederum viel konkretere Belebungen des menschlichen Seelenlebens, als irgendeine Philosophie oder dergleichen geben kann, wenn wir über den Materialismus hinauskommen wollen. Denn es ist auch eine Art von Materialismus in der Gegenwart, daß wir nur noch den Zusammenhang des Körpers mit dem Kosmos haben. Wir brauchen nicht bloß den Materialismus bei den Naturwissenschaftern oder bei den Monisten zu suchen, wir können ihn auch bei denjenigen Menschen suchen und finden ihn da in viel umfassenderem Sinne, die nur noch den Sonnengang miterleben im Körper, die nur noch etwas darauf geben, die Tageszeiten mit Frühstück, Mittag, Five o'clock tea und Souper einzuhalten, die nicht mehr lebendig haben, ebenso innerlich intensiv den Jahreslauf mitzuerleben. Daß das Bewußtsein vom innerlich Seelischen verschwunden ist, daß der Materialismus die

Bewußtseine ergriffen hat, dafür ist einer der Beweise der, daß unsere Feste etwas Konventionelles geworden sind, daß wir nicht mehr in die Stimmungen der Feste hineinkommen.

Daher hat es insbesondere eine Kunst, die aus neuen künstlerischen Quellen heraus streben will, wie die Eurythmie, nötig, auf solche Feste wiederum hinzuweisen, allerdings nicht wie eine Aufwärmung des Alten, sondern auf etwas Neues.

Aber schließlich, die Natur bleibt konstant. Johannistimmung bleibt Johannistimmung. Wenn man insbesondere dann versucht, durch die sichtbare Sprache der Eurythmie nicht dasjenige, was mit der Erde verbindet, sondern was in den Kosmos hinausgeht, in die weiten Äthersphären, darzustellen, kann man insbesondere mit diesen eurythmischen Stimmungen versuchen, die Jahresfeste zu gestalten.

Ich sage immer, wenn ich meine einleitenden Worte unseren Aufführungen vorausschicke, daß wir erst im Anfange stehen. Wir sind selbst unsere strengsten Richter, wissen, daß die Eurythmie sich weiter entwickeln muß, aber sie hat wirklich unbegrenzte Entwickelungsmöglichkeiten in sich. So mag auch der heutige Versuch beurteilt werden, Johannistimmung zu entwickeln in der Aufführung des Programmes, namentlich aber in der ganzen Gestaltung des Bühnenbildes und in alledem, was die eurythmische Vorstellung durchdringt, durchklingt, so mag auch der heutige Versuch zunächst noch so sein, daß ich Sie, meine sehr verehrten Anwesenden, um Nachsicht bitten muß, denn es ist eben ein Anfang, aber einer, der gemacht werden muß. Denn wir müssen als Menschen dazu kommen, wiederum das zu empfinden, was der Mensch davon hat, daß er nicht nur den Tag miterlebt, sondern daß er auch die übrigen periodischen Gestaltungen des kosmischen Daseins miterlebt, miterlebt den Tageslauf im Kosmos mit seinem Leib, miterlebt den Jahreslauf im Kosmos mit seiner Seele, miterlebt den großen Epochenlauf, den historischen, mit seinem Geist.

Es kann sonderbar erscheinen, daß gerade aus einem Künstlerischen auch ein Anlauf genommen wird zu einem solchen Experiment im Menschheitsfortschritt. Allein immer war das Künstlerische etwas, was am intensivsten mitzuwirken hatte, die Menschheit epochenweise,

Stück für Stück vorwärtszuschieben. So darf schon einmal Eurythmie auch versuchen, etwas dazu beizutragen, daß wir als gegenwärtige Menschheit über den Materialismus herauskommen, aus ihm in eine spirituellere, geistigere Atmosphäre kommen. Dahin darf wirklich gerade die Johannistimmung zielen, jene Johannistimmung, durch welche immer, wo sie ursprünglich vorhanden war, das Ziel verfolgt wurde, den Menschen aus dem irdischen Leben herauszureißen durch jene Wärme, welche ausgegossen worden war wie aus dem Weltenall herein von der Sonne auf die Erde, durch jenes Licht, das den höchsten Stand hatte innerhalb der Sommermitte, da wo der Mensch sich bewußt werden konnte, wie er als Menschenwesen eingeschlossen ist zwischen einem Kosmischen, einem Hereinströmenden, und nicht bloß einem von unten Heraufkommenden. Diese Johannistimmung, die immer dazu verwendet worden ist, dem Menschen das Bewußtsein zu geben, daß er ein kosmisches, nicht bloß ein irdisches Wesen ist, kann auch dazu verwendet werden in der heutigen Menschheit, hinauszustreben von der Erde. Und das kann am besten durch diejenigen Mittel geschehen, die von vornherein aus einer geistigen Vertiefung unseres gegenwärtigen Zivilisationslebens hervorgehen, und eines dieser Mittel will Eurythmie sein. Daher gestatten Sie es, daß wir gerade heute in der Eurythmie versuchen, Johannistimmung zu entwickeln.

Ich mache Sie zum Schluß noch auf das Programm aufmerksam, in dem wir ebenfalls versucht haben, künstlerisch-malerisch Johannistimmung zum Ausdrucke zu bringen. Man kann sie sogar eigentlich weniger beschreiben, kann aber dasjenige, was in ihr lebt, an dem Hinausstreben des Menschen vom Irdischen ins Kosmische hinein, an dem Erstreben aus dem tellurischen, irdischen Menschen hinaus, in den kosmischen Menschen hineinzukommen, rege machen. Diese Johannistimmung rege zu machen, möchten wir dadurch zu erreichen versuchen, daß alles von Johannistimmung durchzogen ist. Das ist dasjenige, was ich mit ein paar Worten vorausschicken wollte.

DER URSPRUNG DER SPRACHFÄHIGKEIT UND DIE GEBÄRDENSPRACHE DER EURYTHMIE

Dornach, 1. Juli 1923

anläßlich der pädagogischen Tagung am Goetheanum

Lassen Sie mich zuerst meine besondere Freude und Befriedigung darüber ausdrücken, daß wir heute den versammelten Lehrern hier wiederum eine Eurythmievorstellung vorzuführen in der Lage sind. Die Eurythmie in ihrem Wesen versuchte ich schon zu charakterisieren bei dem letzten lieben Besuch, den wir von dieser Seite empfangen haben, und ich möchte heute nur ein paar Einleitungsworte der Vorstellung vorangehen lassen.

Eurythmie kann in dreifacher Gestalt in unser gegenwärtiges Leben eintreten: erstens als Kunst, als künstlerische Eurythmie; zweitens vom pädagogisch-didaktischen Gesichtspunkte aus, gewissermaßen als eine Art beseeltes, durchgeistigtes Turnen, als pädagogisch-didaktische Eurythmie; und dann als ein gewisser Zweig der Therapie, als Heileurythmie.

Eurythmie als Kunst beruht darauf, daß der Mensch nicht nur die Möglichkeit hat, dasjenige, was in seinem inneren Wesen seelisch lebt, durch die hörbare Sprache und den hörbaren Gesang zur Offenbarung zu bringen, sondern auch entweder durch Bewegungen seiner eigenen Leiblichkeit, seiner Glieder oder auch durch Bewegungen von einzelnen Menschen oder Menschengruppen im Raume, wodurch dann eine wirklich sichtbare Sprache zustande kommt. Der Mensch redet und singt ja nicht aus dem physischen Leib heraus, sondern er singt, er redet aus der Seele heraus. Und den Ursprung des Sprachlichen und des Gesanglichen findet man eigentlich erst, wenn man zurückgeht auf das übersinnliche Wesen des Menschen. Dem äußeren physisch-sinnlichen, körperhaften Wesen des Menschen liegt zunächst der sogenannte Bildekräfte- oder Ätherleib zugrunde, der eine Verbindung des eigentlich Geistig-Seelischen mit dem physischen Leibe darstellt. Wenn wir uns durch die Lautsprache oder durch den Gesang offenbaren, dann kommt dies dadurch zustande, daß die beiden Elemente, welche im heutigen Menschen in der gegenwärtigen Entwickelung des Menschen auseinanderfallen, Atmung und Gedanke, daß diese beiden Elemente zusammentreten, daß dasjenige, was namentlich in der ausgeatmeten Luft sich gestaltet, geformt wird durch den Gedanken, durch die Vorstellung. Und man hat dann in dem, was in dem ausgeatmeten Luftstrom so gestaltet wird, daß es zur Erscheinung kommt im Laut, im Ton, eine Art durch den Gedanken gestalteter Gebärde. Bei dieser durch den Gedanken gestalteten Gebärde bleibt der Mensch – im wesentlichen wenigstens – mit seinen Bewegungsgliedern ruhig. Nur dann, wenn er das Gefühl hat, daß er das innere Erlebnis, welches er durch den Laut ausdrücken will, daß er das nicht vollständig durch den bloßen Laut, der vom Gedanken geformt ist, zum Ausdrucke bringen kann, dann greift er zur Gebärde. Und er unterstützt durch die gewöhnliche, alltägliche Gebärde das, was er spricht, wobei er gewissermaßen ein noch mehr Innerliches an Offenbarung zu der mehr konventionellen Sprache hinzufügt. Aber das sind andeutende Gebärden. Diese andeutenden Gebärden bedeuten eigentlich nie mehr als eine Art von Lallen. So wie die Sprache beim Lallen beginnt, dann zur ausgebildeten, artikulierten Sprache wird, kann man nun aber auch das gewöhnliche Gebärdenlallen, welches wir alle mehr oder weniger tun im Leben, zur völlig künstlerisch artikulierten Gebärde ausbilden, und dies geschieht in der Eurythmie.

Ein Ganzes in der gewöhnlichen Sprache bilden Atmung und Gedanke. Ebenso aber können ein Ganzes bilden der Rhythmus, welcher in der Blutzirkulation lebt, und die Bewegungen der menschlichen Glieder. Wie sich im einen Pol des Menschen Atmung und Gedanke zueinander verhalten, so verhalten sich im anderen Pol die Blutzirkulation, welche das Stoffliche auflöst, verbrennt, zu der Bewegung der Glieder. Und während wir, wenn wir durch die Verbindung von Gedanken und Atmung in der Sprache uns offenbaren, mehr dasjenige zum Ausdrucke bringen, was zwischen Mensch und Mensch lebt, so können wir, wenn wir jene geheimnisvollen inneren Vorgänge, welche sich im Zusammenhange zwischen der Bewegungsgebärde und dem innerlichen Verbrauch abspielen, der im Menschen in der Blutzirkulation wellenden und webenden Substanz, mehr dasjenige offenbaren, was der Mensch in seinem Verhältnisse zum Kosmos, zur ganzen Welt erlebt, erlebt allerdings im gewöhnlichen Bewußtsein oftmals auf unbewußte Art.

Geht man mit seiner Erkenntnis des Menschenwesens bis zum Ätherleib zurück, findet man durch den physischen Leib als Offenbarung vorhanden Gedanken, Gefühl, den Willen in der Bewegung.

Aber, meine sehr verehrten Anwesenden, Denken, Fühlen und Wollen gehen ineinander über. Und so paradox es klingt, im Äther- oder Bildekräfteleib ist es so, daß der Wille denkt und das Denken will. Diese beiden Tätigkeiten, Wollen und Denken, können ineinander übergehen; das Gefühl bleibt immer in ihrer Mitte. Die Sprache kommt aus dem Gefühl. Sie geht aus dem Gefühl in den Atem hinein, und der Gedanke formt das, was gesprochen wird. Ebenso geht das Gefühl in die Blutzirkulation.

Und die Bewegung, die Bewegungsgebärde kann das formen, was der Mensch innerlich dadurch, daß er – Sie wissen, Blut ist ein ganz besonderer Saft, es enthält das Innerste des Menschenwesens im Verhältnisse zur Welt – das entsprechende Verhältnis zwischen jenem Rhythmus vorbildet, welcher eigentlich ein Rhythmus des Makrokosmos ist und im menschlichen Blutkreislauf mikrokosmisch zur Darstellung kommt. Was die Welt als Makrokosmos im Menschen, im menschlichen Mikrokosmos, sprechen will, kann durch die sichtbare Sprache der Eurythmie, durch die ausdrucksvolle Gebärde gesprochen werden. Geradeso wie unbewußt die Natur aus dem Kinde die Lautsprache heraustreibt, so kann man, wenn man das Menschenwesen wirklich versteht, mit einer Erkenntnis von dem Verhältnis des Willens zur Blutzirkulation durch den Ätherleib sinnvolle Bewegungen herausbekommen, so sinnvoll, wie die Laute der Sprache, wo je eine Bewegung zu einer bestimmten Seelenäußerung gehört wie der einzelne Buchstabe der Sprache. So kann man eine sichtbare Sprache herausbekommen, die nichts Willkürliches enthält, die nicht aus augenblicklichen, erfundenen Gebärden besteht, sondern aus einer inneren Gesetzmäßigkeit der menschlichen Organisation wie die Lautsprache oder der Gesang selber. Dadurch ist man imstande, das, was in der Dichtung von einem Pol des Menschen aus, vom Atmungs-Gedankenpol, dargelegt werden kann, vom Bewegungs-Blutzirkulationspol aus darzustellen. So entsteht dieses orchestrale Zusammenwirken, welches Ihnen in der künstlerischen Eurythmie entgegentritt, wo Sie in dem Bühnenbild sehen, wie der Mensch die kosmische Sprache spricht.

Auf der anderen Seite wird das Gedicht deklamiert und rezitiert, durch Deklamatorisches oder Rezitatorisches zur Darstellung gebracht. Ich möchte sagen, wie im Orchester zwei Instrumente zusammenwirken, geschieht das. Allerdings muß auch die Deklamation oder Rezitation, die schon innere Eurythmie ist, welche in jeder wahren Dichtung enthalten ist – in der heutigen Zeit, die etwas unkünstlerisch ist, hat man kein rechtes Gefühl für wirkliche Deklamation und Rezitation –, diese zur Darstellung bringen.

Frau Dr. Steiner hat jahrelang versucht, diese Kunst wieder zur Geltung zu bringen. Wirkliches Deklamieren, wirkliches Rezitieren, kann man heute noch verkennen. Man wird gerade, wenn Rezitation und Deklamation die Eurythmie zu begleiten haben, sehen, wie notwendig es ist, daß auf der einen Seite das Bildhaft-Imaginative, auf der anderen Seite das Musikalisch-Thematische, Rhythmische, Taktmäßige bei dieser Rezitation und bei allem wirklichen Rezitieren und Deklamieren zur Offenbarung kommt, nicht das prosaische Pointieren, wo dann jeder Dilettant glaubt, daß er auch deklamieren und rezitieren kann, sondern dasjenige, was künstlerische Gestaltung der Sprache ist, in dem das eigentlich Dichterische liegt. Soviel über das Künstlerische der Eurythmie.

Eurythmie hat dann ihre pädagogisch-didaktische Seite. Sie läßt den Menschen Bewegungen ausführen, aber jede einzelne Bewegung ist durchgeistigt und durchseelt. Dadurch ist sie etwas, was den Menschen in die Welt, in das Leben so hineinstellt, wie das bloße Turnen es nicht kann. Das Turnen ist aufgekommen in einer Zeit, in welcher der Materialismus seine besondere Blüte zu treiben anfing. Man hat eingesehen, daß der menschliche Wille im Turnen in Übung kommen kann, allein es war die Zeit, wo man gewohnt war, nur hinzuschauen auf den menschlichen physischen Organismus. Dadurch fragt man immer: Welche Bewegungen sollen ausgeführt werden aus den Gesetzen des physischen Organismus heraus? – Aber der Mensch wird dabei nicht voll erfaßt. Ich will ganz gewiß nichts gegen das Turnen sagen. Wir haben selbst in der Waldorfschule das Turnen eingeführt in dem Augenblicke, wo wir das nach den materiellen Mitteln konnten, und es wird heute das Turnen, das physische Turnen gerade eifrig auch getrieben, so wie das beseelte, das durchgeistigte Turnen der Eurythmie in der Waldorfschule getrieben wird. Aber berücksichtigt werden muß, daß, während das gewöhnliche Turnen nur immer nach dem physischen Leibe des Menschen fragt, daher eigentlich das Geistig-Seelische unterdrückt, Eurythmie in pädagogisch-didaktischer Weise den ganzen Menschen nach Leib, Seele und Geist so in Bewegung bringt, daß in jeder einzelnen Bewegung sein Seelenwesen liegt, sozusagen wie von den Lippen sein Seelenwesen ausfließt, wenn er spricht.

Dadurch kommt es auch, daß die Kinder im schulpflichtigen und im anderen Alter sich mit derselben Selbstverständlichkeit in die Eurythmie hineinfinden, wie sie sich als ganz kleine Kinder in das Sprechen hineinfinden. Die Kinder fühlen, wenn der Eurythmieunterricht richtig getrieben wird, wie es eigentlich eine selbstverständliche Offenbarung der Menschennatur ist, dieses Eurythmisieren. Wie es selbstverständlich ist, daß der Mensch seine Seele durch die Sprache ausgießt, in die Weltenlüfte durch den Gesang hinausschickt, so wird es dem Menschen auch selbstverständlich, sein ganzes Seelenwesen dann mehr nach dem Willen hin zu orientieren in gebärdenhaften Bewegungen seiner Glieder und in Bewegungen im Raume, die geradeso ausgestaltet sind, nach außen hin zu offenbaren, wie durch Stärkung, Durchseelung, Durchgeistigung nach dem Inneren hin zu arbeiten.

Das dritte ist, daß Eurythmie auch eine Art von Therapie darstellt. Wir wollen ganz gewiß nicht in dilettantischer oder laienhafter Weise Heilmittel ersinnen, aber wenn die künstlerischen oder pädagogisch-didaktischen eurythmischen Bewegungen so umgeformt werden, daß sie in einer gewissen Weise zurückwirken auf die menschliche Natur, bessern sich gewisse Zustände in der Natur. So bekommt man, nicht mit denselben Bewegungen, die Sie hier in künstlerischer Eurythmie sehen, aber mit etwas umgeformten, metamorphosierten Bewegungen, dasjenige, was bei gewissen Erkrankungs- und Schwächungsprozessen heilend, therapeutisch auf den Menschen einwirken kann. In dem Klinisch-Therapeutischen Institut von Frau Dr. Wegman in Arlesheim, ebenso in unserem Klinisch-Therapeutischen Institut in Stuttgart wird die Heileurythmie als ein Teil der Therapie betrieben und trägt, wie jetzt schon durchaus nachweisbar ist, ebenso ihre guten Früchte, wie durch die Waldorfschule nachweisbar ist, daß die pädagogisch-didaktische Eurythmie ihre guten Früchte trägt.

Aber auch heute möchte ich wie immer vor solchen Vorstellungen, Vorstellungsversuchen, die verehrten Zuschauer um Nachsicht bitten. Wir wissen, daß wir überall, in allen Seiten der Eurythmie noch im Anfange der Entwickelung dieser Kunst, dieses pädagogischen Teiles, dieser therapeutischen Zugabe stehen, wissen, daß das viel Entwickelung noch brauchen wird. Aber derjenige, der sich in die Dinge einlebt, kann auch wissen, daß unermeßliche Entwickelungsmöglichkeiten in ihr vorhanden sind, weil man sich des vollkommensten Instrumentes bedient, dessen man sich überhaupt bedienen kann, des ganzen Menschen, wie es nicht einmal die mimische Kunst, die nur teilweise, möchte man sagen, wie eine Zugabe den Menschen zum Sprachlichen benützt. Und so kann man hoffen, daß Eurythmie immer sich mehr und mehr vervollkommnen wird, daß einmal die Zeit kommen werde, wo man nicht mehr bloß um Nachsicht bitten muß, weil Eurythmie erst im Anfange ihres Werdens sein wird, sondern diejenige Zeit kommen wird, wo Eurythmie anerkannt sein wird als eine vollgültige jüngere Kunst neben den anderen vollgültigen älteren Künsten.

III

DIE ÜBERWINDUNG DER SCHWERKRAFT DURCH DIE EURYTHMIE

Dornach, 8. Juli 1923

Die Eurythmie habe ich im Laufe der Zeit vor den Vorstellungen immer mit einigen Worten charakterisiert. Heute möchte ich mir nur gestatten, noch von einem bestimmten Gesichtspunkte aus einiges zu sagen. Man muß sich durchaus darüber klar sein, daß Eurythmie der Versuch ist, eine sichtbare Sprache zu schaffen, eine sichtbare Sprache, durch welche anschaulicher, das heißt also künstlerischer, und außerdem in einer gewissen plastischen Art das geoffenbart werden kann, was die menschliche Seele empfindet, so wie auf der anderen Seite durch den Ton und durch den Laut diese Offenbarung geschehen kann. Dazu ist es notwendig, daß man den Vorgang der Sprachentwickelung, der Sprachgestaltung, wie er im Menschen wurzelt, wirklich geisteswissenschaftlich beherrscht.

Die Sprache ist zunächst der Ausdruck desjenigen, was der Mensch aus den Tiefen seiner Seele herausholt und äußerlich mit Hilfe seines organischen Werkzeugs mitteilt. Wenn man Sprache und Gesang betrachtet, insoferne sie Äußerungen des menschlichen Seelenlebens sind, so kommt man dazu, in dem Gesang eine, ich möchte sagen, tiefere, innerlichere Manifestation des menschlichen Seelenlebens zu sehen als durch die Sprache, namentlich durch die zivilisierte Sprache. Die Sprache trägt in den Ton den Sinn, und er wird dadurch zum Laut. Der Laut ist der Sinn oder Bedeutung tragende Ton. Dadurch aber, daß Sinn, Bedeutung, das heißt Gedanke in den Laut einzieht, erhält die Sprache einen unkünstlerischen Einschlag. Denn künstlerisch kann nur dasjenige sein, was in unmittelbarer Anschauung im Bilde gibt, was der Mensch erlebt. Daher sehen wir, daß der Gesang um so künstlerischer wird, je mehr es ihm gelingt, das Wort ganz zu überwinden und sozusagen zurückzugehen bis zu der musikalischen Tongestaltung. Bei der Sprache muß der Dichter darum ringen, das zurückzunehmen, was für das Konventionelle der Sprache da ist, wodurch die Sprache Mitteilungsmittel von Mensch zu Mensch ist. Er muß das überwinden, wodurch die Sprache Ausdruck ist der abstrakten Gedanken, des eigentlichen Sinnes, und er muß sich, wenn er ein wirklicher künstlerischer Dichter sein will, herbeilassen, die Offenbarung dessen, was von der Seele erlebt wird, in der Gestaltung der Sprache zu suchen, entweder in der bildhaften Gestaltung, wie ein Laut den anderen beleuchtet, wie ein Laut sich selber erhellt oder verdunkelt und dergleichen, oder er muß die Offenbarung suchen in dem musikalischen Gestalten der Lautfolge, in dem Rhythmischen, Taktmäßigen, in dem Melodiös-Thematischen dessen, was von der Seele erlebt wird.

Man kann ja sagen, in dieser Beziehung ist das allermeiste, was heute in einer etwas unkünstlerischen Zeit als Dichtung durch die Welt geht, eigentlich keine Dichtung; neunundneunzig Prozent von dem, was heute gedichtet wird, sind ganz gewiß keine Dichtungen, sondern höchstens ein Prozent. Denn der Dichter muß nicht den Geist durch die Sprache ausdrücken, sondern den Geist in die Sprache fließen lassen, also in dem Malerischen und in dem Musikalischen der Sprache die Offenbarung suchen.

Nun kann man die Sprache sozusagen auf ihre Elemente zurückführen, so daß man beobachtet – das kann zunächst geisteswissenschaftlich ganz gut geschehen –, wie die menschliche Sprache, so wie wir sie haben und wie sie namentlich jetzt gesprochen wird, ganz und gar bedingt ist von der menschlichen Nerven-Sinnesentwickelung. Alles dasjenige, was die Nerven-Sinnesentwickelung erlebt, fließt in die Atemgestaltung ein, und dadurch wird der Atem zu einer Art luftförmiger Geste. Und wie wir schon im gewöhnlichen Leben dann, wenn uns die Sprache nicht genügt, der Sprache zu Hilfe kommen durch Gesten, durch Gebärden, wie also Gebärden in sich die Möglichkeit haben, etwas auszudrücken, so wird verinnerlicht die Gebärde, namentlich in der im Atem ausgeströmten Luft als eine Luftgebärde formiert. Und diese Luftgebärde vermittelt dann dasjenige, was von der Sprache getragen ist. Aber in dieser Luftgebärde schwingt, webt, west eben der Gedanke, welcher abstrakter Ausdruck des Seelenlebens ist.

Nun kann man aber auch von einer anderen Seite her noch dasjenige, was die Seele erlebt, in Gestaltung bringen. Das Nerven-

Sinnessystem ist gewissermaßen nur der eine Pol der menschlichen Organisation. Der andere Pol ist das Bewegungssystem mit alledem, was damit zusammenhängt. Und in der gewöhnlichen Gebärde, in der gewöhnlichen Geste unterstützt ja schon der andere Pol dasjenige, was namentlich als vom Nerven-Sinnessystem beeinflußte Luftgebärde zur Offenbarung kommt. Aber man kann nun dasjenige, was ganz primitiv als Gebärde bei uns die Sprache unterstützt, weiter ausbilden: dann entsteht gestaltete Gebärde, artikulierte Gebärde, dann entsteht künstlerisch geformte Gebärde, die sich dann ebenso verhalten kann zu der gewöhnlichen Gebärde, wie sich verhält die artikulierte, kunstvoll vollendete Sprache zu dem Lallen des Kindes. Man kann sagen, was im gewöhnlichen Leben als Gebärde zum Vorschein kommt, ist eine Art Lallen in Gebärden gegenüber dem, was durch die Eurythmie in vollendeter Artikulation als ausgebildete, entwickelte Gebärdensprache zur Offenbarung kommen soll.

Was wird aber dadurch erreicht? Nun, dadurch wird dies erreicht: Indem der Mensch sich, herunterkommend aus dem vorirdischen Dasein, hineinstellt in die irdische Welt, wird er, was er als Erdenbürger ist, gerade durch die besondere Einrichtung seines Nerven-Sinnessystems, das hintendiert zu der Hauptes-, zu der Kopfesgestaltung. Die Kopfesgestaltung ist dasjenige, was sich hineinstellt in die irdische Welt, indem der Mensch, der aus dem vorirdischen Leben kommt, wo er nur Geist und Seele ist, sich mit einem Leib umhüllt. Die Hauptesorganisation, welche der Mensch zuerst formiert, wenn er ins irdische Dasein hereintritt, ist eigentlich dazu da, damit dasjenige, was im Menschen strebt äußerlich irdisch zu sein, sich hineinfügt in das Irdische. Der Kopf ruht in einer solchen Weise auf dem physischen Organismus, daß durch den besonderen Einfluß aller Kräfte im Kopfe die Schwerkraft, welche von der Erde auf den Menschen ausgeübt wird, in der richtigen Weise in dasjenige im Menschen eingefügt wird, was eigentlich nicht der Schwerkraft unterliegen will, sondern was Ausdruck des Kosmos sein will, dem nachgebildet ist das menschliche Haupt. Und man kann sagen: Die menschliche Hauptesbildung ist so, daß sie auf der einen Seite zeigt, wie sie herausgeboren ist aus dem

Kosmos, in welchem es keine Schwere gibt, aber sich eingliedert in dasjenige, was den menschlichen Leib beherrscht von der Geburt bis zum Tode, in die wirksamen Kräfte der Schwere.

Und indem der Mensch die irdische Sprache lernt oder auch in den irdischen Gesang aufnimmt das Wort, unterliegt der Mensch gewissermaßen demjenigen, was von der Erde ausgeht, unterliegt er der Schwerkraft. Am meisten unterliegt der menschliche Organismus der Schwerkraft aber im Bewegungssystem des Menschen. Wenn der Mensch geht, wenn er seine Arme und Hände bewegt, sind fortwährend in diesen Bewegungen des menschlichen Organismus die Kräfte der Schwere tätig. Der Mensch überwindet etwas die Kräfte der Schwere; bei jedem Schritt kämpfen wir mit der freien, unschweren Organisation gegen die auf uns lastende Schwere, der wir unterworfen sind als Mensch im irdischen Leben.

Nun ist es besonders reizvoll, wenn gewissermaßen der Vorgang, welcher der Sprache zugrunde liegt: das Hereinholen des schwerelosen überirdischen Menschen in die Region der Schwere, von der anderen Seite auftritt, wenn man das Lastende, das in unserem Bewegungsorganismus ist und sich nur, ich möchte sagen, in einer schwachen Gestalt ganz elementar loslöst bei jedem Schritt, bei jeder Hand- und Armgebärde von dem Irdischen, wenn man das nun versucht, völlig freizumachen von dem Irdischen, wenn man den Gesang überführt in rhythmisch-taktmäßige Bewegungen, wenn man namentlich die ausdrucksvollsten menschlichen Bewegungen, die Arme und Hände, überführt von den in der Schwere belasteten Gesten in freie Gesten. Dadurch schaut man im Menschen etwas ganz Besonderes an. Indem man auf den Organismus schaut, welcher auf der Erde in dieser Weise steht, in dem die Schwerkräfte in einer gewissen Weise eingefügt sind, sieht man, wie der Mensch durch die Kraft seiner Seele fortwährend die Schwerkraft überwindet.

Während also die Sprache, die Lautsprache, durch das Sich-Hereinstellen des Menschen in die Schwere zum abstrakten Ausdrucksmittel wird, wird dasjenige, was auf diese Weise versucht wird, wo in lebendiger Geste die Schwerkraft durch Arme und Hände überwunden wird, zu einer Sprache, bei welcher der Mensch das Entgegengesetzte erreicht wie bei der Lautsprache. Bei der Lautsprache trägt er den Himmel auf die Erde herunter und fügt sozusagen den Himmel in die Erde ein. Bei der Eurythmie, welche zu ihren Gebärdenoffenbarungen durch sinnvolle Überwindung der Schwere in dem menschlichen Bewegungsorganismus kommt, entreißt der Mensch dem Irdischen sein eigenes Dasein und drückt sein Seelisches in der Weise aus, daß er in jeder einzelnen eurythmischen Geste gewissermaßen bekräftigt: Ich trage in meinem Erdenmenschen einen himmlischen Menschen.

Und wollte man das ein wenig bildlich ausdrücken, so müßte man sagen: Bei der gewöhnlichen Gebärde, wo der Mensch in dezenter Weise neben der Lautsprache das ausdrückt, was er sagen will, helfen dem Menschen engelartige Naturen, um seine Erdensprache zu unterstützen. Wird aber dasjenige, was alltägliche Gebärde ist, in die artikulierte Gebärde der Eurythmie umgesetzt, dann ist dasjenige, was man sieht, wenn es umgesetzt gedacht wird in die Sprache, die von Wesen zu Wesen fließt, eigentlich das, was die Erzengel miteinander sprechen.

Der Mensch hebt sich also los vom schweren Boden hinauf in die Region, wo geistig-göttliche Wesen ihre Mitteilungen ergießen in die besondere Art und Weise, die ihnen eigen ist, wo die Bewegungen nicht so sind, daß ihnen die Schwerekomponente eingefügt wird, sondern wo sich die Schwerekomponente loslöst und ganz peripherisch in dem Kosmisch-Freien schwingen will, und daß nicht eingefügt ist die Hinneigung zur Erde. Dadurch entfesselt man durch die Eurythmie im irdischen Menschen seinen ewigen Menschen. Dasjenige, was als Göttlich-Geistiges in ihm ruht, kommt zum Ausdruck durch den vorübergehenden irdischen Menschen, und die Seele des Menschen erscheint uns, indem sie sich eurythmisch betätigt, als dasjenige, was sich aus dem Ewigen der menschlichen Natur hereinergießt in die vorübergehende Form des Körperlichen.

Dadurch kommt wirklich das zustande, was eine wesentliche Unterstützung ist zum Beispiel der künstlerischen Rezitation und Deklamation, in welcher das eigentlich schon als ein Kampf beim Dichter war, die Sprache als ein Irdisches zu überwinden, in das

Musikalische, Taktmäßige einzudringen. Das muß allerdings dann so gemacht werden, wie es durch Frau Dr. Steiner seit Jahren schon versucht wird, in der Sprache das Eurythmische zu suchen, nicht das abstrakte Pointieren des Inhaltes, sondern gerade das Gestalten der Sprache, das Musikalisch-Plastisch-Künstlerische. Dann aber, wenn man auf der einen Seite das so der Deklamation und Rezitation, auf der anderen Seite dem Musikalischen beifügt, was man durch das Regsame des die Schwere überwindenden Menschen, der gewissermaßen die Schwere verabschiedet, indem er seine Bewegungsglieder in Aktion bringt, wenn man begleiten läßt Musik und Deklamation durch die Eurythmie, dann entsteht ein orchestrales Zusammenwirken. Ein orchestrales Zusammenwirken, das im Grunde genommen erst die vollen inneren Schönheiten eines Künstlerischen in der Sprache, im Gesange oder in der Musik, überhaupt auf eine andere Weise noch Geschaffenem hervorbringt und dadurch weitere Tiefen des Künstlerischen hervorholt, die sonst nicht möglich sind.

Das Künstlerische ist nun einmal so, daß unendliche Tiefen in ihm liegen. Natürlich muß ich auch, wenn ich so etwas sage, die verehrten Zuschauer zunächst um Nachsicht bitten. Wir sind mit alledem, was sich so weite Ziele setzt, erst im Anfange, und wir wissen selbst als unsere eigenen strengen Kritiker, daß wir erst im Anfange damit sind. Aber die Eurythmie trägt unendliche Entwickelungsmöglichkeiten in sich. Sie entfesselt die tieferen Seiten des schwerelosen Menschen, wo der Mensch frei wird und sich darstellt als göttlich-geistiges Wesen. Dadurch darf man hoffen, daß die Eurythmie immer weiter und weiter sich entwickelt, um zuletzt eine ebenso berechtigte Kunst zu werden wie die anderen Künste, die ihre Anerkennung schon gefunden haben. Wenn das auch noch lange dauern mag, so dürfte aber dennoch immer wieder und wiederum das von Interesse sein, was hier als erster Anfang zu einem neuen Versuch einer solchen Kunstgestaltung getan wird.

Dornach, 8. Juli 1923

PROGRAMM

Thema, Es-Dur	Schumann-Barnas
The Rune of the Four Winds	Fiona Macleod
Adagio cantabile (Pathétique)	L. van Beethoven
Ein riesenhaftes Antlitz	Albert Steffen
Remembrance	Shakespeare
Aus einer Sonate	W. A. Mozart
Aus «Die Pforte der Einweihung», 6. Bild: Das Märchen vom Lieben und Hassen	Rudolf Steiner
Etude, As-Dur, Op. 25, Nr. 1	Fr. Chopin
April	William Watson
Bourrée a. d. 3. Cello-Sonate, C-Dur	J. S. Bach

---

Schlummerlied	R. Schumann
L'Etoile	A. de Musset
Orpheus with ... (King Henry VIII)	Shakespeare
Tell me where (The merchant of Venice)	Shakespeare
Spring (Love's Labour lost)	Shakespeare
	mit Musik von Jan Stuten
Menuett	J. Ph. Rameau
The Passionate Shepherd	Christoph Marlowe
Aus dem Septett	L. van Beethoven

Sonntag, 15. Juli und Dienstag, 17. Juli 1923
5 Uhr um die Nachmittagszeit

DICHTERISCHES UND MUSIKALISCHES

auf zierlich-anmutige und getragen-würdige Weise an beiden Tagen ganz verschieden beinhaltet,

EURYTHMISIERT

zu Nutz und Kunsterleben der Besucherschaft.

Ankündigung in den Zeitungen

ÜBER DAS WESEN DER GEBÄRDE

Dornach, 15. Juli 1923

Wenn Eurythmie darin besteht, eine ausgebildete Gebärdenoffenbarung des Menschen zu sein, so muß man sie durchaus von der mimischen Kunst auf der einen Seite und von der Tanzkunst auf der anderen Seite unterscheiden. Beides will Eurythmie nicht sein. Eurythmie will wirklich dasselbe in der Bewegung der einzelnen menschlichen Glieder oder des ganzen Menschen im Raume sein, was die Sprache durch die vom Menschenorganismus geformte Luft ist. Und Eurythmie ist auch wirklich so entstanden, daß dieselben Impulse, welche der Menschenorganismus sonst in die geformte Luft als Vermittlerin des Sprachlichen oder des Gesanglichen zur Offenbarung der Seele ergießt, daß alles das, was in diesen Impulsen liegt, hineinergossen wird in Bewegungsimpulse. Man darf deshalb auch die Eurythmie nicht verstandesmäßig interpretieren, sondern man muß jede einzelne Bewegung, Geste in ihrer Form künstlerisch empfinden. Und je mehr man dem, was eurythmisch gegeben wird, künstlerisch empfindend entgegentritt und nicht verstandesmäßig deutend, desto mehr wird man zum Verständnis der Eurythmie kommen. Denn geradeso wie die menschliche Sprache, allerdings in unbewußter Art noch, von dem kleinen Kinde herausgeholt wird aus dem Wesen des Menschenorganismus, so wird die Eurythmie als eine sichtbare Sprache oder ein sichtbarer Gesang herausgeholt – wenn auch mit Bewußtsein, deshalb nicht weniger elementar, deshalb nicht weniger innerlich gesetzmäßig – aus diesem selben menschlichen Organismus.

Es ist im Grunde genommen auch dasjenige, was sich bildet, wenn wir sprechen oder singen, eine Gebärde, nur eine Gebärde, die innerhalb des ausgeatmeten Luftstromes, durch diese verschiedene Gestaltung des Luftstromes gebildet wird. Nehmen wir zum Beispiel das A, indem wir zurückgehen zu dem Elemente der Sprache. Im wesentlichen drückt sich das, was im A offenbart wird als ein Element des Seelischen, wenn man es erfassen will, etwa als eine Art Verwunderung oder Erstaunen aus. Aber wenn das A auftritt im Zusammenhang der Sprache, so ist dieses gefühlsmäßige Verwundern oder Erstaunen durchaus abgeschwächt, schmilzt sozusagen hinein in den Zusammenhang des Wortes, in den Zusammenhang der Sprache. Der Mensch denkt nicht einmal mehr daran, geschweige denn, daß er etwas von dem empfindet, was ursprünglich aus dem Gefühls-, dem Gemütselemente seines Wesens in das A überfloß. Als Luftgebärde bildet sich dieses A dadurch, daß ein voller Luftstrom sich nach außen ergießt, gewissermaßen nach außen schalenförmig wird, so daß er zurückweicht im Ausströmen vor der äußerlich schon vorhandenen Luftdichte.

Spricht der Mensch das E, so ist es so, wie wenn vor seinen Sprachorganen eine Art von Stauung entstehen würde. Der ausgeatmete Luftstrom ergießt sich zunächst mit voller Wucht in die Außenwelt, wird aber dann aufgehalten, gestaut von der äußeren Luftdichte und spaltet sich.

Wenn wir das I sprechen, so lassen wir es im wesentlichen sehr vorne entstehen; dadurch geben wir ihm eine spitz zulaufende Kraft mit. Und wir stoßen das I so aus, daß sich ein schärferer, ein pfeilartiger Luftstrom in die Dichtigkeit der äußeren Luft hineinergießt, die äußere Luft gewissermaßen wie mit einem Schwerte zerspaltet.

Wenn wir das O sprechen, so ist es so, wie wenn wir die Luftmasse, die wir selbst der Außenwelt übergeben, in einem gewissen Sinne, indem wir sie ausstoßen, zugleich zurückhalten würden; so daß wir die außer uns befindliche Luft selber mit der nach außen gestoßenen bearbeiten und dadurch etwas wie eine Richtung in die äußere Luft hineinformen.

Beim U ist es so, daß wir die äußere Luft spalten und das U empfinden in dem wiederum Zusammengehen von in zwei Luftströme gespaltener äußerer Luft. Und so kann man, wenn man eingeht auf die Formung, welche die Luft erfährt, indem wir den Laut hervorbringen, die Luftgebärde verfolgen.

Das kann nun ausgedehnt werden auf Vokale, wie ich es eben angeführt habe, kann auch in den Konsonanten gesehen werden, kann dann gesehen werden in der Art und Weise, wie der Mensch sein Seelisches zum Ausdruck bringt in der wörtlichen, in der Verbindung von Sätzen der Elemente der Sprache oder der Elemente des Gesanges.

Wenn das dann alles innerlich künstlerisch empfunden und übertragen wird auf die menschliche Bewegung, insbesondere auf die ausdrucksvollste Bewegungsmöglichkeit durch menschliche Arme oder Hände, so entsteht eine sichtbare Sprache oder sichtbarer Gesang. Und wir bekommen dann ein ganz bestimmtes Verhältnis desjenigen, was dann für das Auge als Sprache sich offenbart, zu dem, was sich in der gewöhnlichen Sprache oder im Gesange für das Ohr im Hören offenbart. Der Mensch ist so eingerichtet, daß er im Sprechen und Singen den übrigen Organismus in einem gewissen Sinne ungenützt läßt und nur einen Teil des rhythmischen, des Atmungs- und Herzorganismus wie eine Grundlage benützt, die ihre Kräfte in den Kopforganismus hineinsendet. Der Kopforganismus ist dann der hauptsächlichste Impulsator desjenigen, was im Worte oder in der Stimme des Gesanges lebt. Und alles, was aus dem menschlichen Herzen kommt, muß beim Gesang und bei der Lautsprache sich so in dasjenige, was wir offenbaren, ergießen, daß nur die Reflexion, das Echo des Herzerlebens und damit des Gemütserlebens in Sprache und Gesang sich ergießt. Das muß aus dem Grunde so sein, weil zuletzt der ganze menschliche Organismus als

Kopforganismus darauf hinorganisiert ist, daß sich das durch den Kopf Geäußerte dem irdischen Leben anpaßt. Der Mensch, welcher eigentlich ein Kind des Kosmos zugleich ist, reißt sich aus dem Kosmischen heraus, indem sein Kopforganismus dem Irdischen völlig angepaßt wird. Da aber wiederum der Kopforganismus weiterlebt in Sprache und Gesang, gewissermaßen nur von unten aus impulsiert wird durch dasjenige, was vom Rhythmischen ausgeht, ist der Mensch, indem er sich sprachlich oder gesanglich äußert, im wesentlichen das irdische Wesen, welches er zwischen Geburt und Tod ist.

Daher muß in der Dichtung oder in der Komposition für den Gesang alles dasjenige, was der Mensch dadurch ist, daß er sich von dem erdenschweren Leben losreißt, gewissermaßen zwischen das Lautliche und auch sogar zwischen das Tonliche gelegt werden. Wenn wir auf die Sprache Rücksicht nehmen, so muß der Dichter in der Art und Weise, wie er in Lauten malt, wie er einen Laut durch den anderen aufhellt oder verdunkelt, wie er den musikalischen Rhythmus oder Takt oder auch das musikalische Thema leben läßt, nicht in dem, was an Prosalauten lebt, sondern in demjenigen, was musikalisch in der Aufeinanderfolge der Laute lebt, darinnen muß der Dichter das Herz zum Sprechen bringen. So daß man sagen möchte: Das Herz lebt nicht im Laute, das Herz lebt im Verhältnis der einzelnen Laute, in der Bewegung des Lautstromes. Dasjenige, was der Dichter in der ganzen Behandlung des Satzes oder vielleicht in der Behandlung der Strophe erreichen kann, kann bei der Eurythmie in der sichtbaren Sprache schon in die Formung der einzelnen Gebärden für den Laut selber gelegt werden. Und außerdem wird durch diese in Bewegungsformen auftretende Sprache der Eurythmie dasjenige, was ausgedrückt werden soll, wiederum zurückgeschoben in das menschlich Seelenhafte. Jedesmal, wenn wir zum Beispiel ein Wort aussprechen, welches den Laut A hat, also wenn wir, sagen wir, das Wort Blatt aussprechen, so liegt dem voll erlebten Empfinden dieses Wortes Blatt Erstaunen oder Verwunderung zugrunde, die wiederum in einer anderen Weise durch die anderen Laute geformt wird. Jedesmal, wenn wir vokalisieren, ist eigentlich dergleichen Seelenoffenbarung wie Verwunderung, wie liebevolles Gerundetes dasjenige, was bezeichnet wird, oder dergleichen.

Aber, was in der schon konventionellen, zum Ausdrucke des Denkens gewordenen Sprache, man möchte sagen, in unkünstlerischen Zeiten das, was vom Gemüt, von der Empfindung lebt in der Sprache, abschleift – die Sprache selbst ist stark prosaisch geworden –, das alles wird wieder voll erweckt, wenn in voller Artikulation die sonst nur in allerersten Rudimenten auftauchenden sichtbaren Äußerungsmöglichkeiten des Menschen in der artikulierten Gebärdenhaftigkeit und Seelenhaftigkeit der Eurythmie zur Offenbarung kommen. Daher ist einfach dasjenige, was zum Beispiel von der Dichtung in der Eurythmie zum Vorschein kommt, was man in Rezitation und Deklamation geben kann, begleiten kann durch ein anderes Instrument als den menschlichen Kehlkopf oder übrige Sprachorgane, also wenn dann rezitiert und deklamiert und zu gleicher Zeit eurythmisiert wird, so ist es wie das orchestrale Zusammentönen von zwei verschiedenen Instrumenten, die in ihrer verschiedenen Offenbarung erst den ganzen reichen Inhalt einer wirklich künstlerischen Schöpfung zur Offenbarung bringen können.

Im Grunde genommen ist dasjenige, wenn eurythmisiert und zu gleicher Zeit rezitiert wird, etwas, was durch das Zusammenwirken beider künstlerisch in der Seele empfunden werden soll. Man kann daher auch die Eurythmie durch die Rezitation und Deklamation so begleiten, daß wirklich Deklamation und Rezitation wiederum künstlerisch behandelt wird wie in mehr künstlerischen Epochen, als die heutige es ist. Weil man heute wenig künstlerisch empfindet, wird zumeist eigentlich nur das Prosaische in Rezitation und Deklamation etwas pointiert. Das ist im Grunde genommen gegenüber der Dichtung ein Unkünstlerisches. Ein Künstlerisches tritt gegenüber der Dichtung erst dann auf, wenn die geheime Eurythmie schon in der Rezitation und Deklamation selber liegt, wenn wirklich wiederum in der kunstvollen rezitatorischen und deklamatorischen Gestaltung des Lautlichen, der Bewegungen, welche in der Lautfolge liegen, alles dasjenige auferweckt wird, was innere Seelenbewegung, Seelenerhebung oder -depression und so weiter ist, wenn alles dasjenige, was zwischen den Lauten und in der Bewegung der Laute liegt, berücksichtigt wird in der Behandlung der Sprache, nicht das Pointieren der Sprache.

Den Unterschied zwischen der Tanzkunst und der Eurythmie kann man sich klarmachen, wenn man hier verfolgt, wie ein Musikalisches auf dem Instrument, auf dem Orchester angeschlagen und nun eurythmisch begleitet wird. Da hat man es nicht mit einem Tanz zu tun, da hat man es wirklich zu tun mit einem Gesang, welcher aber in Bewegungen, nicht in Tönen auftritt. Der Unterschied des Eurythmischen musikalisch begleitet von dem Tanzlichen ist eben der, daß bei dem Eurythmischen alles zurückgeschoben wird in diejenigen Bewegungsimpulse des Menschen, die mit vollem Bewußtsein umfaßt werden, so daß eigentlich die Seele in ihren Gliedern sich bei der Eurythmie bewegt, während beim Tanz die Seele sich erst hingibt an die Glieder und die Glieder sich dann hineinstellen in die notwendige Raumesform. Daher verliert sich im Tanzen der Mensch an die Bewegung, während er in der Eurythmie, wenn sie das Musikalische begleitet, gerade erst recht offenbart, worin der Mensch sich als Mensch seelenhaft, geistig hält. Es ist daher wirklich das Eurythmische sowohl dem Mimischen gegenüber, was auch begleitend für das Sprachliche auftritt, also andeutend ist, als auch gegenüber dem Tanzlichen dasjenige, was am meisten von allen Bewegungskünsten das Innere des Menschen selber ergreift. So daß wir, wenn wir das Eurythmische richtig künstlerisch auf uns wirken lassen, noch sagen müssen: Bei der gewöhnlichen Sprache, auch wenn sie das Dichterische wiedergibt, ist es so, daß eigentlich nur das Herz in einem Abglanz durch den Kopf spricht. Die Eurythmie ruft das Herz auf, durch den ganzen Menschen zu sprechen, und dasjenige, was nur Gedanke ist im Handhaben der Sprache, eigentlich als etwas Unkünstlerisches zu unterdrücken.

Man möchte sagen: In die Bewegungen, welche sich sonst nur im Herzen konzentrieren, in die Bewegungen des Lebenselementes des Menschen, des Blutes, wird hineingeschaut, und geschaut, was beim Sprechen vorgeht in der Gesamtbewegung, in dem Gesamtwallen und -weben des Blutes. – Und was sonst der Mensch zuerst in das physische Organ des Herzens nimmt, von da aus der Seele als Erregung übergibt, so daß es ins Wort einströmt, das wird unmittelbar in die Bewegung des Menschen eingeströmt, so daß man eigentlich sagen könnte: Eines ist es, ob man verfolgen würde dasjenige, was in den Luftbewegungen wellt und webt, wenn der Mensch künstlerisch spricht, wenn man das verfolgen würde bis zum Herzen hinein, so daß das Herz einem überall in seinen Bewegungen, seinen Schlägen als ein Echo des Seelischen erscheinen würde. – Wenn man das unmittelbar verfolgen würde und auf der anderen Seite das, was nun versucht wird, statt nach dem Inneren des Herzens nach außen zu leiten, wenn man das verfolgen würde in den Formen der Bewegungen der Arme, oder in den Formen des ganzen Menschen im Raume, so müßte man eigentlich auf den Schwingen dieser eurythmischen Bewegungen das sich in den Weltenraum vom Menschen aus ergießende Herz beim künstlerischen Empfinden finden. Es ist sozusagen das an die Welt hingegebene Herz, welches in der Eurythmie lebt.

Alle die Dinge sind selbstverständlich heute noch im Beginne des Versuches erst, aber es liegen so viele Entwickelungsmöglichkeiten in der Ausgestaltung der Bewegungen, welche dann offenbar werden sollen, indem sie sich weiter entwickeln, daß man wirklich hoffen darf, die eurythmische Kunst werde einmal, wenn sie voll ausgebildet ist, eine Offenbarung des Menschenwesens auch sein, welches sich selber als ein Instrument dieser Kunst ergibt. Eurythmie wird sich dereinst als eine vollberechtigte jüngere Kunst neben die vollberechtigten älteren Künste hinstellen können. Daher muß man heute die Zuhörer noch um Nachsicht bitten, aber das Interesse kann schon erregt werden, wie es immer auch beim Aufgange von neuen Kunstformen geschehen kann und konnte.

Dornach, 15. Juli 1923

PROGRAMM

Prélude, es-moll	J. S. Bach
Als am dritten Tage	Albert Steffen
Adagio con espressione aus der Klaviersonate As-Dur, Op. 27, Nr. 1	L. van Beethoven
Gedicht	Wladimir Solovjeff
Ich weilte	Albert Steffen
Du denkst, dein Leiden	Albert Steffen
Du starrst den Himmel	Albert Steffen
Sarabande	J. S. Bach
Extase	Victor Hugo
Largo con gran espressivo aus der Klaviersonate Es-Dur, Op. 7, Nr. 4	L. van Beethoven

---

Schlummerlied	Robert Schumann
April	W. Watson
Chinesische Gedichte:	Musik: Max Schuurman
Sehnsucht	Dschung Tsü
Waldgespräch	Li Tai Pe
Le Samourai	J. M. Hérédia
Mélodie sans parole	P. Tschaikowsky
Who is Sylvia?	Shakespeare
Mazurka, B-Dur, Op. 7, Nr. 1	Fr. Chopin
Spring (Love's Labour lost)	Shakespeare

DIE IMAGINATIVE OFFENBARUNG DER SPRACHE

Zwei Ansprachen anläßlich der internationalen Delegiertenversammlung der Anthroposophischen Gesellschaft

I

Dornach, 21. Juli 1923

Daß die Eurythmie aus der anthroposophischen Bewegung hervorgegangen ist, ist nicht irgendeiner Willkür entsprechend, trotzdem vielleicht die unmittelbare Veranlassung fast wie ein Zufall aussieht. Aber die Entwickelung der Eurythmie ist so geschehen, daß im Grunde genommen der eigentliche Charakter derselben erst im Laufe der Jahre entstanden ist, und so entstanden ist, wie er eigentlich nur aus der anthroposophischen Bewegung als der für die neuere Zeit gedachten, für die Gegenwart und nächste Zukunft gedachten geistigen Bewegung hervorgehen muß.

Wir haben es in der Eurythmie mit einer ganz bestimmten Kunst zu tun, welche entsteht, indem eine Äußerung des Menschen selbst, eine Offenbarung der menschlichen Natur durch den einzelnen Menschen in seinen Gliedern, oder auch durch die Menschen im Raume, im künstlerischen Sinne verwendet wird.

Nun, ich habe oftmals das genannt, was da auftritt als eine Äußerung des Menschen, eine sichtbare Sprache. Eine sichtbare Sprache ist das insofern, als in ganz gesetzmäßiger Weise durch die menschliche Bewegung zur Offenbarung kommt – ebenso wie in gesetzmäßiger Weise durch die Sprache oder durch den Gesang es zur Offenbarung kommt –, was dichterisch oder musikalisch, also künstlerisch geschaffen werden kann. Das wirklich Künstlerische ist immer hervorgegangen aus Grundlagen, welche in der geistigen Welt gesucht wurden. Wir müssen uns nur klar darüber sein, daß zum Beispiel die Architektur aus einem ganz bestimmten übersinnlichen Gesichtspunkte hervorgegangen ist. Wir können an die äußere Tatsache anknüpfen, daß gerade Monumentalbauten, je weiter wir zurückkommen, im wesentlichen über Grabstätten errichtet worden sind. Und wenn wir uns den Gedanken, der mit einem solchen

Monumentalbau als Grabstätte verknüpft wurde, vor die Seele rufen, so nimmt er sich etwa so aus, daß wir uns sagen müssen, der Mensch ist seinem ganzen Wesen nach mit seinem irdischen Dasein nicht vollendet. Er verläßt mit seiner eigenen Wesenheit den irdischen Körper, indem er durch die Pforte des Todes tritt. Er setzt gewissermaßen sein Dasein über das Erdendasein hinaus fort. Wer in der Lage ist, dieses menschliche Geheimnis als Imagination zu schauen, imaginativ die Frage sich zu beantworten: Wie will der Mensch eigentlich aufgenommen sein von dem Weltall, wenn er seinen physischen Leib verläßt? – bekommt dann aus der Beantwortung dieser Frage die Formen der monumentalen Grabbauten.

Es nimmt sich das, was als monumentaler Bau über einer Grabstätte aufgeführt wird, so aus, als ob es die Linien bergen würde, längs welcher die Seele sich – den Körper verlassend – hinaus in die Weiten des Kosmos schwingen wollte. Und der Grabbau antwortet einem auf die Frage: Welches sind die Wege der Seele aus dem irdischen Körper hinaus?

Da tritt einem der architektonische Gedanke nur in seiner allerextremsten Form entgegen. Denn im Grunde genommen können wir diesen architektonischen Gedanken auch auf die für das Erdenleben bestimmten Utilitätsbauten ausdehnen. Wir können nämlich die Frage so stellen, nur nimmt sie sich dann prosaischer aus: Wenn der Mensch auf dieser Erde genötigt ist, das, was er innerhalb des Erdendaseins durch seine Seele zu geben hat, für diese Seele in einer ganz bestimmten, abschließenden Umgebung zu haben, wie muß er dann für dasjenige, was er schon auf Erden zu tun hat, seinen physischen Leib baukünstlerisch umgeben? – Ich kann diese Dinge nur andeuten, aber ich möchte doch damit darauf hinweisen, wie aus übersinnlichem Untergrund heraus, aus dem Schauen heraus so etwas wie zum Beispiel die Architektur entstanden ist.

Und wiederum kann man schon nachgehen der Plastik und wird finden, der Ursprung der Plastik liegt in der Beantwortung der Fragen: Was haben die Götter an der menschlichen Form gemacht, und was macht der Mensch während seines Erdenlebens aus der menschlichen Form? Was ist an dieser menschlichen Form Göttergabe?

Was bringt der Mensch durch sein Seelenleben in die Göttergabe hinein? – Was der Mensch durch sein Seelenleben in die Göttergaben hineinbringt, läßt als etwas nicht zur Kunst Gehöriges der Bildhauer weg. Was Göttergabe an der menschlichen Form ist, ist ursprünglich das, was durch die plastische Kunst verwirklicht wird. Und ebenso wie aus dem Zeitalter, in dem man namentlich darüber nachgedacht hat, welche Wege die Seele nach dem Tode geht, die eigentlich monumentale Architektur entstanden ist – Sie können es den katholischen Kirchen noch ansehen, wo der Altar das Grabdenkmal ist, und selbst die gotische Kirche über dem Grabdenkmal errichtet ist –, so wie der architektonische Kulturgedanke aus einem übersinnlichen Schauen herausgeboren ist, so ist aus einem Zeitalter, wo man mehr daran gedacht hat, wie der menschliche Leib eine Göttergabe ist, der plastische Gedanke entstanden.

Ebenso können wir für jede einzelne Kunstform hinweisen, wie in der betreffenden Zeitepoche der Ursprung der Kunstform sich aus der Erhebung der Menschen in übersinnliche Welten ergeben hat, und wie alles das, was für die einzelnen Künste nach dem Naturalismus hinneigt, abrückt von dem Übersinnlichen, Dekadenzkunst ist, der Abstieg der Kunst ist. Daraus kann aber ersehen werden, wie nur aus dem Übersinnlichen heraus ein Ursprung eines Künstlerischen gesucht werden kann.

Wenn man nun unsere heutige Zeit fragt, so spricht sie in vieler Beziehung von dem Unterbewußten oder Unbewußten, das im Menschen geistig-seelisch wellt und webt. Aber die meisten Zeitgenossen lassen dieses Unbewußte unbewußt sein. Früher hat man von denen gesagt, die sich einer gewissen Seelenstimmung hingegeben haben, sie lassen dann Gott einen guten Mann sein, das heißt, sie kümmern sich nicht um ihn. Heute kann man von den meisten sagen, die vom Unbewußten reden, sie lassen das Unbewußte das Unbewußte sein, sie kümmern sich nicht weiter darum. Dagegen hat eine anthroposophische Geisteserkenntnis die Aufgabe, gerade dieses Unbewußte heraufzuholen, es mit dem Überbewußten zusammenzubringen und das, was im Menschen unmittelbar als Geistig-Seelisches lebt, in seinem Zusammenhang mit dem höheren Geistigen zu erfassen.

Für das aber, was in dieser Beziehung menschliche Äußerung ist, ist die menschliche Sprache zunächst nur, ich möchte sagen, eine partielle Offenbarung. Die menschliche Sprache nimmt vor allen Dingen den Gedanken auf. So wie sie den Gedanken gerade innerhalb unserer heutigen Zivilisation aufnimmt, hat das sogar schon dazu geführt, daß wir über dem Gedanklichmachen der Dichtung die Dichtung verloren haben. Es zeigt sich das am meisten darinnen, obzwar auch dagegen schon wiederum Reaktionen mit Recht sich geltend gemacht haben, daß wir heute nicht mehr rezitieren und deklamieren können. Frau Dr. Steiner hat mit großer Mühe jahrelang das Deklamieren und Rezitieren wiederum in seiner wahren Gestalt gesucht. Gerade die richtige Kunst des Rezitierens und Deklamierens zeigt, wo eigentlich das Wesen der Dichtung liegt. Das Wesen der Dichtung findet nur derjenige, welcher mit vollem innerem Verständnis mit dem Dichter zu sagen weiß: *Spricht* die Seele, so spricht, ach! schon die *Seele* nicht mehr. – Wenn die Seele auf die Lippen kommt, in unsere Worte hinein, die längst ihren Zusammenhang mit dem Wesenhaften der Welt verloren haben, haben wir Prosa, nicht mehr Dichtung. Wir finden erst die Dichtung wiederum, wenn wir zu der Art und Weise zurückgehen, wie sich, ich möchte sagen in großen und kleinen Wellen, in schwingenden Wellen und in «eckigen» Wellen die Laute und die Worte im Vers, in der Strophe bewegen, wie sich die Imagination durch den Jambus oder den Trochäus oder dergleichen hindurchzieht, wenn wir das Bild, die Imagination, gewinnen, wie der wirkliche Dichter durch Takt, Rhythmus, durch das melodiöse Thema sucht, aus der Sprache Musik herauszuschlagen. Dann sind wir zu dem, was über den Worten liegt, gekommen, was in den Worten künstlerisch gestaltet, während man heute im Rezitieren und Deklamieren vielfach eine bloße Prosapointierung sucht. Wenn auch, wie gesagt, schon eine Reaktion eintritt. Aber im ganzen müssen wir daran festhalten, daß man eine dichterische Schöpfung eigentlich nur dann voll vor sich hat, wenn man folgendes berücksichtigt.

Der Rezitator, der Deklamator ist nur in der Lage, Worte auszusprechen. Alles Künstlerische kommt darauf an, wie er die Worte ausspricht. Dann muß in demjenigen, der nun wirklich mit künstlerischem Ohr auf die Rezitation und Deklamation hinzuhorchen versteht, entweder ein Imaginatives oder ein Musikalisches entstehen, ein Bild entweder in Lautgestaltung, oder ein Bild in Tongestaltung, etwas, was weit höher ist als der Gedanke.

Der Gedanke bildet das Sinnliche ab. Wir steigen ins Übersinnliche hinauf. Wenn wir durch die Sprache den Gedanken zum Ausdruck bringen, dann ruft der Gedanke das auf, was, indem der Gedanke in dem Atem lebt, sich mit dem Atem verbindet. Mit dem Atem verbindet sich der Blutpuls. In dem Blutpuls – wenn auch nur in ganz geringen Schwankungen des Blutpulses – drückt sich das aus, was die Seele fühlt und empfindet, drückt sich das seelische Leben aus. Wer in diesen Dingen die richtige Einsicht hat, der weiß, wenn wir ein Wort wie «klingen» aussprechen, dann ist die Blutpulsation bei der ersten Silbe «kling», die zum i geht, eine andere als bei der zweiten Silbe «en», die zum e geht. Wir rufen auf, indem wir den Gedanken mit Hilfe des Atems in das Wort einströmen lassen, die Blutpulsation, die innere Bewegung des Menschen. Das tun wir, solange wir beim Gedanken bleiben.

Geht in uns das Bild für den Gedanken auf – und das kann es beim Worte –, dann haben wir eine andere Aufgabe, als bloß die Pulsation des Blutes zur Bewegung aufzurufen. Sprechen wir ein I aus – wir sprechen es heute aus, ich möchte sagen mit äußerstem Phlegma. Es ist halt ein I, es ist halt der Buchstabe, der in so und so vielen Wörtern darinnen ist. Aber so ist es nicht ursprünglich gewesen, als das I innerhalb der Menschheit entstanden ist, so ist es nicht, indem das I sich wirklich aus dem Wesen des Menschen losringt. Wer das I fühlt, fühlt, wie es durch den Atem geht, und wie der Atem sich verschwistert mit der Blutpulsation, der weiß, daß, indem das I ausgesprochen wird, der Mensch seine Wesenheit selber in den Raum hineinstellt. Während, wenn er das E ausspricht, er das Gefühl hat, Geistiges geschieht in ihm. Wenn er das O ausspricht, muß er das Gefühl, das Bild haben, Geistiges offenbart sich vor ihm. Jeder einzelne Laut gestaltet sich um vor demjenigen, welcher die Sprache fühlen kann, zum Bilde, das in ganz bestimmter Gestalt vor einem dasteht.

Die Sprache selber ist voller Gefühl, indem man von dem einzelnen Laut zum anderen übergeht. Wir haben nur im Laufe der Zivilisation jenes innerliche Jauchzen verloren, das wir bei gewissen Worten haben sollten. Der Mensch ist still geworden, gleichgültig geworden; er ist gewissermaßen in seinem Seelenleben sauer geworden. Daher hat man auch, wenn die Zivilisation der Gegenwart spricht, zumeist das Gefühl, daß man etwas wie aus Salz und Essig Gemischtes auf die Zunge bekommt. Gerade die zivilisiertesten Sprachen schlagen einem schon, wenn gesprochen wird, wenn das alles namentlich so nach den Quetschlauten hin sich nähert, so etwas wie eine Mischung von Salz und Essig an die Zunge. Aber die ursprüngliche Sprache der Menschheit ist eigentlich fließender Honig, ist etwas ungemein Süßes, ist dasjenige, wodurch sich das menschliche Wesen schon durch den Laut äußert. Und die Dichtung sucht heute krampfhaft nach der Gestaltung des Gefühles, weil wir das Gefühl schon in der Sprache verloren haben.

Aber wenn man heute dieses Gefühl wiederum erwecken will, dann muß man die ganze Sprache, ich möchte sagen, auf ein höheres Niveau gehoben sehen, dann muß man für alles das, was der Mensch sprechen kann, etwas wie einen Himmel über dem Sprechen sehen, in dem sich in mächtigen Gestalten eigentlich das auslebt, was in den menschlichen Seelen lebt. Und wenn man dazu kommt, das nun zu schauen, wovon die Sprache wie eine Abschattung ist, dann ergibt sich einem etwas wie eine imaginative Sprache, wo die Imaginationen ausgedrückt werden können durch das, was nun Mikrokosmos ist, was eine kleine Welt ist, was der Mensch ist, der alle Geheimnisse durch seine eigene Gestalt als Raumeswesen zum Ausdruck bringen kann.

Wenn man jene Imaginationen kennt, die sich für die einzelnen Formen der Sprache ergeben, dann kann man auch zu den einzelnen Formen des Gesanges übergehen. Wenn man sie in die menschlichen Bewegungen hineinprägt, dann bekommt man diese Eurythmie. Und man möchte sagen: Es gibt eine imaginative Offenbarung der Sprache.

Unsere Sprache ist heute intellektualistisch geworden. Gehen wir wiederum zum Imaginativen der Sprache zurück, und das müssen wir, weil wir auf allen Gebieten zum Geistigen zurückkehren müssen, dann fordert das heute von uns, daß wir in die Sprache Imagination hineinbringen, in das, was im Menschen als Raumbewegung, räumliche Bewegung an ihm selbst als an dem bedeutendsten künstlerischen Elemente zum Ausdruck kommen kann. Dann aber haben wir, wenn wir das, was als Tieferes der Sprache zugrunde liegt, was wir nicht mehr bloß durch die Blutbewegung, die sich in Zusammenhang stellt mit dem Atem, beim Sprechen ausdrücken können, sondern wenn wir einen Zusammenhang zwischen dem, was gewissermaßen über dem Haupt schwebt, über dem Gedanken, über der abstrakten Sprache, was als Imagination der Sprache entspricht, ausdrücken wollen, dann haben wir nicht nur die Blutbewegung, die ausgeführt wird, wenn wir stillstehen und sprechen, dann brauchen wir das, wo die Blutbewegung in den sichtbarlich bewegten Menschen übergeht. Dann bekommen wir für das, was sonst bloß Luftgebärde ist, wenn wir sprechen, denn wir prägen die Imagination unbewußt in die Luftgebärde hinein, sichtbare Gebärden. Und diese sichtbaren Gebärden sind eben Eurythmie. Damit geht die Eurythmie hervor aus einer übersinnlichen Vertiefung unseres Zeitalters, die gerade diesem Zeitalter notwendig ist. Und wie man für jedes einzelne Zeitalter nachweisen kann, warum gerade diesem Zeitalter die Architektur, die Plastik, die Malerei, die Musik entspringen mußte, so wird man einstmals einsehen, daß unserem Zeitalter diese Eurythmie, diese Menschen-Bewegungskunst entspringen mußte.

Deshalb, wenn man auch immer wieder und wieder betont, daß die Eurythmie erst im Anfange ist, so muß doch gesagt werden: Wer den Ursprung, die Quelle der Eurythmie kennt, weiß, daß sie einer unermeßlichen Vervollkommnung fähig ist, daß sie schon einstmals in die Reihe der Künste, solcher Künste wie Malerei, Plastik, Musik, Deklamation und so weiter – ich rechne sogar die in unserer Zeit so furchtbar malträtierte Bekleidungskunst zu den Künsten –, daß die Eurythmie sich in die Reihe der Künste als eine vollberechtigte jüngere gegenüber den vollberechtigten älteren Künsten hineinstellen wird.

Dornach, 21. Juli 1923

PROGRAMM

Nocturne, b-moll, Op. 9, Nr. 2	Fr. Chopin
Weh, weh!	J. W. v. Goethe
Trauermarsch	F. Mendelssohn-Bartholdy
Du starrst den Himmel	Albert Steffen
Du denkst, dein Leiden	Albert Steffen
Ein riesenhaftes Antlitz	Albert Steffen
Laßt uns die Bäume lieben	Albert Steffen
Larghetto aus der 4. Violinsonate	G. Fr. Händel

---

Lebenslied	Robert Hamerling
Schmetterling	W. Niemann
Le Samouraï	J. M. Hérédia
Mélodie sans paroles	P. Tschaikowsky
Aus «*Ein Sommernachtstraum*»	Shakespeare

Droll, Oberon, Titania, Elfe, Elfen: Lullaby

II

Dornach, 22. Juli 1923

Ich möchte diesmal, nachdem ich gestern mehr von der Kunstanschauung einige allgemeine Einleitungsworte gesprochen habe, heute anläßlich der so sehr wichtigen Tatsache, daß zahlreiche anthroposophische Freunde zum Teil aus sehr fernen Gegenden da sind, einiges unserer eurythmischen Vorstellung vorausschicken über das Hervorgehen – ich erwähnte es schon gestern – des Eurythmischen aus einer solchen Geistesanschauung, wie sie die Anthroposophie liefern kann. Ich möchte das noch tiefer veranschaulichen. Daher möge man es mir heute nachsehen, wenn ich auf anthroposophische Voraussetzungen baue und über Eurythmie rein anthroposophisch ein paar Worte spreche.

Dasjenige, was aus der menschlichen Wesenheit herauskommt, seien es die Gedanken, Gefühle, Willensimpulse, sei es aber auch die sprachliche oder gesangliche oder die rezitatorische und deklamatorische Leistung, das alles stammt nicht aus irgendeinem Partiellen, sondern durchaus aus einem Ganzen der Menschennatur. Und einsehen, wie sich der Mensch auf die eine oder andere Weise offenbart, kann man eigentlich nur, wenn man den Anteil prüft, welchen die verschiedenen Glieder der Menschennatur, der Menschenwesenheit an einer solchen Offenbarung des Menschen haben.

Nun müssen wir aus einer Erkenntnis heraus, die so exakt ist wie nur irgendeine andere Erkenntnis des heutigen wissenschaftlichen Lebens, ja, wohl noch viel exakter, wenn wir von der menschlichen Wesenheit sprechen, so sprechen, daß wir sagen: Der Mensch gliedert sich nach seinem physischen Leibe, nach dem ersten übersinnlichen Teil seiner Wesenheit, nach dem sogenannten ätherischen oder Bildekräfteleib, dann nach demjenigen, was schon zusammenhängt mit dem inneren Seelenleben selber, nach dem astralischen Leib, und dann nach der Ich-Organisation. Wir haben zunächst die gesamte menschliche Wesenheit vor uns, wenn wir die vier Glieder dieser Wesenheit uns vor das Seelenauge stellen.

Diese vier Glieder sind nun je nach ihren verschiedenen Grundkräften und Grundelementen an jeder menschlichen Offenbarung beteiligt, und es kommt nur darauf an, wie sie beteiligt sind. Nun kann ich natürlich dasjenige, was ich zu sagen habe, nur andeutend sagen, aber da es sich, wie gesagt, um eine Versammlung der Anthroposophen eigentlich aus der ganzen Welt handelt, so möchte ich einmal über die Eurythmie ganz anthroposophisch sprechen. Man kann ja populäre Erörterungen bei anderen Eurythmie-Aufführungen besprechen.

Ich möchte zunächst darauf aufmerksam machen, wie dasjenige, was wir Ich-Organisation und astralischen Leib nennen, jedesmal, wenn der Mensch im Schlafzustande ist, sich getrennt hat von dem physischen Leib und dem Äther- oder Lebensleib, Bildekräfteleib. Dadurch aber stehen zu den Dingen und Vorgängen der Erde das Ich und der astralische Leib in einem Verhältnis in einer zunächst für den Menschen unbewußten Art. Wir stehen mit unserem Inneren in Wahrheit – also mit unserem Ich und astralischen Leib – zu der Außenwelt nicht in jenem innigen Verhältnisse, in welchem wir unbewußt stehen, wenn wir uns im Schlafzustand befinden, denn wir nehmen die Außenwelt, wenn wir uns im Wachzustand befinden, nur wahr mit Hilfe des physischen Leibes und seiner Organe, mit Hilfe des ätherischen Leibes und seiner Organe. Dadurch nun, daß das Ich und der astralische Leib während unseres gesamten Erdenzustandes jedesmal in den Schlafzuständen nähere Verbindungen mit der Außenwelt eingehen, stehen sie in der Tat, ich möchte sagen, in einem ganz intimen Verhältnis zur Außenwelt und können dadurch auch dasjenige vermitteln, was in den Offenbarungen der Menschenwesenheit als Unbewußtes sich in das Bewußte hineinbegibt.

Denken wir also daran, wir sprechen. Wir sprechen in Vokalen, wir sprechen in Konsonanten. Dann ist das Sprechen zunächst für diejenige Anschauungsweise, welche man in der Gegenwart fast allein gelten lassen will, für die Anschauungsweise der Sinne und des die Sinneseindrücke kombinierenden Verstandes, an den physischen Leib gebunden. Es ist das Sprechen der Ausdruck eines Formens gewisser Organe, und es kann selbstverständlich dasjenige, was da mit dem physischen Leib geschieht, mehr oder weniger genau dargestellt werden. Aber die übrigen übersinnlichen Glieder der Menschennatur sind durchaus an diesem Sprechen beteiligt.

Nun müssen wir bedenken, was eigentlich dieser dem physischen Leib am nächsten stehende Äther- oder Bildekräfteleib, der sich auch in der Nacht beim Schlafe nicht vom physischen Leib trennt, für den Menschen bedeutet. Dieser ätherische oder Lebens- oder Bildekräfteleib ist der Träger des Gedankenlebens, der Träger aller derjenigen Kräfte, welche im Menschen den Gedanken formen. Es ist in Wahrheit so, daß wir den Gedanken mit Hilfe des physischen und Ätherleibes formen, und daß wir im Schlafzustande nur deshalb vom Gedanken fern sind – ihn gewissermaßen nur treffen, aber in einer chaotischen Weise träumend beim Aufwachen oder Einschlafen –, es ist ja nur deshalb so, weil wir im Schlafzustande mit unserem eigenen Inneren, mit unserem Ich und Astralleib, auch von dem Teil getrennt sind, der unser Gedankenleben enthält. Wir denken in Wahrheit die ganze Nacht, nur wissen wir nichts davon. So daß also das Gedankliche lebt in dem Äther- oder Lebensleib. Und das macht es auch, daß wichtiger, als man eigentlich meint, für die Art und Weise, wie der Mensch denkt, die Erziehung ist, welche der Mensch durchmacht in bezug auf seinen physischen, aber auch in bezug auf seinen Äther- oder Bildekräfteleib. Wird ein Mensch in bezug auf die Handhabung seiner Organisation, wenn ich mich so ausdrücken darf, schlampig erzogen, dann drückt sich das auch in der schlampigen Handhabung seiner Gedanken aus. Wie ein Mensch innerlich organisiert ist, wenn eben in diese Organisation einbezogen wird der Bildekräfteleib, so ist er in seinem Denken. Und was als Gedanken in die Sprache oder selbst in das Singen einfließt, rührt also von dem physischen Leib und von dem Äther- oder Bildekräfteleib her. Aber in die Sprache – reden wir hauptsächlich von der Sprache – fließen ein tatsächlich die Elemente der Außenwelt. Wir müssen in unserer Sprache wiedererkennen dasjenige, was von Ich und Astralleib auf dem Umwege durch die Atmung und Blutzirkulation in unser Sprechen und auch in unser Singen hineinkommt. Dasjenige, was in unser Sprechen und in unser Singen auf dem Umwege durch die Atmung und Blutzirkulation hineinkommt, rührt vom Ich und Astralleib her, welche die Gelegenheit haben, sich immer wieder und wieder mit der Innenwelt intim zu verbinden, wenn sie von der Außenwelt getrennt sind.

Suchen wir zum Beispiel nach jener eigentümlichen Gestaltung, welche, sagen wir, der menschliche Lippenapparat annimmt, um gewisse Konsonanten zu formen, so kann man nicht beim Menschen stehenbleiben, wenn man dieses, ich möchte fast sagen, geheimnisvolle Gestalten von Lippe, Zunge und so weiter kennenlernen will. In dieser Beziehung ist unser heutiges sogenanntes wissenschaftliches Zeitalter außerordentlich äußerlich.

Sie wissen, es gibt zwei Arten von Sprachtheorien, die vielleicht heute schon weniger, aber einmal recht viel Aufsehen gemacht haben. Man nennt die eine die Bim-Bam-Theorie und die andere die Wau-Wau-Theorie. Nun, die Dinge sind von gelehrten Leuten vertreten worden, und Sie können natürlich das, was dazu beigetragen hat, bei *Max Müller,* dem Oxforder Professor, genauer nachlesen, als was ich Ihnen jetzt sage. Aber im wesentlichen nimmt die Bim-Bam-Theorie an, daß bei dem Glockenschlag etwas von dem Inneren des äußeren Dinges ertönt, und es so ist, nun jetzt nicht immer durch das Hören, aber für die Wahrnehmung der anderen Sinne, für die Vorgänge und Dinge der Außenwelt, daß der Mensch in der Lage ist, sich in sie hineinzuversetzen. Nun ist das nicht so äußerlich, wie es die Bim-Bam-Theorie darstellt, sondern es kommt das zustande durch die innerliche intime Gemeinschaft, welche Ich und Astralleib immer eingehen, wenn sie getrennt sind von der Außenwelt. Geradeso wie wir im gewöhnlichen Leben eine Erinnerung haben, wirken astralischer Leib und Ich nach, sie wirken nach. Wenn wir uns auch nicht bewußt sind dieses Nachwirkens, so darf man doch sagen, wenn es auch paradox klingt, wir schlafen nicht umsonst. Das Verhältnis, welches die Außenwelt eingeht, wirkt nach, und das Ich und der astralische Leib tragen uns herein die intimen inneren Eigenschaften der Außendinge.

Wir passen uns auch nicht so äußerlich an die Tierlaute an, wie es die Wau-Wau-Theorie annimmt, aber wir erleben gerade durch unser Ich und den astralischen Leib die Außendinge. Und man wird jene wunderbare Gestaltung von Lippen, Zunge und Gaumen und so weiter bis hinab zu allen möglichen Sprachorganen erst verstehen, wenn man diese Tatsache richtig ins Auge faßt, daß nicht nur etwa von innen heraus, was durch Physiologie etwa zu ergründen wäre, sondern von außen in den Menschen herein Zunge, Lippen, Gaumen und so weiter geformt werden, daß die Dinge der Außenwelt wirklich in den Gestaltungen der Organe, welche der Sprache zugrunde liegen, leben. Wäre das nicht so, die Menschen hätten niemals zur Sprache kommen können. Denn in der Sprache ist nicht etwa bloß eine Offenbarung desjenigen vorhanden, was der Mensch in dem Inneren, das heißt, innerhalb seiner Haut erlebt, sondern in den Sprachen ist das vorhanden, was in den Geheimnissen der irdischen Dinge um uns herum lebt, und das wir dadurch gewahr werden, daß eben unser Ich und astralischer Leib abgetrennt ist vom physischen und Ätherleib. Die Sprache ist es, was wir in der Außenwelt lernen. Bis zu den Stimmbändern hinauf, da vibriert, da wellt, da wirkt nach dasjenige, was in intimer Bekanntschaft mit dem Äußeren das Ich und der astralische Leib erfahren. Und da ist es so, daß in der Tat in unseren zivilisierten Sprachen schon ganz abgeschliffen ist dasjenige, was in einer ungeheuer intimen Weise das Sprachliche verbindet mit der Außenwelt. Daher ist es nicht zu unterschätzen, wenn aus einer tieferen Erkenntnis heraus, als die heutige materialistische Physiologie oder dasjenige, was sich auf dieser Grundlage aufgebaut sehen kann, vertritt, gesagt wird: Ja, wenn wir zum Beispiel ein I oder ein E oder ein U aussprechen, so ist das nicht bloß eine Äußerung der Menschennatur, sondern das ist durchaus etwas, was der Mensch in seiner ganzen Wesenheit mit der äußeren Umwelt erlebt. Man braucht nur einzugehen auf die Gestaltungen, welche sich einem sofort als Imagination vor das Seelenauge zaubern, wenn man die Beziehung eines I oder eines U zu den Dingen der Außenwelt kennenlernt. Wer ein I aber nachzuempfinden vermag, der weiß: In diesem I liegt etwas, was – richtig gefühlt und empfunden – so etwas ist, was uns aus der Außenwelt unsere eigene Existenz verleiht. – Daher geben alle Sprachen, welche das I in dem Ich haben, einfach durch die Sprache dem Menschen ein Existenzgefühl, welches solche Sprachen dem Menschen nicht geben können, die das I nicht in dem Ich haben. Das U stellt sich so vor die Seele hin, wie etwa, wenn zweierlei Elemente der Außenwelt, die übersinnlich sind, miteinander in Berührung kommen, sich berühren, und der Mensch aufmerksam sein muß auf diese Berührung.

So gibt es entweder musikalische oder plastische Bilder, welche sich uns vor die Seele hinstellen, wenn wir in die Intimitäten der Sprache hineingehen wollen. Und wenn wir diese Bilder verstehen, dann kommen wir erst dazu, jene wunderbare Verbindung zu durchschauen, die zwischen unserem ganzen Seelenleben, unserem ganzen Gemütsleben und der Sprache besteht. Und wir lernen erst erkennen, wie im Grunde genommen das gewöhnliche Sprechen auf der einen Seite im Menschen bis zum Denken geht, auf der anderen Seite aber physisch hinuntergeht bis zur Blutzirkulation. Denn wenn auch selbstverständlich es nicht so ist, daß man am Puls grob abfühlen kann, wie dieser Puls sich verändert beim I- und beim U-sprechen, so ist die Veränderung dennoch im kleinen vorhanden. Man könnte geradezu von einer mikroskopischen – Sie wissen, es ist das bildlich gemeint – Veränderung des Pulses sprechen, wenn der Mensch ganz das durchfühlt, was im Verlaufe eines Wortes, eines Satzes die Seele erlebt, indem sie in die Intimitäten der Sprachlaute oder der Gesangstöne hinein sich lebt. Wir müßten jene Bewegungen suchen, die entsprechen dem gewöhnlichen Sprechen oder Singen, die also den Gedanken, der eigentlich ein unkünstlerisches Element ist, in sich tragen, wir müßten suchen diese menschliche Bewegung im menschlichen Blute.

Gehen wir aber von der Sprache zu den Imaginationen – seien sie musikalisch, seien sie plastisch, seien sie malerisch – hinauf, dann finden wir die Möglichkeit, dasjenige, was in der Sprache liegt, ganz so gesetzmäßig, wie es sich in der Sprache selber verhält, durch wirkliche sichtbare Raumesbewegungen der einzelnen menschlichen Glieder oder des ganzen Menschen im Raume zum Ausdruck zu bringen und bekommen dadurch eine wirklich sichtbare Sprache, welche dasjenige offenbaren kann, was in der hörbaren Sprache nur geoffenbart werden kann durch das Wie, durch die Behandlung der

Sprache. Ist man in der Lage, den einen Laut durch den anderen im Verlaufe des Redens zu kolorieren, ist man in der Lage, bei der dichterisch-künstlerisch behandelten Sprache in der richtigen Weise Takt, melodiöses Thema zu verkörpern, dann kommt man allmählich in die Geheimnisse der Rezitation und Deklamation hinein. Frau Dr. Steiner hat das durch Jahre hindurch versucht zu studieren, um hinauszukommen über dasjenige, was in einer unkünstlerischen Zeit, wie die unsrige, mehr im prosaischen Pointieren gesucht wird, um das in der wirklichen Rezitation und Deklamation, das heißt in der Behandlung desjenigen, was aus der Sprache heraus künstlerisch-dichterisch gestaltet ist, zu erreichen.

Diese geheime Eurythmie, welche schon in der Sprachbehandlung liegt, ist eigentlich bei jedem wahren Dichter schon vorhanden. Aber wahre Dichter sind wirklich nicht ein ganzes Prozent von denjenigen, die heute als Dichter genommen werden. Wir können rundweg sagen: neunundneunzig Prozent von denjenigen, die heute dichten, sind nicht wirklich dichterische Künstler. Damit aber, daß man eingeht auf dasjenige, was das Wie ist in der Sprachbehandlung, wie dieses Wie der Sprachbehandlung in viel höherem Maße die Möglichkeit gibt, irgend etwas Seelisches auszudrücken als der Prosainhalt des Wortes – denn der Prosainhalt des Wortes drückt eigentlich das Unkünstlerische aus, das Wie drückt das Künstlerische aus –, muß man immer durch eine Art Divination das Künstlerische erst erlösen aus demjenigen, was einem einzig und allein bei der Mitteilung des Gedichts auf dem Umwege durch den Druck gegeben werden kann.

Der Dichter empfindet den ganzen Menschen, indem er sich sprachlich auslebt. Und immer wieder und wieder muß ich erinnern an das schöne dichterische Wort:

Spricht die Seele, so spricht, ach! schon die *Seele* nicht mehr.

Das gilt für diejenige Sprache, bei der es hauptsächlich auf den Prosagehalt der Sprache abgesehen ist. Diejenige Sprache, welche da lebt in dem Plastisch-Koloristischen, welches der Laut dem Laute geben kann, welches die Lautbehandlung geben kann, diejenige Sprache, die da lebt in dem musikalischen Elemente der Sprache, von der kann gesagt werden: Spricht dadurch die Seele, so versucht gerade die Seele das zu sagen, was sie durch die schon prosaisch gewordene, unkünstlerisch gewordene Sprache nicht zu sagen vermag. – Das aber gerade ist möglich herauszuholen aus Sprache und Gesang durch die Eurythmie, da die ausdrucksvollsten menschlichen Glieder in Bewegung gebracht werden, nicht wie beim Tanz, welcher die weniger ausdrucksvollen menschlichen Glieder, die Beine und Füße, in Bewegung bringt. Die Eurythmie ist kein Tanz, denn sie bringt nicht diese Glieder hauptsächlich in Bewegung, obwohl sie das auch tun muß, aber dadurch keine Verwandtschaft mit dem Tanz hat.

Und ist man imstande, aus einer solchen Einsicht in die Menschennatur, wie ich sie nur andeuten konnte, für jeden Finger, für jede Armbewegung, für jede Veränderung des menschlichen Organismus im Raume, einen so gesetzmäßigen Ausdruck zu finden, wie sie die Natur und ihr Geist selbst gefunden haben, indem sie aus dem Unbewußten des Menschen heraus während der Kinderzeit uns die Sprache und den Gesang in naiver Weise erlernen lassen, ist man imstande, in so gesetzmäßiger Weise eine solch sichtbare Sprache zu schaffen, dann ist diese sichtbare Sprache eben, ich möchte sagen, etwas, was auf einem anderen Instrumente dasselbe spielt, was Gesang oder Deklamation oder Rezitation auf der einen Seite spielen. Man bekommt wirklich eine Art orchestralen Zusammenwirkens zwischen demjenigen, was auf der Bühne vorgeht, und demjenigen, was an Musikinstrumenten angeschlagen wird, oder was durch die menschliche Stimme rezitatorisch oder deklamatorisch ertönt.

Man hat so die Möglichkeit, aus den Quellen, die ich erst gestern genannt habe, herauszuholen eine Kunst, welche bisher von der Menschheit eben aus dem einfachen Grunde noch nicht gefunden worden ist, weil jede Kunst aus den besonderen Kulturvoraussetzungen heraus erst geschaffen werden kann, welche in den aufeinanderfolgenden Zeitepochen innerhalb der Menschheitsentwickelung gegeben sind. Man bekommt in der eurythmischen Kunst eine neuartige Kunst, welche sich des Menschen selbst noch mehr als die mimische Kunst als eines Instrumentes bedient. Und da der Mensch schon einmal alle Geheimnisse der Welt wie ein Mikrokosmos gegenüber dem Makrokosmos in sich enthält, so darf wohl, trotzdem heute noch die verehrten Zuschauer immer um Nachsicht gebeten werden müssen – wir sind selbst unsere strengsten Kritiker, wissen, daß wir ganz im Anfang mit der Eurythmie sind –, gesagt werden, daß gerade durch die besondere Art, wie man hier sich des Menschen bedient, der alle Geheimnisse der Welt in sich als ein Mikrokosmos gegenüber dem Makrokosmos enthält, daß man gerade dadurch hoffen darf, daß Eurythmie einmal das werden wird, was sie heute noch nicht sein kann: eine vollberechtigte jüngere Kunst neben den vollberechtigten älteren Künsten.

Dornach, 22. Juli 1923

PROGRAMM

The Rune of the Four Winds . . . . Fiona Macleod
The Moonchild . . . . Fiona Macleod
Aus «Kinderszenen» . . . . Robert Schumann
Aus «Der Hüter der Schwelle»:
Das Märchen von der Phantasie . . . . . . Rudolf Steiner
Davidsbündler Tanz Nr. 2 . . . . Robert Schumann
Gedicht . . . . Wladimir Solovjeff
Prélude, es-moll . . . . J. S. Bach
Als am dritten Tage . . . . Albert Steffen
Adagio con espressione, As-Dur,
aus der Klaviersonate Es-Dur, Op. 27, Nr. 1 L. van Beethoven
Feuerrotes Fohlen . . . . Albert Steffen

Edward, Altschottische Ballade . . . . J. G. Herder
Erinnerung . . . . Anton Bruckner
Schlummerlied . . . . Robert Schumann
April . . . . William Watson
Thema aus der Violinsonate, G-Dur, K. V. 379 . . W. A. Mozart
Who is Sylvia . . . . Shakespeare
Spring (Love's Labour lost) . . . . Shakespeare
mit Musik von Jan Stuten

Am Mittwoch, den 25. Juli 1923
abends 7 ½ Uhr

wird eine fleißig studierte, sorgfältig international zusammengestellte, inniglich in sich abgestimmte, dichterisch und musikalisch geartete

EURYTHMIE-VORSTELLUNG

zu ernster Erbauung und nicht banalem Ergetzen einer geneigten Zuhörerschaft allhier gegeben.

Ankündigung in den Zeitungen

Dornach, 25. Juli 1923

PROGRAMM

Nocturne, b-moll, Op. 9, Nr. 2 . . . . Fr. Chopin
Remembrance . . . . Shakespeare
Aus «Wegzehrung» . . . . Albert Steffen
Als wir auf der goldnen Insel ...
Es schlingen deine Tat ...
Feuerrotes Fohlen ...
Larghetto aus der 4. Violin-Sonate . . . . G. Fr. Händel
Aus «Die Pforte der Einweihung»:
Das Märchen vom Lieben und Hassen . . . . Rudolf Steiner
Etude, As-Dur, Op. 25, Nr. 1 . . . . Fr. Chopin
Blow, blow ... (As you like it) . . . . Shakespeare
Slavischer Tanz Nr. 2 . . . . A. Dvorak

---

Menuett aus der Sonate G-Dur, Op. 78 . . . . . Franz Schubert
The Passionate Shephard . . . . Christoph Marlowe
Laughing Song . . . . William Blake
Tell me, where is ... (The Merchant of Venice) . . . Shakespeare
Balthazar's Song (Much ado about nothing) . . . . Shakespeare
It was a lover ... (As you like it) . . . . Shakespeare
Winter (Love's Labour lost) . . . . Shakespeare
Ariel's Song (The Tempest) . . . . Shakespeare

Ein feines, sinnvoll gegliedertes
den schönsten und zierlichsten Dichtungen und Musikstücken
sorgfältig zugeordnetes Programm wird für eine

EURYTHMIE-AUFFÜHRUNG

am Freitag, den 27. Juli 1923

den sich einfindenden Zuschauern künstlerisch und launig vor
die Augen gestellet werden.

Ankündigung in den Zeitungen

Dornach, 27. Juli 1923

PROGRAMM

Prélude . . . . J. S. Bach
Aus «Der Hüter der Schwelle» 6. Bild:
Das Märchen von der Phantasie . . . . . . Rudolf Steiner
Davidsbündler Tanz, Nr. 11 . . . . Robert Schumann
Schwing dich ... . Albert Steffen
Gedicht . . . . Wladimir Solovjeff
Sommerabend . . . . Edvard Grieg
Weh, weh! . . . . J. W. v. Goethe
Trauermarsch . . . . F. Mendelssohn-Bartholdy
Orpheus (King Henry VIII.) . . . . Shakespeare
Largo con gran espressivo . . . . L. van Beethoven
aus der Klaviersonate Es-Dur, Op. 7, Nr. 4

Laughing Song . . . . William Blake
Mélodie sans Paroles . . . . P. Tschaikowsky
Dirge (Cymbeline) . . . . Shakespeare
Lullaby . . . . Shakespeare
Full fathom five ... (The Tempest) . . . . Shakespeare
Musette (Gavotte 2) aus der 3. Englischen Suite . . . . J. S. Bach
O Mistress mine ... (Twelfth Night) . . . . Shakespeare
Musette, D-Dur . . . . J. S. Bach
Winter (Love's Labour lost) . . . . Shakespeare
Clown's Song (Twelfth Night) . . . . Shakespeare

Eintragungen in ein Notizbuch

Dornach, 29. Juli 1923

Eurythmie

Die Sprache	=	der Vorstellung	=	Lautsprache
		des Gefühles	=	Musik
		des Willens	=	Eurythmie
Der Zweck der Bewegung			=	Bein
Das *Schöne* der Bewegung			=	Arm

Wenn der Gang schön wird, dann betrachtet man dies als Lebenszugabe. –

Wenn die Armgeberden unschön sind, dann ist dies ein Lebensmangel.

Dornach, 29. Juli 1923

PROGRAMM

The Rune of the Four Winds . . . . Fiona Macleod
Hochländisch . . . . J. W. v. Goethe
Sommerabend . . . . Edvard Grieg
Es schlingen deine Tat ... . Albert Steffen
Ich weilte unter abgeschiednen ... . Albert Steffen
Davidsbündler Tanz, Nr. 11 . . . . Robert Schumann
Gedicht . . . . Wladimir Solovjeff
Prélude, f-moll, Nr. 12 . . . . J. S. Bach

---

Edward ... Altschottische Ballade . . . . J. G. Herder
Erinnerung . . . . Anton Bruckner
Adagio cantabile (Pathétique) . . . . L. van Beethoven
Hark! hark! ... (Cymbeline) . . . . Shakespeare
Full fathom five ... (The Tempest) . . . . Shakespeare
Bourrée, aus der 3. Cello-Suite . . . . J. S. Bach
Caprice . . . . Max Reger

Eintragungen in ein Notizbuch

Stuttgart, 15. September 1923

Eurythmie =

Sprache = sie ist das nicht aus der phys. Welt, sondern vom Vorgeburtlichen Kommende = in den Sprachorganen = Aber gelernt werden (als Sprache) die Zusammenhänge der phys. Welt.
Eurythmie = Bewegung, die die wahren Verhältnisse geben kann.
Man hat inspirierte Imaginationen vor sich. Die bildet man nach. –

Stuttgart, 15. und 16. September 1923

PROGRAMM

Prélude, es-moll	J. S. Bach
Ich weilte ...	Albert Steffen
Seh ich über ...	Albert Steffen
Du hebst die Hände ...	Albert Steffen
Larghetto aus der 4. Violinsonate	G. Fr. Händel
Die Jüngerin	Albert Steffen

The Rune of the Four Winds	Fiona Macleod
Elfe	Shakespeare
Lullaby	Shakespeare
Etude, f-moll	Fr. Chopin
Tell me where ... (The Merchant of Venice)	Shakespeare
Balthazar's Song (Much ado about nothing)	Shakespeare
Spring (Love's Labour lost)	Shakespeare

Das Programm wurde mit einer kleinen Änderung (statt «Seh ich über ...»: «Es ist in meinem Herzen etwas ...») am 18. und 20. September in Stuttgart wiederholt.

Dichtungen mit ernst-formstrengem
und Musikalisches mit lyrisch-romantischem
Charakter, Humoristisch-bizarres.

Donnerstag, 1. November 1923, 7 Uhr

Ankündigung in den Zeitungen

Dornach, 1. November 1923

PROGRAMM

Prélude, E-Dur, Nr. 9	Fr. Chopin
Jenseits von Freude ...	Albert Steffen
Schwerer Alp ...	Albert Steffen
Wo gehst du hin? ...	Albert Steffen
Arie (Menuett, d-moll)	J. S. Bach
Ich sah ein goldnes Haus ...	Albert Steffen
Aus «Kinderszenen»	Robert Schumann
Elfe: Über Tal, über Höhn ...	Shakespeare
Les Elfes	Leconte de Lisle
Eccossaises	Fr. Chopin
L'Oiseau Gris	J. Rameau
Ballade à la Lune	Alfred de Musset
Gavotte aus der 5. Französischen Suite	J. S. Bach
La Laitière et le Pot au lait	Lafontaine
Die Wanduhr (Musik)	Wilm
Dichters Berufung	Friedrich Nietzsche
Zwerge (Musik)	Wilm

Aus dem Vortrag Dornach, 11. November 1923

Dann habe ich etwas anzukündigen, was Ihnen sehr erfreulich sein wird. Es hat sich durch eine eurythmische Prüfung, die vor ein paar Tagen hier stattgefunden hat, gezeigt, daß wir unter uns ein merkwürdiges Entwickelungselement aufgenommen haben, nämlich die männliche Eurythmie. Sie haben zumeist auf der Bühne bis jetzt nur weibliche Eurythmisten gesehen. Nun haben unsere sonst mit solcher Opferwilligkeit unter uns wirkenden Wächterfreunde Eurythmie gelernt unter der sorgfältigen, ausgezeichneten Leitung von Fräulein Dziubaniuk. Nun, sehen Sie, fehlt nur eines, damit diese männliche Eurythmie sich entwickeln kann. Das sind – die Gedanken dazu sind schon da – die Inexpressibles zum Beispiel und andere Bekleidungsstücke für die männlichen Eurythmisten. Das muß geschaffen werden. Die Gedanken sind schon da, aber es muß Geld dazu da sein. Man braucht zu allem Geld. Und aus diesem Grund hat Frau Dr. Steiner die Anregung gegeben, daß am nächsten Sonnabend um sieben Uhr hier eine Vorstellung stattfinden wird. Und damit nicht gleich eine so radikale Metamorphose eintritt, wird der erste Teil der Eurythmie mit den bewährten Damenkräften gegeben, und dann im zweiten Teile werden – aber noch in ihren alten Inexpressibles – die Herren Wächterfreunde auftreten, die in einer so anerkennenswerten Weise sich dem Studium der Eurythmie hingegeben haben. Sie werden also eine Art Zweiteilung vorgeführt sehen, weibliche Eurythmie, männliche Eurythmie hintereinander, und Sie werden gewiß die Anregung dazu schöpfen, in diese Vorstellung, auch wenn wir nicht da sind, zu kommen. Aus dem Grunde, weil nämlich eben das Erträgnis dieser nächsten Samstagsvorstellung (17. November 1923) den ersten Teil jenes Fonds abgeben soll, aus dem dann die Inexpressibles und so weiter, kurz, die ganze Bekleidung für die männlichen Eurythmisten beschafft werden sollen, damit auch diese so da ist wie die Bekleidung der weiblichen Eurythmisten.

Dornach, 17. November 1923

PROGRAMM

Hirtenmusik aus dem Weihnachtsoratorium . . . . . J. S. Bach
L'Art et le Peuple . . . . Victor Hugo
Claire de Lune, aus «Suite Bergamasque» . . . Claude Debussy
Le Chevrier . . . . J. M. Hérédia
Waldesrauschen . . . . Franz Liszt
Papillons . . . . J. Ph. Rameau
Gavotte aus der 5. Französischen Suite . . . . J. S. Bach
La Cigale et la Fourmi . . . . Lafontaine
Le Corbeau et le Renard . . . . Lafontaine
Bächlein im März . . . . Jan Stuten

II

«Die Herren Wächter»

Auftakt: Evoe
Chor der Krieger aus «Pandora» . . . . J. W. v. Goethe
Denken, Fühlen, Wollen
Alle . . . . C. F. Meyer
Der Wolkendurchleuchter . . . . Rudolf Steiner
Lied des Türmers . . . . J. W. v. Goethe
Die Fußwaschung . . . . Christian Morgenstern
An A. Selmniz . . . . Novalis
Lenz Wanderer . . . . C. F. Meyer
Schwebender Genius . . . . J. W. v. Goethe
Unter Sternen . . . . C. F. Meyer
Was treibst du, Wind? . . . . C. F. Meyer
Der junge Schiffer . . . . Friedrich Hebbel

Paris, 23. November 1923

(Aufführung für Kinder)

PROGRAMM

Auftakt: Evoe	Leopold van der Pals
Menuett	J. S. Bach
Hirtenmusik aus dem Weihnachtsoratorium	J. S. Bach
Mignonne	P. de Ronsard
Larghetto aus der 4. Violinsonate	G. Fr. Händel
Les Bergers	J. M. Hérédia
Allegro aus der 4. Violinsonate	G. Fr. Händel
Les Papillons	J. Rameau
Le Chevrier	J. M. Hérédia
Bächlein im März	Jan Stuten
La Jeune Morte	J. M. Hérédia
Les Elfes	Leconte de Lisle

La Vision de Khém	J. M. Hérédia
Thema und Variationen aus der Violinsonate G-Dur	W. A. Mozart
Ballade à la Lune	Alfred de Musset
Claire de Lune	Claude Debussy
La Cigale et la Fourmi	Lafontaine
Le Corbeau et le Renard	Lafontaine
Slavischer Tanz, Nr. 2	Anton Dvorak

Rudolf Steiner an Marie Steiner in Berlin

Dornach, 24. November 1923

... Soeben bringt man ein Telegramm [aus Paris] von Rihouët; ich lese: Darstellung gelungen, voller Saal, senden Gefühle der Dankbarkeit und Ergebenheit. ...

Aus Briefen von Rudolf Steiner und Marie Steiner

An Rudolf Steiner in Dornach [zur Aufführung vom 2. Dezember 1923]:

[Berlin] Freitag [23. November 1923]

... Wenn ich noch eine Woche versäumen sollte, so könnte Dziu[baniuk] vielleicht ihre Herren noch einmal für Eurythmie-Bekleidung auftreten lassen: zwei Esel, Lattenzaun, Nasobem, Modendinge, zwei Wurzeln wären dankbare Aufgaben. Schlimm ist's, so viele Vorträge zu versäumen. ...

An Marie Steiner in Berlin

Dornach, 1. Dezember 1923

... Jetzt muß ich gleich zu der Generalprobe der Vorstellung gehen, die Du für morgen angeordnet hast. Es werden von den jungen Männern alle die Sachen gegeben, die Du mir aufgeschrieben hast. Wieder wird die Vorstellung ein Teil von den Damen, ein Teil von den jungen Männern gegeben. ...

An Rudolf Steiner in Dornach

Berlin, 3. Dezember 1923

... Zu schade, daß ich die Generalprobe nicht mitmachen kann, wo Du die Männer anfeuern wirst. Wenn meine Damen Dich um Toneurythmieformen bitten, bin ich nur dankbar, wenn Du sie gibst.

An Marie Steiner in Berlin

Dornach, 6. Dezember 1923

... Real wirken werden nur die Dinge, hinter denen Kraft steckt. Das ist der Fall da, wo wie in den Sprechkursen, in der Eurythmie und anderem eben Reales gegeben wird. Deshalb freut es mich herzlich, daß Du mit dem Sprechkursus so großen Erfolg gehabt hast und daß Du so schnell eine Eurythmievorstellung zustande gebracht hast. Gewiß, zu alledem ist die anthroposophische Gesellschaft notwendig. Aber sie wird verfallen, wenn nicht neues Blut in sie hineinkommt. Das wird nicht hineinkommen, solange die, die drin sind, abschreckend wirken. Die Leute von außen kommen da nicht. Trotzdem kann man nichts anderes tun, als mit den Leuten, die nun einmal da sind, arbeiten. ...

Dornach, 2. Dezember 1923

PROGRAMM

Prélude, E-Dur, Nr. 9	Fr. Chopin
Ich lief hinweg ...	Albert Steffen
Wo gehst du hin?	Albert Steffen
Arie	D. Gabrielli
Es ist in meinem Herzen etwas ...	Albert Steffen
Heidenröslein	J. W. v. Goethe
Der Sperling und das Känguruh	Christian Morgenstern
Das Huhn	Christian Morgenstern

[Im 2. Teil Darbietung durch Herren]

Auftakt: Evoe	Leopold van der Pals
Chor der Krieger aus «Pandora»	J. W. v. Goethe
Denken, Fühlen, Wollen	Leopold van der Pals
Alle	C. F. Meyer
Der Wolkendurchleuchter	Rudolf Steiner
Die Fußwaschung	Christian Morgenstern
An Adolf Selmniz (Was paßt, das muß sich ründen)	Novalis
Lied des Türmers	J. W. v. Goethe
Lenz Wanderer	C. F. Meyer
Schwebender Genius	J. W. v. Goethe
Unter Sternen	C. F. Meyer
Was treibst du, Wind?	C. F. Meyer
Der junge Schiffer	Friedrich Hebbel
Spruch zum Wandern	J. W. v. Goethe
Aus den Humoresken	Christian Morgenstern

Der Gingganz / Vice Versa / Der Lattenzaun / Die beiden Esel / Die beiden Wurzeln / Das Nasobem / Mondendinge

DREI ANSPRACHEN

bei der Weihnachtstagung
zur Begründung der Allgemeinen Anthroposophischen Gesellschaft

I
EURYTHMIE ALS BEWEGTE PLASTIK

Dornach, 26. Dezember 1923

Das Wesen der Eurythmie ist ja vor den verschiedensten Gruppen unserer Freunde wiederholt besprochen worden, zuletzt auch in verschiedenster Art im «Goetheanum» dargestellt worden, und ich habe wohl bei diesen Vorstellungen, die ausschließlich vor unseren Freunden stattfinden, nicht notwendig, über dieses Grundwesen, über die Grundprinzipien, die alle kennen, zu sprechen. Doch möchte ich von einem gewissen Gesichtspunkte aus immer wieder und wieder die Art charakterisieren, wie sich Eurythmie auf der einen Seite in die künstlerische Entwickelung der Gegenwart hineinstellt und wie ihre Stellung in der Reihe der Künste überhaupt ist.

Heute will ich ein paar Worte darüber sprechen, wie Eurythmie ja in der Tat gewissermaßen naturgemäß aus der menschlichen Wesenheit herausgeholt werden muß von einer spirituellen Weltanschauung, welche gerade aus den Zeichen der Zeit heraus in unserer Gegenwart sich geltend macht. Sehen wir auf eine andere Kunst, welche den Menschen darstellt, auf die Kunst der Plastik, die ihn darstellt in seiner ruhenden Form. Derjenige, der mit einer gewissen Empfindung für Formen und für Bildhaftigkeit an die Plastik herantritt und dann dasjenige sich vorhält, was er gegenüber Mensch und Menschlichem durch ein plastisches Kunstwerk empfindet, wird die Empfindung bekommen: Der Mensch wird im plastischen Kunstwerke gerade dann in der besten Weise dargestellt, wenn man das Gefühl hat, dies ist der schweigende Mensch, der nur durch seine ruhende Form spricht. Wir wissen, wie im 18. Jahrhundert *Lessing* eine Schrift geschrieben hat über die Grenze der bildenden Kunst und der redenden Kunst – sie heißt nicht so, aber sie handelt davon –, in welcher er darstellt, wie auch das Plastische durchaus die Ruhe im Menschen offenbaren soll, das Schweigen des Menschen als eines in den Kosmos hineingestellten Wesens, so daß man eigentlich auch nur dasjenige plastisch ausdrücken kann, was schweigend sich offenbart am Menschen. Und jedesmal, wenn man versucht, durch die Plastik den bewegten Menschen auszudrücken, so kommt man eigentlich in eine künstlerische Verirrung hinein. Nun ist es dem verflossenen Zeitalter, welches aber eigentlich schon mit der Renaissance endete, naturgemäß gewesen, bloß diesen ruhenden Menschen plastisch darzustellen. Denn man kann sagen, dieses Zeitalter, welches im alten Griechentum beginnt und in der Renaissance endet, wendet sich vorzugsweise an die Gemütsseele des Menschen. Ich habe es oftmals ausgesprochen, von den inneren Gliedern der menschlichen Wesenheit: der Empfindungsseele, der Gemütsseele und der Bewußtseinsseele, ist die Gemütsseele, also der ganze Umfang des Menschengemütes, der mittlere Teil, und das Gemüt ist eigentlich erfüllt von dem ruhenden Gefühl, welches sich in der ruhenden menschlichen Form auch ausspricht.

Indem wir nun in dem Zeitalter stehen, in welchem wir vorrücken müssen von dem Gefühlselemente im Menschen zu dem Willenselemente, ist es im Grunde genommen das Hinuntersteigen in das Willenselement, welches uns heute, wenn wir dieses Hinuntersteigen erkenntnismäßig machen können, dazu bringt, spirituelle Einsichten zu bekommen. Damit aber kommen wir gerade mit unserer spirituellen Anschauung an den bewegten Menschen heran, nicht an den Menschen, welcher als Ausdruck des Weltenwortes sozusagen gesprochen hat und dann schweigt, um in der Form zu ruhen, sondern wir kommen an den Menschen heran, welcher im lebendigen Weben des Weltenwortes darinnensteht und seinen Organismus im Sinne dieses Darinnenstehens betätigt.

Damit aber kommen wir an dasjenige, was sich als Eurythmisches ausleben will. Und man hat, wenn man den Menschen gerade von dem geisteswissenschaftlichen Standpunkte erfassen will, welcher der heutigen Zeit angemessen ist, immer das Gefühl, man muß die Form ins Flüssige bringen. Man sehe sich eine menschliche Hand an. Ihr Schweigen kommt in ihrer ruhenden Form zur Offenbarung.

Also, hat denn diese ruhende Form einen Sinn, wenn man den ganzen Menschen betrachtet? Sie hat einen Sinn, wenn man das ruhende Element des Gefühls walten läßt, wie es gewaltet hat von der alten Griechenzeit bis zur Renaissancezeit. Da muß man sagen, liegt etwas Bedeutsames darinnen, wenn ich die Hand forme zum Hinweisen auf irgend etwas, und sie dann ruhend lasse. Aber damit erfassen wir doch nicht dasjenige, was heute notwendig ist am Menschen zu sehen: den ganzen Menschen in seiner Totalität.

Und man kann einfach die menschliche Form, wenn man den ganzen Menschen anschaut, nicht ins Seelenauge fassen, wenn man sich nicht bewußt wird, wie jede einzelne ruhende Form am Menschen nur einen Sinn hat dadurch, daß sie in eine bestimmte Bewegung übergehen kann. Was wäre denn die menschliche Hand, wenn sie nur ruhen müßte? Sie hat schon auch als ruhende die Form, welche die Bewegung fordert. Studiert man also mit innerer Beweglichkeit, wie man es heute in der Geisteswissenschaft tun muß, den Menschen, dann offenbart sich einem überall aus der ruhenden Form die bewegte Form heraus. Und man möchte sagen, derjenige, welcher heute durch ein Museum geht, wo die Plastiken sind, die aus den guten Zeiten des plastischen Schaffens heraus sind, und der diese Plastiken ansieht mit dem Seelenauge der heutigen spirituellen Erkenntnis, für den steigen diese Plastiken herunter von ihren Podien; sie gehen in den Sälen herum, sie begegnen sich, sie werden überallhin beweglich.

Und Eurythmie entsteht selbstverständlich aus der Plastik. Diese Aufgabe haben wir auch. Es stört heute den in sich beweglichen spirituellen Menschen, wenn er die ruhende griechische Statue längere Zeit ansehen muß. Er muß sich zwingen. Man kann das und man muß es auch, um die griechische Statue natürlich nicht in der eigenen Phantasie zu verderben. Aber daneben besteht überall der Drang, diese ruhende Form in Bewegung zu bringen. Dadurch entsteht jene bewegte Plastik, welche die Eurythmie ist. Da ist das Weltenwort das Bewegende. Da schweigt der Mensch nicht mehr, sondern erzählt durch seine Bewegungen unendliche Weltengeheimnisse.

Und das ist überhaupt so, daß der Mensch durch seine eigene Wesenheit unendliche Weltengeheimnisse erzählt. Man kann noch ein anderes kosmisches Gefühl haben. Für denjenigen, der lebendig auffaßt das, was Sie zum Beispiel für die kosmische Entwickelung in meiner «Geheimwissenschaft im Umriß» finden, für den ist es von vornherein klar, daß es eigentlich mit der heutigen menschlichen Gestalt so ist, als ob man ein an sich Bewegliches hätte vertrocknen lassen, erstarren lassen. Man denke nur zurück an die alte Mondenzeit. Da war der Mensch ganz in Metamorphose begriffen. So eine fest bestimmte Nase, so fest bestimmte Ohren, wie sie der Mensch heute hat, das hat es damals noch nicht gegeben. Dazu hätten die damals beweglichen Formen erst gefrieren müssen. Derjenige, der sich mit seiner Anschauung in der alten Mondenzeit bewegen kann, dem erscheinen manchmal die gegenwärtigen Menschen wie gefrorene, nicht bewegliche, sich metamorphosierende Wesenheiten. Und dasjenige, was wir mit Eurythmie leisten, indem wir sie zu einer sichtbaren Sprache machen, ist einfach das, daß wir die eingefrorene Menschengestalt wiederum in Flüssigkeit bringen. Dazu gehört ein Studium, welches wirklich nur künstlerisch sein kann. Alles Nachdenken ist auf diesem Gebiete eigentlich von großem Schaden. Künstlerisch muß es sein.

Bedenken Sie nur einmal, daß man so eine eurythmische Form, wie Sie sie manchmal hier bei Gedichten, die zum Beispiel wirklich von solcher Tiefe sind der Empfindung und der Gestaltung, wie die Steffenschen, daß eine solche Form eigentlich am besten gefunden wird, wenn man sich, sagen wir zehn oder zwölf Menschen der Gegenwart vorstellt. Sie sind alle individuell verschieden in bezug auf ihre äußere Gestalt, aber man kann von jedem Menschen – gleichgültig ob er einen runden oder langen Kopf hat, eine spitze oder eine stumpfe Nase hat – sagen, wie er sich bei einem Gedichte seinem Ätherleib nach bewegen will. Und es wäre einmal interessant, so eine Sitzreihe zu nehmen und nun darzustellen, wie ein jeder hier Sitzende sich bei einer Gedichtreihe aus seiner Gestalt heraus bewegen würde, wenn das ganz nach der individuellen Eigentümlichkeit des Menschen gehen würde. Da sitzen zum Beispiel acht

Menschen in dieser Reihe. Ganz verschiedene Formen würden aus der menschlichen Gestalt dadurch herauskommen. Sehr interessant wäre es. Man muß viele Menschen sich anschauen, um sich zu sagen, wie würde sich der Mensch bewegen bei: «Und es wallet und woget und brauset und zischt.» – Nun, dann kommt man darauf, wie die Formen notwendig sind.

Also Eurythmie ist ganz herausgeboren aus der bewegten Menschengestalt. Aber man muß, wenn man gefragt wird, warum eine Form für ein Gedicht so und so ist, sagen können: Ja, es *ist* halt so. – Wenn einem jemand abfordert nach dem Verstande, man solle ihm eine solche Form rechtfertigen, dann wird man unwillig, weil das eigentlich unkünstlerisch ist. Eurythmie ist eben ganz aus dem Gefühl heraus geschaffen und kann auch nur durch das Gefühl verstanden werden.

Gewiß, man muß einiges lernen – Buchstaben muß man lernen und so weiter, aber schließlich, wenn Sie einen Brief anfangen zu schreiben, so denken Sie ja auch nicht daran, wie ein I oder ein B ist, sondern Sie schreiben, weil Sie das schon können. Und so ist auch dasjenige nicht zu genießen, was der einzelne Eurythmist als ABC lernen muß, sondern dasjenige, was zuletzt daraus wird. Und das ist, so unvollkommen es heute noch ist, eine neugeschaffene bewegte Plastik. Nur natürlich muß man zur bewegten Plastik den Menschen selbst verwenden. Da kann man nicht Bronze oder Marmor verwenden, da muß man den Menschen selbst verwenden. Damit aber gelangt man in ein Kunstgebiet, welches sich zu gleicher Zeit im tiefsten Sinne ebenso berührt mit der Wirklichkeit, wie sich die Plastik entfernt von der Wirklichkeit. Die Plastik gibt dasjenige vom Menschen, was tot ist, was wenigstens im Tode erstarrt ist. Die Eurythmie gibt dasjenige im Menschen, was aus allen Elementen heraus Leben ist. Daher kann man durch Eurythmie fühlen, wie das allgemeine kosmische Leben den Menschen erfaßt hat und hineingestellt hat in seine irdische Aufgabe. Vielleicht kann man bei keiner Kunst in einer so intensiven Art das Hineingestelltsein des Menschen in den Kosmos verspüren, empfinden wie bei der eurythmischen Kunst. Deshalb mußte diese eurythmische Kunst, weil sie auf das

Ätherische im Menschen geht, in einer Zeit auftreten, in welcher gerade die heutige Geisteswissenschaft gesucht wird. Und sie mußte aus dieser heutigen Geisteswissenschaft heraus eigentlich geboren werden.

Einiges andere werde ich mir dann erlauben bei der nächsten Eurythmievorstellung anzufügen.

Dornach, 26. Dezember 1923

PROGRAMM

Prélude, es-moll	J. S. Bach
Ich weilte ...	Albert Steffen
Seh ich über ...	Albert Steffen
Du hebst die Hände ...	Albert Steffen
Larghetto aus der 4. Violinsonate	G. Fr. Händel
Die Jüngerin	Albert Steffen

Tiaoait	Musik: L. v. d. Pals
Friede auf Erden	C. F. Meyer
Le Repos en Egypte	A. Samain
Mélodie française	
Marienlied	Novalis
Epiphanie	J. M. Hérédia
Le Chevrier	J. M. Hérédia
Allegro aus der 4. Violinsonate	G. Fr. Händel
Les Bergers	J. M. Hérédia
Waldesrauschen	Franz Liszt

II

DIE STELLUNG DER EURYTHMIE INNERHALB DER KÜNSTE

Dornach, 28. Dezember 1923

Als wir das letzte Mal vorgestern Ihnen hier Eurythmie vorführen durften, erlaubte ich mir einige Bemerkungen vorauszuschicken über das Verhältnis dieser gewissermaßen bewegten Plastik zur altgewohnten ruhenden Plastik. Nun ist aber Eurythmie eine Kunst, die mit dem bewegten Menschen so rechnet, daß sie in der Organisation des Menschen veranlagte Bewegungen sinngemäß als Sprache hervorholt. Es ist mit der Eurythmie ein künstlerisches Element gegeben, welches sich in der mannigfaltigsten Weise erweitern, ergänzen läßt, aber auch, sein inneres Wesen offenbarend, an die anderen Künste anschließt, oder mit ihnen in diesen oder jenen bedeutungsvollen Gegensatz tritt.

Konnte man darauf hinweisen, wie in der Eurythmie eine bewegte Plastik vorliegt, so kann man aber auch auf die Eurythmie in der folgenden Art hinweisen. Wenn man diejenigen Künste, welche dem sprachlichen Ausdruck des Menschen naheliegen, aufsuchen will, so kann man dazu kommen, sich zu sagen: Musik, das Gesanglich-Musikalische, ist dasjenige, was von der Sprache mehr nach dem Inneren des Menschen zu gelegen sein muß. – Und in der Tat, wenn sich die Seele hingibt an Melodien, Harmonien, an all dasjenige, was musikalisches Element ist, dann wird man finden, daß dieses Musikalische gerade dadurch seine große menschliche Bedeutung hat, daß es noch nicht in solch bestimmter Weise auf irgend etwas hindeutet wie das sprachliche Element. Man kann schon sagen: In einem gewissen Sinne ist jener bewußte Weg, den man durchmacht von dem Musikalischen zu dem Sprachlichen, ein solcher des bis zu einem gewissen Grade Aufwachens. – Im Sprechen kann man sich aufgewacht fühlen gegenüber dem musikalischen Elemente.

Allein auf der anderen Seite kann gar nicht geleugnet werden, daß Wachen und Schlafen relative Begriffe sind. Derjenige, der gar kein Erlebnis von der geistigen Welt zunächst hat und allmählich an ein solches Erlebnis herankommt, empfindet zunächst das geistige Erleben gegenüber dem, was Tagesleben ist, wie ein Schlafen. Herr *Stuten* hat heute morgen etwas ähnliches erwähnt. Derjenige, welcher einfach hinübergeht in die andere Welt vom gewöhnlichen Tagesbewußtsein aus mit voller Besonnenheit, erlebt in dem, was für den anderen Schlaf ist, ein höheres Erwachen. Und so kann man auch sagen: Derjenige, welcher anfängt, jene, ich darf sagen ausgespannteren Bedeutungen, Weltbedeutungen, die im Musikalischen gegeben sind, zu erleben gegenüber der bloßen Sprache, der kann wiederum dieses Erleben im Musikalischen als Erwachen ansehen. Denn man denke sich, daß eine Melodie immer mehr und mehr zusammengeschoben wird, der Zeit nach zusammengeschoben wird, dann kann bei einer gewissen Intensität des Zusammenschiebens ein Vokal oder Konsonant herauskommen. Da nimmt man nicht mehr das Musikalische wahr, was im Laute liegt, aber der Laut ist zuletzt zusammengedrängtes Melodisches oder Harmonisches. Und so, wie man das objektiv an dem Musikalischen und Sprachlichen empfinden kann, so kann man auch wiederum sagen: Das Musikalische liegt dem menschlichen Gefühle nahe; das Dichterische liegt dem menschlichen Vorstellen nahe. Und der Ausdruck des Vorstellens ist für die Dichtung dasjenige, was im sprachlichen Elemente gelegen ist.

Aber man kann auch dasjenige, was Wahrnehmung, Sinnesorganisation selber ist, was also noch mehr als die Vorstellungen am Menschen nach außen liegt, auch ins künstlerische Element erheben. Im Musikalischen lebt man wie in einem webenden Geistmeer. Im Sprachlichen ist es schon so, wie wenn man in diesem webenden Geistmeere ans Ufer käme, überall ans Ufer. Und die Vorstellungen sind ja dasjenige, was am Ufer von dem liegt, was zwischen Wasser und Erde ist, am Ufer. Aber wenn man nun aus dem Wasser herauskommt, sich wirklich ganz der Sinneswelt hingibt und dennoch das Geistige der äußeren Welt wahrnimmt, dann kommt man an dasjenige, was nun nicht durch Sprache mehr, sondern nur noch durch das Zeichen, das am Menschen selber lebt, vergegenwärtigt werden kann: an die Eurythmie.

Wie ich also vorgestern sagen konnte, die Eurythmie ist eine bewegte Plastik, so kann ich heute sagen, ganz im Inneren des Menschen webt das Musikalische. Das Musikalische ist die künstlerische Ausgestaltung der Gefühlswelt. Etwas weiter nach der Peripherie des Menschen lebt das Dichterische. Es ist die sprachlich-künstlerische Ausgestaltung der Vorstellungswelt. Außerhalb der Vorstellungswelt, wenn der Mensch schon aus sich herausgeht, lebt er im Wahrnehmen. Dasjenige aber, was im Wahrnehmen nun nicht sinnlich, sondern geistig erlebt wird, ist in der Eurythmie gegeben. Daher müßte man, indem man die Bewegungen des Eurythmikers wahrnimmt, wirklich überall eigentlich Natur wittern. Und derjenige, der Natur wittert, aber Geist in der Natur, der nimmt Eurythmie in der richtigen Weise wahr.

Denken Sie einmal, wenn jemand zum Beispiel sagen kann: Da sehe ich eine eurythmische Bewegung, das gemahnt mich daran, wie einmal bei einem Waldesspaziergang eine Tanne einen Eindruck auf mich gemacht hat. Eine Tanne, welche etwas im Winde bewegt war, oder auch nicht im Winde bewegt war. – Wenn man aber dann nicht bei dieser Empfindung stehenbleibt, sondern wenn der Betreffende dazu kommt, sich zu sagen: Ja, jetzt klärt mich die Eurythmie eigentlich erst über die Tanne auf, denn die Tanne steht nicht da, um bloß das zu sein, was sie ist, die Tanne ist ein Buchstabe in demjenigen, was durch die Welt wallt und webt, in dem urewigen, unendlichen Weltenworte. Und Eurythmie klärt mich darüber auf, wie die Tanne spricht. – Eurythmie kann mich auch aufklären, wie die Quelle spricht, Eurythmie kann mich auch aufklären, wie der Blitz spricht und so weiter.

In unserer Zeit nennt man ja Erklärung von einer Sache nur das, was man in Ideen oder in abstrakten Begriffen geben kann. Aber so arm, so greulich schattenhaft wie unsere abstrakten Begriffe, ist die Natur nicht. Und man soll nur der Natur gegenüber nicht glauben, daß man sie irgendwie trifft, wenn man sie in diese Spinnengewebe von Begriffen zwingen will, durch die man sie zu beschreiben heute glaubt. Die Natur ist ja unendlich reich. Die Natur an sich ist überall intensiv reich, nicht bloß extensiv reich. Die Natur ist nicht bloß quantitätenreich, die Natur ist qualitätenreich. Und wir müssen uns schon stärker anstrengen als bloß in unserem Kopfe, wenn wir der Natur nahekommen wollen. Dasjenige, was unser Kopf an Ideen allein über die Tanne zu sagen hat, ist eben wenig, und wir müssen unseren Organismus in Bewegung bringen, alles, was in uns ist, wenn wir das Geheimnis der Geistnatur in jedem einzelnen Ding und jedem einzelnen Vorgange lebend hinstellen wollen aus uns selbst heraus. Nur dann, wenn wir imstande sind, aus der Natur heraus etwas zu schaffen durch uns selber, vor dem wir dann in einer gewissen Weise eine Empfindung haben des Erstaunens über dasjenige, was das Weltall durch uns, mit uns, in uns bildet, dann ranken wir uns zu dem eigentlich Künstlerischen, zu demjenigen Künstlerischen empor, aus dem eigentlich weltgeschichtlich jede Kunst erwachsen ist. Aus einer solchen Stimmung heraus werden wir auch das richtige Aufschauen zu einer neuen Kunst gewinnen wie zu der Eurythmie.

Es muß einem gerade auf anthroposophischem Boden so sehr daran liegen, daß das Künstlerische und insbesondere ein neues Künstlerisches, wie es die Eurythmie ist, wirklich verstanden werde, empfindend verstanden werde, denn das Künstlerische hat in der neueren Zeit gar sehr gelitten. Es ist in einer gewissen Weise deshalb, weil der Mensch nur auf die trockenen, nüchternen Begriffe als Erkenntnis noch Wert legt, die Kunst immer mehr und mehr zum Lebensluxus geworden. Dann aber, wenn die Kunst zum Lebensluxus wird, erzeugt sich das schreckliche Philisterium über die Erde, und dann würde dies unbedingt dazu führen, daß die Philisterei Zukunft der Erdenmenschheit würde, wenn nicht gerade aus noch unerschlossenen künstlerischen Quellen heraus wirklich neues Künstlerisches geschaffen würde. Das haben wir versucht, meine lieben Freunde, eben gerade mit der Eurythmie auf unserem Gebiete. Und ein richtiges Empfinden dieses Eurythmischen als Künstlerischem ist dasjenige, was man so sehr herbeisehnen möchte innerhalb der Anthroposophischen Gesellschaft! Dann aber muß man sich darüber klar werden, daß das Künstlerische in sich selber schöpferisch ist, und daß man sofort aus dem Künstlerischen herauskommt, wenn man illustrativ wird.

Sehen Sie, Sie können dasjenige, was gesprochen wird, was gesprochen wird rezitativ, deklamatorisch als Wiedergabe der Dichtung, in Rezitation geben begleitet von Eurythmie, denn beides ist zueinander gehörig: Eurythmisches, der in Bewegung begriffene menschliche Organismus, und Sprachlich-Rezitatorisches oder -Deklamatorisches, was der Mensch zu sagen hat konzentriert auf eine bestimmte Organreihe. Und jede der beiden Künste hat die Möglichkeit, für sich wesenhaft zu leben. Und dann wirkt eine mit der anderen zusammen, so wie im menschlichen Organismus Herz und Kopf zusammenwirken, weil sie richtig voneinander verschieden, aber füreinander organisiert sind.

Sie können weiter das Instrumental-Musikalische, das da geoffenbart wird durch das objektive, vom Menschen abgesonderte Musikinstrument, begleiten mit dem Eurythmischen. Wir haben diese Toneurythmie wiederum selbst gefunden. Sie können aber nicht eurythmisieren, wenn gesungen wird. Denn denken Sie doch nur, wenn Sie das Gesungene noch eurythmisieren, so illustrieren Sie ja bloß den Gesang in seinem musikalischen Inhalte. Das aber ist etwas eminent Unkünstlerisches. Eine bloße Illustration ist eminent unkünstlerisch, so daß es sich also handeln wird einmal später, wenn man schon will, neben dem Gesang oder meinetwillen auch den vom Instrumente begleiteten Gesang, ein Eurythmisches hinstellen, so muß das etwas ganz anderes sein als irgendwie unsere heutige Toneurythmie oder Lauteurythmie. Gewiß, die Künste können zusammenwirken, aber man muß sich über folgendes ganz klar sein. Ich sage das, weil diese Dinge da oder dort aufgetaucht sind, man nun die Sehnsucht hat, auch zu Musikalisch-Gesanglichem zu eurythmisieren. Ich sage das ausdrücklich, denn gerade derjenige, der versteht, wie in unserer Toneurythmie in Bewegungen gesungen wird, also das schon ein Singen ist – sagen wir zu dem oder jenem Instrumente oder auch zum Orchester –, wird nicht verlangen können, daß man zweimal singt! Das ist es, um was es sich handelt.

Nun habe ich wieder versucht, einiges von dem zu sagen, was vielleicht geeignet sein kann, auf das Wesen der Eurythmie etwas hinzudeuten. Ich möchte eben anstreben gelegentlich solcher Aufführungen, gerade dann, wenn unsere lieben Freunde zu solch festlicheren Gelegenheiten versammelt sind wie diesmal, auch in dieser Richtung einiges zur Pflege, zur Würdigung und zur Förderung desjenigen, was aus unseren Quellen erwächst, beizutragen.

Dornach, 28. Dezember 1923

PROGRAMM

Sarabande aus der 2. Cello-Suite d-moll . . . . J. S. Bach

Als am dritten Tage ... . Albert Steffen

Ich sah ein bleiches Licht ... . Albert Steffen

Sarabande . . . . J. S. Bach

Du starrst den Himmel ... . Albert Steffen

Prélude, f-moll, Nr. 12 . . . . J. S. Bach

Ich und du, ... Albert Steffen

Es saugt die leere Finsternis ... . Albert Steffen

Andante . . . . J. E. Galliard

Les Elfes . . . . Leconte de Lisle

Bächlein im März . . . . Jan Stuten

The Bandruidh . . . . Fiona Macleod

Papillons . . . . J. Rameau

Dichters Berufung . . . . Friedrich Nietzsche

Gavotte aus der 5. Französischen Suite . . . . J. S. Bach

Le Corbeau et le Renard . . . . Lafontaine

La Cigale et la Fourmi . . . . Lafontaine

Scherzo . . . . L. van Beethoven
vermutlich aus der Klavier-Sonate A-Dur, Op. 2, Nr. 2

III

EURYTHMIE, DIE SPRACHE DES GANZEN MENSCHEN

Dornach, 30. Dezember 1923

Wir haben schon eine Reihe von Eurythmievorstellungen hier während Ihrer Anwesenheit gehabt, und ich konnte gelegentlich derselben in ein paar einleitenden Worten von der Stellung der Eurythmie innerhalb des Systems der Künste sprechen, und namentlich konnte ich darauf hinweisen, wie Eurythmie eigentlich doch mit einer gewissen Notwendigkeit aus einer den Zeichen der Zeit streng folgenden spirituellen Bewegung hervorgehen mußte. Denn jede neue künstlerische Impulsivität, jeder neue Anstoß im Künstlerischen im Laufe der Menschheitsentwickelung ist immer dann gekommen, wenn irgendwie ein neues Gebiet spirituell den Menschen erschlossen worden ist, oder wenn irgend etwas schon Erschlossenes auf eine neue Art an die Menschheit herangetreten ist. Man wird natürlich sehr leicht gegen die Eurythmie den Einwand erheben können, sie will eine Sprache sein, eine Sprache, die durch aus der menschlichen Organisation herausgeholte Gebärden sich offenbart. Diese Gebärden verstehen zunächst die Menschen nicht, aber darauf kommt es nicht an, sondern darauf kommt es an, daß dasjenige, was als solche Gebärde auftritt, den ästhetischen Sinn befriedigt, und daß aus der Befriedigung des ästhetischen Sinnes dann ein ebensolches Empfindungsverständnis für die Dichtung hervorgeht, wie aus der richtig orientierten Deklamation und Rezitation ein Verständnis der Dichtung hervorgeht.

Von dem, was eigentlich der ganzen Eurythmie zugrunde liegt, hat die gegenwärtige Wissenschaft nur ein kleines Stückchen. Man weiß, daß diejenige Partie des zentralen Nervensystems, des Gehirnsystems, welche vorzugsweise mit der Sprache zusammenhängt, auf der linken Seite des Gehirnes ist, und man weiß, daß die rechte Gehirnhälfte, die rechte Seite, die symmetrische Partie des Gehirnes, eigentlich nicht so konfiguriert ist, daß man in gleichem Sinne davon sprechen kann, daß auch dort auf der rechten Seite ein Sprachzentrum wäre. Aber die Sache ist sofort anders bei sogenannten Linkshändern. Menschen, welche als Linkshänder geboren werden, bei denen also die rechte Hand verhältnismäßig untätig bleibt gerade bei den intelligenten Verrichtungen, bei denen die linke Hand schreiben will, nähen will, häkeln will, bei denen liegt das Sprachzentrum auf der rechten Seite. Daraus hat mit Recht die Wissenschaft geschlossen, daß ein Zusammenhang besteht zwischen demjenigen, was als Bewegungsmöglichkeit, Bewegungsfähigkeit im menschlichen Arm, in der menschlichen Hand liegt, und der Sprache; daß die Sprache gewissermaßen das in einem gewissen Organsystem festgelegte Bewegen der Glieder der Menschen ist, das sinnvolle Bewegen der Glieder der Menschen. Das Verspüren desjenigen, was draußen in der Welt vorgeht, und das Ausdrücken dieses Verspürens durch die Sprachorgane ist etwas, was zeigt, daß eigentlich das Gliedmaßensystem des Menschen es ist, aus dem die Sprache herausgeboren wird.

Aber das ist in einem ganz umfänglichen Sinne der Fall. Nur weiß man heute nicht viel von diesen geheimnisvollen Zusammenhängen. Man weiß zum Beispiel nicht, wie gewisse in den Konsonanten liegende, namentlich in den Gaumenlauten zum Ausdrucke kommende Rundungen, Härtungen im Sprachlichen zusammenhängen mit der Art und Weise, wie der Mensch mit dem Fußballen oder mit der Ferse auftritt. Aus der Sprache kann man deutlich einen Ausdruck der ganzen Gestenfähigkeit des Menschen durch seine Gliedmaßen hindurch finden. Und wer einen Sinn dafür hat, wird sehen können, wie eigentlich aus der Art und Weise, wie ein Mensch geht, wie ein Mensch greift, wie ein Mensch springt, ganz erklärlich ist, wie er spricht. Es ist also nur ein ganz kleines Stück, welches die heutige Wissenschaft in dem Zusammenhange der rechten Hand und des linksseitigen Sprachzentrums hat.

Die Sprache kommt durchaus aus dem ganzen Menschen heraus; wenn man daher den physischen Leib des Menschen verfolgt, so sieht man, wenn er dieses oder jenes durch die Sprache offenbart, gewisse Teile, gewisse Partien in Bewegung. Wenn aber der Mensch seinem ätherischen Leibe nach beobachtet wird, dann ist der ganze ätherische Leib bei irgendeinem Laut, bei irgendeiner sprachlichen Äußerung in einer bestimmt konfigurierten Bewegung. Dasjenige, was sprachlich sich äußert, kommt immer aus dem ganzen Menschen. Und daher

Dornach, 30. Dezember 1923

PROGRAMM

Arie	J. E. Gabrielli
Herrscherin Erde	Wladimir Solovjeff
Immanu-el	Wladimir Solovjeff
Prélude, f-moll, Nr. 12	J. S. Bach
Weh, Weh! ...	J. W. v. Goethe
Trauermarsch	F. Mendelssohn-Bartholdy
Die Sonne schaue	Rudolf Steiner
Hirtenmusik aus dem Weihnachtsoratorium	J. S. Bach
Zum neuen Jahr	Wladimir Solovjeff

Das Traumlied vom Olaf Åsteson

kann man auch den Weg wiederum von der Sprache in die Bewegung hinein zurückmachen. Das Kind macht die Bewegungsmöglichkeit durch, projiziert gewissermaßen dasjenige, was die Gliedmaßen erfühlen, in der Bewegung draußen erleben, auf seine Sprachorgane und schafft im Sprechen ein Abbild dieser Bewegungsfähigkeiten. Dann kann man aber umgekehrt wiederum aus der Sprache zurückgehen in die Bewegungsmöglichkeiten, welche sowohl dem einzelnen Laute, den Lautverbindungen, den Lautbetonungen und so weiter entsprechen. Man kann die ganze Sprache wiederum in den bewegten Menschen übersetzen und dadurch jene bewegte Plastik herausbringen, von der ich schon gesprochen habe.

Ich wollte, wie gesagt, immer ein paar Gesichtspunkte hinstellen beim Ausgangspunkte unserer Vorführungen, damit, was eigentlich sehr gut geschehen kann, diese Eurythmie, welche auf eine so naturgemäße Weise aus der Anthroposophie hervorgeht, von den verschiedensten Seiten aus beleuchtet wird.

Sie werden gerade bei dem heute im zweiten Teile nach der Pause vorgeführten Olaf Åsteson sehen, wie sich Eurythmie selbstverständlich dann ergibt, wenn die Dichtung den Menschen in eine höhere, in eine geistige Sphäre hinaufhebt. Man kann wirklich mit einer gewissen Selbstverständlichkeit so etwas wie Olaf Åsteson eurythmisieren, weil die Geistigkeit, welche in den eurythmischen Bewegungen liegt, sich wirklich am besten Vorgängen in der geistigen Welt anschließt. Olaf Åsteston ist ein wunderbares, im Norden gefundenes Gedicht aus älterer norwegischer Literatur, in welchem ursprüngliche volkstümliche Kunst, die eigentlich immer verbunden ist mit volkstümlichem Schauen, volkstümlichen Imaginationen, zur Offenbarung kommt. Wie gesagt, dieser Olaf Åsteson wird dann nach der Pause eurythmisiert, wird heute gerade eine Darbietung sein, welche in der weihnachtlichen Zeit und unserer weihnachtlichen Tagung besonders angemessen sein muß.

DIE BEDEUTUNG DER KUNSTPFLEGE INNERHALB DER ANTHROPOSOPHISCHEN BEWEGUNG

Dornach, vermutlich 5. Januar 1924

anläßlich der Gründungsversammlung der Allgemeinen Anthroposophischen Gesellschaft

Über die Bedeutung der Eurythmie habe ich ja innerhalb des Kreises unserer Freunde – und solche sind heute insbesondere da – oft gesprochen, und es ist auch das Wesentliche davon in unserer Zeitschrift «Goetheanum» erschienen. Daher möchte ich heute nur der Eurythmievorstellung einige Worte voraussenden, die sich daraus ergeben können, daß Eurythmie, eurythmische Kunst, gerade ihrem Wesen nach herausgewachsen ist aus den anthroposophischen Bestrebungen. Und daraus ergibt sich dann der naheliegende Gedanke, welche Bedeutung die Kunstpflege überhaupt innerhalb der anthroposophischen Bewegung haben soll.

Als die anthroposophische Bewegung begann im Schoße der theosophischen Bewegung, mußte sie erst alles dasjenige abstreifen, was innerhalb der theosophischen Bewegung Sektiererisches war und innerhalb dieser auch sektiererisch geblieben ist. Die anthroposophische Bewegung war vom Anfange an nicht im geringsten veranlagt dazu, sektiererisch zu wirken, denn sie ging vom Anfange an auf die Erfassung des geistigen Lebens in seiner Allseitigkeit und konnte durch das, was sie ist, ihre Fäden zu allen einzelnen Zweigen menschlicher, geistiger und auch praktischer Betätigung ziehen. Es war daher nicht auffällig aus dem sektiererischen Charakter der theosophischen Bewegung heraus, daß Kunstpflege erst als etwas Fremdes empfunden worden ist, wie sie innerhalb der theosophischen Bewegung auch heute noch als etwas Fremdes empfunden wird. Aber es gelang doch schon innerhalb des Rahmens der theosophischen Bewegung, zum Beispiel bei dem Kongreß in München 1907, Künstlerisches herauszuarbeiten, als wir damals «Das Mysterium von Eleusis» von Schuré aufführten. Und als einmal sozusagen die Dinge Feuer gefangen hatten, dann kam doch allmählich auch innerhalb unserer Gesellschaft das Bewußtsein herauf, wie selbstverständlich es ist, daß die Kunstpflege eine immer breitere Basis findet innerhalb dieser Gesellschaft.

Sehen Sie, wenn in unsere Reihen vor, ich will sagen, zwanzig, achtzehn, fünfzehn Jahren Künstler eingetreten sind, so haben sie sich als Künstler mehr oder weniger fremd gefühlt. Die theosophisch sich nennenden Anthroposophen kamen ihnen wie künstlerische Botokuden vor. Ich zitiere nur; es ist mir oftmals ausgesprochen worden. Und wenn ich manche noch aus theosophischen Kunst-Gesichtspunkten heraus gebildete und ausstaffierte – ich kann nur so sagen –, ausstaffierte Zweiglokale da oder dort betreten habe, auf die ich noch weniger Einfluß nehmen konnte, weil eben Anschauungen da waren, dann wurde es mir auch schon recht merkwürdig zumute, wenn ich an den Wänden die barbarischen Malereien, sagen wir zum Beispiel des Rosenkreuzes, sah, oder gar an den Wänden jene schematischen Darstellungen sah: unten die physische Welt, dann die astralische Welt, die spirituelle, dann bis hinauf immer höher und höher eine höhere Welt. Aber die ganzen Sachen hatten einen grenzenlos unkünstlerischen Charakter, so daß es nicht ohne Schwierigkeiten war, das künstlerische Element in die anthroposophische Bewegung hineinzubringen. Aber es wurde daran gearbeitet.

Wir kamen dann auch zu den Mysterienaufführungen in München. Wir kamen dazu, den Plan zum Goetheanum zu fassen, wo auch alle möglichen guten Ratschläge herankamen. Ich sehe heute noch viele Menschen sitzen, die dazumal auch an dem Plan des Goetheanums mitdachten, wie man da und dort hineingeheimnissen soll das Pentagramm, wie man einen Mittelpunkt finden soll zwischen – ich weiß nicht was schon allem –, wie man einen Mittelpunkt symbolisieren soll. Alles mögliche wurde da zusammengehalten, nur – Kunst war etwas Fremdartiges! Und ich hatte schon manche Schwierigkeit, das rein Künstlerische da hineinzubringen. Nun, gerade mit dem Plan, das Goetheanum zu bauen, ergab sich auch aus Verhältnissen, die ich schon geschildert habe, die Möglichkeit, diese Raumbewegungskunst, die Eurythmie, zu schaffen. Und da konnte man wirklich einmal aus dem Fundament heraus etwas schaffen. Man konnte einmal sich sagen, hier darf alles neu sein.

Gewiß, die Tanzkunst war da, und heute gibt es noch immer Leute, die Eurythmie beurteilen und finden, weil der Mensch sich dabei im Raume bewegt, so hat man es doch mit einer Tanzkunst zu tun. Die Leute sehen gar nicht nach; sie beurteilen die Eurythmie als eine Tanzkunst. Aber nachdem sie das Urteil gefällt haben, das ist eine Tanzkunst, fällt ihnen dann auf, daß die Beinbewegung die minder wichtige hier ist, nur da ist, um Raumesformen zustande zu bringen, und daß das Wesentliche jene Offenbarung der menschlichen Natur ist, die dadurch zustande kommt, daß sich Arme und Hände hauptsächlich bewegen. So kommt eben ein merkwürdiges Urteil zustande. Dann sagen die Leute: Da sind Bewegungen, die gemacht werden; es ist also eine Tanzkunst; aber da fuchteln sie mit den Händen und Armen herum, das ist doch keine Tanzkunst; also ist es schlecht. – Man merkt nicht, daß das Wesentliche ist, aus einem ganz neuen Material heraus zu arbeiten, nämlich aus der inneren

Formierung, Gestaltung, aus der Bewegungsmöglichkeit des menschlichen Organismus. Und nun ist einmal, was beim Menschen in der Sprache zum Ausdrucke kommt, was den Worten anvertraut wird, der Wortformung, was alledem anvertraut wird, was aus dem Worte gestaltet wird, lokalisierte Bewegungsmöglichkeit des ganzen Menschen. Der ganze Mensch ist ja vorhanden nach seinem physischen Leib, indem er feste Konturen hat; nach dem, was seinen Ätherleib influenziert, beeinflußt: das ist alles dasjenige, was in ihm Säfte, Flüssigkeit, Zirkulation ist. Der Mensch ist beherrscht von einem astralischen Leib, der seine Kräfte hineinsendet in all das, was im Menschen durch Luftwirkungen geschieht, wie die Atmung, innere Atmung auch und so weiter. Und der Mensch ist endlich dasjenige, was Ich-Organisation ist, was sich in seinem Wärmeorganismus, in der Wärmedifferenzierung, in der organischen Wärmedifferenz zum Ausdrucke bringt, die praktisch dadurch zustande kommen, daß auf den Luftorganismus – lokalisiert im Atmungssystem und in dem, was zum Atmungssystem gehört – alles dasjenige zusammengebracht wird, was aber im ganzen Menschen eigentlich heraus will.

Man kann nun das, was da lokalisiert ist im Atmungsrhythmus, im durchgeistigten, durchplastizierten Atmungsrhythmus, wiederum zurückholen in Bewegungen des ganzen Menschen. Und dadurch wird der ganze Mensch dann in der Tat ein Sprachorgan, was ich öfter genannt habe: als ganzer Organismus ein sichtbarer Kehlkopf in seinen Bewegungen. Dadurch, daß man also auf dasjenige geht, was im ganzen Menschen als Bewegungsmöglichkeiten vorhanden ist, hat man ein neues Material. Und dadurch, daß man die Imaginationen an der Sprache studiert, daß man darauf kommt, wenn der Mensch einen O-Laut von sich gibt, daß dann eigentlich sich vor ihn gruppiert etwas wie ein Umfassendes, wie ein Kreisförmiges – wenn der Mensch einen E-Laut offenbart, daß sich vor ihn hinzaubert etwas wie ein Merkurstab und so weiter, daß man diese Dinge so faßt, daß man die entsprechenden Imaginationen, welche in der Sprache enthalten sind, welche in der Sprache nur übergehen in Luftbewegungen und dadurch den Ton hervorbringen –, wenn man das bedenkt, so hat man zugleich neben dem Material eine ganz neue Art, künstlerische Formen in dieses Material, in die menschliche Bewegungsmöglichkeit hineinzubringen.

Alles das aber, was da zutage tritt, kann nur durch Geisteswissenschaft angeschaut werden, so daß in der Tat es nur der Geisteswissenschaft möglich war, diese Eurythmie zu schaffen. Denn es ist erfaßt der übersinnliche Mensch, ausgedrückt durch die sinnliche Form seiner Bewegungen. Den übersinnlichen Menschen kann nur Geisteswissenschaft fassen.

Als wir daher so weit waren, daß tatsächlich, ich möchte sagen, der Organismus der anthroposophischen Bewegung selber künstlerische Gesinnung aufgenommen hatte, konnte auch hervorgebracht werden eine eigene Kunst, eine Kunst, die nur eben aus dieser künstlerischen Gesinnung der anthroposophischen Bewegung entstehen konnte. Und das alles führte dazu, sich zu sagen, die ganze anthroposophische Bewegung ist eigentlich veranlagt dazu, tief veranlagt dazu, dasjenige, was sie sucht auf Geisteswegen, zu unterstützen dadurch, daß sie auch die künstlerischen Wege sucht. Und ich bin sogar davon überzeugt, wenn das künstlerische Element immer mehr und mehr in unsere Reihen einzieht, dann wird es unseren Freunden immer mehr und mehr auch möglich sein, die Schwierigkeiten des eigentlich geisteswissenschaftlichen Schauens zu überwinden, denn das Künstlerische ist etwas, das auf den Weg des geistigen Schauens bringt. Das ist einfach so. Wenn man den übersinnlichen Menschen faßt in seinem vorirdischen Dasein zum Beispiel, so offenbart er sich tatsächlich so, wie es versucht wird nachzuahmen in der Eurythmie. Daher ist die Eurythmie anregend, den Seelenblick auf den übersinnlichen Menschen hinzulenken.

Aber immer war, ich möchte sagen, wahre Kunst die Erscheinung des Übersinnlichen im Sinnlichen, so daß man im Sinnlichen unmittelbar die Anschauung des Übersinnlichen hatte, nichts Symbolisierendes, nichts Allegorisierendes; das ist alles strohern, das ist nicht künstlerisch. Aus dem allem geht aber hervor, daß es einem schon am Herzen liegen kann, den Freunden der anthroposophischen Bewegung wiederum ans Herz zu legen, sich der künstlerischen Bestrebungen innerhalb unserer Reihen recht intensiv anzunehmen. Es wird dadurch Leben ausgegossen werden über die ganze anthroposophische Bewegung. Das Künstlerische wird ein Lebenselixier der anthroposophischen Bewegung sein. Und wenn man einmal wirklich sagen will, die anthroposophische Bewegung ist ebenso stark künstlerisch geworden, wie sie anfangs nicht künstlerisch sein konnte, da sie aus einer nichtkünstlerischen Grundlage herausgewachsen ist, dann wird eigentlich nicht nur für die Kunst selber innerhalb der anthroposophischen Bewegung, sondern für die ganze Schwungkraft der anthroposophischen Bewegung etwas getan sein. Und dann wird man, wenn man als Künstler hereinkommt in die anthroposophische Bewegung, nicht mehr sagen: Das sind ja alles Botokuden in der Kunst –, sondern man wird sagen: Das ist ja etwas, was nun wirklich in unserer künstlerisch oftmals sich so barbarisch gebärdenden Welt wiederum echte, wahre künstlerische Gesinnung, künstlerischen Enthusiasmus hat. – Und das ist dasjenige, was man gerne will und was nun gerade durch die entsprechende Enthusiasmierung für die eurythmische Bewegung, auch mit allem, was damit zusammenhängt, erreicht werden kann.

Das ist etwas, was ich mit ein paar Worten heute über die Beziehungen der anthroposophischen Bewegung zur Kunst vorausschicken wollte.

Sonnabend, den 2. Februar 1924, abends 5 Uhr:

Ernst getragenes und Heiteres in Dichtung und Musik eurythmisiert

Sonntag, den 3. Februar, abends 5 Uhr

Erste Faustszene des zweiten Teiles, sowie andere ernste und heiter-komische Dichtung, ferner Musikalisches eurythmisiert. –

Ankündigung in den Zeitungen

Dornach, 2. Februar 1924

PROGRAMM

Larghetto aus der 4. Violinsonate	G. Fr. Händel
Ich sah ein bleiches Licht	Albert Steffen
Ein riesenhaftes Antlitz	Albert Steffen
Largo (verm. a. d. 2. Sonate für 2 Violinen) . .	G. Fr. Händel
Du starrst den Himmel	Albert Steffen
Zum Adam- und Eva-Tag	Albert Steffen
1. Satz aus der Violinsonate, A-Dur	César Franck
Es träumt die Braut	Albert Steffen
Allegro	J. E. Galliard

Die Rune der vier Winde	Fiona Macleod
Bächlein im März	Jan Stuten
Elfe	Shakespeare
Lullaby	Shakespeare
Waldesrauschen	Franz Liszt
Winter (Love's Labour lost)	Shakespeare
Spring (Love's Labour lost)	Shakespeare

DIE BEZIEHUNG ZWISCHEN LAUTSPRACHE UND BEWEGUNG

Dornach, 2. Februar 1924

Die Eurythmie will eine wirkliche Sprache, eine sichtbare Sprache sein, eine Sprache, welche durch Bewegungen des Menschen an sich zum Ausdrucke kommt, oder auch durch die Bewegung von Menschen im Raume. Die Lautsprache besteht ja darinnen, daß wir die Luft in Bewegung bringen, die dann an das Ohr des anderen herandringt, und daß die Luftbewegung, die auch eine Art von Geste – eben eine in Luft ausgedrückte Geste – ist, das vermittelt, was die Seele des einen Menschen zu der Seele des anderen Menschen hin offenbaren will. Nun geht das heutzutage durch eine bestimmte Beziehung zwischen menschlicher Bewegung und der Lautsprache.

Das ist, ich möchte sagen, ein kleines Stück, ein ganz kleines Stück von dem, was dann in ausführlicherer Art erkannt, zu der eurythmischen Kunst führen kann.

Man weiß heute, daß das Sprachzentrum auf der linken Seite des Gehirns liegt. Wenn dieses Sprachzentrum verletzt ist, kann der Mensch diese Lautgebärden, welche dann in ihrer Schnelligkeit Lautsprache werden, nicht ausführen. Daß aber das Sprachzentrum auf der linken Seite der dritten Gehirnwindung liegt, ist bei den meisten Menschen vorhanden, bei der überwiegend großen Anzahl von Menschen, weil diese Rechtshänder sind. Und das Merkwürdige ist, daß bei Linkshändern das Sprachzentrum auf der rechten Seite ist.

Daraus geht diese wichtige Erkenntnis hervor, daß dasjenige, was das Kind hineingießt als Erlebnisse seiner Seele, von Impulsen seiner Seele in die Gebärden des rechten Armes, der immer mehr sich bewegt als der linke, in einer inneren Verbindung steht mit dem, was sich in der linken Gehirnhälfte ausbildet. Während das entsprechende Organ der rechten Gehirnhälfte beim normalen Menschen auch Windungen zeigt, aber unausgebildet im physischen Sinne.

Man könnte dann wiederum zu irgendeinem Laut zurückgehen:

I, U, L, M, N oder Laute zu Worten oder Sätzen zusammenfügen, oder, da eine rhythmische oder taktmäßige Gestaltung von Lauten oder Worten eine umgesetzte Bewegung ist, so muß man sie auch wiederum zurückverwandeln können in die Bewegung. Der Mensch tut das, indem er seinen Laut mit den gewöhnlichen Gebärden, wenn er etwas lebhafter wird, in der Sprache begleitet. Aber, was da als Unterstützung des lautlich Gesprochenen im gewöhnlichen Leben zustande kommt, das verhält sich zu unserer Eurythmie wie das Lallen des Kindes zur vollständig artikulierten Sprache.

Wenn man nämlich mit dem, was hier als Anthroposophie oder Geisteswissenschaft dargestellt wird, den Zusammenhang zwischen der menschlichen Bewegung und der Sprache weiter verfolgt, so findet man, daß alles in der Sprache sein Gegenbild in der Bewegung hat.

Wir haben in der Sprache die Verstärkung des Lautes, die Betonung des Lautes. Diese Betonung des Lautes tritt ein, wenn wir aus unserem Charakter heraus, aus dem, wie wir eine Sache wichtig nehmen, Gewicht darauf legen, wenn wir ein Wort, einen Teil eines Satzes ganz besonders betonen. Das, was so die Betonung ist, drückt sich insbesondere aus in dem, was unsere Beine und Füße machen. Und man kann durch die Art der Aufstellung der Füße, durch die Bewegung der Beine dasjenige, was in die Sprache hineingeheimnißt ist, ich möchte sagen als eine geheime Eurythmie, in der Bewegung in dieser sichtbaren Sprache zum Ausdrucke bringen.

Man kann in Bewegungen des Kopfes dasjenige zum Ausdrucke bringen, was insbesondere in die Sprache hineingeheimnißt wird, sagen wir als Ironie der Sprache, als Lachen der Sprache oder auch als Ernst der Sprache.

Das tiefe Seelische aber, es wird in der taktmäßigen, in der rhythmischen Bewegung zum Ausdrucke kommen.

Bern, 26. Januar 1924 / Dornach, 3. Februar 1924

PROGRAMM

Ariel-Szene aus «Faust» II	J. W. v. Goethe
Prélude, es-moll	J. S. Bach
Weihnacht	Albert Steffen
Erinnerung	Anton Bruckner
Zum Adam- und Eva-Tag	Albert Steffen
Allegretto a. d. Violinsonate, A-Dur	César Franck
April	W. Watson
Thema und Variationen aus der Violinsonate G-Dur	W. A. Mozart
Aus «Pierrot Lunaire»: Abend	A. Giraud in der Übertragung von O. E. Hartleben
Das Huhn	Christian Morgenstern
Allegro	J. E. Galliard
Unter Schwarzkünstlern	Christian Morgenstern
Slavischer Tanz, Nr. 2	Anton Dvorak

Aufzeichnungen auf einem Notizblatt

Warum eurythmische Kunst? Karma hat sie gebracht. –
Kunst immer Offenbarung höherer Welten –
Sprache ist Luftgeberde
In der Gebärde der Hand und des Armes offenbart der Mensch die Sprache, die er aus der Seelenwelt heraus spricht wie er z. B. in der Plastik die Beseelung des Raumes durch den Willen ausdrückt im *Schweigen* –
In der Eurythmie lebt die *redende* Seele, die ihre Worte *dem* Verständnis mitteilen will, das den Raum überwindet. –

Rezitation Deklamation — In der Schule als Heileurythmie. –

Bewegung Gefühl Charakter

BILDHAUERKUNST UND EURYTHMIE

Dornach, 11. Februar 1924

Wer nun in anthroposophischer Art, wie sie hier gepflegt wird am Goetheanum, diese Zusammenhänge weiter sucht, bekommt zwischen allen Bewegungsmöglichkeiten des menschlichen Organismus und zwischen demjenigen, was in der Lautsprache zum Ausdrucke kommt, nicht etwa nur Analogien, sondern ganz gesetzmäßige Zusammenhänge. So daß man wirklich sagen kann: Ein Kenner dieser Zusammenhänge errät eigentlich, sagen wir, aus der Art und Weise, wie irgend jemand auftritt, ob mit den Fersen mehr oder mit den vorderen Füßen mehr, ob er die Knie mehr oder weniger beugt oder dergleichen, welche besondere Stilisierung in der Sprache der betreffende Mensch hat. Denn nicht nur Arm und Hand drücken sich in den eigentlichen, der Sprache zugrunde liegenden Denkorganen aus, sondern der ganze Mensch, und zwar zum Beispiel in der Betonung der Sprache. Ob man Hochton, Tiefton anwendet, drückt sich aus in Bewegungen der Füße, der Beine. Wiederum die ganze Artikulation des Gedichtes kommt in der inneren Gliederung, der rhythmischen, selbst grammatikalischen Gliederung, welche jemand seiner Sprache angedeihen läßt, zum Ausdrucke. Eigentlich ist in die Sprache der ganze Mensch hineingeflossen. Man kann schon sagen: Dadurch, daß das so ist, kann man entgegenstellen der Bildhauerkunst, welche durch die ruhige menschliche Form das Innere des Menschen offenbart, diese Eurythmie. Und wer ein Gefühl dafür hat, wird in dem bildhauerischen Werke, welches den Menschen zur Darstellung bringt, fühlen, welcher Art, welchen Temperamentes, welchen Charakters, ja selbst welcher Laune unter Umständen, Neigung, Leidenschaft, die Seele des Menschen ist, welche dargestellt wird. Aber man hat immer das Gefühl, es ist die ruhende, die schweigsame Seele, welche durch die Bildhauerkunst zum Vorschein kommt.

Redet aber die Seele, dann will sie nicht die ruhende Menschenform zur Offenbarung bringen, sondern den bewegten Menschen. So kann man sagen: Bildhauerkunst stellt dar die schweigende Seele in ihrer Eigenart; Eurythmie stellt dar die innerlich redende Seele.

Dornach, 23. März 1924

PROGRAMM

Kinder-Aufführung

I. Teil

Stabübungen, Ballen und Spreizen
Auf grüner Heide
Taktieren, Toneurythmieübungen
Das Häslein . . . . Christian Morgenstern
Toneurythmieübungen
Liederseelen . . . . C. F. Meyer
Scherzo . . . . Reinicke
Musette . . . . J. S. Bach

II. Teil

Largo . . . . G. Fr. Händel
Treue, Leben, Ewig . . . . Albert Steffen
Für meine Mutter . . . . Albert Steffen
Allegretto . . . . W. A. Mozart
Am Turme . . . . A. Droste-Hülshoff
Gavotte . . . . A. Corelli
Lied vom Winde . . . . Eduard Mörike
Menuett . . . . G. Fr. Händel
Lüfteleben . . . . Friedrich Rückert
Arie . . . . J. S. Bach
Der Morgen . . . . A. Droste-Hülshoff
Aus «Waldszenen»: Eintritt . . . . Robert Schumann

Herren

Brüder . . . . Christian Morgenstern
Friede auf Erden . . . . C. F. Meyer
Proœmion . . . . J. W. v. Goethe
Erleuchtung . . . . Fr. Hebbel
Spiel . . . . C. F. Meyer
Hussen's Kerker, mit Auftakt «Schicksalsfrage» . . C. F. Meyer
Die Krypte . . . . C. F. Meyer
Adagio . . . . L. van Beethoven
Gefunden . . . . J. W. v. Goethe
Mailied . . . . J. W. v. Goethe

Eintragungen in ein Notizbuch

Prag, 30. März 1924

Eurythmie

den bewegten Menschen sehen –

sichtbare Sprache – sichtbarer Gesang. –

Linkshänder =

Geisteswissenschaft – ganzer Mensch –

Sprache Bedeutung = Eurythmie die unmittelbare Anschauung.

Im Worte das Geistige ins Abstrakte zurückgedrängt.

Recitation.

Plastik = die schweigende Seele

Eurythmie = die redende Seele

Mensch selbst das vollkommenste Instrument

[Aufführung im Deutschen Theater; Ansprache nicht vorhanden.]

Stuttgart, 21. und 22. März 1924
Karlsruhe, 24. März
Prag, 30. März, Deutsches Theater

PROGRAMM

Vom Sieben-Nixen-Chor . . . . Eduard Mörike

Intermezzo, As-Dur, Op. 76, Nr. 3 . . . . . Johannes Brahms

Schön-Rohtraut . . . . Eduard Mörike

Romanze, F-Dur, Op. 118, Nr. 5 . . . . . . Johannes Brahms

Die traurige Krönung . . . . Eduard Mörike

Larghetto aus der 4. Violinsonate . . . . G. Fr. Händel

Du denkst, dein Leiden . . . . Albert Steffen

Es träumt die Braut . . . . Albert Steffen

Arie . . . . D. Gabrielli

An den Mistral . . . . Friedrich Nietzsche

Prélude, H-Dur, Op. 28, Nr. 11 . . . . Fr. Chopin

Allegro aus der 4. Violinsonate . . . . G. Fr. Händel

Der Bahnvorstand . . . . Christian Morgenstern

Das Huhn . . . . Christian Morgenstern

Notturno in Weiß . . . . Christian Morgenstern

Caprice . . . . Max Reger

Eintragungen in ein Notizbuch

Prag, 2. April 1924

«Die eurythmische Kunst». Vortrag im Konservatoriumssaal mit eurythmischen Darstellungen

1.) Eurythmie sichtbare Sprache und sichtbarer Gesang. Die Gebärde ist das Ursprüngliche –
Sie drückt den Reiz aus, den ein äußeres Ding oder ein Vorgang für das Gefühl hat.

Takt im Überwinden der Kräfte der Erde.

Rhythmus im Überwinden der Rhythmen der Umgebung. Kräfte des Umkreises.

Melos im Überwinden der Eigenheiten der Dinge und Vorgänge. – Kräfte der Höhe. –

In der Sprache = Weltverhältnis.
Position = Haltung in der Bewegung = Gestaltung.
Die fortschreitende Gestaltung. –

In der Pause

Etwas über die Charakterhaltung der einzelnen Sprachen durch die Eurythmie –
Der verschiedene Charakter nach Ernst und Humor.
Nicht Mimik, nicht Tanz. –
Das Händelsche Allegro =
die Fée dragée =
Praelud. Chopin =
das Russische von Bjely.
Die humoristischen Dinge.
Bachs Gavotte. =

[Nachschrift nicht vorhanden.]

Prag, Konservatorium, 2. April 1924

PROGRAMM

Prélude, es-moll	J. S. Bach
Mitten in der Nacht	Albert Steffen
Ein riesenhaftes Antlitz	Albert Steffen
Nocturne, Es-Dur, Op. 9, Nr. 2	Fr. Chopin
Full fathom five ... (The Tempest)	W. Shakespeare
Musik: Jan Stuten	
Bächlein im März	Jan Stuten

Prélude, H-Dur, Op. 28, Nr. 11	Fr. Chopin
Über den Bergen (russisch)	A. Bjely
Allegro aus der 4. Violinsonate	G. Fr. Händel
La Grenouille et le Bœuf	Lafontaine
Danse de la Fée dragée aus der Suite «Casse Noisette» . . .	P. Tschaikowsky
Le Rat de Ville et le Rat des Champs	Lafontaine
Gavotte aus der Suite, D-Dur	J. S. Bach

Prag, Tschechisches Theater, 6. April 1924

PROGRAMM

Auftakt: Fünfeck Musik: Jan Stuten	
Das Nildelta	Wl. Solovjeff
Prélude, f-moll, Nr. 12	J. S. Bach
Der Erde Frühlingssehnen (russisch)	Wl. Solovjeff
April	W. Watson
Thema und Variationen aus der Violinsonate, G-Dur	W. A. Mozart
Evoe Musik: Max Schuurman	
Persée et Andromède	J. M. Hérédia
Harmonischer Auftakt Musik: Max Schuurman	

Les Elfes	Leconte de Lisle
Allegro	Pugnani-Kreisler
Fairie's Song	W. Shakespeare
Lullaby	W. Shakespeare
Elfentanz	Edvard Grieg
Balthazar's Song (Much ado about nothing)	W. Shakespeare
Venise	Alfred de Musset
Slavischer Tanz, Nr. 2	Anton Dvorak

Vorführung pädagogischer Eurythmie
durch Schülerinnen der Fortbildungsschule am Goetheanum
in Dornach

im Schänzlitheater, Bern, 14. April 1924
nachmittags 4 Uhr

PROGRAMM

I. Teil

Stabübungen mit musikalischer Begleitung von L. van der Pals
Ballen und Spreizen Musik von Max Schuurman
Auf grüner Heide
Taktier-Übung mit musikalischer Begleitung von Max Schuurman
Ton-Eurythmie-Übungen:
a) Dur- und Moll-Dreiklänge
b) Intervall-Übungen
c) Dissonierende und konsonierende Akkorde
Das Häslein . . . . Christian Morgenstern
Ton-Eurythmie-Übungen:
a) Chromatische Skala in Dur
b) in Moll
c) Tonleiter-Übung
Liederseelen . . . . C. F. Meyer
Scherzo . . . . Reinecke
Musette . . . . J. S. Bach

II. Teil

Largo . . . . G. Fr. Händel
Treue, Leben, Ewig . . . . Albert Steffen
Für meine Mutter . . . . Albert Steffen
Allegretto . . . . W. A. Mozart
Am Turme . . . . A. Droste-Hülshoff
Gavotte . . . . A. Corelli
Das Lied vom Winde . . . . Eduard Mörike
Menuett . . . . G. Fr. Händel
Lüfteleben . . . . Friedrich Rückert
Arie . . . . J. S. Bach
Der Morgen . . . . A. Droste-Hülshoff
Waldszenen . . . . Robert Schumann

PÄDAGOGISCHE EURYTHMIE

Bern, 14. April 1924

Vor kurzer Zeit durften wir hier in Bern im Theater Proben der eurythmischen Kunst aufführen, welche vom Goetheanum aus gepflegt wird. Damals handelte es sich vorzugsweise darum, Eurythmie als Kunst vorzuführen. Die Eurythmie ist eine Kunst, welche mit heute noch ungewohnten Kunstmitteln arbeitet, in heute noch ungewohnten künstlerischen Formen spricht, und über die vielleicht daher ein paar Worte der Verständigung im voraus notwendig sind.

Der Mensch offenbart dasjenige, was in seiner Seele lebt, durch das Gesanglich-Musikalische und durch die Sprache. Beides, sowohl das Gesanglich-Musikalische wie die Sprache, gehen hervor aus demjenigen, was der Mensch in sich erlebt. Aber sie sind gewissermaßen konzentriert auf ein gewisses Organ, ein organisches System, auf die Sprach- und Gesangsorgane. Nun sehen wir schon im gewöhnlichen Leben, wenn wir sprechen, wie wir so häufig das Bedürfnis haben, dasjenige, was wir durch die Sprache zum Ausdruck bringen, möglichst zu unterstützen durch allerlei Gebärden. Und wir vermeinen, wenn wir uns das auch nicht immer klar machen, daß die Gebärde geeignet ist, den Anteil des Seelischen an dem, was wir da aussprechen, größer zu gestalten, als wenn wir die Sache bloß aussprechen. Das ist das eine, was als eine Beobachtung aus dem gewöhnlichen Leben hergenommen werden kann, und woraus wir dann sehen werden, wie es sich zum Eurythmischen verhält.

Ein anderes ist ein kleines Stück von einer Erkenntnis, welche die heutige Wissenschaft schon hat, während eine ganze Erkenntnis daraus werden kann. Die heutige Wissenschaft weiß, daß das Sprachzentrum, das gewöhnliche Sprechzentrum des Menschen, in der linken Hirnhälfte liegt, daß da ein ganz bestimmtes Organ ist, aus Hirnwindungen bestehend, ohne welches der Mensch unfähig ist zu sprechen; nicht deshalb, weil seine Sprachorgane in irgendeiner Weise unfähig wären, die können ganz intakt sein, der Mensch kann doch nicht, wenn dieses Gehirnorgan nicht in Ordnung ist, sprechen und singen, weil er nicht in diese Sprachlaute Sinn hineinlegen könnte. Nun ist das Merkwürdige dieses, daß die meisten Menschen dieses Sprachzentrum in der linken Hirnhälfte haben. Die rechte Hirnhälfte in ihren Windungen zeigt dieses Sprachzentrum gewöhnlich bei den Menschen nicht. Da ist das Gehirn nicht in den Formen, in denen es geformt ist in der linken Seite des Gehirnes. Nur die wenigen linkshändigen Menschen haben die Sache umgekehrt; sie haben auf der linken Seite einen ungeformten Teil und auf der rechten Seite das geformte Sprachzentrum des Gehirns. Daraus kann man sehen, daß die Bewegung des Armes und der Hand etwas zu tun hat mit dem Sprechen. Das Kind führt zunächst das, was aus seiner Seele sich herausleben will, in den Handbewegungen aus, und wir haben die Handbewegungen dazu veranlagt, ausdrucksvolle Gesten zu bilden, ausdrucksvolle Gebärden zu formen. Bei demjenigen Menschen, dessen rechte Hand und rechter Arm dazu veranlagt sind, ausdrucksvoll zu werden, Sprache zu werden, bei ihm geht durch eine geheimnisvolle innere Organisation dieser Impuls aus Arm und Hand über auf die linke Seite des Kopfes. Und man kann durchaus davon sprechen, daß es bei den Linkshändern auf die rechte Seite des Kopfes übergeht. Also muß die Sprache mit der Veranlagung von Arm und Hand etwas zu tun haben.

Anthroposophische Geisteswissenschaft, wie wir sie in Dornach treiben, ist nun imstande, diese Sache, die nur ein kleines Stück Weg bekannt ist, weiter auszubilden, und da sieht man zuletzt, daß alles, was im Menschen organisch veranlagt ist, etwas zu tun hat mit der Fähigkeit zu sprechen. Wer das durchschauen kann, braucht nur zu sehen, wie ein Mensch auftritt, wie er ein Bein vor das andere setzt im Gehen. Er kann aus diesem heraus sehen, ob dieser Mensch eine Sprache hat, auch wenn er nie sprechen gelernt hat, in scharfer Abgrenzung, ob er einzelne Laute betont oder alles gleich sagt. Wenn man einen Menschen anschaut, wie er Arme und Beine bewegt, bekommt man eine Anschauung vom Rhythmus seiner Sprache; das Mienenspiel des Gesichtes deutet das Melos der Sprache, ihre Melodie an. Der Mensch bildet das im Verlaufe seines Lebens nicht aus, sonst würden wir alle merkwürdige Betrachtungen fortwährend machen, wenn wir die Seele im Ausdruck der Sprache zur Offenbarung kommen lassen. Wir unterdrücken die Begleiterscheinungen, welche unser Organismus ausführen will für die Sprache. Sie können sogar sehen, wie es die Angehörigen der einen Nation mehr tun als die Angehörigen der anderen Nation. Die Engländer stecken die Hände in die Hosentaschen, wenn sie reden; die Italiener bekräftigen das, was sie sagen wollen, was sie auf der Seele haben, mit allerlei Gebärden. Man kann wirklich, wenn man ein exaktes Anschauen von diesen Dingen hat, jeden Sprachlaut zurückführen auf eine Bewegung des menschlichen Organismus. So wie sich die Bewegung, die sich aber im Leben unterdrückt, in die Sprache verwandelt, so kann man die Sprache zurückverwandeln in Bewegung. Dieses gibt dann Eurythmie. Diese Eurythmie gibt das, was wir in meistens nicht sehr ausdrucksvollen Bewegungen, mit denen wir unsere Sprache begleiten, zeigen. Wie sich das unartikulierte Lallen des Kindes verhält zur ausgebildeten Sprache der Menschen, so verhält sich die Gebärde der gewöhnlichen Sprache zur Eurythmie. Das, was der Mensch hat als Unterstützung seiner Sprache, ist ein Lallen seiner Gebärden. Hier in der Eurythmie sehen Sie die ausgebildete Bewegungssprache, eine sichtbare Sprache, die aber ausdrucksvoller ist, die kunstvoll ist, weil sie nicht der Konvention unterliegt wie die gewöhnliche Sprache.

Was den Gesang betrifft, so kommt in ihm das zum Ausdruck, was im Menschen, man kann schon sagen, als Musikalisches lebt. Da ist die Sache noch viel interessanter. Wenn der Mensch nämlich dasjenige in sich erlebt, was ihn über das Tier hinaushebt, dann wird das im Menschen unterbewußt erlebt als das Musikalische. Daher haben wir für die anderen Künste überall Vorbilder in der Natur, weil in den Reichen der Natur das da ist, was in den anderen Künsten gepflegt wird. Für die Musik haben wir kein Vorbild der Natur. Wenn jemand musikalisch komponieren will, kann er nicht die Natur nachahmen. Derjenige, der den Menschen mit musikalischer Anschauung betrachten kann, findet in dem, was der Mensch innerlich durch Atmung, durch Blutzirkulation und wiederum durch dasjenige, was mit Atmung und Blutzirkulation in seiner Gestaltung zusammenhängt, ein lebendes, ein fortwährend bewegliches musikalisches Instrument. Ach, es ist so trostlos pedantisch und philiströs, wenn wir nur mit der gewöhnlichen Anatomie und Physiologie den Menschen beschreiben. Dieses wunderbare Gefüge von Nerven, das im Menschen verläuft und aufgefädelt ist, möchte ich sagen, auf dem Rükkenmark, das da ausläuft in das Gehirn, dieses ganze Nervensystem angeschaut, ist eigentlich eine wunderbare Abstufung von musikalischen Wirkungen, welche von der Atmung übergehen durch die Blutzirkulation in das Nervensystem, welche im Nervensystem sich als die wunderbarste im Menschen lebendige Musik absetzt. Was musikalisch erlebt wird, überträgt sich wieder in die Gestalt des menschlichen Organismus. Geradeso wie die Handbewegung, die Beinbewegung, das Fußaufstellen, wie das in der Sprache lebt, so lebt das, wie der Mensch innerlich rhythmisch veranlagt ist, in dem Musikalischen, in dem, was er gesanglich hervorbringt. So wie das Gehirn nach den Bewegungen sich zum Mittelpunkt der Sprache macht, des sinnvollen Sprechens, so macht sich ein anderer Teil des Gehirnes zum Mittelpunkt dessen, was nicht äußerlich erscheint in Bewegung, sondern was innerlich in Blutzirkulation erscheint. Wir lernen das Innere des Menschen kennen, wenn wir diejenige Bewegung, die eigentlich im Inneren des Menschen verläuft, als musikalische Bewegung des Gesanges in die äußere Gebärde übersetzt, kennenlernen. Dadurch entsteht die Toneurythmie. Sie ist eine Darstellung dessen, was aus dem rhythmischen Menschen heraus ist. So entsteht sichtbare Sprache und sichtbarer Gesang, welche ebenso ausdrucksvoll sind wie die Lautsprache und der Tongesang selber. Nun, das alles kann künstlerisch ausgestaltet werden, ist künstlerisch ausgestaltet und tritt als Kunst zu den anderen Künsten hinzu.

Nun stellt sich noch ein anderes heraus. Wir haben in der Waldorfschule in Stuttgart durch die ganze Volksschule hindurch und weiter die Eurythmie als obligatorischen Lehrgegenstand neben dem Turnen eingeführt. Sie ist ein geistig-seelisches Turnen. Wenn man das Turnen, das eigentlich heute etwas überschätzt wird, ansieht, dann entsteht es so in der Zeit des Materialismus als ein Bewegen des Menschen auf Grundlage der Anschauung seiner Körperlichkeit. Ein sehr berühmter, gar wohl bekannter Physiologe der Gegenwart, der einmal einer Eurythmievorstellung beigewohnt hat und diese

Worte von mir gehört hat, als ich sagte, das Turnen ist etwas Einseitiges und sollte durch solche geistig-seelische Eurythmie ergänzt werden, sagte von seinem Physiologenstandpunkt aus – also nicht ich, sondern er sagte das, und wenn ich seinen Namen nennen würde, würden Sie einen Schreck bekommen –, er sagte: Ich nenne das Turnen eine Barbarei; es ist gar kein Erziehungsmittel. – Jedenfalls möchte ich nicht so weit gehen. Aber in der Waldorfschule führen wir das, was nun ebenso naturgemäß aus dem menschlichen Organismus heraus eine Sprache und einen Gesang entfalten läßt, im Unterricht als ein geistiges Bewegungsspiel ein und als solches werden Sie es hier sehen, ausgeführt durch die Schülerinnen von unserer Fortbildungsschule am Goetheanum in Dornach. Man kann dabei sagen, daß sich Eurythmie vom sechsten, siebenten Lebensjahr ab durch alle Schulklassen zieht. Man kann sie in allen Lebensaltern treiben. Ich werde oftmals gefragt, wann man aufhören soll damit. Ich sage dann gewöhnlich: Jedenfalls nicht vor dem achtzigsten Lebensjahr. – Aber eigentlich sollte man sie bis zum Tode treiben. Es ist immer etwas, was in so harmonischer Weise aus dem Organismus herauskommt. Die Kinder finden sich mit demselben inneren Wohlgefallen, mit derselben inneren Behaglichkeit in die Eurythmie hinein, wie sie sich hineinfanden als viel kleinere Kinder in Sprache und Gesang. Daraus sieht man schon, daß die Eurythmie mit Notwendigkeit herauskommt aus der ganzen menschlichen Organisation.

Und als drittes haben wir die Eurythmie entwickelt als Heileurythmie, wo sie, weil sie hervorgeht aus der gesunden Bewegung des menschlichen Organismus, in der therapeutischen Entwickelung wesentlichen Krankheitsprozessen entgegenarbeiten kann und anderen therapeutischen Methoden als Hilfsmittel dienen kann. Wohlgemerkt, im Anthroposophischen wird man nicht einseitig. Die Dinge werden so genommen, wie sie sich gegenseitig im Leben darbieten. Es fiele dem niemals ein, der Anthroposophie kennt, ein Allheilmittel in eurythmischer Therapie zu sehen. Aber sie wird manchen Heilprozeß wesentlich unterstützen, und die Heileurythmie ist deshalb eingeführt als ein wesentlicher Teil der Therapie. Nur so, wie ich es gesagt habe, ist am Klinisch-Therapeutischen Institut, das Frau Dr.

Wegman in Arlesheim in Verbindung mit dem Goetheanum leitet, Heileurythmie eingeführt. Da zeigt sich auch die ganze Bedeutung der Heileurythmie. Schon daraus sieht man, wie Eurythmie aus dem hervorgeht, was der gesunde Organismus will. Da mußte sie etwas abgeändert werden. Nicht das, was Sie hier sehen, und was Sie im Theater als Eurythmische Kunst gesehen haben, ist Heileurythmie. Eurythmie muß abgeändert werden, so daß ihre Wirkung so gestaltet wird, daß sie auf den kranken Organismus wirkt.

Heute werden wir uns bemühen, das vorzuführen, was ich an zweiter Stelle genannt habe: den pädagogischen Teil der Eurythmie, der sich dadurch bewährt, daß er den Menschen so ausbildet, daß dabei Geist, Seele und Leib gleichermaßen zur Geltung kommen. Aber es zeigt sich dabei allerlei. Nur eines möchte ich erwähnen. Die Dinge, die man beim Erziehen und Unterrichten als Waldorflehrer findet, sind manchmal sehr im Verborgenen der menschlichen Entwickelung gelegen. Es zeigt sich, daß pädagogische Eurythmie entgegenwirkt der Lügenhaftigkeit der Kinder. Es ist auch eine Erfahrung, daß nicht ganz wahrhaftige Kinder die einzigen sind, welche Eurythmie nicht lieben. Die anderen Kinder treiben sie als etwas Selbstverständliches. Die Menschen haben es nur gelernt, etwas unwahrhaftig zu nennen, was durch die Sprache ausgedrückt wird. Wenn man aber Lügenhaftigkeit auch durch die Bewegung offenbaren kann, kann man die Lüge wieder aus der Seele zurückdrängen, so daß für die Erziehung zur Wahrhaftigkeit die Eurythmie ein ganz ausgezeichnetes Heilmittel ist.

Wir wissen es alle, denn wir sind die strengsten Kritiker unserer selbst, daß die Eurythmie erst im Anfange der Entwickelung steht. Sie wird sich weiter auf den drei genannten Gebieten nach und nach einfügen. Immerhin darf ich sagen, daß wir uns bewußt sind, einen Anfang zu haben. Und ich glaube, daß es reizvoll ist, etwas, was eine bedeutsame Zukunft hat, im Anfang zu sehen. Nach und nach wird sich Eurythmie schon hineinstellen in die ganze menschliche Zivilisation, in alles, was künstlerisch, pädagogisch und auch therapeutisch angesehen wird, für die ganze menschliche Entwickelung sowohl in Erziehung wie auch in der Kultur.

GOETHEANUM DORNACH
(Im provisorischen Saal)

EURYTHMISCHE KUNST

Zwei Darbietungen am

Ostersonntag, den 20. April 1924
5 Uhr nachmittags

Ostermontag, den 21. April 1924
5 Uhr nachmittags

Romantische und klassische Dichtung
und Musik in eurythmischer-künstlerischer Darstellung

Ankündigung in den Zeitungen

Dornach, 20. und 21. April 1924

PROGRAMM

Vom Sieben-Nixen-Chor . . . . Eduard Mörike
Intermezzo, As-Dur, Op. 76, Nr. 3 . . . . . . Johannes Brahms
Schön Rohtraut . . . . Eduard Mörike
Romanze, F-Dur, Op. 118, Nr. 5 . . . . . . Johannes Brahms
Die traurige Krönung . . . . Eduard Mörike
Musik: Jan Stuten

Larghetto aus der 4. Violinsonate . . . . G. Fr. Händel
Du denkst, dein Leiden . . . . Albert Steffen
Es träumt die Braut . . . . Albert Steffen
Arie . . . . D. Gabrielli
Wind, du mein Freund! . . . . Christian Morgenstern
Allegro aus der 4. Violinsonate . . . . G. Fr. Händel
Prélude, H-Dur, Op. 28, Nr. 11 . . . . Fr. Chopin
Musette, D-Dur . . . . J. S. Bach
Allegro aus der 7. Klaviersonate . . . . J. Haydn

Dornach, 20. April 1924, 11 Uhr (Ostern)
Dornach, 22. April 1924, 17 Uhr

EURYTHMIE-PROGRAMM

für Mitglieder

I

Die Grundsteinlegung . . . . Rudolf Steiner

Air aus der Suite, D-Dur (bearb. f. Cello und Klavier) J. S. Bach

Aus «Wegzehrung» . . . . Albert Steffen
Du hebst die Hände ...
Für meine Mutter

Präludium, f-moll . . . . J. S. Bach

Aus «Wegzehrung»: Christus in mir . . . . . . Albert Steffen

Andante . . . . J. E. Galliard

II

Menuett für Flöte und Klavier . . . . Rosenberg

Aus «Wegzehrung» . . . . Albert Steffen
Wie die Blumen im Garten stehn, ...
Liegt der bloße Erdenleib ...

Largo, B-Dur, für Violine und Oboe . . . . . G. Fr. Händel

Vermächtnis . . . . Robert Hamerling

Präludium . . . . Pugnani-Kreisler

DIE WEISHEITS-WORTE DER GRUNDSTEINLEGUNG

Dornach, 22. April 1924

Die heutige Eurythmievorstellung ist in dem Sinne gedacht, daß die wesentlichen Veranstaltungen innerhalb unserer anthroposophischen Bewegung seit der Weihnachtstagung am Goetheanum wiederum einen neuen Zug bekommen sollen. Und ein Impuls sollte gegeben werden, der nicht bloß ein einmal Vorübergehendes ist, sondern der sich fortsetzt und fortentwickelt. Nur dadurch werden wir in der anthroposophischen Bewegung vorwärtskommen, daß nicht wie bisher immer wieder und wiederum neue Ansätze gemacht werden, sondern daß dasjenige, was einmal inauguriert ist, wirklich auch seinen sachgemäßen Fortgang findet.

Deshalb werden Sie hier dasjenige sehen, was während der Weihnachtstagung zum erstenmal vor Sie hingetreten ist. Sie werden die Worte vernehmen, die bei der Weihnachtstagung in unsere Herzen sich senken sollten, um in diesen Herzen den Grundstein für die neugestaltete Anthroposophische Gesellschaft zu legen. Heute werden Sie, in Eurythmie umgesetzt, diese Worte schauen, und damit wird dasjenige, was damals zu Weihnachten begonnen hat, einen Schritt weiter gebracht werden.

Daran werden sich dann schließen eurythmische Darstellungen von Dichtungen, die in ganz außerordentlichem Sinne dem Osterfeste geweiht sein können. So soll, wie wir versuchten, bei der Weihnachtstagung etwas zu geben, was dazumal ein Anfang war, mit solchen Dingen eine Fortsetzung gemeint sein. Und es steht zu hoffen, daß wenn immer mehr und mehr in die Herzen der lieben Freunde der Anthroposophischen Gesellschaft das Bewußtsein von der Bedeutung, der fortwirkenden Bedeutung der Weihnachtstagung einzieht, daß wir auf dieser Bahn weiterschreiten können, so daß tatsächlich unsere anthroposophische Bewegung nicht bloß sein wird eine Art Perlenschnur, bei welcher Perlen, eine nach der anderen, aufgereiht sind, sondern etwas, was wächst, sprießt, sproßt und sich im Wachsen, Sprießen und Sprossen weiter entwickelt.

Dornach, 26. und 27. April 1924

PROGRAMM

Sarabande aus der 2. Cello-Suite . . . . J. S. Bach

Die Mutter träumt . . . . Albert Steffen

Liegt der bloße Erdenleib ... . Albert Steffen

Präludium, b-moll, Nr. 22 . . . . J. S. Bach

Ich lief hinweg ... . Albert Steffen

Vernichtung oder Verjüngung . . . . Robert Hamerling

Andante (für Cello) . . . . W. Lewerenz

Vermächtnis . . . . Robert Hamerling

Präludium . . . . Pugnani-Kreisler

Full Fathom five ... (The Tempest) . . . . . W. Shakespeare

Persée et Andromède . . . . Hérédia

Harmonischer Auftakt Musik: M. Schuurman

Er ist's . . . . Eduard Mörike

Gavotte aus der 5. Französischen Suite . . . . J. S. Bach

L'Agneau et le Loup . . . . Lafontaine

Vanitas . . . . J. W. v. Goethe

Gigue, A-Dur . . . . G. Ph. Telemann

DIE BEWEGUNG ALS SPRACHE DER SEELE

Dornach, 27. April 1924

In der Eurythmie, von der wir nunmehr wieder eine Darstellung vor Ihnen zu unternehmen uns erlauben, wird versucht, aus den Bewegungsmöglichkeiten des menschlichen Organismus heraus, die dann übertragen werden auf die Bewegungen von Menschengruppen auch, dasjenige zu schaffen, was zunächst sich ausnimmt wie entwickelte Gebärden des Menschen. Und Sie werden auf der Bühne an dem bewegten Menschen, der bewegten Menschengruppe dasjenige sehen, was als Gebärde zunächst sich offenbart. Allein in dieser Eurythmie wird die Gebärde zu einer wirklichen Sprache. Nicht wahr, wir haben am Kinde zunächst, bevor es dazu kommt, in der Formung der Sprachlaute dasjenige auszudrücken, was in der Seele lebt, eine Art von Lallen, das erst einlaufen muß in die artikulierte Sprache. Und dann haben wir im gewöhnlichen Leben am Menschen, wenn er sich genötigt fühlt, mehr Innigkeit zu geben seiner Lautsprache, die Tatsache, daß er mit der Gebärde versucht, die Lautsprache zu begleiten, wodurch er sie persönlicher, inniger, seelenhafter macht.

Wenn wir dann diese einfach aus einem gewissen unwillkürlichen Fühlen hervorgehenden Gebärden nehmen als eine Art von Lallen durch Bewegung, so können sie aber weiter fortgeführt werden. Geradeso wie das Lallen des Kindes zur wirklichen Seelenoffenbarung wird, so kann das Fortführen der Gebärde, welche man bei verschiedenen Menschen oder Völkern, je nachdem sie wirken wollen, persönlicher oder unpersönlicher, auch verschieden stark angewendet findet, auch weiter ausgebildet werden bis zur wirklichen Sprache.

Das kann man nun nicht etwa in Willkür so machen, daß man einfach irgendeinen Inhalt nimmt, um diesen dann, so wie man glaubt, in Bewegungen auszudrücken, dann sich einfach seiner Bewegung überläßt – so wird das niemals eine wirkliche ausdrucksvolle Bewegung. Es wäre gerade so, wie wenn man die Sprache der Willkür überließe und sich gestatten würde, da, wo nun einmal in der Sprache nach dem Ausdrucke der Seele ein A sein soll, dafür ein I zu setzen oder dergleichen, sondern es handelt sich darum, daß man genauso wie jeder Laut – sei es ein Vokal oder sei es ein Konsonant – zur Offenbarung dasjenige bringt, was die Seele erlebt, so kann auch diese oder jene Bewegung zur Offenbarung bringen, was die Seele erlebt. Man muß sich nur klar sein darüber, daß in den zivilisierten Sprachen das Sprechen sich sehr weit von seinem Ursprunge entfernt hat, und es ist gerade dies der Grund, daß wir eine Vielheit von Sprachen haben, weil sich die Sprachen allmählich von ihrem Ursprunge entfernten. Bei den einfachen Lauten kann noch überall gesehen werden, wie sie Ausdruck von gewissen Seelenerlebnissen sind.

Das A oder Ach bleibt einmal Ausdruck von Verwunderung, das E bleibt einmal Ausdruck des Gestörtseins und so weiter. Und wenn wir dann in den Vokalen durch den Ausdruck von inneren seelischen Erlebnissen Gefühle empfinden, Skalen von Gefühlen und Empfindungen, so haben wir in den Konsonanten überall dasjenige, was äußerlich Geschehendes oder äußerlich Daseiendes nachahmt. Unsere Sprache ist in dieser Beziehung wirklich ein fortwährendes Ineinanderweben desjenigen, was wir in den Konsonanten von außen nachahmen, mit demjenigen, was wir aus unserer Empfindung dazu tun bei äußeren Ereignissen, welche uns so oder so, sympathisch, antipathisch oder was dazwischen liegt, berühren.

Nun entspricht wirklich genauso wie Laut, Satz, dann die Satzwendungen, Fragesatz, Ausrufesatz, gewöhnlicher Behauptungssatz oder in der Dichtung der Reim, das Metrum und so weiter, so wie in der Sprache das dem seelischen Erlebnis entspricht, so kann genau in derselben Weise ein Bewegungsausdruck des menschlichen Organismus gefunden werden, und zwar so, daß dieser Bewegungsausdruck so eindeutig ist wie der Laut selber. Das ist die eine Seite der Eurythmie, die Lauteurythmie.

Die andere Seite ist die Toneurythmie. Da wird die Bewegungsmöglichkeit des menschlichen Organismus zum sichtbaren Gesang. Da haben wir, so wie wir die Laute der Lauteurythmie, in welcher der Mensch oder Menschengruppen sich bewegen, begleitet haben von der Rezitation oder Deklamation, auf der anderen Seite den sichtbaren Gesang, die Toneurythmie, begleitet von der Instrumentalmusik. Und ebenso wie jeder Laut, jede Lautverbindung, jede Ausgestaltung des Satzes, jede Form des Satzes, so daß der Satz ein Ausdruck des Seelischen ist, wie all das in der Lautsprache zum Ausdruck kommt, so kann wiederum jeder Ton, jede Musikphrase, jede Melodie, der Rhythmus in der Musik, die Harmonie, alles das kann als ein sichtbarer Gesang zum Ausdruck kommen. Und man bekommt auf diese Weise tatsächlich in einer besonderen Formensprache eine Kunst, welche sich des Menschen selber als ihres Instrumentes bedient, und zwar so, daß man dabei alles das, was der Mensch als ruhende Form enthält, dieser ruhenden Form gemäß in Bewegung bringt.

Nun studieren wir die ruhende Form in ihrer inneren Ausdrucksmöglichkeit und kommen dabei zur Bildhauerei, zur Plastik. Wenn man eine unbefangene Empfindung hat, so schaut man in demjenigen, was man plastisch-räumlich gestaltet, die schweigende Seele. Und eigentlich ist jede Plastik, welche nicht das Dauernde der Seele ausdrücken will, Temperament, Charakter, die ganze innere Seelensituation des Menschen, kurz, alles dasjenige, was in der Seele zu einer labilen Ruhe gekommen ist, dann, wenn sie die augenblickliche Bewegung der Seele ausdrücken will, eigentlich keine Plastik mehr. Es ist ein vollkommener Widerspruch zwischen dem, daß das plastische Kunstwerk in sich ruht im Raume, und etwas anderes ausdrücken sollte als die schweigende Seele, die in sich ruhende Seele.

Wenn wir aber die in sich sprechende Seele zur Darstellung bringen wollen, dann müssen wir den Menschen selber als unser Instrument, als unser Werkzeug verwenden. Und dann müssen wir uns klar sein, daß jedes, was am Menschen Form ist, eigentlich fortwährend in Bewegung übergehen will.

Denken Sie doch nur einmal, daß eine menschliche Hand, wenn sie die ruhende Form ist, im Grunde genommen ein Widerspruch ist in sich. Die Form der menschlichen Hand zeigt, daß diese menschliche Hand in ihrer Form übergeführt werden soll in die Bewegung. Die gehaltene Hand trägt in sich schon wie embryonal die greifende, die weisende, die zeigende, die winkende Hand. In dem Augenblicke aber, wo die ruhende Hand übergeht in die winkende Hand, in die greifende Hand, in diesem Augenblicke wird die Bewegung des Menschen zum Ausdruck der sprechenden Seele wie die Werke der Bildhauerkunst der schweigenden Seele.

Nun ist es so, daß der Mensch eigentlich in sich das ganze Weltenall enthält. Wir sind ja, wenn wir nur die irdischen Verhältnisse betrachten, mit unserer Betrachtung außerordentlich arm. Da schauen wir hinaus in die Welt, da ist vieles um uns herum. Dann ist in uns die Summe unserer Gedanken, unserer Vorstellungen, an die sich die Empfindungen anranken. Und man könnte jetzt einmal folgendes sagen: Ich nehme einen Menschen, der viel von der Welt erfahren hat, der ein aufmerksamer Beobachter war seiner ganzen Umgebung. Nun schaue ich auf die Umgebung. Und dann, wenn ich in der Lage wäre, durch irgendeinen Vorgang in dieses Menschen Seele hineinzuschauen, so würde ich eine seelische Photographie der Umgebung finden. Dasjenige, was im menschlichen Gedanken lebt, ist eine seelische Photographie der Umgebung.

Nun ist aber im Menschen – das ist ein scheinbarer Widerspruch, dennoch ist es so – noch vieles andere als seine Gedanken. Er ist eine Organisation, der Mensch. Es scheint zunächst physisch, aber kommt es denn vielleicht auf das Physische gar nicht zu stark an beim Menschen? In unserer heutigen materialistischen Zeit meinen wir, daß es auf das Physische ankommt. Aber wenn wir meinen, daß es auf das Physische ankommt, dann ist es so, wie wenn ich dahin gehe, dieses Bild – das Oster-Eurythmieprogramm – mir anschaue und sage: Ich untersuche dort die violette Farbe, die bräunlichviolette Farbe, ich untersuche alle Einzelheiten. Ich beschreibe dann, wie die blaue Farbe über der violetten Farbe ist, die gelbe Farbe unter der grünen Farbe. Ich beschreibe das alles. Aber das ist nicht das Wesentliche, sondern das Wesentliche ist, was da zum Ausdrucke kommt. Das Materielle ist nicht das Wesentliche.

Und so, sehen Sie, ist es, wenn ich den physischen Menschen betrachte. Es ist tatsächlich eine recht kindlich naive Betrachtung, welche durch die heutige Wissenschaft gemacht wird. Diese Organisation des Menschen drückt aus, wenn man sie als Bild faßt, das ganze Weltenall. Allein gerade unsere seelischen, sogenannten geistigen Vorstellungen drücken die physische Umwelt aus, und das, was wir physisch in uns tragen, wenn wir es nur richtig betrachten können, drückt das ganze Weltall aus. Denn der Mensch ist ein Mikrokosmos. Das ist die Form. Und bringt er nun diesen Mikrokosmos in Bewegung, drückt er alles dasjenige, was in der Form lebt, aus, indem er es in Bewegung übergehen läßt, dann spricht in der Tat das ganze göttlich-geistige Weltenall durch das Instrument des Menschen, so daß man sagen kann: Der Mensch ist gegenüber dem Makrokosmos, der großen Welt, ein Mikrokosmos, eine kleine Welt. – Die Kunst ist überhaupt, wenn wir sie nun in ihrer Tätigkeit betrachten, gegenüber dem großen Schaffen, der großen Schöpfung, eine kleine Schöpfung, und im eminentesten Sinne kann man die kleine Schöpfung vollziehen, wenn man sie durch das Instrument vollzieht, das alle Weltengeheimnisse und alle Weltengesetze in sich konzentriert enthält: das ist der Mensch.

Daher kann man schon durch die Eurythmie, wenn man loslöst von der ruhenden menschlichen Form, welche die schweigende Seele ausdrückt, wenn man das herausbekommt, wenn man die Form in die Bewegung übergehen läßt, alle Weltengeheimnisse zum Ausdruck bringen. Will der wirkliche Dichter die wirklichen Weltengeheimnisse zum Ausdruck bringen, so legt er schon eine Art geheimer Eurythmie in seine Sprache.

Begleitet man die Eurythmie durch Deklamation und Rezitation, so muß man das so tun, wie es hier geschieht, daß tatsächlich nicht der Prosainhalt der Dichtung pointiert wird und auch nicht so rezitiert wird, daß man in künstlicher Weise, nicht in künstlerischer, sondern in künstlicher Weise Gefühle hineinpumpen will in Rezitation und Deklamation. Das ist dasjenige, was eine unkünstlerische Zeit, wie sie die heutige ist, so gern tut im Rezitieren, Gefühl in den Inhalt, in den Prosainhalt hineinpumpen, oder auch Begeisterung hineinpumpen. Aber in den Inhalt der Dichtung kann man das nicht, wenn es bei der Kunst bleiben soll, hineinpumpen, sondern man kann nur verstehen, wie auf der einen Seite wirklich in den

Lauten Imaginationen durch den Dichter dargestellt werden, wie in der Behandlung der Sprache ein Musikalisches oder ein Plastisches liegen. Das muß in der Rezitation zum Ausdruck kommen. So wird dasjenige, was zum Beispiel im wirklichen, richtigen schnellen Rhythmus verläuft, von selbst dasjenige zum Ausdruck bringen, was mit einem Gefühle geoffenbart werden soll; dasjenige, was im langsamen Rhythmus verläuft, wird etwas anderes. Wenn das Melos in die Sprache hineingreift, so wird die ganze Skala der Gefühle in der Behandlung der Sprache, nicht in dem künstlichen Hineinpumpen der Gefühle bestehen. In der Art und Weise, wie der Dichter die Sprache behandelt, ist schon eine geheime Eurythmie vorhanden. Die muß auch durch das Rezitieren und Deklamieren zum Ausdruck kommen. Und so handelt es sich darum, daß durch Eurythmie ein wirklicher sichtbarer Gesang und eine sichtbare Sprache geschaffen werden sollen.

Man kann gerade, indem hier in Begleitung der Instrumentalmusik die Toneurythmie auftritt, den Unterschied sehen, kann sehen, was für ein Unterschied ist zwischen dem Tanz und dem, was toneurythmisch, das heißt, bewegt gesungen, nicht getanzt, zum Ausdruck kommt. Lernt man unterscheiden die Eurythmie und unterscheiden die Toneurythmie vom Tanz, dann wird man schon begreifen, was eigentlich Toneurythmie will, und dann wird man schon auch den Übergang hinüber finden zum richtigen Verstehen dessen, was die Lauteurythmie will.

Aber es ist durchaus begreiflich, daß in unserer Zeit noch, wo man so sehr abweisend und ablehnend gegen alles Neue ist, ein geringeres Verständnis herrscht im allgemeinen sowohl für dasjenige, was Eurythmie will, wie deklamiert und rezitiert werden muß. Wir verstehen das alles, wissen dieses auf der einen Seite, wissen aber doch, daß damit, was hier getan wird, der Anfang gegeben ist zu einer gewissen Entwickelungsströmung in der Kunst, welche in der Zukunft voll herauskommen wird.

Auf der anderen Seite wissen wir sehr genau, daß es sich eben erst um einen Anfang handelt. Darinnen sind wir dann unsere strengsten Kritiker, und was einzuwenden ist, wissen wir eigentlich durchaus selber. Wir beachten es insoferne, als wir den Übergang suchen zu immer größerer Vollkommenheit. Erst vor kurzem hat hier innerhalb der Schule ein toneurythmischer Kurs stattgefunden, der wiederum um ein Stück weiterbringen soll.

Aber wenn so leichtherzig gesagt wird, daß man ja in den anderen Künsten das alles schon hätte, was hier versucht wird, man könnte ja einfach bei der Sprache bleiben, beim Anfange bleiben, so zeigt das, daß man doch nicht das richtige Gefühl hat für das Künstlerische. Denn wer dieses richtige Gefühl für das Künstlerische hat, der hat auch zu gleicher Zeit in sich die Sehnsucht nach einer Erweiterung des künstlerischen Feldes. Und wirklich aus dieser Sehnsucht nach Erweiterung des künstlerischen Feldes, das heißt, aus ganz urkünstlerischen Motiven ist dasjenige entsprungen, was hier als Ton- und Lauteurythmie auftreten soll. Und deshalb halten wir uns davon doch überzeugt, daß immer mehr und mehr Verständnis gerade in künstlerisch empfindenden Herzen für diese Eurythmie auftreten wird. Denn es wird schon so sein, wie von echten Künstlern empfunden wird, wie zum Beispiel *Anastasius Grün* es so schön zum Ausdrucke gebracht hat, wann der letzte Dichter leben wird. Er wird leben, wenn die irdische Welt selber ihrem Untergange entgegengehen wird, denn solange auf der Erde Leben ist, so lange wird es Dichtung geben. – So lange aber wird es auch Kunst geben und künstlerischen Sinn. Und wir sind überzeugt davon, solange es künstlerischen Sinn geben wird, wird es auch die Freude an einer Erweiterung der Kunst geben. Aus diesem Wollen einer Erweiterung der Kunst, aus dieser Freude an einer Erweiterung der Kunst ist die Eurythmie doch hervorgegangen. Deshalb darf man hoffen, daß sie allmählich neben den anderen Künsten sich auch in die künstlerische Entwickelung der anderen Künste einleben dürfte.

Dornach, 3. und 4. Mai 1924

PROGRAMM

Prélude, E-Dur	Fr. Chopin
Vernichtung oder Verjüngung	Robert Hamerling
Andante für Cello	W. Lewerenz
In dem Haupt ...	Albert Steffen
Feuerrotes Fohlen ...	Albert Steffen
Du hebst die Hände ...	Albert Steffen
Arie	J. S. Bach
Das heilige Nachtmahl	Albert Steffen
Prélude, b-moll	J. S. Bach

Time	Fiona Macleod
Christine	Leconte de Lisle
Warum?	Robert Schumann
My heart's in the highlands ...	R. Burns
Tonbild	Edvard Grieg
The Moonchild	Fiona Macleod
Hark! Hark! ... (Cymbeline)	W. Shakespeare
Autolykus' Song (Winter's Tale)	W. Shakespeare

DIE ERWEITERUNG DER KUNSTMITTEL

Dornach, 4. Mai 1924

Wer Kunst wirklich verstehen will, kann das eigentlich nicht anders, als wenn er Freude an der Kunst hat. Dann hat er aber an allem Künstlerischen Freude. Und da müssen wir sagen, bei einem solchen Menschen wird man auf Verständnis treffen, wenn der Versuch gemacht wird nach einer Erweiterung der Kunst und der Kunstmittel. Nur derjenige, der eigentlich nicht in richtig künstlerischem Sinne zur Kunst steht, wird Einwände erheben in Anbetracht dessen, was er gewohnt ist durch die alten Künste gegenüber einer neuen Kunst. Wer aber wirklich beachtet, was eine echt künstlerische Menschenwesenheit der Kunst gegenüber empfindet, wird solche Einsprüche nicht erheben. Es war mir immer eine außerordentlich schöne – ja, wie soll ich sagen, Definition möchte ich nicht sagen, eine schöne Umschreibung der Kunst, als ich im letzten Raffael-Aufsatz von *Herman Grimm* las: Was ist Kunst? – so sagt Herman Grimm, der eine wirklich künstlerische Menschennatur war: Kunst ist, was Freude macht. – Es ist eigentlich im Grunde genommen die einzige wahre Definition der Kunst: Kunst ist, was Freude macht. – Wenn wir dies wirklich in unser Empfinden aufnehmen: Kunst ist, was Freude macht – dann wird man schon, weil die Freude erweitert, umfassender werden kann, wenn neue Kunstmittel gefunden werden, auch die Eurythmie immer mehr als eine berechtigte Kunst ansehen. Und das ist es, dem wir uns als einer Hoffnung hingeben. Wir wissen ganz gut, heute ist Eurythmie noch im Anfange. Erst vor kurzem habe ich an einem Toneurythmie-Kurse hier wiederum die Sache ein Stück erweitert. Vor kurzem haben wir auch erst die Beleuchtungseurythmie und das ganze Bühnenbild in gewissem Sinne so zum Abschlusse bringen können, daß dasjenige, was in menschlichen Bewegungen zum Vorschein kommt, sich in der Bewegung der Lichteffekte weiterhin offenbart. Erst vor kurzem haben wir, wie gesagt, diese Erweiterung gemacht.

Schüleraufführung
Dornach, 9. Mai 1924, 5 Uhr nachmittags

Angehende Eurythmisten werden ihre Kunst
und ihre Grenzen zeigen.

PROGRAMM

Das Märchen vom Quellenwunder . . . . Rudolf Steiner

An die Cikade . . . . J. W. v. Goethe

Zwei Rosen . . . . Christian Morgenstern

Dämmerung . . . . J. W. v. Goethe

Largo . . . . F. M. Veracini

Zwiegesang . . . . Otto Rennefeld

Allegro aus der 2. Sonate, g-moll . . . . G. Tartini

---

Sarabande . . . . G. Fr. Händel

Der schwarze Prinz . . . . C. F. Meyer

Die gezeichnete Stirn . . . . C. F. Meyer

In der Sistina . . . . C. F. Meyer

Adagio . . . . L. van Beethoven

Frühling . . . . C. F. Meyer

Gavotte . . . . J. S. Bach

Liebe im Schnee . . . . Robert Hamerling

Bourrée . . . . J. S. Bach

Schüleraufführung

Dornach, 13. Mai 1924

PROGRAMM

I

Die Jugend . . . . Friedrich Hölderlin

Sprüche aus ägyptischen Königsgräbern

Hyperions Schicksalslied . . . . Friedrich Hölderlin

Sprüche aus ägyptischen Königsgräbern

Sonnenuntergang . . . . Friedrich Hölderlin

Spruch aus ägyptischem Tempel

II

Die Weihe der Nacht . . . . Friedrich Hebbel

An Elise . . . . Friedrich Hebbel

Andante . . . . J. M. Leclair

Waldlied . . . . Otto Rennefeld

Impromptu . . . . Franz Schubert

Fata Morgana . . . . Otto Rennefeld

Menuett, Es-Dur . . . . W. A. Mozart

Der Becher . . . . Friedrich Hebbel

Die Stimme . . . . Christian Morgenstern

Prélude . . . . Fr. Chopin

Morgengruß . . . . Fr. Schiller

Scherzo aus der Mondscheinsonate . . . . . L. van Beethoven

Eccossaises . . . . Fr. Chopin

Ulm, 19. Mai 1924

PROGRAMM

Grave aus der Suite, D-Dur	J. S. Bach
Prélude, es-moll	J. S. Bach
Als am dritten Tage ...	Albert Steffen
Zum Adam- und Eva-Tag	Albert Steffen
Allegretto aus der Violinsonate	César Franck
An den Mistral	Friedrich Nietzsche
Prélude, H-Dur, Nr. 11	Fr. Chopin
Allegro aus der Violinsonate G-Dur, K.V. 301	W. A. Mozart
Das Sträußchen	J. W. v. Goethe
Allegro aus der 7. Klaviersonate, D-Dur	J. Haydn

Nocturne, Es-Dur, Op. 9, Nr. 2	Fr. Chopin
Um Mitternacht	Eduard Mörike
Intermezzo, As-Dur, Op. 76, Nr. 3	Johannes Brahms
Die Geister am Mummelsee	Eduard Mörike
Intermezzo, e-moll, Op. 116, Nr. 5	Johannes Brahms
Zwei Liebchen	Eduard Mörike
Nixe Binsefuß	Eduard Mörike
Allegro aus der Violinsonate, g-moll (Teufelstriller)	G. Tartini

Dasselbe Programm wurde gegeben: Nürnberg, 21. Mai; ohne Chopin-Prélude im ersten Teil: Eisenach, 23., Erfurt, 26., Naumburg, 28., Hildesheim, 30. Mai, Hannover, 2., Halle, 5., Breslau (Lobe-Theater), 9. Juni.

An Marie Steiner in Eisenach Dornach, 22. Mai 1924

... Nun habe ich die Gedichte alle, auch die Schwester Helene, gestaltet. Nur mit zwei Kleinigkeiten, die Du mir abgetippt gegeben hast, konnte ich nicht fertig werden. Ich hoffe, daß ich auch diese noch zustande bringe. Ich habe nun alles an Frl. Bauer zum Abzeichnen gegeben und diese beauftragt, Dir nach Eisenach Text und Formen zu senden. Ich hoffe, daß Du sie bald auf der Reise noch bekommst. ...

An Rudolf Steiner in Dornach Erfurt, 26. Mai 1924

In Nürnberg ging es uns recht gut, bis auf Stutens Erkrankung. Die Mitglieder sind dort recht rührig gewesen; der große Saal des Kulturvereins, – wohl der größte, in dem ich gesprochen habe (mit Ausnahme Wiens), – war voll. Oben in einer Loge entdeckten wir sogar einen akustischen Platz und ich glaube, es klang gut. Es war ein absoluter Erfolg, – Kritiken hat man uns noch nicht zugeschickt. Ein junger Mediziner, Schenk, las ganz ordentlich [als Einführung] aus dem «Goetheanum». ...

Eisenach hat ein ganz nettes Theater, ... Die Aufnahme war eine sehr gute, – die Arbeiter sagten, die Eisenacher seien noch nie so warm geworden, aber das Theater war nicht halb gefüllt, vielleicht sogar [nur] ein drittel. Der Hotelier vom Rautenkranz, wo wir alle gut untergebracht waren, war sehr entzückt, und sagte, er höre von den verschiedensten Seiten nur Gutes; wir sollten nur ja wiederkommen; es würde dann sicher voll werden. – Heute geht es also in Erfurt los. Da soll der Direktor mit ziemlichem Widerstreben das Theater gegeben haben. Die Probe beginnt recht spät, alles an einem Tage. ...

Die Kritik des rechtsstehenden Blatts in Eisenach war durchaus günstig. Ein anderes Blatt findet das Ton-Eurythmische sehr schön. Morgen geht es nun nach Naumburg. Herr Ritter las in Eisenach und liest hier.

An Marie Steiner auf Eurythmiereise Paris, 27. Mai 1924

Herzlichsten Dank für Deinen Brief aus Nürnberg. Es freut mich, daß es so weit ganz gut gegangen ist. Hoffentlich hält sich Deine Gesundheit. An die muß ich viel denken. Wenn sich nur nicht solch frostige Dinge wie das beschriebene am Montag bei der Ulmer Vorstellung zu oft wiederholen! ...

An Rudolf Steiner in Dornach Hannover, 1. Juni 1924

... Wir sind nun in Hannover, hatten heute Generalprobe, morgen Vorstellung. ... Das Theater – die Schauburg – ist sehr schön. Was uns wohl da blühen wird! In Hildesheim ging alles glatt, – der Besuch war gering, aber so, wie er im Hildesheimer Theater zu sein pflegt: 150 Menschen ungefähr. Eine Anzahl Hannoveraner waren aber brav herübergekommen, da es in Hildesheim nur das eine Mitglied Hensel gibt. Der Theaterdirektor war sehr entzückt (heißt es), und hat sogar statt der Miete die eingenommenen Mark zwischen uns zwei Parteien geteilt. Geklatscht wurde fleißig; bloß ein Rezensent von einer dort bekannten Zeitung, ein dummer Junge, sagt Hensel, soll über das Tanzen von Gedichten geschimpft haben. Sonst soll alles begeistert gewesen sein. – In Naumburg war der Saal ganz voll und die Stimmung eine sehr mitgehende, viel Beifall. Als alles zu Ende war, schwang sich ein Mensch auf die Bühne – erst sah es aus als ob er danken wollte für die Genüsse –, dann fing er an darüber zu reden, daß damit Anthroposophie zum ersten Mal in die Öffentlichkeit gekommen sei, daß man bedenken solle, wo man sei – im Rathaus, in der Reichskrone – hier wurde die Geschichte recht unverständlich – – Er lege Verwahrung ein gegen den Mißbrauch deutscher Dichtung – – Hier frug ich: Mit welchem Rechte stehen Sie denn überhaupt da und reden?, – worauf sich unsere Herren in Bewegung setzten und ihn hinunterbeförderten. Das Publikum stand auf unserer Seite. Aber am andern Tage hörte ich, als Meinung gewisser Mitglieder, man hätte ihn doch zu hart behandelt und ihn zu Ende reden lassen sollen; er wäre ein «kunstkundiger» Mann. Er soll ein früherer Kommunist gewesen sein, ein Maler, dann Dadaist, und jetzt hätte er eine Anstellung in reaktionären Kreisen; wäre aber empört, daß Stadt-Baurat Hossfeld (unser Mitglied) den [Bildhauer] Mund aus Leipzig beschäftige, statt ihn. Die Geschichte hat auch ein Nachspiel in der Zeitung. – Zwei Erfurter Zeitungen haben sich sehr lobend über die Eurythmie ausgesprochen, die dritte, die den Pfeifer angestellt hat, hat geschimpft, was das Zeug hält. In Erfurt wollte eine Theaterverschließerin mich nicht hinunterlassen ins Auto, denn sie sagte, es stünden da verdächtige Gestalten und man könne heutzutage nicht wissen, was passiere; sie kenne uns von München her. Es sollten erst andere mit dem Auto abfahren und mich später abholen. So geschah es; das Merkwürdige war, daß, als ich abfuhr, an 3 Ecken sich Polizisten in Gruppen aufgestellt hatten.

Da ich unterwegs mehrere Briefe und Telegramme aus Görlitz und Breslau gehabt hatte, habe ich zugesagt, die Vorstellung dort zu geben; nur konnte ich nicht mehr eine extra Vorstellung für Pfingsten vorbereiten. Das wurde noch vor Erfurt beschlossen. Jetzt habe ich freilich nicht die Meinung, daß es gut ist, die Reise zu verlängern. Die Pässe reichen bis zum 20.; und ich hätte noch Stuttgart, Konstanz – oder Heidelberg, Konstanz anfügen können. …

2. Juni

… Eben habe ich ein Programm aus Koberwitz erhalten, aus dem ich ersehe, daß wir erst am 17. werden abreisen können. Somit ist es klar, daß die Tournée damit abgeschlossen ist. …

Kisseleff hat einen schönen Pfingstspruch von Dir. Vor der Abreise gab ich Dir so viel Englisches, daß ich damit Dir nicht kommen wollte. Wenn Du jetzt vielleicht eine Form dafür würdest machen wollen, so frage nach dem Spruch bei ihr; sie wird selig sein und wir auch.

Hier wird heute abend ein Herr von der Decken, ein Priester, die einleitenden Worte sprechen; er hat recht geschickte Artikel über Eurythmie verfaßt, und scheint ein sehr intelligenter, rühriger Mensch zu sein.

Morgen haben wir einen freien Tag und wollen auf den Brocken, womöglich da übernachten, und übermorgen nach Halle, Hotel Stadt Hamburg. …

Dornach, den 29. Juni 1924, nachmittags 5 Uhr

Romantisches und auch Klassisches in Dichtung und Musik eurythmisiert.

PROGRAMM

Grave, aus der Suite, D-Dur . . . . J. S. Bach

Grenzen der Menschheit . . . . J. W. v. Goethe

Zum Adam- und Eva-Tag . . . . Albert Steffen

Etude, f-moll . . . . Fr. Chopin

An den Mistral . . . . Friedrich Nietzsche

Allegro aus der 4. Violinsonate . . . . G. Fr. Händel

Prélude, H-Dur, Nr. 11 . . . . Fr. Chopin

Mo-Lennav-a-Chree . . . . Fiona Macleod

Larghetto affettuoso
aus der Violinsonate, g-moll (Teufelstriller) . . . G. Tartini

---

Nocturne, Es-Dur . . . . Fr. Chopin

Um Mitternacht . . . . Eduard Mörike

Diamanten . . . . Robert Hamerling

Liebe im Schnee . . . . Robert Hamerling

Allegro . . . . J. E. Galliard

Allegretto aus «Sechs leichte Variationen» . L. van Beethoven

Der Zauberlehrling . . . . J. W. v. Goethe

Allegro aus der Violinsonate G-Dur, K.V. 301 . W. A. Mozart

Dornach, den 3. Juli 1924, 8 Uhr abends

Dichterisches und Musikalisches von aller Art
und Charakter und Sprachen eurythmisiert.

PROGRAMM

Arioso . . . . G. Fr. Händel

A Song of Dreams . . . . Fiona Macleod

Mo-Lennav-a-Chree . . . . Fiona Macleod

Etude, f-moll . . . . Fr. Chopin

Etude, E-Dur, Op. 10, Nr. 3 . . . . Fr. Chopin

Persée et Andromède . . . . J. M. Hérédia

Harmonischer Auftakt Musik: Max Schuurman

Papillons . . . . J. Rameau
Musik: Jan Stuten

La Grenouille et le Bœuf . . . . Lafontaine

Scherzo, Allegretto, Des-Dur . . . . L. van Beethoven
(Mondscheinsonate)

Auf den Bergen ... (russisch) . . . . Andrej Bjely

Ariel's Song (The Tempest) . . . . W. Shakespeare

Intermezzo, es-moll, Op. 118, Nr. 6 . . . . . Johannes Brahms

Under the greenwoodtree ... (As you like it) . . . W. Shakespeare
Musik: L. van der Pals

Venise . . . . A. de Musset

Dornach, 6. Juli 1924, nachmittags 5 Uhr

Dichtung und Musik mannigfachster Art
und verschiedenster Stile eurythmisiert.

PROGRAMM

Sarabande aus der 2. Cello-Suite, d-moll . . . . . . J. S. Bach

Weihnacht . . . . Albert Steffen

A Song of Dreams . . . . Fiona Macleod

Arioso . . . . G. Fr. Händel

Auf den Bergen . . . . Andrej Bjely

Nixe Binsefuß . . . . Eduard Mörike

Intermezzo, es-moll, Op. 118, Nr. 6 . . . . . Johannes Brahms

Russischer Frühling . . . . Wladimir Solovjeff

---

Le Samouraï . . . . J. M. Hérédia

Allegro aus der Klaviersonate, c-moll (Pathétique) L. v. Beethoven

La Cigale et la Fourmi . . . . Lafontaine

Allegretto aus «Sechs leichte Variationen» . L. van Beethoven

Le Loup et l'Agneau . . . . Lafontaine

Prélude, Op. 49, Nr. 2 . . . . A. Scriabine

Der Bahnvorstand . . . . Christian Morgenstern

Die Tafeln . . . . Christian Morgenstern

Humoristisches Rondo . . . . Max Schuurman

Dornach, den 10. Juli 1924, abends 8 Uhr

Erhabenes, Anmutiges, Dichterisches in verschiedenen Sprachen und Musikalisches eurythmisiert.

PROGRAMM

Prélude, E-Dur	Fr. Chopin
Finsternis, Licht, Liebe	Rudolf Steiner
Arie aus der Suite D-Dur	J. S. Bach
Die Seele fremd ...	Albert Steffen
Vision	Fiona Macleod
Prélude, cis-moll	S. Rachmaninoff
The Weaver of Snow	Fiona Macleod
Prélude, c-moll	J. S. Bach
Love's Perjuries	W. Shakespeare
Allegro aus der Klaviersonate, F-Dur, K.V.332	W. A. Mozart

Menuett für Flöte und Klavier	Rosenberg
Mignonne	P. de Ronsard
Intermezzo, Op. 10, Nr. 3	Johannes Brahms
Edward, Altschottische Ballade	J. G. Herder
Prélude, Op. 51, Nr. 2	A. Scriabine
The Castle by the Sea	H. W. Longfellow
Warum?	Robert Schumann
Hark, hark, ... (Cymbeline)	W. Shakespeare
Auftakt	L. van der Pals

Dornach, 13. Juli 1924, nachmittags 5 Uhr

Klassische und auch andere Dichtung und Musik
ernst und heiter eurythmisiert

PROGRAMM

Pastorale aus dem Weihnachtsoratorium . . . . . . J. S. Bach

The Bandruidh . . . . Fiona Macleod

Prélude, b-moll . . . . J. S. Bach

Du hast mein Herz ... . Albert Steffen

Vision . . . . Fiona Macleod

Russischer Frühling . . . . Wl. Solovjeff

Intermezzo, h-moll, Op. 10, Nr. 3 . . . . . . Johannes Brahms

Les Elfes . . . . Leconte de Lisle

Allegro aus der Klaviersonate, F-Dur . . . . . W. A. Mozart

Mrs. Gill and the Fairy . . . . W. de la Mare

Allegretto aus «Sechs leichte Variationen» . L. van Beethoven

Love's Perjuries (Love's Labour lost) . . . . . W. Shakespeare

Intermezzo, B-Dur, Op. 76, Nr. 4 . . . . . . Johannes Brahms

Kléarista . . . . J. M. Hérédia

Präludium, Allegro . . . . Pugnani-Kreisler

Eilidh, my Fawn ... . Fiona Macleod

Allegro . . . . G. Tartini
2. Satz aus der 2. Violinsonate, g-moll

LAUT-EURYTHMIE-KURS

Aufsatz im «Nachrichtenblatt» vom 20. Juli 1924

1 In der Zeit vom 24. Juni bis zum 12. Juli wurde am Goetheanum ein Kursus über Laut-Eurythmie abgehalten. Er hatte zum Inhalt eine nochmalige Darstellung von vielem, was bisher auf diesem Gebiete gegeben worden ist und zugleich eine Vertiefung und Erweiterung dieses schon Bekannten. Die eurythmisierenden Künstler, die am Goetheanum und von da aus an vielen Orten die Eurythmie als Kunst ausüben, die auf diesem Gebiete Lehrenden, die Lehrkräfte der von Marie Steiner in Stuttgart begründeten und geleiteten Eurythmie-Schule, die für Eurythmie tätigen Lehrkräfte der Waldorfschule und der Fortbildungsschule am Goetheanum, Heil-Eurythmisten, und eine Reihe anderer Persönlichkeiten, die durch ihren Beruf als Künstler oder Wissenschafter auf andern Gebieten für Eurythmie Interesse haben, nahmen an dem Kursus teil.

2 Eurythmie macht ja möglich, das Künstlerische als solches in seiner Wesenheit und seinen Quellen zur Anschauung zu bringen. Darauf wurde bei Abhaltung dieses Kurses besonders gesehen. Als eurythmischer Künstler kann nur wirken, wer aus innerem Beruf und innerer Begeisterung Kunstsinn schöpferisch entfaltet. Um die in der menschlichen Organisation liegenden Form- und Bewegungsmöglichkeiten zur Offenbarung zu bringen, hat man nötig, daß die Seele ganz von Kunst erfüllt ist. Dieser universelle Charakter des Eurythmischen lag allen Ausführungen zu Grunde.

3 Wer eurythmisieren will, muß in das Wesen der Sprachgestaltung eingedrungen sein. Er muß vor allem an die Geheimnisse der Laut-Schöpfung herangekommen sein. In jedem Laute ist ein Ausdruck für ein Seelenerlebnis gegeben. Im vokalischen Laute ein solcher für ein gedankliches, gefühlsmäßiges, willensartiges Sich-Offenbaren der Seele, im konsonantischen Laute für die Art, wie die Seele ein äußeres Ding oder einen Vorgang vergegenständlicht. Dieser Ausdruck im Sprachlichen bleibt beim gewöhnlichen Sprechen zum größten Teile ganz unterbewußt; der Eurythmist muß ihn auf ganz exakte Art kennenlernen, denn er hat, was im Sprechen hörbar wird,

in die ruhende und bewegte Gebärde zu verwandeln. Das innere Gefüge der Sprache wurde deshalb in diesem Kurse bloßgelegt. Die Lautbedeutung des Wortes, die der Sinnbedeutung überall zum Grunde liegt, wurde anschaulich gemacht. Von der eurythmischen Gebärde aus läßt sich manches in dem Gesetzmäßigen der Sprache, das gegenwärtig, wo das Sprechen in einer stark abstrakten Seelenverfassung ausgeführt wird, wenig erkannt wird, zur Darstellung bringen. Das ist in diesem Kursus geschehen. Dadurch, so darf gehofft werden, wird er auch Lehrern des Eurythmischen die ihnen nötigen Richtlinien gegeben haben.

4 Der Eurythmist braucht die Hingabe an das Kleinste der Gebärde, damit seine Darstellung wirklich zum selbstverständlichen Ausdruck des Seelischen wird. Er kann die große Gebärde nur gestalten, wenn ihm dieses Kleinste erst zum Bewußtsein, dann zur gewohnheitsartigen Äußerung des seelischen Wesens geworden ist.

5 Es wurde betrachtet, wie die Gebärde als solche Seelen-Erlebnis und Geist-Inhalt offenbart, und auch wie diese Offenbarung zum Seelenausdruck sich verhält, der in der Laut-Sprache sich hörbar verwirklicht. Man kann an der Eurythmie das Technische der Kunst würdigen lernen; aber gerade auch an ihr tief durchdrungen werden davon, wie das Technische alle Äußerlichkeit abstreifen und ganz vom Seelischen ergriffen werden muß, wenn wahrhaft Künstlerisches leben soll. In der Kunst auf irgendeinem Gebiete tätige Menschen sprechen oft davon, wie die Seele *hinter* der Technik wirken soll; die Wahrheit ist, daß *in* der Technik die Seele tätig sein muß.

6 Ein besonderer Wert wurde in diesen Vorträgen darauf gelegt, zu zeigen, daß der ästhetisch empfindende Mensch in der wahr gestalteten Gebärde das Seelische unmittelbar auf ganz eindeutige Art wahrnimmt. Es wurden Beispiele vorgeführt, die veranschaulichten, wie ein Inhalt in der Seelenverfassung auf selbstverständliche Art in einer gewissen Gebärdengestaltung gesehen werden kann.

7 Es wurde auch gezeigt, wie alle Sprachgestaltung, die in Grammatik, Syntax, in Sprachrhythmus, in poetischen Tropen und Figuren, in Reim und Strophenbau sich offenbart, die entsprechende Verwirklichung auch in dem Eurythmischen findet.

Die Zuhörer dieses Kurses sollten nicht nur in der Erkenntnis der Eurythmie gefördert werden, sondern es sollte von ihnen erlebt werden, wie alle Kunst getragen sein muß von Liebe und Begeisterung. Der Eurythmist kann seine Kunstschöpfung nicht von sich ablösen und sie objektiv vor den ästhetisch Genießenden hinstellen wie der Maler, der Plastiker, sondern er bleibt in seiner Darstellung persönlich darinnen; man sieht an ihm, ob in ihm Kunst wie ein göttlicher Weltinhalt lebt oder nicht. In unmittelbar künstlerische Gegenwart muß am Menschen der Eurythmist das Künstlerische als anschauliches Wesen hinstellen können. Das erfordert ein besonderes innerlich-intimes Verhältnis zur Kunst. Zum Verständnisse *davon* wollte dieser Kurs den Teilnehmern verhelfen. Er wollte zeigen, wie in der Seele beim Anschauen der Gebärde das Gefühl, die Empfindung sich entzündet, und wie dann diese Empfindung zum Erleben des sichtbaren Wortes führt. Man kann vieles, was im hörbaren Worte nur unvollkommen sich darleben kann, durch die eurythmische Gebärde zur vollen Offenbarung bringen. Hörbares Wort in Rezitation und Deklamation in Verbindung mit dem sichtbaren Worte geben dann einen Total-Ausdruck, der intensivste künstlerische Geschlossenheit bewirken kann.

Dornach, 3. August 1924, nachmittags 5 Uhr

Poesien der ernsten Art, Musikstücke getragenen Charakters in Eurythmischer Kunst den geneigten Mitgliedern in Begeisterung vorgeführt.

PROGRAMM

Pastorale aus dem Weihnachtsoratorium . . . . . . J. S. Bach
Andante . . . . J. E. Galliard
The Secret Gate . . . . Fiona Macleod
Arioso . . . . G. Fr. Händel
The Weaver of Snow . . . . Fiona Macleod
Andante aus der 1. Violinsonate, A-Dur . . . . G. Fr. Händel
Mo-Lennav-a-Chree . . . . Fiona Macleod
Time . . . . Fiona Macleod
Thomas the Rhymer . . . . W. Scott
The Bandruidh . . . . Fiona Macleod
Musik: Jan Stuten

Intermezzo, h-moll . . . . Johannes Brahms
Elf-Stroke . . . . aus dem Dänischen
Prélude, Op. 51, Nr. 2 . . . . A. Scriabine
Dirge (Much ado about nothing) . . . . . . W. Shakespeare
Lullaby . . . . W. Shakespeare
Musik: M. Schuurman
Mignonne . . . . P. de Ronsard
Prélude, c-moll . . . . J. S. Bach
Laughing Song . . . . William Blake

Stuttgart, 1. Oktober 1924
Hannover, 5. Oktober 1924
Hamburg, 21. Oktober 1924
Berlin, 28. und 29. Oktober 1924

PROGRAMM

Die Grundsteinlegung . . . . Rudolf Steiner

Prélude, es-moll . . . . J. S. Bach

Aus «Wegzehrung» . . . . Albert Steffen
In die schwarze, schlummerlose ...
Ich irre ab ...

Arioso . . . . G. Fr. Händel

Licht seh ich ... . Albert Steffen

Aus den Jahressprüchen: Natur, dein ... . Rudolf Steiner

Präludium (Allegro) . . . . Pugnani-Kreisler

---

Sprites (The Tempest) . . . . W. Shakespeare

Das Grammophon . . . . Christian Morgenstern

Schmetterling . . . . Jan Stuten

Vermächtnis . . . . Robert Hamerling

Larghetto affettuoso . . . . G. Tartini
aus der Violinsonate, g-moll (Teufelstriller)

Herbst . . . . Albert Steffen

Allegro (con fuoco) aus der 2. Violinsonate, g-moll . . G. Tartini

An Rudolf Steiner in Dornach — Hannover, 5. Oktober [1924]

... Wegen des Programms von morgen habe ich große Schmerzen. Durch den Ausfall von Donath ist es tief unbefriedigend. Das heutige ging ja, weil wir es noch ordnen konnten für die letzte Vorstellung in Dornach, an der Du nicht dabei warst. Aber das zweite Programm, das «öffentliche», ist durchaus mangelhaft. Was wir versucht haben bei der sogenannten Generalprobe am Montag vor der Abreise hält nicht stand. ...

Da es nun unser Reiseprogramm werden muß, werde ich versuchen, es dadurch aufzubessern, daß ich den «Herbst» von Steffen hineinnehme. Ob es eine so günstige Stelle kriegen kann, wie im Michaeli-Programm, weiß ich noch nicht.

Die heutige Vorstellung scheint große Begeisterung hervorgerufen zu haben. ... Wenn Du nicht anders kannst als auch im Bett arbeiten, wären da einige Formen für Gedichte nicht eine angenehme Abwechslung? Das Künstlerische ist ja eines Deiner Lebenselemente. Aber ich will gar nicht, wenn es eine Anstrengung ist, die irgendwie an den Kräften zehrt. Nur, wenn es Dir leicht fällt. In dem Fall hätte ich gern einige Gedichte angegeben. In der *neuen* Auflage «Wegzehrung» z.B. folgendes zur Auswahl: Seite 27 – 32 – 19 – 113 – 112 – 108 – 91 – 89 – 88. Mackenzie könnte ein Exemplar der neuen Auflage Dir gleich hinschicken. – Sehr gern hätte ich einige der starken Gedichte von Morgenstern, – vielleicht kann ich in Barmen bei Frau Wittenstein nachschlagen. Und dann würde ich aus meinem Büchlein einige Weihnachtssprüche von Rudolf Steiner abschreiben, und schicken, – wenn wirklich Berlin ausfällt und diese Arbeit keine zu anstrengende ist.

An Marie Steiner auf Eurythmiereise — Goetheanum, 8. Oktober 1924

... Den Weihnachtsspruch schicke ich mit; ich werde nun Steffen vornehmen und sehen, ob ich aus dem einen oder dem andern von Dir Angegebenen etwas machen kann. – ...

An Marie Steiner auf Eurythmiereise Goetheanum, 9. Oktober 1924

Es ist mir von den vorgeschlagenen Steffen-Nummern bisher nur gelungen 2 in Formen umzusetzen; ich werde mich aber weiter bemühen – bei den andern treten Schwierigkeiten auf: macht man sie Solo oder mit wenig Personen, dann braucht man viel Formen-Erfindung; und macht man von vornherein viel Personen, so ist Dir bei einem Reise-Programm wohl wenig gedient.

Ich schicke mit dieser Sendung auch noch mit, was ich gestern für den Weihnachtsspruch vergessen habe: Bekleidung und Beleuchtung. ...

An Rudolf Steiner in Dornach Barmen, 9. Oktober [1924]

... Hannover lief glücklich ab. Es wurde so viel geklatscht, daß eine Ecke davon irritiert wurde. Man weiß dann nicht recht, ob es Andächtige oder Gegner sind. Bei der internen Aufführung war es die Tochter des früheren Reichskanzlers Michaelis, die aus Andacht das Klatschen nicht wollte. Bei der öffentlichen Aufführung sagte freilich von der Decken, daß 6 «Kaffeehaus-Ästheten» unter sich besprochen hatten, die Sache «zum Kippen» zu bringen. Er hätte sich dann mit mehreren Freunden hinter ihre Stühle gesetzt; zum Schluß wären sie zahm geworden. Das ist, was den Eurythmie-Reisen in Deutschland die etwas enervierende Spannung gibt. Man muß jedes Mal damit rechnen, daß der Versuch gemacht werden wird, die Sache zum Kippen zu bringen. Irgendwelche Symptome für Gegnerwühlereien gibt es immer.

Hier haben wir nun einen Saal, der ja modern elegant ist, aber natürlich nicht so angenehm und wirksam wie ein Theater. ...

Das Programm ist ja nun doch ein recht effektvolles; aber die Ton-Eurythmie überwiegt. Ich habe es nicht anders schaffen können; damit das Interesse bis zum Schlusse gesteigert wird und keine Kleiderpausen entstehen, mußte es so gestaltet werden: Larghetto / Händel / Seele fremd. – Fahrt b. Nacht. – Davidsbündler. – Vernichtung oder Verjüngung – Pugnani. Etude Chopin. Herbst, Steffen. Allegro, Tartini. Dann: Romanze, Brahms. Gärtner, Mörike. Schön Rotraut. – Intermezzo, Brahms. Gavotte, Bach. Allegretto, Beethoven. «Das Huhn».

Fasching, Schumann und humoristisches Rondo. Das führen wir nun bis Berlin auf Reisen herum, und auch nachher. In Berlin kommt dann für die zweite Aufführung: «Johannisnachtstraum». ...

Ich werde Stuten mit seiner Musik nach Berlin bitten, – wenn man uns bis dahin noch heil gelassen hat. ...

Jetzt, wo wir die neu hinzugekommenen Szenen üben, hat man das Bedürfnis wieder weiter zu gehn, und die Streitszene zwischen Oberon und Titania auch eurythmisch zu gestalten. ...

Am glücklichsten sind unsere Damen, wenn sie die «Grundsteinlegung» machen dürfen. ... In Berlin soll es zwei Mal kommen.

An Marie Steiner auf Eurythmiereise — Goetheanum, 11. Oktober 1924

Zwei Stücke aus Steffen konnte ich noch zustande bringen; ich hoffe, daß sie Dir gefallen werden, denn ich habe mir viel Mühe damit gegeben. Eines ist als Gruppe, das andre als Solo gedacht. Zu andern habe ich Formenzugänge gesucht; aber bisher noch nicht finden können. ...

An Marie Steiner auf Eurythmiereise — Goetheanum, 12. Oktober 1924

Nun habe ich noch ein Steffen-Gedicht gefunden, daß halb Solo, halb Gruppe geworden ist; ich denke, *so* könnte es jedenfalls auf der Bühne ganz eigenartig wirken. ...

An Marie Steiner auf Eurythmiereise — Goetheanum, 13. Oktober 1924

Nun weiß ich nicht, ob Dich einigermaßen befriedigen kann, was ich da über Oberon-Titania gemacht habe; ich habe mir alle Mühe gegeben; doch ist es schwer, so etwas aus der Mitte heraus zu ergänzen, wenn das «vorher» und «nachher» doch nicht so ganz lebendig vor der Seele steht. Aber vielleicht ist doch etwas Schönes herausgekommen; stilgemäß scheint es mir ja gewiß zu sein. Ich habe also doch auch die Szene S. 31 mit dem Zettel gemacht.

Die Dinge aus Steffen, die ich gemacht habe, habe ich auch wirklich gern gemacht. Ich glaube auch nicht, daß irgendeines anders ausgefallen wäre, wenn ich vorausgesetzt hätte, Du machst alle erst hier; von den meisten habe ich das ja auch angenommen. Denn wo sollte

Hannover, 6. Oktober 1924
Barmen, 9. Oktober 1924
Hamburg, 12. Oktober 1924
Bremen, 14. Oktober 1924
Kiel, 16. Oktober 1924
Lübeck, 19. Oktober 1924
Berlin, 26. Oktober 1924
Kassel, 6. November 1924

PROGRAMM

Larghetto aus der 4. Violinsonate . . . . G. Fr. Händel

Aus «Wegzehrung» . . . . Albert Steffen
Die Seele fremd ...
Fahrt bei Nacht ...

Davidsbündler Tanz, Nr. 11 . . . . Robert Schumann

Vernichtung oder Verjüngung . . . . Robert Hamerling

Präludium, Allegro . . . . Pugnani-Kreisler

Etude, E-Dur, Op. 10, Nr. 3 . . . . Fr. Chopin

Herbst . . . . Albert Steffen

Allegro aus der 2. Violinsonate, g-moll . . . . G. Tartini

---

Romanze, F-Dur, Op. 118, Nr. 5 . . . . . . Johannes Brahms

Der Gärtner . . . . Eduard Mörike

Schön Rohtraut . . . . Eduard Mörike

Intermezzo, es-moll, Op. 118, Nr. 6 . . . . . Johannes Brahms

Gavotte aus der Suite, D-Dur . . . . J. S. Bach

Allegretto aus «Sechs leichte Variationen» . L. van Beethoven

Das Huhn . . . . Christian Morgenstern

Allegro aus «Ein Faschingsschwank» . . . Robert Schumann

Humoristisches Rondo . . . . Max Schuurman auf der Reise die Zeit und Kraft herkommen, die Dinge zu üben. Ich habe nur gedacht, Du brauchtest das eine oder das andere zur Korrektur des Programms. Es gibt ja im Grunde für *ein* Gedicht nur *eine* richtige Form.

Nun aber sind die Telegramme über die schönen Erfolge gekommen – besonders Hamburg scheint ja außerordentlich gewesen zu sein. Ich bin so froh, daß die Kraft, Mühe und Gesundheit, die da hinaus gesetzt wird, doch wenigstens in Menschenherzen Wurzeln faßt. ...

An Marie Steiner auf Eurythmiereise — Goetheanum, 15. Oktober 1924

... Die Bearbeitung der Oberon-Titania-Szene habe ich nach Lübeck gesandt. Hoffentlich findest Du sie dort vor. Ich denke: ich kann auch diesen Brief noch nach Lübeck adressieren, da ja das Verzeichnis ausweist, Du seiest bis zum 19. dort.

Über den Hamburger Erfolg, über den Hemsoths Telegramm berichtet, habe ich mich ungeheuer gefreut. Von Bremen habe ich noch nichts gehört. ...

An Rudolf Steiner in Dornach

Hamburg, 12. Oktober 1924 [Fortsetzung 15. Okt.]

Dies wird wohl die glänzendste Vorstellung gewesen sein auf dieser Reise. Das Haus war ausverkauft, es ist sehr groß und hat sich seit dem Kriege wieder viel schöner herausgeputzt. Der Teppich z. B. war so schön, daß alle unsere Farben und Beleuchtungen doppelt so schön drauf aussahen wie sonst. Alles ging glatt. ... Gegner haben sich nicht geregt.

... Münch und Räther haben mir beide geschrieben. ... Sie bitten auch von mir den Sprachkursus neben den Eurythmie-Vorstellungen. Ich weiß nun wirklich nicht, ob ich das tun soll, denn neben den zwei öffentlichen soll zweimal die interne Vorstellung stattfinden, und diese stellt starke Anforderungen an die Stimmkräfte. Die zweite öffentliche Vorstellung mit den Oberonszenen und einem neuen Mörike im ersten Teil muß ich so gut wie neu einstudieren, und den etwas holprigen deutschen Shakespeare-Text doch selbst bei den Proben sprechen, damit er glatt geht. ...

Neulich als ich Dir die Reclam-Blätter für die Titania-Szene schickte, blieb das letzte liegen. Ich füge es nun diesem Briefe bei. Es ist der Schluß drin jener Szene, die für jetzt wohl kaum in Betracht kommt: Titania, die Elfen und Zettel.

Wir werden in Hamburg auch die interne Vorstellung geben, am 21. Oktober, auf der Rückreise von Lübeck, im Kammerspiel-Theater, um 5 Uhr, mit zwei Proben, am 20. und 21. um 8 Uhr morgens. Das ist das weniger schöne Theater, wo wir das erste Mal waren.

Fortsetzung Bremen, 15. Oktober [1924] 9 Uhr morgens

Nun haben wir gestern hier die Aufführung gehabt. Es war ein großer Saal ohne Beleuchtungsmöglichkeiten, aber es herrschte große Begeisterung, und es war viel Jugend da. Immerhin über 1000 Menschen. Frl. Münch lebt jetzt in Bremen als Eurythmie-Lehrerin. Also es hat sich schon gelohnt die Sache zu machen, aber wir waren nur auf eine Beleuchtung eingestellt. Nun geht es ins Auto und nach Kiel.

An Marie Steiner auf Eurythmiereise Goetheanum, 18. Oktober 1924

Es freut mich, nun zu hören, daß es auch in Bremen trotz der mangelnden Beleuchtung gut gegangen ist, und daß sich Frau Hemsoth um Deine Versorgung die gute Mühe gibt. Heute bist Du nach dem Programm in Lübeck. So ist also noch am 21. Oktober eine Vorstellung in Hamburg. Das Interesse scheint in so erfreulicher Art groß zu sein.

Ich will weiter Deine Arbeit verfolgen mit den besten Gedanken, die ich Dir nur schicken kann.

An Rudolf Steiner in Dornach Lübeck, 18. Oktober 1924

... In Kiel war eine mühsam errungene Beleuchtungsmöglichkeit zu Stande gekommen. Der Saal war immerhin besser als in Bremen, groß und kahl, – die Bühne ordentlich. Der Saal faßt 1300 Menschen und es waren zirka 800 Menschen da, bei einer sehr geringen Mitgliederzahl. Es war eine gute Aufnahme, – bei den heitern Sachen schien es (im zweiten Teil), als ob einige Damen unwohlwollend kicherten, aber das verlor sich im Applaus. Ich hatte, als ich die versunkene Größe dieser Stadt sah, die aber noch eine große Universität in sich hat, einige Befürchtungen gehabt. Vielleicht war es auch ganz gut, daß wir nicht das große Theater hatten. Hier in Lübeck haben wir ein herrliches Theater. Man ist bloß ängstlich wegen des Besuchs der Matinée, denn auch die Theater-Abende seien schlecht besucht, auch die Strauß-Pfitzner-Veranstaltungen.

... Mit den Formen arbeite ich schon viel, kopierend, verteilend und einlebend. – Bei Oberon und Titania wird uns die Streitszene sehr helfen. In Kiel konnte ich die Bühne des Gewerkschaftshauses am Freitagmorgen zu einer Probe bekommen, und da haben wir das zweite Berliner öffentliche Programm entwerfen können. – Ob wir mit der Szene von Titania, Zettel und den Elfen zurecht kommen, kann ich noch nicht wissen. Wir müßten dann auch Stuten als Zettel haben, und es scheint mir doch gewagt, ohne Deine Begutachtung so etwas zu riskieren. Aber probieren werde ichs. So dumm, daß das eine Blatt aus dem Buche fehlte, das ich Dir letzthin schickte. Bei der Einteilung des Textes in die Form hinein, deckte sich die Form grade mit dem zugeschickten Text. Aber das letzte Stückchen scheint mir schon was neues zu verlangen.

Es ist fatal, Dir solch ein Flickwerk zuzumuten, – und wirklich nur durch die Not gekommen. So gern hätte ich alle Formen abgezeichnet und Dir geschickt. Aber wo die Zeit hernehmen?

Noch ein Stückchen scheint mir geboten, damit sich die Geschichte der Verzauberung recht einprägt. Wir haben nun die Streitszene, den an Droll gegebenen Auftrag, die Blume zu pflücken. Droll zieht ab (Seite 20, Akt 2, Sz. I) und *Oberon* müßte noch tanzen können:

> «Hab ich nur
> den Saft erst, so belausch' ich, wenn sie schläft,
> Titanien, und träufl' ihr ihn ins Auge.
> Was sie zunächst erblickt, wann sie erwacht,
> Sei's Löwe, sei es Bär, Wolf oder Stier,
> Ein naseweiser Aff! ein Paviänchen:

Sie soll's verfolgen mit der Liebe Sinn.
Und eh ich sie von diesem Zauber löse,
Wie ich's vermag mit einem *andern* Kraut,
Muß sie mir ihren Edelknaben lassen.»

Das scheint mir ziemlich notwendig. Nicht wahr?

Fortsetzung — Montag, 20. Oktober [1924]

Nun ist auch die Vorstellung in Lübeck geglückt. Das sehr schöne Theater war nicht voll, aber immerhin ordentlich besetzt. Jedenfalls haben wir das bestbesetzte Haus gehabt seit langer Zeit hier. Die Strauß- und Pfitzner-Festspiele sind ein Reinfall für die Direktoren gewesen, sie hatten schlecht besuchte Häuser und große Verluste. Die Aufnahme war eine sehr freundliche, ohne Gegenstimmung; sogar die Schauspieler hinter den Kulissen waren sehr freundlich.

... Jetzt geht's gleich nach Hamburg, wo wir morgen 5 Uhr im Kammerspiel-Theater das Michaeli-Programm haben. Heute morgen konnten wir noch eine Probe hier im Theatersaal arrangieren. Um 8 Uhr morgens bis 10 – morgen früh – haben wir die Generalprobe in Hamburg. Dann gehen wir nach Berlin, die einen am Mittwoch, die andern am Donnerstag und üben am Johannisnachtstraum. Wie sich wohl Stutens Musik in alles einreihen wird! Ich laß ihn nun nach Berlin kommen. ...

Am Freitag haben wir schon Probe im Lessing-Theater für das erste öffentliche Programm.

An Marie Steiner in Berlin — Goetheanum, 23. Oktober 1924

Ich habe nun noch alles in die Oberon-Titania-Szenen eingefügt, wofür es mir gelungen ist, Formen zu finden. Es scheint sich also bis zu Titan.: «... zur Laube finden» alles zusammenzuschließen. – Nur «Bohnenblüte, Senfsamen» geht nicht, muß man auslassen. Was aber da nachfolgt auf S. 46: beim besten Willen ich kann keine Form finden; ich glaube, das könnte die Wirkung auch nur verderben.

So glaube ich, daß Du jetzt alles hast, was Du haben kannst. ...

An Marie Steiner — Goetheanum, 23. Oktober 1924 [zweite Fassung]

Ich denke, ich habe nun alles Gewünschte so gut gemacht, als es nur irgend geht. Es wird sich in den neuen Blättern, die ich mitschicke, alles finden, was Du brauchst.

... Sehr erfreut bin ich über den heute morgen angekommenen Brief aus Lübeck und tief befriedigt über die Nachricht, daß es auch das zweite Mal in Hamburg gut gegangen ist.

An Rudolf Steiner in Dornach — [Berlin] Freitag abend, 24. Oktober 1924

... Jetzt haben wir alles, was wir brauchen für den Johannisnachtstraum, sogar mehr, denn für die Szenen mit Zettel wird die Zeit doch nicht reichen. Das werden wir uns denn aufsparen für das Zusammenwirken mit den Schauspielern. Es fehlt jetzt übrigens gar nicht viel, um die Geisterszenen vollständig zu haben. Und ich dachte schon, daß es Dir vielleicht recht wäre, da Du ja jetzt im Bilde bist dessen, was Du selbst dabei willst, ob ich Dir nicht gleich alle die Szenen schicke, in denen noch etwas fehlt. Ich füge sie hier bei. Ich habe die Seiten angegeben, und die Stellen angestrichen, an denen noch etwas zu machen ist. Was übrig geblieben ist, bezieht sich meistens auf die Abenteuer der Athener. Das habe ich auch innerhalb der Reden, die wir jetzt zur Darstellung bringen, gestrichen. Das würde aber nötig sein, wenn wir mit den Schauspielern zusammenwirken. So lege ich sie Dir denn auf alle Fälle zur Begutachtung bei.

Nun haben wir unsere erste Matinée hinter uns. Sie verlief ausgezeichnet, und es hat sich gar keine Gegenstimmung gezeigt, – nur Beifall. Was die Presse bringen wird, könnte ja anders sein. Es heißt, es wäre am Freitag ein Schmähartikel im Berliner Tageblatt erschienen. Jedenfalls hat er bei der Matinée keine Wirkung ausgeübt; das Lessingtheater war ausverkauft, und das Publikum ging restlos mit.

Im allgemeinen hat uns die Presse dies Mal gut behandelt. Manchmal wider Willen, wie in den Hamburger Nachrichten, aber grade dadurch, heißt es, Eindruck machend. Nur auf mich haben sie hin und wieder geschimpft, oder haben Gedichte unnütz gefunden. …

Hier habe ich aber nun eine etwas beängstigende Aufgabe an den Johannisnacht-Szenen; denn ich habe doch einige ungeschickte Leute für den Chor und wenig Zeit. Ich habe jeden Tag neben der Aufführung Probe, die Elfenszenen geprobt und das war eine große Anstrengung. (Wir durften uns im Lessing Theater ziemlich ausgiebig aufhalten.) … Morgen muß ich sehr viel proben: das Michaeli-Programm für Dienstag und Mittwoch, und das neue.

Fortsetzung 3. November [1924]

… So muß ich von Dank und Glück sprechen, daß die Aufführung gestern gelungen ist. Sie wurde mit Begeisterung aufgenommen. …

An Marie Steiner in Berlin Goetheanum, 31. Oktober 1924

… Es war so schön, als das Berliner Telegramm kam und den guten Verlauf der Vorstellung berichtete. Seither habe ich allerdings nichts von der Nachwirkung dieser Vorstellung gehört. So z. B. gar nichts darüber, ob diejenigen, die alles, auch wovon sie gar keine Ahnung haben, in gedrucktem Urteil «dem Tage» servieren, sich haben vernehmen lassen, oder nicht. …

An Rudolf Steiner in Dornach Stuttgart, 8. November 1924

Nun sind wir bei unserer letzten Etappe angelangt, hier in Stuttgart. Schuurmans sind schon nach Dornach gefahren wegen ihres Umzugs, und Stuten besorgt hier die Arbeit mit den Musikern. In Kassel hatten wir einen überfüllten Saal (er faßt 1000 Menschen). Unsere Herren zählten 50 Menschen, die zurückgewiesen wurden. Das hat meinen Zahnarzt z. B. sehr erstaunt, der da sagte, die größten Künstler hätten jetzt leere Säle. Ich glaube auch, daß wenn wir jetzt immer weiter gereist wären, wir die gegenwärtige Sensation oder Attraktion geworden wären. Bis zur nächsten Reise sind wir vielleicht wieder vergessen. … Nun muß ich zur Probe, – wir stellen die Oberon-Szenen mit einigen Choristinnen von hier. …

Berlin, 2. November 1924

Lessing-Theater

PROGRAMM

Andante	J. E. Galliard
Ich weilte unter	Albert Steffen
Larghetto affettuoso	G. Tartini
aus der Violinsonate, g-moll (Teufelstriller)	
Zum Adam- und Eva-Tag	Albert Steffen
An den Mistral	Friedrich Nietzsche
Allegro aus der Klaviersonate, c-moll	W. A. Mozart
Allegro aus der 4. Violinsonate	G. Fr. Händel
Elfenlied	Eduard Mörike
Allegro	J. E. Galliard

Aus «Ein Sommernachtstraum»	W. Shakespeare
Oberon, Titania, Elfe, Puck, Elfen	

Stuttgart, 9. und 11. November 1924

PROGRAMM

Andante	J. E. Galliard
Aus «Wegzehrung»	Albert Steffen
Mitten in der Nacht ...	
Ich irre ab ...	
Larghetto affettuoso	G. Tartini
aus der Violinsonate, g-moll (Teufelstriller)	
Vernichtung oder Verjüngung	Robert Hamerling
Allegro aus der Klaviersonate, c-moll	W. A. Mozart
Allegro aus der 4. Violinsonate	G. Fr. Händel
Elfenlied	Eduard Mörike
Allegro	J. E. Galliard

Aus «Ein Sommernachtstraum»	W. Shakespeare
Oberon, Titania, Elfe, Puck, Elfen	

Dornach, 23. November 1924, nachmittags 5 Uhr

Eurythmische Vorstellung
durch Fortgeschrittene und Schüler
gegeben
dem Publikum den Anblick ganz anfänglichen
und späteren Könnens zu zeigen.

PROGRAMM

Andante sostenuto, d-moll, aus der 2. Cellosonate . G. Fr. Händel
Requiem . . . . Friedrich Hebbel
Schlafend an des Meeres Ufer ... . Albert Steffen
Wenn wir sagen: Ewiglich, ... Albert Steffen
Welt und Mensch . . . . Rudolf Steiner
Prélude, c-moll, aus der 5. Suite für Cello-Solo . . . J. S. Bach
Charon . . . . J. W. v. Goethe
Prélude, Op. 49, Nr. 2 . . . . A. Scriabine

---

Fuge, B-Dur . . . . J. S. Bach
Wandrers Nachtlied . . . . J. W. v. Goethe
Herbstbild . . . . Friedrich Hebbel
Marienwürmchen . . . . Volkslied
Gigue aus der Partita Nr. 1, B-Dur . . . . J. S. Bach
Ländliches Glück: Seid, o Geister ... . J. W. v. Goethe
Bienchen aus «Demiurgos» . . . . Wilhelm Jordan
Menuett . . . . G. Fr. Händel
Der junge Schiffer . . . . Friedrich Hebbel
Eccossaises . . . . Fr. Chopin
Scherzo, Allegretto, Des-Dur . . . . L. van Beethoven
aus der Mondschein-Sonate

Dornach, 30. November 1924

PROGRAMM

(zum Teil mit Schülern)

Prélude, e-moll, Op. 28, Nr. 4 . . . . Fr. Chopin

Aus den Jahressprüchen:
So fühl ich erst die Welt ... . Rudolf Steiner

Hymne, Ode; aus der «Erbarmer»:
O Worte des ewigen Lebens ... . F. G. Klopstock

Für meine Mutter . . . . Albert Steffen

Aus den Jahressprüchen:
Geheimnisvoll das Altbewahrte ... . Rudolf Steiner

Andante sostenuto, d-moll, aus der 2. Cellosonate . G. Fr. Händel

Der Tag ist da ... . Albert Steffen

Präludium, c-moll, aus der 5. Cello-Suite . . . . . . J. S. Bach

Mignon: So laßt mich scheinen ... . J. W. v. Goethe

Andante con moto aus dem Streichquartett, d-moll:
«Der Tod und das Mädchen» . . . . Franz Schubert

Präludium Nr. 6 aus: Sechs kleine Präludien . . . . J. S. Bach

Wechsel (Übung für verschiedene
Seelenstimmungen) . . . . J. Fr. v. Eichendorff

Vorfrühling: «Konnt' schlafen nicht ...» . . . . K. J. Schröer

Morgenlied . . . . Ludwig Uhland
mit musikalischem Auftakt von L. van der Pals

Mächtiges Überraschen . . . . J. W. v. Goethe

Parzenlied aus «Iphigenie» . . . . J. W. v. Goethe

Es kommt der Schmerz gegangen ... . Christian Morgenstern
mit musikalischen Auftakten von J. Stuten

Gavotte . . . . I. B. Lully

Allegro aus der Klaviersonate, D-Dur . . . . J. Haydn

Sonntag, 7. Dezember 1924, 5 Uhr

Proben aus dem Goetheanum in Erringung der eurythmischen Kunst.

PROGRAMM

Grave aus der Suite, D-Dur . . . . J. S. Bach

Aus den Jahressprüchen:
Kann ich das Sein erkennen? . . . . Rudolf Steiner

Air . . . . J. Mattheson

Aus den Jahressprüchen:
In meines Wesens Tiefen spricht . . . . Rudolf Steiner

Andante aus der 2. Violinsonate . . . . G. Fr. Händel

Der Tag ist da . . . . Albert Steffen

Fuge, b-moll . . . . J. S. Bach

Harfenspieler: Wer sich der Einsamkeit . . . . . J. W. v. Goethe

Mignon: So laßt mich scheinen . . . . J. W. v. Goethe

Andante con moto aus dem Streichquartett
«Der Tod und das Mädchen» . . . . Franz Schubert

Anapäste Musik: Max Schuurman

Weltseele . . . . J. W. v. Goethe

Aus «Kalewala»: aus der 2. Rune . . . . . . J. W. v. Goethe

Abendgefühl . . . . Friedrich Hebbel

Auf ein schlummerndes Kind . . . . Friedrich Hebbel

Intermezzo, Op. 117, Nr. 1 . . . . Johannes Brahms

Der Gärtner . . . . Eduard Mörike

Gavotte (gesetzt von Brahms) . . . . Chr. W. Gluck

Andante aus dem Klavier-Trio, Op. 100, Es-Dur Franz Schubert

Dornach, 28. Dezember 1924

EINE WEIHNACHT-EURYTHMIE VORSTELLUNG

Das Programm wird zum größten Teil Weihnachtssprüche Rudolf Steiners, außerdem Gedichte von Steffen und Morgenstern und Musikalisches bringen.

PROGRAMM

Sarabande aus der 2. Cello-Suite, d-moll . . . . J. S. Bach

Kräfte, daß ich heilig werde ... . Albert Steffen

Aus den Jahressprüchen:
Zu tragen Geisteslicht ... . Rudolf Steiner

Adagio, Adagiossimo, aus: Capriccio, B-Dur . . . . . J. S. Bach

Isis-Sophia . . . . Rudolf Steiner

Andante aus der 2. Violinsonate . . . . G. Fr. Händel

Gedicht: Ganz in hellblauem Licht ... . Wl. Solovjeff

Largo aus der 3. Cellosonate, B-Dur . . . . . . G. Fr. Händel

Ein Weihnachtslied: Wintersonnenwende . Christian Morgenstern

---

Prélude, a-moll, aus der 5. Suite für Cello-Solo . . . J. S. Bach

In der Zeiten Wende ... . Rudolf Steiner

Prélude, es-moll . . . . J. S. Bach

Im Seelenaug' sich spiegelt ... . Rudolf Steiner

Die Sonne schaue ... . Rudolf Steiner

Aus den Jahressprüchen:
Ich fühle wie entzaubert ... . Rudolf Steiner

Andante . . . . J. E. Galliard

In des Menschen Seelengründen ... . Rudolf Steiner

Pastorale aus dem Weihnachtsoratorium . . . . J. S. Bach

Wiederholung am 4. Januar 1925

Dornach, 11. Januar 1925

EURYTHMISCHE VORFÜHRUNG

von klassischer und romantischer Dichtung und Musik
durch reife Künstler und auch durch Schülerinnen

PROGRAMM

Largo aus der Klaviersonate, Es-Dur,
Op. 7, Nr. 4 . . . . L. van Beethoven

Aus den Jahressprüchen:
Der Seele Schaffensmacht . . . . Rudolf Steiner

Wenn wir sagen: Ewiglich . . . . Albert Steffen

Arie . . . . J. Mattheson

Aus den Jahressprüchen:
Es ist in diesem Winterdunkel . . . . Rudolf Steiner

Grave, Adagio aus der Partita Nr. 2 . . . . J. S. Bach

In dem Haupt . . . . Albert Steffen

Vom Sterben noch versteift . . . . Albert Steffen

Rondo-Allegro aus der Klaviersonate, c-moll, Op. 13 W. A. Mozart

---

Arie für Violine und Klavier . . . . J. S. Bach

Kinderlied . . . . Hoffmann von Fallersleben

Prélude, C-Dur, Op. 28, Nr. 1 . . . . Fr. Chopin

Lied vom Schmetterling . . . . F. G. Herder

Adagio, E-Dur, aus dem Klavier-Trio Nr. 11 . . . . J. Haydn

What became of them . . . . unbekannter Dichter

Musette, D-Dur . . . . J. S. Bach

Laughing Song . . . . William Blake

Gavotte aus der 5. Französischen Suite . . . . J. S. Bach

Moment musicale . . . . Franz Schubert

Mrs. Gill and the Fairy . . . . W. de la Mare

Dornach, 18. Januar 1925

Ein Programm, das durch seinen getragenen und auch anmutigen Inhalt sehr schön als Ausklang der Weihnachtsfesttage einmal dienen kann.

PROGRAMM

Largo aus der 3. Cello-Sonate, B-Dur . . . . . G. Fr. Händel

Aus den Jahressprüchen:
Es ist in diesem Winterdunkel ... . Rudolf Steiner

Largo aus dem Orgelkonzert, d-moll . . . . Friedemann Bach

Aus den Jahressprüchen:
In winterlichen Tiefen ... . Rudolf Steiner

Kamst du her in neuen Schuh'n ... . Albert Steffen

Grave Adagio aus der Partita Nr. 2 . . . . J. S. Bach

In dem Haupt ... . Albert Steffen

Vom Sterben noch versteift ... . Albert Steffen

Largo aus der Klaviersonate, Es-Dur, Op. 7 L. van Beethoven

Arie für Violine und Klavier . . . . J. S. Bach

Kinderlied . . . . Hoffmann von Fallersleben

Siciliano . . . . Locatelli

Das Veilchen . . . . J. W. v. Goethe

Moment musicale . . . . Franz Schubert

Liebe im Schnee . . . . Robert Hamerling

Rondo Allegro aus der Klaviersonate, c-moll
(Pathétique) . . . . L. van Beethoven

Dornach, 1. Februar 1925

Klassisches und Romantisches in Dichtung und Musik.
Im *zweiten Teil* «Eleusis» von Hegel, [durch] das auf die erste Anregung Rudolf Steiners hin Marie von Sivers ganz im Anfange der anthroposophischen Bewegung unsere REZITATIONSKUNST inauguriert hat.

PROGRAMM

Largo aus der Klaviersonate, Es-Dur, Op. 7 — L. van Beethoven

Aus den Jahressprüchen: 43. Woche . . . . Rudolf Steiner

Prélude Op. 11, Nr. 17 . . . . A. Scriabine

Aus den Jahressprüchen: 44. Woche . . . . Rudolf Steiner

Adagio espressivo aus der Violinsonate Nr. 10,
Op. 96 . . . . L. van Beethoven

Sonnenuntergang . . . . Friedrich Hölderlin

Largo, d-moll . . . . Friedemann Bach

Der Pilger spricht . . . . Albert Steffen

Drei Seufzer . . . . Albert Steffen
Musik: Max Schuurman

Largo aus der 3. Cellosonate, B-Dur . . . . . . G. Fr. Händel

Die Jugend . . . . Friedrich Hölderlin

Eleusis. An Hölderlin . . . . G. Fr. Hegel

Dornach, 15. Februar 1925

PROGRAMM

I

Aus «Faust» II:

Erster Akt: Ariel-Szene . . . . J. W. v. Goethe

Musik: Jan Stuten

II

Andante sostenuto aus der 2. Cellosonate . . . . . G. Fr. Händel

Aus «Wegzehrung» . . . . Albert Steffen

In dem Haupt ersterbende Gedanken ...

Vom Sterben noch versteift ...

Adagio aus der 1. Sonate für Solo-Violine . . . . . J. S. Bach

Das trunkne Lied . . . . Friedrich Nietzsche

Aus «Wegzehrung» . . . . Albert Steffen

Feuervögel, frostige Skelette ...

Allegro aus der Klaviersonate, c-moll . . . . . W. A. Mozart

Lebenslied . . . . Robert Hamerling

Allegro aus der Violinsonate, g-moll (Teufelstriller) . G. Tartini

Dornach, 19. Februar 1925 (Donnerstag), 20 Uhr

PROGRAMM

I

Sarabande aus der 2. Cello-Suite, d-moll . . . . . . J. S. Bach

Aus «Wegzehrung» . . . . Albert Steffen
Ichheit schwebt ...
Lange war es um mich schwarz ...

Grave aus der Klaviersonate, c-moll, Op. 13
(Pathétique) . . . . L. van Beethoven

Aus den Jahressprüchen:
Die Welt, sie drohet zu betäuben ... . Rudolf Steiner

Aus «Wegzehrung» . . . . Albert Steffen
Kamst du her in neuen Schuh'n ...

Adagio espressivo aus der 10. Violinsonate,
Op. 96 . . . . L. van Beethoven

Ein Weihnachtslied . . . . Christian Morgenstern
Musik: Max Schuurman

II

Menuett II aus der 6. Sonate für Violin-Solo . . . . J. S. Bach

Kinderlied . . . . Hoffmann v. Fallersleben

Serenade (aus einem Streichquartett) . . . . J. Haydn

Mailied . . . . J. W. v. Goethe

Allegretto aus «Sechs leichte Variationen» . L. van Beethoven

Heideröslein . . . . J. W. v. Goethe

Pastorale . . . . A. Scarlatti

Liebe im Schnee . . . . Robert Hamerling

Rondo Allegro aus der Klaviersonate, c-moll,
Op. 13 (Pathétique) . . . . L. van Beethoven

Dornach, 22. Februar 1925

PROGRAMM

I

Romantischer Auftakt Musik: Max Schuurman

Proteus . . . . Friedrich Hebbel

Erinnerung . . . . Anton Bruckner

Chor der Urträume . . . . Fercher von Steinwand
Musik: L. v. d. Pals

II

Allegro aus der Violinsonate, G-Dur, Op. 3 . . W. A. Mozart

Gavotte aus der 5. Französischen Suite . . . . J. S. Bach

Aus «Wegzehrung» . . . . Albert Steffen
Aus dem Häuschen in den Garten ...

Scherzo aus der Klaviersonate, A-Dur,
Op. 2, Nr. 2 . . . . L. van Beethoven

Allegro aus der Violinsonate, A-Dur . . . . . . F. M. Veracini

Der Gaul . . . . Christian Morgenstern

Allegro aus der Klaviersonate, c-moll . . . . . W. A. Mozart

Das Hemmed . . . . Christian Morgenstern
Musik: Max Schuurman

Berlin, 27. Februar 1925 (Potsdamerstraße)

PROGRAMM

I

Largo aus der Klaviersonate, Es-Dur . . . L. van Beethoven

Aus den Jahressprüchen:

Die Welt, sie drohet zu betäuben ... . Rudolf Steiner

Grave, Adagio aus der 2. Partita . . . . J. S. Bach

Aus den Jahressprüchen:

Es will erstehen ... . Rudolf Steiner

Adagio espressivo aus der 10. Violinsonate . . L. van Beethoven

Hyperions Schicksalslied . . . . Friedrich Hölderlin

Largo, d-moll . . . . Friedemann Bach

Aus «Wegzehrung» . . . . Albert Steffen

Der Pilger spricht ...

Drei Seufzer ... Musik: Max Schuurman

II

Warum? . . . . Robert Schumann

Die Jugend . . . . Friedrich Hölderlin

Eleusis. An Hölderlin . . . . G. Fr. Hegel

Danzig, 5. März 1925, Stadttheater
Berlin, 8. März 1925, Lessingtheater
Fürth, 10. März 1925, Stadttheater
Stuttgart, 15. und 16. März 1925, Waldorfschule
Heidenheim, 18. März, Karlsruhe, 20. März
Mannheim, 22. März

PROGRAMM

Aus «Faust» II:

Erster Akt: Arielszene . . . . J. W. v. Goethe
Musik: Jan Stuten

Pastorale, d-moll . . . . A. Scarlatti

Prélude, es-moll . . . . J. S. Bach

In dem Haupt ... . Albert Steffen

Vom Sterben noch versteift ... . Albert Steffen

Adagio aus der 1. Sonate für Solo-Violine, g-moll . . J. S. Bach

Das trunkne Lied . . . . Friedrich Nietzsche

Adagio sostenuto espressivo
aus der Cellosonate, Op. 5, Nr. 2 . . . . L. van Beethoven

Feuervögel . . . . Albert Steffen

Allegro aus der Klaviersonate, c-moll, K.V. 457 . W. A. Mozart

Lebenslied . . . . Robert Hamerling

Allegro aus der Violinsonate, g-moll (Teufelstriller) . G. Tartini

Marie Steiner an Rudolf Steiner in Dornach Berlin, 8. März 1925

Nun haben wir auch die zweite Aufführung im Lessing-Theater hinter uns. Man kann schon von einem starken Erfolg sprechen. Viel Beifall und ein volles Haus. Auch die erste Aufführung, die ja wegen der Landestrauer am Sonntag auf den Montag 4 Uhr nachmittags verlegt werden mußte, – also ungünstiger Tag und ungünstige Stunde, war ausverkauft. Am Montag waren keine Kritiker, heute viele, Morgen werden sie also schimpfen, oder schweigen. Beim «Trunknen Lied», das brausenden Beifall hervorrief, hat einer mächtig gezischt, wurde aber kaum gehört.

In Danzig gab es auch ein ausverkauftes Haus, 1500 Menschen. ... Das Publikum war ja anfangs wohl etwas verdutzt, ging aber mit. Die «Steffen» schlugen auch ein; wie ein Versuch zum Applaus gemacht wurde, wurde aus Andacht gezischt; beim Allegro von Mozart und weiterhin kam dann Beifall. Wir haben ja dort nur 35 Mitglieder. Unsere Damen und Herren waren bei Nicht-Mitgliedern untergebracht, lauter Leuten aus guten Kreisen, und es gab ein gegenseitiges Entzückt-sein. Auch von der Eurythmie waren diese Leute und deren Freunde begeistert. Aber die Zeitungen! Die haben geschimpft, was das Zeug hält, so ungefähr wie in Kristiania. ...

Stuttgart, 13. März 1925 (Landhausstraße)

PROGRAMM

I

Largo con gran espressivo
aus der Klaviersonate, Es-Dur, Op. 7, Nr. 4 L. van Beethoven

Aus den Jahressprüchen:
Die Welt, sie drohet zu betäuben . . . . Rudolf Steiner

Aus «Wegzehrung» . . . . Albert Steffen
Der Tag ist da ...
Lange war es um mich ...

Grave, 1. Satz aus der Klaviersonate, c-moll L. van Beethoven
(Pathétique)

Felicitas . . . . Albert Steffen

Aus den Jahressprüchen:
Es will erstehen ... . Rudolf Steiner

Adagio aus der 10. Violinsonate, G-Dur, Op. 96 L. van Beethoven

Ein Weihnachtslied . . . . Christian Morgenstern

II

Menuett II aus der 6. Violinsonate («Sonaten und
Partiten für Violine allein») . . . . J. S. Bach

Ein Kinderlied . . . . Hoffmann v. Fallersleben

Scherzo, A-Dur, aus der Klaviersonate
Op. 2, Nr. 2 . . . . L. van Beethoven

Mailied . . . . J. W. v. Goethe

Allegretto aus «Sechs leichte Variationen» . L. van Beethoven

Heideröslein . . . . J. W. v. Goethe

Pastorale . . . . A. Scarlatti

Liebe im Schnee . . . . Robert Hamerling

Rondo Allegro aus der Klaviersonate, c-moll,
Op. 13 (Pathétique) . . . . L. van Beethoven

An Rudolf Steiner in Dornach Heidenheim, 18. März 1925

... Fürth war eine große Überraschung für uns. Es ist nach dem Landestheater von Stuttgart vielleicht das schönste Theater, in dem wir überhaupt gewesen sind, auch akustisch ausgezeichnet und von bester Ordnung und Sauberkeit in den Regionen hinter den Kulissen. Prachtvolle Beleuchtungsmöglichkeiten, – faßt 1200 Menschen, und es war wieder ganz voll. Die Mitglieder sagten uns am andern Tage, sie hätten nur begeisterte Äußerungen gehört.

In Stuttgart hat man uns also aus dem Landestheater wieder herausgesetzt. Wir haben die zwei Faustvorstellungen in der Waldorfschule abgehalten; einige meinten, man sehe dort besser, weil die Bühne höher sei; vielleicht kommen dort auch mehr fremde Menschen hin, als in die Landhausstraße. Es ist natürlich dort alles gut und glatt abgelaufen; wir hatten außerdem auch noch eine Vorstellung für Mitglieder in der Landhausstraße.

Ich habe mich nun verleiten lassen, auf Anregung einiger Lehrer, eine Faustvorstellung für die Schulkinder zuzusagen. Es war verlockend zu denken, daß 800 Kinder einen Eindruck für ihr Leben davontragen könnten, der sie verhinderte, sogleich Geschmack an Schunddarstellungen zu entwickeln. Man weiß ja, wie stark solche Kindereindrücke sind. Freilich müssen wir deshalb aus Mannheim nach Stuttgart wieder zurückkehren. Aber ich fühlte mich gezwungen, auch aus einem andern Grunde es zu tun: der Eurythmie-Schulaufführung wegen. Die findet am Vorabend der Tagung statt, bietet manches sehr Erfreuliche, so daß es schade wäre, sie ausfallen zu lassen. ...

An Rudolf Steiner in Dornach Stuttgart, 23. März 1925

... Wir freuen uns alle sehr auf den heutigen Abend. Hoffentlich wird das Getöse der Kinder nicht das Getöse des Sonnenaufgangs übertönen. Die Lehrerschaft hat hernach die Eurythmie zu einer Unterhaltung mit Tee eingeladen. – Wir haben eine Reihe sehr erfolgreicher Abende hinter uns. – Heidenheim (volles Haus), das uns als Kritiken drei Hymnen eingebracht hat, – Karlsruhe, wo die

Stimmung eine sehr warme, mitgehende war (– Kritiken sind uns noch nicht geschickt –), bis auf sehr wenige freie Stühle in der letzten Reihe der teuren Plätze, war es dicht besetzt (1200 Menschen) – Mannheim verlief auch sehr gut; trotzdem Konfirmationsmorgen in der Stadt war, gab es nur ganz hinten im langen Saal einige leere Reihen. ... Alles was wir an Berichten bekommen über Aussprüche fremder Zuschauer, klingt sehr begeistert; es wird sogar behauptet, daß geweint wurde bei der Faustszene in Mannheim. Fast ist es schade, daß zwischen der pädagogischen Tagung und heute nicht noch eine Vorstellung hat stattfinden können. ... Die Urträume, die wir zur pädagogischen Tagung geben sollen, sind natürlich etwas vergessen worden, ... am Samstagabend oder Sonntag muß es in Dornach gemacht werden, und dann geht's gleich wieder nach Stuttgart. Morgen muß ich viel Proben abhalten; erst mit den Stuttgartern, die in dem zweiten Teil unseres Programms die großen Gruppensachen auffüllen müssen. Dann die Schüleraufführung. ...

Nachschrift

Die Kinder in der Schule waren selig, fanden bloß die Vorstellung zu kurz.

An Marie Steiner in Stuttgart — Goetheanum, 23. März 1925

Ich kann Dir wirklich nicht ausdrücken, *wie* ich Deine hingebungsvolle Tätigkeit bewundere, und wie dankbar ich Dir für alles bin, was Du so segensreich vollbringst. Daß Du Dich auch der Schule annimmst, ist besonders bedeutsam. Denn die Kinder brauchen jetzt, da sie mich nicht sehen, Impulse. Und vor allem bringst Du Künstlerisches in die Schule hinein, ein Element, das sie so sehr braucht. ...

Stuttgart, 23. März 1925

für die Kinder der Waldorfschule

PROGRAMM

Aus «Faust» II: Erster Akt: Ariel-Szene . . J. W. v. Goethe

Menuett aus der 6. Violinsonate . . . . J. S. Bach
Kinderlied . . . . Hoffmann von Fallersleben
Scherzo aus der Klaviersonate, A-Dur,
Op. 2, Nr. 2 . . . . L. van Beethoven
Mailied . . . . J. W. v. Goethe
Musette . . . . J. S. Bach
Das Veilchen . . . . J. W. v. Goethe
Allegretto aus «Sechs leichte Variationen» . L. van Beethoven
Heideröslein . . . . J. W. v. Goethe
Pastorale . . . . A. Scarlatti

Dornach, 29. März 1925

PROGRAMM

Romantischer Auftakt Musik: Max Schuurman
Sonnenuntergang . . . . Friedrich Hölderlin
Erinnerung . . . . Anton Bruckner
Chor der Urträume . . . . Fercher von Steinwand

Allegretto aus «Sechs leichte Variationen» . L. van Beethoven
Gavotte, G-Dur aus der 5. Französischen Suite . . . J. S. Bach
Aus dem Häuschen ... . Albert Steffen
Prélude, Es-Dur, Op. 28, Nr. 19 . . . . Fr. Chopin
Scherzo, A-Dur aus der Klaviersonate
Op. 2, Nr. 2 . . . . L. van Beethoven
Der gestrichene Bock . . . . Christian Morgenstern
Allegro aus «Sechs leichte Variationen» . . L. van Beethoven
Der Gaul . . . . Christian Morgenstern

Waldorfschule Stuttgart, 6. April 1925

(Pädagogische Tagung)

PROGRAMM

Largo con gran espressivo
aus der Klaviersonate, Es-Dur, Op. 7, Nr. 4 L. van Beethoven

Aus den Jahressprüchen:
Wenn aus den Weltenweiten . . . . Rudolf Steiner

Grave, Adagio aus der Partita Nr. 2 . . . . J. S. Bach

Aus den Jahressprüchen:
Es spricht zum Weltenall . . . . Rudolf Steiner

Adagio aus der 10. Violinsonate, G-Dur, Op. 96 L. van Beethoven

Hyperions Schicksalslied . . . . Friedrich Hölderlin

Largo aus dem Orgelkonzert, d-moll . . . . Friedemann Bach

Der Pilger . . . . Albert Steffen

Drei Seufzer . . . . Albert Steffen

Warum? Aus «Phantasiestücke» . . . . . . Robert Schumann

Die Jugend . . . . Friedrich Hölderlin

Eleusis. An Hölderlin . . . . G. Fr. Hegel

Dornach, 12. April 1925 (Ostersonntag)

PROGRAMM

Dichtungen von Rudolf Steiner

Andante aus der Cellosonate, c-moll . . . . . . J. E. Galliard

Aus den Jahresspüchen:

Ich fühle Kraft des Weltenseins ...

Wenn aus den Seelentiefen ...

Wenn aus den Weltenweiten ...

Präludium, es-moll . . . . J. S. Bach

Aus den Jahressprüchen:

Ins Äußere des Sinnesalls ...

Es spricht zum Weltenall ...

Der erste Spruch, der gegeben wurde:

Die Sonne schaue ...

Andante sost. aus der 2. Cellosonate . . . . . . G. Fr. Händel

Der letzte Spruch, der gegeben wurde:

Sonnenmächten entsprossene ...

Adagio aus der 1. Sonate f. Solo-Violine . . . . . . J. S. Bach

Die Grundsteinlegung

IV

ZWEI LESEPROBEN
ZUR KLASSISCHEN WALPURGISNACHT

aus «Faust» II von Goethe

Dornach, 20. und 23. August 1918

Zur eurythmisch-dramatischen Aufführung am Goetheanum

Am obern Peneios
Felsbuchten des Ägäischen Meers

SZENARIUM

Erste Szene	Pharsalische Felder: Erichtho – Homunkulus – Mephistopheles – Faust – Greife – Ameisen – Arimaspen – Sphinxe – Sirenen
Zweite Szene	Peneios, umgeben von Gewässern und Nymphen: Peneios – Faust – Nymphen – Chiron
Verwandlung	Vor dem Tempel der Manto: Faust – Chiron – Manto
Dritte Szene	Am obern Peneios wie zuvor (Pharsalische Felder): Sirenen – Seismos – Sphinxe – Greife – Ameisen – Pygmäen – Daktyle – Die Kraniche des Ibykus
Verwandlung	Mephistopheles in der Schlucht: Mephistopheles – Lamien – Empuse – Oreas – Homunkulus – Anaxagoras – Thales – Dryas – Die Phorkyaden
Vierte Szene	Felsbuchten des Ägäischen Meers: Sirenen – Nereiden und Tritonen (als Meerwunder) – Thales und Homunkulus – Nereus – Proteus – Telchinen von Rhodus auf Hippokampen und Meerdrachen – Psyllen und Marsen auf Meerstieren, Meerkälbern und Widdern – Doriden – Drei Jünglinge auf Delphinen – Galatee

ERSTE LESEPROBE

Dornach, 20. August 1918

Es soll also, wie verfügt worden ist, fortgefahren werden in der «Klassischen Walpurgisnacht».
Nun erinnern Sie sich, daß zu den Worten Fausts:

> Geheilt will ich nicht sein! mein Sinn ist mächtig!
> Da wär' ich ja wie andere niederträchtig

die Szene verwandelt worden ist. Dann kam die andere Szene, in der Chiron sagt:

> Versäume nicht das Heil der edlen Quelle!
> Geschwind herab! Wir sind zur Stelle

bis zum Auftreten der Manto. Das war also eine andere Szene; die fehlt in den Ausgaben, diese Angabe der Verwandlung. Nun aber soll die Szene wiederum zurückrücken bis zu der, die in unserer Darstellung eigentlich die allererste war. Gemeint ist allerdings im Buch, daß es zurückgeht bis zu der Szene: Peneios, umgeben von Gewässern und Nymphen; zu der soll zurückgegriffen werden. Aber, nicht wahr, bei unserer Darstellung waren in dieser Szene – Peneios, umgeben von Gewässern und Nymphen – die Sphinxe nicht mehr zu sehen, währenddem jetzt die Sphinxe natürlich da sein müssen. Also wir müssen uns ähnlich der ersten Szene aufstellen, der allerersten Szene, die wir gehabt haben.

Das Wesentliche ist, daß also *Goethe* zunächst einmal anschaulich zu machen bestrebt ist den Unterschied zwischen der ganzen nordischen Welt und der griechisch-klassischen Welt. Geister der nordischen Welt, der fünften nachatlantischen Zeit, wie wir sagen, sind im wesentlichen gebunden an eine ruhige Erde. Erdbeben gibt es eigentlich nur bis Göttingen; was nördlich von der Göttinger Zone ist, ist ja eigentlich erdbebenfreies Gebiet. Und mit diesen Dingen hängen natürlich die Erscheinungen im weiteren zusammen, die hier gemeint sind.

Das ganze Gefüge der griechischen Götterwelt hing schon damit zusammen, daß die Natur selber unruhig war, die Natur gewissermaßen in sich geeignet war, sich zu metamorphosieren, mitmachte dasjenige, was die Menschheit machte, was die Geisterwelt machte. Aber gerade dazu soll ja Faust zurück in die vierte nachatlantische Zeit, in die griechische Welt, damit sein Schicksal in Gemeinsamkeit mit der Natur verlaufen kann. Und das bestrebt sich hier Goethe zu zeigen, indem er anschließt an die Szene, die wir früher gehabt haben: am oberen Peneios.

Es sind zunächst die *Sirenen,* die Sirenen, die zunächst etwas ihre Stimme halten können, weil sie gewissermaßen unter sich sind jetzt, hier nicht auf Menschen wirken. Aber das Eigentümliche ist, daß sie überrascht werden eben gerade von der Bewegung der Erde, von dem Erdbeben. Sie wollen zuerst der Gesang des Wassers, der Gesang des Peneios sein. Die ersten Verse sind gewissermaßen die in dem Wasser stehengebliebenen Wellen. Die Wasserwellen rinnen unter den Tonwellen fort, so daß die Sirenen unter die Wellen untertauchen, aber die Wasserwellen rinnen fort; die Sirenenwellen bleiben stehende Wellen, wollen nur auf und ab wogen in den fortrinnenden Wasserwellen. Das ist der Sinn der ersten Sirenen-Zeilen. Also in dieser Art:

SIRENEN: Stürzt euch in Peneios Flut!
Plätschernd ziemt es da zu schwimmen,
Lied um Lieder anzustimmen,
Dem unseligen Volk zugut.

Das unselige Volk ist hier das Wasservolk, alle Wassergeister.

Ohne Wasser ist kein Heil!
Führen wir mit hellem Heere
Eilig zum Ägäischen Meere,
Würd' uns jede Lust zuteil.

Sie sind eben nicht gesonnen, zum Ägäischen Meere zu fahren, sondern sie bleiben als stehende Wellen, während das Wasser unter ihnen fortfließt. Und während sie so mit dem Wasser spielen, kommt das Erdbeben, das sie überrascht, das sie zunächst dadurch sehen, daß die Welle zurückschlägt. Sie dachten, die Welle gehe fort; die Welle schlägt aber zurück.

Erdbeben

SIRENEN: Schäumend kehrt die Welle wieder,
Fließt nicht mehr im Bett darnieder;
Grund erbebt, das Wasser staucht,
Kies und Ufer berstend raucht.
Flüchten wir! Kommt alle, kommt!
Niemand, dem das Wunder frommt.
Fort! ihr edlen frohen Gäste,
Zu dem seeisch heitern Feste,
Blinkend, wo die Zitterwellen,
Ufernetzend, leise schwellen;
Da, wo Luna doppelt leuchtet,
Uns mit heiligem Tau befeuchtet.
Dort ein freibewegtes Leben,
Hier ein ängstlich Erdebeben;
Eile jeder Kluge fort!
Schauderhaft ist's um den Ort.

Also: dunkel, rhythmisch, das Schaudern nur andeutend, im Künstlerischen das Schaudern verfließen lassend.

Nun kommt der Erdboden herauf. In der Nähe des Peneios erhebt sich der Erdboden. Die Wellen haben zuerst das Erheben des Erdbodens angedeutet. Aus der Tiefe schiebt das Erdbeben einen Berg heran. Im Berg-Heranschieben sichtbar wird der Gott des Erdbebens, der Gott der bewegten Erde: *Seismos.* Man hört ihn zuerst, indem er noch nicht sichtbar ist, in der Tiefe:

SEISMOS (in der Tiefe brummend und polternd):
Einmal noch mit Kraft geschoben,
Mit den Schultern brav gehoben!
So gelangen wir nach oben,
Wo uns alles weichen muß.

Das bemerken nun die *Sphinxe,* welche die Ruhe im bewegten Kosmos darstellen, die das Gegenstück sind zu diesem bewegten Kosmos.

SPHINXE: Welch ein widerwärtig Zittern,
Häßlich grausenhaftes Wittern!
Welch ein Schwanken, welches Beben,
Schaukelnd Hin- und Widerstreben!
Welch unleidlicher Verdruß!

Doch wir ändern nicht die Stelle,
Bräche los die ganze Hölle.

Etwas Pause.

Nun kommt der Berg, der immerfort herauftaucht. – Ich bin bloß gespannt, wie Sie das alles machen werden! – Der Berg wird immer höher und höher.

SPHINXE: Nun erhebt sich ein Gewölbe
Wundersam.

Sie betrachten den Berg nicht mit Wohlwollen, eher mit Entsetzen.

SPHINXE (weiter): Es ist derselbe,
Jener Alte, längst Ergraute,
Der die Insel Delos baute,
Einer Kreißenden zulieb'
Aus der Wog' empor sie trieb.

Nämlich: der Leto zulieb, die den Apollo gebären wollte, hat er die Insel Delos heraufgehoben, der Seismos.

Einer Kreißenden zulieb'
Aus der Wog' empor sie trieb.
Er, mit Streben, Drängen, Drücken,
Arme straff, gekrümmt den Rücken,
Wie ein Atlas an Gebärde,
Hebt er Boden, Rasen, Erde,
Kies und Gries und Sand und Letten,
Unsres Ufers stille Betten.

Nun tut sich ein Spalt auf.

So zerreißt er eine Strecke
Quer des Tales ruhige Decke.

Und nun kommt eine Karyatide herauf; die sieht man bis zur Taille, einen Felsenberg heraufheben aus der Erde.

Angestrengtest, nimmermüde,
Kolossalkaryatide,
Trägt ein furchtbar Steingerüste,
Noch im Boden bis zur Büste.

Also die Karyatide ist bis zur Büste noch im Boden; so trägt sie diesen Steinansatz herauf. Nun wehren die Sphinxe:

Weiter aber soll's nicht kommen,
Sphinxe haben Platz genommen.

Also sie wollen ruhig bleiben; sie sind ja die Ruhe im bewegten Kosmos. Seismos läßt sich aber in seinen Geschäften, oder will sich wenigstens nicht stören lassen, sondern hebt nun auch die guten Seiten seines Amtes hervor. Also, indem er da das Ganze heraufbefördert hat, die Kolossalkaryatide ihm geholfen hat, verteidigt er sich gegen die Sphinxe:

SEISMOS: Das hab' ich ganz allein vermittelt,
Man wird mir's endlich zugestehn:
Und hätt' ich nicht geschüttelt und gerüttelt,
Wie wäre diese Welt so schön? –
Wie ständen eure Berge droben
In prächtig-reinem Ätherblau,
Hätt' ich sie nicht hervorgeschoben
Zu malerisch-entzückter Schau?
Als, angesichts der höchsten Ahnen,
Der Nacht, des Chaos, ich mich stark betrug
Und, in Gesellschaft von Titanen,
Mit Pelion und Ossa als mit Ballen schlug.
Wir tollten fort in jugendlicher Hitze,
Bis überdrüssig, noch zuletzt
Wir dem Parnaß als eine Doppelmütze,
Die beiden Berge frevelnd aufgesetzt ...
Apollen hält ein froh Verweilen
Dort nun mit seliger Musen Chor.
Selbst Jupitern mit seinen Donnerkeilen
Hob ich den Sessel hoch empor.

Er schiebt weiter.

Jetzt so, mit ungeheurem Streben,
Drang aus dem Abgrund ich herauf
Und fordre laut, zu neuem Leben,
Mir fröhliche Bewohner auf.

Also er stürmt herauf mit seinen Welten. Die Sphinxe sind eben eigentlich eine Art Ruhe in dem Ganzen; gegen die hat sich der Seismos nun verteidigt gehabt. – Die Sphinxe haben ihm zugehört und nehmen jetzt ihrerseits Stellung zu dem, was er gesagt hat.

SPHINXE: Uralt, müßte man gestehen,
Sei das hier Emporgebirgte,

Emporgebirgt ist schon ein ganz gutes deutsches Wort; es heißt also: nach Art der Gebirge emporgehoben. Goethe versucht, von Gebirge ein Verbum zu machen: es entsteht das Gebirge = emporgebirgt.

Hätten wir nicht selbst gesehen,
Wie sich's aus dem Boden würgte.
Bebuschter Wald verbreitet sich hinan,
Noch drängt sich Fels auf Fels bewegt heran;
'ne Sphinx wird sich daran nicht kehren:
Wir lassen uns im heiligen Sitz nicht stören.

Ein Sphinx – ist falsch; es muß heißen: 'ne Sphinx.

Zu dem Berg gehen nun die *Greifen:*

GREIFE: Gold in Blättchen, Gold in Flittern
Durch die Ritzen seh' ich zittern.
Laßt euch solchen Schatz nicht rauben;
Imsen auf! es auszuklauben.

Und nun kommen die *Imsen;* die wollen so heran; das sind die Naturgeister des aufstrebenden Berges, die sich da alle geltend machen. Und mit dem aufgetriebenen Berg kommen nun auch die Imsen heran:

CHOR DER AMEISEN: Wie ihn die Riesigen
Emporgeschoben,
Ihr Zappelfüßigen,
Geschwind nach oben!
Behendest aus und ein!
In solchen Ritzen
Ist jedes Bröselein
Wert, zu besitzen.
Das Allermindeste
Müßt ihr entdecken

Auf das geschwindeste
In allen Ecken.
Allemsig müßt ihr sein,
Ihr Wimmelscharen;
Nur mit dem Gold herein!
Den Berg laßt fahren.

GREIFE: Herein! Herein! Nur Gold zu Hauf!
Wir legen unsere Klauen drauf,
Sind Riegel von der besten Art,
Der größte Schatz ist wohlverwahrt.

Und nun kommt von einer anderen Seite der Chor der *Pygmäen* herauf. Das muß eine ganze Schar sein, viele Kinder, die Pygmäen sind; vorne eine Pygmäen-Älteste, dann ein Generalissimus, ein Pygmäen-Feldmarschall, der sie anführt; so kommt dieses Pygmäenheer heran:

PYGMÄEN: Haben wirklich Platz genommen,
Wissen nicht, wie es geschah.
Fraget nicht, woher wir kommen,
Denn wir sind nun einmal da!
Zu des Lebens lustigem Sitze
Eignet sich ein jedes Land;
Zeigt sich eine Felsenritze,
Ist auch schon der Zwerg zur Hand.
Zwerg und Zwergin, rasch zum Fleiße,
Musterhaft ein jedes Paar.
Weiß nicht, ob es gleicherweise
Schon im Paradiese war.
Doch wir finden's hier zum besten,
Segnen dankbar unsern Stern;
Denn im Osten wie im Westen
Zeugt die Mutter Erde gern.

Jetzt kommen aus irgendeiner Ecke heraus – das muß dann eingeteilt werden – fünf kleine Gestalten: vier Fingerlinge und ein Däumerling. Das sind die *Daktyle*.

DAKTYLE: Hat sie in einer Nacht
Die Kleinen hervorgebracht;
Sie wird die Kleinsten erzeugen;
Finden auch ihresgleichen.

PYGMÄEN-ÄLTESTE: Eilet, bequemen
Sitz einzunehmen!
Eilig zum Werke!
Schnelle für Stärke.
Noch ist es Friede;
Baut euch die Schmiede,
Harnisch und Waffen
Dem Heer zu schaffen.

Ihr Imsen alle,
Rührig im Schwalle,
Schafft uns Metalle!
Und ihr, Daktyle,
Kleinste, so viele,
Euch sei befohlen,
Hölzer zu holen!
Schichtet zusammen
Heimliche Flammen,
Schaffet uns Kohlen.

GENERALISSIMUS: Mit Pfeil und Bogen
Frisch ausgezogen!
An jenem Weiher
Schießt mir die Reiher,
Unzählig nistende,
Hochmütig brüstende,
Auf einen Ruck,
Alle wie einen!
Daß wir erscheinen
Mit Helm und Schmuck.

Der muß ein Schwert haben.

Jetzt die Daktyle – das sind die Fingerlinge – und die Imsen zusammen:

IMSEN UND DAKTYLE: Wer wird uns retten!
Wir schaffen's Eisen,
Sie schmieden Ketten.
Uns loszureißen
Ist noch nicht zeitig.
Drum seid geschmeidig.

DIE KRANICHE DES IBYKUS: Mordgeschrei und Sterbeklagen!
Ängstlich Flügelflatterschlagen!
Welch ein Ächzen, welch Gestöhn
Dringt herauf zu unsern Höhn!
Alle sind sie schon ertötet,
See von ihrem Blut gerötet,
Mißgestaltete Begierde
Raubt des Reihers edle Zierde.
Weht es doch schon auf dem Helme
Dieser Fettbauch-Krummbein-Schelme.
Ihr Genossen unsres Heeres,
Reihenwanderer des Meeres,
Euch berufen wir zur Rache
In so nahverwandter Sache.
Keiner spare Kraft und Blut,
Ewige Feindschaft dieser Brut!

Zerstreuen sich krächzend in den Lüften.

Jetzt ist hier der Berg – in der Mitte –, drüben – links – die Sphinxe, und da irgendwo – ganz rechts – taucht der Mephisto auf, der durch den Berg gehindert wird, zu den Sphinxen zurückzukehren. Er ist auf dem Weg zu den Sphinxen zurück; er hat ja versprochen, daß er wiederkommen wird; aber er sieht sie nicht, weil der Berg entstanden ist.

MEPHISTOPHELES: Die nordischen Hexen wußt' ich wohl zu meistern,
Mir wird's nicht just mit diesen fremden Geistern.
Der Blocksberg bleibt ein gar bequem Lokal,
Wo man auch sei, man findet sich zumal.
Frau *Ilse* wacht für uns auf ihrem *Stein,*
Auf seiner *Höh'* wird *Heinrich* munter sein,
Die *Schnarcher* schnauzen zwar das *Elend* an,
Doch alles ist für tausend Jahr getan.
Wer weiß denn hier nur, wo er geht und steht,
Ob unter ihm sich nicht der Boden bläht?
Ich wandle lustig durch ein glattes Tal
Und hinter mir erhebt sich auf einmal
Ein Berg, zwar kaum ein Berg zu nennen,
Von meinen Sphinxen mich jedoch zu trennen
Schon hoch genug – hier zuckt noch manches Feuer

Durchs Tal hinab, und flammt ums Abenteuer ...
Noch tanzt und schwebt mir lockend, weichend, vor,
Spitzbübisch gaukelnd, der galante Chor.

Nämlich die *Lamien,* die jetzt wiederum ihm nachkommen.

Nur sachte drauf! Allzugewohnt ans Naschen,
Wo es auch sei, man sucht was zu erhaschen.

Also die Lamien müssen hier so kostümiert werden, daß sie mit einer Haut überzogen werden, in sehr schöner Maske; die muß so angezogen werden, daß sie rasch nach rückwärts abgeworfen werden kann, und daß die Lamien die Gestalten annehmen, wie sie hier beschrieben werden. Also die Lamien sind Metamorphosen, müssen sich rasch verwandeln können. Die Lamien kommen also:

LAMIEN (Mephistopheles nach sich ziehend):
Geschwind, geschwinder!
Und immer weiter!
Dann wieder zaudernd,
Geschwätzig plaudernd.
Es ist so heiter,
Den alten Sünder
Uns nachzuziehen;
Zu schwerer Buße
Mit starrem Fuße
Kommt er geholpert,
Einher gestolpert;
Er schleppt das Bein,
Wie wir ihn fliehen,
Uns hinterdrein!

Mephistopheles rechts.

MEPHISTOPHELES (stillstehend):
Verflucht Geschick! Betrogne Mannsen!
Von Adam her verführte Hansen!

So schimpft er sich selber, die Männer!

Alt wird man wohl, wer aber klug?
Warst du nicht schon vernarrt genug!
Man weiß, das Volk taugt aus dem Grunde nichts;
Geschnürten Leibs, geschminkten Angesichts;
Nichts haben sie Gesundes zu erwidern,

Wo man sie anfaßt, morsch in allen Gliedern.
Man weiß, man sieht's, man kann es greifen,
Und dennoch tanzt man, wenn die Luder pfeifen!

Er faßt sie an, findet, daß sie morsch sind; sie sind eben ganz ausgestopft, mit etwas überzogen. Die Lamien halten etwas stille:

LAMIEN (innehaltend): Halt! er besinnt sich, zaudert, steht;
Entgegnet ihm, daß er euch nicht entgeht!

Also sie wollen ihm näherkommen. Mephistopheles schreitet etwas vor.

MEPHISTOPHELES (fortschreitend): Nur zu und laß dich ins Gewebe
Der Zweifelei nicht törig ein;
Denn wenn es keine Hexen gäbe,
Wer, Teufel, möchte Teufel sein!

LAMIEN (anmutigst): Kreisen wir um diesen Helden,
Liebe wird in seinem Herzen
Sich gewiß für eine melden.

MEPHISTOPHELES: Zwar bei ungewissem Schimmer
Scheint ihr hübsche Frauenzimmer,
Und so möcht' ich euch nicht schelten.

Und nun kommt die Schlimmste, die *Empuse;* die geht ganz auf ihn zu; sie ist eine von den Lamien:

EMPUSE (eindringend): Auch nicht mich! als eine solche
Laßt mich ein in eure Folge.

LAMIEN: Die ist in unserm Kreis zu viel,
Verdirbt doch immer unser Spiel.

EMPUSE (zu Mephistopheles): Begrüßt von Mühmichen Empuse,
Der Trauten mit dem Eselsfuße!
Du hast nur einen Pferdefuß,
Und doch, Herr Vetter, schönsten Gruß!

Also sie hat einen Eselsfuß. Da nimmt sie nun das Tuch zurück und hat einen Eselskopf auf. Vorher schaut er nur nach ihr hin, und es sieht so aus, wie wenn sie sehr schön wäre. Hier muß sie nun das Tuch zurückschlagen. Sie ist nämlich sehr schön, aber ihr Kopf verwandelt sich, wie sich alle metamorphosieren, in einen Eselskopf.

MEPHISTOPHELES: Hier dacht ich lauter Unbekannte
Und finde leider Nahverwandte,
Es ist ein altes Buch zu blättern:
Vom Harz bis Hellas immer Vettern!

Empuse links.

EMPUSE: Entschieden weiß ich gleich zu handeln,
In vieles könnt' ich mich verwandeln;
Doch euch zu Ehren hab' ich jetzt
Das Eselsköpfchen aufgesetzt.

MEPHISTOPHELES: Ich merk', es hat bei diesen Leuten
Verwandtschaft Großes zu bedeuten;
Doch mag sich, was auch will, ereignen,
Den Eselskopf möcht' ich verleugnen.

LAMIEN: Laß diese Garstige, sie verscheucht,
Was irgend schön und lieblich deucht;
Was irgend schön und lieblich wär',
Sie kommt heran, es ist nicht mehr.

MEPHISTOPHELES: Auch diese Mühmchen, zart und schmächtig,
Sie sind mir allesamt verdächtig;
Und hinter solcher Wänglein Rosen
Fürcht' ich doch auch Metamorphosen.

LAMIEN: Versuch' es doch! sind unsrer viele.
Greif zu! Und hast du Glück im Spiele,
Erhasche dir das beste Los.
Was soll das lüsterne Geleier?
Du bist ein miserabler Freier,
Stolzierst einher und tust so groß! –
Nun mischt er sich in unsre Scharen;
Laßt nach und nach die Masken fahren
Und gebt ihm euer Wesen bloß.

MEPHISTOPHELES: Die Schönste hab' ich mir erlesen...

Sie umfassend.

O weh mir! welch ein dürrer Besen!

Also er umfaßt sie ein wenig, und nun fliegt nach hinten ihre Hülle ab. Also er hat eine ganz Schmächtige, Dürre, Besenartige in der Hand. Er ergreift eine andere:

Und diese? ... Schmähliches Gesicht!

LAMIEN: Verdienst du's besser? dünk' es nicht.

MEPHISTOPHELES: Die Kleine möcht ich mir verpfänden...

Also eine dritte.

Lacerte schlüpft mir aus den Händen!
Und schlangenhaft der glatte Zopf.
Dagegen faß' ich mir die Lange, ...
Da pack' ich eine Thyrsusstange.
Den Pinienapfel als den Kopf.
Wo will's hinaus? ... Noch eine Dicke,
An der ich mich vielleicht erquicke;
Zum letztenmal gewagt! Es sei!
Recht quammig, quappig, das bezahlen
Mit hohem Preis Orientalen ...
Doch ach! der Bovist platzt entzwei!

Die muß also ganz entzweiplatzen! – Ich bin nur neugierig, wie Sie das inszenieren!

LAMIEN: Fahrt auseinander, schwankt und schwebet!
Blitzartig, schwarzen Flugs, umgebet
Den eingedrungnen Hexensohn!
Unsichre, schauderhafte Kreise!
Schweigsamen Fittichs, Fledermäuse!
Zu wohlfeil kommt er doch davon.

Sie gehen fort, sie verschwinden, die Lamien. Mephistopheles schüttelt sich.

MEPHISTOPHELES (sich schüttelnd): Viel klüger, scheint es, bin ich nicht geworden;
Absurd ist's hier, absurd im Norden,
Gespenster hier wie dort vertrackt,
Volk und Poeten abgeschmackt.
Ist eben hier ein Mummenschanz,
Wie überall ein Sinnentanz.
Ich griff nach holden Maskenzügen
Und faßte Wesen, daß mich's schauerte...
Ich möchte gerne mich betrügen,
Wenn es nur länger dauerte.

Sich zwischen dem Gestein verirrend.

Wo bin ich denn? Wo will's hinaus?
Das war ein Pfad, nun ist's ein Graus.
Ich kam daher auf glatten Wegen,
Und jetzt steht mir Geröll entgegen.
Vergebens klettr' ich auf und nieder,
Wo find' ich meine Sphinxe wieder?
So toll hätt' ich mir's nicht gedacht,
Ein solch Gebirg in einer Nacht!
Das heiß' ich frischen Hexenritt,
Die bringen ihren Blocksberg mit.

Das ist gerade das, worauf es ankommt: im Norden bringen die Hexen ihren Blocksberg nicht mit; hier sind sie so mit der Natur verwandt, daß sie ihren eigenen Blocksberg mitbringen; hier gehört die Natur noch zu den Wesen dazu.

Nun aber zeigt sich oben auf den Felsen eine *Oreade*. Das ist also eine Felsennymphe; die muß man nach oben setzen.

OREAS (vom Naturfels): Herauf hier! Mein Gebirg ist alt,
Steht in ursprünglicher Gestalt.
Verehre schroffe Felsensteige,
Des Pindus letztgedehnte Zweige.
Schon stand ich unerschüttert so,
Als über mich Pompejus floh.
Daneben, das Gebild des Wahns,
Verschwindet schon beim Krähn des Hahns.
Dergleichen Märchen seh' ich oft entstehn
Und plötzlich wieder untergehn.

MEPHISTOPHELES: Sei Ehre dir, ehrwürdiges Haupt!
Von hoher Eichenkraft umlaubt.
Der allerklarste Mondenschein
Dringt nicht zur Finsternis herein. –
Doch neben am Gebüsche zieht
Ein Licht, das gar bescheiden glüht.
Wie sich das alles fügen muß!
Fürwahr! es ist Homunkulus.
Woher des Wegs, du Kleingeselle?

Also mittlerweile hat sich *Homunkulus* eingefunden, der ja auch hier den Weg in die Natur finden soll, in die Natur und in die Menschennatur. Faust findet sich zu Helena, mit der er sich vereinigt, nachdem er mit ihr die Elemente durchlaufen. Der Homunkulus sucht Anschluß an das Grüne, bis zum Muschelwagen der Galatee, an dem er zerschellt, also in die Natur hinein; und der Mephistopheles sucht Anschluß an Wesen, Gestalten, die noch mit der Natur so verwandt sind wie er, und findet sich zu den Phorkyaden. Alle suchen den Anschluß an die Natur. Während man im Norden den Menschen aus der Natur herausgestellt, herausversteinert hat – ist hier mit der Natur alles verbunden. Und wenn im Menschenleben etwas geschieht, so geschieht auch in der Natur etwas.

HOMUNKULUS: Ich schwebe so von Stell' zu Stelle
Und möchte gern im besten Sinn entstehn,
Voll Ungeduld, mein Glas entzwei zu schlagen;
Allein, was ich bisher gesehn,
Hinein da möcht' ich mich nicht wagen.
Nur, um dir's im Vertraun zu sagen:
Zwei Philosophen bin ich auf der Spur,
Ich horchte zu, es hieß: Natur! Natur!
Von diesen will ich mich nicht trennen,
Sie müssen doch das irdische Wesen kennen;
Und ich erfahre wohl am Ende,
Wohin ich mich am allerklügsten wende.

MEPHISTOPHELES: Das tu auf deine eigne Hand.
Denn, wo Gespenster Platz genommen,
Ist auch der Philosoph willkommen.
Damit man seiner Kunst und Gunst sich freue,
Erschafft er gleich ein Dutzend neue.
Wenn du nicht irrst, kommst du nicht zu Verstand.
Willst du entstehn, entsteh' auf eigne Hand!

HOMUNKULUS: Ein guter Rat ist auch nicht zu verschmähn.

MEPHISTOPHELES: So fahre hin! Wir wollen's weiter sehn.

Trennen sich.

Der Homunkulus bleibt da; der Mephistopheles geht etwas weiter ab. Zu dem Homunkulus treten jetzt heran die zwei Philosophen, wovon der eine die Ansicht vertritt, daß alles durch das Wasser entstanden ist, was sich ja von selbst widerlegt, denn hier ist durch den Seismos – also durch Vulkane, Erdbeben, Feuerkräfte – der Berg aufgeschüttet worden. So ist der *Thales* von vornherein durch die Situation widerlegt. Der *Anaxagoras* vertritt die Ansicht, daß alles durch Feuer entsteht; Feuerkräfte, vulkanische Kräfte. So ist also der Thales hier von vornherein im Nachteil, denn er wird widerlegt durch die Situation. Der Homunkulus soll lernen, wie man entsteht, eben gerade an dem Gebrodel, an dem, was da vorgeht. Da mischen sich die zwei Philosophen hinein, griechische Naturphilosophen, die noch mehr als die späteren Philosophen verbunden sind mit der Natur und daher noch etwas verstehen von der Natur. Sie sprechen: Anaxagoras, der mehr begeistert ist; Thales, der mehr Behäbige, Breitere.

ANAXAGORAS (zu Thales): Dein starrer Sinn will sich nicht beugen,
Bedarf es weit'res, dich zu überzeugen?

Thales links.

THALES: Die Welle beugt sich jedem Winde gern,
Doch hält sie sich vom schroffen Felsen fern.

ANAXAGORAS: Durch Feuerdunst ist dieser Fels zuhanden.

THALES: Im Feuchten ist Lebendiges erstanden.

HOMUNKULUS (zwischen beiden): Laßt mich an eurer Seite gehn,
Mir selbst gelüstet's, zu entstehn!

ANAXAGORAS: Hast du, o Thales, je in Einer Nacht
Solch einen Berg aus Schlamm hervorgebracht?

Also: der widerlegt seine Rede; seine Rede ist Unsinn. Thales behauptet, es wäre alles aus Schlamm, Wasserkraft abgesetzt worden.

THALES: Nie war Natur und ihr lebendiges Fließen
Auf Tag und Nacht und Stunden angewiesen.
Sie bildet regelnd jegliche Gestalt,
Und selbst im Großen ist es nicht Gewalt.

ANAXAGORAS: Hier aber war's! Plutonisch grimmig Feuer,
Äolischer Dünste Knallkraft, ungeheuer,
Durchbrach des flachen Bodens alte Kruste,
Daß neu ein Berg sogleich entstehen mußte.

Thales links.

THALES: Was wird dadurch nun weiter fortgesetzt?
Er ist auch da, und das ist gut zuletzt.
Mit solchem Streit verliert man Zeit und Weile
Und führt doch nur geduldig Volk am Seile.

Anaxagoras rechts.

ANAXAGORAS: Schnell quillt der Berg von Myrmidonen,
Die Felsenspalten zu bewohnen;
Pygmäen, Imsen, Däumerlinge
Und andre tätig kleine Dinge.

Zum Homunkulus.

Nie hast du Großem nachgestrebt,
Einsiedlerisch-beschränkt gelebt;
Kannst du zur Herrschaft dich gewöhnen,
So lass' ich dich als König krönen.

HOMUNKULUS: Was sagt mein Thales?

THALES: Will's nicht raten;
Mit Kleinen tut man kleine Taten,
Mit Großen wird der Kleine groß.
Sieh hin! die schwarze Kranichwolke!
Sie droht dem aufgeregten Volke
Und würde so dem König drohn.
Mit scharfen Schnäbeln, Krallenbeinen,
Sie stechen nieder auf die Kleinen;
Verhängnis wetterleuchtet schon.
Ein Frevel tötete die Reiher
Umstellend ruhigen Friedensweiher.
Doch jener Mordgeschosse Regen
Schafft grausam-blutigen Rachesegen,
Erregt der Nahverwandten Wut
Nach der Pygmäen frevlem Blut.
Was nützt nun Schild und Helm und Speer?
Was hilft der Reiherstrahl den Zwergen?
Wie sich Daktyl und Imse bergen!
Schon wankt, es flieht, es stürzt das Heer.

Also er findet, daß alles untergeht. Und all das Scheinleben, das gefällt ihm nicht. Er findet, daß die Natur und die Erde ganz anders hätten entstehen sollen, als alles entstanden ist. Es gibt natürlich selbst beste Philosophen, die stellen Theorien auf, die nicht mit der Natur stimmen. Und dann sagen sie: «Um so schlimmer für die Natur!» Was da nun entstanden ist, ist ja durch Mondenkräfte entstanden, also in der Erdenevolution zurückgebliebene Mondenkräfte, und Anaxagoras bezieht das nun auch auf den Mond. Es tritt eine feierliche Pause ein, nachdem der Thales seine Bourgeois-Philisterrede vorgebracht hat.

Thales ist das schon im Bourgeoistum aufgehende Griechentum, das Philisterium. Also, eine feierliche Pause tritt ein. Der Mond geht auf. Anaxagoras großartig.

ANAXAGORAS (nach einer Pause, feierlich):
Konnt' ich bisher die Unterirdischen loben,
So wend' ich mich in diesem Fall nach oben ...
Du! droben ewig Unveraltete,
Dreinamig-Dreigestaltete,
Dich ruf' ich an bei meines Volkes Weh,
Diana, Luna, Hekate!
Du, Brust-Erweiternde, im Tiefsten-Sinnige,
Du Ruhig-Scheinende, Gewaltsam-Innige,
Eröffne deiner Schatten grausen Schlund,
Die alte Macht sei ohne Zauber kund!

Pause.

Es ist ihm, wie wenn er feurige Massen, Feuerwolken, kommen sehen würde. Anaxagoras ängstlich.

ANAXAGORAS:
Bin ich zu schnell erhört?
Hat mein Flehn
Nach jenen Höhn
Die Ordnung der Natur gestört?
Und größer, immer größer nahet schon
Der Göttin rundumschriebner Thron,
Dem Auge furchtbar, ungeheuer!
Ins Düstre rötet sich sein Feuer ...

Ängstlicher, furchtsam.

Nicht näher! drohend-mächtige Runde,
Du richtest uns und Land und Meer zugrunde!

So wär' es wahr, daß dich thessalische Frauen
in frevelnd magischem Vertrauen
Von deinem Pfad herabgesungen?
Verderblichstes dir abgerungen? ...
Das lichte Schild hat sich umdunkelt,
Auf einmal reißt's und blitzt und funkelt!
Welch ein Geprassel! Welch ein Zischen!
Ein Donnern, Windgetüm dazwischen! –
Demütig zu des Thrones Stufen –
Verzeiht! Ich hab' es hergerufen.

Wirft sich aufs Angesicht.

Thales kommt verständnislos etwas näher.

THALES: Was dieser Mann nicht alles hört' und sah!
Ich weiß nicht recht, wie uns geschah,
Auch hab' ich's nicht mit ihm empfunden.
Gestehen wir, es sind verrückte Stunden,
Und Luna wiegt sich ganz bequem
Auf ihrem Platz, so wie vordem.

Er ist eben der Urphilister, Bourgeoisphilister!

HOMUNKULUS: Schaut hin nach der Pygmäen Sitz,
Der Berg war rund, jetzt ist er spitz.
Ich spürt' ein ungeheures Prallen,
Der Fels war aus dem Mond gefallen;
Gleich hat er ohne nachzufragen,
So Freund als Feind gequetscht, erschlagen.
Doch muß ich solche Künste loben,
Die schöpferisch, in einer Nacht,
Zugleich von unten und von oben,
Dies Berggebäu zustand gebracht.

Also da ist noch eine Spitze entstanden am Felsen. Das ungeheure Prallen, das war das, was der Anaxagoras gesehen hatte.

THALES: Sei ruhig! Es war nur gedacht,
Sie fahre hin, die garstige Brut!
Daß du nicht König warst, ist gut.
Nun fort zum heitern Meeresfeste,
Dort hofft und ehrt man Wundergäste.

Entfernen sich.

Auf der anderen Seite kommt der Mephistopheles heran, sich unwillig räuspernd.

MEPHISTOPHELES (an der Gegenseite kletternd): Da muß ich mich durch steile Felsentreppen,
Durch alter Eichen starre Wurzeln schleppen!
Auf meinem Harz der harzige Dunst
Hat was vom Pech, und das hat meine Gunst;
Zunächst der Schwefel ... hier, bei diesen Griechen
Ist von dergleichen kaum die Spur zu riechen;
Neugierig aber wär' ich, nachzuspüren,
Womit sie Höllenqual und -flamme schüren.

Nun kommt eine *Dryade,* in der Mitte.

DRYAS: In deinem Lande sei einheimisch klug,
Im fremden bist du nicht gewandt genug.
Du solltest nicht den Sinn zur Heimat kehren,
Der heiligen Eichen Würde hier verehren.

Mephistopheles, rechts stehend.

MEPHISTOPHELES: Man denkt an das, was man verließ,
Was man gewohnt war, bleibt ein Paradies.
Doch sagt: was in der Höhle dort,
Bei schwachem Licht, sich dreifach hingekauert?

Da zeigt er auf die Höhle, wo die *Phorkyaden* sind, rechts.

DRYAS: Die Phorkyaden! Wage dich zum Ort
Und sprich sie an, wenn dich nicht schauert.

MEPHISTOPHELES: Warum denn nicht! – Ich sehe was und staune!
So stolz ich bin, muß ich mir selbst gestehn:
Dergleichen hab' ich nie gesehn,
Die sind ja schlimmer als Alraune ...
Wird man die urverworfnen Sünden
Im mindesten noch häßlich finden,
Wenn man dies Dreigetüm erblickt?
Wir litten sie nicht auf den Schwellen
Der grauenvollsten unsrer Höllen.
Hier wurzelt's in der Schönheit Land,
Das wird mit Ruhm antik genannt ...
Sie regen sich, sie scheinen mich zu spüren,

Also sie sind untereinandergekommen.

Sie zwitschern pfeifend, Fledermaus-Vampiren.

PHORKYADEN: Gebt mir das Auge, Schwestern, daß es frage,
Wer sich so nah an unsre Tempel wage.

MEPHISTOPHELES: Verehrteste! Erlaubt mir, euch zu nahen
Und euren Segen dreifach zu empfahen.
Ich trete vor, zwar noch als Unbekannter,
Doch, irr' ich nicht, weitläufiger Verwandter.
Altwürdige Götter hab' ich schon erblickt,
Vor Ops und Rhea tiefstens mich gebückt.

Ops ist die Schwester und Gattin des Saturn; Rhea, das wissen wir ja.

Die Parzen selbst, des Chaos, eure Schwestern,
Ich sah sie gestern – oder ehegestern;
Doch euresgleichen hab' ich nie erblickt.
Ich schweige nun und fühle mich entzückt.

PHORKYADEN: Er scheint Verstand zu haben, dieser Geist.

MEPHISTOPHELES: Nur wundert's mich, daß euch kein Dichter preist. –
Und sagt! wie kam's, wie konnte das geschehn?
Im Bilde hab' ich nie euch Würdigste gesehn;
Versuch's der Meißel doch, euch zu erreichen,
Nicht Juno, Pallas, Venus und dergleichen.

PHORKYADEN: Versenkt in Einsamkeit und stillste Nacht,
Hat unser Drei noch nie daran gedacht!

MEPHISTOPHELES: Wie sollt' es auch? da ihr, der Welt entrückt,
Hier niemand seht und niemand euch erblickt.
Da müßtet ihr an solchen Orten wohnen,
Wo Pracht und Kunst auf gleichem Sitze thronen,
Wo jeden Tag, behend, im Doppelschritt,
Ein Marmorblock als Held ins Leben tritt.
Wo –

PHORKYADEN: Schweig still und gib uns kein Gelüsten!
Was hülf' es uns und wenn wir's besser wüßten?
In Nacht geboren, Nächtlichem verwandt,
Beinah uns selbst, ganz allen unbekannt.

MEPHISTOPHELES: In solchem Fall hat es nicht viel zu sagen,
Man kann sich selbst auch andern übertragen.
Euch dreien gnügt ein Auge, gnügt ein Zahn;
Da ging' es wohl auch mythologisch an,
In Zwei die Wesenheit der drei zu fassen,
Der dritten Bildnis mir zu überlassen,
Auf kurze Zeit.

EINE: Wie dünkt's euch! ging es an?

DIE ANDEREN: Versuchen wir's! – Doch ohne Aug' und Zahn.

MEPHISTOPHELES: Nun habt ihr grad das Beste weggenommen,
Wie würde da das strengste Bild vollkommen!

EINE: Drück' du ein Auge zu, 's ist leicht geschehn,
Laß allsofort den einen Raffzahn sehn,
Und, im Profil, wirst du sogleich erreichen,
Geschwisterlich vollkommen uns zu gleichen.

MEPHISTOPHELES: Viel Ehr'! Es sei!

PHORKYADEN: Es sei!

MEPHISTOPHELES (als Phorkyas im Profil): Da steh' ich schon.
Des Chaos vielgeliebter Sohn!

PHORKYADEN: Des Chaos Töchter sind wir unbestritten.

MEPHISTOPHELES: Man schilt mich nun, o Schmach, Hermaphroditen.

PHORKYADEN: Im neuen Drei der Schwestern welche Schöne!
Wir haben zwei der Augen, zwei der Zähne.

MEPHISTOPHELES: Vor aller Augen muß ich mich verstecken,
Im Höllenpfuhl die Teufel zu erschrecken.

Ab.

Mephistopheles nach rechts ab.

Das ist eine gewaltige Szene. – Ich bin bloß neugierig, wie Sie das alles machen werden! – Die Lamien zum Beispiel müssen zuerst sehr schön sein, dann die eine häßlich; eine ein dürrer Besen, die andere eine Thyrsusstange mit dem Pinienapfel auf dem Kopf; eine muß auseinanderplatzen, die muß er spalten; das ist nämlich ein Schwamm, Bovist, der auseinanderplatzt.

Die Empuse – da ist es besser, ein Tuch darüber zu machen; sie steht im Profil da, das braucht nur Mephistopheles genau zu sehen, das Gesicht; dann wird das Tuch weggezogen, und der Eselskopf bleibt übrig.

Die Sirenen wie im vorigen Jahre kostümiert.

Oreade vom Naturfels. Das ist ein alter Berg, der ist nicht neu, ein alter Berg mit Eichenlaub; der ist schon lange da. Was neu heraufgehoben wird, das können im Grunde Felsenmassen sein; das hat keine Bäume noch Erdmassen, Felsenmassen.

Die Kraniche sind schwer. Es können Puppen sein, die von oben heruntergelassen werden. Die Worte sind stark zu sprechen, etwas verkrächzend; da könnte man etwas Musik dazu machen. Man könnte es vielleicht singen.

ZWEITE LESEPROBE

Dornach, 23. August 1918

Nun wurde die Szene verlegt in das Ägäische Meer, in das sich der Peneios ergießt, an dessen beiden Ufern früher die Szene war. Auf den Klippen umhergelagert sind die *Sirenen,* die namentlich mit den Kräften des Mondenlichtes arbeiten. Gerade aus dieser Szene geht hervor, daß *Goethe* durchaus im Sinne hatte, daß die Sirenen eben in der Mehrzahl dasjenige sind, was dann im Norden die Lorelei geworden ist; in der Einzahl die Lorelei, die Sirenen in der Mehrzahl. Und sie arbeiten als Zauberwesen mit den Strahlen des Mondenlichtes. In der Szene hier, wo sie besonders wirksam arbeiten sollen, steht der Mond mitten am Himmel, im Zenit. Zu denken ist er natürlich eigentlich zwischen den übrigen Sternen. Die Sirenen haben außer dem, was sie sonst sind, zu ihrer Hauptbeschäftigung dieses: daß sie die Schiffer betören. Die Schiffer werden betört durch die Sirenen; dadurch gehen die Schiffe unter und verlieren ihre Beute, ihren Inhalt. Dasjenige, was da die Schiffe als Beute, als Inhalt verlieren, das wird auf diese Weise gewissermaßen zugeschanzt den *Nereiden* und *Tritonen* und anderen Meerwesen. Also diese Nereiden und Tritonen und andere Meerwesen leben eigentlich von der Gunst der Sirenen. Die Sirenen betören die Schiffer; die Schiffe gehen unter, verlieren ihr Strandgut, und das sammeln dann die Nereiden und Tritonen.

Die Nereiden sind die Töchter des *Nereus,* und Nereus ist eine Art Wassergottheit, eine Art ahrimanisches, wenigstens ahrimanisch gefärbtes, göttliches Wesen, welches in alten Erdenzeiten eine andere Rolle hatte als in der Zeit, von der hier die Rede ist. In alten Erdenzeiten waren solche Wesen wie Nereus, Proteus und so weiter Wesen, welche den dazumal noch andersgearteten Elementen vorstanden. Also: das Wasser in Urzeiten hatte andere Kräfte als das abstrakte Wasser, das heute das Meer erfüllt. Dadurch aber sind im Kosmos, in der kosmischen Entwickelung solche Geister, die früher dem mehr lebendigen Wasser vorgestanden haben, in Pension versetzt und haben andere Aufgaben in der Welt, in der kosmischen Evolution, sind – pensioniert. Aber sie haben dann ihre neuen Aufgaben. Sie hatten ihre richtigen Aufgaben in uralten Zeiten, als die Menschen nicht so waren, wie sie heute sind, als die Menschen noch auf einer geistigeren, das heißt, mehr ihrer Mondenstufe näheren Art standen.

Nun, da sehen wir namentlich zuerst die Sirenen, auf Klippen umhergelagert, dasjenige betonen, was eben ihre Aufgabe ist.

SIRENEN (auf den Klippen umher gelagert flötend und singend):

Haben sonst bei nächtigem Grauen
Dich thessalische Zauberfrauen
Frevelhaft herabgezogen,
Blicke ruhig von dem Bogen
Deiner Nacht auf Zitterwogen
Mildeblitzend Glanzgewimmel
Und erleuchte das Getümmel,
Das sich aus den Wogen hebt.

Das ist alles an den Mond gerichtet.

Dir zu jedem Dienst erbötig,
Schöne Luna, sei uns gnädig!

Also, das ist der Sirenengesang, den sie hier mehr für sich, man möchte sagen, wiederholend, sirenenhaft-meditierend, erwähnen; ihre eigentliche Aufgabe ist aber, die Schiffer zu betören.

Die Töchter des Nereus und der Doris – die *Doriden* – sind die Schwestern der Nereiden. Die Doriden sind mehr der Doris ähnlich gestaltet, die Nereiden mehr dem Vater – Nereus. Aber sie sind Geschwister. Die Nereiden sind frauenhafte, dämonische Wesen, die sich ausstatten mit dem Strandgut, das die Sirenen erbeuten. Und die Tritonen sind fischähnliche Wesen, auf welchen die Nereiden reiten können, also sich mehr vorwärts bewegen können. Diese zusammen nun, Nereiden und Tritonen, antworten gewissermaßen auf den Sirenengesang:

NEREIDEN UND TRITONEN (als Meerwunder):

Tönet laut in schärfern Tönen,
Die das breite Meer durchdröhnen,
Volk der Tiefe ruft fortan! –
Vor des Sturmes grausen Schlünden
Wichen wir zu stillsten Gründen,
Holder Sang zieht uns heran.

Der Gesang der Sirenen zieht sie heran.

Seht! wie wir im Hochentzücken
Uns mit goldnen Ketten schmücken;
Auch zu Kron' und Edelsteinen
Spang' und Gürtelschmuck vereinen.
Alles das ist eure Frucht.
Schätze, scheiternd hier verschlungen,
Habt ihr uns herangesungen,
Ihr Dämonen unsrer Bucht.

Die Sirenen, die das hören, antworten darauf:

SIRENEN: Wissen's wohl, in Meeresfrische
Glatt behagen sich die Fische,
Schwanken Lebens ohne Leid;
Doch! ihr festlich regen Scharen,
Heute möchten wir erfahren,
Daß ihr mehr als Fische seid.

Also die Tritonen sollen mehr als Fische sein; sie sind doch zugleich zurückgebliebene Wesen aus früheren Zeiten, also alles ahrimanisch angehauchte Gestalten. Und sie sind diejenigen, die dadurch beweisen können, daß sie mehr als Fische sind, daß sie die Kabiren herholen. Das sind Götter und Göttinnen von Samothrake, die unter anderem auch die Aufgabe haben, die Fischer und die Schiffe, wenn sie in Gefahr sind, auf dem Meere zu beschützen. Wir werden noch von ihnen sprechen, denn sie treten ja auf. Die Kabiren haben wesentlich auch tiefere Aufgaben.

NEREIDEN UND TRITONEN: Ehe wir hieher gekommen,
Haben wir's zu Sinn genommen,
Schwestern, Brüder, jetzt geschwind!
Heut' bedarf's der kleinsten Reise,
Zum vollgültigsten Beweise,
Daß wir mehr als Fische sind.

Entfernen sich.

Nun entfernen sie sich, um ihre Mission auszuführen bezüglich der Kabiren. Die Sirenen bleiben zurück. Die Sirenen hocken überhaupt jetzt weiter da während der ganzen Szene.

SIRENEN: Fort sind sie im Nu!
Nach Samothrake gradezu,
Verschwunden mit günstigem Wind.
Was denken sie zu vollführen
Im Reiche der hohen Kabiren?
Sind Götter! wundersam eigen,
Die sich immerfort selbst erzeugen,
Und niemals wissen, was sie sind.

Also das sagen die Sirenen von den Kabiren. Es ist vielleicht so am leichtesten nahezukommen der Gesamtverfassung dieser Kabiren, wenn Sie an die Stelle in der Bibel denken, wo von den Elohim die Rede ist, die eigentlich erst, nachdem sie ihr Tagewerk geschaffen haben, sehen, daß es gut war, oder eigentlich, wie es dort steht, daß es schön war. Es ist natürlich für Menschen etwas schwer zu verstehen, weil Götter – die Kabiren – gerade, um die es sich hier handelt, nicht ein solches Bewußtsein haben wie Menschen oder wie gewisse spätere Götter. Die Kabiren sind Götter ersten Entstehens, und sie gehen auf in diesem Entstehen. Daher sind sie von einer viel zu großen Lebendigkeit, als daß sie ein voll ausgebildetes Bewußtsein haben. Sie gehören auch zusammen in dieser Beziehung. Es sind in Samothrake vier solcher Kabirengötter. Eigentlich sind es wohl acht; aber für Samothrake selbst kommen nur die vier in Betracht. Und nun natürlich kann man sagen: «Wundersam eigen, die sich immerfort selbst erzeugen, und niemals wissen, was sie sind.» Das kann man von den dreien, von den drei Hauptgöttern, welche die Erzeugungsgötter sind, schon sagen: von Axieros Axiokersos und Axiokersa. Von denen kann man schon sagen, daß sie nicht wissen, was sie sind. Aber so wenig diese drei zusammen wissen, was sie sind, so gut weiß der vierte für die drei. Also, wenn Sie sich denken: der Mensch bestehe aus physischem Leib, Ätherleib, Astralleib und Ich, und das Ich vollführt das Bewußtsein, so müssen Sie sich denken: diese Kabiren sind vier. Während beim Menschen diese vier Glieder zusammenhalten, sind aber diese Kabiren vier getrennte Wesen. Und Axieros ist physischer Leib, Axiokersos ist Ätherleib, Axiokersa ist Astralleib; die haben also kein Bewußtsein. Dagegen Kadmilos, der dem Ich entsprechende, der denkt für alle drei. Also das ist das Eigentümliche dieser Götter, daß der vierte eigentlich ihr Bewußtsein zugleich ist.

Wenn Sie den Zyklus nehmen, wo ich von den Elohim gesprochen habe, ist es auch so ähnlich, daß eigentlich der siebente für die sechs denkt.

Nun, nachdem die Sirenen auf dieses Geheimnis der Kabiren hingewiesen haben, wenden sie sich wiederum zu ihrer eigentlichen göttlichen Kraft, zum Mond:

SIRENEN: Bleibe auf deinen Höhn,
Holde Luna, gnädig stehn;
Daß es nächtig verbleibe,
Uns der Tag nicht vertreibe!

Also, sie sind Nachtgötter! Das ist ja klar.

Nun kommt am Ufer der Bucht *Thales*, links, zu *Homunkulus* gewendet.

THALES (am Ufer zu Homunkulus): Ich führte dich zum alten Nereus gern;
Zwar sind wir nicht von seiner Höhle fern,
Doch hat er einen harten Kopf,
Der widerwärtige Sauertopf,
Das ganze menschliche Geschlecht
Macht's ihm, dem Griesgram, nimmer recht.

Er liebt nämlich die Menschen nicht – Nereus. Nereus hat früher, als die Menschen den Göttern noch näherstanden, wenn auch atavistisch geistiger, die Menschen lieber gehabt; aber seit die Menschen zweibeinig geworden sind und diese wenig denkerische und wenig spirituelle Form angenommen haben, die sie jetzt haben, da haben sie sich die Liebe des Nereus mehr oder weniger verscherzt; da stehen sie ihm und seinem alten Wasserelement ferner. Daher liebt er sie nicht.

Doch ist die Zukunft ihm entdeckt,
Dafür hat jedermann Respekt
Und ehret ihn auf seinem Posten;
Auch hat er manchem wohlgetan.

Nun, nicht wahr, der Thales, der übersetzt alles ins Philiströs-Bourgeoishafte. Aber der Homunkulus, der möchte doch entstehen, er möchte Körper haben zu seinem Elemente. Daher will er sich einlassen darauf.

HOMUNKULUS: Probieren wir's und klopfen an!
Nicht gleich wird's Glas und Flamme kosten.

Nereus tritt auf aus seiner Höhle, als ein etwas ahrimanisch angehauchter Geist; rechts.

NEREUS: Sind's Menschenstimmen, die mein Ohr vernimmt?
Wie es mir gleich im tiefsten Herzen grimmt!

Also so, wie die Menschen Bauchgrimmen kriegen, wenn sie etwas nicht richtig Entsprechendes gehabt haben, so grimmt es bei ihm im Herzen, wenn er von Menschen auch nur hört, weil die ihm zuwider sind.

Gebilde, strebsam Götter zu erreichen,
Und doch verdammt, sich immer selbst zu gleichen.
Seit alten Jahren konnt' ich göttlich ruhn,
Doch trieb mich's an, den Besten wohlzutun;
Und schaut' ich dann zuletzt vollbrachte Taten,
So war es ganz, als hätt' ich nicht geraten.

Nereus ist sehr unzufrieden.

THALES: Und doch, o Greis des Meers, vertraut man dir;
Du bist der Weise, treib' uns nicht von hier!
Schau diese Flamme, menschenähnlich zwar,
Sie deinem Rat ergibt sich ganz und gar.

NEREUS: Was Rat! Hat Rat bei Menschen je gegolten?
Ein gutes Wort erstarrt im harten Ohr.
So oft auch Tat sich grimmig selbst gescholten,
Bleibt doch das Volk selbstwillig wie zuvor.
Wie hab' ich Paris väterlich gewarnt,
Eh' sein Gelüst ein fremdes Weib umgarnt.
Am griechischen Ufer stand er kühnlich da,
Ihm kündet' ich, was ich im Geiste sah:
Die Lüfte qualmend, überströmend Rot,
Gebälke glühend, unten Mord und Tod:
Trojas Gerichtstag, rhythmisch festgebannt,
Jahrtausenden so schrecklich als gekannt.

Des Alten Wort dem Frechen schien's ein Spiel,
Er folgte seiner Lust, und Ilios fiel –
Ein Riesenleichnam, starr nach langer Qual,
Des Pindus Adlern gar willkommnes Mahl.
Ulyssen auch! sagt' ich ihm nicht voraus
Der Circe Listen, des Zyklopen Graus?
Das Zaudern sein, der Seinen leichten Sinn,
Und was nicht alles! bracht' ihm das Gewinn?
Bis vielgeschaukelt ihn, doch spät genug,
Der Woge Gunst an gastlich Ufer trug.

THALES: Dem weisen Mann gibt solch Betragen Qual;
Der gute doch versucht es noch einmal.
Ein Quentchen Danks wird, hoch ihn zu vergnügen,
Die Zentner Undanks völlig überwiegen.
Denn nichts Geringes haben wir zu flehn:
Der Knabe da wünscht weislich zu entstehn.

Man muß nur achtgeben, daß der Thales nicht aus der Rolle fällt. Er ist ja ein richtiger Philister, nicht wahr, gegenüber dem Nereus, der ein großartiger Kerl eigentlich ist, wenn er auch etwas ahrimanisch angehaucht ist.

NEREUS: Verderbt mir nicht den seltensten Humor!
Ganz andres steht mir heute noch bevor;
Die Töchter hab' ich alle herbeschieden,
Die Grazien des Meeres, die Doriden.
Nicht der Olymp, nicht euer Boden trägt
Ein schön Gebild, das sich so zierlich regt.
Sie werfen sich, anmutigster Gebärde,
Vom Wasserdrachen auf Neptunus' Pferde,
Dem Element aufs zarteste vereint,
Daß selbst der Schaum sie noch zu heben scheint.
Im Farbenspiel von Venus Muschelwagen
Kommt Galatee, die Schönste nun, getragen,
Die, seit sich Kypris von uns abgekehrt,
In Paphos wird als Göttin selbst verehrt.

Also Galatee ist die schönste von seinen Töchtern, die schönste der Doriden. Von ihr wird später gesagt, daß sie besonders der Mutter ähnlich sah.

Also Kypris hat sich abgekehrt, die andere Meeresgöttin, und sie, Galatee, wird als Göttin verehrt, ist also eine Art Meer-Aphrodite.

Und so besitzt die Holde lange schon
Als Erbin Tempelstadt und Wagenthron.

Hinweg! Es ziemt in Vaterfreudenstunde
Nicht Haß dem Herzen, Scheltwort nicht dem Munde.
Hinweg zu Proteus! Fragt den Wundermann:
Wie man entstehn und sich verwandeln kann.

Entfernt sich gegen das Meer.

Nereus geht weiter gegen das Meer hinaus, weil er nun die Ankunft der Galatee erwartet.

THALES: Wir haben nichts durch diesen Schritt gewonnen,
Trifft man auch Proteus, gleich ist er zerronnen,
Und steht er euch, so sagt er nur zuletzt,
Was staunen macht und in Verwirrung setzt.
Du bist einmal bedürftig solchen Rats,
Versuchen wir's und wandeln unsres Pfads!

Entfernen sich.

Die Sirenen oben auf den Felsen sind geblieben, und sie künden an, wie von weitem die Nereiden und Tritonen mit den Kabiren herankommen.

SIRENEN (oben auf den Felsen): Was sehen wir von Weiten
Das Wellenreich durchgleiten?
Als wie nach Windes Regel
Anzögen weiße Segel,

Also: als wenn nach der Regel des Windes weiße Segel herankommen! Wir sehen es so, es schaut so aus, wie wenn nach der Regel des Windes weiße Segel heranzögen.

So hell sind sie zu schauen,
Verklärte Meeresfrauen.

So hell sind diese Nereiden und Tritonen zu schauen.

Laßt uns herunterklimmen,
Vernehmt ihr doch die Stimmen.

Nereiden und Tritonen kommen an.

NEREIDEN UND TRITONEN: Was wir auf Händen tragen,
Soll allen euch behagen.
Chelonens Riesenschilde
Entglänzt ein streng Gebilde:
Sind Götter, die wir bringen;
Müßt hohe Lieder singen.

Also sie bringen auf einem großen Schilde diese Götter, die aber ausschauen wie Töpfe. Sie sehen möglichst primitiv aus, diese Götter, die Kabiren. Man kann einfache, aber griechische, noch sehr aus der griechischen Urzeit herrührende primitive Töpfe formen, und das würden die Kabiren sein. Das ist die Gestalt dieser hohen Götter. Sie sind sehr klein, breit und putzig. Sie sind sehr hohe Götter, aber sie zeichnen sich durch ihre Zwerggestalt aus, sind eigentlich Götterzwerge, aber sehr mächtig, ganz mächtig. Daher, weil sie Entstehungsgötter sind, braucht man sie auch: der Homunkulus möchte entstehen. Daher braucht man sie. Natürlich konnte Goethe sich nicht etwa berufen auf die Naturwissenschafter, welche die Entstehung, nicht wahr, durch den Meeresschleim und so weiter annehmen, sondern er berief sich auf die Kabiren, auf die das Leben aus dem Elemente hervorrufenden Kabiren. Aber sie haben noch eine einfache Gestalt. Sie sind also hohe Götter, wichtige Götter, aber sie sind zwerghafte Götter.

SIRENEN: Klein von Gestalt,
Groß von Gewalt,
Der Scheiternden Retter,
Uralt verehrte Götter.

«Der Scheiternden Retter», weil sie den Schiffern helfen, die das Meer durchfurchen, durchqueren müssen. Das ist insbesondere wichtig, nicht wahr. Den Schiffern sind sie durch ihre Eigenschaft wichtig, die Kabiren; durch ihre ganze Funktion im Weltenall sind sie eigentlich furchtlose Götter, das, was man couragierte Götter nennen kann. Nicht wahr, furchtsam wird man durch den Verstand, dadurch, daß einen der Verstand fortwährend auf Gefahren aufmerksam macht, daß er einen immerfort nachdenkerisch macht und so weiter. Wenn man nicht durch den Verstand beirrt würde, würde man nicht furchtsam sein. Diese Kabiren, mit Ausnahme des vierten, des Kadmilos, nicht wahr, der ihr Bewußtsein darstellt, namentlich die drei, sind furchtlose Götter. Dadurch können sie auch die Beschützer der Schiffer sein.

NEREIDEN UND TRITONEN: Wir bringen die Kabiren,
Ein friedlich Fest zu führen;
Denn wo sie heilig walten,
Neptun wird freundlich schalten.

SIRENEN: Wir stehen euch nach;
Wenn ein Schiff zerbrach,
Unwiderstehbar an Kraft
Schützt ihr die Mannschaft.

NEREIDEN UND TRITONEN: Drei haben wir mitgenommen,
Der vierte wollte nicht kommen;
Er sagte, er sei der Rechte,
Der für sie alle dächte.

Also der mit dem Bewußtsein wollte nicht kommen; sie haben nur die drei Unbewußten mitgebracht.

Die Sirenen betrachten diese ganze Anordnung ein wenig vom Standpunkte des kosmischen Humors aus.

SIRENEN: Ein Gott den andern Gott
Macht wohl zu Spott.
Ehrt ihr alle Gnaden,
Fürchtet jeden Schaden.

Die Götter arbeiten natürlich einander entgegen: ein Gott macht wohl den anderen zum Spott.

NEREIDEN UND TRITONEN: Sind eigentlich ihrer sieben.

Im ganzen sind es eigentlich acht. Aber die acht, respektive sieben, die haben nur die Ägypter gekannt.

SIRENEN: Wo sind die drei geblieben?

NEREIDEN UND TRITONEN: Wir wüßten's nicht zu sagen,
Sind im Olymp zu erfragen;
Dort wes't auch wohl der achte,
An den noch niemand dachte!
In Gnaden uns gewärtig,
Doch alle noch nicht fertig.

Diese Unvergleichlichen
Wollen immer weiter,
Sehnsuchtsvolle Hungerleider
Nach dem Unerreichlichen.

Dieses «Hungerleider» hat keinen bösen Beigeschmack. Sie sind begierig nach der größten Vollkommenheit. Also sie haben die denkbar größte Begierde des Werdens, des Entstehens in sich; sind Hungerleider nach dem Unerreichlichen.

SIRENEN: Wir sind gewohnt:
Wo es auch thront,
In Sonn' und Mond
Hinzubeten; es lohnt.

Also die Sirenen wollen alles tun, was die Tritonen wollen.

NEREIDEN UND TRITONEN: Wie unser Ruhm zum Höchsten prangt,
Dieses Fest anzuführen!

SIRENEN: Die Helden des Altertums
Ermangeln des Ruhms,
Wo und wie er auch prangt,
Wenn sie das Goldne Vlies erlangt,
Ihr die Kabiren.

Das Goldne Vlies, nicht wahr, das ist also die Anschauung des Astralischen. Das singen zunächst die Sirenen. Und dann antworten Sirenen und Nereiden zusammen, und jeder sagt:

Wiederholt als Allgesang.

Wenn sie das Goldne Vlies erlangt,
Wir! } die Kabiren.
Ihr! }

Nereiden und Tritonen ziehen vorüber.

Nun ziehen die vorüber, Homunkulus schaut sie sich an:

HOMUNKULUS: Die Ungestalten seh' ich an
Als irden-schlechte Töpfe,
Nun stoßen sich die Weisen dran
Und brechen harte Köpfe.

Das sind die Gelehrten, nicht wahr, die nachdenken über diese Sache; sie bringen nichts heraus; denn dasjenige, was die äußere Wissenschaft über die Kabiren erforscht hat, das war zu Goethes Zeiten zwar noch nicht so dumm als heute, aber es war schon auch gehörig töricht.

THALES: Das ist es ja, was man begehrt:
Der Rost macht erst die Münze wert.

Der könnte nun wirklich ein Universitätsprofessor und Theosoph sein, nicht wahr, der Thales! Es ist ganz klar, daß er der Anschauung ist, der Rost erst mache die Münze wert! Also das Altertum zu erforschen, das macht erst dasjenige wert, was da geistig verehrt worden ist in alten Zeiten.

Den *Proteus* bemerkt man noch nicht ganz; man hört ihn erst sprechen; aber er hat alles das gehört.

PROTEUS (unbemerkt): So etwas freut mich alten Fabler!
Je wunderlicher, desto respektabler.

THALES: Wo bist du, Proteus?

PROTEUS (bauchrednerisch, bald nah, bald fern):
Hier! und hier!

Da muß also jemand weiter weg stehen und jemand näher; und der eine sagt: Hier! – und der andere dort sagt: Hier! – Es tönt weit weg das eine Mal; er kann von zwei Orten sprechen.

THALES: Den alten Scherz verzeih' ich dir;
Doch, einem Freund nicht eitle Worte!
Ich weiß, du sprichst vom falschen Orte.

PROTEUS (als aus der Ferne):
Leb' wohl!

THALES (leise zu Homunkulus): Er ist ganz nah. Nun leuchte frisch!
Er ist neugierig wie ein Fisch;
Und wo er auch gestaltet stockt,
Durch Flammen wird er hergelockt.

HOMUNKULUS: Ergieß' ich gleich des Lichtes Menge,
Bescheiden doch, daß ich das Glas nicht sprenge.

PROTEUS (in Gestalt einer Riesenschildkröte):
Was leuchtet so anmutig schön?

Proteus in Gestalt einer Riesenschildkröte: Ja, da muß er eben ein großes Dach haben, wodurch er die Gestalt einer Riesenschildkröte annimmt. Der Thales deutet an, wo er ist. Das ganze Dach muß er nachher hinunterfallen lassen, und er ist dann erst der Proteus. Also: zunächst Proteus in Gestalt einer Riesenschildkröte!

Was leuchtet so anmutig schön?

THALES (den Homunkulus verhüllend): Gut! Wenn du Lust hast, kannst du's näher sehn.
Die kleine Mühe lass' dich nicht verdrießen
Und zeige dich auf menschlich beiden Füßen.
Mit unsern Gunsten sei's, mit unserm Willen
Wer schauen will, was wir verhüllen.

Nun läßt er – Proteus – die Schildkrötengestalt fallen und erscheint eigentlich als ein sehr schöner Mann.

PROTEUS (edel gestaltet):
Weltweise Kniffe sind dir noch bewußt.

THALES: Gestalt zu wechseln bleibt noch deine Lust.

Hat den Homunkulus enthüllt.

Er enthüllt jetzt den Homunkulus. Proteus ist links.

PROTEUS (erstaunt):
Ein leutend Zwerglein! Niemals noch gesehn!

Thales rechts.

THALES: Es fragt um Rat und möchte gern entstehn.
Er ist, wie ich von ihm vernommen,
Gar wundersam nur halb zur Welt gekommen.

Ihm fehlt es nicht an geistigen Eigenschaften,
Doch gar zu sehr am greiflich Tüchtighaften.
Bis jetzt gibt ihm das Glas allein Gewicht,
Doch wär' er gern zunächst verkörperlicht.

PROTEUS: Du bist ein wahrer Jungfernsohn,
Eh' du sein solltest, bist du schon!

THALES (leise): Auch scheint es mir von andrer Seite kritisch,
Er ist, mich dünkt, hermaphroditisch.

PROTEUS: Da muß es desto eher glücken;
So wie er anlangt, wird sich's schicken.
Doch gilt es hier nicht viel Besinnen,
Im weiten Meere mußt du anbeginnen!
Da fängt man erst im Kleinen an
Und freut sich, Kleinste zu verschlingen,
Man wächst so nach und nach heran
Und bildet sich zu höherem Vollbringen.

Also er meint: er kann ruhig hermaphroditisch sein, solange er ein Geist ist. Wenn er unter den Menschen anlangt, so wird es schon sich differenzieren.

HOMUNKULUS: Hier weht gar eine weiche Luft,
Es grunelt so, und mir behagt der Duft!

PROTEUS: Das glaub' ich, allerliebster Junge!
Und weiterhin wird's viel behäglicher,
Auf dieser schmalen Strandeszunge
Der Dunstkreis noch unsäglicher;
Da vorne sehen wir den Zug,
Der eben herschwebt, nah genug.
Kommt mit dahin!

THALES: Ich gehe mit.

HOMUNKULUS: Dreifach merkwürd'ger Geisterschritt!

Da gehen sie also dem Zug entgegen, dem Zug der *Telchinen*. Die Telchinen sind auch solch ahrimanische Wesen; sie sind die Helfer der ersten Denkmalskünste. Die Telchinen sind eigentlich diejenigen geistigen Wesenheiten, die die Formen der Menschen und der anderen

Wesen bedingen – nicht das Leben, sondern die Formen. Dieser ganze Chor stürmt eigentlich jetzt heran. Die Telchinen von Rhodus sind also solche Erzzauberer, Erzgeister, die eben Formen gaben. Sie reiten auf Hippokampen daher als Meerdrachen; Hippokampen, das sind also halb Fische und halb Pferde. Den Dreizack Neptunens haben sie als Waffe. Nun kommen sie also an.

TELCHINEN VON RHODUS (auf Hippokampen und Meerdrachen, Neptunens Dreizack handhabend):

Wir haben den Dreizack Neptunens geschmiedet,
Womit er die regesten Wellen begütet.
Entfaltet der Donn'rer die Wolken, die vollen,
Entgegnet Neptunus dem greulichen Rollen;
Und wie auch von oben es zackig erblitzt,
Wird Woge nach Woge von unten gespritzt;
Und was auch dazwischen in Ängsten gerungen,
Wird, lange geschleudert, vom Tiefsten verschlungen;
Weshalb er uns heute den Zepter gereicht, –
Nun schweben wir festlich, beruhigt und leicht.

Sie bringen nun das Sonnenhafte mit. – Nicht wahr, Sie müssen sich vorstellen, daß Goethe sehr mit der Natur gelebt hat, das heißt mit dem Geiste der Natur. Dasjenige, was sich also bis jetzt abgespielt hat an der Bucht des Ägäischen Meeres in der vorhergehenden Szene – hier ist ja ein Szenenwechsel, bevor die Telchinen kommen –, was sich vorher abgespielt hat, dauert so von Mitternacht bis zum Morgen. Also es ist jetzt, man könnte sagen Morgenrötestimmung, die da herankommt. Der Mond ist noch da, und alle Sterne sind noch da. Aber es ist jetzt Morgenrötestimmung.

Also diese Entstehung, die der Homunkulus sucht, der Morgenrötestimmung zuschreibend: das ist eigentlich Goethes Absicht.

SIRENEN:

Euch, dem Helios Geweihten,
Heiteren Tags Gebenedeiten,
Gruß zur Stunde, die bewegt
Lunas Hochverehrung regt!

Also der Mond neigt sich schon zum Untergange; die Sonne ist noch nicht aufgegangen; aber sie wird schon von den Sirenen gefeiert.

TELCHINEN:

Allieblichste Göttin am Bogen da droben!
Du hörst mit Entzücken den Bruder beloben.

Also das sagen sie zu dem Mond, daß er den Sonnenbruder hört mit Entzücken loben.

Der seligen Rhodus verleihst du ein Ohr,
Dort steigt ihm ein ewiger Päan hervor.
Beginnt er den Tagslauf, und ist es getan,
Er blickt uns mit feurigem Strahlenblick an.
Die Berge, die Städte, die Ufer, die Welle
Gefallen dem Gotte, sind lieblich und helle.
Kein Nebel umschwebt uns, und schleicht er sich ein,
Ein Strahl und ein Lüftchen, die Insel ist rein!
Da schaut sich der Hohe in hundert Gebilden,
Als Jüngling, als Riesen, den großen, den milden.
Wir ersten, wir waren's, die Göttergewalt
Aufstellten in würdiger Menschengestalt.

Also die Telchinen sind diejenigen, welche die Formen gegeben haben. Die Göttergewalt haben sie aufgestellt in lieblichster Menschengestalt. Der Proteus will doch auf seine Aufgabe etwas eingehen:

PROTEUS: Laß du sie singen, laß sie prahlen!
Der Sonne heiligen Lebestrahlen
Sind tote Werke nur ein Spaß.

Das bildet, schmelzend, unverdrossen;
Und haben sie's in Erz gegossen,
Dann denken sie, es wäre was.

Was ist's zuletzt mit diesen Stolzen?
Die Götterbilder standen groß –
Zerstörte sie ein Erdestoß;
Längst sind sie wieder eingeschmolzen.

Das Erdetreiben, wie's auch sei,
Ist immer doch nur Plackerei;
Dem Leben frommt die Welle besser;
Dich trägt ins ewige Gewässer
Proteus-Delphin.

Er verwandelt sich.

Schon ist's getan!

Also: die Sonne leidet nicht die bloßen Formen; die Sonne will den Formen Leben, also das Ätherische, den Ätherleib hinzugeben.

Und nun verwandelt sich der Proteus wiederum; er nimmt eine Fischgestalt an:

Schon ist's getan!
Da soll es dir zum schönsten glücken:
Ich nehme dich auf meinen Rücken,
Vermähle dich dem Ozean.

Der Homunkulus soll also im Wasser das Entstehen beginnen; er soll sich mit dem Elemente des Wassers vereinigen. Proteus nimmt ihn auf seinen Rücken und will, daß der Homunkulus sich eigentlich mit dem Wasserelemente vereinigt, um allmählich Mensch zu werden.

THALES: Gib nach dem löblichen Verlangen,
Von vorn die Schöpfung anzufangen!
Zu raschem Wirken sei bereit!
Da regst du dich nach ewigen Normen,
Durch tausend, abertausend Formen,
Und bis zum Menschen hast du Zeit.

Homunkulus steigt hinauf auf den Proteus-Delphin.

Homunkulus besteigt den Proteus-Delphin.

PROTEUS: Komm geistig mit in feuchte Weite,
Da lebst du gleich in Läng' und Breite,
Beliebig regest du dich hier;
Nur strebe nicht nach höhern Orten:
Denn bist du erst ein Mensch geworden,
Dann ist es völlig aus mit dir.

Das habe ich ja nun schon öfter gesagt, daß es nicht «Orden» heißt, sondern «Orten», denn Homunkulus ist noch nicht so ein Mensch, der nach Orden strebt! Es ist nur von Goethe in frankfurterischem Deutsch diktiert worden, und der Schreiber hat ein «weiches d» geschrieben.

Thales ist nicht damit einverstanden. Nicht wahr, er will wie der richtige Bourgeois-Philister immer weiter, weiter streben.

THALES: Nachdem es kommt; 's ist auch wohl fein,
Ein wackrer Mann zu seiner Zeit zu sein.

PROTEUS (zu Thales): So einer wohl von deinem Schlag!
Das hält noch eine Weile nach;

Denn unter bleichen Geisterscharen
Seh' ich dich schon seit vielen hundert Jahren.

Nun, der Proteus durchschaut ihn schon!

SIRENEN (auf den Felsen): Welch ein Ring von Wölkchen ründet
Um den Mond so reichen Kreis?
Tauben sind es, liebentzündet,
Fittiche, wie Licht so weiß.
Paphos hat sie hergesendet,
Ihre brünstige Vogelschar;
Unser Fest, es ist vollendet,
Heitre Wonne voll und klar!

Also die ganze Erscheinung des Mondes, wie die Wolken sich um ihn gruppieren: daß in diesem Elemente geistige Wesenheiten sind, das wird hier besonders betont. Goethe hat auf diese Stelle einen ganz besonderen Wert gelegt, weil er durch solche Dinge darauf hindeuten wollte, daß er nicht bloß eine Lufterscheinung sieht, sondern in der Lufterscheinung zugleich die Offenbarung eines tieferen Geistigen. Nereus bespricht noch einmal das, was die Sirenen schon besprochen haben:

NEREUS (zu Thales tretend): Nennte wohl ein nächtiger Wandrer
Diesen Mondhof Lufterscheinung;
Doch wir Geister sind ganz andrer
Und der einzig richtigen Meinung:
Tauben sind es, die begleiten
Meiner Tochter Muschelfahrt,
Wunderflugs besondrer Art,
Angelernt vor alten Zeiten.

Also er verwahrt sich dagegen, daß man darin bloß eine Lufterscheinung sieht, also nicht bloß äußere Lufterscheinung, sondern Tauben, geistige Lufterscheinungen. – Eine Taube ist ja auch erschienen bei der Taufe des Christus. – Also Tauben, die den Mond umfliegen, und die zuerst bei seiner Tochter Muschelfahrt erschienen sind.

THALES: Auch ich halte das fürs Beste,
Was dem wackern Mann gefällt,

Wenn im stillen, warmen Neste
Sich ein Heiliges lebend hält.

Nun kommen *Psyllen* und *Marsen*. Das sind eigentlich – beide Arten, sowohl Psyllen wie Marsen –, man könnte sagen, diejenigen geistigen Wesenheiten, welche die Schlangen beseelen und mit den Schlangen verwandt sind. Sie tragen her die anderen, das heißt, sie kommen auf Meerstieren und Meerkälbern und -widdern. Wieder sind sie diejenigen, die heranbringen mit der Morgenröte zu gleicher Zeit die Doriden und die schönste der Doriden, die Aphrodite des Meeres: Galatee. Dadurch also wird die ganze Kraft des Meeres herangetragen.

Homunkulus, der vom Delphin in das Meer getragen ist, ausfließt in das Meer, er wird dadurch zum Menschen. Und der Mensch, der aus dem Meere ausfließt, das ist ja die *Helena* nachher.

PSYLLEN UND MARSEN (auf Meerstieren, Meerkälbern und -widdern):

In Cyperns rauhen Höhlegrüften,
Vom Meergott nicht verschüttet,
Vom Seismos nicht zerrüttet,
Umweht von ewigen Lüften,
Und, wie in den ältesten Tagen,
In stillbewußtem Behagen
Bewahren wir Cypriens Wagen,
Und führen beim Säuseln der Nächte,
Durch liebliches Wellengeflechte,
Unsichtbar dem neuen Geschlechte,
Die lieblichste Tochter heran.

Also diese, die da die Galatee heranbringen, herrschen auf Cypern. In Cypern war schon alles mögliche; nicht wahr. Cypern ist ein Land, das von allem möglichen beherrscht war. Sie scheuen weder den römischen Adler noch den geflügelten Leuen, die andere Herrschaft; weder das christliche Kreuz noch den türkischen Halbmond. Alles das hat ja Cypern beherrscht. Das fürchten sie alles nicht; sie fühlen sich als die richtigen Herrscher von Cypern, denen die Insel eigentlich gehört, und trotzdem da Christen und Türken und Heiden und Adler und Leu und alles mögliche war, so üben sie hier ihre Herrschaft aus.

Wir leise Geschäftigen scheuen
Weder Adler noch geflügelten Leuen,
Weder Kreuz noch Mond,
Wie es oben wohnt und thront,
Sich wechselnd wägt und regt,
Sich vertreibt und totschlägt,
Saaten und Städte niederlegt.
Wir, so fortan,
Bringen die lieblichste Herrin heran.

SIRENEN: Leicht bewegt, in mäßiger Eile,
Um den Wagen, Kreis um Kreis,
Bald verschlungen, Zeil' an Zeile,
Schlangenartig, reihenweis,
Naht euch, rüstige Nereiden,
Derbe Fraun, gefällig wild,
Bringet, zärtliche Doriden,
Galateen, der Mutter Bild:
Ernst, den Göttern gleich zu schauen,
Würdiger Unsterblichkeit,
Doch wie holde Menschenfrauen,
Lockender Anmutigkeit.

Also die *Doriden* sind schon Schwestern der Nereiden, aber sie, die Doriden, geraten mehr der Mutter nach:

Bringet, zärtliche Doriden,
Galateen, der Mutter Bild.

Weil sie der Mutter so ähnlich ist, ist sie das Abbild der Mutter:

Ernst, den Göttern gleich zu schauen,
Würdiger Unsterblichkeit,
Doch wie holde Menschenfrauen,
Lockender Anmutigkeit.

DORIDEN (im Chor an Nereus vorbeiziehend, sämtlich auf Delphinen): Leih' uns, Luna, Licht und Schatten,
Klarheit diesem Jugendflor!
Denn wir zeigen liebe Gatten
Unserm Vater bittend vor.

Zu Nereus.

Knaben sind's, die wir gerettet

Also die haben Schiffbruch gelitten, und die haben sie gerettet.

DORIDEN: Aus der Brandung grimmem Zahn,
Sie, auf Schilf und Moos gebettet,
Aufgewärmt zum Licht heran;
Die es nun mit heißen Küssen
Treulich uns verdanken müssen;
Schau die Holden günstig an!

NEREUS: Hoch ist der Doppelgewinn zu schätzen:
Barmherzig sein, und sich zugleich ergötzen.

DORIDEN: Lobst du, Vater, unser Walten,
Gönnst uns wohlerworbne Lust,
Laß uns fest, unsterblich halten
Sie an ewiger Jugendbrust.

Also sie wollen sich nicht mehr trennen von den Jünglingen, die sie gerettet haben.

NEREUS: Mögt euch des schönen Fanges freuen,
Den Jüngling bildet euch als Mann;
Allein, ich könnte nicht verleihen,
Was Zeus allein gewähren kann.

Also Nereus kann nicht ein Ewiges, Unsterbliches der Freundschaft einhauchen; das könnte nur Zeus, welcher der Seele Ewigkeit gibt. Zeus könnte auch der Freundschaft Unsterblichkeit geben. Aber die Doriden haben nichts anderes zu geben als die Welle; das findet sich und trennt sich, wie die Welle sich findet und trennt. Das will er hervorheben.

Die Welle, die euch wogt und schaukelt,
Läßt auch der Liebe nicht Bestand,
Und hat die Neigung ausgegaukelt,
So setzt gemächlich sie ans Land.

DORIDEN: Ihr, holde Knaben, seid uns wert;
Doch müssen wir traurig scheiden:
Wir haben ewige Treue begehrt,
Die Götter wollen's nicht leiden.

DIE JÜNGLINGE: Wenn ihr uns nur so ferner labt,
Uns wackre Schifferknaben;

Wir haben's nie so gut gehabt
Und wollen's nicht besser haben.

Nun nähert sich Galatee auf dem Muschelwagen.

NEREUS: Du bist es, mein Liebchen!

GALATEE: O Vater! das Glück!
Delphine, verweilet! mich fesselt der Blick.

NEREUS: Vorüber schon, sie ziehen vorüber
In kreisenden Schwunges Bewegung!
Was kümmert sie die innre, herzliche Regung!

Also sie ziehen vorüber.

Ach! nähmen sie mich mit hinüber!
Doch ein einziger Blick ergötzt,
Daß er das ganze Jahr ersetzt.

Er sieht ihr traurig nach.

THALES: Heil! Heil! aufs neue!
Wie ich mich blühend freue,
Vom Schönen, Wahren durchdrungen …
Alles ist aus dem Wasser entsprungen!!
Alles wird durch das Wasser erhalten!
Ozean, gönn' uns dein ewiges Walten!
Wenn du nicht Wolken sendetest,
Nicht reiche Bäche spendetest,
Hin und her nicht Flüsse wendetest,
Die Ströme nicht vollendetest,
Was wären Gebirge, was Ebnen und Welt?
Du bist's, der das frischeste Leben erhält.

Der Thales entwickelt also hier seine philiströse Theorie. Alles war so furchtbar schön, großartig; aber der abstrahiert, der sieht in allem nur seine abstrakten Theorien.

Alles ist aus dem Wasser entsprungen!!

Er könnte ebensogut sagen: Habe ich's nicht schon lang gesagt?! – Nun: alle, die da sind – das sind also alle die geistigen Wesenheiten, die Doriden, die Nereiden und so weiter: alle, alle!

ECHO (Chorus der sämtlichen Kreise):
Du bist's, dem das frischeste Leben entquellt.

NEREUS: Sie kehren schwankend fern zurück,
Bringen nicht mehr Blick zu Blick;
In gedehnten Kettenkreisen,
Sich festgemäß zu erweisen,
Windet sich die unzählige Schar.

Also sie drehen sich im Kreise; sie kommen zurück.

Aber Galatea's Muschelthron
Seh' ich schon und aber schon,
Er glänzt wie ein Stern
Durch die Menge.
Geliebtes leuchtet durchs Gedränge!
Auch noch so fern
Schimmert's hell und klar,
Immer nah und wahr.

HOMUNKULUS: In dieser holden Feuchte,
Was ich auch hier beleuchte,
Ist alles reizend schön.

PROTEUS: In dieser Lebensfeuchte
Erglänzt erst deine Leuchte
Mit herrlichem Getön.

NEREUS: Welch neues Geheimnis in Mitte der Scharen
Will unseren Augen sich offenbaren?
Was flammt um die Muschel um Galatees Füße?
Bald lodert es mächtig, bald lieblich, bald süße,
Als wär es von Pulsen der Liebe gerührt.

THALES: Homunkulus ist es, von Proteus verführt ...
Es sind die Symptome des herrischen Sehnens,
Mir ahnet das Ächzen beängsteten Dröhnens;
Er wird sich zerschellen am glänzenden Thron;
Jetzt flammt es, nun blitzt es, ergießet sich schon.

Da langt er an. Es wird ihm ganz – er weiß nicht wie ...

SIRENEN: Welch feuriges Wunder verklärt uns die Wellen,
Die gegeneinander sich funkelnd zerschellen?

So leuchtet's und schwanket und hellet hinan:
Die Körper, sie glühen auf nächtlicher Bahn,
Und rings ist alles vom Feuer umronnen;
So herrsche denn Eros, der alles begonnen!

Heil dem Meere, heil den Wogen!
Von dem heiligen Feuer umzogen;
Heil dem Wasser, heil dem Feuer!
Heil dem seltnen Abenteuer!

Jetzt! All-alle, die verschiedenen Geister:

ALL-ALLE: Heil den mildgewognen Lüften!
Heil geheimnisreichen Grüften!
Hochgefeiert seid allhier,
Element' ihr alle vier!

Da zerschellt der Muschelwagen. Galatee geht im Meere auf. Das ist der aus dem Meere ersteigende Eros, die Liebe, die auf diese Weise die Helena gebiert. Aus dem Homunkulus, der sich an Galatees Muschelwagen zerschellt, und aus der Morgenröte heraus – mit der Galatee – wird dann die Helena.

Bei den letzten Zeilen ist Musik, weil die Sirenen mitsingen; es kann eurythmisch gehüpft werden.

ÜBER DIE SPRACHENTWICKELUNG

Fragenbeantwortung, Zürich, 17. Oktober 1918

Mir wurde nahegelegt, sehr verehrte Anwesende, ob ich nicht in dieser Fragenbeantwortung etwas kurz sagen könnte über eine einzelne Erscheinung in der neueren geschichtlichen Entwickelung, die besonders naheliegt dem menschlichen Leben: über die Sprachentwickelung.

Nun wäre natürlich darüber wiederum ein ganzer Vortrag zu halten, wenn ich irgend etwas Erschöpfendes sagen wollte, aber ich möchte auf die Anregung schon aus dem Grunde eingehen, weil ich wirklich Ihre Aufmerksamkeit auf die Tatsache hinlenken möchte, daß die hier gemeinte anthroposophisch orientierte Geisteswissenschaft wahrhaftig nicht so dasteht, als ob sie etwa einem Einfall ihr Dasein verdankte, als ob sie aus der Pistole geschossen wäre, als ob sie aus zusammengeholten einzelnen Aperçus bestünde. Nein, wenn Sie sich mit der Literatur, die hier zum Teil aufgelegen hat, bekanntmachen, werden Sie sehen, daß diese anthroposophisch orientierte Geisteswissenschaft schon aus der ganzen Breite der Beobachtung, aus der ganzen Breite der Welterscheinungen heraus das holt, was sie zu sagen hat. Natürlich muß man immer, wenn man in einer Stunde – und ich bedaure immer, daß es ohnedies immer länger wird! – weite Gebiete zusammenzufassen hat, den Eindruck machen, als ob man in abstrakten Gebieten herumwandelte; allein es soll auch niemand überzeugt, sondern nur angeregt werden, weiterzugehen, und dann wird man schon sehen, daß wirklich viel mehr als in einer anderen wissenschaftlichen Bestrebung gerade in dieser Geisteswissenschaft sorgfältiges, gewissenhaftes methodisches Suchen, ernste Forschung zugrunde liegt.

Es ist interessant, gerade das, was ich heute im allgemeinen charakterisiert habe, an einer solchen einzelnen Erscheinung, wie die menschliche Sprachentwickelung es ist, einmal zu beobachten. Ich will aber auch da nur auf eine Erscheinung dieser Sprachentwickelung eingehen. Wenn wir als Menschen sprechen heute, denken wir gewöhnlich gar nicht darüber nach, wie das Sprechen uns eigentlich zwingt, in jedem Augenblicke ungenau zu werden. Ich will nur das sagen, ungenau zu werden. *Fritz Mauthner* hat ein dreibändiges Werk und außerdem noch ein «Wörterbuch der Philosophie» geschrieben, um zum Ausdrucke zu bringen, wie alles dasjenige, was man in der Weltanschauung und in der Wissenschaft produziere, auf der Sprache beruhe und die Sprache ungenau sei, so daß man eigentlich niemals eine wahre Wissenschaft haben könne.

Nun, das ist gegenüber der Geisteswissenschaft eine törichte Behauptung, selbstverständlich, wenn sie auch in drei Bänden auftritt! Aber bedeutsam ist es doch, auf das zugrunde liegende Teilphänomen einzugehen. Wenn man zurückgeht in der menschlichen Sprachentwickelung, so findet man, entgegen der äußeren anthropologischen Sprachforschung, welche mit unzulänglichen Mitteln arbeitet, daß der Mensch in älteren Zeiten, je mehr man in diese älteren Zeiten kommt, immer mehr und mehr noch innerlich seelisch, auch wiederum instinktiv und unbewußt mit dem verwachsen ist, was in seiner Sprache zum Ausdrucke kommt. Der Mensch löst sich auch von dem, was seine eigene Natur enthält, allmählich los, wie er sich von der äußeren Natur loslöst. Er löst sich auch von dem unmittelbaren Verbundenwerden mit der Sprache los. Und die Sprache wird etwas Äußerliches. Ein starker Dualismus entsteht zwischen dem innerlich erlebten Gedanken, den mancher schon gar nicht mehr hat, weil er in der Sphäre der Sprache bleibt, und dem, was gesprochen wird. Und nötig hat man, daß man, wenn man sich keiner Täuschung hingibt in dem Entwickelungspunkte der Menschheit, in dem wir jetzt stehen, im Zeitalter der Bewußtseinsseele, gerade darauf hinzublicken, wie die Sprache sich schon losgelöst hat von dem Menschen. Eigentlich sind es nur noch die Eigennamen, welche sich auf ein einziges Wesen beziehen, die wirklich unmittelbar auf dieses Wesen zutreffen. Sobald man allgemeine Namen verwendet – seien sie Eigenschafts- oder Hauptwörter oder wie immer –, drücken sie nur ungenau dasjenige aus, was sie ausdrücken sollen; sie sind abstrakt; sie sind Allgemeinheiten gleich. Und nur dann wird man die Sprache heute in ihrem Verhältnis zum menschlichen Leben richtig verstehen, wenn man sie auffaßt eigentlich als Gebärde, wenn man sich bewußt ist, wie ich hindeute, unmittelbar hindeute, wenn ich mit dem Finger auf etwas zeige, so deute ich, wenn auch durch die Hervorbringungen meines Kehlkopfes und durch den Laut, gebärdenhaft hin auf dasjenige, auf das sich die Laute der Sprache beziehen. Die Sprache auffassen lernen als Gebärde, das ist es, um was es sich handelt.

So hat die alte Zeit ein unbestimmtes, ich möchte sagen, im Unterbewußtsein liegendes, instinktives Ahnen davon gehabt, wie das seelische Leben gebärdenhaft zusammenhängt mit dem Laut, hat nicht das innerliche seelische Erleben mit dem verwechselt, was in der Sprache zum Ausdrucke kommt.

Wir selbst haben versucht, um auf einem Gebiete der Geisteswissenschaft naheliegende Bestrebungen zu entfalten, das Gebärdenhafte der Sprache wiederum zur Anschauung zu bringen in dem, was wir die Eurythmie nennen, wo versucht worden ist, den ganzen Menschen in Bewegung zu bringen, und durch die Bewegungen der Glieder, durch Bewegungen der Menschengestalt im Raume, durch Gruppenbewegungen, Verhältnissen von Menschen untereinander, gebärdenhaft dasjenige auszudrücken, was sonst auch in der Gebärde, aber nur nicht bemerkt als Gebärde, durch den menschlichen Kehlkopf und seine Nachbarorgane zum Ausdrucke kommt. Wir bezeichnen diese Art von Bewegungskunst, die als Neues in die Menschheitsentwickelung eindringen muß, als Eurythmie.

Und wir haben anknüpfen wollen an diesen Vortrag eine eurythmische Darstellung, welche hier in Zürich hätte angekündigt werden sollen. Sie muß verschoben werden, weil wir zwar die Erlaubnis bekamen, diese Vorträge zu halten in der jetzigen schwierigen Zeit, nicht aber diese eurythmische Vorstellung zu geben. Sie hätte gerade zeigen wollen, wie gerade gewissermaßen der ganze Mensch zum Kehlkopf wird. Indem man sich dessen bewußt wird, was die Sprache ist, kommt man auf etwas, was besonders wichtig, ganz fundamental wichtig für das Leben der Gegenwart und der Zukunft werden wird. Nichts trifft man heute öfter im menschlichen Leben, als daß irgend jemand etwas ausspricht, zum Beispiel ich hier in der Geisteswissenschaft. Ein anderer kommt und sagt: Das habe ich dort gelesen – und zeigt etwas auf, was wenigstens in Einzelheiten mit dem Wortlaute vollständig übereinstimmt. Ich könnte Ihnen eklatante Fälle dieser Art zeigen. Ich will nur einen Fall besonders hervorheben, an dem mir die Sache sich ganz besonders hervorragend dargestellt hat. Ich habe, weil ich nun wahrlich versuche, all die Dinge, welche die Geisteswissenschaft von mir an Verarbeitung fordert, auf das Leben anzuwenden, dadurch gerade einzudringen in die wirklichen Impulse des Lebens, ich habe seit langem mich beschäftigt zum Beispiel mit dem, was ich nennen möchte: die ganze Denkungsart, die ganze Denkergesinnung von *Woodrow Wilson.* Es ist interessant für mich gewesen, gerade die Aufsätze über geschichtliche Methode, über Geschichtsbetrachtungen und über das amerikanische geschichtliche Leben von Woodrow Wilson zu studieren. Er spielt eine so große Rolle im Leben der Gegenwart, man muß ihn kennenlernen; so sagt sich derjenige, der nicht dasjenige verschlafen will, was in der Gegenwart geschieht, sondern welcher es mit wachen Sinnen beobachten will.

Ich habe die Art und Weise bewundern gelernt, wie großartig, wirklich amerikanisch treffend Woodrow Wilson die Entwickelung des amerikanischen Volkes selbst darstellt; dieses Fortschreiten von dem amerikanischen Osten nach dem amerikanischen Westen in einer ganz eigentümlichen Weise. Das Auftreten des wirklichen amerikanischen Lebens erst, als durchgedrungen wird von dem Osten nach dem Westen, während alles übrige, was dem vorangegangen ist, von Woodrow Wilson prägnant als Anhängsel zum europäischen Leben dargestellt wird. Dieses Ausroden der Natur, dieses Überwinden der Natur, dieses zum Bauer-, zum Landüberwinderwerden der Eingeborenen des amerikanischen Westens, diese eigentümliche Art von Geschichtemachen, welche mit manchem ähnlich ist, was sonst im Leben der Menschen sich zugetragen hat, aber doch wiederum ganz spezifisch verschieden ist, es kommt großartig zum Ausdruck. Daher ist es auch interessant, zu sehen, wie Woodrow Wilson seine Geschichtsmethode einrichtet.

Ich bin den Beschreibungen nachgegangen, wo er diese seine Geschichtsmethode selbst darstellt. Da stellte sich mir etwas sehr Eigentümliches heraus. Aus diesem durch und durch amerikanisch gearteten Manne fließen Sätze heraus, die mir fast wörtlich übereinstimmend waren mit Sätzen eines ganz anderen Mannes, welcher wirklich aus ganz anderer Lebens- und Denkergesinnung heraus sich entwickelt hat. Man könnte Sätze von Woodrow Wilson in seinem Aufsatze über «Methodik der Geschichte», die bei ihm solch gute Früchte getragen hat, wörtlich herübernehmen in Aufsätze des *Herman Grimm,* der nun ganz in der neuzeitlichen Goethe-Entwickelung darinnen steht, der in dieser Goethe-Entwickelung als ein wirklich durch und durch mitteleuropäischer deutscher Geist dasteht. Man könnte sagen, man braucht Sätze nur herauszuheben aus Herman Grimms Aufsätzen, sie in Wilsons Aufsätze herüberzusetzen – eine ganz anders geartete Natur! – und von Woodrow Wilson Sätze herüberzunehmen in Herman Grimms Aufsätze; man würde gar keine großen Veränderungen dem Wortlaute nach finden. Aber man lernt an einer solchen Erfahrung, was ich nun mit trivialen Worten ausdrücken, aber dadurch etwas sehr Bedeutsames ausdrücken will. Man lernt: Wenn zwei dasselbe sagen, ist es nicht dasselbe, sei es auch dem Wortlaute nach übereinstimmend.

Was man dadurch lernen muß, ist, daß man sich nicht bloß in den Wortlaut, der durch die Sprache gegeben wird, einzuleben hat, sondern in den ganzen Menschen. Dann wird man das spezifisch Verschiedene Herman Grimms und Woodrow Wilsons finden. Dann wird man finden, wie bei Grimm jeder einzelne Satz mit voller Bewußtseinsseele erarbeitet ist, wie das Fortschreiten in dem geistvollen Aufsatze von Herman Grimm, wo er über die geschichtliche Methode und geschichtliche Betrachtung spricht, wahrlich so ist, daß man sieht, wie er von einem Satz zum anderen im inneren Seelenkampf fortschreitet, so daß nichts unbewußt bleibt, sondern alles in das Bewußtsein hereingedrängt wird. Man hat es immer zu tun mit diesem innerlichen Fortschreiten der Seele.

Sieht man, wie bei Woodrow Wilson sich die Sache ausnimmt, dann sieht man, wie aus merkwürdig unterbewußten Untergründen der Seele, wie aus dem Menschen selbst – im Gegensatz zu dem äußerlichen Einwirken – diese Sätze heraufdringen. Ich meine damit gar nichts Übles. Aber ich möchte nur, wenn ich mich paradox ausdrücken darf, anschaulich machen: bei Herman Grimm fühle ich immer: in der Region des ganz bewußten Seelenlebens geht von Satz zu Satz alles seelische Leben vor sich. – Bei Woodrow Wilson spüre ich: er ist wie von etwas, was in seinem eigenen Inneren liegt und das heraufstrahlt, von seinen eigenen Wahrheiten in seinem eigenen Inneren besessen. Wie gesagt: ich meine nichts Sympathisches oder Antipathisches damit, sondern nur etwas, was ich charakterisieren will. Es wird ihm eingegeben aus dem eigenen Untergrunde der Seele.

Da werden wir finden, wirklich zu erkennen, selbst wenn der Wortlaut gleich ist: Wenn zwei dasselbe sagen, so ist es nicht dasselbe! Wir erkennen nur, was zugrunde liegt, wenn wir uns nicht an den Wortlaut halten, sondern wenn wir uns an das, was aus dem ganzen Darleben der Persönlichkeit folgt, zu halten verstehen.

Das wird die moderne Menschheit lernen müssen, das noch zu überwinden, was heute so gang und gäbe ist, wenn man etwas vorgelegt bekommt. Man beurteilt es nur aus dem Inhalte heraus. Das wird man lernen müssen, daß der Inhalt gar nicht das Wesentliche ist.

Wenn ich über Geisteswissenschaft spreche, lege ich nicht das Wesentliche an auf Satzformulierung, auf den Inhalt, sondern das Wesentliche ist, daß in das, was ich sage, einfließe, was wirklich aus der übersinnlichen Welt heraus produziert ist. Auf das Wie einen größeren Wert zu legen als auf das Was, muß man lernen, daß man spürt, daß man fühlen kann, die Dinge sind aus der übersinnlichen Welt heraus gesprochen.

So muß man überhaupt auch in der Gegenwart gegenüber dem gewöhnlichen Leben lernen. Mag irgendeine Zeitung, irgendein Journal etwas noch so Schönes sagen – man kann heute furchtbar schöne Sachen sagen, denn die Dinge liegen auf der Straße, die schönen Ideale und die schönen Sachen –, es kommt nicht auf den Wortlaut an, sondern es kommt darauf an, aus welcher Seelenquelle sie entspringen; daß man durch die Sätze selbst hinblickt auf Symptome, auf den Menschen. Wir müssen durchdringen wie durch einen Schleier durch die Sprache und durch den Wortlaut und dem Menschen uns wiederum nähern.

Das lehrt uns gerade die neuere Sprachentwickelung, welche den Menschen losgelöst hat in seinem innersten Wesen in seiner Bewußtseinsseele von der Sprache. Das erzieht uns zu der Notwendigkeit, nicht bloß auf den Wortlaut zu sehen, sondern durch den Wortlaut auf die menschliche Seele zu sehen, nach allen Seiten mit allen Möglichkeiten dem nachzugehen.

Allerdings muß etwas überwunden werden, wenn in dieser Richtung fortgeschritten werden soll, denn die Menschen sind heute noch an die Abstraktionen gewöhnt, an dieses, ich möchte sagen bürgerliche, philiströse Sich-Halten an den unmittelbaren Inhalt. Wenn einer ein Ideal ausspricht und irgend etwas formuliert, müssen wir uns klar sein, sehr verehrte Anwesende, daß das heute so beliebt ist wie Brombeeren, denn die Ideale sind geformt. Man kann alle möglichen Ideale für die Menschheit und die Völker hinstellen: sie sind geformt. Es kommt darauf an, woher sie kommen, woher im Seeleninneren, in der Seelenregion sie wirklich entspringen. Es wird das Leben ungeheuer befruchtet werden, wenn wir in die Lage kommen, so das Leben anzusehen.

Vielleicht darf ich auch da etwas Persönliches anführen. Sehen Sie, mir werden mancherlei poetische Produktionen aus der Gegenwart übergeben. Wer dichtet heute nicht alles! Unter diesen poetischen Produktionen findet man solche, die sehr formvollendet sind, die wunderbar dies oder jenes ausdrücken, und solche, die scheinbar ungelenk sind, die Schwierigkeiten haben mit der Sprache, die sogar holperig und primitiv sind.

Derjenige, der sich auf einen noch unmodernen Standpunkt stellt, wird natürlich seine Freude haben über das Schöne, Formvollendete, namentlich der Sprache, er wird nicht, heute noch nicht empfinden, daß *Emanuel Geibel* recht hatte, als er von sich selber sagte, seine Verse werden ein Publikum finden, solange es Backfische gibt. – Sie sind schön, sind glatt und werden ein Publikum finden. Selbst unter denjenigen Menschen ist jenes Publikum, die zum Beispiel *Wildenbruch* oder ähnliche Leute für Dichter halten, und derer sind auch viele.

Aber es gibt eine andere Beurteilung auf diesem Gebiete, und das ist auch bei anderen Künsten der Fall. Aber hier spreche ich jetzt über die Sprache. Es gibt heute Dichter, man kann über deren Verse stolpern, man kann Schwierigkeiten haben, weil sie in einer ungelenken Sprache sprechen, aber es ist ein neuer Impuls in ihnen. Den muß man fühlen. Man muß durch den Schleier der Sprache bei den geleckten Versen in das Oberflächliche der Seele blicken können. Denn geleckte Verse, schöne, geleckte Verse, die viel schöner sind als die Goetheschen Verse, sind heute billig wie Brombeeren, denn die Sprache dichtet schon. Aber neues seelisches Leben, Leben, welches unmittelbar aus dem Quell alles Lebens hervorkommt, das muß erst gesucht werden. Das drückt sich manchmal gerade dadurch aus, daß es einen Kampf zu führen hat mit der Sprache, daß es gewissermaßen erst bei einem Stottern ist. Aber solches Stottern kann einem lieber sein als dasjenige, was in sich vollendet ist und nur auf die Oberflächlichkeit der Seele zielt.

Es wurden mir einmal Verse übergeben bei einer Gelegenheit, wo wir selbst solche Verse brauchten, weil wir eine Übersetzung aus einer anderen Sprache zu leisten hatten; sehr schöne Verse. Ich wurde wütend darüber und machte selbst schlechte. Ich bin mir bewußt, daß sie als Verse viel schlechter sind, aber ich wußte, ich wurde in dem Falle in die Notwendigkeit versetzt, in einer vielleicht holperig erscheinenden Sprache dasjenige auszudrücken, was ausgedrückt werden sollte, wenn man aus dem entsprechend gesuchten Lebensquell schöpfte. Ich überschätze durchaus nicht dasjenige, was ich zu leisten übernommen hatte, aber ich überschätze auch nicht die geleckten Verse, die mir übergeben wurden.

Das Suchen des Menschen durch die Sprache im Zeitalter der Bewußtseinsseele ist etwas, was wiederum als Lebenspraxis sich heraus ergibt aus einer wirklichen Betrachtung des sprachlichen Lebens.

Ich habe deshalb auch heute rückhaltlos versucht, auch nicht bei jedem Satze so zu sprechen, als wenn ich Geisteswissenschaft tradierte und immer das Übersinnliche beweisen wollte, sondern ich habe versucht, in das Wie der Geschichtsbetrachtung das hineinzulegen. Und ich glaube, das ist auch das Wichtige, daß man nicht nur denjenigen einen wahren Geistesforscher immer wieder und wiederum nennt, der bei jedem fünften Worte das Wort Geist und Geist und Geistige Welt gebraucht, und dann glaubt, das den Menschen so suggerieren zu können, sondern der durch die Art der Betrachtungsweise der Welt, selbst der alleräußerlichsten Welt, durch das Wie – wie er die Dinge darstellt – zeigt, daß der innerliche Führer, der von Gedanke zu Gedanke, von Anschauung zu Anschauung, von Impuls zu Impuls führt, daß dieser Führer der Geist ist. Wenn dieser Führer der Geist ist, dann braucht man ihn nicht immer wieder vorzubringen.

Das ist etwas, was Ihnen zeigt, wie man an der Sprache erhärten kann, was ich in einem umfassenden Vortrage darstellen müßte.

Vor dem Vortrag vom 15. Januar 1916, Dornach

Eurythmie-Programm

Christian Morgenstern	Das böhmische Dorf
	Der Salm
	Der Wasseresel
	Der Rock
	Professor Palmström
	Der Aromat
	Die Mausefalle
	Die Geruchs-Orgel

Und zum Schluß etwas, woran man öfter denken kann jetzt: Die Behörde.

ÜBER DIE HUMORESKEN VON CHRISTIAN MORGENSTERN

Dornach, 15. Januar 1916

Dieses Buch behandelt die Weltenerlebnisse und sonstigen tiefen Erlebnisse, charakterologischen Erlebnisse und alles andere von Palmström und von dem Herrn v. Korf. Wir können uns vielleicht ein anderes Mal, wenn wir schon einiges von den beiden Herren kennengelernt haben, über diese beiden Herren unterhalten. Heute wollen wir nur das kurze Vorwort als Charakteristik uns vor die Seele führen, das heißt nämlich, man muß dieses Vorwort von dem Herrn v. Korf kennen, das heißt nämlich «Das Böhmische Dorf». Nun muß man vor allen Dingen wissen, was ein böhmisches Dorf ist. Es ist nicht etwa ein Dorf in Böhmen, sondern – ja, was ist ein böhmisches Dorf? Etwas, was man so stark nicht kennt, daß, wenn man es sieht, man ganz perplex davorsteht. Das ist eigentlich ein böhmisches Dorf. So etwas, wie die Geisteswissenschaft für einen Philosophieprofessor, oder, na, wie der Johannesbau für einen modernen Kunsthistoriker. Das ist etwa ein böhmisches Dorf.

Dornach, 3. April 1921

Sie werden auch sehen, wenn Sie die Geduld haben, dasjenige, was ernsteren Dichtungen gegenüber geleistet wird, mit dem zu vergleichen, was den humoristisch-pittoresken Dichtungen gegenüber versucht ist, wie die Eurythmie den Stilformen durchaus folgt. Wie auf der einen Seite die außerordentlich verschlungenen, man möchte sagen, den Weltgeheimnissen und geheimnisvollen Weltenkräften folgenden dichterischen Vorstellungen des *Fercher von Steinwand* durch eurythmische Formen zum Ausdrucke gebracht werden; wie wir auf der anderen Seite versuchen, die Humoresken von *Christian Morgenstern* auch durch besondere Formen eurythmisch im Stil festzuhalten. Man kann durchaus dasjenige, was Morgenstern wollte, der zu seinen humoristischen Dichtungen, den «Galgenliedern», den «Palmström-Liedern» und so weiter durch dasjenige geführt wurde, was er im Inneren seiner Seele, ich möchte sagen, durch das Philistertum, auf humoristische Art erlebte und erlitt, man kann dasjenige, was er da dichterisch auslebt, auch in den eurythmischen Formen verfolgen, ohne mimisch oder pantomimisch zu werden. Christian Morgenstern empfand ganz besonders dasjenige, was im Philisterium, das überall um uns herum in unserer prosaisch gewordenen Zeit sich breit macht, sich auslebt. Ich möchte sagen: Die Spießigkeiten, die Spieße, die das Philisterium nach allen Seiten ausschickt, taten einer so sensitiven Natur, wie Christian Morgenstern war, überall weh, und dadurch kamen seine Gedanken selber ins Tanzen hinein. Sie wurden überall zurückgeschlagen von den Spießen des Philisteriums, insbesondere auch von jenem Philisterium, das sich heute genial geben will, das sich aus dem, daß es sich genial geben will, gerade als so genialisch aufspielt. – Dieses Zurückbeben, dieses Ins-Tanzen-Kommen der Gedanken des Christian Morgenstern durch die Spieße der Philister fordert wiederum eine besondere Teilform des Eurythmischen geradezu heraus.

Dornach, 30. März 1919

So kann man, wenn man auf das, was diese Kunst will, eingeht, so wie wir es einmal eingerichtet haben, auf der einen Seite den menschlichen Kehlkopf verkörpert durch die Bewegungen und Gestaltungen des ganzen Menschen und der Menschengruppen sehen, auf der anderen Seite die Dichtung, das Musikalische hören, so daß sich beides ergänzt, beides sich zu einem Gesamtkunstwerke vereinigt. Und verstanden sollte werden, daß die die eurythmische Kunst begleitende Rezitation nun auch dadurch, daß sie als eine besondere Kunstergänzung zu der Eurythmie auftritt, anders gehalten werden muß als das, was man heute gewöhnlich unter Rezitation versteht. Das Rezitieren ist heute aus dem eigentlich Künstlerischen schon herausgetreten. Das Rezitieren beschränkt sich heute eigentlich auf Pointisierungen des dichterischen Inhaltes. Gerade das Auffinden einer Kunstform, wie sie der Eurythmie zugrunde liegt, wird wiederum dazu führen, die Rezitation selbst zu dem zurückzuführen, was sie einstmals war, was die Jüngeren unter uns gar nicht mehr wissen. Diejenigen, die älter sind, wissen sich noch zu erinnern an die Rezitatoren der siebziger, achtziger Jahre, die vielleicht schon in der Dekadence, aber doch noch einen Nachklang dessen boten, was Rezitierkunst früher war. Wenige Menschen wissen heute, daß *Goethe* in Weimar für die Bühne die «Iphigenie» mit dem Taktstock einstudiert hat wie ein musikalisches Kunstwerk, daß man das Rhythmische, das eigentlich Künstlerische durchhörte. Das war das Bestreben zum Beispiel auch Goethes. Diese Rezitationskunst ist verlorengegangen. Durch die Eurythmie wird sie in einer gewissen Weise sich wiederum notwendig machen. Heute will man gar nicht mehr hören, was das eigentlich Dichterische, Künstlerische ist. Die dichterische Form ist nicht etwas, was man in Pointisierung des Inhaltes zum Ausdrucke bringen kann. Im Grunde genommen ist heute Rezitationskunst nichts weiter als ein besonders raffiniert ausgebildetes Prosalesen. Und erst auf dem Umwege durch die

Eurythmie wird wiederum Rezitations-, Deklamationskunst gefunden werden müssen. Das versteht man heute nicht.

Dornach, 5. April 1919

Es ist hier versucht worden, die höchste Offenbarung der Welt, den Menschen, diesen Mikrokosmos, sichtbarlich wie einen großen Kehlkopf darzustellen. Natürlich will ich hiermit nichts anderes sagen, als wie diese Kunstform entstanden ist. So wie die Natur im Menschen selber dasjenige, was Kunst werden kann, in der Dichtung, im musikalischen Gesange schafft, so kann dasjenige, was im ganzen Menschen liegt, zur Kunst werden. Aber alles, was ich gesagt habe, soll nur die Entstehung ausdrücken. Das Künstlerische muß in der unmittelbaren Anschauung empfunden werden, und wir sind überzeugt, daß es auch empfunden werden kann.

So werden wir uns bemühen, einerseits das Tonliche durch die Rezitation, Deklamation oder Musik zum Hören zu bringen, andererseits dasselbe, was gehört werden kann, durch die Eurythmie sichtbarlich zur Anschauung zu bringen.

Man kommt auch durch die Rezitation in Konflikt mit den heutigen Anschauungen. Die jetzt jüngeren Leute haben die alte Rezitationskunst, selbst in der dekadenten Form, wie sie noch in den siebziger, achtziger Jahren gepflegt wurde, nicht mehr kennengelernt, jene Rezitationskunst, welche äußerlich die Form wahrte. Man braucht nur daran zu denken, wie *Goethe* in Weimar mit dem Taktstock seine «Iphigenie» einstudierte. Heute hat man vielfach kein Wohlgefallen an dieser Rezitation, die das Formelle, das eigentlich Künstlerische, das mit dem Inhalt der Worte nichts zu tun hat, berücksichtigt. Man schätzt viel mehr die vorgetragene Prosa, aus der das Inhaltliche hervorgeht und die gewisse Nuancen und dergleichen zum Ausdruck bringt. Hier müssen wir darauf schauen, die Rezitation, die mit der Eurythmie zu einem Gesamtkunstwerke zusammentreten soll, so zu gestalten, daß wir – ebenso wie unsere Tanzkunst vielfach auf den sakramentalen Tanz des Altertums zurückgehen muß – zu älteren Formen des Rezitierens zurückgehen, die heute weniger verstanden werden, die aber wieder verstanden werden können, wenn aus der niedergehenden Kunstkultur des 19. Jahrhunderts sich etwas entwickeln wird, was wiederum elementar Geistiges, Übersinnliches in sich hat.

ÜBER DIE OLYMPISCHEN SPIELE

Dornach, 4. Juli 1920

In noch manch anderer Beziehung wird man sehen, daß diese Eurythmie vielleicht den Menschen des gegenwärtigen Zeitalters das geben kann, was von anderer Seite her nicht kommen kann. An was dachte man alles, bevor dieser Krieg [1914–1918] entbrannt ist! Da dachten die Leute daran, olympische Spiele aufzuführen. Es ist gerade so, wie wenn man den Menschen in einem bestimmten Lebensalter an dasjenige gewöhnen wollte, was eigentlich für ein ganz anderes Lebensalter gut ist. Man sieht eben heute alles nur abstrakt und intellektuell an und nicht aus der Wirklichkeit heraus. Die olympischen Spiele waren für das griechische Naturell, was der Mensch in jenem Zeitalter brauchte. Heute brauchen wir etwas ganz anderes als olympische Spiele. Wir brauchen etwas, was den Menschen heute auch seelisch-geistig hineinstellt in den ganzen Weltzusammenhang. Und so sind die olympischen Spiele und alle die Gedanken, die auf ähnliches hinzielen, nichts anderes als ein gewisser Dilettantismus gegenüber der menschlichen Kulturentwickelung.

DAS MUSIKALISCHE, BILDHAFTE, PLASTISCHE IN DER DICHTERISCHEN GESTALTUNG

Dornach, 3. Oktober 1920

Was nun hier die Rezitation anstreben muß, ist, auch das Musikalische in der dichterischen Gestaltung nachzufühlen und zu sehen, und ebenso das Bildhafte, das Plastische. Denn die Sprache wird nur durch die Einverleibung der Bilder, nur durch die Einverleibung des Musikalischen in das Dichterische erst wirklich poetisch. Auf das Wie kommt es hier an, nicht auf dasjenige, was ausgedrückt wird, sondern wie es gestaltet wird. So muß in einer solchen Art die Rezitation das eurythmisch Dargestellte begleiten. Und das eurythmisch Dargestellte selbst wird um so vollkommener sein, je weniger es sich nähert dem Prosainhalt. Diejenigen verehrten Zuschauer, die schon öfter hier waren, werden gesehen haben, daß wir doch versucht haben, im Laufe der Zeit vorwärts zu kommen, indem wir immer mehr und mehr, was anfangs da war als ein Unvollkommenes im Pantomimischen, im Mimischen, überwunden haben. Wir können, wie im Musikalischen es ja ebenso ist, in der Aufeinanderfolge der Bewegungen, in der inneren Harmonie und Disharmonie, ich möchte sagen, in dem Thema der Bewegungen dasjenige zur Offenbarung bringen, was auch der Dichter, indem er künstlerisch die Sprache formt, zum Ausdrucke bringen will. Und so können wir Ernstes in einer entsprechenden eurythmischen Stilform und auch Humoristisches zum Ausdrucke bringen. Ich arbeite auch daran, die Eurythmie auszudehnen allmählich auf das Dramatische. Bisher können wir nur solches Dramatisches darstellen, wie etwa den Auftritt mit den Geistern im «Faust» oder irgendwelche andere sinnlich-übersinnlich gedachte Gestalten im «Faust». Wir können nur dasjenige darstellen, wo sich das Dramatische in das Übersinnliche erhebt. Es ist noch nicht fertig, was auf diesem Gebiete versucht wird; aber es wird ganz ernst versucht, auch eine eurythmische Form für das rein Dramatische zu finden. Die Dinge brauchen eben durchaus ihre Zeit. Sie brauchen die Vertiefung durch das sinnlich-übersinnliche Schauen.

THERAPEUTISCHE EURYTHMIE

Dornach, 4. Oktober 1920

aus einer Fragenbeantwortung während des ersten anthroposophischen Hochschulkurses

Es wird gefragt nach den Ursachen von Sprachstörungen (Stottern) und deren Behandlung.

Man wird nach und nach auch erkennen, welch ein bedeutsames Heilmittel man gegen solche und ähnliche Fehler des menschlichen Organismus in der Eurythmie haben kann. Diese Eurythmie kann, ich möchte sagen, nach zwei Seiten hin verfolgt werden. Die eine ist die, auf die ich immer in den «Einleitungen» aufmerksam mache, die ich zu den Vorstellungen gebe. Da zeige ich, wie bewußt wird durch sinnlich-übersinnliches Schauen an dem heutigen Menschen der Sprachorganismus mit seinen Bewegungstendenzen, die dann auf den ganzen menschlichen Organismus übertragen werden. Aber nicht wenig Bedeutung hat auch der umgekehrte Weg. Denn, sehen Sie, bei dem, was Ihnen heute von einem anderen Gesichtspunkt aus sehr gut vorgebracht worden ist von Dr. Treichler, bei der Sprachentstehung, spielt zweifellos ganz gewiß eine Ur-Eurythmie der Menschen eine ganz bedeutsame Rolle. Die Dinge haben nicht den Klang gleichsam in sich in dem Sinne, wie es die Bim-Bam-Theorie behauptet, aber es besteht zwischen allen Dingen, zwischen dem ganzen Makrokosmos und der menschlichen Organisation, diesem Mikrokosmos, eine Beziehung. Im Grunde genommen kann alles dasjenige, was äußerlich in der Welt geschieht, auch durch die menschliche Organisation in einer gewissen Weise gebärdenhaft in Bewegung nachgebildet werden. Und so haben wir denn fortwährend im Grunde genommen allen Erscheinungen gegenüber die Tendenz, sie durch unseren eigenen Organismus nachzubilden. Wir führen das nur mit dem physischen Organismus nicht aus, sondern wir führen es mit dem Ätherorganismus aus. Der Ätherorganismus ist in einer fortwährenden Eurythmie begriffen. Der ursprüngliche Mensch war viel beweglicher als der heutige. Sie wissen, dieses Entwickeln von der Beweglichkeit zur Ruhe, das bildet sich ja noch darinnen ab, daß es heute in gewissen Kreisen durchaus für ein Charakteristikon der Bildung angesehen wird, wenn man möglichst phlegmatisch sich verhält, während man spricht, mit möglichst wenig Gesten sein Sprechen begleitet. Es ist angesehen worden bei gewissen Rednern, die Hände immer in der Hosentasche zu haben, damit sie nur nicht mit ihren Armen irgendwelche Gesten machen, denn das gilt als der Ausdruck einer besonders guten Redehandhabung, wenn man wie ein Klotz ruhig dasteht. Aber das, was da karikaturhaft zum Ausdrucke kommt, entspricht nur jenem Vorschreiten der Menschheit von der Beweglichkeit zur Ruhe, und wir müssen auf dem Urgrunde der menschlichen Entwickelung in Urzeiten einen Übergang von einer gebärdenhaften Sprache, von einer Art Eurythmie zu der Lautsprache konstatieren. Dasjenige, was im Organismus zur Ruhe gekommen ist, hat sich spezialisiert in den Sprachorganen, hat selbstverständlich erst die Sprachorgane eigentlich ausgebildet. Wie das Auge am Licht gebildet ist, so ist das Sprachorgan gebildet an einer zuerst tonlosen Sprache. Und wenn man diese ganzen Zusammenhänge kennt, dann wird man nach und nach das Eurythmische, indem man es ordentlich einführt in das Didaktische, ganz besonders gut verwenden können, um all dem entgegenzuarbeiten, was sprachstörend eingreifen könnte. Und nach dieser Richtung hin wird es, wenn nur ein wenig Muße dazu vorhanden sein wird, eine sehr reizvolle Aufgabe sein, unsere jetzige, mehr künstlerisch und pädagogisch ausgebildete Eurythmie immer mehr und mehr auch nach der therapeutischen Seite hin auszubilden und eine Art Heileurythmie auszugestalten, die sich dann insbesondere auf solche therapeutischen Forderungen erstrecken wird, wie diejenige ist, von der hier gesprochen worden ist. Ich weiß nicht, ob es schon erschöpfend ist, was ich gesagt habe, aber ich wollte gerade mit einigen Worten darauf eingehen.

Es wird gefragt, wie das gemeint sei mit der Bewegung der Eurythmie in bezug auf den Ätherleib, ob er bei der geisteswissenschaftlichen Forschung dieselbe Form wie der Körper habe.

Verstehen Sie mich richtig: die Eurythmie ist so, daß sie im physischen Leibe und durch den physischen Leib dasjenige ausführen läßt, was heute nur der Ätherleib des Menschen ausführt.

Dadurch, daß der Mensch als Eurythmist mit seinem physischen Leib die am Ätherleib studierten Bewegungen ausführt, ist noch nicht gegeben, daß dann derjenige, der eurythmisierend dasteht, wenn er gerade, ich will sagen, irgendeinen abscheulichen Gedanken hat, diesen abscheulichen Gedanken nicht mit seinem Ätherleibe ausführte. Er kann also mit seinem äußeren physischen Leibe die schönsten Bewegungen ausführen, und da tanzt dann der Ätherleib, seinen Emotionen folgend, unter Umständen in recht karikaturhafter Weise. – Ich möchte noch das Folgende sagen.

Nicht wahr, es ist im allgemeinen so, wenn man den ruhenden Menschen ansieht, daß der Ätherleib ruhig ist, etwas größer ist als der physische Leib. Aber das wird nur dadurch bewirkt, daß für den Ätherleib des Menschen, schematisch gezeichnet, der physische Leib nach allen Seiten «verluftigend» wirkt. Der Ätherleib, wenn er nicht vom physischen Leib in seiner Form gehalten würde, wenn er nicht vom physischen Leib gebannt würde, würde ein ganz bewegliches Wesen sein. Der Ätherleib hat an sich durchaus die Möglichkeit, nach allen Seiten hin sich zu bewegen, und er ist außerdem im wachen Zustande unter dem fortwährenden Einfluß des nun allem Seelischen folgenden beweglichen Astralischen. So daß also der Ätherleib für sich etwas durchaus Bewegliches ist. Und als Maler hat man zum Beispiel die Schwierigkeit, wenn man so etwas Ätherisches malen will, daß man, ich möchte sagen, malen muß, wie wenn man den Blitz malen könnte. Man muß das Bewegte in Ruhe übersetzen. Also in dem Augenblick, wo man aus der physischen Welt herauskommt, in dem Augenblick erhält auch der Begriff Distanz, und alle diese Dinge, die eigentlich nur auf den ruhenden Raum sich beziehen, hören auf, und es beginnt ein ganz anders geartetes Vorstellen. Es beginnt ein Vorstellen, welches eigentlich nur so charakterisiert werden kann, daß man sagt: Es verhält sich zu dem gewöhnlichen Vorstellen räumlicher Dinge, wie sich eine Saugwirkung zu einer Druckwirkung verhält. Man wird in die Sache hineingerissen, statt daß man sie betastet und so weiter. – Also so verhält es sich mit der Beziehung des ätherischen Leibes zum physischen Leib.

EURYTHMIE UND PHYSIOGNOMISCHER AUSDRUCK

Den Haag, 27. Februar 1921

Auch ein anderes mißversteht man noch häufig. Die Leute verlangen, weil sie meinen, daß Eurythmie mit Mimik oder dergleichen zu tun habe, einen gewissen physiognomischen Ausdruck und vermissen ihn hier. Wir geben ihn absichtlich nicht in der gewöhnlichen Form, sondern nur in der Form, daß jede Bewegung auch des Gesichtes und des Kopfes dem Eurythmischen entsprechen muß. Ebensowenig, wie man die Tonbewegungen mit dem Gesicht begleiten kann, die man als Grimassen empfinden würde, wenn sie übertrieben wären, kann man die eurythmische Sprache begleiten mit dem, was die Menschen als das bewegte Antlitz verlangen aus einem solchen Mißverständnis heraus. Sie werden sehen, wie – geradeso wie beim Musikalischen im melodiösen Thema – beim Eurythmisieren in der gesetzmäßigen Aufeinanderfolge der Bewegungen das eigentlich Künstlerische zum Ausdruck kommt. Wir versuchen immer mehr und mehr durch komplizierte Formen, die aber wiederum innere Einfachheit und Harmonie haben, das gewöhnliche Eurythmische in künstlerisch Eurythmisches umzusetzen, was Sie besonders in einigen Gruppenbewegungen bemerken werden.

Im zweiten Teil, dem humoristischen, werden Sie sehen, wie der eurythmische Stil, die eurythmische Form auch diesem Stilunterschied, dem Seriösen auf der einen Seite, dem Pittoresken auf der anderen Seite, in der äußeren, sichtbaren Formung gerecht werden.

DIE ERWEITERUNG DES DICHTERISCHEN UND MUSIKALISCHEN DURCH EURYTHMIE

Dornach, 10. Juli 1921

Mittelbar muß man, wenn die Dichtung durch die Sprache sich zur Geltung bringen will, in dem Gehörten Bewegung, Rhythmus, Taktmäßiges haben. Indem man die Sprache in die Bewegung bringt, in Licht- und Tongestaltung, dasjenige, was man da auf mittelbare Weise versucht auszubilden, das Musikalische, das kann nun in der Bewegung des Menschen, die man herausholt aus dem Kosmos, zur Offenbarung kommen, so daß tatsächlich durch den bewegten Menschen das Seelische einer Dichtung sich besonders aussprechen kann, wie man auch zu dem Musikalischen statt eines Gesanges, ich möchte sagen, Gesang durch die Bewegung des Menschen hinzufügen kann. Man kann das Musikalische ebenso durch diese sichtbare Sprache in Bewegungen der Eurythmie ausdrücken, wie man tatsächlich durch den Gesang das Musikalische zum Ausdruck bringen kann, tonlich zum Ausdruck bringen kann. Dadurch ist man in der Tat in der Lage, das Gedankliche in der Dichtung zurückzudrängen, welches der Dichter nur gebrauchen muß, um das eigentlich Künstlerische aufzureihen.

Und das andere Element, das in jeder Dichtung enthalten ist, das Willenselement, das aus dem vollen Menschen, nicht bloß aus dem Kopf des Menschen kommt, kommt durch die sichtbare Sprache der Eurythmie mehr zur Offenbarung.

Wer ein wirklich künstlerisches Empfinden hat, wird daher nichts einzuwenden haben gegen eine solche Erweiterung des Künstlerischen, wie sie im Eurythmischen auftreten will, denn er wird seine Freude an jeder Erweiterung des Künstlerischen haben. Und wer da sagt etwa, man solle Goethesche Gedichte nicht in Eurythmie darstellen – was würde Goethe selbst dazu sagen? –, der würde sehr am Ziel vorbeigehen. Denn gerade das, was als das eigentlich wirklich Bedeutsame im Dichterischen liegt, geht aus dem ganzen Menschen, nicht bloß aus dem hervor, was man in das Wortwörtliche hineinbringen kann. Und dieses Vollmenschliche kann gerade durch die Eurythmie zum Ausdruck gebracht werden. So daß manches, was, ich möchte sagen, in den tiefen Geheimnissen der Dichtung liegt, gerade durch diese sichtbare Sprache der Eurythmie an die Oberfläche gebracht werden kann, angeschaut werden kann. Und auf der Anschauung beruht im Grunde genommen alles, was den künstlerischen Eindruck in Wirklichkeit ausmacht.

Eurythmie kann auch zu einer mehr künstlerischen Auffassung des Rezitierens und Deklamierens zurückführen, als sie heute in einer gewissermaßen unkünstlerischen Zeit praktiziert wird. Heute wird doch vielfach, obwohl einige schon einsehen, daß nach etwas anderem gestrebt werden muß, noch so rezitiert oder deklamiert, daß eigentlich nur der Prosagehalt einer Dichtung zum Ausdruck kommt. Man pointiert, wie man sagt, aus der Empfindungstiefe heraus den Prosainhalt. Der wirkliche Dichter arbeitet zunächst in seiner Seele gar nicht mit dem Prosagehalt, sondern mit einem ungewissen melodiösen, harmonischen, musikalischen Elemente, oder er arbeitet mit der Bildgestaltung der Sprache. Bei dem wirklichen Dichter, insofern er Künstler ist, geht dem Prosagehalt seiner Dichtung eine innere Notwendigkeit, ein Webendes, Lebendes, ein sich Rundendes, oder ein tiefer oder höher Heraufsteigendes voran, woraufhin erst ein sich in dieser Weise Formendes in diesem oder jenem Gedanken in der Sprache gestaltet wird. Die wirklich künstlerische Form hat es zunächst nicht mit der Prosaform des Gedankens zu tun, die sich etwa in zwei vierzeiligen und in zwei dreizeiligen Strophen ausspricht, sondern gewissermaßen mit einem Hingang, der zunächst angeschlagen wird, und mit einem Rückgang in den zwei ersten Strophen; mit einem Hinschauen auf den Hingang, mit einem Zurückschauen auf den Rückgang in den zwei letzten Strophen. In derartigen Bildgestaltungen lebt derjenige, der aus dem wirklichen Kunstgefühl, aus der künstlerischen Phantasie heraus ein Sonett schafft.

Und so ist es, daß überall wirklich so etwas zugrunde liegt, wie zum Beispiel bei *Schiller,* dem es bei seinen hauptsächlichsten lyrischen Dichtungen zunächst nie ankam auf den Prosagehalt, den er dann nur aufgereiht hat, nachdem er zuerst eine unbestimmte Melodie im Sinne hatte. Bei *Goethe* war es mehr ein unbestimmtes Fühlen; Goethe lebte mehr als Schiller im unbestimmten Fühlen. Das muß in der Rezitation und in der Deklamation, welche jeweils die Eurythmie begleiten, durchaus zum Ausdruck kommen. Man kann nicht in prosaischer Weise deklamieren, wenn man die Eurythmie deklamatorisch und rezitatorisch zu begleiten hat.

Ebenso kann sichtbar gesungen werden. Dann ist die Eurythmie Begleiterin des Musikalischen, des Instrumentes, des Instrumentalen. Beides, Musikalisches und Rezitatorisches, werden wir uns erlauben, Ihnen vorzuführen. Wenn zur Eurythmie rezitiert und deklamiert wird, muß auf das Verbildlichen der Sprache, auf das Musikalische der Sprache gesehen werden. Und in diesem Sinne muß die Rezitations- und Deklamationskunst, wie wir das hier versuchen, wiederum zurückkehren zu dem, was sie in künstlerischeren Zeitaltern war, als es das unsrige ist. Daher wird manchmal die besondere Form des Deklamierens und Rezitierens, welche wir hier als eine rein künstlerische ausbilden, heute noch als etwas Ungewöhnliches empfunden werden können. Bei einer Rückkehr unseres Zeitalters in ein wirklich Künstlerisches wird das aber schon verstanden werden.

BELEUCHTUNGS-EURYTHMIE

Kristiania, 27. November 1921

Jedesmal, wenn wir eine solche Vorstellung geben, muß ich aber die verehrten Zuschauer um Rücksicht bitten, denn so sehr wir von Monat zu Monat die Eurythmie wiederum vorwärtsbringen, da alles auf der Bühne durchaus eine sichtbare Sprache ist – bis zu den Lichtfolgen, den einzelnen Folgen von Lichtnuancen soll alles auf der Bühne eine sichtbare Sprache sein –, trotzdem sind wir aber heute erst im Anfange.

Dornach, 23. Juli 1922

Geradesowenig wie im Musikalischen bei einem Ton gefragt werden darf, was er bedeute, wie im Musikalischen der Eindruck dadurch erzielt wird, daß die gleichzeitigen oder aufeinanderfolgenden Töne in ihrem Verhältnisse erfaßt werden, geradeso müssen hier die Bewegungen, und nicht in abstrakt-intellektualistischer Weise, auf ihre gewisse Bedeutung hin angeschaut werden; sie müssen in unmittelbarer Art von außen erfaßt werden. Und dann die Aufeinanderfolge der Bewegungsgestaltung, sie ist dasjenige, in dem das Künstlerische liegen muß.

Nach und nach versuchen wir immer weiter und weiter mit diesen Dingen zu kommen. So zum Beispiel fügen wir zu dem Bühnenbild im allgemeinen, welches dadurch entsteht, daß Gedichte oder Musikalisches, die sonst durch Ton oder Laut zur Offenbarung kommen, daß diese auch durch den bewegten einzelnen Menschen oder bewegte Menschengruppen in dieser sichtbaren eurythmischen Sprache zur Offenbarung kommen, zu diesem Bühnenbild, welches da entsteht, fügen wir immer mehr und mehr Dazugehöriges hinzu. So ist von mir namentlich in der letzten Zeit versucht worden, die Beleuchtungen, welche sich auch wiederum nach eurythmischen Grundsätzen herstellen lassen, in der entsprechenden Weise dem Bühnenbilde einzufügen.

Da darf man nun wiederum nicht etwa auf die einzelne Beleuchtung sehen, in irgendeiner Weise deutend, ob im einzelnen Momente da oder dort Grün oder Gelb da ist, sondern da muß man wiederum sich klar sein, daß das ganze so beurteilt werden muß wie das Musikalische, oder wie die eine Farbnuancierung auf die andere folgt oder umgekehrt. Also auch da hat man es zu tun mit einer sichtbaren Sprache; aber wenn es bis zur eurythmischen Vorstellung kommt, mit der künstlerischen Gestaltung dieser eurythmischen Sprache.

Dadurch, meine sehr verehrten Anwesenden, erlangt man etwas, was als eine selbständige Kunst, die keine pantomimische, keine Tanzkunst auch ist, was als eine selbständige Kunst sich darstellt neben die musikalische Kunst, neben die dichterische Kunst.

Dornach, 30. Juli 1922

Wir können ganz besonders sehen, wie nach und nach die Eurythmie sich ausbildet, indem man gerade Rücksicht nehmen muß, daß es nicht auf die einzelnen Bewegungen, sondern auf die Aufeinanderfolge der Bewegungen ankommt. Daher habe ich in der letzten Zeit auch versucht, durchaus dasjenige, was zur eurythmischen Darstellung dazugehört, aber auch weggelassen werden könnte, die Beleuchtung auch im eurythmischen Sinne zu gestalten, so daß Sie auch bei den Beleuchtungen das sehen werden, was gerade zu einer Stimmung paßt, was gerade in der Beleuchtungsfolge zum Ausdruck kommt, auch als eine sichtbare Sprache.

Dornach, 17. September 1922

Diejenigen der verehrten Zuschauer, welche öfter hier waren, werden sehen, wie wir uns in den letzten Monaten bemüht haben, auch die Beleuchtungen, die aufeinanderfolgenden Lichteffekte nicht in naturalistischer Weise einfach zu den Gesten hinzuzufügen, sondern sie in ihrer Aufeinanderfolge und in ihrem Zusammenstimmen mit dem zu begleitenden Eurythmischen aus dem farbig Geformten eurythmisch zu gestalten. So sollte man auch hier wiederum nicht auf das einzelne sehen, sondern auf das Hervorgehen einer Beleuchtung aus einer vorangehenden Bewegung oder auch auf die retardierende Wirkung, welche die Bühnenbeleuchtung auf die Begleitung der einzelnen Darstellungen ausübt.

Dornach, 30. September 1922

Man hat es also in der Eurythmie mit einer wirklich sichtbaren Sprache zu tun, welche ebenso künstlerisch gestaltet werden kann, nur jetzt für das Auge, nicht für das Ohr, wie das Musikalische oder wie das Dichterische in Rezitation oder Deklamation. Sodann versuchen wir, der Darstellung mit unserer Eurythmie das ganze Bühnenbild anzupassen. Und es werden diejenigen verehrten Zuschauer, welche vor einiger Zeit Eurythmie gesehen haben, bemerken, wie jetzt seit längerer Zeit schon der Versuch gemacht wird, auch die Beleuchtungswirkungen, sowohl die Beleuchtungswirkungen, die im Raume fluten, wie auch das Zusammenstimmen der Beleuchtungen mit der Farbe der Kleidung und der Schleier der Eurythmisierenden ebenfalls im eurythmischen Sinne zu gestalten. So daß man gewissermaßen ein in sich bewegtes oder sich bewegendes Lichtfluten hat, das nun wiederum eigentlich eine sichtbare Sprache darstellt.

Den Haag, 2. November 1922

Wir haben im Laufe der Zeit versucht, das ganze Bühnenbild demjenigen anzupassen, was als eurythmische Kunst sich hier darbietet. Und so haben wir namentlich versucht, auch die Beleuchtungseffekte der Bühne so herzustellen, daß sie gewissermaßen im Bühnenbild die Fortsetzung dessen sind, was in der Eurythmie zur Darstellung kommt. Es handelt sich also nicht darum, einen Lichteffekt auf den anderen unmittelbar abzustellen oder zu beziehen, sondern in der melodiösen, in der unmittelbaren harmonischen, künstlerischen Aufeinanderfolge der Lichteffekte dasjenige zu sehen, auf was es ankommt.

Dornach, 4. Februar 1923

In der letzten Zeit zum Beispiel haben wir zu der Bewegung des Menschen, die auf der Bühne zu sehen ist, hinzugefügt eine Art eurythmische Beleuchtungskunst, so daß das Bühnenbild nicht nur den bewegten Menschen und die bewegten Menschengruppen hat, sondern im Zusammenklang damit die Aufeinanderfolge der Beleuchtungswirkungen, eine Art Eurythmie durch die Beleuchtung.

Und dabei kann Ihnen gleich etwas auffallen. Während man beim gewöhnlichen Bühnenbild auf der Szene, wenn Dramatisches, Mimisches dargestellt wird, die Beleuchtungen so wählt, daß sie gewissermaßen sich pointiert anpassen an dasjenige, was nun gerade im Augenblicke die Situation ist, sagen wir, wenn irgendeine Szene am Morgen gespielt wird, nimmt man Morgenbeleuchtung und dergleichen, handelt es sich hier darum, daß nichts Naturalistisches auch in der Beleuchtung liegt, sondern daß auch die Beleuchtungsaufeinanderfolgen so gestimmt sein müssen wie etwa die Töne in einer musikalischen Melodie. Es kommt auf das Aufeinanderfolgen der Beleuchtungswirkungen an. Und diese Aufeinanderfolge der Beleuchtungswirkung muß wiederum zusammenstimmen mit demjenigen, was man als Bewegungen sieht.

Dornach, 2. April 1923

Wir haben in der letzten Zeit das Licht- und Farbenelement in das Eurythmische eingeführt. Ich möchte sagen: Dasjenige, was an Bewegungen des Menschen und der Menschengruppen auf der Bühne erscheint, geht von der menschlichen Seele, von dem menschlichen Geiste aus. Aber das Menschlich-Seelische ist immer in Verbindung mit dem Elementarischen der Außenwelt. Und dasjenige, was auf der Bühne in dem Bilden der Menschenbewegungen vor sich geht, kann zusammengestimmt werden, indem es sich harmonisch fortsetzt und fortbildet in demjenigen, was nun die Bühne durchflutet als Farben- und Lichteffekte, die auf der einen Seite abgestimmt sind mit der Gewandung des Eurythmisierenden, die auf der anderen Seite in ihrer

Aufeinanderfolge selbst ein aus dem Laute herausgeborenes, ich möchte sagen, musikalisches Element geben. So daß auch das Beleuchtungselement der Bühne eurythmisch behandelt werden kann. Das Bühnenbild des Eurythmischen ist allerdings heute erst unvollkommen vorhanden; es wird sich aber immer weiter und weiter vervollkommnen.

Dornach, 7. April 1923

Wir haben ja heute schon versucht, auch das Bühnenbild nach seiner Lichteffektseite hin der Eurythmie auszugestalten. Man kann sehen, wie man auch eine Art Licht-Eurythmie entfalten kann, wie das Bühnenbild gewissermaßen eingerahmt ist von Licht, von melodiösem Element und so weiter. Es kommt da bei den Beleuchtungseffekten jetzt nicht darauf an, sagen wir, den einzelnen Inhalt, der gerade in dem bestimmten Zeitpunkt da ist, in symbolische Beziehung zum Gedichte zu bringen, sondern die Aufeinanderfolge, so wie man im Musikalischen die Aufeinanderfolge der Töne hat. Die Aufeinanderfolge der Lichtwirkungen ist es, um was es sich handelt.

Dornach, 9. Juni 1923

Aber man hat das Gefühl, mit der Eurythmie auch sonst zum Stil überzugehen. Diejenigen verehrten Zuschauer, die öfter hier unsere eurythmischen Vorstellungen gesehen haben, werden in der letzten Zeit unser Bemühen bemerkt haben, zu dem Bühnenbild, das durch die bewegten Impulse der Menschen oder Menschengruppen entsteht, Beleuchtungswirkungen hinzuzufügen. Die Beleuchtungen sind nicht in naturalistischer Weise auf die einzelne Geste zu beziehen, sondern wie das Musikalische, das Melodiöse in der Aufeinanderfolge der Töne gesucht werden muß, so muß hier in der Eurythmie in der Aufeinanderfolge der Beleuchtungswirkungen dasjenige gesehen werden, was eigentlich angestrebt wird. Das bewegte eurythmische Bild ist hineingestellt in dazugehörige Beleuchtungsfolgen, die nun selber wiederum eine Art Licht-Eurythmie sind.

Dornach, 11. Mai 1924

Seit einiger Zeit haben wir versucht, immer vollkommener und vollkommener auch eine Eurythmie in der Aufeinanderfolge der Beleuchtungen, die auf der Bühne auftreten, hineinzubringen, und die dann Fortsetzungen desjenigen sind, was durch den bewegten Menschen oder Menschengruppen geschieht. Daher hat man auch darinnen nicht irgend etwas im trivialen Sinne Bedeutsames zu sehen, sondern etwas Künstlerisches. Wir können auch schon manches ins gesamte Bühnenbild hineinbringen, was nach und nach aber immer mehr hineingebracht werden muß.

Wenn es also auf der Bühne hell wird einmal, während ein Gedicht eurythmisiert und rezitiert wird, so ist dieses Hellwerden nicht aus dem Grunde etwas, weil im Gedichte steht, daß die Sonne zum Beispiel hervorbricht, sondern es ist deshalb, weil in der Sprachbehandlung an dieser Stelle etwas Lichtartiges zutage tritt.

Und so muß man hier bei dieser Beleuchtungseurythmie darauf sehen, wie die Beleuchtungen aufeinander folgen, wie die Töne in der Musik zur Melodie und so weiter.

Aber wir wissen, daß wir im Anfange stehen; habe ich doch vor kurzem erst die Toneurythmie dadurch wieder ein kleines Stückchen weiterzubilden versucht, daß hier an der Freien Hochschule für Geisteswissenschaft ein Kursus für Toneurythmie gehalten wurde, ein besonderer Kursus für Toneurythmie. Wir sind, wie gesagt, am Anfange und sind selbst in dieser Beziehung unsere strengsten Kritiker.

ANHANG

HINWEISE

Von den insgesamt 274 Ansprachen, die Rudolf Steiner gehalten hat, werden in diesem Bande 84, teilweise nur in Auszügen, veröffentlicht. Die getroffene Auswahl enthält inhaltlich alles, was für dieses Gebiet dargestellt wurde. Dazu gehören noch die folgenden im Rahmen der Gesamtausgabe bereits erschienenen Einführungen: 28.VIII.1913 / 20., 21.I.1914 / 7.X.1914 / 19., 26.II.1918 / 14.XII.1919 / 23.XII.1923 / 20.IV.1924 in «Die Entstehung und Entwickelung der Eurythmie», Bibl.Nr.277a; 20.IV.1924 in «Die Konstitution der Allgemeinen Anthroposophischen Gesellschaft und der Freien Hochschule für Geisteswissenschaft», Bibl.Nr.37/260a.

Die Überschriften der Ansprachen vom 21., 22.VII.1923, 27.IV. und 3.V.1924 gab Frau Marie Steiner; alle übrigen stammen von den Herausgebern.

Wie die Übersicht auf Seite 601 zeigt, hat Rudolf Steiner nach der ersten *öffentlichen* eurythmischen Darbietung in Zürich am 24. Februar 1919 kontinuierlich, soweit es ihm zeitlich möglich war, vor dem Beginn der Aufführungen gesprochen. Die Übersicht weist drei zeitlich bedingte Abschnitte auf. Die Vorträge oder Ansprachen wurden sowohl in Dornach, als auch auf den Gastspielreisen im In- und Auslande gehalten. In Dornach und dort, wo das Goetheanum-Ensemble wiederholt auftrat, konnte Rudolf Steiner auf früher schon Ausgeführtes Bezug nehmen, während er sonst veranlaßt war, immer wieder auf die Ausgangspunkte, die zur Inaugurierung der neuen Kunst geführt hatten, zurückzugreifen. Da im Inhaltsverzeichnis gekennzeichnet ist, ob es sich bei dem Abdruck um eine vollständige oder gekürzte Wiedergabe der Ansprache handelt, ist die Kürzung oder der Auszug im Text nicht noch einmal erwähnt.

Nach der Rückkehr aus England im Frühherbst 1924 werden die Reiseprogramme zwar in Dornach aufgeführt, aber diesmal ohne einleitende Worte. Das hatte einmal den Grund, daß die sieben- bis achthundert Zuschauer Mitglieder der Anthroposophischen Gesellschaft und seit Jahren mit der Eurythmie, vielfach durch einführende Kurse, bekannt waren, zum anderen aber Rudolf Steiner tagtäglich mehr als gewöhnlich durch die zahlreichen Kurse und Vorträge, welche damals stattfanden, in Anspruch genommen war.

Für sich stehen zwei Leseproben am 20. und 23. August 1918 zu «Faust»-Aufführungen, bei denen – ausnahmsweise – nachgeschrieben werden durfte.

Eine Reihe von Goethe-Zitaten, die in den Ansprachen immer wiederkehren, werden nur einmal, nicht aber bei den Wiederholungen nachgewiesen. Die erwähnten grundlegenden Werke Rudolf Steiners sind in der Übersicht über die Gesamtausgabe am Schluß des Bandes aufgeführt.

Die nachstehend aufgeführten Ansprachen erschienen früher in folgenden *Publikationen:*

26. I. 1919, 24. VII. 1921 in «Geisteswissenschaftliche Erläuterungen zu Goethes ‹Faust›», II. Band, Dornach 1931.

9. V. 1920 in «Prospekt der Schule für Eurythmische Kunst am Goetheanum», Dornach 1927.

17. X. 1920 in «Die Kunst der Rezitation und Deklamation», Dornach 1928.

3., 9. IV. 1921 in «Zweiter anthroposophischer Hochschulkurs», Bern 1948.

27., 28. III. 1923 in «Pädagogik und Kunst. Pädagogik und Moral», Stuttgart 1957.

15. IV. 1923 in «Die pädagogische Praxis vom Gesichtspunkte geisteswissenschaftlicher Menschenerkenntnis», Bern 1956.

24. VI. 1923 in «Eurythmie als sichtbarer Gesang», Dornach 1927, und in «Johanni-Stimmung», Dornach 1959.

Nicht aufgeführt wurden die in verschiedenen *Zeitschriften* abgedruckten Eurythmie-Ansprachen.

Zu Seite:

13 *Weihnachtspiele aus altem Volkstum:* Einzelausgabe Dornach 1972 und 1976, in der Gesamtausgabe vorgesehen in Bibl.-Nr. 49.

17 *Wir müssen uns die Wahrheit zum Bewußtsein bringen:* Rudolf Steiner spricht in diesem Vortrag vom geisteswissenschaftlichen Gesichtspunkte aus über die Völker Europas. Siehe Hinweis zu S. 18/2.

in diesem Buche: Vgl. Rudolf Steiner «Mein Lebensgang», XXX. Kapitel, Bibl.-Nr. 28, Gesamtausgabe Dornach 1962.

18 *Dalcroze:* Emile Jacques-Dalcroze, 1865–1950, Schweizer Komponist, Gründer einer rhythmischen Gymnastik.

durch diese beiden Vorträge: Nürnberg 13. und 14. März 1915, in «Das Geheimnis des Todes», Bibl.-Nr. 159/160, Gesamtausgabe Dornach 1967.

19 *in unserer fünften Kulturepoche:* 1413–3573. Vgl. Rudolf Steiner «Die Geheimwissenschaft im Umriß»: Die Weltentwickelung und der Mensch.

die Kinder: Vgl. Rudolf Steiner «Die Erziehung des Kindes vom Gesichtspunkte der Geisteswissenschaft», Dornach 1978.

23 *ein Mitglied unserer Gesellschaft:* Clara Smits-Mess'oud Bey, 1863–1948. Vgl. Rudolf Steiner «Die Entstehung und Entwickelung der Eurythmie», Bibl.-Nr. 277a, Gesamtausgabe Dornach 1965.

Man mußte sich erinnern: Vgl. Rudolf Steiner «Das Goetheanum in seinen zehn Jahren», Dornach 1961.

26 *Frau Smits:* Siehe Hinweis zu S. 23.

28 «*Das Wesen der Künste*»*:* Berlin 28. Oktober 1918, in «Kunst und Kunsterkenntnis», Bibl.-Nr. 271, Gesamtausgabe Dornach 1961.

32 *trat an uns heran:* Siehe Hinweis zu S. 23.

Goethe ... hat gesagt: Rom, 6. September 1787. «So viel ist gewiß: die alten Künstler haben ebenso große Kenntnis der Natur und einen ebenso sicheren Begriff von dem, was sich vorstellen läßt und wie es vorgestellt werden muß, gehabt als Homer. Leider ist die Anzahl der Kunstwerke der ersten Klasse gar zu klein. Wenn man aber auch diese sieht, so hat man nichts zu wünschen, als sie recht zu erkennen und dann in Frieden hinzufahren. Diese hohen Kunstwerke sind zugleich als die höchsten Naturwerke von Menschen nach wahren und natürlichen Gesetzen hervorgebracht worden: alles Willkürliche, Eingebildete fällt zusammen; da ist die Notwendigkeit, da ist Gott.» Italienische Reise.

33 *Goethe sagte:* Vgl. die Abhandlungen «Über Wahrheit und Wahrscheinlichkeit der Kunstwerke» und «Winckelmann und sein Jahrhundert». Siehe Hinweis zu S. 32.

Zu Seite:

35 *und morgen dann damit fortsetzen:*

Frau Dr. Steiner wird heute vor dem Vortrage zu Ende rezitieren den «Chor der Urtriebe» von Fercher von Steinwand, den Teil, der von ihr noch nicht rezitiert worden ist.

Ich möchte noch einige Worte vorausschicken, die ich Sie bitte ja nicht anzüglich zu nehmen. Sie sollen nur ganz sachlich gemeint sein. Wir haben das so eingerichtet, daß der Vortrag so beginnt, daß unsere Züricher Freunde, hoffe ich, ihn zu Ende hören können, oder wenigstens bis zu einem solchen Punkt hören können, daß ihnen nichts besonderes mehr entgeht. Ich möchte nur im Anschluß an mancherlei Wünsche, selbstverständlich berechtigte Wünsche, die da oder dort auftreten, eine Bemerkung nicht unterdrücken. Das ist diese, daß ich es nicht im Sinne unserer Bewegung halten würde, wenn etwa die Meinung gar zu stark einreißen sollte, es sei das Hauptsächlichste in unserer Bewegung schon getan, wenn man das Inhaltliche der Vorträge, die hier gehalten werden, dieses Inhaltliche der Vorträge ins Auge faßt. Unsere Bewegung soll darinnenstehen im Ganzen der Zeit, und sie soll berücksichtigen die Dinge, die aus den Forderungen der Zeit heraus fließen. Und Sie können ganz sicher sein, daß wir auch dasjenige, was Sie glauben durch Aufnahme des Inhaltes der Vorträge zu erreichen, daß wir das nicht erreichen werden, wenn wir uns nicht entgegenkommend zeigen gerade den neueren künstlerischen Bestrebungen, die innerhalb unserer Bewegung eingeschlagen werden.

Insbesondere, meine lieben Freunde, gilt das natürlich von der eurythmischen Kunst, die in gewisser Beziehung eine neue Kunst sein soll, und die als neue Kunst empfunden werden soll, gegenüber allem Ähnlichen auch als neue Kunst empfunden werden soll. Aber ich selbst möchte, daß es bemerkt würde, daß es auch gilt in bezug auf das Rezitatorische. Was man mit Bezug auf das Rezitieren, wenn man künstlerische Empfindung in der Welt entfalten möchte, eigentlich erleidet, das ist etwas ungeheuer Großes, etwas schrecklich Leidvolles, was einem da passiert. Es ist ja wirklich von uns eine gewisse Methode ausgebildet worden, die ganz im Sinne unserer geisteswissenschaftlichen Bewegung liegt, gerade auch namentlich mit Bezug auf die rezitatorische Kunst. Und nicht wahr, das möchte ich nicht, daß es nur so angesehen würde, als ob es – nun ja – aus einer Liebhaberei von dem oder jenem nun auch als Beigabe zu unserer Sache gegeben wird. Nein, es ist mit eines der wichtigsten Sachen, daß wir uns in eine neue künstlerische Empfindungsweise hineinfinden.

Bezüglich des Rezitierens, meine lieben Freunde, haben ja die meisten Menschen – nun, wie soll ich's nennen, damit ich nicht den Ausdruck, der mir auf den Lippen liegt, gebrauche – die primitivsten Vorstellungen. Eigentlich glaubt man doch, rezitieren könne ein jeder, und rezitieren sei keine besondere Kunst.

Rezitieren ist in gewisser Beziehung eine der schwierigsten Künste, weil man sich das Material erst sehr langsam und allmählich erarbeitet. Und wir streben gerade an, das künstlerisch geformte Wort zur Geltung zu bringen, da dieses mit ein Wesentliches ist. Daß Interesse da ist für die zukünftige soziale Ordnung der Menschheit für solche Dinge, daß dieses Interesse nicht verlorengeht, daß nicht da auch Platz greift die allgemeine bourgeoismäßige Versumpfung, die gerade auf einem solchen Gebiete sich außerordentlich geltend macht, wie es das Rezitatorische ist, was jeder nur für ein «Lesen» hält, das streben wir an. Und das bitte ich, nicht als eine Nebensache zu betrachten, die man unter Umständen, weil die Züge so oder so gehen, eben auch in jede beliebige Tag- oder Nachtstunde verlegen kann.

Wie gesagt: es sollte gar nicht anzüglich sein, was ich gesagt habe; aber ich hatte einmal diese Meinung mit Bezug auf das, was sonst oftmals nur als «Rankenwerk» angesehen wird zu unserer Sache, einmal aussprechen wollen.

Nun soll der Schluß vom «Chor der Urtriebe» von Fercher von Steinwand zur Rezitation kommen.

38 *was Goethe zu ... Eckermann ... sagte:* Am 29. Januar 1827. «Aber doch ist alles sinnlich und wird, auf dem Theater gedacht, jedem gut in die Augen fallen. Und mehr habe ich nicht gewollt. Wenn es nur so ist, daß die Menge der Zuschauer Freude an der *Erscheinung* hat; dem Eingeweihten wird zugleich der höhere Sinn nicht entgehen, wie es ja auch bei der Zauberflöte und anderen Dingen der Fall ist.

42 *die Mysterien der Kabiren:* Vgl. Rudolf Steiner «Mysteriengestaltungen», Bibl.-Nr. 232, Gesamtausgabe Dornach 1974, Vortrag vom 21. XII. 1923.

45 *Spinoza:* Benedictus Spinoza, 1632–1677, holländischer Philosoph.

Winckelmann: Joh. Joachim Winckelmann, 1717–1768, Archäologe und Kunstwissenschafter.

48 *wie Goethe zu der Vorstellung gelangt ist:* Die Metamorphose der Pflanzen.

52 *Goethe hat den ... Ausspruch getan:* Sprüche in Prosa, Kunst. «Das Schöne ist eine Manifestation geheimer Naturgesetze, die uns ohne dessen Erscheinung ewig wären verborgen geblieben.» Nr. 811, Taschenbuchausgabe Stuttgart 1967.

53 *die ... Abhandlung:* Siehe Hinweis zu S. 48.

56 *die er [Goethe] mit den Worten ausdrückt:* Einfache Nachahmung der Natur, Manier, Stil: Schriften zur Kunst. «Wie die einfache Nachahmung auf dem ruhigen Dasein und einer liebevollen Gegenwart beruht, die Manier eine Erscheinung mit einem leichten fähigen Gemüt ergreift, so ruht der Stil auf den tiefsten Grundfesten der Erkenntnis, auf dem Wesen der Dinge, insofern uns erlaubt ist, es in sichtbaren und greiflichen Gestalten zu erkennen.»

57 *Goethe sagt:* «Wenn die gesunde Natur des Menschen als ein Ganzes wirkt, wenn er sich in der Welt als in einem großen, schönen, würdigen und werten Ganzen fühlt, wenn das harmonische Behagen ihm ein reines, freies Entzücken gewährt, dann würde das Weltall, wenn es sich selbst empfinden könnte, als an sein Ziel gelangt aufjauchzen und den Gipfel des eigenen Werdens und Wesens bewundern.» In: Winckelmann und sein Jahrhundert.

61 *In der neueren Zeit:* Vgl. Rudolf Steiner «Gesammelte Aufsätze zur Dramaturgie 1889–1900», Bibl.-Nr. 29, Gesamtausgabe Dornach 1960.

68 *zu unserem Bau:* Das erste Goetheanum, 1913–1922.

Zu Seite:

77 *Pädagogik der Waldorfschule:* 1919 durch Emil Molt begründet und durch Rudolf Steiner bis zu seinem Tode geleitet. Nach der Eröffnungsfeier schrieb Emil Molt an Frau Marie Steiner: «Nachdem nun die Waldorf-Schule begründet und Eurythmie zu einem wichtigen Lehrfach geworden ist, bitten wir Sie ergebenst, die Oberleitung über den Unterricht zu übernehmen und durch häufige Besuche die Unterweisung fördern zu wollen.»

84 *den Goetheschen Ausspruch:* «... denn indem der Mensch auf den Gipfel der Natur gestellt ist, so sieht er sich wieder als eine ganze Natur an, die in sich abermals einen Gipfel hervorzubringen hat. Dazu steigert er sich, indem er sich mit allen Vollkommenheiten und Tugenden durchdringt, Wahl, Ordnung, Harmonie und Bedeutung aufruft und sich endlich bis zur Produktion des Kunstwerks erhebt, das neben seinen übrigen Taten und Werken einen glänzenden Platz einnimmt.» – Schriften zur Kunst. Winckelmann und sein Jahrhundert, Kapitel: Schönheit.

87 *indem er sagt:* «Die Idee ist ewig und einzig; daß wir auch den Plural brauchen, ist nicht wohlgetan. Alles, was wir gewahr werden und wovon wir reden können, sind nur Manifestationen der Idee; Begriffe sprechen wir aus, und insofern ist die Idee selbst ein Begriff.» – Sprüche in Prosa, Das Erkennen. Nr. 185. Taschenbuchausgabe Stuttgart 1967.

88 *Wilbrandt:* Adolf von Wilbrandt, 1837–1911. 1881–1887 künstlerischer Direktor des Hofburgtheaters in Wien.

Devrient: Otto Devrient, 1838–1894. 1876 in Weimar Inszenierung von «Faust» I und II.

Lassensche Musik: Eduard Lassen, 1830–1904, Komponist. Musik zu Goethes «Faust».

90 *Schwaben-Vischer:* Friedrich Theodor Vischer, 1807–1887, Ästhetiker und Dichter.

95 *Geistesaugen:* Goethes Naturwissenschaftliche Schriften. Herausgegeben von Rudolf Steiner. Band I. 1883. Erster Entwurf einer allgemeinen Einleitung in die vergleichende Anatomie, ausgehend von der Osteologie. (Seite 262) «Wir lernen mit Augen des Geistes sehen, ohne die wir, wie überall, so besonders auch in der Naturforschung, blind umhertasten.» Anmerkung von Rudolf Steiner: «In diesen Worten liegt der Schlüssel zum Verständnis der Goetheschen Naturauffassung. Mit den Augen des Geistes sehen ist nichts anderes, als die tierische Gestalt nicht bloß in ihrer sinnenfälligen Realität, sondern in der ihr zugrunde liegenden Idee in ihrer eigenen Form (intuitiv) erfassen können. Jede empirische Form zeigt dann eine Abweichung davon, aber jene gibt uns die Norm und den Anhaltspunkt, wie eine solche besondere Form zu erklären ist.» Ferner (Seite 107) über Kaspar Friedrich Wolff in «Verfolg. Bildung und Umbildung organischer Naturen»: «... daß die Geistesaugen mit den Augen des Leibes in stetem lebendigem Bunde zu wirken haben, weil man sonst in Gefahr gerät, zu sehen und doch vorbeizusehen.» Anmerkung von Rudolf Steiner: «Diese Worte beweisen wieder, wie viel tiefer Goethes Anschauungen sind als der bloße Empirismus. Während dieser nichts anerkennt, als was man mit den Sinnen wahrnimmt, wollte Goethe vor allem, daß mit den Augen des Geistes gesehen werde, das heißt, daß die nicht durch den Sinn gegebene, nur für den Geist bestehende Gesetzlichkeit, welche die sinnenfällig wirklichen Tatsachen beherrscht, zum Ziele der Forschung gemacht werde.» (Nachdruck Dornach 1975).

Zu Seite:

98 *Kopernikus:* Nikolaus Kopernikus, 1473–1543, Astronom.

Galilei: Galileo Galilei, 1564–1642, Physiker und Astronom.

Giordano Bruno: 1548–1600, Philosoph.

101 *Herman Grimm:* 1828–1901. Goethe. Vorlesungen an der Universität in Berlin. II. Band, 23. Vorlesung.

107 *das schöne Wort gesagt:* «Wem die Natur ihr offenbares Geheimnis zu enthüllen anfängt, der empfindet eine unwiderstehliche Sehnsucht nach ihrer würdigsten Auslegerin, der Kunst.» – Sprüche in Prosa, Nr. 810. Kunst. Taschenbuchausgabe Stuttgart 1967.

110 *Als Goethe in Italien war:* Rom, den 28. Januar 1787. «... Die zweite Betrachtung beschäftigt sich ausschließlich mit der Kunst der Griechen und sucht zu erforschen, wie jene unvergleichlichen Künstler verfuhren, um aus der menschlichen Gestalt den Kreis göttlicher Bildung zu entwickeln, welcher vollkommen abgeschlossen ist, und worin kein Hauptcharakter, so wenig als die Übergänge und Vermittlungen fehlen. Ich habe eine Vermutung, daß sie nach eben den Gesetzen verfuhren, nach welchen die Natur verfährt, und denen ich auf der Spur bin.»

Schwaben-Vischer: Siehe Hinweis zu S. 90.

112 *mancherlei gesehen hat:* Siehe Hinweise zu S. 88.

120 *der Schauspieler La Roche:* Karl von La Roche, 1794–1884.

121 *Mysteriendarstellungen:* Siehe Hinweise zu S. 88.

Howard: Luke Howard, 1772–1864, Meteorologe.

127 *Olaf Åsteson:* Siehe Rudolf Steiner, «Der Zusammenhang des Menschen mit der elementarischen Welt. Kalewala, Olaf Åsteson, Das russische Volkstum», Bibl.-Nr. 158, Gesamtausgabe Dornach 1970.

128 *Weihnachtspiele:* Siehe Hinweis zu S. 13.

Karl Julius Schröer: 1825–1900; von 1866–1895 Dozent für Literaturgeschichte an der Technischen Hochschule in Wien.

Weinhold: Karl Weinhold, 1823–1901, Germanist.

134 *Goetheschen Ausdruck:* Vgl.: Gespräche mit Prof. H. E. G. Paulus, 1761–1851, Orientalist. «Für Ahnungen über das Übermenschliche hatte Goethe eine erhebende, staunende Ansicht in sich: ‹Wie jenes Übersinnliche gleichsam von oben her mit unserer Natur und Naturphilosophie zusammenhängt, dies›, rief er mir einmal zu, ‹ist die Frage.›» (Artemis-Ausgabe, 22, 290.) Rudolf Steiner gebraucht den Ausdruck im übertragenen, nicht wortwörtlichen Sinne.

139 *Goethe sagt so schön empfunden:* «Denn wozu dient alle der Aufwand von Sonnen und Planeten und Monden, von Sternen und Milchstraßen, von Kometen und Nebelflecken, von gewordenen und werdenden Wolken, wenn sich nicht zuletzt ein glücklicher Mensch unbewußt seines Daseins erfreut?» Winckelmann und sein Jahrhundert. Antikes.

Zu Seite:

156 *Fräulein Hollenbach:* Vgl. «Die Entstehung und Entwickelung der Eurythmie», Bibl.-Nr. 277a, Gesamtausgabe Dornach 1965, S. 119: Die ersten Anfänge der Ton-Eurythmie. Der erwähnte Aufsatz schließt mit folgender Schilderung:

«Inzwischen war aus der Kindergruppe eine richtige Toneurythmieklasse geworden, womit ich im Glashaus übte. Nachdem mehrere kleine Gruppensachen zur Aufführung gelangt waren, fing ich an, mit den begabtesten Kindern auch Solostücke einzuüben, die fast immer in der Schreinerei zur Aufführung kamen. Jetzt, 28 Jahre nach dem allerersten Auftreten, gehören einige der damaligen Kinder zu den besten Künstlern des Goetheanumensembles. – Die Bühneneurythmistinnen fingen an, sich allmählich an kompliziertere Sachen zu wagen, und jüngere Kräfte, die die nun systematisch eingerichteten Kurse oder auch Privatstunden durchgemacht hatten, konnten Frau Dr. Steiner vorgeführt werden, um allmählich zum Auftreten zu kommen oder als Lehrerinnen an anderen Orten das Gelernte weiterzugeben. Die Zahl der durch Herrn Doktor gegebenen Formen mehrte sich sehr, und oftmals gab er für Einzelstücke schon Angaben, die später im Toneurythmiekurs grundsätzlich behandelt wurden. Ein Schönes war es für mich, als Dr. Steiner mir etwas bestätigte, wonach ich lange gesucht hatte und was ich endlich meinte gefunden zu haben, nämlich den Zusammenhang zwischen Tönen, Toneurythmiebewegungen und Planeten. Solange ich gesucht hatte mit Zugrundelegung unseres gegenwärtigen Planetensystems, hatte ich ihn nicht finden können, bis mir eines Tages plötzlich kam, daß es die kosmische Entwicklung war, womit ich die Töne zusammenstellen mußte. Da strahlte plötzlich neues Licht auf die Toneurythmiebewegungen. Denn so wie in drei Stufen die Arme abwärts gehen in Dur, um bei f und g in einer mittleren Lage zu beharren, um dann wieder aufwärts zu gehen, so geht auch unsere Entwicklung durch Saturn, Sonne, Mond bis zur Erdenentwicklung, die in die Stadien der Mars- und Merkurentwicklung zerfällt. Die gleiche Armhaltung bei f und g stand plötzlich im neuen Lichte, und das Sicherheben über die Erdenschwere durch die kleinen Sprünge bei g–a–h schien sinngemäß die Aufwärtsentwicklung zu geben, wo durch das wieder Nach-oben-Gehen der Arme die Oktave erreicht wird, wie durch die Jupiter- und Venus-Entwicklung hindurch die Vulkanstufe, die Stufe des Geistesmenschen. Ursprünglich hatte Dr. Steiner auch angegeben, daß mit der Oktave man auf eine höhere Stufe würde springen müssen, etwas was technisch nicht leicht durchführbar war. Diese Gesetzmäßigkeiten des Abstieges und Wiederaufstieges des Geistes, oder der Evolution und Involution der Materie in den Bewegungen der Töne in Dur und Moll gespiegelt zu sehen, war wie eine Erleuchtung, – und ich war innig befriedigt, als Herr Doktor, als ich zu ihm kam mit einem Blatt, wo ich Planeten und Tonzeichen mit kleinen Zeichnungen der Toneurythmiebewegungen zusammengestellt hatte, es sich ansah und dann sagte: ‹Ja, das ist richtig.› Später habe ich auch sehen gelernt wie, so wie in den diatonischen Skalen wir die Siebenheit der Planeten haben, wir in der Zwölfheit der chromatischen Skala die in einer Oktave zusammengedrängte Zwölfheit des Quintenzirkels haben, wovon Dr. Steiner uns sagte, daß sie mit der Zwölfheit des Tierkreises zusammenhängt. Nehmen wir hierzu, was uns in dem Toneurythmiekurs 1924 gegeben wurde, und vieles was in Musikvorträgen gesagt wurde, dann sehen wir, aus welch wunderbaren Tiefen unsere Toneurythmie geschöpft ist, und wie Welten von Empfindungen uns beglücken können, wenn wir sie in der richtigen Weise üben.»

8. August 1948.

Zu Seite:

163 *gegenüber diesen Hallerschen Worten:* Albrecht von Haller, 1708–1777, Naturwissenschafter, Arzt und Dichter.

173 *Schweizer Tobler:* Georg Christoph Tobler, 1757–1812, Übersetzer. Siehe «Zu dem ‹Fragment› über die Natur», in «Methodische Grundlagen der Anthroposophie», Bibl.-Nr. 30, Gesamtausgabe Dornach 1961.

176 *Max Rieger:* 1828–1909.

177 *vielleicht einmal Formen zu finden:* Diese Formen hat Rudolf Steiner nicht gefunden; er spricht davon aber immer wieder. Dagegen hat er im Kursus für «Sprachgestaltung und Dramatische Kunst», Herbst 1924, für die Darstellungskunst grundlegende Gebärden gefunden. Vgl. Bibl.-Nr. 282, Gesamtausgabe Dornach 1969.

179 *Blumenthal:* Oskar Blumenthal, 1852–1917, Schriftsteller und Theaterdirektor in Berlin.

Lindau: Paul Lindau, 1839–1919, Schriftsteller und Kritiker.

Sardou: Victorien Sardou, 1831–1908, französischer Dramatiker.

182 *das schöne «Faust»-Wort:* II. Teil, Zweiter Akt, Laboratorium. Homunculus.

192 *Spengler:* Oswald Spengler, 1880–1936, Geschichtsphilosoph. Hauptwerk: «Der Untergang des Abendlandes», 1918/22.

195 *während dieses Kurses:* «Die Kunst der Rezitation und Deklamation», Bibl.-Nr. 281, Gesamtausgabe Dornach 1967.

207 *Abderhalden:* Emil Abderhalden, 1877–1950, Schweiz. Physiologe und physiologischer Chemiker. Grundlegende Arbeiten über Sozialhygiene und Sozialphysiologie.

215 *eine einzige Wortbezeichnung:* Ein Ausklang davon ist im griechischen Altertum noch die Bezeichnung für CHOR: Reigen, mit Gesang verbundener Tanz.

228 *in allerersten elementaren Anfängen:* Im Anschluß an die Schrift «Die Kernpunkte der sozialen Frage in den Lebensnotwendigkeiten der Gegenwart und Zukunft», Bibl.-Nr. 23, Gesamtausgabe Dornach 1976.

231 *ein einziges Wort:* Siehe Hinweis zu S. 215.

241 *Summer Art Course:* Für die Übersetzung durch Baron A. Rosenkrantz hatte Rudolf Steiner eine Inhaltsangabe verfaßt.

266 *von neulich:* Am 25. Dezember 1921.

deutscher Physiologe: Siehe Hinweis zu S. 207.

269 *eine Szene:* Zweites Bild aus «Der Seelen Erwachen».

272 *der letzten faux pas:* Die Bühnenverhältnisse waren im Saal der Anthroposophischen Gesellschaft in Stuttgart, Landhausstraße 70, nicht sehr geräumige.

307 *Notizbucheintragung:* Die zweite Bemerkung unter Ziffer 6 ist fragmentarisch.

309 *Wir sehen Gebärden angewendet:* Siehe Hinweis zu S. 177.

313 *Schopenhauer:* 1788–1860. «Die Welt als Wille und Vorstellung», Drittes Buch.

Zu Seite:

338 *Fräulein Mitscher:* Käthe Mitscher, 1892–1940, übte während der Proben zunächst meist die Rezitation aus, um Frau Dr. Steiner dadurch bei der Einstudierung der Programme zu entlasten. Sie gehörte zum engen Mitarbeiterkreis innerhalb der Sektion für redende Künste, speziell im Gebiet der Eurythmie.

342 *über den Sprachgenius:* Siehe Hinweis zu S. 177. Ferner: «Weltenwunder, Seelenprüfungen und Geistesoffenbarungen», München 1911, Siebenter Vortrag, Bibl.-Nr. 129, Gesamtausgabe Dornach 1977.

345 *Demosthenes:* 383–322 v.Chr., größter Redner des Altertums.

350 *läßt sich studieren:* Siehe Hinweis zu S. 177; erster Vortrag.

354 *Spenglerismus:* Siehe Hinweis zu S. 192.

356 *auf das Programm:* Johanni-Imagination (Rötliche Gestalt mit Sonne und Mond). Pastellskizze 1923. – Handdruck Dornach 1972.

369 *was die Erzengel miteinander sprechen:* Vgl. Vortrag vom 11. März 1923, in «Die Impulsierung des weltgeschichtlichen Geschehens durch geistige Mächte», Bibl.-Nr. 222, Gesamtausgabe Dornach 1976.

380 *die unmittelbare Veranlassung:* Siehe Hinweis zu S. 23.

386 *Bekleidungskunst:* Goethe zählt sie noch nicht in seiner Abhandlung über den Dilettantismus zu den Künsten.

391 *Max Müller:* 1823–1900, Orientalist.

402 *Wächterfreunde:* Gemeint ist die am Goetheanum studierende Gruppe von jungen Leuten, die auch – besonders nach dem Brand des ersten Goetheanum in der Silvesternacht 1922/23 – das Gelände des Baues bewachten.

Fräulein Dziubaniuk: Ella Dziubaniuk, Eurythmistin und Malerin, gest. am 5. Februar 1944 in Paris; sie stammte aus Polen, war Ruthenin. Im Nachrichtenblatt der Anthroposophischen Gesellschaft vom 5. März 1944 schrieb Frau Marie Steiner und in der Nummer vom 19. März 1944 Tatiana Kisseleff über das Leben der bedeutenden Künstlerin.

404 *Rihouët:* Simone Coroze-Rihouët, Eurythmistin und Schriftstellerin. Generalsekretärin der französischen Landesgesellschaft der Allgemeinen Anthroposophischen Gesellschaft.

407 *im «Goetheanum»:* Vgl. Rudolf Steiner «Der Goetheanumgedanke inmitten der Kulturkrisis der Gegenwart», Gesammelte Aufsätze, Bibl.-Nr. 36, Gesamtausgabe Dornach 1961, S. 300ff., 304.

eine Schrift: Lessing «Laokoon, oder über die Grenzen der Malerei und Poesie», 1766.

414 *Herr Stuten:* Jan Stuten, 1890–1948. Musiker, Komponist und Dirigent, auch Bühnenbildner; ab 1914 ständiger Mitarbeiter am Goetheanum.

417 *Toneurythmie:* Siehe Rudolf Steiner «Eurythmie als sichtbarer Gesang», acht Vorträge Dornach 19.–27. Febr. 1924. Bibl.-Nr. 278, Gesamtausgabe Dornach 1975. In Ergänzung des in der Ansprache Ausgeführten bringen wir noch, was Rudolf

Steiner im Nachrichtenblatt der Anthroposophischen Gesellschaft geschrieben hat:

«Es lag nun eine innere Notwendigkeit vor, in der Sektion für die redenden und musikalischen Künste, deren Leiter *Frau Marie Steiner* ist, einen Kursus über *Ton-Eurythmie* zu veranstalten. Die in Dornach lebenden ausübenden Künstler und Lehrer der Eurythmie und diejenigen von auswärts, denen dieses möglich war, ferner die Vorstandsmitglieder der Anthroposophischen Gesellschaft und einige für Musik und Eurythmie sich interessierende Persönlichkeiten haben daran teilgenommen.

Der Inhalt wird in entsprechender Weise, sobald dies möglich ist, auf geeignete Art bekanntgemacht werden. Hier soll nur in einigen Sätzen über Absicht und Haltung gesprochen werden. Die eurythmische Kunst hat bisher die ‹Laut›-Eurythmie in einem bestimmten Maße ausgebildet. Wir sind selbst unsere strengsten Kritiker und wissen, daß auf diesem Gebiete alles, was schon jetzt geleistet werden kann, nur ein Anfang ist. Aber das Angefangene muß eben weiter entwickelt werden.

Für die Ton-Eurythmie, den ‹sichtbaren Gesang›, waren wir bisher nicht so weit gekommen wie für die Lauteurythmie, das ‹sichtbare Wort›. Wenn die Anfänge, die wir bisher hatten, auf dem rechten Wege fortgeleitet werden sollen, so mußte gerade jetzt – in dem Stadium, in dem die Ton-Eurythmie praktiziert worden ist – eine Weiterbildung stattfinden. Das sollte durch diesen Kursus geschehen. Dabei mußte aber auch auf das Wesen des Musikalischen selbst hingewiesen werden. Denn in der Eurythmie wird Musik sichtbar; und man muß ein Gefühl dafür haben, wo diese ihre wahre Quelle in der Menschennatur hat, wenn man ihr Grundwesen sichtbar machen will.

In der Ton-Eurythmie wird anschaulich, was in der Musik im Unanschaulich-Hörbaren lebt. Es ist gerade da die größte Gefahr vorhanden, unmusikalisch zu werden. Ich hoffe, in den Vorträgen dieses Kursus den Beweis erbracht zu haben, daß dann, wenn Musik in Bewegung überströmt, das Bedürfnis entsteht, alles Unmusikalische in der ‹Musik› abzustoßen und nur ‹reine Musik› in das Reich des Sichtbaren hinüberzutragen. Wer allerdings der Ansicht ist, daß mit dem Hinübertragen des Hörbaren in die sichtbare Bewegung und Form das Musikalische aufhöre, der wird gegen die ganze Ton-Eurythmie seine Bedenken haben. Allein eine solche Anschauung ist doch wohl nicht im tiefsten Wesen eine *künstlerische*. Denn wer Kunst in sich erlebt, der muß Freude an jeder Erweiterung der künstlerischen Quellen und Formen haben. Und es ist nun einmal so, daß Musik wie jede wahre Kunst aus dem Innersten des Menschen hervorquillt. Und dieses kann sein Leben auf die mannigfaltigste Art offenbaren. Was im Menschen *singen* will, das will sich auch in Bewegungsformen darstellen; und nur, was als Bewegungsmöglichkeiten in dem menschlichen Organismus liegt, wird in Laut- und Toneurythmie aus ihm herausgeholt. Es ist der Mensch selbst, der *sein* Wesen da offenbart. Die menschliche Gestalt ist nur als festgehaltene Bewegung verständlich; und die Bewegung des Menschen offenbart erst *den Sinn* seiner Gestalt. Man darf sagen: wer die Berechtigung von Ton- und Lauteurythmie bestreitet, der lehnt damit ab, den *ganzen vollen* Menschen zur Erscheinung kommen zu lassen. Nun der Materialismus lehnt es ab, in der menschlichen Erkenntnis den Geist zur Erscheinung kommen zu lassen; die Ablehnung der Eurythmie als einer neben den andern Künsten und in Verbindung mit ihnen berechtigten Kunst wird wohl in einer ähnlichen Gesinnung ihren Ursprung haben.

Es steht zu hoffen, daß die Eurythmiker einige Anregung durch diesen Kursus empfangen haben, und daß damit zur Weiterbildung unserer eurythmischen Kunst einiges hat beigetragen werden können.»

420 *der ganzen Gestenfähigkeit:* Vgl. Rudolf Steiner «Sprachgestaltung und Dramatische Kunst», Vortrag XIX. Bibl.-Nr. 282, Gesamtausgabe Dornach 1969.

422 *Olaf Åsteson:* Siehe Hinweis zu S. 127.

in unserer Zeitschrift: Siehe Hinweis zu S. 407.

423 *die anthroposophische Bewegung:* Vgl. zu diesem ganzen Absatz die Ausführungen in «Mein Lebensgang», Bibl.-Nr. 28, Gesamtausgabe Dornach 1962.

432 *ein Kenner dieser Zusammenhänge:* Siehe Hinweis zu S. 420.

440 *wenn man einen Menschen anschaut:* Siehe Hinweis zu S. 420.

442 *ein sehr berühmter ... Physiologe:* Siehe Hinweis zu S. 207.

452 *das Oster-Eurythmieprogramm:* Ostern, Drei Kreuze. Aquarell, 7. und 19. April 1924. – Farbige Reproduktion Dornach 1966.

455 *ein toneurythmischer Kurs:* «Eurythmie als sichtbarer Gesang», Bibl.-Nr. 278, Gesamtausgabe Dornach 1975.

Anastasius Grün: Anton Alexander Graf von Auersperg, 1806–1875.

457 *Raffael-Aufsatz:* Siehe Hinweis zu S. 101. Fragmente II., Berlin und Stuttgart 1902: Raphael als Weltmacht, erstes Kapitel, V.

Toneurythmie-Kurse: Siehe Hinweis zu S. 455.

461 *Aus Briefen von Rudolf Steiner und Marie Steiner:* Aus «Briefwechsel und Dokumente 1901–1925», Bibl.-Nr. 262, Gesamtausgabe Dornach 1967. Nähere Angaben finden sich in dem Bande.

474 «*Wegzehrung*»: Wohl ist die Erde / Ja, er ist auferstanden / Drei Seufzer / Lange war es / Vom Sterben noch versteift / Sieben Leichenpfleger / Kamst du her ... / Kräfte, daß ich heilig werde.

507 *Zwei Leseproben:* Die Einstudierung der ersten Szenen aus der «Klassischen Walpurgisnacht» war im Dezember 1917 bis zum Bilde «Vor dem Tempel der Manto» gelangt. Im Jahre 1918 mußte Rudolf Steiner im Januar nach Deutschland reisen, wo er vor allem in Berlin, München und Stuttgart Vorträge hielt; er besuchte auch Wien und Prag, sprach dort über «Goethes persönliches Verhältnis zu seinem ‹Faust›» und kehrte erst Mitte August nach Dornach zurück. Hier führte er sogleich die Inszenierung weiter und knüpfte in der Leseprobe an die Winterarbeit an. Ausnahmsweise gestattete er, seine Ausführungen nachzuschreiben, so daß sich daher diese beiden Leseproben erhalten haben.

Zu Seite:

Der Dornacher Arbeit war ja die Festspielzeit in München von 1907 bis 1913 vorangegangen, die durch den Ausbruch des Ersten Weltkrieges im Sommer 1914 jäh abgebrochen werden mußte. In «Geisteswissenschaftliche Erläuterungen zu Goethes ‹Faust›» (Bibl.-Nr. 273, Gesamtausgabe Dornach 1967) veranschaulicht eine Zeittafel, wie sich die Arbeit an der Faustdichtung von 1915 bis 1919 entwickelte. In den darauffolgenden Jahren nahmen andere Aufgaben Rudolf Steiner stark in Anspruch, so daß im Goetheanumbau nur bereits einstudierte Szenen zur Aufführung gelangten; so am Silvesternachmittag 1922 der «Prolog im Himmel». Als dann in der Silvesternacht das Goetheanum ein Raub der Flammen wurde, wurden nur die Kostüme und Requisiten vom Feuer verschont, die sich in der «Schreinerei», wo meistens gespielt wurde, befanden. Noch heute sind daher die nach Rudolf Steiners Angaben geschaffenen Gestalten für das letzte Bild der «Klassischen Walpurgisnacht» in den Goetheanum-Aufführungen zu sehen.

Bei den Regiebemerkungen fällt auf, wie Rudolf Steiner alles auf die Mitarbeit der Beteiligten, vor allem natürlich auf die Initiative von Marie Steiner mit den unter ihrer Leitung arbeitenden Eurythmistinnen abstellt, um mit Rat und Tat einzugreifen, sobald ihm wiederum etwas Neues vorgeführt wurde. Daß sich im Laufe der Arbeit auch andere bühnenmäßige Lösungen für die Inszenierung ergaben, versteht sich von selbst; das trifft beispielsweise hier für die Lamienszene zu. Links und rechts ist vom Zuschauer aus gemeint. – Auf Grund der damals dargestellten Szenen hat sich später die ungekürzte Gesamtaufführung des «Faust» im Goetheanum – Uraufführung Sommer 1938 – in der Inszenierung von Marie Steiner entwickelt.

535 *den Zyklus:* «Die Geheimnisse der biblischen Schöpfungsgeschichte», München 1911, Bibl.-Nr. 122, Gesamtausgabe Dornach 1976.

556 *Fritz Mauthner:* 1849–1923, österreichischer Schriftsteller und Kulturphilosoph.

558 *Woodrow Wilson:* 1856–1924. Präsident der USA von 1913–1921.

559 *Herman Grimm:* Siehe Hinweis zu S. 101.

561 *Emanuel Geibel:* 1815–1884.

Ernst von Wildenbruch: 1845–1909.

562 *Ich habe deshalb heute versucht:* Vgl. Vortrag vom 17. Oktober 1918, Die Geschichte der Neuzeit im Lichte geisteswissenschaftlicher Forschung, in «Die Ergänzung heutiger Wissenschaften durch Anthroposophie», Bibl.-Nr. 73, Gesamtausgabe Dornach 1973.

564 *Dieses Buch:* Palmström. – Das erste Gedicht: Das böhmische Dorf.

570 *Therapeutische Eurythmie:* Siehe auch die Ausführungen in: «Methodik und Wesen der Sprachgestaltung», Bibl.-Nr. 280, Gesamtausgabe Dornach 1975.

Dr. Treichler: Dr. Rudolf Treichler, 1863–1972. Einer der ersten Lehrer an der Freien Waldorfschule in Stuttgart.

CHRONOLOGISCHE ÜBERSICHT DER EURYTHMISCHEN ENTWICKELUNG 1908–1924

1908	Mai, Hamburg	Vorträge von Rudolf Steiner über das Johannes-Evangelium. Nach dem ersten Vortrag über den Anfang des Johannes-Evangeliums stellt er die Frage an Margarita Woloschin: «Könnten Sie das tanzen?» Ihre Antwort: «Ich glaube, man kann alles tanzen, was man fühlt.» – «Aber auf das Gefühl kommt es doch heute an» sagte Rudolf Steiner. Diesen Satz wiederholte er – berichtet Marg. Woloschin in ihren Lebenserinnerungen «Die grüne Schlange» – «und blieb vor mir stehen, indem er mich anschaute, als wenn er auf eine Frage wartete. Ich fragte aber nicht.» (Entstehung * S. 10)
1911	Mitte Dezember Berlin, Motzstraße 17	Erste Besprechung über eine neue Bewegungskunst zwischen Rudolf Steiner und Frau Clara Smits. Erste Aufgabe für Lory Smits. (Entst. S. 8)
1912	29. Januar Kassel	weitere Aufgaben. (Entst. S. 13)
	Juli, München	Luziferische und ahrimanische Wesen, 6. Bild «Der Hüter der Schwelle». Erste Anfänge der Eurythmie.
	24. August	Uraufführung «Der Hüter der Schwelle».
	1. oder 2. Sept.	Grundrichtungen für die Vokale I A O (noch nicht für die Arme). (Entst. S. 18)
	16.–27. Sept. Bottmingen	Erster Eurythmiekurs für Lory Smits in Anwesenheit von Marie von Sivers und Clara Smits. Das dionysische Element. In der letzten Stunde schlug Marie v. Sivers für die neue Bewegungskunst den Namen *Eurythmie* vor. (Entst. S. 19–44)
1913	Düsseldorf Haus Meer	Eurythmische Arbeit im kleineren Kreise.

* Siehe «Die Entstehung und Entwickelung der Eurythmie», Bibl.-Nr. 277a, Gesamtausgabe 1965.

1913	26. April	Erster Text für die Eurythmie von Rudolf Steiner: Der Wolkendurchleuchter. Neue Übungen. (Entst. S. 46)
	22. August München	Uraufführung «Der Seelen Erwachen», im 2. Bild werden die Sylphen und Gnomen eurythmisch dargestellt. (Entst. S. 47)
	28. August	Erste eurythmische Vorführung anläßlich eines geselligen Beisammenseins. *Erste Ansprache* von Rudolf Steiner vor der Eurythmie. (Entst. S. 50)
	31. August	Neue Aufgaben für Lory Smits. (Entst. S. 51)
	Oktober Düsseldorf Haus Meer	Beginn einer intensiven Arbeit mit einer größeren Gruppe.
		In den nächsten Monaten geben einige Eurythmistinnen in verschiedenen Städten Eurythmiekurse in den Mitgliederkreisen, z. B. in Stuttgart, Hamburg, Leipzig, München, Berlin, Kassel, London, Den Haag.
1914	20. u. 21. Januar Berlin	Eurythmie-Aufführung anläßlich der Generalversammlung. *Zweite Ansprache* von Rudolf Steiner vor der Eurythmie. (Entst. S. 53)
	April Dornach	Anfang einer eurythmischen Arbeit in Dornach durch Tatiana Kisseleff, zunächst im «Hotel Jura».
	August	Marie von Sivers übernimmt die Führung der eurythmischen Arbeit im «Haus Hansi».
	Herbst	Beginn regelmäßiger eurythmischer Darbietungen auf der Bühne in der Schreinerei vor den Vorträgen.
1915	11. April Ostern	Faust I., Osternacht.
	22. Mai Pfingsten	Faust II., Arielszene.
	15. August	Faust II., Himmelfahrt.
	18. August bis 11. September	Zweiter Eurythmiekurs: Das apollinische Element. Neue Texte für die Eurythmie: Planeten-

		tanz, Zwölf Stimmungen, Das Lied von der Initiation. Erste Angaben für die Toneurythmie.
1915–1918		werden die verschiedensten Szenen aus Faust I u. II nacheinander unter Mitwirkung der Eurythmie aufgeführt. – Regelmäßige Eurythmie-Darbietungen vor den Vorträgen für die Mitglieder.
	November	Erste Formen von Rudolf Steiner für die «Chöre der Urtriebe» von Fercher von Steinwand. Die ersten Formen für die Jahressprüche des Seelenkalenders (noch ohne Vor- und Nachtakte).
1919	16. Januar	Faust II. Klassische Walpurgisnacht (Schlußszene) vor deutschen Internierten, später Aufführungen vor geladenen Gästen.
	24. Februar	Zürich: Erste *öffentliche* Eurythmie-Aufführung im Pfauentheater.
	27. Februar	Winterthur: Öffentliche Aufführung.
	13. März	Dornach: Öffentliche Aufführung.
	25. Mai	Stuttgart: Erste öffentliche Eurythmie-Aufführung in Deutschland. Beginn regelmäßiger Gastspiele in Deutschland und in der Schweiz. Vom Jahre 1919 ab fanden jedes Jahr Eurythmie-Tournéen durch Deutschland statt.
1920	Dornach	Ausarbeitung von Szenen aus den Mysteriendramen unter Mitwirkung der Eurythmie.
	November	Freiburg und Stuttgart: Öffentliche Aufführungen pädagogischer Eurythmie unter Mitwirkung von Schülern der Waldorfschule, mit Ansprachen von Rudolf Steiner.
1921	12.–17. April	Dornach: Heileurythmie-Kurs. Erste eurythmische Darbietungen von Gedichten in französischer, englischer und russischer Sprache mit Formen von Rudolf Steiner.
	September	Erste Form für die Toneurythmie: Grieg «Schmetterling».
		Eurythmie-Gastspiele in Holland und Kristiania.
1922	u.a. Okt./Nov.	Eurythmie-Gastspiele in Oxford, London und Den Haag.

1923	7./8. März Stuttgart	Vorträge für Lehrer «Das Tonerlebnis im Menschen». *Intervallformen.*
	April	Eurythmie-Gastspiel in Prag.
	Aug./Sept.	Gastspiele in Ilkley, Penmaenmawr, London.
1924	19.–27. Febr.	Dornach: Toneurythmie-Kurs.
	März/April	Eurythmie-Gastspiele in Deutschland und Prag.
	20./22. April	Dornach: «Grundsteinlegung» eurythmisch aufgeführt für Mitglieder.
	30. April	Stuttgart: Konferenz im «Eurythmeum». Neue Übung: I U A.
	24. Juni bis	Dornach: Lauteurythmie-Kurs.
	12. Juli	Neue Texte: Strebe nach Frieden...; Es keimen der Seele...; Ich suche im Innern (Meditation); Ich denke die Rede.
	August	Gastspiele in Torquay und London.
	Okt./Nov.	Eurythmie-Tournée in Deutschland.
1925	Febr./März	Eurythmie-Tournée in Deutschland.
	29. März Dornach	Letzte Eurythmie-Aufführung vor dem Tod Rudolf Steiners (30. März 1925).

CHRONOLOGISCHE ÜBERSICHT ÜBER DIE ANSPRACHEN ZU EURYTHMIE-AUFFÜHRUNGEN 1913 - 1924

(nicht aufgeführt sind Wortlaute über Eurythmie in anderen Vortragszusammenhängen)

Abgedruckt in:

E = Die Entstehung und Entwickelung der Eurythmie
Er = Die Erneuerung der pädagogisch-didaktischen Kunst durch Geisteswissenschaft
I = Eurythmie als Impuls für künstlerisches Betätigen
L = Lauteurythmie-Kursus 1968
O = Eurythmie, die Offenbarung der sprechenden Seele
Bl = Blätter für Anthroposophie
K = Konstitution
M = Menschenschule
N = Nachrichten der Rudolf Steiner-Nachlaßverwaltung (Nr. 8)
P = Pädagogische Praxis
PK = Pädagogik und Kunst, Pädagogik und Moral
* = Wahrspruchworte (1969)
t = teilweise
W = Wiederholung
– = keine Nachschrift
? = noch zu übertragen
° = vor oder nach einem Vortrag

München,	28. VIII.	1913	E
Berlin,	21. I.	1914	E
	29. VIII.	1915	tE*
Dornach,	15. I.	1916	O°
(vor dem Vortrag)			
München,	19. II.	1918	E
Stuttgart,	26. II.	1918	E
Wien,	1. VI.	1918	W
Wien,	2. VI.	1918	O
Berlin,	28. VI.	1918	O
Dornach,	25. VIII.	1918	O
Dornach,	23. XI.	1918	–
Dornach,	25. XII.	1918	–
Dornach,	16. I.	1919	Bl
Dornach,	25. I.	1919	Bl
Dornach,	26. I.	1919	W
Dornach,	2. II.	1919	O
Zürich,	24. II.	1919	O
Winterthur,	27. II.	1919	W
Dornach,	13. III.	1919	O
Dornach,	14. III.	1919	W
Dornach,	23. III.	1919	W
Dornach,	24. III.	1919	W
Dornach,	30. III.	1919	W tO
Dornach,	5. IV.	1919	I tO
Stuttgart,	6. V.	1919	I O
Stuttgart,	19. V.	1919	–
Stuttgart,	25. V.	1919	–
Stuttgart,	22. VI.	1919	–
Stuttgart,	19. VII.	1919	–
Stuttgart,	24. VII.	1919	–
Mannheim,	27. VII.	1919	–

Dornach,	11. VIII.	1919	I O
Dornach,	16. VIII.	1919	W
Dornach,	17. VIII.	1919	O
Berlin,	14. IX.	1919	O
Berlin,	16. IX.	1919	W
Dresden,	21. IX.	1919	–
Dornach,	11. X.	1919	W
Dornach,	12. X.	1919	W
Dornach,	19. X.	1919	tO
Zürich,	31. X.	1919	W
Dornach,	2. XI.	1919	W
Bern,	5. XI.	1919	tO
Dornach,	8. XI.	1919	O
Dornach,	15. XI.	1919	W
Dornach,	16. XI.	1919	tO
Dornach,	22. XI.	1919	O
Dornach,	23. XI.	1919	W
Dornach,	29. XI.	1919	W
Dornach	30. XI.	1919	tO
Dornach,	7. XII.	1919	–
Dornach,	14. XII.	1919	E
Dornach,	10. I.	1920	W
Dornach,	11. I.	1920	O
Dornach,	17. I.	1920	I tO
Dornach,	18. I.	1920	W
Dornach,	24. I.	1920	W
Dornach,	25. I.	1920	O
Dornach,	31. I.	1920	tO
Dornach,	1. II.	1920	W
Dornach,	7. II.	1920	W
Dornach,	8. II.	1920	W
Dornach,	14. II.	1920	M O
Dornach,	15. II.	1920	W
Dornach,	21. II.	1920	W
Dornach,	22. II.	1920	W
Dornach,	21. III.	1920	O
Dornach,	27. III.	1920	W
Dornach,	28. III.	1920	W
Dornach,	4. IV.	1920	O
Dornach,	5. IV.	1920	M
Dornach,	10. IV.	1920	W
Dornach,	11. IV.	1920	O
Dornach,	17. IV.	1920	tO
Dornach,	18. IV.	1920	?
Dornach,	24. IV.	1920	tO
Dornach,	27. IV.	1920	W
Dornach,	1. V.	1920	W
Dornach,	2. V.	1920	tO
Dornach,	8. V.	1920	W
Dornach,	9. V.	1920	W
Dornach,	15. V.	1920	Er O
Dornach,	16. V.	1920	Er
Dornach,	23. V.	1920	W
Dornach,	24. V.	1920	–
Dornach,	29. V.	1920	W
Dornach,	4. VII.	1920	W tO
Dornach,	17. VII.	1920	W
Dornach,	18. VII.	1920	W
Dornach,	8. VIII.	1920	W
Dornach,	15. VIII.	1920	I
Dornach,	22. VIII.	1920	W
Dornach,	29. VIII.	1920	W
Dornach,	5. IX.	1920	W
Dornach,	12. IX.	1920	W
Dornach,	2. X.	1920	W
Dornach,	3. X.	1920	tO
Dornach,	9. X.	1920	tO
Dornach,	10. X.	1920	W
Dornach,	13. X.	1920	W
Dornach,	16. X.	1920	°
Dornach,	17. X.	1920	O M
Dornach,	23. X.	1920	–
Dornach,	24. X.	1920	?
Dornach,	30. X.	1920	tO
Dornach,	31. X.	1920	W
Freiburg i. Br.,	19. XI.	1920	tO
Cannstatt,	21. XI.	1920	–
Cannstatt,	23. XI.	1920	–
Dornach,	5. XII.	1920	W
Dornach,	11. XII.	1920	–
Dornach,	12. XII.	1920	tO
Dornach,	19. XII.	1920	W

Dornach,	20.XII.	1920	tO
Olten,	29.XII.	1920	W
Stuttgart,	9.I.	1921	–
Stuttgart,	16.I.	1921	–
Dornach,	30.I.	1921	W
Dornach,	6.II.	1921	W
Hilversum,	20.II.	1921	W
Amsterdam,	22.II.	1921	–
Rotterdam,	26.II.	1921	–
Den Haag,	27.II.	1921	W tO
Stuttgart,	19.III.	1921	–
Dornach,	27.III.	1921	W
Dornach,	28.III.	1921	W
Dornach,	3.IV.	1921	tO
Dornach,	9.IV.	1921	tO
Dornach,	17.IV.	1921	–
Dornach,	18.IV.	1921	?
Dornach,	24.IV.	1921	W
Dornach,	1.V.	1921	W
Dornach,	5.V.	1921	tO
Dornach,	8.V.	1921	W
Dornach,	15.V.	1921	O
Dornach,	16.V.	1921	?
Stuttgart,	12.VI.	1921	W
Dornach,	3.VII.	1921	W
Dornach,	10.VII.	1921	W tO
Dornach,	17.VII.	1921	W
Dornach,	24.VII.	1921	W
Dornach,	7.VIII.	1921	W
Dornach,	14.VIII.	1921	tO
Dornach,	22.VIII.	1921	NO
Dornach,	24.VIII.	1921	NO
Dornach,	26.VIII.	1921	NO
Stuttgart,	3.IX.	1921	–
Stuttgart,	4.IX.	1921	–
Berlin,	18.IX.	1921	–
Dornach,	9.X.	1921	–
Dornach,	16.X.	1921	?
Dornach,	23.X.	1921	W
Dornach,	30.X.	1921	tO
Dornach,	6.XI.	1921	W

Dornach,	13.XI.	1921	–
Kristiania,	27.XI.	1921	W tO
Kristiania,	3.XII.	1921	W
Berlin,	7.XII.	1921	W
Dornach,	25.XII.	1921	W
Dornach,	28.XII.	1921	O
Dornach,	31.XII.	1921	W
Dornach,	1.I.	1922	O
Mannheim,	22.I.	1922	–
Hamburg,	29.I.	1922	–
Breslau,	1.II.	1922	–
Leipzig,	1.III.	1922	–
Berlin,	12.III.	1922	–
Stuttgart,	13.III.	1922	–
Dornach,	26.III.	1922	tO
Dornach,	2.IV.	1922	W
Dornach,	6.V.	1922	W
Dornach,	7.V.	1922	W
Dornach,	27.V.	1922	tO
Wien,	2.VI.	1922	–
Wien,	9.VI.	1922	–
Wien,	12.VI.	1922	–
Dornach,	2.VII.	1922	tO
Dornach,	23.VII.	1922	tO
Dornach,	30.VII.	1922	tO
Dornach,	4.VIII.	1922	L
Dornach,	6.VIII.	1922	W
Oxford,	18.VIII.	1922	IO
Oxford,	19.VIII.	1922	O
Dornach,	10.IX.	1922	W
Dornach,	14.IX.	1922	W
Dornach,	17.IX.	1922	I tO
Dornach,	24.IX.	1922	W
Dornach,	30.IX.	1922	W tO
Stuttgart,	8.X.	1922	–
Stuttgart,	11.X.	1922	–
Stuttgart,	13.X.	1922	–
Den Haag,	2.XI.	1922	I
Den Haag,	5.XI.	1922	tO
London,	11.XI.	1922	–
London,	13.XI.	1922	–

London,	15. XI.	1922	–
Berlin,	6. XII.	1922	–
Dornach,	25. XII.	1922	tO
Dornach,	31. XII.	1922	tO
Dornach,	7. I.	1923	W
Dornach,	14. I.	1923	W
Dornach,	28. I.	1923	–
Dornach,	4. II.	1923	W tO
Dornach,	11. II.	1923	tO
Dornach,	18. II.	1923	O
Stuttgart,	27. II.	1923	W
Stuttgart,	28. II.	1923	W
Stuttgart,	6. III.	1923	–
Stuttgart,	7. III.	1923	–
Stuttgart,	25. III.	1923	–
Stuttgart,	27. III.	1923	PK
Stuttgart,	28. III.	1923	tO PK
Stuttgart,	28. III.	1923	–
Dornach,	31. III.	1923	–
Dornach,	1. IV.	1923	W
Dornach,	2. IV.	1923	O
Dornach,	7. IV.	1923	W tO
Dornach,	8. IV.	1923	?
Dornach,	14. IV.	1923	I O
Dornach,	15. IV.	1923	P tO
Dornach,	18. IV.	1923	?
Dornach,	21. IV.	1923	?
Stuttgart,	24. IV.	1923	W
Stuttgart,	25. IV.	1923	–
Prag,	29. IV.	1923	–
Dornach,	3. VI.	1923	W
Dornach,	9. VI.	1923	I tO
Dornach,	10. VI.	1923	I
Dornach,	16. VI.	1923	O
Dornach,	17. VI.	1923	W
Dornach,	24. VI.	1923	O
Dornach,	1. VII.	1923	O
Dornach,	8. VII.	1923	I O
Dornach,	9. VII.	1923	I
Dornach,	15. VII.	1923	O
Dornach,	17. VII.	1923	W
Dornach,	21. VII.	1923	O
Dornach,	22. VII.	1923	O
Dornach,	29. VII.	1923	W
Ilkley,	8. VIII.	1923	E
Ilkley,	14. VIII.	1923	E
Penmaen-mawr,	26. VIII.	1923	L
London,	4. IX.	1923	E
London,	11. IX.	1923	E
Stuttgart,	15. IX.	1923	–
Stuttgart,	16. IX.	1923	–
Wien,	30. IX.	1923	–
St. Gallen,	22. X.	1923	–
Dornach,	23. XII.	1923	E
Dornach,	26. XII.	1923	O
Dornach,	28. XII.	1923	I O
Dornach,	30. XII.	1923	O
Dornach,	5. I.	1924	O
Dornach,	9. I.	1924	–
Bern,	26. I.	1924	tO
Zürich,	29. I.	1924	–
Dornach,	2. II.	1924	tO
Dornach,	3. II.	1924	I
Dornach,	10. II.	1924	W
Dornach,	11. II.	1924	tO
Dornach,	17. II.	1924	–
Prag,	30. III.	1924	–
Prag,	2. IV.	1924	–
Prag,	6. IV.	1924	–
Bern,	14. IV.	1924	O
Dornach,	20. IV.	1924	E K
Dornach,	20. IV.	1924	W
Dornach,	21. IV.	1924	W
Dornach,	22. IV.	1924	O K
Dornach,	27. IV.	1924	O
Dornach,	3. V.	1924	W
Dornach,	4. V.	1924	tO
Dornach,	11. V.	1924	W tO
Breslau,	9. VI.	1924	–
Torquay,	VIII.	1924	E

INHALT

(Ansprachen mit * bezeichnet = Auszug oder gekürzt)

II

ÜBER DIE VORTRAGSNACHSCHRIFTEN

Aus Rudolf Steiners Autobiographie
«Mein Lebensgang» (35. Kap., 1925)

Es liegen nun aus meinem anthroposophischen Wirken zwei Ergebnisse vor; erstens meine vor aller Welt veröffentlichten Bücher, zweitens eine große Reihe von Kursen, die zunächst als Privatdruck gedacht und verkäuflich nur an Mitglieder der Theosophischen (später Anthroposophischen) Gesellschaft sein sollten. Es waren dies Nachschriften, die bei den Vorträgen mehr oder weniger gut gemacht worden sind und die – wegen mangelnder Zeit – nicht von mir korrigiert werden konnten. Mir wäre es am liebsten gewesen, wenn mündlich gesprochenes Wort mündlich gesprochenes Wort geblieben wäre. Aber die Mitglieder wollten den Privatdruck der Kurse. Und so kam er zustande. Hätte ich Zeit gehabt, die Dinge zu korrigieren, so hätte vom Anfange an die Einschränkung «Nur für Mitglieder» nicht zu bestehen gebraucht. Jetzt ist sie seit mehr als einem Jahre ja fallen gelassen.

Hier in meinem «Lebensgang» ist notwendig, vor allem zu sagen, wie sich die beiden: meine veröffentlichten Bücher und diese Privatdrucke in das einfügen, was ich als Anthroposophie ausarbeitete.

Wer mein eigenes inneres Ringen und Arbeiten für das Hinstellen der Anthroposophie vor das Bewußtsein der gegenwärtigen Zeit verfolgen will, der muß das an Hand der allgemein veröffentlichten Schriften tun. In ihnen setzte ich mich auch mit alle dem auseinander, was an Erkenntnisstreben in der Zeit vorhanden ist. Da ist gegeben, was sich mir in «geistigem Schauen» immer mehr gestaltete, was zum Gebäude der Anthroposophie – allerdings in vieler Hinsicht in unvollkommener Art – wurde.

Neben diese Forderung, die «Anthroposophie» aufzubauen und dabei nur dem zu dienen, was sich ergab, wenn man Mitteilungen aus der Geist-Welt der allgemeinen Bildungswelt von heute zu übergeben hat, trat nun aber die andere, auch dem voll entgegenzukommen, was aus der Mitgliedschaft heraus als Seelenbedürfnis, als Geistessehnsucht sich offenbarte.

Da war vor allem eine starke Neigung vorhanden, die Evangelien und den Schrift-Inhalt der Bibel überhaupt in dem Lichte dargestellt zu hören, das sich als das anthroposophische ergeben hatte. Man wollte in Kursen über diese der Menschheit gegebenen Offenbarungen hören.

Indem interne Vortragskurse im Sinne dieser Forderung gehalten wurden, kam dazu noch ein anderes. Bei diesen Vorträgen waren nur Mitglieder. Sie waren mit den Anfangs-Mitteilungen aus Anthroposophie bekannt. Man konnte zu ihnen eben so sprechen, wie zu Vorgeschrittenen auf dem Gebiete der Anthroposophie. Die Haltung dieser internen Vorträge war eine solche, wie sie eben in Schriften nicht sein konnte, die ganz für die Öffentlichkeit bestimmt waren.

Ich durfte in internen Kreisen in einer Art über Dinge sprechen, die ich für die öffentliche Darstellung, wenn sie für sie von Anfang an bestimmt gewesen wären, hätte anders gestalten *müssen*.

So liegt in der Zweiheit, den öffentlichen und den privaten Schriften, in der Tat etwas vor, das aus zwei verschiedenen Untergründen stammt. Die ganz öffentlichen Schriften sind das Ergebnis dessen, was in mir rang und arbeitete; in den Privatdrucken ringt und arbeitet die Gesellschaft mit. Ich höre auf die Schwingungen im Seelenleben der Mitgliedschaft, und in meinem lebendigen Drinnenleben in dem, was ich da höre, entsteht die Haltung der Vorträge.

Es ist nirgends auch nur in geringstem Maße etwas gesagt, was nicht reinstes Ergebnis der sich aufbauenden Anthroposophie wäre. Von irgend einer Konzession an Vorurteile oder Vorempfindungen der Mitgliedschaft kann nicht die Rede sein. Wer diese Privatdrucke liest, kann sie im vollsten Sinne eben als das nehmen, was Anthroposophie zu sagen hat. Deshalb konnte ja auch ohne Bedenken, als die Anklagen nach dieser Richtung zu drängend wurden, von der Einrichtung abgegangen werden, diese Drucke nur im Kreise der Mitgliedschaft zu verbreiten. Es wird eben nur hingenommen werden müssen, daß in den von mir nicht nachgesehenen Vorlagen sich Fehlerhaftes findet.

Ein Urteil über den Inhalt eines solchen Privatdruckes wird ja allerdings nur demjenigen zugestanden werden können, der kennt, was als Urteils-Voraussetzung angenommen wird. Und das ist für die allermeisten dieser Drucke *mindestens* die anthroposophische Erkenntnis des Menschen, des Kosmos, insofern sein Wesen in der Anthroposophie dargestellt wird, und dessen, was als «anthroposophische Geschichte» in den Mitteilungen aus der Geist-Welt sich findet.

RUDOLF STEINER GESAMTAUSGABE

Gliederung nach: Rudolf Steiner – Das literarische
und künstlerische Werk. Eine bibliographische Übersicht
(Bibliographie-Nrn. *kursiv* in Klammern)

A. SCHRIFTEN

I. Werke

Goethes Naturwissenschaftliche Schriften, eingeleitet und kommentiert von R. Steiner, 5 Bände, 1883/97, Neuausgabe 1975 *(1a-e)*; separate Ausgabe der Einleitungen, 1925 *(1)*

Grundlinien einer Erkenntnistheorie der Goetheschen Weltanschauung, 1886 *(2)*

Wahrheit und Wissenschaft. Vorspiel einer «Philosophie der Freiheit», 1892 *(3)*

Die Philosophie der Freiheit. Grundzüge einer modernen Weltanschauung, 1894 *(4)*

Friedrich Nietzsche, ein Kämpfer gegen seine Zeit, 1895 *(5)*

Goethes Weltanschauung, 1897 *(6)*

Die Mystik im Aufgange des neuzeitlichen Geisteslebens und ihr Verhältnis zur modernen Weltanschauung, 1901 *(7)*

Das Christentum als mystische Tatsache und die Mysterien des Altertums, 1902 *(8)*

Theosophie. Einführung in übersinnliche Welterkenntnis und Menschenbestimmung, 1904 *(9)*

Wie erlangt man Erkenntnisse der höheren Welten? 1904/05 *(10)*

Aus der Akasha-Chronik, 1904/08 *(11)*

Die Stufen der höheren Erkenntnis, 1905/08 *(12)*

Die Geheimwissenschaft im Umriß, 1910 *(13)*

Vier Mysteriendramen: Die Pforte der Einweihung – Die Prüfung der Seele Der Hüter der Schwelle – Der Seelen Erwachen, 1910/13 *(14)*

Die geistige Führung des Menschen und der Menschheit, 1911 *(15)*

Anthroposophischer Seelenkalender, 1912 *(in 40)*

Ein Weg zur Selbsterkenntnis des Menschen, 1912 *(16)*

Die Schwelle der geistigen Welt, 1913 *(17)*

Die Rätsel der Philosophie in ihrer Geschichte als Umriß dargestellt, 1914 *(18)*

Vom Menschenrätsel, 1916 *(20)*

Von Seelenrätseln, 1917 *(21)*

Goethes Geistesart in ihrer Offenbarung durch seinen Faust und durch das Märchen von der Schlange und der Lilie, 1918 *(22)*

Die Kernpunkte der sozialen Frage in den Lebensnotwendigkeiten der Gegenwart und Zukunft, 1919 *(23)*

Aufsätze über die Dreigliederung des sozialen Organismus und zur Zeitlage, 1915–1921 *(24)*

Kosmologie, Religion und Philosophie, 1922 *(25)*

Anthroposophische Leitsätze, 1924/25 *(26)*

Grundlegendes für eine Erweiterung der Heilkunst nach geisteswissenschaftlichen Erkenntnissen, 1925. Von Dr. R. Steiner und Dr. I. Wegman *(27)*

Mein Lebensgang, 1923/25 *(28)*

II. Gesammelte Aufsätze

Aufsätze zur Dramaturgie 1889–1901 *(29)* – Methodische Grundlagen der Anthroposophie 1884–1901 *(30)* – Aufsätze zur Kultur- und Zeitgeschichte 1887–1901 *(31)* – Aufsätze zur Literatur 1886–1902 *(32)* – Biographien und biographische Skizzen 1894–1905 *(33)* – Aufsätze aus «Lucifer-Gnosis» 1903–1908 *(34)* – Philosophie und Anthroposophie 1904–1918 *(35)* – Aufsätze aus «Das Goetheanum» 1921–1925 *(36)*

III. Veröffentlichungen aus dem Nachlaß

Briefe – Wahrspruchworte – Bühnenbearbeitungen – Entwürfe zu den Vier Mysteriendramen 1910–1913 – Anthroposophie. Ein Fragment aus dem Jahre 1910 – Gesammelte Skizzen und Fragmente – Aus Notizbüchern und -blättern – *(38–47)*

B. DAS VORTRAGSWERK

I. Öffentliche Vorträge

Die Berliner öffentlichen Vortragsreihen, 1903/04 bis 1917/18 *(51–67)* – Öffentliche Vorträge, Vortragsreihen und Hochschulkurse an anderen Orten Europas 1906–1924 *(68–84)*

II. Vorträge vor Mitgliedern der Anthroposophischen Gesellschaft

Vorträge und Vortragszyklen allgemein-anthroposophischen Inhalts – Christologie und Evangelien-Betrachtungen – Geisteswissenschaftliche Menschenkunde – Kosmische und menschliche Geschichte – Die geistigen Hintergründe der sozialen Frage – Der Mensch in seinem Zusammenhang mit dem Kosmos – Karma-Betrachtungen – *(91–244)*
Vorträge und Schriften zur Geschichte der anthroposophischen Bewegung und der Anthroposophischen Gesellschaft *(251–263)*

III. Vorträge und Kurse zu einzelnen Lebensgebieten

Vorträge über Kunst: Allgemein-Künstlerisches – Eurythmie – Sprachgestaltung und Dramatische Kunst – Musik – Bildende Künste – Kunstgeschichte – *(271–292)* – Vorträge über Erziehung *(293–311)* – Vorträge über Medizin *(312–319)* – Vorträge über Naturwissenschaft *(320–327)* – Vorträge über das soziale Leben und die Dreigliederung des sozialen Organismus *(328–341)* – Vorträge für die Arbeiter am Goetheanumbau *(347–354)*

C. DAS KÜNSTLERISCHE WERK

Originalgetreue Wiedergaben von malerischen und graphischen Entwürfen und Skizzen Rudolf Steiners in Kunstmappen oder als Einzelblätter: Entwürfe für die Malerei des Ersten Goetheanum – Schulungsskizzen für Maler – Programmbilder für Eurythmie-Aufführungen – Eurythmieformen – Skizzen zu den Eurythmiefiguren, u. a.

Die Bände der Rudolf Steiner Gesamtausgabe
sind innerhalb einzelner Gruppen einheitlich ausgestattet
Jeder Band ist einzeln erhältlich